横山牌

常州常德乐食品有限公司

总经理　钱宗义

该公司是江苏省最早专业生产肉制品的企业之一，拥有现代化生产设备和严格的质量控制系统。主要产品有“横山牌”肉松、鸡松、肉条、牛肉干、板鸡、腊叉烧、方便面等，年销售量1000余吨。该公司产品为省、市优质产品和北京第十一届亚运会指定产品,曾荣获'92香港国际食品博览会银奖、'94国际博览会金奖。1996年公司被评为常州市“农村贸工农十强龙头企业”，1999年2月通过ISO9002质量体系认证。“横山牌”商标被评为常州市知名商标。

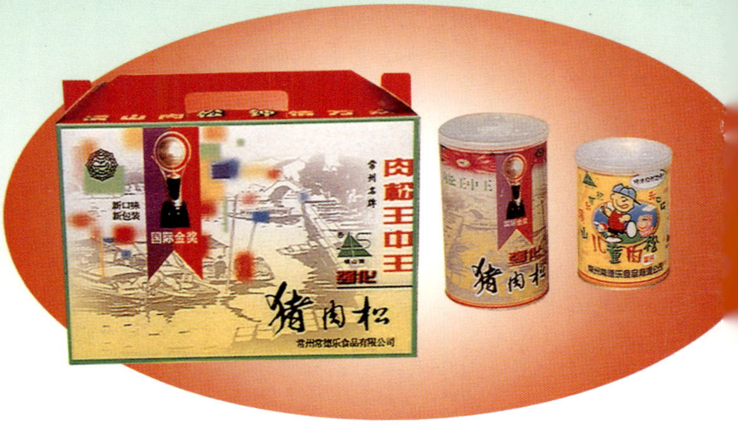

地 址　武进市横山桥镇　　电 话　8601856　　传 真　8601508　　邮 编　213119

武 进 年 鉴

WUJIN YEARBOOK

2002

（总第15卷）

武进年鉴编纂委员会编

方 志 出 版 社

图书在版编目(CIP)数据

武进年鉴. 2002/江苏省武进年鉴编纂委员会编.
北京：方志出版社，2002.8

ISBN 7-80122-803-0
Ⅰ.武... Ⅱ.江... Ⅲ.武进市-2002-年鉴
Ⅳ.Z525.34

中国版本图书馆CIP数据核字(2002)第057338号

武进年鉴(2002)
编　　者　武进年鉴编纂委员会
责任编辑　余　川
装帧设计　邱忠益
出　　版　方志出版社
地　　址　北京市丰台区角门北路甲8号院1号楼
邮　　编　100077
印　　刷　武进第二印刷厂
字　　数　835千字　　印　张　24.25　　插　页　160
开　　本　787×1 092(mm)　1/16
印　　次　2002年8月第1版　　2002年8月第1次印刷
印　　数　0 001—3 600册
书　　号　ISBN 7-80122-803-0/K.426
定　　价　100元

武进年鉴编纂委员会

《武进年鉴》(2002)编辑人员

地　址　江苏省常州市武进区行政中心A座东二楼　　邮政编码　213159

电　话　(0519)6310473(传真)　6310677　6310827　6310472　6310155　6310158

各 单 位 审 稿 人

（以姓氏笔划为序）

丁冠健	万智慧	马乃强	王友诚	王元兵	王才中
王中和	王永坚	王国方	王建华	王炳昌	王增连
冯士彬	左小平	叶留祥	田炳坤	包守宇	李红霞
江光迅	吕　骏	吕　萍	吕一平	汤松德	汤国平
庄本德	刘宗凉	刘　毅	刘怀平	刘瑞英	束元正
朱仁庆	朱兴初	朱国成	孙　骏	孙志中	孙泽新
吴　刚	沈建军	沈起力	沈恩达	沈剑海	宋秋兴
应志荣	闵伟明	杨建江	杨铁龙	李步辉	邱士坤
张进伟	张定宇	张振其	张焕方	陈才全	陈克明
陈宝兴	陈洪良	陆小平	郑国华	范寿柏	罗细林
金绍斌	周　隽	周明霞	周春欣	周柏清	周瑞华
承才林	恽汉明	姜立军	姜益民	胡志龙	是国林
俞梁一	高建中	唐金华	唐惠林	耿凤琴	秦超国
徐龙兴	徐国鸿	徐堪成	钱仕新	钱泉来	翁浩明
黄国平	曹兴南	戚伯明	戚散花	巢建军	蒋　锋
蒋汉民	蒋玉如	蒋国民	蒋华东	蒋建社	蒋惊雷
符大荣	董才平	谢加新	窦元方	虞玉炎	翟建新
蔡　群	潘国兴				

编　辑　说　明

1.《武进年鉴》是江苏省武进市(2002年4月改称常州市武进区)人民政府主办的综合性资料工具书,旨在全面系统翔实地记载武进市政治、经济、文化、社会的基本面貌和发展状况,为社会各界提供信息资料,为了解武进、建设武进服务。2002卷主要记载2001年全市各行各业的发展状况、新成就和新人、新事、新风尚。

2.本年鉴采用分类法编辑,以条目作为记述的主要形式。栏目下按事业、行业性质设立分目,部分栏目设有"综述"分目,部分分目设子目;分目、子目一般设立"概况"条目,对这一事(行)业作概括性介绍。2002卷设有栏目32个、分目(子目)266个,收录条目915个、照片658幅、表格221个,编有索引2 235条。

3."新闻人物"收录有突出贡献,并在2001年内受到国家部委办局(公司)行、中共江苏省委、江苏省人民政府表彰的武进先进人物、部分高级职称科技人员,并选择介绍部分文艺专家;"逝世人物"收录2001年内(除个别人物外)逝世的武进籍或曾在武进担任过副县(市)职以上的干部和社会知名人士,人物按姓氏笔划排列。党政社团组织机构与领导人名录、市属企业和各镇领导名录收录的时间下限为2002年3月31日。

4.本年鉴卷首编有目录和英文要目,卷中编有横向参见系统,卷末编有主题分析索引、主要报刊文章索引。

5.本年鉴稿件、资料全部由武进市有关单位提供,单位负责人审签,经武进年鉴编纂委员会和市委保密委员会办公室审核,在条目后署明撰稿人姓名。"统计资料"由武进市统计局提供,国内生产总值、增加值均为当年价。

6.为叙述简洁,本年鉴采用习惯性简称,编在目录前附有《有关组织机构简称全称对照表》。

7.本年鉴的编辑出版得到全市各级、各部门、驻武单位的领导、撰稿人和方志出版社、印制单位的大力支持,谨表谢意!

有关组织机构简称全称对照表

简　称	全　称
市　委	中共武进市委员会
人大常委会	人民代表大会常务委员会
政　府	人民政府
政　协	中国人民政治协商会议
纪　委	纪律检查委员会
法　院	人民法院
检察院	人民检察院
人武部	人民武装部
农工部	农村工作部
统战部	统一战线工作部
政法委	政法委员会
党史工委	党史工作委员会
机关工委	市级机关工作委员会
计　委	计划委员会
经　委	经济委员会
建　委	建设委员会
教　委	教育委员会
科　委	科学技术委员会
外经委	对外经济贸易委员会
体改委	经济体制改革委员会
体　委	体育运动委员会
计生委	计划生育委员会
爱卫会	爱国卫生运动委员会
综治委	社会治安综合治理委员会
老龄委	老龄工作委员会
妇儿委	妇女儿童委员会
关工委	关心下一代工作委员会
经贸局	经济贸易局
外经贸局	对外贸易经济合作局
科技局	科学技术局
计生局	计划生育局
劳保局	劳动和社会保障局
环保局	环境保护局
乡企局	乡镇企业管理局
工商局	工商行政管理局
多管局	多种经营管理局
农机局	农机管理局
质监局	质量技术监督局
国土局	国土管理局
市台办	市委台湾工作办公室 市政府台湾事务办公室
武进高新区	江苏省武进高新技术产业开发区
武进农业开发区	江苏省武进外向型农业综合开发区
人行武进市支行	中国人民银行武进市支行
工行武进市支行	中国工商银行武进市支行
农行武进市支行	中国农业银行武进市支行
农发行武进市支行	中国农业发展银行武进市支行
市信用联社	武进市农村信用合作社联合社
交行武进支行	交通银行武进支行
建行武进市支行	中国建设银行武进市支行
中行武进支行	中国银行武进支行
中保武进市支公司	中国人民保险有限公司武进市支公司
寿险武进市支公司	中国人寿保险有限公司武进市支公司
太保产险武进支公司	中国太平洋财产保险股份有限公司武进支公司
太保寿险武进支公司	中国太平洋人寿保险股份有限公司武进支公司
烟草局	烟草专卖局
市烟草公司	江苏省烟草公司武进市公司
市建材公司	武进市建材工业公司
供销社	供销合作(总、联)社
农工办	市委农村工作办公室
方志办	地方志办公室
侨　办	侨务办公室
体改办	经济体制改革委员会办公室
三产办	第三产业办公室
人防办	人民防空办公室
外事办	外事办公室
农能办	农村能源办公室
团市委	中国共产主义青年团武进市委员会
科　协	科学技术协会
工商联	工商业联合会
侨　联	归侨侨眷联合会
文　联	文学艺术工作者联合会
残　联	残疾人联合会
青　联	青年联合会
电　台	人民广播电台
个　协	个体劳动者协会
私　协	私营企业协会
消　协	消费者协会
妇　联	妇女联合会

武 进 政 区 图

比例尺 1: 32万

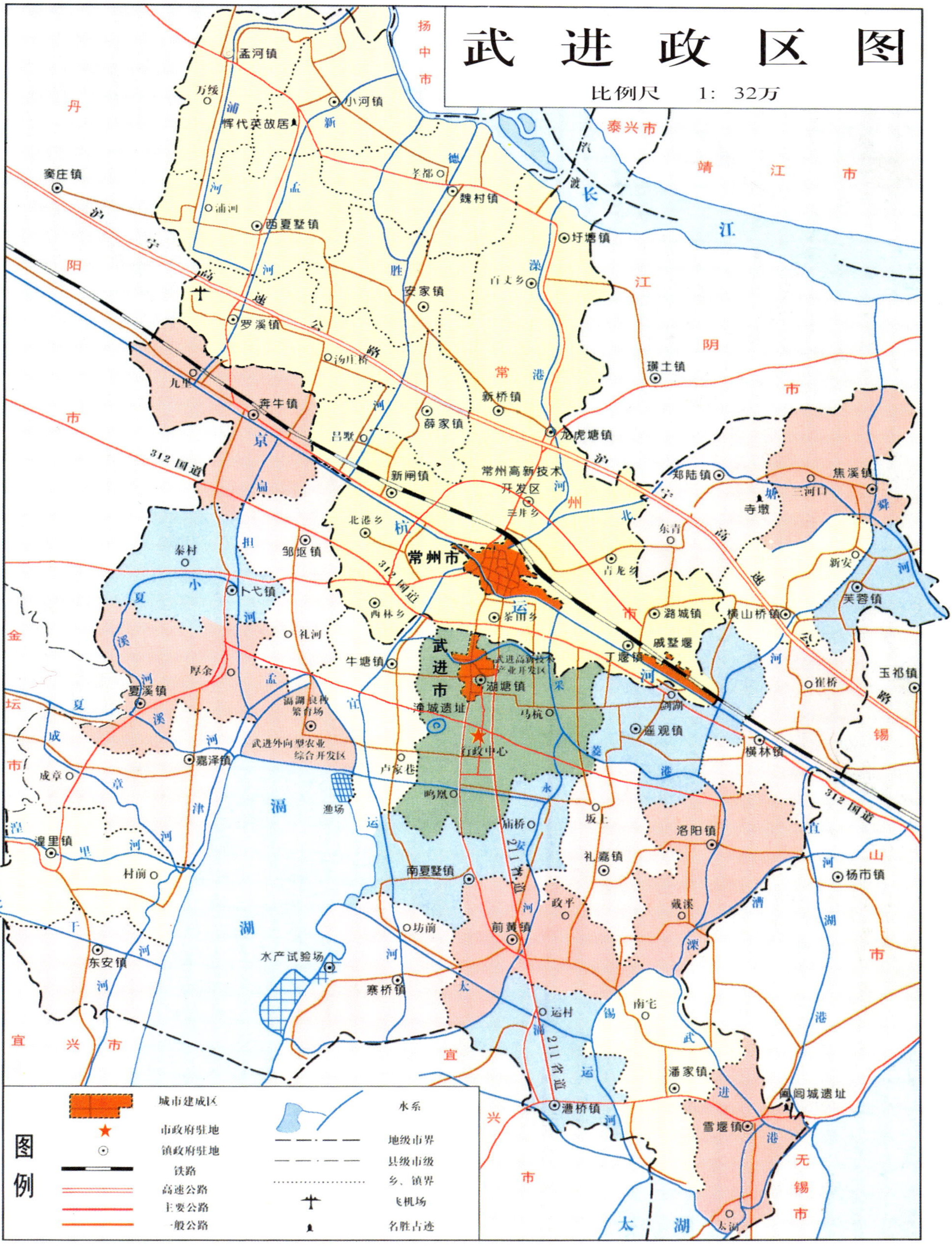

中共常州市委常委、武进区委书记　盛克勤

常州市武进区区长　李小平

《武进年鉴》1994 1999卷蝉联全国地方年鉴奖特等奖

贺《武进年鉴》创刊十五周年

踏着武进现代化建设的步伐，《武进年鉴》走过了15个春秋。15年来，《武进年鉴》始终坚持“客观真实地记载历史，全面系统地反映现实”的办刊宗旨，翔实地将武进人民开拓创新，进行现代化建设的辉煌成就凝结在一本又一本年鉴中。通过大量的事实和数据，从宏观到微观，图文并茂地展现了武进政治、经济、文化、社会生活中各个领域的基本面貌和发展状况，清晰地勾勒出了武进发展的历史轨迹，为知往鉴来发挥了很好的作用。同时《武进年鉴》不断优化完善框架结构、类目设置，条目编校、印刷装帧质量逐年提高。1994年卷和1999年卷荣获两届中国地方年鉴奖特等奖，1993年卷、1996年卷和2000年卷荣获江苏省地方志系统优秀成果一等奖和特等奖。我们对《武进年鉴》创刊15年来取得的可喜成绩表示祝贺！向15年来为《武进年鉴》的编辑出版付出辛勤劳动的广大编撰人员和关心支持武进年鉴事业发展的各级领导和各界人士表示感谢！

合着时代的节拍，武进人民在充满希望的21世纪里，将继续高举邓小平理论伟大旗帜，以江泽民同志“三个代表”重要思想为指导，以富民强区、率先基本实现现代化的目标总揽全局，突出加快发展的主题，紧扣结构调整的主线，积极实施科教兴区、城镇带动、经济国际化三大战略，奋力实现经济的领先型发展，全面提升区域经济综合实力。我们坚信，全区人民继续发扬“团结奋进、勇于开拓、实干兴业、争创一流”的“武进精神”，一定能够实现武进经济和社会发展的新跨越，谱写出新的辉煌篇章。希望全区年鉴工作者在区委、区政府和《武进年鉴》编委会的领导下，在各镇、各部门、各单位的关心支持和通力协作下，坚持《武进年鉴》的办刊宗旨，围绕中心，服务大局，与时俱进，开拓创新，继续狠下功夫提高年鉴编纂质量，继续如实记载武进改革、发展的历史，以更加鲜明的时代特色、地方特色、年度特色和功能特点，为各级领导决策提供参考，为工商界人士开展业务提供咨询，为市民生活提供服务指南，为世界了解武进，为开放的武进走向世界提供多元化的信息服务。

热烈祝贺《武进年

中共常州市武进区委办公室
常州市武进区人大办公室
常州市武进区政府办公室
常州市武进区政协办公室
常州市武进区人民武装部
中共常州市武进区纪律检查委员会
常州市武进区人民法院
常州市武进区人民检察院
中共常州市武进区委组织部
中共常州市武进区委宣传部
中共常州市武进区委统战部
中共常州市武进区委政法委员会
中共常州市武进区委农村工作办公室
中共常州市武进区委台湾工作办公室
中共常州市武进区委老干部局
中共常州市武进区委市级机关工委
中共常州市武进区委党校(行政学院)
常州市武进区发展计划局
常州市武进区经济贸易局
常州市武进区科学技术局
常州市武进区教育局
常州市武进区公安局
常州市武进区监察局
常州市武进区民政局
常州市武进区司法局
常州市武进区财政局
常州市武进区人事局
常州市武进区劳动和社会保障局
常州市武进区民族宗教事务局
常州市武进区国土资源局

常州市武进区建设局
常州市武进区交通局
常州市武进区水利局
常州市武进区农林局
常州市武进区外经贸局
常州市武进区审计局
常州市武进区文化局
常州市武进区卫生局
常州市武进区广播电视局
常州市武进区计划生育局
常州市武进区环境保护局
常州市武进区体育局
常州市武进区统计局
常州市武进区旅游局
常州市武进区物价局
常州市武进区粮食局
常州市武进区地震局
常州市武进区档案局(馆)
常州市武进日报社
常州市武进区体改委办公室
常州市武进区人民防空办公室
常州市武进区行政审批服务中心
常州市武进区信息中心
常州市武进区农业机械管理局
常州市武进区机关事务管理局
江苏省武进高新区管委会
江苏省武进农业开发区管委会
常州市武进区供销合作总社
常州市武进区物资(集团)总公司
常州市武进区商业(集团)公司

常州市武进区农村信用合作联社
中国人民银行武进支行
中国工商银行武进支行
中国农业银行武进支行
中国农业发展银行武进支行
中国建设银行武进支行
中国银行武进支行
中国人民保险公司武进支公司
中国人寿保险公司武进支公司
交通银行武进支行
中信实业银行常州分行武进支行
中国太保财产保险公司武进支公司
中国太保人寿保险公司武进支公司
常州市武进区烟草专卖局(公司)
常州市武进区供电局
常州市武进邮政局
常州市武进电信局
常州市武进区国家税务局
常州市武进区地方税务局
常州市武进工商行政管理局
常州市武进质量技术监督局
常州市武进药品监督管理局
常州市武进区总工会
共青团常州市武进区委员会
常州市武进区妇女联合会
常州市武进区科学技术协会
常州市武进区工商业联合会
常州市武进区文艺工作者联合会
常州市武进区雪堰镇人民政府
常州市武进区潘家镇人民政府

12月11日，中共江苏省委书记回良玉，省委常委、省委秘书长赵少麟和省经贸委主任仇中文、省外经贸厅厅长叶坚在中共常州市委书记李全林、中共武进市委书记盛克勤、代市长李小平陪同下，考察江苏金鼎集团公司。公司董事长、总经理鲁仲清向省、市领导汇报企业生产销售情况。金鼎集团是国家电动工具出口生产基地企业、“全国出口创汇先进企业”，2001年外贸出口7亿多元，自营出口3 658万美元。（陆 新 摄）

12月11日,中共江苏省委书记回良玉一行在常州市、武进市领导陪同下,考察江苏侨裕集团所属侨森电子信息产业有限公司。该公司专业生产LCD-PC液晶一体电脑、LCD-MINT液晶分体电脑、LCD-MONT TOP液晶显示器。（陆 新 摄）

12月11日，中共江苏省委书记回良玉一行在常州市、武进市领导陪同下，考察常州市厚余观赏植物科技示范园。总经理戴锁方向省市领导汇报了观赏植物科技示范园的生产经营情况。（陆 新 摄）

金氏集团

2001年12月11日，中共江苏省委书记回良玉、省经贸委主任仇中文、省外经贸厅厅长叶坚，在中共常州市委书记李全林、市长范燕青，中共武进市委书记盛克勤、代市长李小平陪同下视察武进金氏集团。集团董事长金文宗在一期工程 投资1.6亿元装备的2万吨五层共挤高档BOPP薄膜生产线车间介绍集团所属企业金海塑业生产情况 。二期工程总投资2亿元，年设计能力4万吨，可新增年销售产值5亿元，利税1.3亿元。(陆 新 摄)

2001年12月，江苏省副省长王珉、省科技厅厅长王永顺在武进市代市长李小平、副市长陆志奋陪同下视察金氏集团。集团董事长、江苏省乡镇企业家金文宗向省、市领导介绍了金海塑业有限公司开发科技新产品“晨克牌”BOPP薄膜的情况。该新产品为“国家级重点新产品项目”、“江苏省高科技产品”。 (陆 新 摄)

2001年10月19日，全国人大常委副委员长铁木尔·达瓦买提在中共武进市委书记毛伟明陪同下，在2001年武进国际经贸洽谈会展览厅听取金氏集团开发的无公害绿色食品“圣花牌”无花果酒生产经营情况汇报。（陆新摄）

12月11日，中共江苏省委书记回良玉视察金氏集团无花果生产基地，当了解到金文宗在无花果生产加工方面获得22项国家专利，开发成功无花果营养品、果茶、果酒三大系列近30种产品时指出：我国农业缺乏竞争力，其中一个重要原因就是农产品未充分进行深加工和综合利用,技术含量、产业化程度低。金文宗将无花果经过深度开发和多层次转化后，形成了一个具有潜力的产业，是我们应对“入世”挑战，发展农村经济、富裕农民的一条新路。（陆新摄）

无花果种植基地

5月30日，2001年武进市科技经济对接洽谈会在市行政中心隆重举行。来自上海、重庆、南京、西安、成都等地的51所著名院校和科研院所的130多位专家参加，并与武进企业签订技术合作意向159份。

对接洽谈会盛况
（高岷　摄）

剪彩（刘建中 摄）

武进市副市长李小平致辞

10月18日～19日，2001年武进国际经贸洽谈会在市行政中心举行，735名中外客商参加会议，达成外资合作意向项目73个，总投资3.7亿美元。

中共武进市委书记毛伟明陪同铁木尔.达瓦买提副委员长参观展厅

外宾在开幕式上（刘建中 摄）

合作项目签字仪式（刘建中 摄）

2001年3月28日～30日,中国共产党武进市第九次代表大会召开。（刘建中 摄）

2001年3月18日～21日,武进市第十二届人民代表大会第四次会议召开。（刘建中 摄）

2001年3月17日～20日,中国人民政治协商会议武进市第十届委员会第四次会议召开。（刘建中 摄）

武进市隆重举行纪念中国共产党成立八十周年大会。中共武进市委在会上表彰了红旗党组织30个，模范共产党员100名和“六好镇党委”14个。

（刘建中 摄）

庆祝中国共产党成立八十周年专场文艺演出。（刘建中 摄）

庆祝建党八十周年“美在武进”书法美术作品展在行政中心举行。

（刘建中 摄）

《春到万物鲜》(中国画) 作者 赵治平 作品获中国工艺画大展银奖。

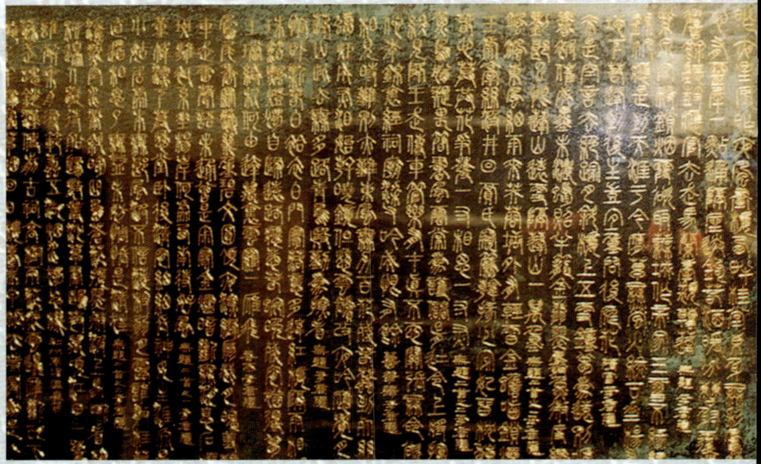

自书自刻篆书铜刻《唐诗三百首》 作者 汤友常 2000年12月21日,作者首先在三块铜板上刻成唐诗58首，共5 613字,全长6.15米,于2001年2月21日三创基尼斯之最。又耗时102天,在四块铜板上刻成唐诗53首,共7 287字，全长8.2米,四创基尼斯之最。所余202首诗10 208字,刻在六块铜板上，全长12.3米,耗时132天,于2001年10月13日刻制完成,五创基尼斯之最。作者将唐诗、书法和铜刻三者串联，完美结合，相互提升,显示各自神韵。

牙刻《三国演义》 作者 萧剑波 该作品是一件集象牙浅刻与微雕于一体的艺术精品。作品以微雕63万余主要人物。作者历时5个春秋，终成由21扇牙雕紫檀组成3.25米长、0.46米高的微型屏风，寓意着作者对

《不夜帐蓬城》 作者刘建中 作品获第五届上海国际影展优秀奖。

牙刻《九寨想图》 作者萧剑波 该作品突破传统手法，创意求新，以大自然为牙刻创作素材，亲临九寨沟，神奇畅游，刻画出仙境般的九寨风光，此作品获中国国家级工艺美术大师精品银奖。

汉字《三国演义》全文作为灰色背景，篆刻印章105枚，烘托出《三国演义》名著中各领风骚、形象鲜明的126个21世纪的美好憧憬。作品获中国国家级工艺品美术大师精品展金奖，中国工艺美术最高奖—华艺杯金奖。

武进市人民法院

领导班子成员

2001年,市法院以邓小平理论、江泽民“三个代表”重要思想为指导,充分履行审判职能，加强审判工作，维护司法公正，深化内部改革，狠抓队伍建设，努力争创人民满意法院。全院紧扣公正高效这个主题，不断提高审判人员和司法干警的思想水平和业务素质，着力加强思想作风和廉政建设，加强规章制度建设，切实加大考核奖惩力度，硬件和软件建设跨上了新的台阶，审判执行业务、内部改革和队伍建设等方面都取得了全面进步。全院年内共办结各类案件12 317件,涉案标的6.03亿元。被常州市政府评为劳动竞赛先进集体，被常州市中院评为先进法院；刑事审判庭被江苏省高院记集体一等功；执行工作被江苏省高院记集体二等功；调研工作被江苏省高院评为先进集体。

地 址　常州市北环故园路
电 话　5302310
邮 编　213004

全体中层以上干部合影

法官宣誓仪式

法锤

在建的人民法院审判大厅

武进市公安局

范诃生局长在法律咨询现场

地 址　常州市北环故园路
电 话　5306600
邮 编　213004

无毒社区活动

警营文化

阳湖巾帼岗

2001年，武进市公安局坚持以邓小平理论和江泽民“三个代表”重要思想为指导，深入贯彻党的十五届五中、六中全会和全国社会治安工作会议精神,紧紧围绕全市改革开放和经济建设这一中心,以全力开展“严打”整治斗争为主线，坚定不移地维护政治稳定和社会安定，大力加强公安基础工作和治安防控体系建设，全面推进公安队伍革命化、正规化和现代化建设。年内，不断地组织开展了“打黑除恶”、“治爆缉枪”、“春季攻势”、“夏季攻势”、“三禁”等专项斗争，快侦快破了“3·3”遥观杀人分尸案、“7·4”小河杀人劫车案、“7·12”小河杀人分尸案等一批现行恶性刑事案件；认真开展了“三讲”、“三个代表”重要思想学习教育和“以人民满意为标准，以公正执法为重点”的集中教育整顿活动，切实加大了“文明卫生所队”和“人民满意”创建活动力度,公安队伍建设再上新台阶。2001年,该局被市委、市政府评为“勤政、廉洁、三服务”优胜单位，被中共江苏省委、江苏省政府命名为“江苏省文明单位”。

在武进高级中学召开公开逮捕大会

武进市国家税务局

武进市国家税务局成立于1994年10月，现辖9个管理分局、1个征收分局、1个稽查局和信息中心、机关服务中心、培训中心3个事业单位，共有税务干部350多人，管理纳税户26870户。多年来,市国税局税收收入逐年递增，税收总规模成倍增加。“九五”期间，全市国税系统累计组织收入54.55亿元，是“八五”全市国税、地税总收入的两倍,年均增收1.53亿元，年均增长18.69%；2000年国税收入达到13.33亿元，比“八五”期末1995年的5.68亿元翻了一番多；2001年税收收入达到了16.26亿元，比上年同期增收近3亿元,为国家和当地经济发展提供了有力的财力保障。

近年来，武进市国税局始终坚持以创建工作为总揽，内强素质，外重服务；内强管理，外树形象，拓展文明行业创建内涵，提升文明行业创建层次。全局以“文明办税、优质服务”活动为载体，以办税服务大厅为阵地，努力实现“服务人民、奉献社会”的宗旨，积极开展文明行业争创达标活动,文明执法，贴心服务，热心公益事业，社会形象普遍提升，行风评议名列前茅。市国税系统被表彰为江苏省文明行业、江苏省文明单位，被常州市委、市政府评为常州市文明行业，获常州市文明单位标兵称号。

局长　姜立军

宽敞整洁的征收大厅

地址　武进市行政中心2号楼5楼
电话　6318165
传真　6318157
邮编　213159

创建文明行业工作动员会

国税系统党风廉政建设教育会

税法知识讲座，提高公民纳税意识

宣传税收政策，促进外向型经济发展

武进市供电局

党委书记 伍志刚

副局长 俞梁一

●首批通过江苏省文明行业验收单位

武进市供电局隶属于国家大型一档供电企业—常州供电公司。2001年底全局有职工606人；有35千伏以上变电所32座，其中220千伏变电所2座，110千伏变电所14座，35千伏变电所16座，运行主变容量139万千伏安；有220千伏输电线路6条，110千伏输电线路23条，35千伏输电线路34条，10千伏配电线路196条，总长3574千米，固定资产达7.53亿元。2001年完成供电量29.1亿千瓦时，售电量27.13亿千瓦时。日最高负荷达56.6万千瓦。局先后被评为电力“三为”服务达标单位，全国农村电气化县、农村用电标准化县，县级电网调度自动化系统实用化单位，连续12年被评为武进市文明单位，从1995年至今，保持常州市级文明单位称号，2001年首批通过江苏省文明行业验收。

地 址 常州市永宁路88号
电 话 5300137
传 真 5301047
邮 编 213004

江苏电力
JIANG SU POWER
武进供电公司
WUJIN POWER SUPPLY CO.

武进市政府领导观察农网改造现场

施工现场

接受用电客户咨询

在“心桥行动”中宣传安全用电知识

武进市交通局

近年来，武进交通系统围绕全区经济建设，努力搞好交通基础设施建设和加强交通行业管理。常澄高速公路武进段、常州市大外环南环线等省、市重点交通工程建设有序推进，全区23个镇基本实现镇镇通二级公路，镇通村三级公路改造工程全面启动；以建立统一、开放、竞争、有序的交通运输市场为目标，深入开展“水上运输安全管理年”、“路政管理年”和道路运输市场秩序整顿等活动,不断加大依法行政的力度，全面加强运输市场管理；以强化安全生产管理为手段，把各项安全指标控制在预控目标内;以加入世贸组织和体制改革为契机，增强“科技兴交通”的意识，继续加快结构调整步伐；“以筑桥铺路为人民，优质运输创一流”为主旋律，切实抓好作风、行风和精神文明建设，促进了交通“两个文明”建设持续、快速、协调发展。到2001年底，武进交通系统已创建成武进市文明行业、江苏省交通系统创建文明行业工作先进行业,近90%的基层单位创建成为不同档次的“文明单位”；该局被中共江苏省委、省政府授予“全省纪检监察先进集体”，还获得江苏省建设厅授予的“园林式单位”称号；局党委被中共常州市委评为“先进基层党组织”。

局领导班子（左三为局长、党委副书记蒋惊雷，左四为党委书记邓荣初，左一、左二分别为副局长陈方根、潘建方，左五、左六分别为副局长朱柏松、谈胜）

地 址 常州市武进区常武路长虹路大转盘
电 话 6503636 6503617
传 真 6503636
邮 编 213161

武进交通资产经营有限公司成立

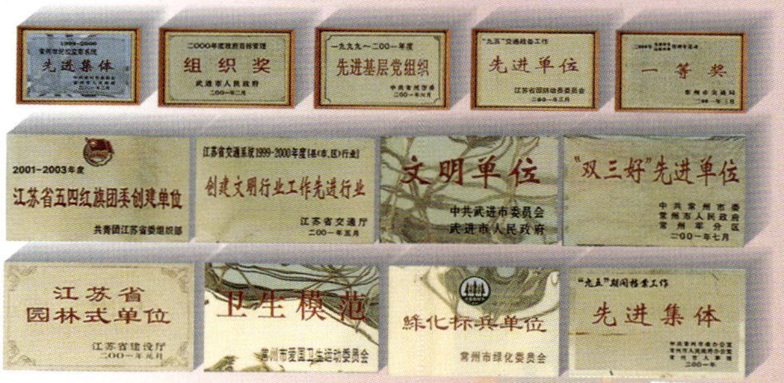

综合荣誉集萃

2001年，交通系统创建成武进市文明行业、江苏省交通系统创建文明行业工作先进行业

局长蒋惊雷、党委书记邓荣初陪同区委书记盛克勤、区长李小平视察环太湖旅游公路建设

交通局举办“清风之歌”专场演唱会，交通系统勤政廉洁蔚然成风

局领导慰问“渡江英雄船”（解放战争渡江战役）老船工92岁的秦长贵

武进市交通局

标美化公路

繁忙的港口码头

3月8日，区重点交通建设工程延政西路(武宜路至武进农业开发区)开工建设

建设中的常州大外环南环线（长虹路）

武进市档案局 武进市档案馆

武进市档案馆建于1959年4月，1981年1月成立武进市档案局，1995年晋升为“省一级先进档案馆”，1999年12月按新标准，重新核定为“省一级先进档案馆”。曾荣获“八五”、“九五”先进集体荣誉。拥有建筑面积5 000平方米，库房中央空调，另配备12台立式空调和586以上电脑12台、除湿机12台、密集架162列、书报刊76架。馆藏172个全宗,档案资料11 7853卷,资料1 3421册,馆藏档案文件级目录数据库已建成档案信息达150多万条。从1991年起，分5批向社会开放档案1 6775卷。

地 址 武进市行政中心1号楼
电 话 6310273
邮 编 213159

局长 馆长 叶留祥

武进市档案局（馆）长叶留祥(右一)陪同国家档案局副局长、中央档案馆副馆长杨公之(前中)等领导视察武进档案局(馆)。

库房管理员利用计算机自动检索提供查档利用

档案密集架一角

武进市经济贸易局

改革开放以来，武进工业经济在调整中发展,在发展中调整,逐步形成了武进工业的特色和优势。2001年,武进有机械、纺织、冶金、化工、轻工、电子、建材和食品饲料等8大骨干行业主要产品2 000多只，其中有50多只产品全国市场占有率排名前三位，20多只产品全国销售第一。有16个镇年销售收入超10亿元；41家企业年销售收入超亿元；有84只工业产品评为常州市级以上名牌产品,新产品销售收入124.3亿元,工业园区销售收入120亿元。全市完成工业总产值570.06亿元,实现销售收入504.89亿元,实现利税36.98亿元，其中利润17.99亿元,同比分别增长11.36%、13.74%、18.09%和34.19%。

地 址 武进市行政中心3号楼
电 话 6310161
传 真 6310162
邮 编 213159

局 长 范寿柏

江苏新华昌集装箱有限公司年生产ISO国际标准集装箱，产品95%以上外销。

江苏新科集团DVD视盘机生产流水线

江苏阳湖纺织集团股份有限公司车间一角

江苏新亚化工集团公司厂区

常州创佳塑料型材有限公司全套引进奥地利、德国产混料系统、塑料异型材生产线

江苏华东邮电电缆厂生产车间

武进中天钢铁集团25万吨高速线材二期工程生产线

高科技型项目——液晶显示屏生产线

武进市对外贸易经济合作局

局长 党委书记　翁浩明

地 址　武进市行政中心
电 话　6310190
邮 编　213159

2001年武进国际经

2001年武进国际经贸洽谈会外商代表致词

中外合作项目开业典礼

2001年，全市开放型经济取得了可喜的成绩。全年新批三资企业71家，合同外资2.83亿美元，同比增长126%，到帐外资1.42亿美元，同比增长18.17%，总投资额500万美元以上的项目17个。其中常州亚邦化学有限公司等11个项目投资均超1000万美元。全市自营出口达6.49亿美元，同比增长29.23%。其中三资企业出口2.98亿美元，同比增长7.4%。自营出口生产企业出口3.36亿美元，同比增长77.64%。一批出口大户在全市自营出口中起了主导作用，江苏新科电子、新华昌集装箱、津逊电器、鸿鼎家饰、金鼎电动工具等5家企业自营出口均超2 000万美元。其中新科电子出口达1.32亿美元，成为全省第一个出口超亿美元的企业。外经合作在过去的一年里也取得了较好的业绩,全市完成对外劳务承包工程合同额2 548亿美元营业,额1 522亿美元,分别比上年增15%和25%。

该局在新的一年里，将在市委、市政府的正确领导下，坚持“三外”齐抓，“三外”齐上。在对外经贸工作中，实施5个加大和5个突破，即：加大招商引资力度，在引进大项目上求突破；加大对意向大项目的跟踪力度,在提高项目批办成功率上求突破；加大改善投资环境的力度,在优质服务上求突破；加大招商队伍建设力度,在提高招商人员素质上求突破；加大行政推动工作力度,在考核激励机制上求突破。

谈会合作项目签字仪式

市长李小平陪同德国纽伦堡市长魏伯信考察武进企业

拜访台北武进同乡会

武进市劳动和社会保障局

局长　丁冠健

近年来，武进市劳动和社会保障局加快推进劳动和社会保障制度改革，劳动保障工作延伸到了全市所属镇的各类用人单位。该局在常武地区率先建立起现代化程度较高的大型劳动力市场，与常州市区进行实时联网，并与23个镇公共职介所联网，为用人双方提供实时信息服务，就业服务由政府主导转向市场主导，城镇登记失业率控制在3.5%以内，确保了就业工作的稳定发展。企业、机关事业单位和农村三大养老保险实行统一管理，城镇用人单位100%参加了社会养老保险。社会养老保险已由城镇用人单位向其它各类用人单位延伸，社会养老保险的覆盖面不断扩大，城镇医疗保险制度改革取得初步成效。全市9.28万名机关、事业单位工作人员和城镇企业职工参加了医疗保险。劳动保障执法力度不断加大，市、镇两级劳动监察机构积极查处各类严重违反《劳动法》的行为，立案查处的违法案件结案率保持在100%，切实维护了劳动者的合法权益。市、镇劳动争议仲裁机构调处劳动争议案件结案率保持在95%以上，促进了劳动关系的和谐、稳定。1995年以来，该局荣获江苏省乡镇劳动工作先进集体、江苏省劳动监察工作和劳动争议仲裁工作先进集体等多项荣誉称号。

地址　武进市行政中心5号楼　　电话　6310203　　传真　6310845　　邮编　213159

武进市四套班子领导为武进市劳动力交流中心开业剪彩

武进市劳动监察大队举办劳动保障法规培训班

- 江苏省乡镇劳动工作先进集体
- 江苏省劳动监察工作先进集体
- 江苏省劳动争议仲裁工作先进集体

机关企事业单位在医保中心办理医疗费结算手续

全市劳动力纳入微机管理

市劳动力交流中心工作人员为用工双方提供服务

武进市职业技术培训中心开办微机培训班和数控机床操作培训

武进市地

地 址　武进市行政中心2号楼4楼　电 话

局 长　周瑞华

武进市地方税务局始建于1994年，现有税务干部职工278人，下设1个稽查局，2个检查分局和12个征管分局。多年来，市地税局以组织收入为中心，坚持依法治税,强化税收管理，深化征管改革，加强队伍建设，连续多年超额完成税收任务,多次被上级地税机关和地方政府评为先进集体和文明单位。

2001年，全局有常州市文明单位6个，武进市文明单位6个,江苏省地税系统文明税务所3个,常州市地税系统文明税务所12个。2001年，武进市地税局征收入库地方工商税收71 412.97万元，比上年增长54.59%。其中市(县)级税收66 658.52万元，比上年增长58.63%，增收24 636.62万元,完成年末计划的124.25%。征收入库预算外资金58 243.55万元，其中社会保险费入库13 868.34万元，征缴率达92.5%。为武进地方经济发展和社会事业进步作出了积极的贡献。

方税务局

6310452　传真　6310808　邮编　213159

有了您的纳税
才有共和国的繁荣

预防职务犯罪座谈会

“三个代表”重要思想学教活动

整洁宽敞的办税服务厅

武进市物价局

局 长 冯士彬

武进市物价局是市政府的价格主管部门，下设综合科、物价科、物价检查所、价格认证中心。其主要职能是依法进行价格调控、价格管理、价格监督、价格服务。现有行政编制7人，事业编制27人。

近年来，该局不断深化价格体系、体制改革，完善价格形成机制，加大“清费治乱”力度，控减企业和农民负担，坚持以法治价、规范价格行为，不断拓展服务领域，改善服务态度，为全市经济建设和社会发展作出了较大贡献。多次被国家发展计划委员会、江苏省物价局评为“先进集体”；市物价检查所分别被国家发展计划委员会、江苏省物价局首批命名为“规范化物价检查所”。

2001年，全市居民消费价格指数为99.6,物价总水平继续保持平稳。市政府取消收费项目10项，降低收费标准9项，减轻企业和农民负担约9 300余万元。

局长冯士彬陪同市领导检查市场物价

局长冯士彬向市长李小平汇报工作

地 址 武进市行政中心2号楼
电 话 6310253
邮 编 213159

武进市审计局

武进市审计局多年来认真履行工作职责，积极开展对本级预算执行情况、市镇二级及各部门、事业单位、下属单位预算的执行情况和决算以及预算外资金的管理和使用情况进行审计监督；对金融机构、市属国有、城镇集体企业的资产、负债、损益进行审计监督；对建设项目预算的执行情况和决算进行审计监督；对市政府部门管理的和社会团体受市政府委托管理的社会保障基金、社会捐赠资金以及其他有关基金、资金的财务收支进行审计监督；对社会中介组织的财务收支及执业质量进行审计监督；对国际组织和外国政府援助贷款项目的财务收支进行审计监督；对中外合资合作企业财务收支的真实、合法以及税收法规执行情况进行审计监督；对党政领导干部和企业领导人员进行任期经济责任审计，提出审计结果报告；同时指导、管理、监督市镇二级内部审计工作。

2001年，完成审计项目111个，查出违规行为金额4 872万元，增加财政收入717万元。通过审计，有142条审计建议被审计单位采纳；编发《武进审计信息》10期,向上级部门提交审计报告和信息56篇，被批示和采用29篇。

审计局中层以上干部

现场审计

局长 党组书记　王炳昌

地 址　武进市行政中心2号楼
电 话　6310835
邮 编　213159

计算机辅助审计

武进市文化局

局长 党组书记 吕骏

2001年，市文化局坚持以“三个代表”重要思想为指导，坚持文艺“为人民服务、为社会主义服务”的方向和“百花齐放、百家争鸣”的方针，坚持中国先进文化的前进方向，高扬主旋律，提倡多样化，不断深入社会、深入生活，紧贴生活脉搏，感受生活激流，汲取生活源泉，运用丰富多彩的艺术手段和表现方式，创作了一批为人民群众所喜闻乐见、雅俗共赏的文艺作品，全年有80多件文艺作品在省级以上发表或获奖。锡剧《窦娥冤》、《风流母女》分别获第六届中国“映山红”民间戏剧节一、二等奖；小品《兵大哥与打工妹》获全国“曹禺杯”小戏小品比赛二等奖；在全市性重大活动中,配合市国际经贸洽谈会，组织了规模盛大、隆重热烈的广场文化活动，在纪念建党80周年活动中，举办摄影图片展；在文化基础工程建设中，新建了武进市博物馆。全市专业文化、群众文化 、社会文化等各项文化事业取得了较大的发展我市还被国家文化部授予中国民间特色艺术之乡——摄影之乡。

新落成的武进市博物馆

2001年武进国际经贸洽谈会广场文化

领导班子成员

摄影展

武进市第七届“童影奖”影评征文活动

地 址 武进市行政中心4号楼
电 话 6310356
邮 编 213159

武进市计划生育局

局 长　王建华

2001年，武进各级计生部门认真贯彻落实中共中央、国务院《关于加强人口与计划生育工作稳定低生育水平的决定》、国务院《计划生育技术服务管理条例》以及全国第十一次人口资源环境工作座谈会精神，进一步完善目标管理考核责任制，全方位推进婚育新风进万家活动，强化规范化管理，积极推进计划生育优质服务工程，加快人口与计划生育法制建设，全市计划生育管理和服务水平显著提高。年末全市计划生育率98.87%，累计一孩率78.31%，出生婴儿性别比105.89，育龄妇女晚婚率46.51%。

地 址 武进市行政中心4号楼　电 话 6310289　传 真 6310289　邮 编 213159

全市人口与计划生育工作会议

计划生育培训班

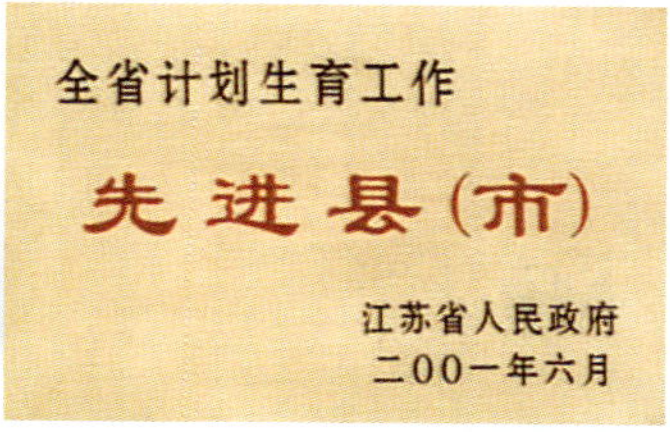

计生局领导班子

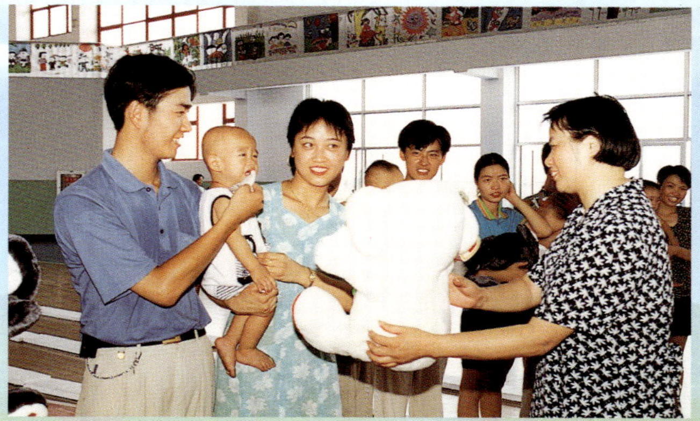

“夫妇只育一朵花、健康宝宝人人夸”活动

计划生育宣传、咨询活动

“10.28”男性生殖健康宣传活动

武进市民族宗教事务局

局 长　罗细林

武进的民族构成以汉族为主,少数民族现有22个，总人数421人。其中少数民族聚居村1个，即潘家镇城西村。

境内现有批准开放的宗教活动场所55处，其中佛教40处，道教3处，基督教11处，天主教1处。宗教职业人员约700人，其中正一派散居道士500人，佛教僧尼179人,天主教教职人员3人，基督教8人。有爱国宗

位于横山桥镇芳茂山的大林寺一角

位于横山桥镇的白龙观

位于横山芳茂山的福寿庵玉佛大殿

位于东青的天主堂

教团体4个，即佛教协会、天主教爱国会、基督教三解爱国会、道教协会筹备组。

民族宗教事务局作为政府管理民族宗教事务的职能部门，一是贯彻国家民族宗教工作的方针政策和法律法规，依法保护少数民族公民的合法权益，参与研究制定本区民族宗教方面的规范性文件；二是依法保护公民宗教信仰自由，保护宗教团体和宗教活动场所的合法权益,保护正常的教务活动,保护正常的宗教活动；三是依法对宗教活动场所、教职人员的教务活动和信教群众的宗教活动进行管理，对相关政策和法律法规的执行情况进行监督检查，妥然妥处民族宗教方面的矛盾。

位于横山桥镇的东岳庙一角

地 址　武进市行政中心1号楼
电 话　6310949
邮 编　213159

位于鸣凰的基督教堂

位于湖塘镇何留墅的宝林寺大雄宝殿

常州市武进质量技术监督局

常州市武进质量技术监督局是主管全市质量技术监督工作的职能部门，内设5个职能科室，下辖稽查大队、计量所、质检所、锅检所、安检站、情报所等6家全民事业单位。主要职能是执行《标准化法》、《计量法》、《产品质量法》等有关质量技术监督工作的法律、法规，管理全市标准化、计量、产(商)品质量、质量认证和生产许可证工作，实施锅容管特设备的安全监察，负责市打假办日常工作和质量技术监督行政执法工作，开展对计量器具、锅容管特设备的检测和产(商)品质量的检验工作。

常州市武进质量技术监督局多年来坚持从源头抓质量,努力提高全市产品质量水平。至2001年底，全市累计有14家企业的18只产品获省名牌产品称号，428家企业通过ISO9000质量体系认证，全市产品在国家和省监督抽查中合格率呈逐年上升趋势；2001年,共帮助企业制修订企业标准1 533只,“采标”24项，17家企业通过计量保证确认,65家企业通过计量合格确认，取缔“土锅炉”182台；受理群众举报489起；受理各类质量技术监督案件478起；端掉制假窝点25个;查处假冒伪劣产(商)品总标值1 400余万元,为保证武进经济的持续、快速、健康发展发挥了积极的职能作用。

查询情报资料

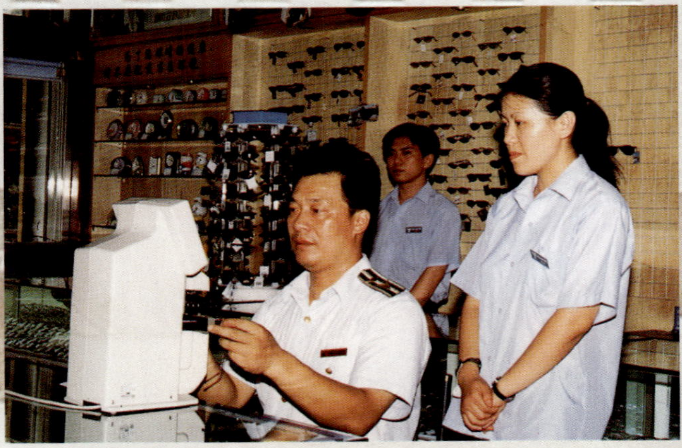
眼镜检测

地 址 武进市行政中心府东路
电 话 6310319 6318201
传 真 6310212
邮 编 213159

局长 党组书记 邱士坤

行风评议活动

产品质量检验

查处假冒伪劣产品

局办公大楼

销毁假冒伪劣产品

武进市药品

武进药品监督管理局于2001年11月29日组建成立，是江苏省常州药品监督管理局直属机构，负责对武进区药品的研究、生产、流通、使用进行监督管理，确保全区人民用药安全有效。

武进药品监督管理局内设办公室、综合监管科、稽查科（稽查大队）3个职能科室,原武进市药品检验所成建制划归武进药品监督管理局管理。

前排左六为局长、党组书记束元正，左五为副局长庄仁一

监督管理局

主要职能

- 监督实施国家有关药品监督管理的法律、法规和规章；
- 监督管理全区医疗器械企业和产品；
- 监督管理全区药品、医疗器械批发和零售等经营企业；
- 检测检查全区药品、医疗器械及药品包装材料质量；
- 受理并查处全区药品、医疗器械及药品包装材料质量问题的投诉和举报；
- 查处生产、经营、使用假冒伪劣药品、医疗器械、药品包装材料等违法行为；
- 负责监督管理全区医疗机构、零售药店、个体诊所药品特别是中药材、中药饮片购销行为；
- 会同有关部门检查监督媒体刊播的药品广告。

地　　址　武进市行政中心5号楼5楼
稽查举报电话　6318029 6318033
邮政编码　213159

武進日報

总编辑　承才林

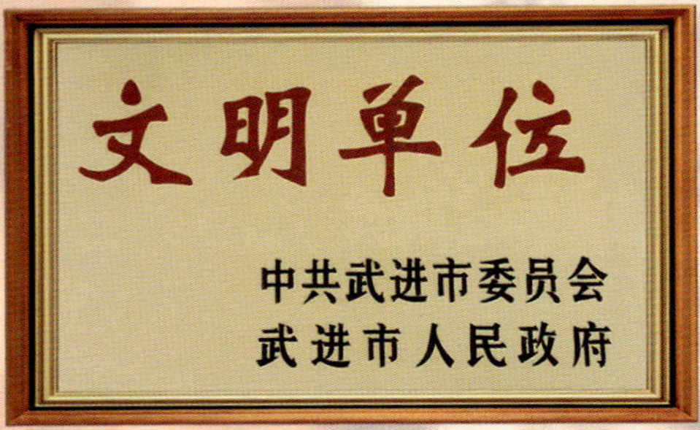

2002年1月1日,《武进日报》复刊8周年。在过去的8年中,《武进日报》见证并记录了武进人民改革、开放、发展的生动历史,并与千千万万的读者结下了深情厚谊。《武进日报》是一张综合类的党报,始终坚持高举旗帜、紧跟时代、关注现实、反映生活、贴近实际、服务群众的办报宗旨,成为武进地区党委、政府和人民群众的重要宣传阵地。

不断创新是《武进日报》永恒的追求,也是《武进日报》复刊以来年年迈大步的不竭动力。全体采编人员牢记历史使命，在服从宣传需要与尊重新闻规律的结合上积极探索、大胆实践，初步形成了自己的办报风格，在日益激烈的报业竞争中站稳了脚跟,在全国600多家、江苏50多家县级党报中,占据了重要的一席。《武进日报》已连续4年在江苏全省报纸优秀作品评选中取得优异成绩。2001年度以1个一等奖、3个二等奖、1个三等奖的不凡实绩,再度引起江苏省新闻界的关注,被称为“《武进日报》现象”。

《武进日报》在度过8周岁生日的时候,向广大读者奉献了《我是武进人》、《江南一枝花》、《三人行》、《美丽的绞索》、《见素集》等5部新闻作品集,为武进的文化园地增添了新的色彩。

《武进日报》的发展,是武进日报社建设的一个组成部分。2001年,武进日报被评为常州市先进集体，受到常州市政府的奖励。

地 址　武进市行政中心5号楼
电 话　6310693
传 真　6310690　邮 编　213159

要　　目

目　录

武　进　概　貌

地 方 军 事

人民武装

人民武警

人民防空

政 法

公安

检察

审判

司法行政

开 发 区 建 设

江苏省武进高新技术产业开发区

江苏省武进外向型农业综合开发区

镇工业园区

城镇规划建设

环境保护

农业水利

花木园艺业

蔬菜业

蚕桑业

水利

农业机械化

农业科技

工　业

综述

个私工业

电子信息工业

纺织服装工业

机械工业

冶金工业

化学医药工业

轻工业

建材工业

食品饲料工业

职业技术教育

社区教育

文　　化

文学艺术

文物·博物·图书

文化市场管理

群众文化

新　闻　业

广播·电视

报纸

医　疗　卫　生

医疗机构建设

医学教育与科研

卫生防疫·妇幼保健

体　育

社会生活

人民生活

婚姻·家庭

计划生育

关心下一代

民族·宗教

残疾人事业

老年人生活

社会保障

双拥优抚

社会福利

红十字会

社会行政管理

消防工作

各镇概貌

湖塘镇

牛塘镇

南夏墅镇

雪堰镇

潘家镇

漕桥镇

前黄镇

礼嘉镇

寨桥镇

洛阳镇

横林镇

遥观镇

横山桥镇

芙蓉镇

焦溪镇

郑陆镇

魏村镇

夏溪镇

湟里镇

嘉泽镇

东安镇

人 物

新闻人物

文艺专家

生活实用资料

索　　引

彩色图片目录

镇村风貌

教育现代化工程巡礼

Main Contents

Local Military Affairs

Politics and Law

Development Area Construction

Planning Construction of City and Towns

Environmental Protection

Agriculture·Water Conservancy

Industry

Communications and Electric Power

Post & Telecommunications, Information

Domestic Trade

Foreign Economics and Trade

Finance, Taxation, Auditing

Financial Industry

Tourism

Comprehensive Administration

Science and Technology

Education

Culture

News Business

Medical and Health

Sports

Social Life

A General Look of Towns

Figures

Documents Compilation

Statistical Data

Appendix

Index

武进概貌

自然地理

【地理位置】 武进市位于江苏省南部，长江三角洲太湖平原西北部，北濒长江，南临太湖，西衔滆湖，环抱常州市区，东邻江阴市、无锡市，南接宜兴市，西毗金坛市、丹阳市，北与扬中市、泰兴市隔江相望。全市总面积1 582.4平方千米，地势低平，平原占总面积的99%，水面占总面积的22.3%，是典型的“江南水乡”；全市有耕地7.85万公顷。

【自然资源】 武进位于亚热带北缘，土地肥沃，物产丰富，素有“鱼米之乡”之称。动植物资源丰富，市境内东南部雪堰、潘家两镇低山丘陵地区缓坡地带盛产茶叶和苹果、桃、梨、葡萄等水果。丰富的水资源为发展水产养殖业提供了优越的自然条件，北部长江水域出产鲥鱼、鮰鱼、鲂鱼等名贵鱼种。滆湖、阳湖、宋剑湖等自然湖泊和大面积人工渔池适宜于鱼、虾、蟹、蚌等水产养殖。矿产资源主要有郑陆桥地区的石膏矿，焦溪、新安等地的白泥、紫砂、陶土矿，潘家、芙蓉两镇拥有丰富优质矿泉水资源。 （杜仁彬）

【气候概况】 气温。2001年全市平均气温16.3℃，比常年平均值高0.8℃。其中冬季平均气温5.7℃，比常年平均值偏高1.8℃；春季平均气温15.6℃，比常年平均值高1.3℃；夏季平均气温26.8℃，接近常年平均值；秋季平均气温17.9℃，比常年平均值偏高0.7℃。其中1月～3月、5月和7月平均气温较常年同期偏高1.4℃～1.9℃，暖冬连暖明显。8月平均气温比常年同期偏低1.4℃。全年出现日最高气温超过35℃的高温天气12天，其中7月份11天。年极端最高气温38.3℃，出现在7月2日。年极端最低气温－5.3℃，出现在1月15日。终霜日出现在4月4日，比常年偏迟。初霜日出现在11月15日，接近常年。

降水。2001年全市降水量1 264.4毫米，比常年平均值多198.4毫米。其中冬季降水量214.4毫米，比常年平均值多98.6毫米；春季降水量115.7毫米，比常年平均值少153.2毫米；夏季降水量801.2毫米，比常年平均值多355.2毫米；秋季降水量70.6毫米，比常年平均值少164.7毫米。1月、8月降水量比常年同期偏多3倍。全年出现了7次连续阴雨天气（分别出现在1月5日～9日，1月18日～26日，2月3日～7日，6月21日～25日，8月25日～31日，12月1日～12日）。2001年梅雨入梅日6月17日，接近常年，6月26日出梅，比常年早14天，梅雨期长10天，比常年短11天，梅雨量93.4毫米，比常年偏少135.5毫米，偏少59%。最大一次暴雨出现在8月1日，暴雨量达176.2毫米。

日照。2001年全市日照总时数1 879.2小时，比常年平均值少127.63小时。其中冬季287.5小时，比常年少122.8小时；春季565.7小时，比常年多82.8小时；夏季506.4小时，比常年少118.1小时；秋季515.1小时，比常年多26.2小时。 （翟才春）

区划人口

【行政区划】 1995年6月武进撤县建市，隶属江苏省常州市管辖，市人民政府驻地湖塘镇。2001年初，原常州市郊区所属太滆乡并入武进市雪堰镇。2001年底，全市设有30个镇、4个街道办事处、76个居民委员会、515个村民委员会、9 655个村民小组。

【人　口】 2001年底全市总人口1 190 671人，人口密度每平方千米752.5人；在总人口中，男性595 611人，女性595 060人；年内出生10 892人，人口出生率9.12‰，死亡8 552人，人口自然增长率1.96‰。计划生育率98.9%。 （杜仁彬）

历史文化

【建置沿革】 武进已有5 000多年人类活动的历史。春秋战国时期常武地区称延陵邑，淹城一带是武进古代先民活动频繁之地，淹城遗址是全国现存保护最完好的三城三河的地面城池遗址。春秋时期是吴国季札封地，秦置延陵县，汉改称毗陵、毗坛，晋称晋陵，分丹徒、曲阿以东地置武进县。此后，晋陵、武进两县时分时合，数易其名。清雍正四年(1726年)分置武进、阳湖两县；辛亥革命胜利后1912年合并为武进县。1949年4月23日武进解放，县城析出建立常州市，武进与常州同城。1984年划归常州市管辖，1993年武进县级机关驻地由常州市区迁至湖塘镇区，在湖塘地区建立武进新城区。至2001年底，一座中等现代化城市已形成雏形，矗立在长江三角洲太湖平原上。

表1 武进市行政区划一览

镇名	面积(平方千米)	年末人口(人)	行政村(个)	居民委员会(个)
湖塘镇	81.37	130 775	49	20
牛塘镇	45.38	40 016	15	2
南夏墅镇	47.25	31 560	14	1
雪堰镇	35.16	28 028	17	1
潘家镇	48.28	30 032	16	2
漕桥镇	40.22	31 713	14	1
前黄镇	49.55	35 641	18	2
礼嘉镇	37.21	31 055	15	2
寨桥镇	52.75	28 450	16	1
洛阳镇	55.77	50 635	25	2
横林镇	46.63	49 323	19	9
遥观镇	45.29	40 379	20	3
横山桥镇	37.5	34 354	15	2
芙蓉镇	20.88	23 900	12	1
焦溪镇	41.40	44 312	21	2
郑陆镇	47.53	39 264	17	2
魏村镇	57.00	46 661	11	1
安家镇	37.27	27 598	11	1
薛家镇	37.5	30 537	11	2
奔牛镇	55.67	51 536	14	4
罗溪镇	53.51	40 721	20	2
西夏墅镇	51.97	39 204	16	2
小河镇	48	42 507	20	2
孟河镇	42.20	33 537	19	1
邹抠镇	40.56	34 463	16	2
卜弋镇	39.66	32 569	15	1
夏溪镇	49.94	36 782	15	2
湟里镇	52.36	39 218	16	1
嘉泽镇	58.28	38 673	16	1
东安镇	33.58	24 197	12	1

【文化传统】 武进历史上人文荟萃，出过1 546名进士，其中状元9名，进士人数居全国县级之最。春秋时有著名的音乐鉴赏家季札，南朝齐高帝萧道成、梁武帝萧衍生于武进西北部南兰陵(今孟河镇万绥村)，梁朝昭明太子萧统组织编辑了著名的《昭明文选》，收录了中国古代诗文精华。清代有以恽敬为代表的“阳湖文派”、以张惠言为代表的“常州词派”、以恽南田为代表的“常州画派”等著名文艺流派；孟河医派中医名家众多，清末民初有“吴中名医甲天下，孟河名医冠吴中”之说；诗人赵翼、黄仲则、洪亮吉等誉满全国，清末小说家李宝嘉开创了中国近代谴责小说之先河。现代有被誉为“常州三杰”的中国共产党早期领导人、革命活动家瞿秋白、张太雷、恽代英，著名的美术大师刘海粟、谢稚柳和戏剧家洪深、作家高晓声、诗人严辰等武进籍人士享誉海内外。 (杜仁彬)

经济和社会发展

【概　况】 2001年，武进各级党委、政府带领广大干部群众以邓小平理论和江泽民“三个代表”思想为指导，抓住机遇，积极开拓进取，加快经济结构调整步伐，加大产业投入，加快农业科技示范项目和工业技术改造、新产品开发步伐，加快科技进步，大力加强基础设施建设，投资环境大为改善，农业生产稳步增长，工业经济发展态势良好，新兴服务产业蓬勃发展，企业、场圃产权制度改革不断深入，农村税费改革、行政审批制度改革和市场机构改革基本完成。武进高新技术产业开发区、外向型农业综合开发区和乡镇工业园区规划、开发建设快速健康发展。全市实现国内生产总值260.64亿元，按可比价计算比上年增11.4%，其中第一、二、三产业增加值分别为19.51亿元、151.81亿元和89.33亿元，分别比上年增4.8%、13.4%和10.0%；完成工农业总产值594.81亿元、预算内财政收入23.67亿元，分别比上年增11.0%、26.5%。完成自营进出口总额9.1亿美元，其中自营出口6.5亿美元，合同利用外资2.83亿美元，实际利用外资1.42亿美元。商品市场成交额113.1亿元，社会商品零售总额51.1亿元，分别比上年增17%和8.2%。物价水平稳中有降，居民消费价格总指数为99.7，完成固定资产投资总额50.13亿元，比上年增23.9%。

【基础设施建设】 武进继续加大基础设施建设投入，努力改善投资硬环境。全年完成全社会固定资产投资总额50.13亿元，比上年增23.9%其中第三产业固定资产投资19.38亿元，比上年增14.6%。全市开工建设交通工程项目23个，完成投资2.3亿元，比上年增73%，城乡交通条件进一步改善。长虹东路南半幅顺利建成通车，环太湖旅游线太滆至马山段进展顺利，苏南航道网、市镇二级公路改造迅速推进，沿江高速公路重要路段常澄高速公路武进段征地拆迁工作全面展开。电力建设力度加大，220千伏滆湖输变电工程建成投运，35千伏潘家输变电扩容工程竣工，农林场圃电网改造工程全面完成。通信能力显著增强。全年开工建设电信管线和交换工程项目80项，完成60多项，总投资

2 788.5万元。年初确定的146个第三产业建设项目中有140项完成年度计划，其中37个投资额超1 000万元重点项目有35个建成投运。

【农业】 武进农业结构调整步伐加快，产业化经营取得新进展。全市15家农业产业化骨干龙头企业实现销售收入21.9亿元，利税8 491万元，分别比上年增20.7%和24.3%。调减粮油种植面积10 800公顷，扩大多种经营面积4 333.33公顷，累计2.93万公顷。粮食总产仍达5.09亿千克，油菜总产1 300万千克，分别比上年减少12.7%和14.6%。全市水产养殖面积达1.22万公顷，蔬菜种植面积1.32万公顷，花卉苗木面积4 206.7公顷，比上年增47.4%；水产品总产量4 750万千克，出栏生猪49.7万头、家禽753.14万羽，分别比上年增5.9%、3.1%和6.4%。农业科技示范园区建设加快推进，建成县(市)级及其以上农业科技示范园区12个，引进农产品新品种100余只，开发和推广新技术10多项。全市完成农业总产值36.97亿元(不变价)，其中多种经营产值29.8亿元，分别比上年增3.3%、6.7%。投入农田水利基本建设资金1.3亿元，完成土石方980万立方米，疏浚河道183千米，建设吨粮田1 000公顷、改造中低产田2 666.67公顷；长江引水工程全面启动，城区防洪工程进展顺利。全市农机总动力达86.8万千瓦，农业综合机械作业水平达82%，通过国家农业部“水稻生产机械化示范县(市)”验收。调整了各镇土地利用总体规划，继续抓好土地复垦开发工作，全市复垦土地393.47公顷，其中耕地2 666.67公顷。

【工业、建筑业】 武进工业技改投入增长迅速，个私工业发展迅猛，园区经济蓬勃发展，纺织、化工、冶金、电气机械及器材、电子及通信设备制造业等支柱产业的支撑作用更加明显。全市完成工业产品销售收入504亿元，实现利税36.92亿元、其中利润17.88亿元，分别比上年增13.6%、16.1%、33.40%。镇村工业完成销售收入462亿元，比上年增17%。

全市工业完成技改投入38.79亿元，比上年增22.6%，其中20个市重点技改项目完成投入10.97亿元。个私工业完成销售收入190亿元、利税12.5亿元，分别比上年增38%、50%。园区经济蓬勃发展，36个镇级工业园区完成销售收入120亿元，占全市工业销售收入的24.1%。

全市有建筑安装施工企业179家，其中二级资质及以上企业42家；完成建筑业施工产值39.38亿元，比上年增35.6%；施工房屋面积357.12万平方米，竣工房屋面积217.33万平方米。

【开发区建设】 2001年，武进高新区和武进外向型农业综合开发区的开发进程加快。武进高新区新批进区企业62家，批准总投资8.9亿元，其中合同利用外资6 289万美元，实际利用外资1 299万美元；实现业务总收入21亿元，实现税费收入1.2亿元，分别比上年增44%和89%。武进高新区江边工业园基础设施建设进展顺利，有10家企业签订进区协议，其中4家企业已开工建设。武进外向型农业综合开发区年内批准总投资1.25亿元，其中合同利用外资1 278万美元，实际利用外资368万美元，实现业务总收入5亿元。“两区”合同利用外资额占全市总额的26.7%。

【国内贸易】 全市完成服务业增加值89.33亿元，比上年增10.0%，占国内生产总值的34.3%。市场建设取得较大进展，小河汽摩配件市场、湖塘棉纱市场相继建成营业，全市商品交易市场成交额113.1亿元，其中专业市场成交额84.63亿元，分别比上年增16.2%、22.3%，年成交额超亿元的市场达16个。连锁经营快速发展，新增连锁网点69个，累计290个；销售总额达8.7亿元。全市社会消费品零售总额达51.1亿元，比上年增8.2%。物价水平平稳，居民消费价格指数年平均为99.7。

【交通运输业、邮电业】 全社会完成货物周转量4.44亿吨公里、旅客周转量6.1亿人公里，分别比上年增5%和2.5%，实现交通运输业增加值12.77亿元，比上年增3.4%。邮政业务和移动通讯发展迅猛，通讯能力显著增强，新增电话交换机容量5.3万门，累计41万门，新增电话装机用户4.29万户，累计27.5万户。全市完成邮政业务总量5 757万元，比上年增64.6%。电话主线普及率23.73条/百人，邮电通讯业实现增加值3.56亿元，比上年增15.6%。

【金融业】 年末行社各项存款余额230.52亿元，各项贷款余额131.16亿元，分别比年初增加32.52亿元和15.58亿元；完成保险业务收入3.3亿元，比上年增14.9%。

【对外经济贸易】 外向开拓形势上佳，利用外资工作和经济国际化战略取得较大突破。10月，成功地举办了2001年武进国际经贸洽谈会，利用外资取得重大突破，达成利用外资项目(含意向性项目)73个，协议总投资3.8亿美元，签订外贸合同总额1.14亿美元。年内全市新批“三资”企业71家，其中投资额超1 000万美元企业11个；合同利用外资2.83亿美元，实际到帐外资1.42亿美元，比上年增126.9%和18.2%。对外贸易保持较快增长，完成自营进出口额9.1亿美元(海关口径)，其中出口6.49亿美元。分别比上年增19.5%、30%；江苏新科集团自营出口1.32亿美元，成为江苏建立外贸口岸以来首家出口额超1亿美元的企业，名列全省自营出口生产企业第一位，受到江苏省政府嘉奖。全市对外劳务承包工程合同额2 550万美元，完成营业额1 520万美元，分别比上年增15%和25%。

【城镇建设与环境保护】 城乡建设步伐加快，城乡面貌日新月异。城区开工建设各类工程80万平方米，竣工65万平方米。完成武宜中路、广电中路西段综合改造工程，永胜路、滆湖路部分路段、金鸡路桥梁等市政工程全面实施，武宜中路、广电中路(部分)等8条道路路灯工程全面竣工，城区新增绿化面积16.72万平方米。房地产开发业增势强劲，完成开发投资额8.5亿元，比上年增7.6%；销售商品房面积51万平方米，商品房销售额7.3亿元，分别比上年增12.4%和29%。四季新城、阳湖世纪苑等在建住宅小区进展顺利，城区新开发成片住宅面积36.9万平方米。完成29个镇总体规划修编，郑陆、牛塘、小河3镇创建成为全省新型示范小城镇。全面开展环境综合整治活动，以巩固"九五"环境污染达标治理成果为重点，提高了城乡环境质量。加大环境执法力度，严厉打击环境违法行为，取缔重污染化工项目10个，对50家未达标排放企业实施停产治理，加强了污染企业特别是印染企业的现场监理，严格防范污染事故的发生。关闭"十五小"企业17家。继续抓好创建卫生镇、村工作，有12个镇、10个村创建成为省级卫生镇、村，全市省级卫生镇、村累计分别达24个和22个。农村改水进程加快，年内新增自来水受益人口2.5万人。

【科学技术】 2001年，全市高新技术及其产业加快发展，全市组织实施省级以上各类科技计划项目113项，认定省高新产品75只、省级高新技术企业7家，高新技术产品销售收达106亿元，占全市总额的21.2%。"产学研"联合不断增强，列入国家级重点新产品项目6项，列人国家和省级"火炬计划"项目8项、"星火计划"项目4项；确认省级"高新技术企业"7家，累计33家；确认省级"高新技术产品"75只，累计188只；确认省"十五"重大科技攻关项目3项，知识产权工作取得新的成绩，全市申请专利478件，获得专利授权370件，累计1 570件。科技成果和技术转让69件。技术创新服务体系进一步完善，组建了武进市高新技术风险担保有限公司。制造业信息化试点工作取得进展，全市有30多家企业推广应用CAD等信息技术，其中两家企业被列为省级制造业信息化示范试点单位。技术创新能力进一步增强，科技进步工作取得显著成绩，科技进步对工业、农业经济增长贡献份额分别达44.6%和57.6%。

【教育】 2001年，全市各级政府、各类学校继续加大教育投入，教育投资总额达5.35亿元，新建和翻建校舍15万平方米。湖塘桥实验初级中学建成并投入教学，江苏省前黄高级中学分校建设顺利。学校布局进一步优化，撤并小学46所。教育教学质量进一步提高，初中毕业生升学率稳定在90%以上，4 370名普通中学毕业生被大专院校录取，高考录取率达80.6%，普高高考本科录取率达53.5%，高出全省16个百分点。市接受了江苏省教育厅组织的教育现代化示范县(市)调研性评估，学校"达标创优"工作取得明显成效，武进高级中学通过国家级示范性高中验收。全市有19万人次参加了岗位培训和实用技术教育。

【文化、卫生、体育】 2001年全市有80多件文艺作品在省级以上发表或获奖；群众性文化活动蓬勃开展，年底，武进被命名为"中国民间特色艺术之乡"。广播电视事业迅速发展，组建成立武进广播电视发展总公司，广电宽带网建成投运。

2001年，全市继续推进村级卫生组织一体化管理，切实加强农村初级卫生保健工作，加快医院等医疗卫生机构建设，进一步完善市、镇、医疗村卫生服务网络。医疗卫生部门积极采取综合防治措施，有效地遏制了各类传染病的发生。卫生改革深入开展，城区直属医疗机构进行盈利性与非盈利性划分，成立市药品采购中心，开展镇级医疗机构改革试点工作，继续推进村级卫生组织一体化管理。

全民健身活动不断普及；参加上级竞赛21次，获得省辖市以上竞赛奖牌251枚，在江苏省县(市)级田径运动会上获金牌19枚，列全省县(市级)第4名。

【人民生活】 2001年，全市新增城镇就业人数3 016人，年末城镇登记失业率3.5%，享受失业保险人数为10 829人。全市向特困家庭及其成员发放最低生活保障金211.5万元。全市城镇职工人均工资12 006元，比上年增1 325元；其中国有、集体和其他类型经济单位职工人均工资分别为12 079元、9 717元和7 600元；农民人均纯收入5 522元，比上年增311元。全市人均年末储蓄10 407元，比上年同期增加1 239元。农民人均生活消费支出3 648元，其中以商品性消费为主的吃穿住用支出为2 516元，以服务性消费为主的医疗保健、交通通讯和文教娱乐等支出为1 312元；农民人均住房61平方米，每百户拥有洗衣机82台、电冰箱53台、空调机28台、摩托车95辆、生活用汽车2辆、彩电95台、移动电话42部。

体 制 改 革

·政治体制改革·

【概　况】 2001年，市委、市政府根据上级党委、政府的批示，在全市组织实施市、镇机构改革、行政审批制度改革和村级行政区划调整（下称“三项改革”），年内“三项改革”基本完成。通过调整，全市行政村由752个减少至515个。调整率为32%，调整后村平均人口为2 168人。市、镇机构改革基本完成。行政审批制度改革基本结束，行政审批项目削减41%，市行政审批服务中心成立投入运行。

【市、镇党政机构改革基本完成】 9月22日，市委、市政府召开全市机构改革动员大会，部署市级与各镇党政群机构改革工作。至10月底，完成30个镇级机构改革实施细则批复。按照中共常州市委、市政府关于《武进机构改革方案》和批复，机构改革后，全市共设立党委部门6个、政府部门30个。市级党政机构从改革前的53个（含行政性局级事业机构）精简为49个，精简7.6%；市、镇机关行政编制由原来的3 516名裁减到2 638名，调整精简24.9%。按照“带职分流、定向培训、加强企业、优化结构”的分流原则，全市年内分流人员318名，其中办理提前离岗退养240名、提前退休58名、自谋职业20名。6月，市委组织部组织考察了市级机关60个部门的领导班子。市级机关各部门全面开展了“定职能、定内设机构、定人员编制和领导职数”的“三定”工作。市委组织部、市编办、人事局等有关部门审定了30个镇、67个机关部门的“三定”方案。

（史复林　黄铁梅）

·经济体制改革·

【概　况】 至2001年底，市属工业和流通企业改制面分别达98.6%和95.2%。市属场圃产权制度改革取得突破。市商业、物资和供销系统着力抓好改制企业“回头看”工作，进一步优化股权结构，逐步健全企业内部经营机制，企业经营状况明显改善。农村税费改革顺利完成，全市农民负担总额减少9 205万元，减负率达63%。

（潘立新）

【农村税费改革顺利实施】 2001年，市委、市政府把农村税费改革作为推动农村经济发展和增加农民收入的重要措施抓。3月，市财政局按照“减负、规范、稳定”的原则，和“取消镇统筹费、农村教育集资等行政、事业性收费和政府性基金集资、屠宰税及劳动积累工和义务工，调整农业税、农村特产税政策，改革村提留使用办法”的要求，结合武进实际，认真做好计税面积核定和常年产量确定等工作。市委农工办严格按照“以第二轮土地承包面积为依据，基本稳定，个别调整”的原则，核定农税计税面积，形成最终审定面积。市财政安排4 474万元转移支付资金，专门用于村组干部报酬、村办公经费、五保户供养、独生子女补贴、义务兵优待补贴等支出。农村税费改革一律取消镇统筹费、农村教育集资、屠宰税等向农民收取的税费，改革后全市农民总负担（不包括“两工”）为5 369.07万元，比改革前合同内外负担减少9 203.93万元，减负率为63.2%。统一取消公积金、公益金、管理费、镇统筹费等4项合同内负担，全市合同内减负率42.2%；合同外负担取消3项，即屠宰税和教育附加，3年内逐步取消以资代劳。2001年全市以资代劳款经市委农工办严格审批，预算额为1 130.48万元，比上年减少566.87万元，减幅为50.1%；2001年合同内外减负（不含以资代劳款）5 369.07万元，减负率为63.2%；据对全市161户典型种田大户的调查，2001年上缴农业税45.84万元，人均负担695.53元，亩均负担57.29元，与改革前相比减负率分别达29.3%、41.5%；全市农民人均减负额达79.60元。农村税费改革的顺利实施，使国民收入分配能在较长时间向农民倾斜，减轻农民的负担，让农民继续增加投入，加快农业结构调整步伐，尽快改善生活。

（姚　祥　胥志新　潘立新）

【企业改革】 2001年，市体改办与企业主管部门围绕市委、市政府确定的各项目标任务，以中共十五大提出的“深化改革、调整结构、创新体制”为重点，继续积极推进企业各项改革。至年底，218家市属工业企业有212家改制，165家市属流通企业有154家改制。江苏新城实业集团有限公司对江苏五菱柴油机股份有限公司（五菱B股）实施重组，成立江苏新城房产股份有限公司，江苏常发集团等规模企业的股份公司改制已有实质性进展。江苏海欧冷却塔股份有限公司、江苏卓群纳米稀土股份有限公司两家企业完成券商辅导期期中公告。卓群公司被国通证券列入首批推荐创业板上市名录，海欧公司完成省级高新技术企业和产品论证，两家企业新上市项目正按计划实施。

【综合改革】 年底，市属场圃“事改企”变更登记到位，人员身份关系划转全部结束。场圃产权制度改革开始推进。武进农业综合开发区内企业改制后出现的土地利用问题得到妥善处理。

武进市广播电视发展总公司组建成立，促进广播电视产业加快发展。

完成市茧丝绸总公司改制，设立由自然人出资、民办经营的武进市三新茧丝绸公司，由其受托承担全市的蚕茧收购与经营职能。三新公司由市多管局（农林局）实行行业管理，实施产前服务、技术指导、生产经营一条龙管理。这次改革打破了全省蚕茧生产经营"国字号"一统天下的格局。

【小城镇综合改革试点】 2001年，国家、省级小城镇综合改革试点镇横山桥、湖塘两镇重点抓了集镇建设及治理，社会事业布局调整，"三高"农田示范及工业经济运行质量提高等工作，湖塘镇年底通过"江苏省卫生镇"验收。横山桥镇根据年初制订的试点计划，重点抓了创建国家级"文明镇"、镇区环境建设、稳定农业发展、提高工业经济运行质量等项工作。易地新建了集镇的农贸市场、公共汽车站，进一步改变了原来的镇区面貌。规划新发展的66.67公顷"三高"农业示范田竣工。五一村原来有17个村民小组、10多个自然村，正按规划建设成以4个新农村为居住点的中心村。全镇15所村级小学，至年底撤并成4所，实现了师资优化，资源共享。10月，由中共中央宣传部、中央文明办、国家环保总局和农业部、国务院体改办联合认证，通过"全国创建文明小城镇示范点"验收。 （潘立新）

【社会保障制度改革】 7月，全市改革公务员基本医疗保险制度，实行医疗补助办法，增加医疗补助资金，调整门诊治费结算、住院起付标准和离休干部用药范围。12月，市政府出台《武进市企业职工基本医疗保险实施意见》。财政、社保等部门落实城镇居民、农村村民最低生活保障线政策，及时足额发放低保资金。统筹安排企业离退休人员养老金、企业下岗职工基本生活保障金，确保按时发放。 （姚 祥）

整顿和规范市场经济秩序

【概 况】 2001年4月，国务院决定在全国开展整顿和规范市场经济秩序工作。市委、市政府根据上级的统一部署，把整顿和规范市场经济秩序作为2001年全市经济发展的重要工作来抓，成立了整顿和规范市场经济秩序领导小组及其办公室，以及打假治劣、安全生产监督管理、建筑市场、市场交易秩序、文化市场、运输市场、交通市场和财税金融等8个专项整治小组，各镇和市各有关部门相应成立领导小组和工作机构。经过8个多月的集中整治，全市整顿和规范市场经济秩序工作取得了阶段性成效。

【严厉打击制假造假违法犯罪行为】 工商、质检等行政执法部门以食品、药品、一次性医疗器械、汽摩配件为重点，严厉打击销售假冒伪劣商品行为，立案查处制假售假案件792起，查处假冒伪劣产（商）品价值1 523万元，制售假冒伪劣一次性医疗器械行为基本得到根治。

【加强安全生产监管】 全市开展声势浩大的安全生产专项整治行动，"4·18"牛塘一非法化工点爆炸重大伤亡事故发生后，市有关部门分道路交通安全、化工生产经营安全、水利运输安全、公共聚集场所消防安全、烟花爆竹和民爆物品安全、油气经营安全、学校安全等10个方面开展集中整治，取得了较好的效果。

【建筑、文化等市场专项整治】 建设等部门加大对转包、违法分包、挂靠施工、无合法建设手续等扰乱建设市场秩序行为的管理力度，检查工程项目180个，查出违规工程70个。规范建设工程招投标行为，严肃查处违法违规工程，顶风违规和擅自开工的现象明显减少。

市委宣传部和市文化、广电、公安、工商等部门组成联合检查组，检查整顿全市出版物市场和城区市场，检查音像和书刊摊店232个，取缔无证照音像、书刊摊店24家，收缴非法音像制品8 612盒、非法书刊3 230册。全市有112家"网吧"办齐了证照手续，检查验收842家娱乐服务场所，依法取缔有严重违法违规和验收不合格的单位93家。

【市场交易秩序、财税金融秩序整治】 工商、质监等部门围绕整顿和规范市场主体准入行为、市场交易行为、市场竞争行为等3项重点，开展了大规模的执法行动，立案查结经济违法案件584件，比上年增11.3%。全面清理涉及化工生产经营的1 963家企业，取消不符合安全生产经营条件的465家企业的经营资格。财政等部门在全市积极稳妥地推进农村税费改革，对市级行政事业单位开展了预算外资金执法检查；市国税局以查处虚开、伪造和非法出售增值税专用发票为重点，查处骗偷税案件5 132起，查处税款1 859万元；市地税局在两个月的打击伪造、倒卖假发票专项斗争和发票检查中，检查运输、劳务企业14户、联运企业49户、其他企业27户，检查面达83%；人行武进市支行开展制止企业逃避金融债务、外汇业务监管和创建金融安全区等工作。市审计局发现一家企业分公司存在严重的经济问题，财务账本被人为烧毁，该公司4名负责人被移送司法机关立案审查。

【交通秩序、运输市场秩序整治】 4月～12月，公安部门重点围绕“一点七线”即城区为点和312国道及苏211、219、321、323、101线和戚月线，开展道路交通秩序专项整治工作。全市投入道路交通设施建设资金750万元，全市道路交通事故发生数、伤亡数、损失数比上年同期分别下降4.9%、30.1%、27.9%和26.3%。交通等部门按照“分工负责，确保实效”的要求，深入开展道路安全大检查，组织专项整治活动。公路部门组织开展了“道路管理年”活动，全面普查了全市2 111千米公路和713座桥梁、6 493个涵洞，改造了80座危桥，投入470多万元抢修养护道路，投资150余万元增设公路标志和标线漆划。 （郑规泮）

经济技术交流协作

【概　况】 2001年，市发展计划局与市各驻外办事处参与组织、搞好市委、市政府在上海、北京、厦门、西安等城市举办的经贸联系、招商引资、产品促销等经济技术贸易活动31次，全市有经济部门、企事业单位、乡镇等84个单位参加，接待800余人次，联系引荐协作项目110多个，为企业办实事150余件，市政府驻京联络处协助为武进的企业争取国家拨款1 504万元，全部到位。市发展计划局接待了安康市蓝田县来访的代表团4批20多人，向安康市汉滨区无偿捐助资金70余万元，帮助湖北秭归县推销脐橙3万余千克。

【京沪厦西武进经贸洽谈联谊、横向协作活动】 2001年，市委、市政府在北京、上海、厦门、西安等中心城市组织举办了较大规模的武进经贸洽谈和联谊活动、横向经济协作活动。

1月6日，市委书记宋诚宇，市委副书记、市长毛伟明，市人大常委会副主任徐田保、副市长苏扬波带领市计委、经委、建委、科委等部门及部分企业负责人赴北京开展经贸联谊活动。市领导拜访了国家发展计划委员会宏观经济学会常务理事长、经济学家王建和《中国21世纪议程》管理中心等单位的领导，向国家经贸委技术装备司申报了国家重点新产品试制计划项目、技术创新计划项目12个。

4月16日，市委书记、市长毛伟明，常务副市长李小平，市人大常委会主任赵耀骥、副主任梅鹤训率领有关部门和企业的负责人，在上海银河宾馆举办武进经贸联谊活动，上海市闸北区政府、华东电力管理局、上海交通大学、交通银行总行、上海华山医院、中国科学院上海分院等43个单位的55位领导参加。

8月6日，常务副市长李小平带领武进有关部门和企业的负责人，赴陕西省西安市举行“武进市驻西北办事处”揭牌仪式，陕西省省长助理张海南与陕西省教育厅、民政厅、陕西日报社、西安交通大学、西安市人大常委会和市政府等28个部门的领导参加。建立武进市驻西北办事处对推进武进企业积极开拓大西北商品市场具有重要的战略作用。

9月8日，市委书记、市长毛伟明，常务副市长李小平带领市有关部门和企业的负责人参加在厦门市举行的第五届中国投资洽谈会，接待外商44名，签订了一批合作意向，罗溪空港开发区与台湾庆菖实业公司签订了P－Ⅱ钛元素活化剂生产合作意向，魏村镇与英国卓勤国际商务公司、新加坡亿勋电子有限公司分别就污水项目、热电厂项目等达成合作意向。9月9日下午，在厦门市金帝宾馆召开了武进籍同乡座谈会。

【对口帮扶陕西省安康市汉滨区】 武进市根据国务院和苏陕两省政府有关文件精神，与陕西省安康市汉滨区结成帮扶对子。2001年，武进与汉滨区开展了各种考察、互访、协作交流活动4次，武进向安康市汉滨区捐助70余万元。其中武进市的江苏金鼎集团公司捐赠20万元支援安康市建民镇新建金鼎希望小学；武进市教育局向安康武进希望小学捐赠30台电脑。

9月21日，中共安康市汉滨区委书记杨达才率领汉滨区党政代表团应邀来武进市考察，武进市领导毛伟明、周福元、钱志忠等与来访方探讨了进一步合作事宜，代表团考察了卡尔迈耶(武进)纺织机械公司、江苏新科电子集团公司DVD出口基地、金氏集团公司、文慧园，与江苏常恒集团公司签订在汉滨区投资100万元兴办塑钢门窗加工企业的协议。

10月18日，陕西省安康市汉滨区区长彭有庆率团参加2001年武进国际经贸洽谈会，考察了武进市有关企业。

11月5日，市人大常委会主任赵耀骥、副主任周福元和副市长钱志忠带领市有关部门和企业的14名负责人赴安康市进行扶贫考察，检查了原扶持的项目进展情况，提出了有关建议方案；探讨了今后合作事宜。11月23日，共青团安康市汉滨区委书记罗俊康率4人考察了武进市湖塘桥初级中学、星辰实验学校、江苏省前黄高级中学等单位。 （张　都）

社会治安综合治理

【概　况】 2001年，全市各地坚决贯彻全国社会治安综合治理工作会议和全国社会治安工作会议精神，围绕市综治委部署的重点工作，切实落实狠抓社会治安综合治理各项措施，有效地遏制了刑事案件的高发势头，维护了全市的政治稳定和社会稳定，为经济建设、社会发展和精神文明建设创造了良好的治安环境。武进市被江苏省综治委授予“2001年度社会治安综合治理先进市”称号；市综治办等10个单位、汤建龙等11人被中共常州市委、常州市政府分别授予“1996～2000年度全市社会治安综合治理先进集体、先进工作者”称号。

【强化组织领导体系和基层基础建设】 2001年，市委、市政府和综治委积极健全和完善齐抓共管的工作机制。6月20日，市委调整市社会治安综合治理委员会成员，调整后的综治委由市法院、检察、公安、司法行政、民政、宣传、政法委、工商、人大常委会内务司法委等27个部门和单位的主要负责人组成，市委副书记、政法委书记杨锡根任主任，副市长、政法委副书记金建勇和市委政法委副书记汤建龙任副主任。健全“各部门各负其责、齐抓共管”的工作机制，年初市委办、市政府办印发了市综治委议事规则。继续实行综治领导责任制和部门责任制，年初市委、市政府与各镇党委、政府分别签订2001年社会治安综合治理责任书，市综治委对各成员单位和各镇严格进行检查考核。配齐配强了国家公务员身份的镇综治办专职工作人员。加强综合治理基层骨干组织的领导班子和城区社区居委会组织建设，公开招考录用15名社区居委干部。巩固和完善群防群治网络，年末全市建有治保会913个、治保小组1 933个，治保人员6 005人；有镇专职保安联防队34支、队员718名，有企事业单位保安联防分队256支、队员835人；建有经济民警小分队7支，警员110名。

【深入开展与“法轮功”等邪教组织的斗争】 2001年，全市各级党政组织和政法部门按照中共江苏省委提出的工作要求，揭批“法轮功”、帮教转化、防范控制、深挖打击都取得新的成效。市文化局、科协、团市委、青联等单位组织开展了以“崇尚科学、反对邪教”为主题的《春天的呼唤》专场文艺演出、万人签名、各界人士声讨会、图片展览等活动，各镇广播电视站播放了《自然与人》、《巫师骗术》、《科学开创未来》等节目。市委在武进农业开发区成功举办两期“法轮功”痴迷者普法教育培训班，20个重点镇也举办了培训班。通过耐心细致的教育转化，大部分学员幡然悔悟，表示与“法轮功”邪教组织决裂。武进的教育转化工作，受到中共江苏省委有关部门的表彰，中共常州市委在武进召开了教育转化工作现场会。全市各级党政组织层层落实责任制，把防范控制工作的重点放在进京滋事、外地串联、在当地聚集滋事及采取极端行动方面，完成年度“法轮功”人员防范控制零指标的任务。深挖、打击“法轮功”邪教组织的非法活动，成功破获一批“法轮功”违法犯罪案件，依法逮捕、刑事拘留、劳动教养、治安拘留了一批“法轮功”违法犯罪嫌疑人员，摧毁一些违法犯罪团伙，查缴了一批非法宣传品。严格掌握政策和法律，依法取缔“中华昆仑女神功”、“藏密金刚功”等有害气功组织。

【“严打”整治斗争】 2001年，全市政法部门积极组织开展以“打黑除恶”为龙头的“严打”整治斗争，主要开展“打黑除恶”集中行动、治爆缉枪专项行动、集中统一“追逃”专项行动、打击整治盗抢机动车和盗窃自行车及入室盗窃专项行动；开展了对治安问题突出的湖塘城区、前黄、横林、小河、嘉泽等重点地区的集中整治。“打黑除恶”成效明显，有效地遏制了刑事案件大幅度上升的势头，全市面上的黑恶势力已基本扫清，全市社会治安大局总体保持平衡。全市破获涉恶案件488起，打击处理256人。全市破案率提高到54.8%。破获杀人、抢劫等“八类恶性案件”267起，破案率达78.3%；全市追回逃犯183人。政法部门依法查办，及时审理破坏社会主义市场经济秩序的犯罪案件。公安机关破获经济犯罪案件107起，挽回经济损失1 143万余元；市法院依法集中开展对赃款赃物再追缴和财产刑再执行的工作，取得良好的社会效果。检察机关公开批捕严重刑事犯罪分子1 351人，起诉1 685人；审判机关判处1 727人。“严打”整治斗争震慑了犯罪，群众扭送违法犯罪嫌疑人3 312名，有47名违法犯罪分子到政法机关投案自首。但全市治安形势依然严峻，特别是多发性侵财型案件仍然较多，人民群众仍感到不够安全。

【矛盾纠纷排查调处工作】 各级党政组织和政法部门对影响社会稳定的矛盾进行集中排查，按照“早发现、早报告、早控制”的原则，努力做好疏导化解工作，依法妥善处置172起群体事件，全市没有发生冲突激烈、持续时间长、后果严重的大规模群体性事件。各级综治委排查调处矛盾和纠纷1 203件，避免了大量矛盾纠纷激化或酿成群体性事件。市司法局、各镇政府统一设置司法调解中心重点在基层排查调处矛盾纠纷，充分发挥基层党政组织及村(居)委会、“十户调解员”、纠纷信息员的作用，全市人民调解组织调处民间纠纷7 926起，防止矛盾纠纷激化153起，避免非正常死亡38人。

【刑释解教人员安置帮教工作】 2001年，市看守所坚持“改造第一、生产第二”和“教育、感化、挽救”的方针，对留所服刑的罪犯采取小组座谈讨论、个别谈话、作规劝报告等方式，经常开展监狱规定、政策、法制、前途和道德教育。建立了思想改造、劳动改造“双百分”教育考核制度，及时表扬奖励遵守监狱规定、服从管教、努力学习、积极劳动的人员，对有立功表现者依法予以减刑或假释。2001年初市与各镇及时调整刑释解教人员安置帮教工作领导小组，健全工作网络，有刑释解教人员的村、单位普遍建立帮教小组；各镇安置帮教工作站，积极做好重点人员的帮教安置工作，使回归人员的基本生活得到保障。市公安局、司法局在全市开展了刑释解教人员调查，全市有1998年以来登记在册的刑释解教人员1 849名，其中被列为重点人口管理的175名。年内全市接收帮教330名刑释解教人员，安置率95%，帮教率为98%，重新犯罪率4%。

【预防和减少青少年违法犯罪工作】 2001年，市综治委把预防和减少青少年违法犯罪作为全市社会治安综合治理的重点，采取措施狠抓落实，初步形成预防工作网络，学校普遍开设法制课和定期举办法制讲座，基本配齐法制副校长、辅导员。市关工委青少年法制教育报告团为全市130余所中小学巡回上演法制课228场次，受教育师生17.1万人次。市教育局、司法局、关工委在全市推广了礼嘉中学开办家长法制学校试点的经验；市检察院设立未成年人犯罪检察室，编印下发5万余册《青少年法制知识读本》，开通亲情、维权热线电话、信箱，获得共青团中央、最高人民检察院授予的“全国优秀青少年维权岗”称号；市法院贯彻“寓教于审”的方针，组织在校学生开展模拟法庭、参观少管所等法制教育活动，对100余名缓刑人犯进行了集中帮教；市公安局在全市中小学组织开展(读1本法制宣传教育书籍、组织好1个禁毒教育图片展和办好1期禁毒知识黑板报、“珍爱生命，远离毒品”雏鹰队(团)报、“家长报”)的青少年学生禁毒宣传教育。市综治办在行政中心举办了“为了明天——预防青少年违法犯罪”大型图片展。宣传、文化、广电、工商、公安、综治办等部门加大“打黄扫非”和查处非法网吧、电子游戏经营场所的力度，努力净化社会空气。 (朱忠裕)

精神文明建设

【概　况】 2001年，市文明办在强化窗口行业服务规范建设、完善文明行业创评制度的基础上，印发了《武进市文明行业创建管理办法》、《武进市文明行业创建工作考评办法》，加大了考核检查力度，坚持做到行业自查与文明办组织抽查相结合，明查与暗访相结合，推广典型与鞭策后进相结合。继续坚持联络员工作制度，发挥各行业(系统)联络员的作用，坚持每季度召开一次联络员工作会议，交流创建工作情况。9月18日，市文明委召开全市文明行业创建工作成果展示暨经验交流会，展出反映窗口服务行业精神文明建设成果的展板44块，社会反响良好。

横山桥镇被确定为“全国创建文明小城镇示范点”，五一村被评为“全国创建文明村镇工作先进单位”，梅鹤康家庭被评为“全国十佳五好文明家庭标兵”，武进国税系统、电力行业获得中共江苏省委、江苏省政府授予的“江苏省文明行业”称号，交通系统、农行系统被评为“1999～2000年度江苏省创建文明行业工作先进行业”，武进农行系统成为常州市金融系统中惟一的先进行业(江苏省52个)。武进市新华书店等17个单位被授予“江苏省文明单位”称号。通过典型引路，发挥典型的带动、示范、辐射作用，促进了全市各行各业的创建工作。 (诸葛恩梅)

【国税、电力行业创建成为“江苏省文明行业”】 2001年，市国税局积极开展江苏省国税局推行的以“六项服务”为内容的“税收与服务同行”百日竞赛。全系统发出调查问卷6 000多份，走访纳税企业800多户，为纳税人办实事295件，与有关单位共建文明小区、文明村镇2个；资助失学儿童13人、资助金额达1.5万元；开展“扶贫帮困”活动，捐助金额8 000余元、物品700余件，营造了良好的“税收与服务”社会环境。市国税局创作的《同唱一首歌》滑稽系列剧被江苏省国税局评为“十佳”新人新事，国税系统被中共常州市委、常州市政府评为文明行业。武进市供电局结合“电力市场整顿和优质服务年”活动要求，以“安全优质供用电，人民电业为人民”为主题，以提高服务质量，有效实施稽查工作为重点，以窗口建设规范化服务为途径，深入开展优质服务活动，树立企业的良好形象。在营销一线班组开展服务无差错竞赛活动，推进规范化服务，年底80%以上的供电所达到《农村供电营业规划服务标准》。建立局办公室、用电科、承询稽查组三级监督制约机制，以“一口对外”带动“一口对内”的顺畅运转。树立电力职工真诚服务的形象，大力推行上门服务和特别服务，坚持走访客户和局领导接待日制度，了解客户的用电需求，全年分片召开8次行风监督员座谈会，接受社会各界监督，切实转变工作作风。年底，市电力行业被“江苏省政府评为江苏省文明行业”。 (杨凌云　刘洪涛)

【交通、农行系统被评为江苏省创建文明行业工作先进行业】 2001年，交通系统积极创建省级文明行业，各重点窗口服务单位加强服务规范培训，市交通局修改并完善《武进市交通行业服务规范》，推行政务、事务、企务公开，主动接受社会和群众监督，车站实行规范化、标准化服务。开展“春运与文明同行”、“交通与文明同行”和“‘树文明形象，展行业风采’，优质服务百日竞赛”等活动，全系统涌现了一批“文明职工”、“文明示范车”、“文明样板路”、“文明样板航道”等，全面提升了交通文明程度。圩塘汽渡1号、武渡4号勇救两名落水青年，受到市见义勇为基金会的表彰和奖励。该局帮助扶贫挂钩村嘉泽镇上渎、芳塘村修建了两条水泥道路；局困难职工互助基金会拿出12万多元，补助全系统130多名特困职工。年底，市交通系统创建成为江苏省交通系统创建文明行业工作先进行业；近90%的下属单位创建成“文明单位”，其中武进市交通建设总公司创建成省级“文明单位”，市航道管理处和圩塘汽渡创建成常州市“文明单位标兵”，市公路管理处、运输管理处、地方海事处、交通干校和客服中心被评为常州市“文明单位”，市地方海事处、汽车修理厂创建成全省交通系统文明单位，并创建国家、省级“青年文明号”各1个，16个交管所创建成武进市“文明交管所”。市交通局党委被中共常州市委评为“先进基层党组织”。

近年来，农行武进市支行在系统内全面开展以“优良行风、优良服务、优美环境”为内容的创建文明行业竞赛活动，制订《武进农行员工行为规范手册》，在环境形象设计、规范服务用语、待客礼仪、行务公开、服务承诺及投诉等方面制订具体实施细则，把创“三优”竞赛活动纳入年度目标责任考核。6月中旬，农行武进市支行在武进市文明委组织开展的创建“文明单位、文明行为”民意测评中，以总分11.631分(满分12分)名列第一。全系统有8个单位获市级“文明单位”称号。

(武华忠　石锡范)

【文明社区创建】 2001年，市文明办根据全市文明社区创建工作的实际，首先在城区搞好试点，引导小区建设从整洁优美、安全便捷、设施配套着手，不断向文明社区迈进。7月4日，制订出台了《关于在城区开展创建文明社区工作的实施意见》，推动全市文明社区创建工作向社会面上展开。年内有两个社区申报了常州市文明社区。

【个私企业创建文明单位】 2001年，市文明办积极组织个体私营企业搞好“文明单位”创建工作。4月6日，召开个私企业文明单位创建工作座谈会，组织与会企业参观了创建现场。该办起草下发了《武进市个体私营企业文明单位管理规定》、《武进市个体私营企业文明单位标准》，量化了创建指标，细化了考核标准，规范了个体私营企业创建行为，为深入开展创建活动奠定了良好的基础。

【“文明镇”、“文明村”创建】 2001年，市文明办进一步抓好“文明镇”、“文明村”的规范化、制度化建设，强化考核管理工作。继续实施《武进市文明村镇、文明单位考核百分制》，对“文明镇”主要考核健全一个好的领导机制，树立一批好的先进典型，着力办好一批好事实事，建好一个特色文化，树立一个良好的社会风气，保持良好的镇容镇貌。对“文明村”主要考核领导班子、宣传阵地、农民教育、村规民约、村容村貌、办好实事。各个镇、村的创建热情大大提高，完善了群众性精神文明创建活动的设施，加大了宣传教育的力度，推动了农村的社会主义精神文明建设。

(诸葛恩梅)

【横山桥镇被命名为“全国创建文明小城镇示范点”】 近年，横山桥镇按照“统一规划，合理布局，综合开发，配套建设”的方针，制定建设小城镇的规划。投入近3 000多万元，改造拓宽3 800米的集镇中心大道(即潞横公路)和17千米长的戚月公路外环路，按照二级公路标准改造和新筑镇、村主干道，配套建设桥梁13座，兴建面积7 500平方米的新汽车站。投入绿化资金500余万元，新增绿地面积13.6万平方米，全镇人均绿地面积7.16平方米，被授予“全国造林绿化百佳乡镇”称号；投入1 500多万元，新建垃圾填理场1个、中转站7个、水冲式厕所11个，被评为“江苏省文明卫生镇”。开发集镇公寓楼住房2.5万平方米。坚持以创建“文明镇”、“文明村”和“文明单位”为龙头，加强精神文明建设，全镇建有群众体育运动队8个，连续15年举办农民运动会，全镇“十星级”文明户占总户数的98%。创建成“江苏省文明村”、“江苏省文明单位”各1个，“常州市文明单位”7个、“武进市文明单位“22个。全镇干群安定团结，社会秩序良好，人民安居乐业。2001年10月，该镇被中共中央宣传部、全国文明办、国家建设部、农业部和国家环保总局命名为“全国创建文明小城镇示范点”。

【五一村被评为“全国创建文明村镇工作先进单位”】 横山桥镇五一村是全国综合实力“十强村”之一、常州市村级综合实力第一村。投资2 000多万元新建具有现代化教育设施的五一实验学校，对全村学龄前儿童和小学生实施免费九年制义务教育，对考入高中和大专院校的学生分别给予奖励。1999年设立家庭低收入调节基金，对年人均收入低于5 000元的家庭酌情予以补助，累计有1 300多人次受益，补助总额60多万元。村里投资800万元，实施村庄改造工程，将8个自然村建成具有江南水乡特色的8个居住小区，改造了全部村道，安装了路灯，村前屋后绿化、道路绿化，规划建设农民公园，全村绿化率达25%以上。农田格田成方，建成观赏农田区。建有液化气站和两座自来水厂，家家用上液化气和自来水。建成“电话村”，村有3个卫生室，村民全部享受合作医疗保险。凡男年满60周岁、女年满55周岁的职工(包括外来职工)实行劳保退休制，其他年老村民实行每年一次性发放养老金制度。全村农户初步实现每户家庭有1顶书橱、2份报刊、200册图书，提倡“家家有好书，人人有知识，个个懂文明”的新风尚，全村98%的农户评上了“十星级文明户”。村里建有两面篮球场、两家歌舞厅、1 380平方米的健身广场，村里每年拨款近10万元用于娱乐中心的文化娱乐活动。村里的老年活动室常年向老年人开放。

近年来，该村获得全国模范村民委员会、全国绿化造林千佳村，江苏省先进基层党组织、文明村和卫生村等荣誉称号。2001年10月，该村被中共中央宣传部等单位评为“全国创建文明村镇工作先进单位”。

（刘国清）

党政社团组织机构与领导人名录
（2001 05 01～2002 03 31）

中共武进市第九届委员会
（2001 03 30选举产生）

书　记　毛伟明（—2001 11）　盛克勤（2001 11任）
副书记　李小平（2001 11任）　杨锡根　杨春龙
　　徐伟南（2001 12任）
常　委　徐伟南①　钱国忠　金绍斌　李小平
　　徐　缨※②
委　员（以姓氏笔划为序）
　　丁冠健　王才中　毛伟明（—2001 11）
　　朱伟中　刘瑞英※　江建文　汤松德　杨春龙
　　杨铁龙　杨锡根　苏扬波　李小平　沈建军※
　　张建新　范寿柏　范诇生　金建勇　金绍斌
　　耿凤琴※　钱国忠　徐　缨※　徐龙兴　徐伟南
　　盛克勤（2001 11任）　董才平　蒋　锋
　　虞玉炎※
候补委员（以得票多少为序）
　　周耀南　王锡华　郝建成　曹建平　丁荣良

武进市第十二届人民代表大会常务委员会

主　任　赵耀骥
副主任　徐克兴　梅鹤训　顾培华　周福元
　　王仲南　徐田保　冷培清
督导员　陆惠良（2001 10退休）
委　员（以姓名笔划为序）
　　马中原　王增连　庄栋梁　江祺祥　纪建兴
　　杨产玉　杨春龙　张全泉　张志朝　张富娣※
　　陈洪良　金建清　钱国忠　倪晓谦※　谢玉萍※
　　谢惠娟※　潘巨浪

中共武进市人大常委会党组

书　记　赵耀骥
副书记　徐克兴（2001 05任）

武进市人民政府

市　长　毛伟明（—2001 11）　李小平（2002 01选）
代市长　李小平（2001 11—2002 01）
副市长　李小平（—2002 01）　钱志忠　陆志奋※
　　苏扬波　张建新　金建勇

中共武进市人民政府党组

书　记　毛伟明（—2002 01）　李小平（2002 01任）
副书记　李小平（2001 05—2002 01）

政协武进市第十届委员会

主　席　杨锡根
副主席　赵同方　毛有翔　王国方　程苏元　王友诚
　　徐　亮
督导员　羌涵孚（2001 10退休）
秘书长　周蓉森
常务委员（以姓氏笔划为序）
　　卞维国　邓荣初　江建文　孙锡元　杨金方
　　李再生　冷培清　沈亦清　陆书洪　陆永德
　　陆雅芬※　陈东夫　周银妹※　赵治平　姚建忠
　　袁建平　夏来娣※　钱一声　钱建平　徐　伟※
　　徐　缨※　徐建刚　殷生岳　高桂芳※　诸东海
　　曹玉屏※（—2001 07）　曹国芳　董南兴
　　程剑生　潘振迪

---

①书记、副书记在常委中不重复列名
②打※号者为女性，下同。
③涉及机构撤、建合并分列的，均为2001年9月19日武发（2001）121号《关于印发〈武进市机构改革实施意见〉的通知》所决定，以下不再注明。
④涉及有关单位党组织的撤、建、更名，均为2001年9月27日武发（2001）127号文所决定，以下不再注明。

中共武进市政协党组

书　记　杨锡根

中共武进市纪律检查委员会

书　记　徐伟南
副书记　纪建兴(—2001 05)　潘国兴
　　蒋亚诚(2001 06 任)
常　委[①]　蒋亚诚　翟忠华　王粉香※
　　石伟东(2001 12 任)　顾中琪(2001 12 任)
巡视员　何瑞金
委　员(以姓氏笔划为序)
　　王炳昌　王粉香※　石伟东　汤建龙
　　纪建兴(—2001 05)　应志荣　郑国华
　　查迅宇　顾中琪(2001 12 任)
　　夏荣伟(—2001 12)　徐伟南　高建中
　　蒋玉如※　蒋亚诚　翟忠华　潘国兴

武进市人民法院

院长、党委书记　耿凤琴※
党委副书记、纪委书记　汤华兴
副 院 长　刘福忠　裴　阳　张双庆　张建文
院长助理　夏伟忠(—2001 07)

武进市人民检察院

检察长、党组书记　虞玉炎
副检察长　张明根　钱才玉　查迅宇
　　王锡敏(2001 06 任)
纪检组组长　巢培林(2001 05 任)
反贪污贿赂局局长　巢培林(—2001 05)
　　张光辉(2001 05 任)
检察长助理　许岳华(2001 05 任)

中共武进市委工作机构及直属单位

办公室

主　任　徐龙兴
副主任　吕　骏(—2001 09)　赵小平　韩毅伟
　　陆为农(2001 09 任)

研究室

主　任　吕　骏(—2001 09)　韩毅伟(2001 09 任)
副主任　恽永忠(2001 09 任)

保密委员会办公室(保密工作局)

主　任　徐龙兴

市委办公室机要局[②]
(原市委办公室机要室)

局　长(原 主 任)　赵小平
副局长(原副主任)　恽　伟

市委台湾工作办公室
市政府台湾事务办公室

主　任　周春欣
副主任　孙建锋

信访局

(2001 年 9 月 19 日市信访局由原市政府部门管理机构调整为市委部门管理机构)
局　长　蒋玉如※
副局长　戚焕兴　蒋建平　薛怀德(2001 09 任)
督导员　徐长海(2001 05 退休)

组织部

部　长　杨春龙
副部长　纪建兴(2001 05 任)　郑国华
　　陈克明(2001 05 任)
部长助理　陈克明(—2001 05)

老干部局

局　长　张焕方
副局长　田玉良(—2001 09)　莫健新(2001 09 任)
副主任科员　田玉良(2001 09—2002 01)
主任科员　田玉良(2002 01 任)

宣传部
(市精神文明建设指导委员会办公室)

部　长　徐　缨※
副部长　孙泽新　单虎林

统一战线工作部

部　长　王国方
副部长　周春欣　宗良锦　罗细林(2001 09 任)
巡视员　徐贤良

农村工作办公室[③]
(原农村工作部)

主　任(原 部 长)　蒋汉民
副主任(原副部长)　殷生岳　杨法兴　金　刚

市政府农村集体资产管理办公室

主　任　蒋汉民
副主任　殷生岳　金　刚

---

① 书记、副书记在常委中不重复列名。
② 2001 年 9 月 19 日武发[2001]121 号文,职能由市委办公室承担,挂“市委办公室机要局”牌子。
③ 2001 年 9 月 19 日,不再保留市委农村工作部,组建市委农村工作办公室,挂“市政府农村集体资产管理办公室”牌子。

政法委员会
市社会治安综合治理委员会办公室

书　记　杨锡根(兼)
副书记　金建勇(兼)　汤建龙
专职委员　蒋建社　戴小方
巡视员　宗炳泉

市机构编制委员会办公室

(2001年9月19日,市机构编制委员会办公室列入市委工作机构序列,与市人事局合署办公,为正局级建制,市编委办公室挂"市事业单位管理局"牌子)

主　任　郑国华(2001 11任)
副主任　吴建荣(2001 11任)

市级机关工作委员会

书　记　应志荣
副书记　路荣南

市直属机关党委

书　记　应志荣
副书记、纪委书记　路荣南
副书记　庄仁一(—2001 09)

市档案局(馆)

局(馆)长、党组书记　叶留祥
副局(馆)长　杨康成
巡视员　吴瑞芳
局(馆)长助理　毛少伟(—2001 12)

党史工作委员会
市地方志办公室

主　任　赵永康(2001 11病故)　陈才全(2001 11任)
副主任　陈才全(—2001 11)　杨汉平　陈如华

党校

校　长　何志清
副校长　陈田民(—2001 09)　黄志新(—2001 05)
　　　　陆飞跃※　王元兵
副主任科员　陈田民(2001 09任)

武进行政学校

校　长　何志清
副校长　丁志峰　陈田民(—2001 09)
　　　　黄志新(—2001 06)　陆飞跃※　王元兵

武进日报社

总编辑、党组书记　承才林
副总编辑　孙志良　汪忠泽
总编辑助理　薛亚清(2001 07任)

武进市人大常委会办事机构

办公室

主　任　陈洪良
副主任　李永忠　蒋建明(2001 09任)
副主任科员　朱金海(2002 01任)

财政经济工作委员会

主　任　谢惠娟※

内务司法工作委员会

主　任　潘巨浪

城建环保工作委员会

主　任　邹友兴

教科文卫工作委员会

副主任　乐兴元

人事代表工作委员会

副主任　孔宪德

武进市人民政府工作部门及直属单位

政府办公室

(9月19日挂"市政府研究室"牌子;市政府侨务办公室、市政府外事办公室、市政府法制局职能划归市政府办公室,市政府办公室挂"市政府侨务办公室"、"市外事办公室"、"市政府法制办公室"牌子)

主任、党组书记　江建文
党组副书记　谢有富(—2001 09)
副主任　谢有富(—2001 09)　欧阳捷　陆文其
　　　　王明昌　刘　克(—2001 09)　刘宗凉
　　　　陆为农(—2001 09)　王中和(2001 09任)
　　　　恽汉明(2001 09任)　许勤丰(2001 09任)
督导员　汤秀娣※(2002 02退休)　刘仲琪　张明浩
主任科员　谢有富(2001 09任)

外事办公室
(原市政府外事办公室)

副主任　王中和

市政府法制办公室
(原市政府法制局)

主　任(原局长)　恽汉明(—2001 09)

发展计划局
(原市计划委员会)①

局长(原主任)、党组书记　汤松德
副局长(原副主任)　童如林(—2001 09)
　　　　巢文毅　程剑生　徐锡俊(—2001 09)
　　　　黄兴华
督导员　汪文华※　吴锁祥
主任科员　童如林(2001 09任)　徐锡俊(2001 09任)

① 9月19日起市计划委员会更名为市发展计划局;9月27日,市计划委员会党组更名为市发展计划局党组。

局长助理(原主任助理) 池 渭

经济委员会
工业系统党委

(9月19日,不再保留市经济委员会,组建市经济贸易局;9月27日,市工业系统党委、纪委撤销)

主任、党委书记 范寿柏(—2001 09)

党委副书记、副主任 顾晓明(—2001 09)

纪委书记 殷文清(—2001 09)

副主任 周鹤义(—2001 09) 束元正(—2001 09)
薛斌英(—2001 09) 胡国忠(—2001 09)

督导员 吴俊华(—2001 09) 顾才东(—2001 09)
潘振华(—2001 09)

贸易办公室①

主 任 王泉兴(—2001 09)

副主任 薛义康(—2001 09)

乡镇企业管理局②

局 长 周鹤义(—2001 09)

党委书记 周鹤义(—2001 09)

党委副书记 罗细林(—2001 09)

副局长 丁国荣(—2001 09) 罗细林(—2001 09)
朱怡忠(—2001 09)

督导员 叶桂林(—2001 09) 杨槐青(—2001 09)
刘伯顺(—2001 09)

经济贸易局
经济贸易局党委

(9月19日组建市经济贸易局,单独设置"市安全生产监督管理局";市经济贸易局挂"市乡镇企业管理局"牌子;9月27日,建立市经济贸易局党委、纪委)

局长、党委书记 范寿柏(2001 09任)

党委副书记 周鹤义(2001 09任)
顾晓明(2001 09任)

副局长 周鹤义(2001 09任) 顾晓明(2001 09任)
王泉兴(2001 09任) 薛斌英(2001 09任)
朱庆坤(2001 09任) 胡国忠(2001 09任)

纪委书记 殷文清(2001 09任)

乡镇企业管理局局长 周鹤义(2001 09任)

市安全生产监督管理局局长 朱庆坤(2001 11任)

督导员 吴俊华(2001 09任,2001 11退休)
顾才东(2001 09任) 潘振华(2001 09任)
叶桂林(2001 09任) 杨槐青(2001 09任)
刘伯顺(2001 09任)

主任科员 丁国荣(2001 09任)

教育局
(原教育委员会)

(9月19日,市教育委员会更名为市教育局;9月27日,市教育委员会党委更名为市教育局党委)

局长(原主任)、党委副书记 王才中

党委书记 许本源

副主任、党委副书记 于乔铣※(—2001 09)

副局长(原副主任) 冷培清(—2001 06) 沈克强
张 美※(2001 06任) 郝建成(2001 09任)

主任科员 于乔铣※(2002 01任)

副主任科员 于乔铣※(2001 09—2002 01)

科学技术局
(原科学技术委员会)

(9月19日,市科学技术委员会更名为市科学技术局;9月27日,市科学技术委员会党组更名为市科学技术局党组)

局长(原主任)、党组书记 沈建军※

副局长(原副主任) 殷一民 吴乐平 王东良

督导员 庄志林(2001 10退休)

公安局

局长、党委书记 范谔生

副局长 刘泽琨(—2001 09) 蒋卫平 陶行泽
胡国英 诸志洪 朱清明
单骏初(2001 07任)

政治委员、党委副书记 朱仁庆

副政治委员 徐国平

纪委书记、督察长 姜南邦(—2001 09)

纪委书记 徐国平(2002 01任)

督导员 汤建龙

主任科员 刘泽琨(2002 01任) 姜南邦(2002 01任)

副主任科员 刘泽琨(2001 09—2002 01)
姜南邦(2001 09—2002 01)

局长助理 单骏初(—2001 07)

监察局

局 长 徐伟南(2001 06任)

副局长 蒋亚诚 翟忠华(2001 06任)
王粉香(2001 06任)

民族宗教事务局

(9月19日市民族宗教事务局列入市政府工作部门序列,与市委统一战线工作部合署办公)

局 长 罗细林(2001 09任)

民政局

局长、党组书记 王永坚

副局长 张忠泽 俞剑忠 潘国强 王 恒

纪检组组长 郑盘齐

---

① 9月19日起不再保留市贸易办公室,其承担的行政管理职能划入市经济贸易局。

② 9月19日起不再保留市乡镇企业管理局,其职能划入市经济贸易局,挂"市乡镇企业管理局"牌子,9月27日市乡镇企业管理局党委撤销。

督导员　施与成　金清荣　黄献宝(2001 09 任)

老龄工作委员会办公室

(9月19日市老龄工作委员会办公室由市民政局代管调整为设在市民政局)

主　任　谢加新(2002 01 提前退休)

督导员　黄献宝(—2001 09)

司法局

局长、党组书记　蒋国民

副局长　高桂芳※　陈国良　陈伟栋

督导员　刘云芳※(2002 01 退休)　王道清

财政局
(国有(集体)资产管理局)①

局长、党组书记　高建中

副局长　顾伟国　冯国范　周庆中

纪检组组长　张祥华

国资局局长　高建中(—2001 09)

国资局副局长　冯国范(—2001 09)

人事局

局长、党组书记　郑国华

副局长　石乾明　丁志峰　陈志华(—2001 09)
　　夏来娣※

纪检组组长　吴建荣

劳动和社会保障局
(原劳动局)

(9月19日,在市劳动局的基础上,组建市劳动和社会保障局;9月27日,撤销市劳动局党组,建立市劳动和社会保障局党组)

局长、党组书记　殷永水(—2001 09)
　　丁冠健(2001 09 任)

副局长　祁忠良(—2001 09)　朱庆坤(—2001 09)
　　李剑青　钱继才　陈志华(2001 09 任)
　　夏荣伟(2002 01 任)

督导员　储中年

主任科员　殷永水(2001 09 任)

副主任科员　祁忠良(2001 09 任)

局长助理　王勤辉

国土资源局
(原国土管理局)

(9月19日武发[2001]121号文,市国土管理局更名为市国土资源局;9月27日武发[2001]127号文,市国土管理局党组更名为市国土资源局党组)

局长、党组书记　朱国成

副局长　梅珍娣※(—2001 09)　裴力克(—2001 09)
　　韦惠民　薛　斌(2001 07 任)

纪检组组长　陈朝平

督导员　宋泉法　庄芒大

主任科员　梅珍娣※(2001 09 任)

副主任科员　裴力克(2001 09 任)

局长助理　薛　斌(—2001 07)

建设局
(原建设委员会)

(9月19日市建设委员会更名为市建设局,其规划职能划出,组建市规划局;其城管职能划出,组建市城市管理局;9月27日市建设委员会党委、纪委分别更名为市建设局党委、纪委)

局长(原主任)、党委书记　是国林

党委副书记　汪国成(—2001 09)

纪委书记　何纪法

副局长(原副主任)　陈剑峰(—2001 09)
　　刘琴大※　王和清(—2001 09)
　　李再生(—2001 09)　周亚华(2001 07 任)
　　王友东(2001 07 任)

督导员　冷万里　张国民

主任科员　王和清(2001 09 任)

副主任科员　汪国成(2001 09 任)
　　陈剑峰(2001 09 任)

主任助理　王友东(—2001 07)

规划局

(2001 09 组建)

局　长　是国林(2001 09 任)

副局长　李再生(2001 09 任)

交通局

局长、党委副书记　蒋惊雷

党委书记　邓荣初

副局长　赵顺庆(—2001 09)　潘建方　朱柏松
　　陈方根　谈　胜(2001 07 任)

副主任科员　赵顺庆(2001 09—2002 01)

主任科员　赵顺庆(2002 01 任)

局长助理　谈　胜(—2001 07)

水利局

局长、党委书记　马乃强

党委副书记、纪委书记　陆锡生

副局长　周良法　张兰焕(—2001 09)
　　王晓东(—2001 09)　张学技(2001 09 任)
　　严少华(2001 09 任)

督导员　于全根(2002 01 退休)　何小毛

副主任科员　张兰焕(2001 09 任)
　　王晓东(2001 09 任)

局长助理　张学技(—2001 09)

---

① 9月19日,不再保留"市国有(集体)资产管理局"牌子。

农业局

(9月19日,市农业局与市多种经营管理局合并组建市农林局,挂“市农业资源开发局”牌子;9月27日市农业局党委、纪委撤销)

局长、党委副书记 田炳坤(—2001 09)

党委书记 何永祯(—2001 09)

副局长 陈金法(—2001 09) 吴福林(—2001 09)
钱一声(—2001 09)

纪委书记 徐全国(—2001 09)

局长助理 万建忠(—2001 09)

多种经营管理局

(9月并入市农林局;9月27日武发[2001]127号文,撤销市多种经营管理局党组)

局长、党组书记 杨迪平(—2001 09)

副局长 彭仁良(—2001 09) 蒋惠忠(—2001 09)
诸东海(—2001 09)

督导员 杨产浩(—2001 09) 王玉祥(—2001 09)

农林局(农业资源开发局)

(2001年9月组建;9月27日建立市农林局党委、纪委)

局长、党委副书记 田炳坤(2001 09任)

党委书记 何永祯(2001 09任)

副局长 陈金法(2001 09任)
吴福林(2001 09任,2002 02病故)
钱一声(2001 09任) 蒋惠忠(2001 09任)
诸东海(2001 09任)

纪委书记 徐全国(2001 09任)

督导员 杨产浩(2001 09任,2002 01退休)
王玉祥(2001 09任)

主任科员 杨迪平(2001 09任) 彭仁良(2002 01任)

副主任科员 彭仁良(2001 09—2002 01)
刘国荣(2002 01任) 张鹤云(2002 01任)

局长助理 万建忠(2001 09任)

对外贸易经济合作局(招商局)
(原对外经济贸易委员会,招商局)
外经贸系统党委

(9月19日市对外经济贸易委员会更名为市对外贸易经济合作局,挂“市招商局”牌子;9月27日市外经贸系统党委更名为市对外贸易经济合作局党委)

局长(原主任)、党委书记 章建镇(—2001 09)
翁浩明(2001 09任)

党委副书记 赵新生

副局长(原副主任) 黄泽民 林 江 王岷颜
陈建荣

督导员 于留庚

主任科员 章建镇(2001 09任,2002 01提前退休)

文化局

局长、党组书记 陈泽民(—2001 09)
吕 骏(2001 09任)

副局长 汤德胜(2002 01提前退休)
秦蔚成 庄旦良 赵治平

主任科员 陈泽民(2001 09任)

广播电视局

局长、党组书记 黄国平

副局长 徐 亮 何爱东※(—2001 09)
王元康 祁贵根

副主任科员 何爱东※(2001 09任)
万全兴(2002 01任)

卫生局

局长、党委书记 戚伯明

党委副书记 史学新

副局长 陈旦纠 曹玉屏※(—2001 07)
朱学云 倪晓谦※

纪委书记 徐伟光

督导员 吴介如

副主任科员 王文峰(2002 01任)

局长助理 卞晓星(2001 11任)

计划生育局 (原计划生育委员会)

(9月19日市计划生育委员会更名为市计划生育局;9月27日市计划生育委员会党组更名为市计划生育局党组)

局长(原主任)、党组书记 王建华※

副局长(原副主任) 许凤新※ 李洪兴
周 萍※(2001 07任)

主任助理 周 萍※(—2001 07)

督导员 刘玉蓉※(2002 01退休)

审计局

局长、党组书记 王炳昌

副局长 王志明(—2001 09) 史伟刚 夏 燕※
王泽南 刘志远(2001 11任)

督导员 赵克中

副主任科员 王志明(2001 09任)

环境保护局

局长、党组书记 胡志龙

副局长 周晓兴 孙尽晓(—2001 09) 陈伟平
张方山 薛福泉

督导员 钱南松

副主任科员 孙尽晓(2001 09任)

体育局(原体育运动委员会)

(9月19日市体育运动委员会更名为市体育局;9月27日市体育运动委员会党组更名为市体育局党组)

局长(原主任)、党组书记 江光迅

副局长(原副主任) 蒋正伟
督导员 金兴瑞(2002 02 退休)
局长助理(原主任助理) 陈 新

统计局

局长、党组书记 陈宝兴
副局长 叶国华 李彩英※ 何文阳
督导员 杨贤政
局长助理 孙亚明

旅游局

(9 月 19 日市旅游局列入市政府工作部门序列)
局 长 闵伟明
副局长 丁银生

物价局

局长、党组书记 冯士彬
副局长 陈建群 童小梅※ 杨建伟

粮食局

局长、党委书记 钱仕新
党委副书记 刘国华
副局长 朱慧芝※(—2001 09) 高锁林
督导员 熊才林
副主任科员 朱慧芝※(2001 09 任)
局长助理 杭小强

经济体制改革委员会办公室
(原经济体制改革委员会)

(9 月 19 日原市体改委更名为市经济体制改革委员会办公室,为市经济体制改革委员会的常设办事机构;9 月 27 日市经济体制改革委员会党组更名为市经济体制改革委员会办公室党组)
主任、党组书记 孙志中
副主任 查学文(—2001 09) 黄学贤 郑冠华
副主任科员 查学文(2001 09 任)

人民防空办公室

(9 月 19 日市人民防空办公室调整为市国防动员委员会的常设办事机构)
主 任 谢有富(—2001 09)
副主任 万智慧 薛义康(2001 09 任)

行政审批服务中心

(2001 年 12 月成立,2001 年 12 月 14 日武编发[2001]3 号文,成立武进市行政审批服务中心;2002 年 1 月 10 日武发[2002]1 号文建立市行政审批服务中心党委、纪委)
党委书记 欧阳捷(2002 01 任)
主 任 欧阳捷(2002 02 任)
党委副书记、纪委书记 戴新春(2002 01 任)

农业机械管理局

局长、党委书记 曹兴南
党委副书记、纪委书记 王建伦
副局长 奚开炎(—2001 09) 王建伦 臧如发
谈纪益(2001 07 任)
主任科员 奚开炎(2001 09 任)
局长助理 谈纪益(—2001 07)

地震局

局 长 张进伟

机关事务管理局

(9 月 19 日市机关事务管理局由原副局级建制升格为正局级建制)
局 长 刘 克
副局长 徐金荣(2001 09 任)

中共江苏省武进高新技术产业开发区工作委员会
江苏省武进高新技术产业开发区管理委员会

书 记 朱伟中
主 任 朱伟中(—2002 02) 陈建林(2002 02 任)
副书记 陆惠良(兼,2001 10 退休) 许听国 徐国鸿
陈建林(2002 02 任) 韦士章(2002 02 任)
金华友(2002 02 任)
副主任 许听国 薛盘林(2002 01 提前退休)
赵 明(2002 01 辞职) 殷一民 顾建中
石旭涌(2001 07 任) 韦士章(2002 02 任)
耿昌明(2002 02 任)

中共武进市纪委驻高新技术产业开发区纪检组

组 长 管保山(2001 07 病故)

武进市经济技术开发总公司

总经理 赵 明(2002 01 辞职)

中共江苏省武进外向型农业综合开发区工作委员会
江苏省武进外向型农业综合开发区管委会

书记、主任 丁荣良
副书记 王建平 王祥生
副主任 王建平 王祥生 汪文华※ 殷一民
顾永和 潘一航

供销合作总社社务管理委员会

主 任 周亚华(—2001 12) 盛国民(2001 12 任)
党委书记 盛国民
党委副书记 周亚华(—2001 06) 刘 毅
副主任 冯浩方(2002 01 提前退休) 姜祖明
沈益锋 陈卫星
纪委书记 张有才
督导员 吴盛胜(2001 12 退休)
主任助理 许新跃

武进供销社(集团)公司

董事长 盛国民
总经理 周亚华(—2001 12) 盛国民(2001 12 任)
副总经理 冯浩方(2002 01 提前退休)

武进物资(集团)总公司
(武进市物资资产经营公司)
武进市物资资产经营公司党委

(11月20日撤销市物资局党委,建立市物资资产经营公司党委、纪委)

董事长、总经理、党委书记 窦元方

党委副书记 郭庆宪※(—2001 09)

党委副书记、纪委书记 王国林(2001 11任)

督导员 甘荣珍※(2002 01退休)

武进商业(集团)公司
(武进市商业资产经营公司)
武进市商业资产经营公司党委

(11月20日,组建市商业资产经营公司,撤销市商业局党委,建立市商业资产经营公司党委、纪委)

董事长、总经理、党委书记 庄本德

党委副书记 郭裕坤

纪委书记 郭裕坤(2001 11任)

副总经理 张林海

武进粮食(集团)公司

董事长、总经理 钱仕新

副总经理 朱慧芝※

武进农机(集团)公司

董事长、总经理 曹兴南

副总经理 奚开炎

武进经济发展总公司

总经理 张胜栋

市经济贸易总公司

董事长、党委书记 唐惠林

副董事长、总经理、党委副书记 朱华方

党委副书记、纪委书记 冯惠铨

副董事长、副总经理 陆国标

副总经理 曹顺南 吴网林 蒋伯伟
陈婉琴※ 陶国仁

市建材工业公司

经　理 翟建新

副经理 李岳生

督导员 唐良度 蒋林富

武进市农村信用合作社联合社

(2002年1月10日武发[2002]1号文件,撤销市农村信用合作社联合社党组,建立市农村信用合作社联合社党委)

主　任 姜益民(—2001 11) 金文建(2001 11任)

党组书记 姜益民(—2002 01)

党组副书记 金文建(—2002 01)

党委书记 姜益民(2002 01任)

党委副书记 金文建(2002 01任)

副主任 杨立民 王　波 陆向阳(2001 12任)

总稽核 钱纪明

纪委书记 钱纪明(2002 01任)

广播电视大学、国家级重点职业中学、省重点中学

常州市广播电视大学武进分校

校长、党支部书记 郝建成

副校长 陈国方(2001 12退休) 周国荣 张伟贤

调研员 钱顺良(2002 01退休)

江苏省前黄高级中学

(12月武组复[2001]46号文,同意建立中共江苏省前黄高级中学总支部委员会)

校　长 邹兴华

党支部、总支书记 邹兴华

副校长 陈纪平 孔建华 张志朝
张　美※(—2001 08)

江苏省奔牛高级中学

党支部副书记 郑建秋

副校长 郑建秋(2001 03起主持工作) 陶　锋
邱浩坤 王锁良 史根林

调研员 胡　迪(2001 10退休) 周明龙 张仁端

江苏省武进职业高级中学

校长、党支部书记 谢焕明

副校长 沈新红

江苏省武进西林职业高级中学

校长、党支部书记 钱国良

副校长 凌伯元 章美娟※ 戈志强

江苏省武进高级中学

校长、党支部书记 毛建东

副校长 张世善 陈林方 杨云逸 曹志山

调研员 陈亚春 上官耀新(2002 02退休)

武进市横林中学

校长、党支部书记 陈　勇

副校长 吴国健 朱善方 毛有章 章贵平

调研员 朱宝松(2001 12退休) 杨惠元

党委建制工厂、(集团)公司[①]

武进柴油机厂

① 1999年4月14日武发[1999]36号文,党委建制厂(公司)的董事长、副董事长、监事会主席、经理,党委书记、副书记、纪委书记由市委管理;武发[1999]37号文,武进柴油机厂、江苏新亚化工集团公司(武进化肥厂)、江苏武进钢铁(集团)公司、武进第一染织厂、武进制药厂、武进铁合金厂、武进水泥厂的副厂长、副经理、工会主席由市工业系统党委管理)

厂　长　谢　锋(—2002 01)　张仲放(2002 01 任)
党委书记　吴中达
党委副书记　张仲放　谢　锋

江苏新亚化工集团公司(武进化肥厂)

厂长、党委书记、董事长、总经理　朱兴初
党委副书记、纪委书记　黄伟康
副董事长　高全元

武进中天钢铁有限责任公司

(11 月 20 日撤销江苏武进钢铁集团公司党委、纪委,建立武进中天钢铁集团有限责任公司党委、纪委)
党委书记　薛锡生
党委副书记　董才平　李林兴
纪委书记　赵金涛

武进铁合金厂

厂　长　朱建华
党委书记、纪委书记　徐跃成
党委副书记　朱建华　陈自忠

江苏恒力电机集团股份有限公司

董事长、总经理、党委书记　王增连
党委副书记、纪委书记、监事会主席　赵荣明

常州康普药业有限公司
武进制药厂党委

党委书记　徐效法
党委副书记、纪委书记　张伯佳

武进箭龙水泥有限公司
武进水泥厂党委

董事长、总经理、党委副书记　符宝华
党委书记、纪委书记　黄春华

武进勤益染织有限公司
武进第一染织厂党委

党委书记　蔡德清
党委副书记　龚文龙
党委副书记、纪委书记　戚旭初

江苏阳湖纺织集团股份有限公司

董事长、总经理、党委书记　唐金华※
党委副书记、纪委书记　蒋宝华
监事会主席　吴志清

中共武进市委协助管理单位

中国人民银行武进市支行

行长、党组书记　徐堪成
副行长　吴德兴　王建春　谈明锋(2001 06 任)

中国工商银行武进市支行

行长、党委书记　周明霞※
副行长　刘伟民　华燕峰　张惠军(2002 03 任)

中国农业银行武进市支行

行长、党委书记　吕一平
副行长　王志兴　徐贤敏　陈永刚　蒋建华
纪委书记　陈永刚

中国农业发展银行武进市支行

行　长　章　明(—2001 05)　张玉敏※(2002 03 任)
党支部书记　章　明(—2002 03)
　　张玉敏※(2002 03 任)
副行长　倪习锋(—2001 05)　侍守德(2001 05 任)
　　芮建昌(2001 05 任)　李红霞※(2001 05 任)
行长助理　芮建昌(—2001 05)

中国建设银行武进市支行

行长、党委书记　沈起力(2002 02 任)
党委副书记　沈起力(—2002 02)
副行长　沈起力(—2002 02)　上官啸天
　　徐俊松　刘彩萍※
纪委书记　刘彩萍※
行长助理　黄晓春

中国银行武进支行

行　长　吴　明(2001 07 任)
党支部书记　吴　明
副行长　陈　希※　王朝东(挂职)

交通银行武进支行

党总支书记　秦超国
副行长　秦超国　陶亚新

中国人民保险公司武进市支公司

党组书记　周柏清
副总经理　薛　宏　魏达成

中国人寿保险公司武进市支公司

总经理、党支部书记　刘怀平
党支部副书记　马铁鸣
副总经理　马铁鸣　杨定平　毕林根

中国太平洋财产保险股份有限公司
武进支公司

经理、党组书记　戴国文(—2001 12)
　　蔡　群※(2001 12 任)
经理助理　徐　霞※(2001 09 任)

中国太平洋人寿保险股份有限公司
武进支公司

经理、党组书记　黄建伟(—2001 12)
　　汤国平(2001 12 任)
副经理　汤国平(—2001 12)　孙书强(2001 12 任)
高级专务　方瑞章
经理助理　周　珏※(2001 12 任)

中国平安保险公司武进办事处

主　任　喻一峰※

中信实业银行湖塘办事处
（中信实业银行常州分行武进支行）

（常银复(2001)64号文同意中信实业银行湖塘办事处升格为武进支行）

主　任　包守宇(—2001 06)

行　长　包守宇(2001 06 任)

武进市烟草专卖局(公司)

局长、经理、党支部　陆小平

副局长　姚卫东(—2001 12)　钱国宝(2001 12 任)

副经理　周　正(—2001 12)　姚卫东(2001 12 任)

主任科员　柏福根

武进市供电局
江苏省电力公司武进市供电公司

局长、总经理　沈恩达(2002 01 任)

党委书记　伍志刚

副局长　俞梁一(—2002 01)　邓国荣(—2002 01)

陈　虹(—2002 01)　陈宇飞(—2002 01)

副局长、副总经理　苏　晖(2002 01 任)

万　明(2002 01 任)　葛　伟(2002 01 任)

邓国荣(2002 01 任)

纪委书记　潘洪大(—2002 01)　王　进(2002 01 任)

总工程师　万　明

调研员　俞梁一(2002 01 任)

武进邮政局

局　长　郭经纬

副局长　史建平(—2002 01)　郑战方(2002 01 任)

曹向明(2002 01 任)

武进电信局

局　长　居幼成(—2001 09)

副局长　祁玉良(—2001 10)　费萍华※

武进市国家税务局

局长、党组书记　陈利元(—2001 06)

姜立军(2001 06 任)

副局长　黄建祥　费志坤

纪检组组长　戴新波

主任科员　顾才清

武进市地方税务局

局长、党组书记　孙克成(—2001 06)

周瑞华(2001 06 任)

副局长　恽金坤　阚怀民　钱云棠

曾长胜(2002 01 任)

纪检组组长　钱云棠

常州市武进工商行政管理局

局长、党组书记　孙　骏

副局长　张玉根　周馨华　马旭峰　何　平

纪检组组长　季洪林

主任科员　朱浩春　张志伟

副主任科员　周锡成

常州市武进质量技术监督局

局长、党组书记　邱士坤

副局长　王伟基　孙东彧　方武彬

局长助理　徐建平

常州市武进药品监督管理局

（11月20日武发[2001]154号文件建立常州市武进药品监督管理局党组）

局长、党组书记　束元正(2001 11 任)

副局长　庄仁一(2001 11 任)

政协武进市委员会办事机构

办公室

主　任　陆书洪

副主任　陆雅芬※　左小平

督导员　冯仲泉(2001 10 退休)

学习与文史委员会

（各专门委员会的正、副主任原干部职级不变）

主　任　周蓉森

副主任　邓荣初　徐龙兴　虞新华

提案工作委员会

主　任　程苏元(兼)

副主任　方瑞章　陆雅芬※

经济科技委员会

主　任　赵同方(兼)

副主任　徐堪成　夏来娣※　殷生岳

社会事业和法制工作委员会

主　任　程苏元(兼)

副主任　许本源　徐　亮

海外联谊委员会

主　任　王国方(兼)

副主任　周春欣　宗良锦

社 会 团 体

武进市总工会

主席、党组书记　杨铁龙

副主席　曹国芳(—2001 10)　黄榴英※　许吉清

巡视员　张富娣※

副主任科员　曹国芳(2001 09 任)

共青团武进市委员会

书记、党组书记　蒋　锋

副书记　夏建飞　杨国成(2001 09 任)

武进市青年联合会

主　席　蒋　锋

副主席 夏建飞 孙泽新 倪晓谦※

武进市妇女联合会

主席、党组书记 刘瑞英※

副主席 徐 伟※ 周洪琴※(—2001 10)

主任科员 周洪琴※(2001 09 任)

武进市科学技术协会

主席、党组书记 杨建江

副主席 刘建南 钱伟权(2002 01 提前退休)
钱一声 朱学云

巡视员 赵产龙 姜德文

主席助理 朱一兵(—2001 11)

武进市文学艺术工作者联合会

主 席 汤德胜(2002 01 提前退休)

副主席 马中原 赵治平 沈惠兰※

武进市工商业联合会

(9 月 27 日武发[2001]127 号文,建立武进市工商业联合会党组)

党组书记 罗细林(2001 09 任)

会 长 王友诚

副会长 曹腊大 郭庆宪※(2001 11 选)
周鹤义(兼,2001 11 选) 张玉根 姚建忠
茹伯兴(2001 11 选) 项同保(2001 11 选)
吴伟良(2001 11 选) 张元兴(2001 11 选)
许小初(2001 11 选) 刘伯顺(—2001 11)

副主任科员 陈伯近(2001 09 任)

武进市归侨侨眷联合会

主 席 沈亦清

副主席 芮中青(—2001 12) 张三妹※(2001 12 选)

巡视员 周瑞琦

武进市残疾人联合会执行理事会

理 事 长 王永坚

副理事长 符大荣

各 片

东 片

片 长 杨锡根

副片长 陆志奋※

专职副片长 杨法兴

南 片

片 长 金绍斌

副片长 张建新

专职副片长 杨槐青(—2002 03)
王泉兴(2002 03 任)

西 片

片 长 徐 缨※

副片长 钱志忠

专职副片长 金清荣(—2002 03)
丁国荣(2002 03 任)

北 片

片 长 徐伟南

副片长 金建勇

专职副片长 何小毛(—2002 03)
王东良(2002 03 任)

湖塘片

片 长 杨春龙

副片长 苏扬波

专职副片长 储中年(—2002 03)
蒋汉民(2002 03 任)

(中共武进市委组织部 提供)

(栏目责任编辑 杜仁彬)

大事记

1 月

2 日 常州、武进新华书店联合组建江苏常武新华书店有限责任公司，这是全国第一个地、县(市)新华书店合并组建的图书销售有限公司。

△ 江苏省人大视察组视察武进农村初级卫生保健工作。

3 日 市委召开全市江泽民“三个代表”重要思想学习教育工作会议，部署武进学习教育活动。至4月4日，首批86个市级机关部门和30个镇的6 974名干部参加活动，第二批于12月上旬开始，515个村、966个站所的13 447人参加学习教育，翌年6月结束。

10 日 全市农村税费改革改革工作会议召开，部署农村税费改革工作，4月在农村全面推行。

△ 市委、市政府组织有关部门和企业赴北京开展经贸活动，在钓鱼台国宾馆召开经济社会发展情况汇报会，在京的武进新老朋友和有关领导60余人参加会议。

△ 武进市湖塘集体资产经营公司和武进市经济技术开发总公司合资组建全省首家乡镇级担保公司武进市湖塘中小企业经济担保有限责任公司，为中小企业提供贷款担保服务。

1 月 按照中央组织部和省委组织部的要求，全市各级党组织开展民主评议党员工作。2 866个党支部(总支)、57 843名党员参加评议，参评率达95%，评出优秀党员3 431名，处置不合格党员49名。

△ 市政府批准设立武进高新技术产业开发区南区，规划面积7.72平方千米。

2 月

9 日 全市造林绿化工作会议召开，部署2001年全市造林绿化工作任务。

12 日 国务院“打假”督查组到武进检查一次性医疗器械专项整治工作，对武进打假整治工作表示满意。

15 日 全市利用外资工作会议召开。

16 日 全市政法工作会议召开，总结部署全市政法工作。

20 日 全市工业经济工作会议召开。

22 日 武进市福华化工设备有限公司与台湾最大科技有限公司及香港来利集团有限公司正式签约，组建江苏鑫海钢铁股份有限公司，项目总投资5 000万美元。

2 月 前黄镇发现春秋时期屯兵兵城池遗址——前墩遗址，面积2 500平方米，发现当时兵营行军灶灶体和几何印纹陶片。

3 月

2 日 武进市第十二届人大常委会举行第22次会议，决定免去徐惠中武进市人民政府副市长职务。

4 日 市委、市政府召开全市农村工作会议，贯彻中央、省和常州市农村工作会议精神和市委八届十二次全委(扩大)会议精神，部署2001年全市农业和农村工作。

5 日 中央政法委副秘书长、社会治安综合治理办公室主任陈冀平视察武进横林镇狄板村和横山桥镇五一村。

8 日 台湾创业投资考察团到武进进行投资考察。

17 日～20 日 武进市政协十届四次会议召开，选举徐亮为市政协第十届委员会副主席，同意羌涵孚辞去市政协第十届委员会副主席职务。

18 日～21 日 武进市十二届人大四次会议召开。大会通过了关于接受韩仁林、陆惠良、承建国辞去市十二届人大常委会副主任职务请求的决定，选举梅鹤训、顾培华、冷培清为市十二届人大常委会副主任。

20 日 原全国人大常委会副委员长、著名社会学家费孝通考察横山桥镇五一村。

22日～23日 市委、市政府分别在横林、魏村、夏溪、前黄等镇召开各片利用外资工作会议，对2001年全市利用外资工作进行再发动、再落实。副市长李小平代表市政府与各镇主要负责人签订《2001年度利用外资考核目标责任书》。

27日 世界台商报社社长、世界台商协会理事长纪文祥率台商考察团到武进考察投资环境。

28日～30日 中共武进市第九次代表大会在武进影剧院召开。大会选举产生中共武进市第九届委员会委员25名、候补委员5名和中共武进市纪律检查委员会委员15名，选举毛伟明、杨锡根、杨春龙、徐伟南、金绍斌、李小平、徐缨为市委常委。在30日举行的市委九届一次全委会议上，毛伟明当选为中共武进市第九届委员会书记，杨锡根、杨春龙当选为副书记。

3 月 市统计局被国家人事部、统计局授予“全国统计系统先进集体”称号。

△ 市政府制订《关于进一步促进外向型经济发展的若干意见》，出台利用外资7项优惠政策。

4 月

12日 全市党建工作会议召开，总结部署全市党建工作。

16日 武进市经济与社会发展汇报会在上海银河宾馆举行，市领导毛伟明、赵耀骥、李小平、梅鹤训、赵同方与上海市的43个企事业、机关单位的55位负责人参加会议。

18日 武进医疗机构开始实行药品集中采购，市、镇、村三级医疗机构的药品全部进入交易市场采购。

△ 公安机关在全市开始开展治爆缉枪专项行动，至11月结束。共查处涉爆涉枪违法犯罪案件24起，涉案嫌疑人20名；收缴各类非法枪支917支、子弹912发、炸弹59个；检查化工企业及涉爆行业单位1 097家，发现整改不安全隐患146处。

20日 召开全市社会治安和整顿规范市场经济秩序工作会议，贯彻全国、全省和常州市社会治安工作会议及整顿规范市场经济秩序工作会议精神，部署全市开展“严打”整治斗争和整顿规范市场经济秩序工作。

28日 香港工商代表团常州空港工业园投资考察洽谈会在明都大饭店举行。港商与罗溪镇企业负责人签订8个合资合作意向书，总投资1 450万美元，签订贸易合同额2 800万元。

29日 市委书记、市长毛伟明会见以BBS太平绅士、香港沙田工商业联合会会长、沙田区议员蔡根培为团长的香港工商代表团。

△ 江苏省科技厅厅长王永顺考察江苏省武进高新技术产业开发区。

5 月

16日 全国人大常委会办公厅联络局副局长李伯钧率队到武进调查研究乡镇人大换届选举工作。

△ 全市行政审批制度改革会议召开，要求全市行政审批总事项必须减少1/3以上，审批、核准事项减少40%以上。

17日 中共江苏省委常委、江苏省公安厅厅长李明朝一行视察武进市“严打”整治斗争情况。

26日 中共盐城市委副书记、市长陶培荣率领盐城市党政代表团30余人考察武进。

30日 ’2001武进市科技经济对接洽谈会举行，来自南京、上海、西安、济南、重庆、成都等地的51所著名院校和科研院所的130多位专家参加，与武进企业共签订技术合作意向协议159份。

△ 武进市人民防空地面指挥所竣工，增强了城市防空袭预警能力。

5 月 江苏省武进高级中学通过国家级示范高中验收。

△ 国家司法部授予市司法局为“三五”普法全国先进单位称号。

6 月

4 日 武进市第二届老年人运动会在市老干部活动室开幕。

7 日 市公安刑警大队前黄刑警中队被评为“全国模范刑警中队”。

15日 中共江苏省委副书记、宣传部长任彦申率省委宣传部全体机关干部到横山桥镇五一村开展调查研究。

17日 全国少先队德育工作暨“新世纪我能行”体验教育活动现场推进会在武进市星辰实验学校举行，团中央书记处书记、全国少工委常务副主任赵勇和来自全国各地的3 00多位少先队工作者参加了活动。

18日 由中共江苏省委党史工作办公室、中共武进市委和江苏省广电局、《扬子晚报》社联合举办的纪念中国共产党成立80周年“武进杯”征文活动颁奖大会在南京举行。中共武进市委书记、市长毛伟明在会上介绍了武进市“两个文明”建设情况。

19日 武进通过国家级“散装水泥示范县”验收。

20日 武进纪念建党80周年革命史料暨摄影图片展在行政中心举行。

△ 市委调整社会治安综合治理委员会成员，市委副书记、政法委书记杨锡根任主任，政法委副书记金建勇、汤建龙任副书记。

21日～22日 全国工商联调研组到武进调研基层商会建设情况。

24日 武进召开“禁毒志愿者”誓师大会，1 000名禁毒志愿者庄严宣誓。

28日 市委、市政府在武进影剧院举行纪念中国共产党成立80周年大会。大会表彰红旗党组织30个、模范共产党员100名和“六好镇党委”14个，并举行专场文艺演出。

△ 武进市地方海事处成立。

中下旬至7月上旬 全市专项查处环境违法行为。

6 月 农工民主党武进市委召开三届八次市委扩大会，补选陆雅芬为副主任兼秘书长。

7 月

1 日 中共遥观镇党委被中共中央组织部授予“全国先进基层党组织”称号。

6 日 中信实业银行武进支行成立。

9 日 以色列驻沪总领事与以色列卡麦尔市市长拉姆兹·合拉比率卡麦尔市代表团6人考察武进。

19日～20日 市委九届二次全委(扩大)会议召开。

26日 国家水利部江河水务投资有限公司、香港伟创实业有限公司和武进市供水总公司，在市行政中心举行项目签字仪式，武进市最大的基础设施建设项目武进市长江引水工程正式启动，10月10日该工程正式开工建设，设计日产水40万吨，工程概算总投资3.6亿元，预计到2003年6月正式供水。

30日至8月8日 武进市经贸考察团考察访问台湾。

8 月

2日～12日 市委副书记杨春龙率领武进党政代表团考察了新疆阿勒泰市奶牛养殖场、植物园及由武进市援建的希望小学，向阿勒泰市捐赠人民币20万元。

6 日 广东省增城市党政代表团考察武进。

10日 武进市人民政府在西安市设立驻西北办事处。

14日 《我是武进人》出版发行，收录、汇集100位在外地工作的优秀武进籍人士的创业经历和传奇人生。

△ 中华台商经贸投资服务中心、台湾新生报组织由9位企业家组成的考察团到武进考察投资环境。

22日 江苏省人大代表视察组调研武进公安工作。

△ 省委常委、省委政法委书记孙安华到武进视察“严打整治”斗争情况。

9 月

6 日 市委、市政府召开全市村级区域调整工作会议。至本月底，全市村级区域调整工作基本完成，757个村调整为515个，平均每村人口2 169人，精简分流村干部707名。

9 日 武进市在福建省厦门市举行投资说明会，新加坡、马来西亚、英国、泰国、美国、菲律宾等国家和台湾、香港地区的60余位客商出席。同日举行漳厦同乡恳谈会，邀请在漳州、厦门工作的武进同乡共商武进发展大计。

△ 威海市党政代表团参观考察武进的江苏新科电子集团有限公司、常州创佳型材有限公司和江苏兰陵化工集团公司。

17日 四川省眉山市党政代表团考察武进。

20日 武进公安机关在全国统一开展的“追逃”专项行动中抓获在逃人员140名，列常州市公安系统第一名。

22日 市委市政府召开全市机构改革动员大会，全面动员和部署市、镇两级党政机构改革工作。至10月底，机构改革工作基本完成。市级党政机构由改革前的53个精简为49个；镇机关行政编制由原来的3 516名裁减为2 638名。

27日 市国防动员委员会在江苏新亚化工集团公司成功组织了以城市反空袭作战为背景的“武防—01”重点目标防空袭研究性演习。

28日 武进市第五届职工运动会在江苏省武进高级中学体育馆开幕。美国CBA明星篮球队大学生体育大使队与探险者队进行了精彩的对抗赛和表演。

9 月 武进招商团赴台湾考察招商，达成合作意向13项。

10 月

16 日 市委九届三次全委(扩大)会议召开。

16 日～22日 台北武进同乡会理事长陆观沂率36名成员参观访问武进。

18 日 武进市水务局成立。

△ 全国人大常委会副委员长铁木尔·达瓦买提视察横山桥镇五一村、武进市星辰实验学校。

18 日～19日 ’2001 武进国际经贸洽谈会在行政中心举行，2.5万余人次参加会议，其中客商735名。达成利用外资意向项目73个。

26 日 全国政协副主席万国权率领全国政协视察团23人视察武进民营经济发展情况，视察了江苏金鼎集团公司，对金鼎集团在全国电动工具行业位居前列给予充分肯定，挥笔题词："苏南之星——金鼎"。

10 月 横山桥、湖塘两镇经中共中央宣传部、中央文明办、国家环保总局和农业部、国务院体改办联合认证，通过"全国创建文明小城镇示范区"验收。

11 月

5 日 市人大常委会主任赵耀骧、副主任周福元和副市长钱志中率领市有关部门和企业的14位负责人到陕西省安康市扶贫、考察。

11 日 世界钢铁协会会长、台湾钢铁工业园业工会理事长、台湾中钢公司原董事长王钟渝首次回武进探亲。

15 日 由华东大学编制的《武进江边印染工业园生产布局规划》、《武进市江边印染工业园区环境规划》通过专家组评审认证。

17 日 越南最高人民检察院副院长陈秋率代表团9人访问武进。

18 日 全省规模最大的棉纱市场湖塘棉纱市场开业。

20 日～21日 共青团武进市第十六次代表大会在市工人文化宫召开，蒋锋当选为团市委书记。

21 日 山东荣成市党政代表团考察武进。

△ 盛克勤任中共武进市委书记，李小平任中共武进市委副书记。

22 日 市十二届人大常委会第30次会议决定，同意毛伟明辞去武进市人民政府市长职务，李小平任代市长。

△ 全国人大常委会副委员长、全国妇联主席彭珮云视察武进妇女工作。

26 日 武进市安全生产监督管理局成立。

26 日～27日 江苏省对台交流工作座谈会在武进举行。

27 日～28日 武进市工商业联合会第七届会员代表大会召开，王友诚当选为市工商联会长。

29 日 武进市药品监督管理局成立。

11 月 市公安局破获建国以来武进最大的贩卖毒品案，缴获海洛因280克、毒资10万余元。

下旬 武进通过江苏省农机局受国家农业部委托组织的水稻生产机械化示范县验收。

12 月

11 日 中共江苏省委书记回良玉，省委常委、秘书长赵少麟和省经贸委主任仇中文、省外经贸厅厅长叶坚考察武进金氏集团、江苏金鼎集团公司、江苏侨裕集团和武进星辰实验学校等。

14 日 全国人大代表南京组和省人大代表直属组视察武进。

17 日 武进市第二次归侨侨眷代表大会召开，沈亦清当选为市侨联主席。

22 日 市委九届四次全委(扩大)会议召开。

2001年，武进有漕桥、卜弋、潘家、薛家、安家、湟里、东安、寨桥、罗溪、奔牛、嘉泽、湖塘等12个镇，创建成"江苏省卫生镇"。

12 月 市检察院被共青团中央、最高人民检察院联合命名为全国优秀"青少年维权岗"。

(栏目责任编辑　王国新)

特　载

坚定信心　开拓奋进
努力实现武进经济和社会发展的新跨越

（摘　要）

——在中共武进市第九届四次全委（扩大）会议上的讲话

（2001 年 12 月 22 日）

盛　克　勤

同志们：

今天，市委召开九届四次全委（扩大）会议，主要任务是深入贯彻党的十五届六中全会、中央和省经济工作会议、省第十次党代会以及回良玉书记视察武进时的重要讲话精神，认真回顾总结2001年全市“两个文明”建设取得的成绩，研究部署明年工作的目标、任务和措施，动员全市各级党组织和广大干部群众，进一步坚定信心，沉着应付，扎实工作，开拓奋进，努力实现武进经济和社会发展的新跨越，全面提升县域经济的综合实力，确保武进在苏南经济板块中“第一军团”的地位。现在，我根据市委常委会讨论的意见，讲三个方面。

一、真抓实干，开拓创新，全市“两个文明”建设取得显著成绩

全市各级坚持以江泽民同志“三个代表”重要思想为指导，以社会稳定为前提、加快发展为目标，全面深化各项改革，不断扩大对外开放，全市两个文明建设取得显著成绩。预计全年完成国内生产总值262亿元，按可比价增长12.5%，其中一产增加值19.5亿元，增长3.7%，二产增加值152.5亿元，增长13%，服务业增加值90亿元，增长12%；完成预算内财政收入23.65亿元，增长26.4%；全社会固定资产投资总额达50亿元，增长23.6%。人民生活水平不断提高，全市城镇职工人均工资11 800元，农民人均纯收入5 534元，分别增加1 120元和323元。各项社会事业稳步推进，党的建设、精神文明建设和民主法制建设进一步加强，为武进顺利实现“十五”目标开了个好头，奠定了基础。

回顾一年来的工作，主要抓了以下 6 个方面：

（一）全面加强党的建设，各级党组织的凝聚力、战斗力、创造力得到新的增强

*一是深入开展理论学习教育活动。*上半年，市委用 3 个月的时间，在全市 86 个机关部门和30个镇的6 974名党员干部中集中开展了第一批“三个代表”重要思想学习教育活动。全市共整理意见和建议4.6万条，走访、慰问特困户 632 户，为群众办实事、办好事1 083件。各级党委（党组）坚持中心组学习制度。围绕中心工作，切实抓好党员干部教育。市委党校举办培训班20期，培训轮训党员干部1 520人（次）；各基层党校举办培训班650期，培训轮训党员干部5.8万人次；市级机关举办各类讲座10多期。全市党员干部的精神面貌有了明显改观，工作作风有了明显转变，工作效率有了明显提高，执行党的路线、方针、政策以及实践“三个代表”重要思想的自觉性有了明显增强。*二是深入开展创建好班子活动。*市委认真抓好各项

创建措施的落实,不断提高创建水平,再次被常州市委评为“团结、廉洁、开拓”好班子。继续开展了“四好”企业党组织、“五好”示范村党支部、“六好”镇党委创建活动,涌现了一批党建工作先进典型,其中有20个单位被评为常州市先进基层党组织,遥观镇党委被评为全国先进基层党组织。三是深入开展党风廉政建设和反腐败斗争。全市各级党组织广泛开展了“1558”党风系列教育活动,有8万多名党员干部接受了一次生动形象的廉政教育;坚持标本兼治,认真落实党风廉政建设责任制,继续抓好工程建设专项治理,严格预算外资金管理,坚决纠正医药购销中的不正之风,从政行为进一步规范;坚决惩治腐败,共立案查处领导干部、基层站所负责人违纪违法案件和重大经济案件194件,为国家和集体挽回经济损失4 200万元。

(二)量质并举抓调整,全市经济的整体素质得到较快提升

市委坚持以加快发展为主题,以结构调整为主线,不断推进经济增长方式的转变,全市三次产业呈现协调发展的良好态势。一是农业生产稳定发展,结构调整顺利推进。各地坚持以市场为导向,以科技为支撑,不断拓展农业结构调整的广度和深度,全市农业发展进入了一个新阶段。种养业结构进一步优化。今年新增多种经营面积4 330公顷,累计达3万公顷,粮经比例达到6.2∶3.8。农业产业化经营步伐加快。全市15家重点龙头企业预计实现销售收入21亿元、利税7 500万元,分别增长15.8%和10.6%。二是工业经济快速发展,运行质量明显提高。预计全年完成工业总产值570亿元,销售收入500亿元,利税36亿元,其中利润15.4亿元,分别增长11.3%、12.6%、13.2%和15%。规模企业的支撑作用更加突出。市20家重点企业预计完成产值145亿元,销售收入135亿元,分别占全市总量的25%和27%,其中亚邦、江南实业、金鼎、中钢、新华昌、鸿联、常恒等11家企业完成产值均超5亿元,最高的新科集团将达到36亿元。技改投入力度加大。全市预计完成工业技改投入38亿元,增长28.7%,其中市高新技术产业开发区、横山桥、牛塘、洛阳、横林均超2亿元,最高的湖塘镇达到3.2亿元。科技进步成效明显。全市与科研院所共签订各类技术合作意向318项,申报批准省级以上各类科技计划项目106项,实施市级项目103项,认定省级高新技术企业7家,申请专利480件,授权380件。工业园区的聚集功能和辐射功能不断增强。全市36个工业园区建成区面积达30平方公里,累计投入21.6亿元。新进区企业286家,累计712家。预计完成工业总产值140亿元,销售收入120亿元,均增长25%以上。民营经济继续保持快速增长。预计全市民营工业企业可完成产值200亿元,销售收入190亿元,分别增长35%和30%。三是服务行业方兴未艾,规模档次日益提升。小河汽摩配市场一期工程、湖塘棉纱市场、罗溪农副产品产地批发市场一期工程竣工投运。预计全市各类市场成交额达115亿元,增长18%,其中成交额超亿元市场14个,最高的湖塘针纺织品市场达19亿元。社会消费品零售总额达51亿元,增长8%。金融保险业稳中有升,信息、旅游、房地产、中介服务等新兴行业有了新的发展。

(三)全方位实行对外开放,全市经济国际化程度得到较大提高

一是突出抓好利用外资。预计全市新办合资项目71个,总投资3.27亿美元,其中超1 000万美元项目11个;合同利用外资2.7亿美元,增长127%;实际到帐外资1.42亿美元,增长18%。横山桥、潘家、卜弋、夏溪、罗溪、牛塘和水利局合同利用外资均超过1 000万美元。今年10月举办的武进国际经贸洽谈会取得圆满成功,有45个国家和地区的735位客商应邀参加会议,共达成意向性和签约项目73个,总投资3.8亿美元。二是加快发展对外贸易。全市预计完成外经合同额2 500万美元,营业额1 500万美元,分别增长30%和25%;自营出口总额6.4亿美元,增长28%,其中新华昌、鸿联、金鼎自营出口均超过4 000万美元,新科电子集团自营出口达1.3亿美元,成为全省第一家自营出口超1亿美元的生产企业。三是全力抓紧“两区”开发。市高新技术产业开发区坚持走招商兴区之路,利用外资取得重大突破。全年新进区企业62家,完成合同利用外资7 000万美元,实际到帐外资1 300万美元;预计完成业务总收入21亿元,实现税费1.2亿元,分别增长44%和89%。市高新区江边工业园建设步伐加快,区内主干道建设和雨水管线铺设基本完成,有10家企业签订了进区协议,总投资1.5亿元,其中4家企业已开工建设。市外向型农业综合开发区完成合同利用外资1 278万美元,实际到帐外资300万美元,业务总收入5亿元。

(四)继续深化各项改革,经济和社会发展

的内在动力得到有效激发

一是积极稳妥地实施党政机构改革。各镇定岗定员和人员分流工作基本完成，市级机关“三定”方案正在加紧审批。调整精简后的行政总编制为2 638名，调整精简比例达25%。积极推进行政审批制度改革，削减审批事项413项，削减率达41%。二是顺利完成农村税费改革和村级区域调整。全市农民负担总额减少9 203万元，减负率达63%。精心组织村级区域调整，全市村委会由757个减少到515个，合并率达32%。三是不断深化企业改革。围绕巩固、提高、规范、完善，继续深化乡镇企业改革。坚持攻坚克难，积极推进市属工业企业改革，武柴、武钢等一批大型企业改制顺利完成。流通企业改制进展顺利，改制面达94%。积极推进企业股票上市工作，有 2 家企业进入券商辅导期，2 家企业进入股份公司改造申报阶段。

（五）大力推进城镇建设和基础设施建设，全市经济发展的外部环境得到更大改善

一是集中力量抓好城区建设。今年是城区面貌变化最大的一年。城区共开工30万元以上建设项目240个，建筑面积80万平方米，增长60%。新建和改造了武宜中路、广电中路西段、永胜路、滆湖路等骨干道路。城区绿化、亮化等配套功能进一步完善。二是加快推进小城镇建设。以创建省级卫生镇村为目标，坚持高起点规划、多元化投入，加大集镇配套设施建设和环境整治力度。全市12个镇和10个村通过省级卫生镇村验收，累计分别达到24个和22个。三是不断加大基础设施建设力度。水利建设进展顺利，城区防洪等一批重点水利工程如期实施，长江引水工程正式启动，横林地区管网延伸工程基本完工。交通条件进一步改善，长虹东路半幅贯通，7 条二级公路改造工程全面竣工；配合搞好锡宜高速公路、常州新机场路武进段的建设，常澄高速公路武进段前期准备工作正在加紧进行。电力建设得到加强，全面完成农林场圃的电网改造，滆湖变、清明山变、小河变二期等一批输变电工程建成投运。通信能力进一步增强，信息化步伐不断加快，建成了广电数据传输中心。

（六）坚持两手齐抓，社会主义精神文明建设和民主法制建设得到全面加强

精神文明创建活动深入开展。以建党 80 周年和北京申奥成功为契机，积极开展形式多样的庆祝活动，激发了广大干部群众的爱国热情；大力宣传《公民道德建设实施纲要》，形成追求高尚、崇尚先进的良好社会风气；以深化文明村镇、文明行业、文明单位和五好家庭创建活动为载体，大力弘扬与社会主义市场经济相适应的社会公德、职业道德、家庭美德，公民素质和文明程度有了新的提高。各项社会事业蓬勃发展。市顺利通过省级教育现代化县（市）调研性评估，全市 30 个镇全部通过常州市教育现代化镇验收，其中 28 个镇通过省级验收。新闻、文化、体育、广播电视、医疗卫生等事业全面繁荣，环境保护、计划生育和工会、妇联、共青团、工商联、科协等人民团体工作进一步加强，统一战线、民族宗教、人民武装、外事、对台、侨务、机要保密等工作取得新的进步，民政、档案、史志、老龄、关心下一代等各项社会事业稳步发展。民主法制建设得到进一步加强。积极推进依法治市，大力推进依法行政和公正司法，法律监督、工作监督进一步增强；积极实施“四五”普法，公民的法制意识和法律素质有了新的提高；深入开展“严打”整治斗争，坚决取缔“法轮功”邪教组织，社会治安综合治理取得明显成效；进一步健全信访工作责任制，广泛开展整顿和规范市场经济秩序活动，重视加强安全教育和管理，为经济建设和社会稳定创造了良好的环境。

同志们，2001 年全市两个文明建设取得的成绩是显著的，可以用“经济指标完成出色，改革开放成效明显，社会事业欣欣向荣，综合实力保持领先，全市上下政通人和”五句话来概括。总结经验，有以下三点启示：一是要始终坚持加快发展的主题。发展是硬道理，只有加快发展，才能缩小与先进地区的差距，才能实现富民强市、率先基本实现现代化的目标，才能真正体现江泽民同志“三个代表”重要思想，也才能赢得党心、民心。二是要始终坚持改革创新的观念。改革创新是解放思想、实事求是的本质内涵，是推进现代化建设的强大动力。要前进，要发展，我们必须始终坚持不断改革创新。只有勇于改革，善于创新，才会有办法，有创造力，也才能战胜前进道路上的各种困难。三是要始终坚持勇于争先的精神。作为一名共产党员，作为一名领导同志，就要有不甘示弱的紧迫使命感和寝食难安的强烈责任感，勇于和强的比，跟快的赛，向高的攀。我们只有发扬只争朝夕、与时俱进的争先精神，才能在追求卓越中超越自我，实现新的跨越。

我们也必须清醒地看到存在的不足。农业上,结构调整取得了阶段性成效,但不平衡性还较大,产业化水平还不高。工业上,速度和效益都取得了较快增长,但市属工业企业的竞争能力和发展活力还不强;开放型经济同先进县(市)相比还有较大差距,尤其是利用外资大项目还不多;企业改革有待进一步深化,资本运作的力度还要不断加大。作风上,机关的整体服务质量有了明显提高,但政府职能转换与市场经济发展要求还不相适应,一些干部的工作作风还不够扎实。这些问题应引起我们的高度重视,切实采取措施,认真予以解决。

二、理清思路,把握重点,奋力实现全市经济和社会发展的新跨越

2002年是实现"十五"计划的关键之年,也是中国加入WTO后按照国际规则规范运作、磨合适应的起步之年,还是党的十六大召开的喜庆之年。展望2002年的经济形势,我们既面临着难得的发展机遇,又遇到前所未有的严峻挑战与巨大压力。从入世对武进经济发展的影响来看,加入WTO后,国际市场对我国全面开放,可以消除各种关税壁垒和障碍,享受世贸组织成员国的最惠国待遇,对武进企业扩大外贸出口,引进国外资金和先进的技术、装备、管理等十分有利;随着国内市场对外开放,进口关税降低,国外产品和外资的大量涌入,对武进一些缺乏竞争力的产品、行业,将形成相当大的冲击,同时对政府的职能转换提出了更高的要求。从周边先进县(市)的发展趋势来看,你追我赶的区域竞争日趋激烈,特别是东边几个先进县(市),不断推出新的举措,发展步伐明显加快,对武进构成了很大的压力。我们尽管有自己的优势和强项,但同时必须清醒地看到,武进在苏南经济板块中"第一军团"的地位已凸现得不很明显,象利用外资不如昆山,资本经营不如江阴,规模经济不如张家港,服务业发展不如常熟,城市建设更是明显滞后。面对兄弟县(市)强劲的发展势头,我们没有任何理由满足现状,也没有任何理由不急起直追。不进则退,慢进也是退。在重量级的较量中,在高水平的竞争中,武进定位要高,要敢与强者赛跑,敢向冠军叫板;要锁定目标,发愤争先,扬自己的优势,谋快速发展之道,坚决把武进在苏南经济板块中"第一军团"的地位,凸现得更鲜明、更显赫。从上级的要求和群众的期望来看,今年省第十次党代会和苏南区域发展座谈会都提出,苏南要加快推进富民强市,在省内率先基本实现现代化。最近回良玉书记在武进视察工作时强调,要紧抓机遇,勇于创新,加快发展,富裕人民,继续保持武进在全国的领先位置,确保在全省率先基本实现现代化。武进镇与镇之间的经济发展差距还较大,人民的实际收入还不算高,还存在着经济薄弱村和贫困户。加快推进富民强市,不仅是上级的要求,而且是全市人民的共同目标和愿望,更是我们全体党员干部义不容辞的职责。

面对经济全球化步伐加快和区域竞争日趋加剧的态势,面对机遇和挑战并存、希望与困难同在的形势,我们必须进一步强化机遇意识、忧患意识、创新意识和率先意识,着重在五个"转"字上下功夫。*一是观念转变*。要树立全新的市场观、竞争观和法制观,从思想、观念、方法和运作机制上全面加快与国际接轨;*二是职能转换*。要尽快摒弃政府直接干预经济、管理经济等计划经济条件下的管理模式和思维惯性,加快政府职能和行政方式的转变,真正确立为企业服务、为纳税人服务的意识,变管理经济为服务经济。*三是经济转轨*。要加快经济增长方式的转变,实现由粗放型向以技术创新为主要动力的科技内涵型、集约型的转变升级。*四是产业转型*。大力调整经济结构,进一步提升经济开放度,形成更符合全球化浪潮、更符合国际市场需求的产业结构。*五是企业转制*。要引导企业以建立现代企业制度为目标,加快经营机制的转换,强化法治观念,建立信用体制,在提升区域经济综合竞争力中敢于争先,在推进富民强市进程中奋力率先,以更实的工作、更新的机制、更多的投入、更快的增长,在现有平台上实现更大跨越。

2002年全市经济工作的总体思路是:**坚持以邓小平理论和江泽民同志"三个代表"重要思想为指导,以富民强市、率先基本实现现代化总揽全局,突出加快发展主题,紧扣结构调整主线,积极实施科教兴市、城镇带动、经济国际化三大战略,咬定工业经济基础优势,加快园区经济扩张,放大民营经济特色,拉长外资经济短腿,做活要素经济文章,统筹各业经济联动,奋力实现经济的领先型发展,全面提升县域经济的综合实力,进而稳固确立武进在苏南经济板块中"第一军团"的地位。**

明年经济工作的主要目标是:**1.国内生产总值确保增长12%,争取增长13%,其中一产、**

二产、服务业增加值确保分别增长3%、13%和12.2%。2.农业总产值增长5%，其中多种经营产值增长7%。3.工业产值、销售、利税均增长15%。4.自营出口增长15%以上，合同利用外资和实际到帐外资均增长50%。5.全社会固定资产投资增长15%，技改投入增长15%以上。6.预算内财政收入增长15%以上。7.农民人均纯收入和城镇职工人均工资均增长6%以上。8.人口自然增长率控制在1‰以内。

根据上述目标，明年要做到“六个强力推进”，实现“六个进一步提升”：

（一）把增加农民收入作为经济工作的基本出发点，强力推进农业结构调整，进一步提升农业产业化水平

1.突出区域特色，加快结构调整。各地要在提高粮食生产水平的同时，按照“大力发展优质米业、重点突破畜牧业、巩固提高水产业、加快发展园艺业、稳步发展林果业”的总要求，坚持把调整产品结构与优化产业结构、区域结构结合起来，加快专业户、专业村、专业镇建设步伐，走区域性、特色化农业发展之路。要切实强化商品意识、市场意识、品牌意识，大力引进、培育和推广名特新品种，积极发展无公害农产品和绿色食品，满足市场多元化、优质化、安全化的需求，形成农业调整新亮点。要把加快建设农业科技示范园作为实施技术创新、推动结构调整、带动农民致富的重要载体来抓，集中资金、技术、信息等生产要素，大力发展专业化、规模化种养，积极培育新型园区；要不断完善管理体制，加快农业技术成果的消化、吸收和集成，鼓励各种投资主体参与园区建设，引导农民进行土地合法合理有偿流转，迅速做大做强现有园区，增强辐射带动效应。要重点抓好10个上一定档次的农业科技示范园建设。在农业结构调整中，要敢为人先，提倡“敢退”精神，抓住粮棉政策调整机遇，敢于退出传统种植业，敢于退出农业，敢于退出土地，促使农村劳动力向工业、向城镇加速转移，进一步拓宽农民增收渠道。

2.突出加工流通，壮大龙头企业。各级要加快农业产业化经营步伐。要根据市场需求，进一步拉长农业产业链，加快发展蔬菜、果品、畜禽等鲜活农产品分级、保鲜、储藏和综合利用的加工企业；对现有龙头企业要加大技改力度，促进农产品加工从粗放型向精细化、高档化、规模化发展。积极鼓励发展各类农村专业合作经济组织、流通组织和经纪人队伍，进一步提高农业组织化程度；要努务发展订单农业，加快建设农产品专业市场，不断增强农户、专业合作组织、企业与市场的联结度。

3.突出配套建设，落实稳农措施。要大力加强农田水利基本建设，切实抓好城区防洪、盂河闸翻建等重点水利工程，进一步提高防御自然灾害的能力。坚持依法加强土地管理，进一步优化土地资源配置，集中力量抓好土地复垦开发和窑业用地清理整顿。

（二）把园区经济、民营经济作为经济发展的新的增长极，强力推进工业经济结构调整，进一步提升县域经济综合实力

1.加快工业园区建设，增强区域经济的聚合力。各镇要按照“加强领导、注重特色、完善设施、着力招商、市场运作、滚动开发”的要求，大力推进工业园区建设。一是要多元投入，完善基础设施。要积极推行“政府组织推动，财政扶持启动、土地批租滚动、内资外资联动”的园区建设模式，进一步加大推进力度，尽快形成园区规模。已规划但还未全面启动的镇，要把工作着力点放在加快园区主干道建设，迅速拉开园区框架上，为企业进区创造良好条件；已实施并具有一定规模的镇，要把工作着力点放在完善园区功能和吸引外资、民资上，尽快把园区做得更大、更强。二是要落实政策，吸引项目进区。对市委、市政府出台的建设工业园区的政策意见，各镇、各部门要通力合作，确保落实到位。各镇可结合本地实际，制定和完善建设工业园区的具体实施意见，营造良好的政策环境，吸引企业进区落户。明年市将确定一批示范工业园，进一步加大扶持力度。三是要规范管理，优化运行机制。工业园区一经形成，就应建立专门机构负责园区日常管理，就要用制度对园区进行规范运作。

2.做大做强规模经济，增强区域经济的支撑力。首先要在重点骨干企业的规模扩张上下功夫。对市确定的20家重点企业，各级、各部门要进一步落实政策措施，强化指导服务，加大扶持力度。要引导重点骨干企业利用自身的规模、技术、品牌、市场等优势，通过购并弱小企业、控股同类企业、联合优势企业等途径，实行低成本扩张，迅速壮大企业规模。2002年，争取实现年销售超亿元企业50家，其中超10亿元企业7家，超50亿元企业1家。其中要在培育特色行业、支柱产业上下功夫。各地要引导企业逐步向专、精、特方向发展,形成一批专业化生产、社会化协作的成长型企业群体。要把培育地方特色经济落实到发挥现有优势、造就龙头企业、形成特色行业、壮大支柱产业上。

3.放大民营经济特色,增强区域经济的扩张力。坚持把民营经济作为经济发展最有潜力、最具活力的新的增长点来抓,进一步解放思想,放手发展,放开搞活,放胆实干。一是要优化外部环境。按照一视同仁、公平竞争的原则,在税费、用地、用电、社会保障等方面,保护民营企业的合法权益,坚决制止阻碍民营企业发展的"三乱"行为。二是要培植重点大户。市要继续扶持10家重点民营企业,落实相关措施,引导他们通过加大投入、规模经营、资本扩张,快速裂变壮大,发展成为有一定区域影响的现代非公有制经济企业集团。各地也要选择一批有一定规模和发展前景的民营企业,实行重点挂钩帮扶,促使其尽快向科技型、规模型、外向型方向发展,成为支撑和扩张区域经济的新生力量。三是要健全服务体系。进一步加强金融服务,加大对民营经济的信贷支持力度,切实缓解民营经济发展中资金短缺的矛盾。建立和完善高效、配套的综合服务体系,在人才和技术引进、产业引导、政策咨询等方面积极提供优质服务,促使民营企业加快发展。

4.大力推进技术创新,增强区域经济的竞争力。创新是活力之源。明年要重点抓好 3 项工作:一是加快实施重点技改项目。市要抓好20个重点技改项目和新产品开发项目,各镇也要排出一批各自的重点技改项目,进行挂钩帮扶。继续认真组织好科技经济对接活动,促使产学研联合向纵深推进,为企业引进好项目、好产品创造条件。二是大力发展高新技术产业化。要结合武进现有产业优势,突出抓好电子信息、生物医药、新材料等高科技产业的发展,大力提高高新技术产业在工业经济中的比重。围绕信息化带动产业化,重点抓好制造业信息化示范工程,运用信息技术改造传统产业,进一步提高工业化水准。三是积极创建科技开发中心。引导企业加快建立以企业为主体、科研院所为依托的技术开发机构,提高自主创新能力,不断开发新品。

(三)把扩大利用外资作为经济工作的生命线,强力推进经济国际化,进一步提升经济发展的开放度

1.加大招商力度,在引进大项目上有新突破。各级各部门要把突破利用外资作为经济工作的重中之重,切实抓紧抓好。一是要强化招商责任。要把招商引资工作作为一把手工程,做到对重大项目亲自掌握信息,亲自组织推进,亲自协调处理各种问题,加大行政推动力度。要落实责任,明确任务,加强考核,强化激励,形成全员招商的良好氛围。二是要改进招商方式。要坚持"走出去"的方针,做到全方位出击和专攻重点地区相结合,小团组、多批次出击招商和到重点国家、重点地区举办投资环境说明会相结合,积极发展委托代理招商和利用因特网招商,逐步建立市场化的招商机制、网络化的招商渠道和规范化的招商程序,三是要突出招商重点。要按照"主攻台资、突破欧美、拓展日韩"的招商思路,明确主攻方向,特别是要把世界著名大公司、大集团作为重点对象予以关注,争取办成一批产业关联度大、带动力强、科技含量高的优势大项目。对排出的总投资在1 000万美元以上的大项目,要采取领导挂钩、分工负责、定期分析、跟踪督促的办法,加大推进落实力度。四是要配强招商班子。各镇要健全招商机构,配备懂经济、会沟通、熟业务、能亲和的专业人员,组建专业化招商队伍。不断适应开放型经济发展的需要。

2.主攻项目进区,在加快"两区"开发上有新进展。"两区"要充分发挥政策优势和功能开发优势,确保全年完成合同利用外资占全市总量的40%以上。市高新技术产业开发区要围绕培育电子、精密机械等重点产业,继续把台资、独资项目作为主攻方向,主动出击,灵活招商,争取吸引更多的大项目特别是高科技项目落户。同时抓紧高新区南区1.62平方公里启动区的基础配套设施建设,尽快为企业进区进行成片开发创造条件。市高新区江边工业园区要在抓紧完善基础设施、着力改善投资硬环境的基础上,以项目为本,坚持内外并举、市镇联动,大力吸收国外、境外资金和社会、民间资金,尽快形成开发热潮。市外向型农业综合开发区要充分发挥资源优势,重点抓好农业利用外资,大力发展生态农业、观光农业和创汇农业。

3.抓住入世机遇,在扩大外贸出口上有新业绩。要以经济全球化的广阔视野,研究和调整武进对外贸易。一是要调整出口产品结构。发挥传统产品的比较优势,重点支持和培育机电、化工、轻纺等优势产品出口,加快实现全市出口商品由粗加工、低附加值向精加工、高附加值的转变。二是要调整市场结构。在巩固亚洲市场的基础上,大力开拓欧美市场,积极拓展拉美、北美、南非等新兴市场。三是要调整出口主体结构。在继续扶持新科、鸿联、新华昌、金鼎等自营出口大户的同时,鼓励一批有出口潜力的民营企业加入到出口企业的行列中来,更广泛地参与国际竞争。

4.营造竞争优势,在改善软环境上有新举措。具体要做到"三个到位":一是协调服务到位。强化亲商意识,善待现有三资企业,特别是对投资规模较大的外资企业,要建立市镇领导跟踪联系制度。要定期召开外来投资者座谈会,经常听取意见,沟通感情,及时协调解决投资过程中的各种困难和矛盾。要大力推行办事公示制、服务承诺制,并提供"一站式"、"一条龙"服务,提高办事效率,以优质的服务,努力提高外商投资的成功率和涉外服务满意率。二是政策落实到位。严格执行国家涉外法律法规,按照国际惯例办事,切实维护投资者的合法权益。三是生活保障到位。

(四)把体制创新、机制创新作为加快经济和社会发展的原动力,强力推进各项改革的深化完善,进一步提升在市场经济条件下的适应能力和组织化程度

1.以建立现代企业制度为目标,深化和完善企业内部改革。重点抓好"回头看",促使企业逐步建立起与国际接轨的现代企业制度。一是要进一步优化股权结构。加快集体股的有序退出,建立合理的股权流转机制,推动股权向经营层集中,提高经营层特别是经营者的持股比重。二是要着力健全法人治理结构。继续推进企业公司制改造,建立董事会、监事会和经理层,形成决策、执行和监督三权分立的制衡机制,促使企业切实按照规范的法人治理结构运作。三是要加快经营机制转换。四是要积极引导企业进入资本市场。

2.以提高服务效能为核心,积极推进党政机构改革和行政审批制度改革。各级要强化全局意识,精心组织好市、镇两级党政机构改革,进一步理顺体制、明确职能,尽快建立起廉洁高效、运转协调、行为规范的行政管理体系。要加快推进行政审批制度改革,大力改进审批方法。市行政审批服务中心要尽快建立和完善运作机制,规范审批行为,提高审批透明度,同时要强化对行政审批权的监督。

3.以建立健全社会保障体系为根本,加快各项配套改革。要下力气推进养老保险扩面工程,加大基金征缴和执法检查力度,逐步把外商投资企业、城镇民营企业等对象纳入扩面范围。要进一步完善医疗保险制度,积极推行城镇企业职工医疗保险,不断扩大医保覆盖面。继续加强和完善失业保险制度及最低生活保障制度,确保失业人员、离退休人员按时足额领取基本生活费和养老金。有序发展以市劳动力市场为主体的多层次劳务中介市场,不断完善就业服务体系,拓宽就业渠道。加快发展社会福利、社会救济、社会互助和优抚安置等保障事业,切实提高全社会保障水平。

(五)把加快发展服务业作为优化经济结构的突破口,强力推进旅游等新兴行业的发展,进一步提升服务业的规模总量和档次

1.加强规划,加快开发旅游业。全市各级特别是旅游等部门和有关镇切实抓好规划的完善和实施,尽快实现旅游资源优势向经济优势、发展优势的转化。一是要按照"创特色、出精品、树形象"的思路,高起点、大手笔抓紧做好全市旅游发展总体规划的编制和完善工作。二是要按照"整体推进、突出重点、体现个性"的要求,重点加快以度假休闲设施、生态旅游产品为特色的沿太湖旅游区建设,加快以古城池遗址为特色的淹城风景区的开发建设,加快以民俗宗教文化、生态环境为特色的横山风景区布点的完善和建设。明年,要力争创建2家2A级景点景区。三是要按照"政府融资、民间投资、吸引外资"多元化投入促开发的思路,形成健全灵活的运作机制。进一步完善和落实扶持政策,加大对重点旅游项目的支持力度。积极探索商旅结合、文旅结合、工旅结合、农旅结合等发展新模式,加快推进旅游业的多元化发展。组建具有独立法人资格的旅游实体,明确投资主体,实行市场化运作,从根本上激活旅游业发展活力。

2.形成体系,建设培育特色市场。加强行业协调和科学规划,进一步完善市场体系,形成布局合理、类别多样、功能完备的城乡市场网络。要按照"建成一批、培育一批、壮大一批"的要求,进一步理顺管理体制,优化运行机制,促进市场繁荣。对现有的湖塘针纺织品市场、邹区灯具城等重点骨干市场,要积极实施优势扩张,进一步上规模、上档次,努务建成对外知名度高、辐射带动力强的地区性大市场。要依托支柱产业、特色资源,加快规划、新建横林装饰板材市场、西北建材城等一批专业化批发交易市场。

3. 加强整合,改造提升商贸流通业。继续加快传统商贸企业的资产重组和结构调整,进一步优化配置,放开搞活。抓好骨干商业企业和商业特色街建设,推进流通企业与国内外大企业、大集团合资合作,加快横山恒都大卖场和城区大卖场一期工程建设,努力构建商贸流通新的增长平台。大力发展连锁经营、电子商务、总代理、总经销、第三方物流等现代经营方式,加快形成货仓式商场、便利店、专卖店、超市等多种零售业态并举的发展格局。

4. 拓宽领域,大力发展现代服务业。重视信息网络建设,积极推进政府、企业、家庭上网工程,加快社会信息化步伐。高起点健康发展房地产业,重视推广和规范物业管理,进一步壮大城乡社区服务业。大力培育发展人才、劳务、技术等生产要素市场,发展会计、律师、公证、咨询、资产评估等社会中介机构,开创武进服务业多层次、多领域发展的新局面。

(六)把城区建设作为加快经济和社会发展的着力点,强力推进城镇化进程,进一步提升城市形象和城乡一体化水平

1. 凝心聚力,加快城区开发建设。武进城区还是一片有待开发的宝地。各级必须充分利用《中国21世纪议程》首批优先项目和全国"社区建设与社会可持续发展综合试验区"的有利条件,尽快让我们的城区大起来、强起来、雅起来、旺起来,带动整个城镇化水平的迅速提高。一是要以塑造城区新形象为目标,高品位建设。要遵循"不求大但求精、不求高但求美、不求洋但求特"的指导思想,精心修编好城市总体规划。建立健全规划审批约束机制,做到建设一盘棋,实施不走样。要严把单体规划审批和实施关,坚决制止"见缝插房"、"迁就造房"等不正常现象,特别是新城区的排污设施、环保工程和管线分布,要在规划中同步考虑,在建设时一步到位,力争做到新城区出手不凡。二是要以加快城区中心区建设为重点,高强度推进。紧紧围绕"突出中心区域、突出功能完善、突出商贸兴市"三大要求和"南北衔接、东扩西提、整体推进"的思路,着力加快现有道路两侧商业街、商贸区等建筑群的开发建设,尽快启动以花园街综合改造为重点的老区改造,积极实施城中公园、大学城等综合性、多功能休闲文化设施项目,不断探索吸引人流物流的有效途径,千方百计增强城区"人气",进一步提升现代化新城市的形象。三是要以建立市场化经营机制为目标,高水准运作。按照"调动民力、挖掘潜力、借助外力"的融资思路,聚钱办事,借力发展。确立经营城市理念,把经营土地作为政府建设资金的重要来源,实行统一征用、统一收储、统一公开招标或拍卖,实现以地生财、滚动开发;进一步放开城区公共设施和公益事业管理权,通过部门共建、招商引资等多种途径,加快公用事业产业化、企业化、社会化步伐。

2. 有序推进,切实搞好小城镇建设。要按照"拉大框架、科学布局、完善功能、优化环境"的原则,认真修订好村镇发展规划和控制性详规,切实把小城镇建设作为一项产业加以筹划、经营和管理。要牢固确立精品意识,严格按规划建设,努力形成有特色的布局、有特色的建筑、有特色的风格。要继续开展好争创省级卫生村镇活动,已创建成省级卫生村镇的要认真落实长效管理措施。

3. 突出重点,高标准完成基础设施建设。要按照"规划一批、实施一批"的工作思路,积极完成交通、电力、供水、电信等基础设施重大项目建设。重点建好长虹路扩幅及向东延伸、接通市农发区的延政西路、常澄高速公路武进段和环太湖旅游线,加快推进横山热电厂二期、中钢热电厂二期工程和长江引水工程,继续抓好光缆传输骨干网、交换机扩容和宽带信息网建设,为经济发展创造更为有利的条件。

三、统筹兼顾,两手齐抓,推动党建工作和精神文明建设再上新台阶

全面落实2002年的各项目标任务,加快武进改革开放和现代化建设,必须高举邓小平理论伟大旗帜,深入贯彻党的十五届六中全会精神,按照江泽民同志"三个代表"重要思想的要求,大力加强党的建设、社会主义精神文明建设和民主法制建设。

(一)切实加强党的建设,不断提高党组织的凝聚力、战斗力和创造力

1. 加强领导班子建设,造就坚强的领导核心。一是要突出抓好政治理论学习。坚持不懈地抓好理想信念教育和政治理论学习,进一步用邓小平理论、"三个代表"重要思想武装头脑;高度重视和加强市场经济知识以及金融、法律特别是有关WTO内容的学习,认真抓好党委(党组)理论学习中心组的学习和党校培

训、轮训工作,广泛开展读书活动,二是要深入开展“好班子”创建活动。市级领导班子要继续开展好争创“团结、廉洁、开拓”好班子活动,树立新形象,创出新业绩。各镇要以争创“六好”镇党委为动力,组织开展“知民情、办实事、同富裕”活动。市级机关部门党委(党组)要广泛开展以“转变观念讲大局,改善服务促发展”为主题的“携手共建好环境”活动。三是要切实加强制度建设。坚持和完善民主集中制,健全党委议事规则,落实集体领导和个人分工负责相结合的制度。进一步强化考核激励机制,完善对领导班子的考核和民主评议,积极推行领导干部任期制、试用制、交流制和全程经济责任审计制,加快培养和选拔优秀年轻干部、妇女干部和党外干部的步伐。

2.加强基层组织建设,巩固基层执政地位。精心组织开展好农村“三个代表”重要思想教育活动,要继续开展好“五好”村党支部、“五好”村示范党支部创建工作,配强配好村级领导班子,重视加强机关、学校、企业党建工作,要加强对党员的教育管理,积极做好党员发展工作,不断壮大党的队伍。

3.狠抓党风廉政建设,深入开展反腐败斗争。要按照“党要管党、从严治党”的要求,进一步落实党风廉政建设责任制,严格要求,严格管理,弘扬正气,抵制歪风。各级领导干部特别是党政“一把手”,要带头自觉执行廉洁自律的各项规定,切实负起责任,抓好本地区、本部门和分管范围内的党风廉政建设。要坚持“标本兼治、重在建设”的方针,认真开展“勤廉之风万人评”活动,深入开展党性党风教育,要进一步建立和完善监督制约机制,大力推行工程建设项目招标制和政府采购制,严格实行收支两条线管理。

(二)切实加强社会主义精神文明建设和民主法制建设,努力创造经济和社会发展的良好环境

1.加强社会主义思想道德建设。要广泛开展党的基本路线和基本纲领教育,深入开展爱国主义、集体主义、社会主义思想教育,要以纪念李公朴诞辰一百周年为契机,通过多种形式,开展“公仆”事迹宣传活动;广泛宣传《公民道德建设实施纲要》,以开展“扬中华美德,树武进形象”活动为载体,围绕“爱国守法、明礼诚信、团结友善、勤俭自强、敬业奉献”20字基本道德规范,大力加强以社会公德、职业道德、家庭美德为主要内容的社会主义道德教育,加强崇尚科学、反对迷信的科普宣传教育,深入开展“送科技、送文化、送卫生”三下乡活动。

2.深入持久地开展群众性精神文明创建活动。按照“求深、求新、求实、求进”的工作思路,以创建文明村镇、文明行业、文明社区活动为载体,积极探索开展精神文明创建工作新路子,不断丰富创建形式,进一步提高创建成效。切实组织好第七届服务“满意杯”竞赛活动,认真开展文明公民、新风户、五好家庭评比活动,深入开展“共建美好家园”系列活动,大力实施“科教兴市”战略,深入推进教育现代化工程,全面提高教育质量和办学水平。进一步改善卫生设施和服务质量,继续加强计划生育工作,切实加强文化市场管理,继续实施“五个一工程”,继续发展新闻、广播电视等社会事业,加强全民国防教育,广泛开展“双拥共建”活动,提高双拥工作和人武工作水平。积极实施可持续发展战略,加大环境保护和治理力度。

3.切实加强民主法制建设。要加强对统战和人民团体工作的领导,充分发挥各级人大的法律监督作用以及人民政协、民主党派参政议政和民主监督作用。加强基层民主建设,深化和完善政务、厂务、村务公开工作。扎实推进依法治市工作,加强“四五”普法教育,进一步加强社会治安综合治理,深入开展严打整治斗争,坚决取缔“法轮功”邪教组织和非法宗教活动。进一步整顿和规范市场经济秩序,切实抓好安全生产。

(三)切实改进工作作风和工作方法,集中精力狠抓各项工作的落实到位

1.解放思想,大胆开拓创新。解放思想要不断更新思想观念,要适应入世后经济发展的新形势、新变化,努力按市场经济规律办事,用改革的精神和开放的思路解决发展过程中的新矛盾、新问题。特别是要克服不敢闯、不敢冒、消极畏难、固步自封、安于现状、易于满足的思想倾向,大力倡导“大胆探索、勇于实践、敢为人先”的创新精神,创造性地开展各项工作,力争在日趋激烈的区域竞争中抢抓主动,营造优势。解放思想要不断创新工作方法,拓宽视野,开阔思路,勇于探索开拓前进的新路子,积极寻找攻坚克难的新办法。

2.真抓实干,务求工作实效。现在,目标任务已经十分明确,关键是要抓好具体落实。全市各级、各部门要把精力高度集中到推进各项工作的落实上来，真抓实干。真抓实干，要体现在集中精力抓经济上。各级领导干部要牢固确立以经济建设为中心的观念，把主要精力放在如何因地制宜加快经济发展上，如何提供优质服务、营造良好环境上，要在全市上下形成一心一意抓经济、专心致志谋发展的良好氛围。真抓实干，要体现在全力以赴抓重点上。各级领导干部要善于总揽全局，清思路，把握重点，抓住关键。中央已把明年定为“调查研究年”和“转变作风年”，我们把它具体化，定明年为“项目推进年”，全市各级要围绕“三个加快、两个突破”，即加快农业结构调整、加快园区开发、加快城区建设，实现利用外资和民营经济发展两大突破，齐心协力抓好重点项目的实施和推进，真抓实干，要体现在扑下身子抓落实上。要坚持求真务实的工作作风，办实事，谋实招，求实效、力戒形式主义、官僚主义，全市各级尤其是主要领导，要以一种顽强的拼劲、狠劲和韧劲，沉下身子，深入一线，有力高效地组织好各项工作的推进落实。

3. 通力协作，形成整体合力。要做到“三个强化”：一是要强化大局意识。机关各部门要牢固确立全市“一盘棋”的思想，在执行重大决策上，做到一呼百应，政令畅通。二是要强化服务意识。想基层所想，急基层所急，办基层所需，真心实意为基层排忧解难、出谋划策。要在提供信息服务、开辟对上挂靠渠道、引荐联合协作伙伴、争取各类政策扶持，特别是在引进项目、引进资金等方面，多想办法，多做实事。三是要强化协作意识。部门与部门之间、部门与镇之间、部门与企业之间要发扬团结协作精神，相互沟通，相互理解。

同志们，面对新的形势和任务，我们要以更加振奋的精神面貌，更加扎实的工作作风，投入到明年各项工作中去。让我们高举邓小平理论伟大旗帜，认真贯彻落实江泽民同志“三个代表”重要思想，动员和带领全市人民发扬“团结奋进、勇于开拓、实干兴业、争创一流”的武进精神，扎实工作，顽强拼搏，奋力实现武进经济和社会发展的新跨越，以优异的成绩迎接党的十六大的胜利召开！

政 府 工 作 报 告

（摘 要）

——在武进市第十二届人民代表大会第五次会议上

（2002 年 1 月 22 日）

李 小 平

各位代表：

现在，我代表武进市人民政府向大会作工作报告，请予审议，并请各位政协委员和其他列席人员提出意见。

二〇〇一年工作回顾

2001 年，全市各级高举邓小平理论伟大旗帜，认真实践“三个代表”重要思想，振奋精神，开拓进取，抢抓机遇，加快发展，全市两个文明建设取得新成绩，较好地完成市十二届人大四次会议确定的各项任务，为实现“十五”发展的宏伟目标创造了良好的开端，武进现代化建设又迈出了坚实的一步。

一、国民经济快速增长，运行质量稳步提高

2001 年全市预计完成国内生产总值262亿元（按可比价计算）、预算内财政收入23.67亿元，比上年分别增12.2%、26.6%。

农业结构调整步伐加快。全市农业结构调整面积新增4 330公顷，累计3万公顷。农业产业化经营取得新进展，15家农业产业化骨干龙头企业实现销售收入21.9亿元、利税8 491万元。农业科技示范园区建设加快推进，全市市级以上农业科技示范园区达12个，引进新品种100多只，开发和推广新技术10多项。全市完成农业总产值36.6亿元，其中多种经营产值29.2亿元，比上年增4.7%。水利建设成效显著，全年投资1.3亿元，完成土石方980万立方米，长

江引水工程全面启动。水政管理力度加大。农机综合作业水平继续上升，通过农业部水稻生产机械化示范县(市)验收。国土资源管理得到加强，调整了乡镇土地利用总体规划，开展了土地批租专项清理，强化了对砖瓦窑业、矿产资源开采的管理，继续抓好土地复垦开发工作，全年复垦开发土地393.47公顷，其中耕地369.47公顷。

工业经济运行质量提高。全市实现工业销售收入500亿元，实现利税36亿元，其中利润15.4亿元，分别比上年增12.6%、13.2%和15%。规模支撑更加明显。市20家重点企业完成销售收入135亿元，占全市工业经济的比重达27%。全年销售收入超亿元企业40家，其中新科、亚邦超10亿元。技改投入不断增加。全市共完成技改投入38.79亿元，比上年增22.6%，其中20个重点项目完成投入10.97亿元，占投入总量的28.3%。个私工业发展迅速。全市个私工业共完成产值200亿元、销售收入190亿元、利税12.5亿元，分别比上年增35%、38%和50%。园区经济蓬勃发展。36个镇级工业园区累计投入21.6亿元，建成区面积10.5平方公里，进区工业企业累计712家，全市园区工业企业完成销售收入120亿元，占全市工业销售收入的24.1%。建筑业继续发展，全市完成建安产值34亿元，比上年增13.9%。

服务业保持稳步发展。全市预计完成服务业增加值90亿元，比上年增12.1%，占全市国内生产总值的34.4%。市场建设取得新进展。邹区灯具城、湖塘针纺城等重点专业市场发展态势良好，小河汽摩配、湖塘棉纱市场相继建成营业。全市市场成交额达115亿元，其中专业市场成交额86.5亿元，比上年分别增18%、23.6%。全市社会消费品零售总额50.08亿元，比上年增8.2%。连锁经营快速发展，新增连锁网点78家，累计290家，销售总额达8.7亿元。金融保险业稳中有升。全市金融机构存款年末余额230.47亿元，贷款余额131.16亿元，分别比年初增加32.47亿元和15.58亿元；保险业务收入3.3亿元，比上年增14.9%。旅游开发步伐加快，邮电通信、交通运输、信息咨询、房地产业稳步发展。人才、劳动力等生产要素市场的作用日益增强。

科技创新成效显著。全市科技进步对工业和农业经济增长的贡献份额分别达44.6%和57.6%。成功举办两次科技经济对接活动，签订各类技术合作项目318项，实施32项，总投资1.2亿元。高新技术及其产业加快发展，组织实施省级以上科技计划项目113项，认定省级高新技术产品75只、省级高新技术企业7家，高新技术产品销售收入达106亿元，占全市工业销售的21.2%。组建了技术创新服务机构武进市高新技术风险担保有限公司。制造业信息化试点工作取得进展，全市有30多家企业推广应用信息技术，知识产权工作取得新的成绩，全市共申请专利478件，授权370件。

二、改革开放深入推进，经济活力显著增强

企业改革不断深化。武柴、武钢等市属大型企业改制基本结束，市属工业和流通企业改制面分别达98.6%、95.2%，市属场圃产权制度改革取得突破，市商业、物资和供销系统管理体制改革已初步到位。进一步优化了股权结构，逐步健全企业内部经营机制。继续推进企业上市，卓群纳米稀土和海鸥冷却塔两家股份有限公司进入券商辅导期。

配套改革进展顺利。农村税费改革顺利完成，全市农民负担总额减少9 203万元，减负率达63%。行政审批制度改革基本结束，削减审批项目41%，成立行政审批服务中心。完成村级行政区划调整，全市行政村由原来的757个调整为515个，调整率为32%，调整后村平均人口为2 168人。市、镇机构改革基本完成，城镇职工医疗保险制度得到进一步完善，改进义务兵退役安置办法取得成效。

外向开拓形势喜人。利用外资取得较大突破。成功举办2001年武进国际经贸洽谈会，达成外资项目73个，协议总投资3.8亿美元，签订外贸合同总额1.14亿美元。全市新批三资企业71家，其中总投资1 000万美元以上的项目11个；全市合同利用外资2.684亿美元，实际到帐外资1.42亿美元，分别比上年增126%和18%。对外贸易保持较快增长。全市自营出口额达6.4亿美元，比上年增27.5%，新科集团实现自营出口1.32亿美元，在全省自营出口生产企业中名列第一。外经合作稳步发展。全市对外劳务承包工程合同额2 550万美元，完成营业额1 520万美元，比上年分别增15%和25%。

“两区”开发进程加快。高新区新批进区企业62家，批准总投资8.9亿元，其中合同利用外资7 000万美元，实际到帐外资1 300万美元；实现业务总收入21亿元、税费收入1.2亿元，分

别比上年增44%和89%。高新区江边工业园基础设施建设进展顺利，有10家企业签订进区协议，其中4家企业已开工建设。外向型农业综合开发区批准总投资1.25亿元，其中合同利用外资1 360万美元，实际到帐外资300万美元，实现业务总收入5亿元。“两区”合同利用外资是上年的10.6倍，占全市的比重达31%。

三、城镇建设力度加大，投资环境不断优化

城镇建设取得成效。城区开工建设各类工程80万平方米，竣工65万平方米。完成武宜中路、定安中路、广电中路西段综合改造，建成人民路和长虹路转盘的雕塑。永胜路、滆湖路部分路段、金鸡路桥梁等市政工程全面实施，政法机关迁建按计划推进，城区人防工程开工建设，市人防地面指挥所顺利竣工并通过验收。全面完成29个镇的总体规划修编，郑陆、牛塘、小河等3个镇创建为省级新型示范小城镇。继续创建卫生镇、村，全市分别有12个镇、10个村创建为省级卫生镇、村，累计分别达24个、22个。

基础设施不断完善。全社会固定资产投资完成额50.02亿元，比上年增23.6%。交通条件进一步改善。开工建设23个交通工程项目，完成投资2.3亿元，比上年增73%。长虹东路半幅贯通，环太湖旅游线太滆至马山段进展顺利，苏南五级航道网5座桥梁改造全面竣工，常澄高速公路武进段征地、拆迁等前期工作已全面展开。电力建设力度加大。220千伏滆湖变建成投运，220千伏遥观变、110千伏工业园变完成前期准备，35千伏潘家变增容工程顺利竣工，通信能力显著增强。全年开工建设各类管线及交换工程项目80项，完成60多项，总投资2 788.5万元，新增电话装机用户4.29万户，累计27.5万户，户线普及率达23.1%。

环境保护得到加强。重点巩固“九五”达标治理成果，综合整治环境，改善了城乡环境面貌。环境保护执法工作，组织开展了严厉打击环境违法行为专项行动，关闭“15小”企业17家，取缔重污染化工项目10个，对50家未达标排放企业实施了停产治理，加强了污染企业特别是印染企业的现场监理，严格防范各类污染事故的发生。

四、社会事业协调发展，人民生活继续改善

教育卫生健康发展。教育现代化工程进展顺利，接受省教育现代化示范县(市)调研性评估；达标创优工作迈上新台阶，省武高通过国家级示范性高中验收；教育质量不断提高，普通高中高考本科录取率达53.5%，高出全省16个百分点；学校布局进一步优化，全市撤并小学46所；湖塘桥实验初级中学建成并投入运行，前黄高级中学城区分校建设进展顺利。采取综合防治措施，有效遏制了各类传染病的发生；卫生改革深入开展，城区直属医疗机构进行了盈利性和非盈利性划分，成立药品采购中心，开展了镇级医疗机构改革试点工作。

其它各项事业成绩喜人。全市人口出生率为5.25‰，计划生育率为98.9%。文艺创作喜获丰收，一批作品在省级以上发表或获奖；成功举办了纪念建党八十周年系列活动，举办了第五届职工运动会等群众性体育竞赛；获省级以上体育竞赛金牌6枚。广播电视发展迅速，组建了广播电视发展总公司，广电宽带数据网建成并开通运行。档案、统计、侨台、地方志、民族宗教、防震减灾、国防教育、妇女儿童等项工作取得新成绩。

人民生活水平继续提高。全年城镇职工人均工资12 006元，农民人均纯收入5 522元，分别比上年增1 326元和311元。扶贫工作进一步加强，市级机关与经济薄弱村挂钩联系取得实效，救灾救济工作得到有效落实，农村养老保险继续推进，就业渠道不断拓展，最低生活保障金制度得到进一步落实，全市发放最低生活保障金211.5万元。

五、民主法制建设得到加强，社会秩序保持稳定

依法治市扎实推进。自觉接受市人大的法律监督和市政协的民主监督，认真贯彻执行市人大及其常委会通过的决议决定，广泛听取人大代表、政协委员和社会各界人士对政府工作的意见和建议，全年共办理人大代表的建议、批评和意见157件，政协委员提案163件。村民自治、村务公开不断规范，基层组织民主管理、民主决策机制进一步健全。制定出台了政务公开的实施意见，政务公开工作全面推开。深入开展反腐败斗争，加大对违法违纪案件的查处力度。被省授予“三五”普法先进县(市)荣誉称号。行政执法和监督机制不断完善，政府法制建设得到进一步加强。

社会治安状况良好。深入开展了严打整治斗争及社会治安综合治理，相继开展了以“打黑除恶”和“打流窜、反盗窃、除黑恶、强防范”

为主要内容的春季和夏季攻势。组织了以公共聚集场所消防安全、治爆缉枪、加强外来人口管理等为重点的专项整治。深入持久地开展与“法轮功”邪教组织的斗争，有效转化了一批“法轮功”骨干分子。积极推进社区警务改革，努力探索城镇基层创安和社区建设有机结合、同步推进的新路子。认真贯彻国务院关于整顿和规范市场经济秩序的决定精神，开展了打击制假售假、强化安全生产管理、整顿道路交通秩序等一系列活动，有效地维护了武进的经济秩序和社会稳定。

各位代表，过去的一年是近几年来武进经济发展速度最快、城乡面貌变化最大、各项改革全面推进、人民生活显著提高的一年。这些成绩的取得，是全市人民正确贯彻党的路线、方针、政策，齐心协力、奋发进取、艰苦创业、开拓创新的结果，同时也是社会各界关心支持的结果。

同时我们也清醒地看到，武进经济社会发展中还存在着一些不容忽视的问题，主要表现在五个方面：一是农业产业化、市场化程度还不高，城市化水平提高不快，农民收入增长速度缓慢；二是工业结构性矛盾仍较突出，规模优势还不明显，产业优化升级的任务十分艰巨；三是利用外资总量仍然较小，与先进地区相比差距较大；四是社会保障体系还不够健全，环境污染等问题仍较严重，维护社会稳定的压力较大；五是政府职能转变尚未完全到位，机关作风建设有待进一步加强。这些问题我们必须在今后工作中切实加以解决。

二〇〇二年工作任务

2002年是我们武进经济发展的重大转折时期，国际国内形势正发生着深刻变化，我们既面临着难得的发展机遇，也面临着不少严峻的挑战。经济全球化进程继续加快，世界范围内的经济结构调整和跨国兼并将加速进行，推动发达国家向发展中国家进行新一轮的产业转移，为我们利用外资带来了机遇。国家将继续实施积极的财政政策和稳健的货币政策，加大国债资金投入力度，扩大国内市场需求，为经济增长提供空间。武进企业转制基本到位，机制优势将更好地发挥，尤其是一些大中型企业产权制度改革的顺利完成，使这些企业更具有生机和活力；两个省级开发区已步入正常发展的轨道，企业和项目进区的势头良好，各镇工业园区建设速度加快，“园区经济”正成为武进经济发展的重要增长点；连续两年技改投入的高增长，特别是非公有制经济投资增势强劲，成为推动全市经济增长的重要力量。但是，世界经济增幅的回落直接影响我国经济发展，尤其是对武进外贸出口将产生较大的压力；资金、技术、人才等生产要素仍然制约着武进经济的快速发展；国家优惠政策进一步向中西部倾斜，所得税分成比例调整，出口“免、抵、退”税办法实施，农村税费改革以及工资调整，使武进财政增支减收因素增多。面对新的形势，我们一定要以敢为人先的创新精神、敢拼必胜的坚定信心、求真务实的工作作风，抢抓机遇，战胜困难，使武进经济和社会继续保持快速健康的发展态势，牢固确立武进在苏南经济板块中“第一军团”的地位。

今年政府工作的指导思想是：**坚持以邓小平理论和江泽民同志“三个代表”重要思想为指导，认真贯彻落实党的十五届五中、六中全会精神，以富民强市、率先实现基本现代化为根本目标，以加快发展为主题，以结构调整为主线，以利用外资为重点，以体制创新和科技创新为动力，加快园区经济扩张，放大民营经济优势，拉长开放型经济短腿，做活要素经济文章，全面提升经济发展水平，推进两个文明协调发展，努力实现全市经济社会发展的新跨越。**

具体工作中，我们将坚持五个原则：

1. 始终坚持以思想解放为先导，不断更新观念，创新思维，拓宽视野，大气魄谋划全局，大手笔推进建设，全面迎接大开放，促进武进经济社会大发展。

2. 始终坚持“十五”计划确定的目标和原则，将年度工作与中长期计划相衔接，做到长计划、短安排，增强年度工作的前瞻性，并确保“十五”计划如期实现。

3. 始终坚持推进科教兴市、城镇带动和经济国际化三大战略的全面展开，并不断赋予新的内涵，使各项工作主次分明，有章有序。

4. 始终坚持可持续发展的原则，正确处理好经济发展和社会稳定、城镇发展和农村改革、物质文明建设和精神文明建设的关系，努力做到同步推进，协调发展。

5. 始终坚持从武进实际出发，实事求是，科学制定工作思路和奋斗目标，充分调动全市广大干部群众的积极性和创造性，凝心聚力，

开创武进各项工作的新局面。

2002年武进经济和社会发展主要目标：

1. 国内生产总值确保增长12%，争取增长13%；

2. 预算内财政收入增长15%以上；

3. 全社会固定资产投资增长15%，技术改造投入增长18%；

4. 农业总产值增长5%，其中多种经营产值增长7%；

5. 工业产值、销售、利税均增长15%以上；

6. 自营出口增长15%，合同利用外资和实际到帐外资均增长50%；

7. 农民人均纯收入和城镇职工平均工资均增长6%以上；

8. 人口自然增长率控制在1‰以内。

为确保完成上述各项目标任务，我们将重点抓好以下8个方面的工作：

一、围绕"双增"目标，加快结构调整，实现农业经济新发展

坚持以"农业增效，农民增收，农村稳定"为总体目标，以农业现代化总揽全局，强化组织引导，依靠科技进步，提升产业素质，不断巩固农业的基础地位。

*调优产业结构，全面推进农业产业化经营。*进一步加大结构调整的政策扶持力度，明确重点，落实政策，扶持一批技术含量高、市场潜力大、带动能力强的农产品深加工企业，培育一批具有区域特色的名特优新农产品示范基地，形成规模优势。全年增加4 000公顷经济作物种植面积。积极探索引导各镇、村因地制宜选择多种组织形式，进一步发挥龙头企业、专业协会的带动作用，壮大农民经纪人队伍，提高农民进入市场的组织化程度。创新经营投资机制，加快土地流转，提高土地产出效益，支持农户和企业以资产、土地使用权、技术等生产要素入股，促进生产要素向生产、经营大户集中，鼓励农民联合投资，多途径增加对农业的有效投入。

*开展科技兴农，切实提高农业产业素质。*加强农技推广服务体系建设，推广农技推广服务组织的改革创新，加大对公益性农技推广服务的支持力度，放开搞活经济性农技推广服务。高度重视农业科技成果孵化基地的规划建设，继续扶持和培育农业科技示范园区，争取新建常州市级农业科技示范园区3家以上。依托示范园区，实施一批农业科技项目，引进一批农业新品种，更好地发挥农业科技示范园区的示范带动作用。切实改善农业生态环境，加快农业标准化体系建设，大力推广优质、高产、节本、高效种养新技术，建立无公害农产品生产基地，提高武进农产品的品味。强化品牌意识，培育一批名牌产品，增强农产品的市场竞争能力。进一步做好农业科技人员的培养和农民的培训工作，普及和推广农业先进实用技术，提高农民的科技素质。

*增强保障能力，促进农业可持续发展。*以防汛抗旱为重点，着力抓好城区防洪等重点工程建设，进一步加快圩堤建设，组织疏浚淤浅河道，大力推广节水灌溉，重视抓好水利设施的管理。加快建设长江引水工程，推进城乡联网供水，严格执行封井计划，强化水资源统一管理。切实加强农业信息化工程建设，提高农业信息进村入户水平。坚持农机与农艺相配套，加快农机服务体系创新，努力提高水稻生产机械化水平，大力发展林牧渔等多种农业机械，继续保持农机化水平在全国的领先地位。强化国土资源管理，狠抓土地复垦整治，净增耕地133.33公顷。

二、加快科技进步，提升产业素质，促进工业经济再上新水平

坚持以科技创新为动力，把培育区域经济的比较优势作为结构调整的重要内容，不断提高工业经济的整体素质，努力实现经济增长方式的根本性转变。

*加快科技创新，培育技术优势。*加大技改力度，集中力量抓好旷达集团汽车内饰织物扩能等20个重点项目。大力推进高新技术产业化，着力围绕环保与节能、电子信息、新材料、生物医药、光机电一体化等领域，重点培育一批具有自主知识产权的高新技术产品。鼓励和帮助企业创办技术开发中心和工程技术研究中心，增强企业自主开发能力，引导重点企业加强与国外企业和科研机构的合作、交流，以经济国际化带动高新技术产业化。继续抓好制造业信息化试点工作，通过典型示范，加快武进工业的信息化进程，以信息化带动工业化。进一步抓好科技经济对接活动，采用引进型、合作型、培训办学型、实验基地型等多种形式推进产学研联合；引导企业增强风险意识，注重科研开发的前期介入，积极探索建立以资产为纽带、高新技术为依托、现代企业制度为规范的"三位一体"联合模式。全年实施产学研联

合项目30项，实施高新技术产业化项目10项，培育高新技术企业10家，高新技术产品50只。加强高新技术创业服务中心等科技中介服务机构建设，完善科技服务体系，提高服务水平。高度重视人才的培养和引进，坚持以环境引人，以事业留人，以政策激励人，努力为各类人才创新创业提供良好条件，形成本地人才脱颖而出，外地人才乐意来武进创业，科技成果和科技人才加速向武进集聚的良好态势。

*继续扶优扶强，培育规模优势。*把做大企业规模、做强企业实力作为结构调整的重要突破口，鼓励和帮助骨干企业通过联合、兼并、收购、参股、控股等形式，实施跨地区、跨所有制的资产重组，加速生产要素向优势企业、优质资产和优秀经营者集聚，不断扩大骨干企业的规模效应。引导企业增强信用意识，加快建立和完善信用体系，促进企业尤其是重点企业健康发展。围绕武进主导产业，着力扶持20家重点企业，继续实行领导和职能部门挂钩联系制度，重新制订优惠政策，营造良好的发展环境，加快重点企业发展步伐，力争全市年销售超10亿元的企业达5家，重点企业占全市工业经济的比重提高4个～5个百分点。

*壮大工业园区，培育后发优势。*抓住建设常澄高速公路的机遇，运用市场机制，高起点、高标准、高速度推进高新区南区开发建设，力争1.62平方千米启动区的基础设施上半年基本完成。大力推进高新区北区(江边工业园区)建设，加快园区规划的修编工作，完成区内道路、供水等基础设施，为企业进区创造条件，全年进区企业争取新增10家以上。着力抓好镇级工业园区的建设和开发，重点培育、扶持一批示范园区，妥善解决土地、资金等具体问题，尽快形成各具特色的镇级工业园区。

*优化发展环境，放大民营优势。*进一步解放思想，放手发展，放开搞活，放胆实干，加快民营经济发展步伐。不断优化外部环境。按照一视同仁、公平竞争的原则，在税费、用地、用电、社会保障等方面，保护民营企业的合法权益，坚决制止"三乱"行为。继续扶持10家重点个私企业，促使其快速裂变壮大。进一步加强金融服务，加大对民营经济的信贷支持力度，切实缓解民营经济发展中资金短缺的矛盾。建立和完善高效、配套的综合服务体系，在人才和技术引进、产业引导、政策咨询等方面提供优质服务，促使民营企业加快发展。

三、突出发展重点，拓宽发展领域，形成服务业发展新优势

坚持以"优化结构，拓展领域，提升素质"为目标，突出重点，加大投入，加快创新，规范管理，促进服务业快速健康发展。

*大力发展专业市场。*依托武进产业和区位优势，进一步完善全市专业市场发展规划，继续培育邹坵灯具城等重点专业市场，着力抓好罗溪农副产品产地批发市场等专业市场建设，加快实施夏溪花木市场扩建、湖塘农贸市场迁建工程。强化市场管理，规范市场经营秩序。认真抓好邹坵灯具工业园招商引资、夏溪花木示范基地扩建等工作，实现专业市场与一二产业的相互促进、共同发展，进一步增强专业市场对区域经济的带动作用。

*大力发展旅游业。*按照旅游业作为武进新兴骨干产业的目标定位，着眼区域旅游业发展格局，加快编制、完善全市旅游发展总体规划和各景区发展规划，注重资源保护，强化规划引导。以"一区(太湖风景区)、一城(淹城)、一山(横山)、一洲(江心洲)"为重点，充分调动各方面积极性，广泛吸引社会各界参与旅游开发，加大投入力度，加快建设蓼莪文化园、淹城古文化街等重点项目，形成一批拳头产品，成为长江三角洲地区旅游业发展中的新亮点。

*大力发展现代物流业。*引导流通企业调整经营结构和经营业态，发展多元化、特色化经营。推进流通企业与国内外大企业、大集团的挂靠联合、合资合作，增强竞争力。加快建设城区大卖场和横山桥恒都大卖场，集聚人流、物流，构筑大贸易格局，提升全市商贸流通业的整体水平。进一步提高连锁经营的组织化和集约化程度，实现规模经营和规模效益，促使配送中心向集物流、商流、信息流于一体的多功能方向发展。

*大力发展各类新兴服务业。*以城区为重点，理顺社区管理体制，按照社会化、产业化的要求，着力培育和发展物业管理、文化娱乐、家政服务、教育培训、体育健身、卫生保健等社区服务业。优化和提升房地产业的结构和档次，逐步规范房地产开发和管理。积极发展法律、会计、审计、劳务等中介服务业，进一步加快金融保险、交通运输、邮政电信等行业的发展。

四、迎接入世挑战，加速经济国际化，实现对外开放新跨越

坚定不移地实施经济国际化战略，沉着应

对入世带来的新挑战，趋利避害，抢抓机遇，全面提高对外开放水平。

突出抓好园区招商引资。坚持把两个省级开发区和各镇工业园区作为全市对外开放的主要基地和窗口来抓，继续加强基础设施建设、规范内部管理、提高服务质量，充分发挥现有优势，使园区成为武进利用外资的主要载体。加大高新区开发力度，科学规划区中园，力争引进一批规模较大、科技含量较高、符合产业发展方向的外资项目，尽快建成若干产业园，形成高新区的产业特色和优势。充分发挥现有外资企业的带动效应，有针对性地强化招商工作，农发区和高新区北区利用外资争取实现新突破。组织各镇以工业园区为依托，加大招商引资力度，形成一批具有鲜明特色的外资园区。

突出抓好项目跟踪推进。进一步健全项目信息上报和互通制度，完善项目分级推进服务体系，对定期排出的500万美元以上重点项目及有助于产业、产品结构调整升级的高新技术项目，采取市领导挂钩联系、职能部门专人跟踪、所在单位全程服务、涉外部门提前介入的办法，强化跟踪推进，切实提高项目的成功率。抓住全球范围内结构调整和产业梯度转移的机遇，以台湾、日韩和欧美为主攻方向，积极探索招商引资新方式，重点围绕基础设施、服务业等方面开展主题招商活动。

突出抓好招商队伍建设。加强对现有招商人员的业务培训，着力提高掌握和运用国际惯例开展招商活动的水平。不断完善开放型经济人才选拔、聘用、培训、激励和考核机制，指导和督促各镇、开发区大力引进高素质、复合型人才，建立健全专职招商工作机构，进一步完善市镇两级招商体系，切实提高招商引资工作的有效性。

突出抓好投资软环境。结合行政审批制度改革和机构改革，研究制订相关配套政策，着力优化和改善以对外服务为重点的投资软环境，加快建立一套便捷、规范、高效、符合国际惯例的对外服务体系和操作程序。建立健全与外商联系、沟通的工作机制，及时解决外资企业筹建和生产经营过程中的实际问题，营造亲商、富商、安商的投资软环境。

突出抓好扩大外贸出口。根据国际市场需求变化，不断调整出口产品结构，培育外贸出口新增长点。结合武进产业特点，在继续保持劳动密集型出口产品比较优势的同时，积极推动技术含量高、市场竞争能力强的产品出口，进一步提高轻纺、机电、精细化工等产品出口的比重。引导企业采用国际质量和环境标准组织生产，提高出口产品质量、档次和附加值。着力扶持重点出口企业，全年自营出口额超1 000万美元的企业争取达12家。积极实施“走出去”战略，鼓励有条件的企业和人士到境外投资办厂、承包工程、接订单、办展览。以工程承包和劳务输出为重点，充分发挥现有获权企业的主力军作用，提高承接海外建设工程的投标能力，全年完成外经营业额1 800万美元。

五、加快体制创新，深化各项改革，增强经济社会发展新活力

坚定不移地推进市场取向的改革，进一步消除制约经济发展的体制性障碍，加快机制创新步伐，不断提高经济发展的市场化程度。

不断深化企业改革。抓紧做好未改制企业的改制工作，力争年内改制工作全部结束。对已改制企业进行全面梳理，抓紧“二次改制”，尽快把股份合作制企业改为有限责任公司和股份有限公司。进一步引导企业优化股权结构，实现经营层绝对控股、经营者持大股、持全股，帮助企业解决改制中遗留的土地资产等问题，为企业进一步发展创造条件。按照现代企业制度的要求，指导和帮助企业建立健全法人治理结构，完善企业内部用工、用人和分配制度，切实提高企业管理水平。

精心组织资本运作。抓住当前国家鼓励各类非国有企业上市的有利条件，重点引导和帮助全市规模优势企业，加快推进股份制改造，规范运作，积累业绩，尽早实现股票上市，逐步发展成为科技含量高、资产质量优、扩张能力强、支撑作用大的大公司、大集团。按照政企分开、政资分离的原则，健全公有资产经营公司管理制度，完善运作机制，确保公有资产保值增值。

全力推进配套改革。继续深化社会保障制度改革，全面落实“两个确保”，扩大社会保险覆盖面，加大征收力度，确保各项社会保险费按时足额到位，保证全市社会保障体系正常运转。继续完善市场化劳动就业机制，多渠道开辟就业门路。重视行业协会建设。积极稳妥地推进事业单位改革，特别是有条件实行企业化经营的科研、中介服务等单位，要加快推向市场，成为真正的市场主体。加快粮食购销市场

化改革步伐，全面推进医疗卫生机构的各项改革，力争年内取得突破性进展。

六、完善基础设施，推进城镇建设，构筑经济社会发展新环境

坚持城乡一体、协调发展的原则，积极实施城镇带动战略，努力提高武进城镇化水平，充分发挥城镇的集聚、带动功能，为推动经济发展，提高人民群众生活质量发挥积极作用。

加强基础设施建设。完成常澄高速公路前期工作，确保高速公路工程顺利实施；高标准建成延政西路、环太湖旅游线太滆至马山段；完成长虹路北半幅建设工程，年底实现全幅竣工通车；修建改造农桥、危桥50座。按照“统一规划、统一政策、分步实施”的原则，力争用3年左右时间完成全市镇村道路的改造建设。全面实施城区电网改造和第二期农村电网改造，加快推进城区“三线”入地工程，抓紧建设220千伏遥观变等一批输变电工程。强化对全市信息产业发展的规划引导和管理，积极实施全市商业网点、住宅小区、工业园区宽带网络工程，加快推进健康网、校园网建设，大力推广多媒体通信业务，提高全市信息化水平。

加快城镇建设步伐。按照《中国21世纪议程》优先发展项目、中国县级城市建设示范工程的要求，高标准实施城区规划，成立专家决策咨询机构，广泛吸引群众参与，建立开放式的城市规划管理体系，提高城区规划水平。抓好城中公园一期、金鸡中路、东方中路、定安东路等一批重点工程建设；集中力量推进花园街人民路至定安路段的综合改造工程，使之成为环境一流、特色鲜明的步行街；积极推进大学城建设，逐步建成一个资源共享、设施一流的新型教育社区；继续抓好城区的绿化、美化和亮化工作，重点建设长虹中路、延政西路和武宜中路绿化带，进一步改善城区环境，全面提升城区形象。按照“因地制宜、创出特色、提高品位、搞好配套”的要求，加快小城镇建设，指导各镇重点推进“一街（商业街）”、“两区（工业园区、住宅小区）”、“两场（休闲广场、专业市场）”建设，努力提高小城镇建设水平。以行政村区划调整为契机，加快中心村规划建设步伐。

探索搞活城市经营。牢固树立“经营城市”的理念，运用市场机制和经济杠杆，优化配置城市资源，形成城市建设经营的良性运行机制。推进城市土地市场化运作，建立和完善土地储备制度，加大土地收储力度，全面实行土地公开招标和拍卖，利用土地资源聚集城市建设资金。按照“谁投资、谁所有、谁受益”的原则，广泛吸引社会和个人参与城市建设，逐步将城市基础设施和公共事业放手让各类市场主体投资、经营和管理，真正形成多元化投入、市场化运作、企业化经营的新格局。

加大环境整治力度。以太湖武进水域污染综合整治为重点，严格执行建设项目环境管理制度，加强现场环境监督管理，进一步组织建设全市污染源自动监控系统，逐步实现全市联网，提高环境管理技术水平。加大执法力度，严肃查处环境违法违纪行为，坚决取缔擅建项目。大力推行清洁生产和ISO14000环境管理体系认证，切实提高全市环境质量。突出抓好城区环保工作，结合实施湖塘河整治一期工程，完成城区污水管网工程，加快建设高新区东侧城东工业园区，尽快搬迁城区污染企业，实施集中治污，确保城区环境质量有明显提高。进一步加强城乡环境卫生综合整治，继续抓好创建卫生镇、村活动，年内全市各镇均成为省级卫生镇。

七、坚持两手齐抓，搞好统筹兼顾，开创两个文明协调发展新局面

坚持“两手抓，两手都要硬”的方针，全面推进民主法制和精神文明建设，促进社会全面进步。

稳步发展社会事业。继续坚持教育先行，深入实施教育现代化工程，全面推行素质教育；积极推进教育人事制度改革，强化教师培训工作，提高教师队伍的整体素质；优化、整合教育资源，努力提高教育质量和效益；完善教育投入机制，促进各类教育事业健康稳定发展。进一步加强农村初保、卫生防疫、妇幼保健和血防工作；继续开展婚育新风进万家活动，扎实做好人口与计划生育基础工作，加强流动人口计划生育管理，全面推进优质服务。大力发展文化体育等各项事业，以迎接党的“十六大”召开和纪念毛泽东同志《在延安文艺座谈会上的讲话》发表60周年为主线，开展一系列文艺创作活动；组织参加省15届运动会，重视体育后备人才的培养，广泛开展全民健身活动，启动建设市体育中心一期工程；完成广电网高速宽带数据平台工程，加快广电产业化进程；进一步做好宗教、侨台、人防、档案、地方志、妇女儿童、防震减灾等各项工作。

积极推进民主法制建设。坚持向人大及其

常委会报告工作，自觉接受其检查监督，积极支持人民政协工作，重视听取各民主党派、工商联、无党派人士和人民团体的意见，认真办理人大代表建议和政协委员提案。加强基层民主政治建设，改革和完善基层管理和工作制度，大力推行政务、村务和社会公共事务公开，全面推进村民自治。坚持从严治政、依法行政，建立健全行政执法监督制度，切实把行政执法责任制和评议考核制落到实处。深入开展“四五”普法宣传教育活动，努力增强全社会的法律意识和法制观念，形成良好的法治氛围。

着力维护社会稳定。加强综合治理，层层落实工作责任制，认真做好信访和人民调解工作，及时发现并化解不稳定因素，积极预防、妥善处置群体性事件，把人民内部矛盾的处理纳入法制轨道。深入开展与“法轮功”等邪教组织的斗争，严厉打击各类刑事、经济犯罪活动，进一步整顿和规范市场经济秩序，为全市改革开放和经济建设创造良好的社会环境。全面推行企业职工基本医疗保险制度。积极探索社会福利事业多元化投入、产业化经营的新路子。完善最低生活保障制度，重视保障社会弱势群体生存和发展的基本权利。

大力加强精神文明建设。深入进行邓小平理论、江泽民同志“三个代表”重要思想的学习教育，切实贯彻《公民道德建设实施纲要》精神，加强职业道德、社会公德和家庭美德教育，大力弘扬开拓创新、崇尚科学的时代精神，引导广大干部群众树立正确的世界观、人生观、价值观，加快建立与社会主义市场经济相适应的思想道德体系。加强监督管理，净化文化市场，为全市人民提供丰富、健康的精神食粮。积极开展创建学习型城市的活动，在全市营造浓厚的学习氛围，提高市民的文化素养和文明程度。发动广大市民支持和参与创建文明城市活动，提高文明单位、文明行业、文明村镇的创建水平，形成一批文明创建的示范窗口。强化国防教育，做好双拥工作，发展紧密团结的新型军民关系，积极争创全国双拥模范城。

八、实践“三个代表”，切实转变作风，树立勤政廉政新形象

坚持以“三个代表”思想为指导，围绕提高行政水平和服务质量，进一步加强政府自身建设，切实转变工作作风，以新的面貌、新的精神、新的姿态开创政府工作新局面。

注重学习，努力提高自身素质。加强对政府公务人员的教育培训，营造热爱学习、善于学习、争先学习的良好氛围，努力建设一支高素质的公务员队伍。认真学习市场经济理论及金融、法律等现代科学知识，针对我国加入WTO的新形势，重点学习WTO的有关知识，熟悉国际惯例，应对入世挑战。

求真务实，切实改进工作作风。坚持求实务实，开拓创新，大力弘扬雷厉风行、紧张快干的工作作风，努力提高办事效率。认真开展调查研究，深入基层、深入实践，掌握实情、多办实事。进一步增强公仆意识、群众观念，密切联系群众，把人民群众的根本利益放在第一位，切实帮助人民群众解决实际困难。

改革创新，加快转变政府职能。按照“国际接轨、效率效能”的要求，把政府职能真正转到宏观调控、社会管理和社会公共服务上来，运用经济、法律和现代科技手段，管理经济工作和社会事务，发挥体制、机制和政策的作用，营造健康有序的市场运行环境。以政府机构改革为契机，进一步理顺关系，加快建立办事高效、运转协调、行为规范的行政管理体制。

廉洁从政，树立良好的政府形象。坚决贯彻执行廉政建设的各项规定，层层落实廉政建设责任制，健全责任分解、责任考核、责任追究、责任制度“四位一体”的工作运行机制，加大责任追究力度。认真开展“勤廉之风万人评”活动，促使政府机关自觉接受广大群众和基层单位的评议、监督，纠正行业和部门的不正之风。进一步落实收支两条线、预算外资金管理、公开招投标、经济责任审计、政府采购、任前公示等措施，做到标本兼治，努力从源头上预防和治理腐败。

各位代表，新的一年充满着新的希望，新的一年面临着新的挑战。让我们在中共武进市委的正确领导下，在市人大、市政协的监督支持下，团结和带领全市人民，坚定信心，顽强拼搏，乘势而上，奋勇争先，为夺取武进改革开放和社会主义现代化建设的新胜利而努力奋斗！

（栏目责任编辑　杜仁彬）

政　治

中国共产党武进市委员会

【中共武进市第九次代表大会召开】 3月28日～30日在武进影剧院举行，出席代表381名。市委书记毛伟明代表中共武进市第八届委员会作《坚持发展主题，再创武进辉煌，为加快实现初步现代化而努力奋斗》的工作报告，市纪委书记徐伟南代表中共武进市纪律检查委员会作《坚持标本兼治，加大治本力度，进一步推进党风廉政建设和反腐败斗争》的工作报告。会议审议、通过了关于这两个报告的决议。大会提出全市用10年时间分两个阶段实现向第三步战略目标迈进的宏伟目标：第一阶段，到2005年实现初步现代化，人均国内生产总值超过30 000元，三次产业比例达到6：56：38；第二阶段，到2010年率先实现基本现代化。到"十五"期末，把武进初步建设成为城区功能齐全、科教事业发达，城乡设施完备、生态环境优美，产业结构合理、经济繁荣昌盛，人民生活富裕、社会文明进步的现代化新型城市。大会号召全市各级党组织和共产党员，高举邓小平理论伟大旗帜，坚持以"三个代表"重要思想为指导，大力弘扬"团结奋进、勇于开拓、实干兴业、争创一流"的"武进精神"，进一步解放思想，开拓创新，奋力拼搏，为胜利完成全市新世纪之初的各项目标任务、加快实现初步现代化而努力奋斗。大会选举产生了中共武进市委第九届委员会和中共武进市纪律检查委员会。

【中共武进市第八届委员会第十三次会议】 3月15日在市行政中心召开，市委委员、候补委员出席，市纪委委员列席。会议听取和审议了《中国共产党武进市第九次代表大会筹备工作情况报告》、《关于中国共产党武进市第九次代表大会代表选举产生和资格初步审查情况的报告》、《关于九届市委、市纪委有关人事安排的说明》等，决定中共武进市第九次代表大会于3月28日～30日举行，并对大会日程安排等情况作了说明。

【中共武进市第九届委员会全委(扩大)会议】 2001年，中共武进市第九届委员会召开了4次全委(扩大)会议。

第一次全委会议。3月30日在武进宾馆召开，全体市委委员、候补委员出席。会议以无记名投票方式，差额选举产生了新一届常务委员会委员7名：毛伟明、杨锡根、杨春龙、徐伟南、金绍斌、李小平、徐缨；以无记名投票方式，选举产生了新一届书记和副书记：毛伟明当选为市委书记，杨锡根、杨春龙当选为市委副书记。会议要求新一届市委高举邓小平理论伟大旗帜，坚持以"三个代表"重要思想为指导，振奋精神，更新观念，开拓创新，艰苦奋斗，真抓实干，增强加快发展的责任感和使命感；提高素质，搞好班子的自身建设；求真务实，切实抓好各项工作的落实，为胜利完成市第九次党代会确定的各项目标任务而努力奋斗。

第二次全委(扩大)会议。7月19日～20日在市行政中心召开。市委书记毛伟明作了《团结拼搏，乘势前进，为全面完成今年各项目标任务而努力奋斗》的工作报告。会议回顾总结了上半年全市"两个文明"建设情况，认真分析了中国"入世"和"申奥"成功等带来的新变化、新形势，重点研究部署下半年工作：以扩大利用外资为重点，积极寻求合资合作的新突破；以提高市场竞争力为根本，努力争创工业经济新优势；以农业增效和农民增收为目标，加快形成高效农业的新格局；以深化改革为动力，加快建立促进经济发展的新机制；以提质增量为着力点，促进服务业再上新台阶。会议强调全市各级必须以江泽民总书记关于"三个代表"重要思想为指导，深入学习江总书记"七一"重要讲话精神，切实增强贯彻执行党的路线方针政策和"三个代表"重要思想的自觉性和坚定性；切实加强党的建设，着力为经济建设提供强大的精神动力和智力支持；切实维护社会稳定，着力为经济发展创造良好环境；切实加强有效领导，着力提高驾驭全局工作的能力，以卓有成效的工作，夺取各项工作的新胜利。

第三次全委(扩大)会议。10月16日在市行政中心召开。会议认真传达学习党的十五届六中全会精神，全面贯彻落实江苏省委九届十四次全体会议和常州市委九届二次全体会议精神，具体部署全市加强和改进党的作风建设的办法和措施。市委书记毛伟明在会上作了题为《贯彻落实六中全会精神，加强改进党的作风建设，以新的精神面貌努力开创武进市各项工作新局面》的报告。会议确定当前和今后一个时期全市加强和改进党的作风建设的总体要求和主要任务，即坚持以马列主义、毛泽东思想、邓小平理论为指导，按照“三个代表”重要思想，全面落实党的十五届六中全会《决定》和省委《关于贯彻执行中央〈决定〉的意见》，紧紧围绕经济建设中心和改革发展稳定的大局，坚决贯彻党要管党、从严治党的方针，以进一步密切党同人民群众的联系为核心，以保持党的先进性、纯洁性和增强党的创造力、凝聚力、战斗力为目标，以“八个坚持、八个反对”为主要任务，突出重点，抓住关键，集中解决党的思想作风、学风、工作作风、领导作风和干部生活作风方面的突出问题。会议指出，加强和改进党的作风建设，必须坚持把思想作风建设作为首要任务来抓，更加自觉地贯彻解放思想、实事求是的思想路线，与时俱进，开拓创新；必须坚持把保持党同人民群众的血肉联系作为核心问题来抓，更加自觉地密切联系群众，把为人民服务作为最大追求，把富民作为自身价值的最大体现，勤政为民，真抓实干；必须坚持把严格执行民主集中制原则作为重要环节来抓，进一步发扬党内民主，更加自觉地维护党的团结，执行党的纪律，总揽全局，协调各方；必须坚持把弘扬艰苦奋斗精神、坚定不移地反对腐败作为关键举措来抓，更加自觉地加强党性修养，自觉抵御各种腐朽思想的侵蚀，清正廉洁，当好公仆。会议号召，全市各级党组织和全体共产党员，高举邓小平理论伟大旗帜，坚持以“三个代表”重要思想为指导，更加紧密地团结在以江泽民为核心的党中央周围，全面贯彻落实党的十五届六中全会精神，努力把全市党的作风建设工作提高到一个新水平，以新的精神风貌和新的工作成绩，迎接党的十六大召开。

第四次全委（扩大）会议。12 月 22 日在市行政中心召开。市委书记盛克勤作了《坚定信心，开拓奋进，努力实现武进经济和社会发展的新跨越》的工作报告。会议深入贯彻党的十五届六中全会、中央和省经济工作会议、省第十次党代会以及省委书记回良玉视察武进时的重要讲话精神，认真回顾总结 2001 年全市“两个文明”建设取得的成绩，研究部署 2002 年工作的目标、任务和措施。会议指出 2002 年全市经济工作的总体思路是：坚持以邓小平理论和江泽民“三个代表”重要思想为指导，以富民强市、率先基本实现现代化总揽全局，突出加快发展主题，紧扣结构调整主线，积极实施科教兴市、城镇带动、经济国际化三大战略，咬定工业经济基础优势，加快园区经济扩张，放大民营经济特色，拉长外资经济短腿，做活要素经济文章，统筹各业经济联动，奋力实现经济的领先型发展，全面提升县域经济的综合实力，进而稳固确立武进在苏南经济板块中“第一军团”的地位。会议强调 2002 年全市要做到“六个强力推进”、实现“六个进一步提升”。一是把增加农民收入作为经济工作的基本出发点，强力推进农业结构调整，进一步提升农业产业化水平；二是把园区经济、民营经济作为经济发展的新的增长极，强力推进工业经济结构调整，进一步提升县域经济综合实力；三是把扩大利用外资作为经济工作的生命线，强力推进经济国际化，进一步提升经济发展的开放度；四是把体制创新、机制创新作为加快经济和社会发展的原动力，强力推进各项改革的深化完善，进一步提升在市场经济条件下的适应能力和组织化程度；五是把加快发展服务业作为优化经济结构的突破口，强力推进旅游等新兴行业的发展，进一步提升服务业的规模总量和档次；六是把城区建设作为加快经济和社会发展的着力点，强力推进城镇化进程，进一步提升城市形象和城乡一体化水平。

【全市党建工作会议召开】 4 月 12 日召开，回顾总结 2000 年度全市党建工作的情况和经验，研究部署 2001 年全市党建工作的目标、任务和措施。会议提出 2001 年党建工作要坚持以邓小平理论为指导，深入贯彻落实党的十五大和十五届六中全会精神，按照江泽民“三个代表”要求，进一步增强搞好党建工作的政治责任感和历史使命感，切实加强党的思想、组织和作风建设，全面增强党组织的凝聚力、号召力和战斗力，充分发挥共产党员的先锋模范作用，在加快推进武进现代化建设的伟大事业中大显身手，为实现“十五”计划起好步、开好局。会上，市委表彰了 2000 年度全市工业、农业、

全市党建工作会议签订责任状。 （陆新 摄）

“三外”、第三产业、计划生育等项工作先进集体和优秀党务工作者，与各单位、各部门签订了 2001 年党风廉

政建设责任状。

【全市农村工作会议召开】 3月4日召开。会议以中央、省和常州市农村工作会议精神为指导，认真贯彻落实市委八届十二次全委(扩大)会议精神，回顾总结“九五”农业和农村工作，全面分析武进农村工作面临的新情况、新问题，进一步明确“十五”农业和农村经济发展的基本思路，部署2001年全市农业和农村工作。会议明确“十五”期间，全市将初步建立布局合理、品种优良、加工发达、产销协调、机制灵活和规模化、科技化、外向化程度较高的高效农业新体系；初步建立产业结构合理、生态环境优美、基础设施完备、人民生活富裕、社会文明进步的现代化农村新格局。会议提出2001年全市要加快农业结构调整，全面提高农业的综合效益；要突出科技进步，加快农业“品种、技术、知识更新”三项工程的实施步伐，加大农业科技创新力度；要深化农村改革，全力推进农村税费改革；要引导劳力转移，加快集镇建设。 (蒋剑英)

【纪念中国共产党成立80周年系列活动】 2001年，围绕纪念中国共产党建党80周年，全市各级在市委统一部署下，按照隆重、热烈、俭朴的原则，贯彻江泽民“三个代表”重要思想这条主线，组织开展小型多样、主题鲜明、内容丰富的纪念活动。6月29日，市委隆重召开武进市庆祝中国共产党成立80周年大会。会议表彰2000年度全市红旗党组织30个、模范共产党员100名，唱响了全市庆祝中国共产党成立80周年的主旋律。市委与中共江苏省委党史工作办公室、省广电厅和《扬子晚报》社联合在《世纪风采》杂志上，举办纪念建党80周年“武进杯”征文比赛；市委宣传部、《武进日报》社联合举办“‘三个代表’心中装，党旗飘飘耀征程”征文活动；市纪委联合市文化局、文联开展党性党风系列教育活动，组织“清风之歌”专场文艺节目在全市各地巡回演出；市委统战部组织各民主党派和市工商联代表及各界人士召开座谈会纪念中国共产党成立80周年；市直机关党委举办了纪念建党80周年机关人员歌咏比赛、机关各系统(单位)党员干部党史知识测验；各群众团体认真组织开展党史教育和“共产党好、社会主义好、改革开放好”群众性宣传教育活动，在全市青少年中开展“光辉的历程”纪念中国共产党成立80周年专题读书活动和征文、演讲比赛及知识竞赛等；市委党史工委、市文化局联合举办《“风雨兼程八十年，武进大地谱新篇”》、《纪念建党80周年革命史料、摄影作品展》和《“美在武进”书法、美术作品展》；市电影公司举办《纪念中国共产党成立80周年电影展》；市各新闻单位开设专栏、专题节目，集中组织刊播一批纪念中国共产党成立80周年的文章和访谈节目；各镇、工厂党委结合本地、本部门实际，精心组织了“颂歌献给党”歌咏比赛、“党在我心中”征文比赛、摄影图片展、读书活动和“实践三个代表，为民办好实事”等活动。

(蒋剑英 朱国芳)

江苏省纪念建党80周年“武进杯”征文评审会。

·组 织 工 作·

【概 况】 领导班子建设。2001年，全市各级领导班子按照《武进市1999～2001年创建“好班子”活动三年规划》的要求，开展创建“团结、廉洁、开拓”好班子活动。6月，武进市被常州市评为2000年度“好班子”。市委组织部认真履行工作职能，进一步加强对领导干部的管理和监督。年内，发出《关于市管干部因私出国(境)审批问题的通知》，政治审查120批400名出国出境人员；结合市级机关机构改革，对47个市级机关部门主要负责人进行了届中经济责任审计；完成2000年度829名领导干部年度考核工作，评出优秀等次106人、称职720人、基本称职1人、不称职1人；完成市属企事业单位领导班子和60名党政领导干部的年度考核工作，评定优秀9人、称职51人；组织全市78个市级机关开展民主评议。

干部队伍建设。年内，市委组织部落实《1999～2001年武进市培养选拔优秀年轻干部工作规划》，调整交流干部206名，其中提拔副镇局级以上领导干部47人、35岁以下12人、党外干部4人、女干部3人；制定下发《关于2001年后备干部和助理人选推荐工作意见》，推荐后备干部352名，其中党政正职后备干部76名、副镇局级后备干部276名，大专以上学历318人、35岁以下123人、妇女75人、党外干部40人，分别占后备干部总数的90.3%、34.9%、21.3%和11.4%；接收安置军队转业的团职干部9人；组织召开全市大学选调生工作座谈会。

表2 **2001年武进市党组织、党员基本情况统计**

项		目	数量	占%
党组织（个）	党委	镇	30	47.6
		机关	12	19.1
		其他	21	33.3
		小计	63	—
	党工委		3	—
	党组		39	—
	党总支	行政村	37	32.2
		镇企业	11	9.6
		其他	67	58.2
		小计	115	—

项		目	数量	占%
党组织（个）	党支部	行政	307	11.5
		文教卫	212	8
		工业企业	669	25.1
		农林牧渔业	740	27.8
		其他	733	27.6
		小计	2 661	—
	党小组		3 452	—
党员（名）	总数	女性	8 455	13.6
		少数民族	32	0.5
		35岁以下	9 994	16.1
		小计	62 089	—
	新发展	女性	365	28.9
		高中以上文化	953	75.6
		35岁以下	846	67.1
		小计	1 261	—

党组织建设。年初，市委组织部制定下发《2001年全市农村基层组织建设工作要点的通知》，提出7个方面的工作任务，要求以创建活动为抓手，认真落实市委关于进一步加强农村基层组织建设的指示精神，继续扎实开展“三、四、五、六”系列创建活动。年底有77个企业党组织被评为市“四好企业党组织”，571个村党支部（村级区域调整前）被评为市“五好村党支部”；有11个村被评为常州市“五好示范村党支部”，14个镇党委被评为常州市“六好镇党委”；遥观镇党委被中央组织部评为“全国先进基层党组织”。5月，全市党建带团建工作会议召开，进一步推动了全市党建工作。6月中旬，市委组织部会同市委农工部等部门召开全市扶持经济薄弱村工作会议，继续加大市级机关对经济薄弱村的帮扶力度，大力抓好后进村党支部和经济薄弱村的整顿转化工作，全市经济薄弱村由原来的114个减少为50个。年内，各镇按照市委组织部关于加强基层民主建设的要求，确定了村务公开统一日期、政务和村务公开监督电话及示范村名单，接受社会各界的监督。

党员队伍建设。1月，按照中央组织部、江苏省委组织部的要求，全市各级党组织开展民主评议党员工作，2 776个党支部（总支）、57 843名党员参加评议，参评率达95%。通过评议，评出优秀党员3 431名，处置基本不合格党员与不合格党员49名，其中劝退1名、除名10名、限改20名、取消预备党员资格8名。市委组织部积极探索和改进党员管理方法，指导嘉泽镇完成农村党员分类目标管理的试点工作；配合“三个代表”重要思想等学习教育活动，复制、下发电教片（录像带、VCD）600多盘；制订党员电化教育达标标准，在全市开展党员电化教育先进电教站（点）评选活动；协助常州市及上级新闻单位完成5部专题（资料）片的拍摄任务；实行党员发展公示制，全市500多名发展对象接受公示；在市人民医院、发展计划局试行党员发展票决制，并在全市推广。年内，全市发展新党员1 261名，其中女党员365名、35岁以下的846名、专业技术人员252名，分别占28.9%、67.1%、20%。8月，市委组织部组织专门检查小组对全市党员发展及党费收缴等6个方面的工作作了检查。

【村级组织换届工作】 9月，村级区域调整，精简分流村干部707人；全市村民委员会总数由原来的757个减少到515个，合并率为32%；村平均人口从1 476人增加到2 169人，最大村人口规模达8 077人。换届后，村主要干部35岁以下的236人，占12.4%；大中专以上文化的225人，占11.9%；村四职干部1 489人，其中35岁以下的348人，占23.4%；大中专以上文化的63人，占4.2%。全市各镇为1 101名村主要干部办理了养老保险，占村主要干部总数的58%。

【实施培植农村基层组织建设先进典型工程】 2001年，市委坚持以重点典型培植为抓手，不断提升农村基层组织建设水平。9月，市委以培植2个常州市重点典型课题为契机，结合农村工作实际，增加具有时代特征的课题6个，作为市级重点典型进行培植。同时，市委要求各基层党委根据本单位的情况，有侧重地抓好2～3个课题的培植工作。年底，60个基层党委共确立重点培植课题133个，在全市形成了层层有点、层层抓点的网络体系和以点促点、以点促面的典型培植格局。

【党组织设置与调整】 年内建立武进市经济贸易局、常州市广成房地产有限公司、罗溪镇王下村，小河镇九龙村、东陆村、滕村，湖塘镇阳湖、马杭、鸣凰街道办事处等25个党委（党组）和党（总）支部；撤销中共武进市经济发展总公司总支部等16个党支部，更改市外经系统党委、计划委员会党组、武进市医药总公司等21个党委（党组）、党（总）支部名称。 （黄铁梅）

·纪检监察工作·

【概 况】 2001年，全市纪检监察机关以邓小平理论和“三个代表”重要思想为指导，贯彻落实江泽民总书记“七一”讲话和中共十五届六中全会精神，坚持从严治党方针，努力在思路上求创新、在形式上求突破、在效率上求提高，使党风廉政建设和反腐败工作取得明显成效。

落实党风廉政建设责任制。3月，全市党建工作会议和纪检监察工作会议召开，全面部署党风廉政建设和反腐败工作，落实党风廉政建设责任制，层层签订责任书。把党风廉政建设38项任务具体量化、细化，分解落实到各有关责任单位，健全实施党风廉政建设季度报告制度和落实责任制反馈意见制度。为确保责任制落到实处，6月，市纪委抽调部分市人大代表、政协委员、市特邀行风监督员抽查有关部门落实责任制情况。11月，市纪委按照市委的统一部署，会同市委办公室、组织部、宣传部有关领导，抽调部分市特邀监察员组成5个检查组，全面检查了30个镇、20个部门的党风廉政建设责任制落实情况。市纪委加大责任追究力度，立案查办责任追究类案件26件，特别是对牛塘“4·18”爆炸案和“7·10”硫化氢中毒案中负有责任的13名党员领导干部分别追究党纪、政纪处分及移送司法机关追究刑事责任，引起了强烈的社会反响。

领导干部廉洁自律工作。6月，市纪委向全市1 000余名市管干部发出公开信，重申市委的“八项规定”和领导干部廉洁自律方面的新要求，采取措施加强对领导干部的监督力度。一是把禁卡规定落到实处，收缴代币券（卡）700张，合计金额28万余元；二是发出《关于严禁公费外出旅游或变相旅游的通知》，查处3起公费旅游案件；三是对领导干部违反规定驾驶公车情况进行检查纠正，处理2起违规驾驶公车案件；四是建立常武“510”廉政帐户，收到上交款26万元。

执纪办案。全市各级纪检监察机关立案查处违纪违法案件187件，结案187件；党纪处分143人，其中警告31人、严重警告37人、留党察看10人、开除党籍65人；政纪处分51人（受双重处分11人），其中行政警告18人、记过13人、记大过2人、行政降级7人、撤销行政职务4人、开除公职7人；免予党纪政纪处分4人。53名党员干部因触犯刑律受到刑事处罚。全市各级纪检监察机关重点查处了3类案件。一是领导干部违纪违法案件，共立案查处副镇（局）级以上领导干部违纪违法案件12件。二是基层站所负责人违纪违法案件，共查处党政机关、司法机关、行政机关和经济管理部门违纪违法案件82件，占立案总数的43.9%。三是经济类案件，全年立案查处经济类案件109件，占立案总数的58.3%，比上年上升11.2个百分点，其中金额1万～9.99万元的52件、10万～49.99万元的21件、50万～99.99万元的4件、100万～999.99万元的4件、1 000万元以上的4件，累计挽回经济损失4 218万元。市纪委、监察局自办案件50件，集中力量查办了市德威税务事务所、市房地产开发总公司违反财经纪律案，江苏通达建设集团有限公司、市医药总公司等企业转制资产流失案以及武进柴油机厂生产、经营中的腐败案等一批有较大影响的案件，向司法机关移送16人，有力地惩治了腐败，维护了社会稳定，促进了经济的健康发展。

纠风工作。2001年，市纪委、监察局按照中央、省纠风办的统一部署，针对有关部门、行业行风建设中存在的违反规定巧立名目，实行模糊收费和乱收费，一些工作人员接受管理、服务对象的宴请、礼品，不公正执法和为民服务意识不强、办理效率低，甚至搞权钱交易等不正之风现象，将建设、工商、财政、司法、教育、卫生和国土、环保、民政、物价等10个部门列为全市纠风工作的重点，通过层层签订行风建设责任状，利用新闻媒体监督等办法进一步强化各部门的责任意识；召开行风评议工作会议，组织12名市特邀行风评议员采取听汇报、看台帐、明查暗访等方法，详细检查和评议上述10个部门的行风建设情况；向全市下发5 000份行风问卷调查，广泛听取群众对上述10个部门纠风工作的意见和建议，把评议结果和行风建设社会调查问卷反馈情况通过新闻媒体向社会公布。群众的满意率和行业风气的好转率与上年相比有所上升。纠正医药购销不正之风。4月，武进市药品集中采购中心成立，在常州市率先实现三级医疗机构全部参加集中采购的目标。年内，全市集中招标采购额1.1亿元，节约资金1 000余万元，药品、医疗器械价格下降近17%，规范了药品进货渠道和交易行为，减轻了人民群众的医疗负担。

工程建设专项治理工作。2001年，市纪委、监察局继续开展工程建设合同和工程建设廉政责任书同步落实工作，全市58个金额超200万元的工程建设项目全部签订了工程建设廉政责任书；对新长铁路武进段、机场公路等重点工程实行执法监察，巩固和发展了工程建设专项治理成果。市交通局被评为“全省纪检监察先进集体”。年内，全市应报建工程158项，报建率、招投标率、公开招标率均为100%。通过公开招标，降低造价1 200万元，缩短工期1 475天。

预算外资金“收支两条线”管理。年内，市纪委、监察局会同有关部门，检查各镇2000年度奖金和补贴的发放情况，退出违规发放的奖金、补贴90万元，责令问题严重的3个镇作出书面检查并通报全市；检查39个市级机关事业单位和10个镇的财务账册，对其中11个单位的违规行为作了处理；对全市39个市场的收费及其支出情况开展专项执法检查，规范市场收费行为，促进市场健康有序发展；全面检查23个镇的计划外生育费使用、管理情况，下发整改通知书30份，促进全市计划外生育费向社会抚养费的有序转轨。同时，重点督查了政府大额度财政拨款的使用情况。

【“1558”党风廉政教育系列活动】 “1558”党风廉政教育系列活动是指全市党员干部同唱一首《廉政歌》，演50场“清风之歌”专场文艺节目，作50场党风廉政教育的报告，使8万余名党员干部及领导干部家属和部分群众受到一次深刻的廉政教育。上半年，市纪委协调市文化局、锡剧团等单位，精心编排了“清风之歌”文艺节目，利用半年时间在全市机关、乡镇、工厂和农村举办党风廉政建设报告会和“清风之歌”专场文艺演出53场，接受教育的党员干部及其家属、群众达8万余人次。这次系列教育活动寓严肃的廉政教育主题于干部群众喜闻乐见的文娱形式之中，更好地宣传了党纪政纪知识，不仅使党员干部受到了一次深刻的教育，而且吸引了广大群众的积极参与，为推动全市反腐倡廉工作打下了坚实的群众基础。活动期间，部分党员干部在观看“清风之歌”专场文艺演出后，主动上交了礼金、礼券，收到了良好的社会效果。该项目荣获2001年度市政府优秀项目奖、组织奖。

【深化政府采购制度】 参见P145相关条目。

（范建军）

·宣传工作·

【党委理论学习中心组学习教育】 2001年，党委（党组）中心组理论学习教育从三个方面入手，全面提高学习质量。一是大力推进制度化建设。市委把理论学习中心组学习情况列入全市党建工作目标责任制考核内容，进一步完善党委（党组）理论学习中心组旁听制度、领导干部在职自学制度。6月起，市委宣传部、组织部和市机关工委联合旁听了10个党委（党组）理论学习中心组的学习。全市各级党委（党组）普遍做到有组织制度、学习制度、考勤考核制度、个人自学制度、调查研究制度。二是认真落实学习计划。年初，市委宣传部以深化学习江泽民“三个代表”重要思想、弘扬“五种精神”和全国九届人大四次会议精神为主要内容，制订市委理论学习中心组学习计划，同时印发至各基层党委（党组）参照执行。市委理论学习中心组注重拓宽领导的知识面，专门请来有关部门的领导和教授作“国际国内形势报告”、“十五展望报告”、“依法行政”等专题辅导报告。三是积极开展调查研究工作。市委专门下发调研课题提纲，市委理论学习中心组成员带头搞好调查研究，各镇党委也把加强调研作为检验学习效果的重要手段，要求每个成员搞好一个课题的调研。通过调研，促进了领导干部作风的转变和决策水平的提高。年底，全市推进党委中心组制度化建设被评为常州市宣传工作优秀成果，市委理论学习中心组被江苏省委宣传部、组织部评为先进集体。 （朱国芳）

【开展“三个代表”重要思想教育活动】 年初，市委根据中共中央的要求和江苏省委、常州市委的统一部署，在全市分两批开展“三个代表”重要思想学习教育活动。第一批：1月3日至4月4日，全市86个市级机关部门和30个镇的6 974名干部参加学习教育活动。市委成立市学习教育活动领导小组，从15个部门抽调42名政治素质高、基层经验丰富的人员组成10个督查组。市四套班子领导共建立69个学习教育活动联系点。各镇、各部门认真制定“学教”活动实施意见，对开展“学教”活动的指导思想、目标任务、方法步骤以及各阶段的具体任务提出明确要求，及时安排部署“学教”活动。全市各镇和各部门共下发征求意见表23 485份，回收率达98%；个别访谈1.09万人次，召开座谈会931个，整理出较重要的意见建议4.6万多条。各级党组织坚持求真务实，边学边改，以学促改，学改结合。第二批：从12月上旬开始，全市515个村966个站所的13 447名人员参加学习教育活动。市委动员部署后，各镇、开发区和市级机关条线主管部门及时召开党委会和党组会，成立领导小组和工作班子。全市30个镇共建立驻村指导组470个，指导组成员1 151名；28个条线主管部门的137名党员领导干部在本系统160个基层站所建立联系点，全市形成“市委总抓、层层落实、以点带面、整体联动”的工作网络和责任体系。市四套班子21名党员领导干部分别联系30个镇的56个村和站所。市委从市级机关各部门抽调38人组成5个学教工作督查组，每个督查组成员具体联系1个镇的学教活动；各镇也抽调镇机关干部成立工作指导组，确定每个村、站所有学教活动的具体指导人，促进了“学教”活动的深人展开。通过学习，广大干部为基层和群众服务的意识进一步增强，思想作风和工作作风进一步转变，基层组织建设整体水平进一步提高，有力地促进了农村税费改革等各项工作的顺利展开。（蒋建英）

【学习江泽民“七一”讲话专题学习】 下半年，市委宣传部通过多种形式认真组织学习江泽民“七一”讲话精神。1.向全市发放《江泽民“七一”讲话》6.1万册，下发“七一”讲话辅导读本3 000册至各党支部。2.及时调整党委中心组学习计划，把江泽民“七一”重要讲话作为中心组学习内容，制订具体学习计划，围绕“七一”讲话分4个专题组织学习研讨。3.组织宣讲报告会，邀请中共江苏省委党校原副校长陈兆德、中共常州市委宣讲团成员缪荣书到武进作宣讲报告，全市基层党委宣传委员、党校校长和市级机关科长以上干部1 000余人参加。全市各基层党委邀请了中共常州市委党校、武进市委党校等单位的领导和专家举办学习“七一”讲话辅导报告会30余场。4.通过在各新闻媒体上开办学习专栏、专题节目交流学习体会。市委宣传部联合《武进日报》社共组织5个理论学习专版，刊发各级领导撰写学习文章18篇；武进电台、电视台播出理论学习文章及消息80篇（条）。5.举办各类轮训班。市委党校举办3期村党支部书记轮训班，全市515个行政村党支部书记参加学习；30个镇基层党校也举办党员干部学习江泽民“七一”讲话轮训班。（朱国芳）

【武进获“全省基层党校建设先进集体”称号】 年内，市委宣传部于3月、8月两次举办基层党校师资培训班，着力提高基层党校专职教员的教学水平。各基层党校围绕江泽民“三个代表”重要思想和弘扬“五种精神”等内容，认真组织对基层党员干部的培训，举办培训班650期，培训党员干部5.8万人次。近年来随着本市基层党校规范化建设和投入的加大，全市基层党校实现了阵地建设和教学手段的现代化，整体建设水平不断提高。12月，武进市被中共江苏省委宣传部、组织部评为基层党校建设先进集体，中共湖塘镇、横山桥镇委党校被评为“江苏省红旗基层党校”，中共前黄镇、嘉泽镇委党校被评为“先进基层党校”。

这4个镇委党校紧紧围绕全镇改革、发展、稳定大局，坚持以邓小平理论和党的“十五大”精神为指导，积极宣传贯彻党的路线、方针、政策，结合形势需要，有针对性开展时事政治、形势教育、市场经济知识、实用技术、法律法规及人口理论等培训，有效地提高了全镇党员的思想素质、政治素质和业务技能。坚持“一手抓硬件建设、一手抓软件建设”的方针，加大资金投入，不断更新、完善教学设施、教学场所，不断完善内部管理制度和责任考核制度，并与镇“双文明”创建、冬训工作等结合起来，使全体党员轮训参训率、电化教育收看率、镇情通报宣传率均保持较高水平。中共湖塘镇委党校1998～2001年累计办培训班104期，办班时间355天，培训党员干部1.39万人次，其中培训党员9 967人次；为80个单位播放党员电教片236场次。2001年再次被评为“江苏省红旗基层党校”，荣获三连冠。中共横山桥镇委党校成立于1985年，年均办班15期，培训党员干部2 500人次。2001年培训党员干部2 927人次，党员干部参训率达到98%。中共嘉泽镇委党校成立于1984年12月，年均办班45期，培训对象5 000多人次。2001年举办政治理论、科技、政策法规等培训班51期，培训7 200人次。其中轮训党员1 768人，轮训率达91.2%；电子教育放映38场次，受教育人数1 319人次。（朱国芳　吴　鲲　刘国清　沈　萍）

【对外宣传】 2001年，市委宣传部广泛联系，加强协调，积极发挥武进市对外宣传通讯报道组的作用，进一步加大对外宣传工作力度，扩大武进在国内外的影响力和知名度。一是不断增加对上发稿数量。年内在《人民日报》、《光明日报》、中央电视台、《新华日报》、新华网等省级以上新闻媒体和美国《侨报》、《欧洲时报》等境外媒体上发表稿件120余篇，在省级以上报刊制作专版8个。二是精心制作对外宣传品。编撰、印制了《中国武进》画册，帮助五一村制作了《中国五一村》VCD光盘。三是对外宣传一批先进典型，大力宣传了江苏新科集团、湖塘镇、横山桥镇、五一村等先进典型。6月，中共江苏省委副书记、宣传部长任彦申带领省委宣传部全体机关干部到五一村调研，给予了高度评价。四是精心宣传2001年武进国际经贸洽谈会。7月至11月，市委宣传部围绕2001年武进国际经贸洽谈会，组织新闻发布会和新闻界座谈会，在《人民日报》、《光明日报》、《科技日报》和美国《侨报》、《欧洲时报》、《香港商报》、新华网“江苏频道”等省级以上新闻媒体上发表洽谈会新闻稿件50篇，组织专版5个。市委宣传部获得市政府授予的“2001年武进国际经贸洽谈会优秀组织奖”。

（朱国芳）

·统　战　工　作·

【概　况】 2001年，市委统战部发挥统一战线组织网络健全、智力密集、联系广泛的优势，扎实推进各个领域的统战工作。市委召开党外人士座谈会、通报会、协商会共5次，就一些重大的经济和社会发展以及人事变动进行协商。市委统战部举行4次报告会和座谈会，向各界人士传达全国、全省和市统战工作会议精神，组织学习江泽民“七一”讲话。市委统战部会同市台办、侨联邀请武进海外联谊会常务理事、“三胞”眷属代表举行市外向型经济形势报告会。市有关领导同与会人员共商如何进一步加强海外联谊和全市外向型经济发展大计。

【党外干部实职安排】 2001年，市委统战部通过考查，建议市委安排3位党外人士分别担任市教育局、交通局、水利局副局长，1位党外领导干部被安排担任市人民医院院长。

【重要会议】 全市统战工作会议。5月24日召开，总结交流近8年来武进的统战工作，部署今后一段时期全市统战工作任务：认真贯彻全国、全省统战工作会议精神，是当前统一战线的中心工作；进一步坚持和完善中国共产党领导的多党合作和政治协商制度，为社会主义民主政治建设服务；进一步加强对统一战线成员的思想政治工作，为巩固和扩大最广大的爱国统一战线服务；凝聚统一战线成员的力量，积极为全市的两个文明建设服务；认真做好宗教工作，为维护社会稳定服务；按照“三个代表”要求，加强统战干部队伍建设。

全市统战干部会议。8月7日召开，各镇统战干部和统战系统各部门负责人40人参加，学习贯彻《中共武进市委关于贯彻落实〈中共中央关于加强统一战线工作的决定〉的实施意见》和市委办、政府办《关于宗教活动场所实行属地管理的意见》。《实施意见》明确要求各镇配好专职统战干部，待党委换届时设立专职统战委员；统战工作任务重的部门、单位也要有人负责统战工作。 （何维忠）

·政法工作·

【重要会议】 全市政法工作会议于2月16日召开，回顾总结2000年的政法工作，分析新世纪初政法工作面临的形势，部署2001年政法工作任务。会议要求全市各级党政组织和政法部门主攻关键环节，切实维护社会政治稳定；深入开展“严打”斗争，在提高针对性和实效性上下功夫；进一步搞好法律服务，为全市经济发展提供法律保障；深化基层基础工作，狠抓社会治安综合治理各项措施的落实；深化司法改革，促进严格公正执法；加强政法队伍建设，提高干警整体素质。

全市社会治安和整顿规范市场经济秩序工作会议。4月20日召开，传达贯彻全国、全省和常州市社会治安工作会议及整顿规范市场经济秩序工作会议精神，结合武进实际，全面部署全市开展“严打”整治斗争和整顿规范市场经济秩序工作。

全市“严打”整治斗争暨社会治安综合治理工作现场会议。10月11日召开，总结前阶段全市“严打”整治斗争工作，分析当前斗争形势，部署下一阶段“严打”整治斗争和社会治安综合治理工作。会上，湖塘镇综治委介绍了加强社会治安综合治理基层基础建设的经验，与会人员参观了遥观镇前扬村、横林镇梅巷村实行流动人口“公寓式”管理现场。

【政法部门执法工作督查协调】 2001年，市委政法委召开重大、疑难案件协调会议20余次，督查协调案件10余件，协调成功率达90%以上，有效阻止了案件的久拖不决，使一些上访老户息诉停访；牵头组织公检法部门有重点地全面检查1999年以来的执法情况，调阅案件卷宗1 158卷，组织抽查案件524件，对检查中发现的问题认真开展专项治理；处理人民来信53件、来访72次，主动与有关部门协调，及时妥善处理了可能影响社会稳定的案件。

【政法干警队伍建设】 9月起，按照中共江苏省委政法委的统一部署，市委政法委在全市政法系统组织开展为期6个月的“以人民满意为标准、以公正执法为重点”的集中教育整顿活动。为推动活动开展，市委政法委结合本市实际，制定了集中教育整顿活动实施方案。根据《全省政法干警八项硬性规定》制定了更为具体化、可操作性强的实施意见。中共江苏省委政法委、常州市委政法委专门将这个实施意见转发各地参考学习。年内，市委政法委结合文明行业创建和政法队伍集中教育整顿活动，会同市文明办、廉政办、政法各部门及市各新闻单位对基层政法窗口单位组织开展3次明查暗访，对查访中发现的问题，及时向政法各部门通报，责令整改；召开全市政法系统党风廉政建设教育会议，市政法系统各部门班子成员、党员、干部代表约850人接受教育；结合“三个代表”重要思想学习教育活动、干部人事制度改革和政法各部门党委（党组）民主生活会、民主测评工作，积极协助市委考察政法部门领导班子和领导干部。 （朱忠裕）

·调查研究与信息督查·

【概　况】 2001年，市委办公室、研究室围绕全市“两个文明”建设中的热点、难点、重点问题，深入基层开展形式多样的调查研究，撰写了一批较高质量的调研报告，得到领导的重视和上级的肯定。年内刊发《武进情况》、《内部参考》36期，其中《加强非公有制经济组织党建工作》、《加强南北合作促进共同发展》、《魏村镇外向型经济发展情况调查》、《加快四个转变提高个私企业发展水平》等19篇(次)调研文章,分别被新华社《内参选编》、《江苏通讯》、《江苏劳动保障》、《苏南发展》等刊物登载,《积极推进农业结构调整实现农业增效农民增收》获《人民日报》社组织的农业产业结构调整征文活动一等奖。市委办公室上报党务信息360多条,被省委办公厅录用45条,被常州市委办公室录用105条;围绕外向型经济、工业结构调整、增加农民收入等工作开展督促检查,上报督查材料30多份,为上级领导及时全面地了解和掌握基层情况、把握事物发展态势、准确科学决策、促进工作落实,起到了重要的辅助作用。

【专题调研】 年初,市委下达45个调研课题,要求各镇、各部门紧扣经济发展的中心,广泛开展调查研究,总结新经验,发现新问题,寻找新对策。许多部门和镇完成的调研报告主题突出,观点鲜明。市委农村工作办公室的《关于进一步深化我市乡镇企业改革的思考》被评为一等奖,市委组织部、市发展计划局、湟里镇的调研报告被评为二等奖,市建设局、党校、经贸局等单位的调研报告被评为三等奖。这些调研报告较好地反映了全市各级在加快经济发展、深化完善改革、扩大对外开放、加强党的建设和精神文明建设方面的积极探索,为市委、市政府正确决策提供了直接的翔实资料和科学依据,对全市各级领导拓宽工作思路、改进工作方法具有一定的指导作用。 (蒋剑英)

·史 志 工 作·

【党史宣教和资料整理】 2001年,市委党史工委以纪念中国共产党成立80周年为契机,主要抓好3个方面的工作。

1.承办中共江苏省委党史工作办公室、《扬子晚报》社、江苏省广电厅和中共武进市委联合举办的纪念中国共产党成立80周年"武进杯"征文竞赛,收到征文125篇(其中本委组织撰写5篇),质量较高的征文陆续在《世纪风采》杂志上发表。通过专家评审,评选出一、二、三等奖论文14篇,其中由本委撰写的展示武进横山桥镇五一村改革开放巨大变革的《发展是硬道理——五一村发展奇迹的启示》获一等奖;《风雨征程八十年,"三个代表"指航程》获二等奖。"七一"前夕,中共武进市委书记毛伟明在中共江苏省委大院举行"武进杯"征文颁奖大会上汇报了开放的武进发生的历史巨变,受到到会领导及专家的好评。

2.与市委宣传部、市文化局、文联联合举办《纪念中国共产党成立80周年武进革命斗争史料图片及摄影图片展》。展出武进从1926年建立中共支部后的革命斗争珍贵历史照片以及走向辉煌的历史图片资料50余幅,反映了武进人民与中国共产党的血肉联系,展示了武进在党的领导下改革开放和现代化建设的新风貌。

3.编写整理党史资料。2001年,党史工委协助老同志编辑出版革命回忆录《碧血丹心满山红——缅怀史济荣烈士》,配合常州市委党史工委完成建国后烈士传记《心祭》武进部分的13篇近4万字组稿工作,为中共江苏省委党史工作办公室征编《永恒的纪念》提供革命遗迹和纪念设施资料照片20余幅。

【《武进年鉴(2001卷)》出版发行】 2001年,市地方志办公室按照市政府年度工作目标,积极组织《武进年鉴》的组稿、编纂、出版、发行工作。10月由方志出版社出版。2001卷《武进年鉴》设34个栏目,分目(子目)167个,收录条目807个、照片668幅、表格197个,共81.8万字,印刷3 800册,发行到全市主要党政群机关和企事业单位3 400册,向港澳台地区和全国10多个省市自治区交流、发行200册。 (周小红)

·党 校 工 作·

【概 况】 2001年,市委党校、市行政学校坚持以邓小平理论和江泽民"三个代表"重要思想为指导,专题宣讲江泽民"七一"重要讲话、中共十五届六中全会精神140余场,累计听课人数达万人以上;按照讲学习、讲政治、讲正气的要求,围绕市十二届四次人代会和市委第九次党代会提出的目标任务和要求,结合学校教学特点及学员的需要,发挥教学、科研和管理等方面的积极作用,举办干部培训班22期,1 520人次受训;开办中央党校、江苏省委党校函授经济管理和法律专业大专、本科班,在校学生达1 014人,其中当年招收学员245人。

【培训与研讨】 国家公务员培训。2001年,市行政学校举办了公安系统公务员初任培训班、新上岗副职领导干部培训班、军转干部培训班各1期,参训177人。通过开设相关课程,提高了公务员的政治理论素质和业务工作能力。举办市级机关主要领导、镇党委书记学习"三个代表"重要思想教育培训班,112人参加。培训班开设了农村基层党组织建设、党风廉政建设、思想政治工作、"十五"纲要辅导等专题课,使学员们明确了今后工作的发展思路,增强了信心。

镇长研讨班。5月16日~18日,市委党校、市行政学校举办主题为"加快镇政府职能的转变,促进外向型经济发展"的镇长研讨班,开设《"十五"计划的新特点》、《我国加入WTO的机遇与挑战》等课程,围绕《适应新形势转变政府职能,促进农村经济发展》、《镇长在班子中的角色定位与如何处理协调好各种关系》专题作了广泛研讨。

非公有制企业厂长、经理培训班。6月18日～19日举办，50名学员参加。该培训班开设了《假如WTO与民营经济一起发展的机遇与挑战》、《新经济走势与发展思路》、《提高质量意识，规范市场秩序》等专题课，使全市非公有制企业的厂长和经理更多地重视产品质量和标准，正确地认识中国加入WTO后对个私经济发展带来的竞争和挑战。

社区干部培训班。7月16日～17日首次举办，开设《充分认识加强社区建设的紧迫性和重要意义》、《社区建设有关业务知识》、《学习三个代表重要思想、加强社区党的建设》等专题。这期培训班为提高社区干部的政治、业务素质作了一次有益的尝试。

科研工作。年内，市委党校召开理论研讨会1次，收到论文27篇；组织教师参加市级以上理论研讨会，共撰写论文30篇，其中14篇论文在江苏省、常州市建党80周年理论研讨会上交流；全校教师在县级、市级、省级报刊发表论文41篇，其中市级11篇、省级23篇；校课题组撰写的调查报告《当前我市利用外资几个制约因素的分析与思考》被市委调研选编录用。11月，《理论研究和实践探索》一书由中央文献出版社出版。（严 俊）

·市直机关党建工作·

【概 况】 2001年，市直机关各党组织认真贯彻党的十五大、十五届五中和六中全会精神，按照江泽民总书记“三个代表”的要求，坚持“党要管党、从严治党”的方针，全面加强党的思想、组织、作风建设和群团工作，充分发挥党组织的战斗堡垒作用和共产党员的先锋模范作用。

思想建设。1月～3月，市直机关各部门、单位根据市委的统一部署，开展“三个代表”重要思想学习教育活动。整个学习教育活动分学习教育、对照检查、整改提高3个阶段进行。年内，市直机关各单位普遍采取集体通读、个人自学、收看录像等方法，认真深入学习邓小平理论、江泽民总书记在庆祝中国共产党成立80周年大会上的重要讲话、党的十五届六中全会通过的《中共中央关于加强和改进党的作风建设的决定》；围绕纪念建党80周年，开展形式多样的纪念活动。“七一”期间，市级机关工委联合市委宣传部、市文化局举办了市级机关大合唱比赛，有16个部门近千名机关干部参加；市直机关党委组织2 000多名党员参加党的基本知识竞赛，有10个党组织获优秀组织奖，60名党员获优秀个人奖。

组织建设。市直机关党委在市直机关新建党总支部1个、党支部10个，调整1个党总支部和8个党支部的隶属关系，撤销1个党总支部和8个党支部。市直机关年末建有党总支部14个、党支部141个，有党员2 484名（其中预备党员92名）。有1个党总支部和16个党支部年内完成换届选举。继续深入开展争创“达标党支部”活动，有31个党支部通过检查验收，被评定为“达标党支部”，75个党支部被确认为“达标党支部”。年底，市直机关全面开展民主评议党员活动，评出先进党（总）支部22个、先进党小组15个、优秀共产党员100名、优秀党务工作者20名。加强入党积极分子队伍建设和新党员的培养、发展工作。全年举办入党积极分子学习党的基本知识培训班2期，培训300余人；发展新党员54名，批准预备党员转正93名。

作风建设和纪律检查工作。1.深入开展党风党纪教育。市直机关各党组织认真组织广大党员干部学习《中国共产党纪律处分条例》和中纪委五次全会关于领导干部廉洁自律的有关规定，观看《清风之歌》文艺演出，开展“学唱廉政歌”、“以案说纪”等警示教育活动。2.认真查处违纪案件。年内查处违纪案件9起，处分党员9名，其中警告1人、严重警告1人、留党察看3人、开除党籍4人。3.落实党风廉政建设责任制。市直机关各部门与市纪委签订党风廉政建设责任书。4.深入开展“勤政、廉洁、三服务”竞赛。年底，有23个单位被评为“勤政、廉洁、三服务”优胜单位，37个单位被评为“勤政、廉洁、三服务”达标单位。

群团工作。市直机关各党组织充分发挥工会、共青团、妇女等群团组织的作用。市直机关团委、工会、妇委会积极开展“推优荐才”、“主题教育”、“双学双比”、“巾帼建功”等活动。市直机关党委被评为常州市1996～2000年度党内统计工作先进集体，11月受到中共常州市委组织部、常州市人事局的表彰奖励。

（吴仲华）

武进市人民代表大会

【武进市第十二届人民代表大会第四次会议召开】 3月18日～21日在武进影剧院召开。市人大常委会主任赵耀骥作《人大常委会工作报告》，市长毛伟明作《人民政府工作报告》，市法院院长耿凤琴作《人民法院工作报告》，市检察院检察长虞玉炎作《人民检察院工作报告》，市计划委员会主任汤松德、市财政局局长高建中受市政府委托分别作《国民经济和社会发展第十个五年计划纲要》、《2000年财政预算执行情况和2001年财政预算安排意见的报告》，大会审议通过上述工作报告，并作出相应的决议。大会接受韩仁林、陆惠良、承建国辞去市人大常委会副主任职务的请求，补选梅鹤训、顾培华、冷培清为市人大常委会副主任。会议号召全市人民为实现经济和社会发展的新跨越而努力奋斗。

【市十二届人大常委会会议】 2001年，市十二届人大常委会共举行10次会议，分别听取和审议市政府、市法院、市检察院的工作情况汇报16项，作出8项决议、决定，依法任免76名国家机关工作人员的职务。

第二十二次会议。3月2日召开，讨论决定召开市十二届人大四次会议的有关问题，作出《关于召开武进市第十二届人民代表大会第四次会议的决定》；决定了有关人事任免事项。

第二十三次会议。3月12日召开，研究关于召开市十二届人大四次会议的有关具体事项。

第二十四次会议。4月28日召开，听取和审议副市长钱志忠代表市政府作的《关于农业技术推广法贯彻实施情况的汇报》和市审计局局长王炳昌、市财政局局长高建中受市政府委托分别作的《关于武进市2000年度市财政预算执行情况及其它财政收支的审计工作报告》、《关于2000年全市财政决算的汇报》，作出《关于批准武进市2000年财政决算的决定》。

第二十五次会议。6月25日召开，听取副市长苏扬波代表市政府作的《关于贯彻落实市十二届人大常委会第二十四次会议审议意见的情况汇报》，专题审议市政府《关于完善和改进公费医疗制度议案办理情况的汇报》，听取和审议市乡镇企业管理局局长周鹤义、市贸易办主任王泉兴、市公安局局长范谞生受市政府委托分别作的《关于全市镇工业园区建设情况的汇报》、《关于我市生猪屠宰管理工作情况的汇报》、《关于全市开展严打整治斗争工作情况的汇报》；决定了有关人事任免事项。

第二十六次会议。8月28日召开，听取副市长金建勇代表市政府作的《关于贯彻落实市十二届人大常委会第25次会议4项审议意见的情况汇报》，听取和审议市长毛伟明代表市政府作的《关于上半年全市经济工作情况的汇报》和市法院院长耿凤琴、市检察院检察长虞玉炎分别作的《市人民法院2001年上半年工作情况的汇报》、《2001年上半年检察工作情况的汇报》。

第二十七次会议。9月27日召开，决定了有关人事任免事项。

第二十八次会议。10月25日召开，听取副市长张建新代表市政府作的《关于贯彻落实对全市经济工作情况汇报审议意见的情况汇报》和市法院副院长裴阳、市检察院检察长虞玉炎分别作的《关于贯彻落实对市法院工作情况汇报审议意见的情况汇报》、《关于贯彻落实对市检察院工作情况汇报审议意见的情况汇报》；听取和审议市教育局局长王才中、市旅游局局长闵伟明、市民政局局长王永坚、市政府办公室副主任欧阳捷受市政府委托分别作的《关于全市教育工作情况的汇报》、《关于全市旅游工作情况的汇报》、《关于残疾人保障法贯彻实施情况的汇报》、《关于代表建议、批评和意见办理工作情况的汇报》；评议王建华、高建中、马乃强、刘福忠、张明根履行职务的情况；听取市司法局副局长陈伟栋受市政府委托作的《关于在全市公民中开展第4个五年法制宣传教育规划的说明》，作出《关于在全市公民中开展第4个五年法制宣传教育的决议》；研究全市镇人民代表大会换届选举的问题，作出《关于武进市镇人民代表大会换届选举的决定》。

第二十九次会议。11月15日召开，听取和审议市财政局局长高建中受市政府委托作的《关于2001年1月～9月财政预算执行情况及预算调整意见的报告》，作出《关于同意调整2001年财政预算的决定》；决定了有关人事任免事项。

第三十次会议。11月22日召开，接受毛伟明辞去市长职务的请求，决定李小平为市人民政府代理市长。

第三十一次会议。12月26日召开，听取副市长金建勇代表市政府作的《关于贯彻落实市十二届人大常委会第28次会议4项审议意见的情况汇报》，听取和审议市国土局局长朱国成受市政府委托作的《关于新土地管理法贯彻实施情况的汇报》；总结市人大常委会2001年工作；讨论决定召开市十二届人大五次会议的有关问题，作出《关于召开武进市第十二届人民代表大会第五次会议的决定》；决定了有关人事任免事项。

【市十二届人大四次会议代表建议、批评、意见办理】 会议收到议案74件，各种建议、批评、意见83件，经会议议案审查委员会审查，74件议案均作为建议办理，合计有建议157件，其中农业和水利方面14件、交通建设方面62件、城镇建设方面12件、文教卫生和社会事业方面25件、供电和电信方面7件、环保方面6件、其它方面31件。在督办的过程中，常委会着眼于人民群众普遍关心和迫切要求解决的问题，加大督办力度，努力使“三个代表”重要思想在代表建议督办工作中得到体现。对部分代表反映集中、反响强烈的建议，采用常委会专题审议的方法，重点督办。至年底，157件建议全部办结并答复代表，代表表示满意和基本满意的占99.4％。

市人大常委会全年转办、催办、会办、查办代表和群众信访153件(次)。

【30个镇换届选举】 11月初至12月底，全市镇人大举行换届选举。市人大常委会及时作出《关于武进市镇人民代表大会换届选举工作的决定》，成立选举工作机

构，周密部署，精心组织和指导各镇开展选举工作。全市有93.97万名选民踊跃参加选举，选出新一届镇人大代表2001名，其中妇女代表487名、非中共党员代表588名，代表的整体结构比较合理。（查伟明）

武进市人民政府

【重要活动】 1月7日～9日，武进市在南京举办经济联谊活动。

1月10日，市委、市政府在北京钓鱼台国宾馆举行武进经济社会发展情况汇报会，中央有关部委局的领导及有关方面人士60余人参加了会议。

5月30日，'2001武进市科技经济对接洽谈会举行。来自南京、上海、西安、济南、重庆、成都等地的51所知名学校和科研院所的130多位专家参加会议，与武进企业签订技术合作意向协议159份。

8月2日～12日，市委副书记杨春龙率领市党政代表团考察了新疆阿勒泰市的奶牛养殖场、植物园和由武进市援建的希望小学，并向阿勒泰市捐赠人民币20万元。

9月9日，市委、市政府在厦门举行漳厦同乡恳谈会，邀请在漳州、厦门工作的武进籍人士共商武进发展大计。

9月9日，武进市在福建省厦门市举行投资说明会，新加坡、马来西亚、英国、泰国、美国、菲律宾等国家和台湾、香港地区的60余位客商应邀出席。会上，市委书记、市长毛伟明向与会客商介绍了武进市经济和社会发展情况。市高新技术产业开发区、外向型农业综合开发区、横林镇、南夏墅镇等单位也分别介绍了情况。

9月10日，赴厦门参加第五届中国投资贸易洽谈会的市领导毛伟明、李小平、王仲南，拜会厦门同安区领导，学习同安区改革开放和招商引资的先进经验。

10月18日～19日，2001年武进国际经贸洽谈会举行，45个国家和地区的中外客商共990人（其中外商735人）应邀参加。这次洽谈会达成利用外资项目73个，总投资3.84亿美元，其中签订合同、章程13个，总投资8 744万美元；达成项目意向60个，总投资2.96亿美元；达成外贸出口合同总额1.14亿元。完成内贸成交额46.6亿元，其中现货成交额9.52亿元、订货成交额15.79亿元、意向合同成交额21.29亿元。

【重要会议】 **武进市农村税费改革工作会议。** 1月10日召开，传达江苏省和常州市农村税费改革工作会议精神，部署全市农村税费改革工作。

全市造林绿化工作会议。 2月9日召开，明确全市2001年造林绿化的目标和任务。

武进市利用外资工作会议。 2月15日召开，要求全市坚定不移地把利用外资作为经济工作的"生命线"来抓。

武进市工业经济工作会议。 2月20日召开，回顾总结2000年全市工业经济发展情况，认真分析当前面临的形势，研究部署2001年的工作任务、措施和要求。

武进市劳动保障工作会议。 2月21日召开，强调要加快改革步伐，健全社会保障体系，切实维护社会稳定。

武进市人事工作会议。 2月23日召开，强调2001年人事工作将着重加大整体性人才资源开发力度，深化干部人事制度改革。

全市农村工作会议。 3月4日召开，要求各级、各部门围绕农民增收，扎扎实实地抓好2001年农业和农村工作（参见P46同名条目）。

全市水利工作会议。 3月6日召开，明确了2001年全市水利工作的主要目标和任务。

全市环保工作会议。 3月6日召开，提出2001年全市环保工作的指导思想和总体要求。

全市个私工业会议。 3月8日召开，要求进一步理清工作思路，狠抓工作重点，推进个私工业向更高层次发展。

全市国土管理工作会议。 3月9日召开，要求各镇抓住当前有利时机，在6月20日前保质保量完成进入耕地后补平衡项目库的复垦项目，确保全市建设用地"先补后占、占一补一"政策落到实处。

全市建设工作会议。 3月14日召开，要求全市上下进一步提高认识，集中力量加快新城区建设，高起点搞好小城镇和中心村规划建设，形成以城区为龙头、集镇为支撑、中心村为基础的城乡一体化发展格局。

各片利用外资工作会议。 3月22日～23日召开，市委、市政府分别在横林、魏村、夏溪、前黄等镇召开各片利用外资工作会议，对2001年全市利用外资工作进行再发动、再落实。副市长李小平代表市政府与各镇主要负责人签订了《2001年度利用外资考核目标责任书》。

机关各部门利用外资工作大会。 3月25日召开，要求各部门明确责任，落实措施，以部门利用外资工作的突破来保证全市目标的完成。副市长李小平代表市政府与各部门负责人签订了《2001年度利用外资重点考核目标责任书》。

全市利用外资工作会议。 8月20日召开，号召全市锐意进取，开拓奋进，全面完成2001年利用外资目标任务。会议表彰了对1月～8月利用外资工作取得显著成绩的先进单位党政主要领导和个人。

全市村级区域调整工作会议。 9月6日召开，全面部署村级区域调整工作。

全市机构改革动员大会。9月22日召开，全面动员和部署市、镇两级党政机构改革工作。

全市清理规范性文件工作会议。11月26日召开，提出清理规范性文件工作的具体目标和要求。

市政府政务公开工作会议。11月27日召开，明确全市所有具有行政职能的部门、事业单位，务必于12月15日前全面完成政务公开工作。

【市政府驻西北办事处成立】 8月10日，在西安市正式成立。这是武进积极贯彻党中央西部大开发战略，促进东西部共同繁荣和发展，谋求"双赢"的重要举措。西北地区幅员辽阔，历史悠久，有着独特的产业优势和丰富的矿产资源。武进与西北地区虽相距甚远，但在经济结构以及其它很多方面具有很强的互补性和关联性，加强两地的合作与交流，既是武进加快自身发展的客观需要，也是两地人民谋求"东西联动，实现双赢"的共同愿望。长期以来，武进已经与西北各地建立了良好的相互协作关系，相继建立了安康市武进希望小学、安康市第一中学武进图书阅览楼，实施了安康市第一人民医院武进市援建健康工程等项目。市政府驻西北办事处的设立，将更有利于武进加强与西北各省市的合作与交流，广泛深入地开展经贸、科教、文卫、人才、信息、资源开发、旅游、城市建设管理等多层次、全方位的联系与合作。 （徐亚娟）

·政府法制工作·

【概 况】 2001年，市政府法制办审核规范性文件12件；收到行政复议申请18件，其中决定不予受理5件，维持原具体行政行为7件，确认具体行政行为违法并责令承担国家赔偿责任1件，当事人撤回复议申请4件，转送1件；代理市政府行政诉讼案件15起，其中胜诉12起，败诉3起，参与调处涉法纠纷8起；办理行政投诉案件8件，纠正了被投诉的违法行政行为；牵头行政审批制度改革中依据审核的工作；验审注册行政执法证件1 000多份，新办200多份；举办行政执法和有关法律、法规的培训6次，参训800余人；接待群众法律咨询480多人次。

【清理全市规范性文件】 11月26日下午召开全市清理规范性文件工作会议。这次清理工作的目标是：保证全市现行有效的规范性文件和其他政策措施与WTO协定和我国政府所作的承诺相一致，使国家法律、行政法规和省地方性法规、政府规章以及中央、省和常州市的其他政策措施在武进能得到统一、有效的实施。市委副书记、代市长李小平在会上要求各镇、各部门充分认识加入世界贸易组织和清理规范性文件工作的重要意义，努力学习研究WTO规则，以积极的姿态接受入世对政府工作的挑战，促进新的政府管理制度和企业经营机制的形成，为国民经济持续快速健康发展注入新的活力，推动全市经济的持续发展和社会的全面进步。 （李 荣）

·人 事·

【概 况】 2001年，全市新增专业技术人员3 118名。市人才市场直接办理1 173名大中专毕业生的就业手续，其中硕士研究生2名、本科生461名；引进专业技术人员135名，其中具有硕士研究生以上学历或高级职称人员16名、本科学历或中级职称以上的人员79名。市人事局年内完成305人的公务员过渡登记工作，组织招考录用公安民警29名；审核镇国家机关公务员任职资格420人次，办理镇249名聘用干部的续聘手续，办理市政府人事行政任免127次。组织全市机关事业单位28 955名工作人员参加2000年年度考核，其中优秀等次3 489人；组织机关事业单位工作人员2000年年度行政奖励工作，受到嘉奖奖励的1 683人，受到市政府记三等功奖励的89人。接收安置37名军队转业干部，其中团职干部9名、营连职干部21名、技术干部7名，随迁家属16户；审批办理机关、事业单位760名工作人员的正常退休手续；组织从事驾驶、烹饪、收银、卫生、保管等工种的101名技术工人参加等级培训，其中获高级工等级的8人、中级工等级的46人、初级工等级的47人；组织申报技师级培训考核8人。年内，市人事局按照国务院和江苏省人事厅、财政厅的有关规定，为机关事业单位工作人员及离退休人员20余万人次调整工资、津贴和离退休费，其中机关工作人员2.63万人次、事业单位工作人员13.02万人次、离退休人员4.63万人次；出台《关于选拔武进市专业技术拔尖人才的意见》和《关于印发〈取得中专以上学历的农村户口人员就业管理办法(试行)〉的通知》。全市有13名中高层次人才得到政府"人才开发专项资金"的资助；举办职称计算机、外语和不具备评审地方职称规定学历人员大专水平培训等培训班45期，参训人数达2 308人。组织7 150多人申报职称和参加职称考试，其中2 200多人申报国家系列职称，1 600多人申报地方系列职称，3 350人参加职称考试；会同卫生部门组织机关事业单位5 678名工作人员参加健康检查。

【事业单位综合配套改革】 1.继续推行事业单位全员聘用合同制度。按照"开展试点、逐步推行、全面推开"的思路，市人事部门加大工作力度，对262个事业单位

9 553名工作人员办理聘用合同鉴证手续，年内除拟改制和涉及机构改革的个别事业单位外，基本完成全市事业单位全员聘用制工作，达到常州市提出“三年完成”的目标要求。2.探索事业单位分配制度改革。市人事局在继续做好市交通局所属的县乡道路管理处、圩塘汽渡等事业单位以工效挂钩为内容的分配制度改革的同时，与市卫生局联合下发卫生事业单位分配制度改革的文件，在11个医院、卫生院开展多种形式分配制度改革的试点。3.参与企业化管理事业单位的改制工作。完成农林场圃改制后2 859人保险关系和保险基金的移交工作；参与武进大厦、坂上卫生院改制政策的拟定，探索事业单位改制经验。4.探索事业单位专业技术职务评聘分开。年内，市卫生系统有低职高聘4人，高职低聘1人，营造能者上、庸者下，让优秀人才脱颖而出的环境。

【机构编制管理】 年内，增设3个行政机构(含挂牌机构)：中共武进市委610办公室、市安全生产监督管理局、市行政审批服务中心；增设7个全民事业单位(附表)；增设4个挂牌机构：武进市水务局、武进市安全知识技能培训中心、武进市价格举报中心、武进市阳湖大厦；2个机构更名：武进市港航监督管理处更名为“武进市地方海事处”、武进市交通道路稽查队更名为“武进市交通局运政稽查大队”；事业单位武进市价格事务所报歇；3个事业单位撤销：安家、罗溪、夏溪殡仪馆；事业单位武进大厦改制。按照国务院《事业单位登记管理暂行条例》的要求，完成全市事业单位初始登记546个，被常州市编委办公室、人事局评为“初始登记工作先进集体”。

表3 **2001年新增事业单位**

单位名称	主管部门
市机关事业单位工资管理中心	市人事局
武进外向型农业开发区土管所	市国土资源局
市财政预算审核中心	市财政局
市建设工程施工设计图审查中心	市建设局
市武北殡仪馆	市民政局
市综合抽样调查队	市统计局

【农村实用人才调查】 年内，市人事部门专门调查全市农村人才资源情况。据统计，全市农村人才资源总量5.4万人，其中镇以下企业人才总量3万人、农村乡土人才2.4万人。市人事局草拟了农村实用人才培养规划方案，切实使全市农村人才资源开发工作逐步纳入有组织、规范化的发展轨道。

【人才代理服务】 2001年，全市实行人事总代理的单位达75家，代理人数达5 055人，其中年内新增人事代理1 259人；为未就业的大中专毕业生办理关系挂靠582人。

【全市机关事业单位工资实现统一发放】 按照“积极稳妥、先易后难、试点先行、分步推进”的工作思路，市人事局与财政、银行等部门加快软件编制和设施配置，选调专职人员，系统掌握工资统一发放政策，有步骤地推进了工资统发工作进程。至年底，全市工资纳入统一发放的770个机关事业单位1.93万名工作人员的工资全部进入统一发放。同时建立健全机关事业单位工资管理数据库，将近2万名工作人员的工资信息输入计算机，为工资管理微机化创造了条件。（史复林）

·外　　事·

【概　况】 2001年，市外事办审批全市因公出国(境)210批、710人次，其中经贸团组201批678人次，接待外宾52批、308人次。外宾分别来自日本、韩国、加拿大、德国、丹麦、越南、美国等国家。

【外事活动】 7月9日上午，以色列驻沪总领事与以色列卡麦尔市市长拉姆兹·哈拉比率领的卡麦尔市代表团6人访问武进市，常务副市长李小平在行政中心贵宾厅亲切会见了到访客人。下午，卡麦尔市代表团考察了武进市教师进修学校、常州侨裕旅游用品有限公司、夏溪花木市场。

11月17日，以越南最高人民检察院副院长、党委书记陈秋为团长的越南检察代表团9人到武进访问，市人大常委会副主任王仲南陪同到访客人考察了横山桥镇五一村。（章玉华）

·台湾事务·

【概　况】 2001年，市台办积极贯彻“和平统一、一国两制”方针，做好推动两岸交流交往、经贸合作的服务工作。年内，全市接待台胞台商380多人次，其中来武进考察的团队7个，有意向投资的武进籍台胞朱学德、张有容、高金产、王扭滔和为两岸交流做工作的秦文港、须为群、王钟渝及武进同乡会原理事长张文彬，捐赠50万元人民币在卢家巷小学设立教育基金的羊宗达等。全市新批台资企业17家，合同利用台资5 671.4万美元，占全市外资总额的21.1%。市台办认真对待台商投诉，做到来信有登记，来访有接待，事事有回音，妥善处置有可能激化矛盾的投诉；努力为2001武进国际经贸洽谈会服务，做好台商投资合作展厅的布馆工作，邀请45名台商、台胞前来参会，获市政府组织奖；积极开展对内对外宣传。市台办组织稿件在《武进日报》上发表涉台宣传文章约20篇；在台北武进同乡会《武进乡讯》上宣传武进改革开放成就，介绍武进优良投资环境和乡土人情等；指导台谊会改版《故乡情》，单月刊服务于台胞，以介绍武进新貌、风土人情为主，双月刊服务于台属，以介绍台湾局势、爱国同胞之评论、对台工作经验交流、政策法规为主；在台湾《世界台商报》做彩色版面两个，全面介绍了武进及其高新区、农发区和雪堰、礼嘉、罗溪、嘉泽4个镇的基本情况和投资环境，为两岸信息沟通打下了良好的基础。

【台北武进同乡会组团参加武进国际经贸洽谈会】 10月16日～22日，台北市武进同乡会组织36名成员由理事长陆观沂带领参访武进，18日参加了武进国际经贸洽谈会开幕式、武进高新技术产业开发区投资说明会。杰瑞产品开发股份有限公司总经理朱学德、汉唐科技股份有限公司总经理曹敏人、勤佑钢铁有限公司董事长郑礼易等7位台商参加了市政府的投资信息发布会；受市台办邀请前来武进的台湾钜贯德科技股份有限公司在台商投资合作展馆作产品展示，公司董事长王挹滔与武进高新区洽谈了总投资150万美元的项目，以他父亲的名义捐赠给湖塘实验初级中学一套电教设备，包括30台电脑。在武进期间，参访团成员参观了潘家镇沿太湖旅游开发区、横山桥镇五一村，受到市镇政府的热情接待。经贸洽谈会当天，参观台湾投资合作展厅的客商近5 000人，很多台商对在武进投资产生了浓厚的兴趣。台商投资合作展厅的参展单位与客商达成15笔交易，价值约400万元人民币。通过这次活动，海峡两岸的同胞拉近了距离，增进了友谊，加深了了解，融洽了感情。

台北武进同乡会积极组织台商参加武进经贸洽谈会。

【武进组团赴台湾省开展经贸合作与医学交流】 年内，全市组织了4个团组赴台开展经贸合作与交流活动，加深了海峡两岸同胞血浓于水的乡情与亲情。武进高新区两次组团赴台开展招商活动。第一次赴台在台北、台中、高雄举办招商说明会两次、专题说明会3场，实地考察了工业区6个和企业11家，获取了一批项目信息，初步达成项目意向16个，结识了很多台湾工商界人士；第二次赴台以台北、台中、南投、高雄等城市为中心，举办大规模招商引资说明会两次、专题说明会3场，参观工业区4个，实地考察了开阳营造、兴勤电子等企业10家，拜会各界人士100多名，诚邀台商参加武进国际经贸洽谈会。

7月30日至8月8日，市政府组团在台湾进行为期10天的考察访问，先后拜访、考察了台湾大学、台北市农会、台湾电脑服务股份有限公司、新联豪兴业股份有限公司、台湾肥料公司、恩洋工程顾问有限公司、台湾建筑材料发展协会、新恒基国际及中国生产力中心和中小企业互助保证基金会。在台北市，该团组拜访了台北市武进同乡会和东南八省同乡会、醒吾技术学院，8月3日在台北市福华饭店举行“话乡情、叙乡谊联谊餐会”。

12月9日～20日，市卫生局戚伯明等9人在台湾开展医学交流活动，考察了台北市立仁爱医院、台北市立中医医院、台中中医连锁医疗机构以及醇安堂中医生物科技高金产诊所，同时拜会台北市武进同乡会。加强了与台湾的医疗机构和卫生同仁的联系与合作。魏村镇韦士章等3人随团前往招商引资，参观考察了新竹科技园区及数十家工商企业，与一些中小企业洽谈达成一批意向性合作项目。

【全省对台交流工作座谈会在武进召开】 11月25日～27日在武进市潘家镇竺山湖度假村召开，省有关委厅局和高校等涉台工作部门的负责人、各市台办分管领导等60余人参加。会议传达了全国对台交流工作座谈会和国家台办交流局重点项目座谈会精神，通报了全省对台交流工作情况。

【市领导会见台湾省武进籍工商界人士】 8月21日～23日，武进籍台胞——台湾群纺企业股份有限公司董事长须伟群首次回乡省亲。市委书记、市长毛伟明亲切会见了须伟群，向他介绍了武进近年来的发展情况。须伟群肯定了家乡经济的发展、社会的进步，表示他作为在台湾的武进人一定要为家乡做点事、尽点力，向市领导建议抓住新一波大陆投资热，尽可能地走出去招商,特别是进岛招商。

11月11日,世界钢铁协会会长、台湾钢铁工业同业公会理事长、台湾中钢公司原董事长王钟渝偕胞妹胡映红等首次到武进探亲。市领导李小平、杨锡根、徐伟南亲切会见了王钟渝,向他们介绍了武进经济建设、社会发展等方面的情况,陪同他们参观考察了武进市星辰实验学校、江苏省武进高级中学、江苏新科集团、江苏铁合金集团、横山桥五一村和武进亚能热电有限公司。王钟渝表示要加强与家乡的交流合作,常回家乡,为武进的经济发展作点贡献。

【武进市第四次台属代表大会召开】 2002年1月19日在武进宾馆召开,与会代表102名,列席30名,特邀9名。会议听取并通过武进市台属联谊会第三届理事会工作报告,修改了台属联谊会章程,选举产生市台属联谊会第四届理事会及其领导班子。 (朱小波)

·侨　　务·

【概　况】 2001年,市侨办、侨联接待回乡探亲、旅游、考察、经贸洽谈、合资合作的海外华侨、港澳同胞80多人,走访归侨侨眷100多人次,走访慰问重点眷属40户,补助10户经济困难的归侨侨眷,接待来信来访人员100多人,解决有关事项10多起,为华侨、华人、港澳同胞眷属赴国(境)外探亲办理身份认定49人,为企业提供合资合作信息5条,接受捐赠132.5万元人民币。在市人大、政协“两会”召开期间,侨界人大代表、政协委员提出议案和提案20件。

做好牵线搭桥工作。年内,市侨办组织8家企业参加常州举办的电子商务讲座,促使美国华侨李萍美与常州市好太太食品厂达成鸡肉脯出口美国合作意向;邀请10名外商参加武进国际经贸洽谈会。

为侨港资企业和侨属企业服务。年内,市侨联组织全体侨联委员和侨务干部学习修改后的《中华人民共和国归侨侨眷权益保护法》。市侨办走访了侨、港资企业10多家,定期走访联络6家重点企业,及时向各级政府和有关部门反映企业提出的问题,协调解决实际问题,切实维护华侨、港澳同胞投资者的合法权益。7月,市侨办专题调研全市侨属企业的发展情况,重点走访了8家侨、台属企业,撰写出专题调研报告,供政府决策参考。

做好自费留学生工作。1月,市侨办、高新技术产业开发区联合召开有40多位自费留学生亲属参加的迎春座谈会。自费留学生亲属在会上表达了为武进“科技兴市”而鼓励亲属回乡投资兴业的愿望。年内,市侨办还走访自费留学生亲属20多人,接待自费留学生10余名。

【武进市第五次归侨侨眷代表大会召开】 12月17日召开,100名正式代表和30名列席代表参加。沈亦清代表武进市第四届归侨侨眷联合会作工作报告。大会选举产生了武进市第五届归侨侨眷联合会委员17人,经五届一次委员会选举,沈亦清当选为市侨联主席,张三妹当选为副主席。 (蒋元生)

·信　访　工　作·

【概　况】 2001年,市信访局受理群众来信来访2776件次(来信985件、来访324批1791人次、人民建议34件)。其中反映工资福利、工作生活等问题的1 965件次,反映违法乱纪经济等问题的390件次,反映要求落实政策、刑事民事等问题的101件次,反映批评、建议的278件次,反映其它问题的42件次,分别占总数的70.8%、14%、3.6%、10%、1.5%。全市发生集体上访108批1 837人次,其中到市级机关集体上访83批1 339人次,到常州市级机关集体上访19批331人次,到省级机关集体上访6批167人次。市信访局受理江苏省、常州市交办的信访案件11件,均按时报结;自办信访案件1 120件,办结1 097件,结案率98%;立案自办会办案件31件,全部结案。市领导阅批人民来信139件,轮流到市信访局接待来访群众17批112人次,会办处结疑难信访案件20件。年内,市信访局向上级机关信访刊物提供信访信息19条,录用15条。10月,市信访局装备现代技术和设备,率先在全省信访系统实现办公自动化。

【妥善处理定安中路拓宽改建引起的集体上访事件】 1999年3月,定安中路综合改造工程立项,11月动工建设。2000年6月,定安中路建设进入大面积拆迁阶段。此前,市拆迁办工作人员多次上门做群众工作,大多数群众能顾全大局,不计较个人得失,支持工程建设,但也有部分群众提出过高要求,始终不愿签订拆迁协议。对此,市建委作出限期拆迁的决定,并向市法院递交了强制执行申请。10月17日,市法院对拒不拆迁的6户拆迁户作了强制执行。之后,被强制拆迁的群众向市法院提起行政诉讼,状告市建委拆迁不合法。2001年4月市法院作出撤销市建委决定的裁定。自愿签订拆迁协议并已拆迁完毕的31户群众也向市法院提起诉讼,请求赔偿损失,于4月23日～25日先后到常州市政府、江苏省政府跪访。市政府为妥善处理这起集体上访事件,成立由市建委、国土局、法制局、信访局、湖塘镇等部门领导组成的矛盾协调小组,迅速深入基层,调查清情况。针对群众提出的用地、拆迁不规范不合法问题,按建设用地、拆迁等方面有关政策仔细审查定安中路现有征地建设手续,对不规范的地方重新办理。多次召开座谈会，听取群众意见；对群众提出的10个方面的问题，对照有关政策和规定大部分给予解决；对个别不能解决的问题也做了细致的解释工作。5月31日，定安中路拓宽改造工程在征地、建设手续完备后恢复施工，但仍受到部分群众的强行阻拦。为防止事态扩大，公安机关对采用极端手段在施工现场威胁施工人员、聚众扰乱社会秩序的壮仕忠、壮锡成等6名违法犯罪人员依法处理，有力地震慑了犯罪，教育了群众，化解了矛盾，确保了定安中路改造建设工程顺利完成。

【妥善解决老信访户戚金法越级上访问题】 自1979年开始，横林镇居民戚金法为要求享受退休待遇问题一直向中央、省、市、县各级党政机关写信。1986年县政府信访办公室曾对其反映的问题立案作了调查，并查明：戚在解放前从事伪区公所文书工作，解放后被人民政府定为历史反革命，一直从事个体摊贩经营。戚摊位1958年8月并入商贩自治组织五洋合作商店，1962年戚精简下放，因双脚残疾户口未迁农村，并继续从事个体摊贩经营。1966年6月戚入股参加向阳合作小组（个体性质），10月因其有反革命帽子，被退出向阳合作小组。1972年向阳合作小组并入集体合作商店。1979年，戚被摘掉反革命帽子。从此，戚便不断向上级写信，要求落实政策、比照同类人员办理退职手续。1980年8月县供销联社批复：戚并未和其它人员一起由向阳合作小组并入集体合作商店，故不存在落实政策、办理退职手续问题。考虑到其身体残疾，每月给予定补生活费15元。1994年6月4日县政府副县长周福元召集县商业局、劳动局、信访局等部门负责人商量，决定从6月起将其困难补助提高到每月139元，戚对此并不满意，继续向各级写信、告状。2001年8月27日，市委副书记杨锡根再次召集有关部门领导进行会办，考虑到戚金法已年老体弱，身体残疾，家庭经济十分困难，决定从2001年9月起参照有关人员情况作变通（退职）处理，每月退职费336.1元，并一次性给予生活困难补助10 000元，妥善解决了戚金法的信访问题。 （王益群）

·档 案 工 作·

【概 况】 2001年，市档案局（馆）加强以法治档和档案工作的监督指导，促进档案事业的全面发展。全市123个立档单位共立文书档案9 284卷，其中永久档案3 131卷、长期档案3 574卷、短期档案2 579卷；要求各立档单位实现电子文件归档，收到电子文件软盘101张。开展机关企事业单位档案工作目标管理认定。年内有20家机关、企事业单位档案工作管理达到国家级、省级和常州市级先进标准，4个镇财政所获常州市“十佳档案室”称号。全年举办（联办）档案业务培训班8期，培训511人（次）；续编《党建工作》、《企业改制工作》等10个文件汇编、《“三外”工作》等3个资料汇编，编辑出版《信息摘报》4期；接待查档1 536人次，调阅档案5 970卷、资料115册，复制4 276页；基本完成馆藏档案文件级目录计算机数据库的建立，共有120万余条目，初步实现馆藏档案的快速检索；完成全宗调整工作，馆藏原211个全宗调整为172个全宗，缩减全宗39个，共调整全宗91个，案卷2.6万卷；年内鉴定接收23单位档案1.48万卷。

【档案接收工作】 2001年，市档案局（馆）为确保机构改革中档案的完整与安全性，根据“大部不动，个别调整”的原则，克服人手紧、任务重的困难，坚持档案业务工作规范，全面接收各镇、市级机关各部门1989～1993年的档案及机构改革中撤销单位1989～2001年的档案。年内共鉴定91个单位，接收进馆23个单位的档案计1.48万卷，并按现代化建设要求，同步接收全引目录、案卷目录打印件及计算机软盘。

【举办《历史的脚步》档案展览】 6月26日，市档案局（馆）为纪念中国共产党建党80周年，在武进市行政中心举办了《历史的脚步》档案展览，展出展板44块。主要内容有：在中国共产党领导下，武进市党组织建立、发展、壮大的过程；武进市历任市（县）委书记照片、工作时间；武进市历年经济建设情况的发展变化；武进市档案局（馆）的发展史；档案工作在城建、交通、农业、教育、人民生活等领域如何为经济建设、社会事业、人民生活服务等，增强了社会档案意识。 （梁 娟）

中国人民政治协商会议武进市委员会

【政协武进市第十届委员会第四次会议召开】 3月17日～20日在武进影剧院举行。中共武进市委书记、市长毛伟明在开幕式上讲话。会议听取、审议并通过了市政协副主席赵同方作的《政协武进市第十届委员会常务委员会工作报告》和市政协副主席程苏元作的《提案工作报告》。与会委员列席市第十二届人民代表大会第四次会议，听取和讨论市长毛伟明作的《政府工作报告》及其它报告，讨论了《武进市国民经济和社会发展第十个五年计划纲要（草案）》。9名委员分别代表市各民主党派、政协部分委组、联组，围绕全市经济建设和社会事业发展中的一些重大课题，坦陈直言，献计献策。会议同意羌涵孚因年龄原因辞去市政协十届委员会副主席职务，增选徐亮为市政协十届委员会副主席。会议一致通过市政协十届四次会议决议和提案审查报告。市委副书记、市政协主席杨锡根致大会闭幕词。

【市政协第十届常务委员会会议】 2001年，市政协十届委员会常务委员会共举行3次会议。

第十八次会议。6月8日召开，听取市教委主任王才中关于《全市教育系统人事制度改革的情况通报》，专题协商学校人事制度改革问题。副市长陆志奋到会听取委员的意见和建议。

第十九次会议。9月14日召开，听取市民政局就全市城镇居民委员会建设状况作的书面发言，专题协商加快推进城镇社区建设问题。副市长金建勇到会听取委员发言。会议同意撤销华平南政协武进市十届委员会委员资格。

第二十次会议。12月25日召开，听取副市长陆志奋代表市政府作的《关于市政协十届四次会议以来提案、社情民意办理和意见、建议落实情况的通报》；协商确定召开十届五次会议的有关事项；通过2001年度市政协工作先进集体、先进工作者名单和优秀提案、优秀社情民意；同意增补罗细林为政协武进市十届委员会委员。

【参政议政】 3月18日～21日，全体政协委员列席市人大十二届四次会议，对《武进市国民经济第十个五年规划》和其它重大问题展开讨论，踊跃建言献策。年内，政协主席、副主席参加或列席市委、市政府的重要会议，参与重大问题的协商；召开两次主席(扩大)会议，分别就全市城镇职工医疗保险制度改革和外来工子女学校办学管理中存在的一些亟待解决的矛盾进行专题协商，积极推动相关问题的解决。其中市政协十届四十次主席(扩大)会议专门形成了《关于完善我市医改实施方案的建议案》，提出的10条意见建议被市委、市政府全部采纳；市政协常委会针对教育系统人事制度改革和推进城镇社区建设等问题，分别开展两次专题视察调研活动，形成质量较高的调研报告，提出了一批针对性、可操作性较强的意见和建议；市政协各专委会、工作组、学习活动联组围绕部门和地方政府的中心工作，认真开展调查研究和咨询服务活动，了解和反映社情民意，撰写调查报告19份，提出合理化建议76条，较好地发挥了政协参政议政的作用。

【提案办理】 政协武进市十届四次会议收到委员提案171件，立案166件，涉及全市45个部门和单位。市政协提案委员会加强与相关部门和单位协调，经承办单位积极办理，至8月底，提案全部办理结束。其中有162件提案提出的意见、建议被采纳实施或列入工作计划及以后逐步解决，占提案总数的97.6%，提案人对提案办理情况满意和基本满意率为97%。

【工作联谊与交流】 年内，全国、省和常州市政协11次来武进开展关于民营经济、农村税费改革、小城镇建设等方面的视察调研；接待兄弟县市政协19批(次)；市政协先后组织有关委组围绕调研课题外出考察取经。全年累计有39篇(次)稿件、信息被市级以上报刊、电台、电视台录用，其中《针对县级政协实际，实事求是履行职能》在《江苏政协》编辑部组织的好稿评选活动中获一等奖；《我与提案》被江苏省政协、省委宣传部评为“全省政协工作好新闻”三等奖。

【举办艺术作品义卖、义买暨捐赠活动】 年内，由市政协牵头，联合民盟武进支部和文艺界、工商界部分委员，举办“艺术作品义卖义买暨捐赠活动”，赵治平等14名文艺界委员，精心创作了26幅艺术作品义卖，工商界委员王振华、项同保慷慨解囊，分别出资5万元和

(陆新　摄)

3万元义买，所得资金全部捐赠给夏溪敬老院，用于购置电视机、电冰箱、洗衣机、衣被、床凳等生活用品，较好地改善了老人们的生活条件，受到了社会的广泛好评。

【《武进人物选辑》出版】 由市政协学习与文史委员会精心编纂的《武进人物选辑》之五于12月出版发行。该书收录了丁甘仁等11位在我国医药、文教、书画艺术、飞机制造等领域取得杰出成就的武进籍名人，受到了各地武进籍人士的欢迎。　(金华兴)

民 主 党 派

【概 况】 2001年底，武进有民主党派组织4个，7个民主党派成员211名。其中中国农工民主党(下称农工民主党)武进市委员会有党员96名，下设8个支部；中国民主同盟(下称民盟)武进市支部有盟员42名；中国民主促进会(下称民进)武进市支部有会员39名；中国民主建国会(下称民建)武进市支部有会员23名；另有中国国民党革命委员会党员6名，中国九三学社社员4名，中国致公党党员1名。

【组织建设】 武进各民主党派认真学习各党派《章程》和全国、省、市委会议的精神，认真贯彻《各民主党中央关于加强自身建设若干问题座谈会纪要》，坚持民主集中制原则，坚持市委会、市委扩大会、支委会和支部大会等组织生活制度。农工民主党武进市委员会坚持和完善《农工民主党武进市委员会议事规则》，明确主委办公会及委员会议的任务和职权。6月，农工民主党武进市委召开三届八次市委扩大会，补选陆雅芬为副主委兼秘书长，陈晓兰为市委委员。10月，农工民主党常州市委换届，陆志奋、陆雅芬、倪晓谦、董光功4人当选为农工民主党常州市委第九届委员会委员。陆志奋当选为农工民主党常州市委主委，陆志奋、陆雅芬被推荐为农工民主党江苏省委第九次代表大会的代表。11月，民盟、民进、民建常州市委换届，民进武进市支部主委张志朝当选为民进常州市委副主委，民建武进市支部主委高桂芳当选为民建常州市委常委，民盟武进市支部主委赵治平当选为民盟常州市委委员。

年内，农工民主党武进市委员会发展党员3名，民盟武进市支部发展盟员1名，民进武进市支部发展会员3名，民建武进市支部发展会员2名。

【思想建设】 年内，各民主党派组织广大党员(会员)深入学习邓小平理论、中共十五届五中、六中全会精神和江泽民"三个代表"的重要思想及其在庆祝中国共产党成立80周年大会上的重要讲话，认真学习、贯彻全国、省、市统战工作会议精神。积极参加全国统一战线知识竞赛和"各界人士庆祝中国共产党诞辰80周年座谈会"。民盟、民建、民进武进市支部分别组织会员到浙江、山东等地学习考察，促进横向交流。民盟武进市支部组织全体盟员参加由市委党校作的"七一"讲话系统辅导。10月，农工民主党武进市委、民盟、民进、民建武进市支部成员80多人参加市委统战部举办的学习江泽民"七一"重要讲话报告会，听取了市委党校讲师作的辅导报告，深刻领会了"讲话"精神。

【参政议政】 年内，各民主党派主要负责人参加中共武进市委召开的协商会、座谈会和情况通报会6次，就全市"两个文明建设"、党代会工作报告、政府工作报告和全市村级组织合并，以及市委、市人大、政府、政协的重要人事安排等重大问题提出意见和建议。各民主党派围绕市委、市政府的中心工作，积极开展调查研究，撰写出《理顺幼儿教育管理体制，确保学前儿童健康成长》(农工民主党武进市委)、《关于加强我市城区管理的几点建议》(民进武进市支部)、《关于市锡剧团深化改革与发展的建议》(民盟武进市支部)、《政法干警健康状况的调查》、《关于加强廉政建设，严禁庆典铺张浪费》(民建武进市支部)等调研报告和提案，促进中共武进市委、市政府决策的民主化、科学化。

【立足岗位建功立业】 各民主党派教育、鼓励成员，立足本职、建功立业。年内，农工民主党武进市委副主委倪晓谦担任市人民医院院长。农工民主党党员汤金春研制开发新药品成果显著，并担任常州康普药业有限公司副总经理；农工民主党党员莫静坡创作的3幅画作分别入选中共中央统战部、江苏省委统战部和常州市委统战部举办庆祝中国共产党诞辰80周年画展；农工民主党党员水稻育种专家羌涵孚获常州市科技进步二等奖、武进市科技进步一等奖；农工民主党党员陆涛声创作的《云帆集》(上下册)由海潮出版社出版，张国宁获"江苏省科普先进工作者"称号；周晓萍被推选为常州市新区商会副会长。民盟武进市支部主委赵治平被常州市人民政府评为"常州市中青年专业技术拔尖人才"。民盟成员万琴凤、顾小毛获武进市"优秀教育工作者"称号。

【为社会办实事】 2001年，农工民主党武进市委组织武进人民医院部分成员两次到前黄中学、市医药总公司开展义务医疗、咨询和体检，接待300多人次；组织有书法专长的成员于春节前夕在湖塘镇、市行政中心举办义务送春联活动，共送春联900多副；为贫困地区中小学生捐赠科教书、课外读物近200多册。民进武进市支部发动会员自愿捐款1 485元扶助在校两位贫困学生。民盟武进市支部联合市政协文艺组举办书画作品"义卖义买暨捐赠"活动，所得款项8万元全部捐赠给夏溪镇敬老院。 (朱忠芳)

工 商 联

【概 况】 参政议政。2001年3月17日～20日，在市政协十届四次会议上，工商联界别的政协委员提交《关于大力推进种草养牛发展奶业，促进农业产业化经营的建议》等提案7件，得到政府的高度重视和明确的办理意见。市工商联针对基层商会工作的现状开展调查研究，向市委、市政府报送《加强基层商会建设、促进民营企业发展》的调研报告，选派非公有制经济代表人士参加市委、市政府、市政协等机关和部门召开的茶话会、座谈会等，发挥工商联的桥梁作用，提高工商界参政议政水平。

基层商会建设。年内，市工商联加强与各镇党委、政府的联系，促进基层商会的建设。至年底，全市建有镇商会20个，其中新建魏村、安家、西夏墅、礼嘉、寨桥、雪堰、湟里、小河、洛阳等镇商会9个；新发展会员企业395家。罗溪、湖塘、邹区镇商会完成换届。一批政治素质好、经济实力强、社会贡献大的非公有制经济代表人士进入市、镇两级商会领导班子。

对外联络与服务。年内，市工商联接待全国工商联、省委统战部、省工商联和常州市委统战部、市工商联18批256人次；以服务会员为宗旨，市工商联为15名会员申报技术职称，为4家会员企业申报自营出口权，推荐18家会员单位为全市"工业先进企业"、10家会员单位为全市"十强个私工业企业"、8家会员单位为全市"工业企业利税大户"前十名；组织11家会员企业参加市劳动局举办的秋季就业洽谈会。市工商联法律服务中心坚持深入会员，了解会员的需求，帮助会员解决经济活动中的困难，提供法律援助。年内组织法律顾问和律师在罗溪、南夏墅、奔牛商会开展"送法下乡"活动，参加法律咨询的会员达150人次；接待来信来访15人次，调解处理经济纠纷6件，帮助会员起草法律文书4件，办理诉讼2件，帮助会员优先立案29件。

培训教育。4月18日，市工商联与南京理工大学联合举办外贸专业知识大专班，67名会员参加。6月18日～19日，与市行政学校联合举办非公有制企业厂长经理培训班。与会者听取了《加入WTO后民营经济面临的机遇和挑战》、《新经济走势与非公有制经济的发展》等专题报告。8月10日至10月10日，联合常州职工大学举办第7期民营企业厂长经理专业知识培训班，学习《经济学基础》、《会计基础》等8门课程，全体学员获得了中专结业证书。通过培训，促进会员从理论与实践的结合上正确把握机遇，提高自身决策水平。

【武进市工商业联合会第七届会员代表大会召开】 11月27日～28日在阳湖大厦召开，出席会议正式代表250名，其中非公有制经济会员代表201名。大会认真听取和讨论了中共常州市委常委、武进市委书记盛克勤的重要讲话，审议通过了副会长曹腊大代表市工商联第六届执行委员会所作的《继往开来，与时俱进，为开创新世纪工商联工作新局面而努力奋斗》的工作报告。大会选举产生了武进市工商业联合会第七届执行委员会，执委74名，其中党外人士37名、非公有制经济会员执委67名。第七届执行委员会第一次全体会议选举产生由33名常务委员组成的武进市工商业联合会第七届常务委员会，其中会长1名、副会长10名（非公有制经济人士6名）。大会选举产生了出席常州市工商联第十二次代表大会的33名代表，对退出常委执委人员发出慰问信。大会一致通过了《武进市工商业联合会第七届会员代表大会决议》。

【工商联会员积极参加"光彩事业"】 2001年，市工商联认真组织引导非公有制会员企业参加以公益活动为内容的光彩事业，全市非公有制经济会员累计捐资超过2000万元。6月1日，市工商联组织各镇商会和会员参加市妇联等6个部门联合开展的"爱心扶春苗"活动，共捐资11.24万元扶持45名贫困学生完成学业。"八一"节前夕，武进裕兰色织有限公司等10家会员企业捐资7万元，为海航92138部队建立飞行训练多媒体教研室，积极支持部队现代化建设。罗溪镇商会每年资助15名贫困学生；横林镇商会副会长冯英浩出资3万元，为横林大桥立碑；江苏金鼎集团公司累计出资1 106万元，扩建湟里中学教学楼、重建湟里小学和修建镇区大道；武进市兴盛达房地产开发公司总经理蒋华兴为奔牛镇"创建卫生镇"出资15万元等。

【"爱国、敬业、守法"事迹汇报暨先进表彰大会召开】 4月11日召开，市非公制经济代表人士、镇宣传统战委员和对口联系的市级机关部门领导300余人参加。江苏金牛线缆集团公司等8名会员企业从不同角度汇报了他们的先进事迹和发展企业的经验。会议表彰武进市天龙发展有限公司等36家"爱国、敬业、守法"先进

会员单位、3个先进基层组织和9名先进个人。

（李建国）

社 会 团 体

·武进市总工会·

【概　况】 *开展主题教育活动*。全市各级工会继续深化“创企业形象、树主人翁精神”主题教育活动，团结动员广大职工大力推进企业改革与发展。3月中旬，全市30个镇工会和江苏武钢集团、新亚化工集团、阳湖纺织集团等企业工会组织1.5万名职工参加省总工会、计经委举办的十五规划知识竞赛，武进市获优秀组织奖。市总工会成立整治“法轮功”邪教组织领导小组，号召全市职工组织带领广大职工深入揭批“法轮功”邪教组织，组织观看科教影片《宇宙与人》和反邪教图片展览；开展争当“文明职工”活动。年内，赵惠建、王建伟等3人被评为“常州市文明职工”，其中江苏省前黄高级中学薛新洪被评为“江苏省文明职工”。

群众性技术创新工程。1月，市总工会围绕全市“十五”计划，发出“关于在全市职工中广泛开展以‘三创三赛’为主要内容的群众性经济技术创新工程”的意见，大力组织开展劳动竞赛活动和新世纪大练兵活动。年内，江苏新亚化工集团、武进港务处等7个单位被评为常州市优胜单位，评出常州市立功者20名、常州市红旗班组63个，武进湖塘兽医站张克兴被全国总工会授予“五一劳动奖章”。全市选出38名选手参加常州市技能大赛11个工种的比赛，其中江苏新亚化工集团王建伟获高配值班电工状元、12位选手获各工种的名次和奖励，武进市建筑安装总公司等4个单位获优秀组织奖。

企业民主管理工作。2001年，全市207家国有、集体企业全面改制，改制方案全部经过职代会审议通过。市国有、集体和公有资产占主体的全部实行厂务公开制度。市总工会及时做好企业改制完成后职代会换届和制度修订完善工作，开展改制企业工会组织换届，重新建立职工代表大会制度，实行职工代表大会和股东代表大会两会合一；坚持和完善集体协商集体合同制度，做好企业改制后集体合同的续签和重签工作，实施由新的企业法定代表人和工会代表就劳动关系问题进行平等协商签订新的集体合同。乡镇合并后集体合同签订或由镇工会主席代表某个企业工会主席与各企业厂长逐个签订；法律意识强、职工人数比较多、条件成熟的镇属企业由企业工会主席代表职工与企业厂长签订。村合并后，或由村工会联合会主席代表全村职工与村主任签订区域性合同；或由村工会联合会主席代表企业职工与各企业厂长签订单个集体合同；或村工会主席代表职工与企业厂长独立签订集体合同。全市签订单个集体合同1 140家、行业性集体合同5家、镇级区域性集体合同24家、村级区域性集体合同175家。

实施“送温暖工程”。年内，市总工会做好特困职工调查摸底工作。全市家庭人均月收入低于180元的特困职工有89人，特殊困难的21人；开展定期、不定期走访、慰问，慰问困难职工123人，慰问金额6万元；走访、慰问生病、困难退休职工，为全市86名特困、困难职工发放特困证，建立联系特困职工制度；组织金婚31对、70岁以上寿星43人开展金婚祝寿活动；全年接待来信来访、咨询63件次，做到事事有答复、件件有落实。全市各级组织慰问困难企业78个、困难职工8 215人，筹集资金343.77万元，办好事实事1 025件，召开各种座谈会410次，发慰问信上万封。

基层组织建设。年内，市总工会加大新建企业工会组建力度，全面完成30个镇工会联合会的换届工作，新建271个镇企业工会(其中153个村工会联合会)、461个私营企业工会、12个外商投资企业工会，共新发展会员1.2万人。全市镇工会认真贯彻《江苏省乡镇工会工作暂行规定》，积极开展创建“合格、示范镇工会”，在非公有制企业中创建“合格职工之家”竞赛，湖塘镇等14个镇申报省合格镇工会，寨桥等4个镇申报省示范镇工会。江苏恒力电机集团等7个工会获常州市“模范职工之家”称号，江苏新亚化工集团工会等21个工会获常州市“先进职工之家”称号。

私营企业“双爱双评”活动。年内，市总工会继续在私营企业中开展以“双爱双评”为主要内容的工会工作，促进全市私营企业工会工作健康发展。两家被省总工会评为“双爱双评”先进单位，两人被省总工会评为“双爱双评”先进个人。

【开展省劳动模范评比推荐工作】 年内，根据江苏省、常州市政府评比省“劳模”的具体要求，市总工会认真做好省“劳模”的评比推荐工作，在排查清每年武进市、常州市“劳模”的基础上，再经过基层推荐、群众选举、组织考察等程序，向上作了申报。4月，江苏双菱链传动有限公司姜文锦等7人被省政府评为工业口“劳动模范”，横山桥五一村梅鹤康等7人被省政府评为农业口“劳动模范”。

【武进市第五届职工运动会举行】 参见P199页同名条目。

（张伟栋）

·中国共产主义青年团武进市委员会·

【概　况】 2001年，全市各级团组织以“夯实基础、展示形象，开创新世纪共青团工作新局面”为主题，坚持“拓展、深化、求实、求效”的工作思路，扎实推进“达标、争先、夺旗”竞赛及“青年志愿者”、“青年文明号”、“青年岗位能手”等重点活动，促进基层团组织建设健康发展。

【共青团武进市第十六次代表大会召开】 11月20日～22日在市工人文化宫召开。全市各条战线的291名团员代表参加。市四套领导班子出席了开幕式，共青团常州市委书记练月琴到会祝贺。蒋锋代表上届委员会作题为《实践“三个代表”，争当时代先锋，为武进率先基本实现现代化而努力奋斗》的工作报告。大会选举共青团武进市第16届委员会委员27名、常委9名，蒋锋当选为书记，夏建飞、杨国成当选为副书记。

【农村基层团组织建设】 年内，市委下发《关于进一步加强和改善对共青团和青少年工作领导的意见》，明确了新形势下团建工作的指导思想。5月17日，召开全市基层党建带团建工作会议，进一步明确今后一个时期全市党建带团建工作的总体思路和具体措施，推动基层党建带团建工作的深入开展。根据中共江苏省委组织部、团省委《关于全省基层团组织按期集中换届和调整市、县(市区)团代会召开时间的意见》和市委组织部《关于调整市团代会召开时间和全市基层团组织集中换届的意见》，全市大部分团委、总支(支部)进行了统一集中换届，一批优秀青年走上团的岗位，使团组织自身建设得到进一步加强。

【少先队工作】 2001年，全市各级少先队组织以爱国主义教育为主旋律、素质教育为主要任务、体验教育为主要途径，深入实施“中国少年雏鹰行动”，精心组织开展“星星火炬代代相传”传统教育、“新世纪我能行”体验教育、“创新杯”竞赛、“手拉手”互助等主题活动。在全国少先队“创新杯”活动竞赛中，全市有207个活动被全国少工委评为“优秀活动奖”，其中武进市星辰实验学校的“我们的世纪星城”和奔牛育才小学的“实验园的文明小使者”荣获“最佳创新活动奖”。市少工委被全国少工委授予“优秀组织奖”。6月17日，全国少先队德育工作暨“新世纪我能行”体验教育现场推进会在武进举行，与会的300多名专家学者参观了市星辰实验学校的“世纪星城”体验教育活动。团中央书记处书记、全国少工委主任赵勇到现场观看活动，并给予高度评价。8月17日～19日，市少工委在市行政中心举办全市少先队辅导员培训班，150多名辅导员参训。11月2日～5日，市总辅导员柴前胜赴京参加《中国少年报》社成立50周年纪念活动，被授予“功勋通讯员”称号，受到党和国家领导人的亲切接见。年内，武进市被团中央、全国少工委评为“全国队报金奖市(县)”和“全国队刊金奖市(县)”。

【主要活动】 “青少年绿化”活动。继续开展第十二届“爱我家乡、绿化武进”武进市青少年绿化竞赛。3月12日团市委全体人员赴潘家城湾山参加了植树活动。年内全市有2万多名青少年参加绿化活动，植树10余万株，铺设草坪1万余平方。成立青年志愿者护绿队31个、红领巾护绿队56个，提高了青少年绿化的质量和水平。

“青年志愿者”活动。3月5日，团市委继续组织城区20多家单位的团员青年在城区开展“满意在新城——青年志愿者”义务为民服务活动。年内成立青年志愿者服务队250余支，建立青年志愿者服务基地260余个，青年志愿者服务站46个，结成“一助一”对子500多个。6月24日，团市委会同市公安局在市广电中心举行武进市禁毒志愿者誓师大会，1 000多名禁毒志愿者代表参加了誓师大会，拉开了禁毒志愿者活动的序幕。10月18日，团市委还积极组织了200余名青年志愿者参加了“2001年武进国际经贸洽谈会”，团市委被市政府评为“优秀组织奖”，另有3人被评为“先进个人”。

“青年文明号”活动。2001年，各级团组织继续深入开展“青年文明号”、“青年文明街”活动。团市委加强对青年文明号创建集体的管理和监督。年内对近年来获得各级荣誉的青年文明号集体进行普查，梳理确认武进市级以上青年文明号集体156个，并对不符合创建要求的10个集体予以摘牌，进一步规范创建工作。年内，又有6个镇积极创建“青年文明街”活动，配合党委政府创建省级卫生镇。

“科教兴农”活动。全市农村各级团组织结合农村青年需求，继续按照“五个一”工程的要求，以“三争三创”为主要内容、培养青年科教兴农带人为重点、推广科技项目为突破口，大力实施青年科教兴农活动。年内，继续大力实施三级联动机制(团市委扶持、镇团委负责、基层团干部实施)建立科教兴农示范基地，为青年农民提供信息、技术、项目上的服务。7月5日，市政协工青妇界别组视察了青年科教兴农活动。年内，西夏墅三新园艺有限公司经理祁志平被评为江苏省第五届“十大杰出青年农民”。

“爱心助学”行动。年初，武进团市委获悉新疆阿勒泰地区遭受严重雪灾后，积极号召全市广大团员青年和少先队员为灾区学生献爱心，累计共募集资金 37 万余元。8 月，团市委、部分青联委员赴新疆向阿勒泰团市委赠送 5.5 万元希望工程款，进一步深化“东西部手拉手”活动。年内，团市委向 200 名贫困生发放第 3 批爱心助学金 6 万元。

【“树行业标兵、展青春风采”技能大赛】 5 月，团市委联合市人事局、劳动局、经贸局、总工会、政府办、建设局、卫生局、人行、供销社等 10 家单位联合开展了“树行业标兵、展青春风采”武进市青工技能大赛。大赛分 6 个工种，分别是“武技杯”钳工技能大赛、“新苑杯”网页设计制作大赛、“建设杯”家庭装潢设计大赛、“武医杯”医疗护理操作大赛、“建行杯”点钞大赛、“明都杯”中餐摆台技能大赛，其中 6 名选手被授予“武进市技术状元”称号，46 名选手被授予“武进市青年岗位能手标兵”称号，74 名选手被授予“武进市青年岗位能手”称号，武进市技工学校团委等 12 个团组织被授予“优秀组织奖”，并对获奖选手颁发相应的等级证书。

（唐学芳）

·武进市妇女联合会·

【概 况】 2001 年，全市各级妇女组织创新妇联工作，推动妇女儿童事业蓬勃发展。至年底，全市各镇妇联基本完成换届，有镇（开发区）妇联 31 个和村级妇联 1 个，市级机关妇委会25个、企业妇代会340个、镇机关事业单位妇代会83个、村妇代会515个、居民委员会妇代会31个以及各种联谊会70余个，形成横向到边、纵向到底的妇女组织网络。年内，各级妇联大力推进教育培训工作。市妇联联合市司法局、法院、民政局举办新《婚姻法》培训班，组织镇妇联主席和机关妇委会主任参加全国、省、市举办的新《婚姻法》培训，开展以“自尊、自信、自立、自强”为主题的“四自”精神教育活动，累计举办妇女培训班400余期，5 万余名妇女参训；接待处理来信来访772件（次），结案率为 99%。

【彭珮云视察武进妇女工作】 11 月 22 日，全国人大常委会副委员长、全国妇联主席彭珮云来到武进，视察了位于芙蓉镇东周村的武进长青珍珠工艺品厂，参观了该厂珍珠养殖基地和珍珠工艺品生产车间，并欣然题词：“常青企业永放光彩。”彭珮云听取了市妇联和夏溪镇妇联的工作汇报，高度评价武进“连环结对、科技致富”的做法对促进农村经济发展所起的重要作用。她还仔细了解了武进市女性进入村级班子的情况，并就这一问题作了重要讲话。

【全市妇女儿童“九五”发展规划完成终期评估】 4 月 24 日，武进市接受常州市妇女儿童工作委员会对《武进市 1996～2000 年妇女事业发展规划》和《武进市 1996～2000 年儿童少年事业发展“九五”规划》的检查验收。由常州市卫生、教育、民政、劳动、统计、计划生育等部门的 15 位专业骨干组成的市级评估组听取了市妇儿委主任陆志奋作的工作汇报，详细查阅了市妇儿委 5 年来的 66 本工作台帐，检查了武进市政府实施妇女儿童“九五”规划的领导与组织管理、妇女参政、妇女就业与劳动保护、教育与培训、妇幼卫生与保健等方面量化与非量化指标共 89 条的具体内容，各项指标基本达标。

【“双学双比”、“巾帼建功”竞赛】 2001 年，这项活动通过实施“巾帼科技致富工程”，实现从内容到形式的创新。一是开展“连环结对，科技致富”活动。在市科技局的支持和各级妇联的精心组织下，全市形成上联科研院所、下结千家万户，村与村、户与户，科技人员与女能手、女能手与妇女姐妹连环结对的致富链，先后组织近千名种植、养殖女能手外出参观现代农业，举办实用技术培训班 95 期，科技结对3 000余对。“连环结对”活动开通了一条从科技人员到致富女能手到妇女群众的科技传递快道，使广大妇女依靠科技增加收益。二是宣传典型，以“典”带面。市妇联表彰致富女能手38名，在

（高岷 摄）

电视中宣传 5 名女能手的致富经验，组织120多人参加全市“双学双比”现场经验交流会，组织80名女能手到江苏农学院参观学习。三是发展各种专业组织。全市有女能手协会57个，会员1 138人；“三八”合作经济组织

79个，参加妇女12 381人。四是转移劳力，促进互动。全市通过各种渠道转移妇女劳动力5 632名。

年内，全市创建“巾帼示范岗”拓宽至商业、交通、金融、教育、卫生、公安等系统，有235个班组创建成“巾帼示范岗”，91个示范岗通过验收，58个“巾帼示范岗”受到表彰。

【“春蕾计划”活动】 2001年，全市各级妇女组织把改善本市特困儿童生存、学习条件作为为儿童办实事、办好事的重要内容。5月，市妇联会同市教育局、民政局、《武进日报》社和工商联共同发起“爱心扶春苗”活动倡议，在《武进日报》上开辟《爱心苗圃》专栏，刊登孤困儿童的照片，吁请社会各界伸出援助之手，帮助他们完成九年义务教育。年内，全市有46个机关部门近千名干部职工捐款并与200名贫困生结成助学对子，有419个集体和个人资助贫困生516名，资助款达140.53万元。6月1日，全市实施“春蕾计划——爱心扶春苗”活动。副市长陆志奋作了实施“春蕾计划”的工作报告，市委副书记杨春龙代表市四套班子领导向广大“荣誉父母”表示崇高敬意。这次活动表彰“荣誉父母”20名、助学工作先进集体10个和优秀“春蕾学子”20名，举行了贫困儿童受助仪式。

江苏新城集团设立“新城光彩基金”。（陆新　摄）

【开展帮教武进籍女犯活动】 3月4日～5日，市妇联、综治办、法院、检察院、信访局的领导和市安置帮教工作领导小组成员及2名女犯家属代表共19人组成帮教小组，以教育、感化、挽救为目的，由副市长金建勇带领到江苏省南通监狱女子分监对武进籍女犯开展帮教活动，希望她们在狱中服从管教，好好改造，将功补过。帮教小组成员还与女犯谈心，向她们宣传法律知识、赠送法律政治书籍和生活日用品，组织观看《走向新世纪的武进》，使女犯们在灵魂深处受到了强烈的震撼。年内，全市11名妇女特邀陪审员参与陪审与妇女儿童权益有关的案件56起，为实现群众团体与司法部门维权有机结合发挥了积极作用。

【武进市女经营者联谊会成立】 6月26日，武进市女经营者联谊会成立大会召开，来自企业、工商、流通和农业等行业的71名女经营者参加。大会通过了《武进市女经营者联谊会章程》，选举产生了会长、副会长、秘书长和副秘书长。（朱敏亚）

内地居民短期往来港澳更方便

年内，公安部出入境管理局出台内地居民短期往来港澳地区多项改革措施。

一是扩大赴港澳地区探亲受理范围，探望配偶可以多次往返。 内地居民的亲属为在香港或者澳门定居、就学或者因私应聘就业者或其随行家属的，该内地居民可申请前往探望。亲属是指：配偶、本人或配偶的父母、子女、祖父母（外祖父母）、孙子女（外孙子女）、同胞兄弟姐妹、叔（伯）、舅、姑、姨、侄子（女）、外甥（女）以及上述人员的配偶。

探亲签注分为1个月一次、3个月一次、3个月多次三个类别。

二是放宽赴港澳地区商务申请条件，简化办证手续。 内地居民受企业或者经营单位派遣赴港澳地区从事商务活动的，可申请商务签注，该签注分为14天一次、3个月多次、1年多次、3年多次四个类别。

三是暂住地可申办赴港澳地区旅游。 对于60周岁（含）以上或未满14周岁的内地居民，可向暂住户口所在地公安机关出入境管理部门申请赴港澳地区旅游。

四是扩大非公务申请事由。 内地居民个人因其它非公务活动确需前往港澳地区的，如申请人确有需要赴港澳地区处理产业、法律诉讼、移民面试等，可申请“其它”签注。

五是特殊情况可代办申请。 申请人年龄在60周岁以上（含）或者身患疾病等特殊原因不能亲自办理申请手续的，可委托他人代办申请。

（栏目责任编辑　万向阳）

地方军事

人民武装

【概　况】 2001年，市人武部以做好军事斗争准备为主线，围绕全面建设“五好”人武部目标，以获得“十佳人武部”荣誉为动力，加强思想政治教育和行政管理工作，人武部全面建设和全市国防后备力量建设继续稳步发展。年内，市人武部被常州市委、市政府评为常州市“文明单位”，解放军报社、中国国防报社、中国民兵杂志社授予市人武部“国防刊授教育最佳奖”。市人武部武器装备管理连续36年安全无事故。

战备训练工作。制定全市28个重点防空袭目标单位《防空袭作战方案》，进一步完善《防汛抢险救灾行动方案》。继续抓好市人武部机关干部的科技练兵活动。机关干部军事训练突出军事高科技知识的学习，组织本部机关干部进行有关软件训练，在省军区组织的考核中取得较好成绩。组织武进职业高级中学、武进技工学校和湖塘职业高级中学的275名学生进行民兵普通兵军事训练，训练中采用多媒体教学手段，提高了训练效果，合格率100%，训练成绩总评为优秀。派出12名防化兵参加常州军分区组织的防化专业训练。以敌军研究为突破口，紧贴作战任务，贯彻“抗防结合、以防为主”的思想，重点围绕重要经济目标防护进行训练和作战问题的研究。培训46名基干民兵营政委，采取理论授课、观看录像、座谈讨论、实弹射击等方法，抓好民兵干部队伍建设，进一步提高了民兵干部胜任本职工作的能力。

兵役工作。全市适龄青年积极报名应征，兵役登记率达98%，其中有高中以上文化455人、团员696人被批准入伍，超额完成上级规定的指标，被常州市政府、常州军分区评为“征兵工作先进单位”。民兵组织整顿、预备役人员登记和国防潜力调查，实行微机管理。常州军分区司令员李训勤、政委于温，中共武进市委书记兼市长毛伟明、副市长金建勇、市人武部部长金绍斌、政委蒋平方分别点验了薛家、卜弋、礼嘉等镇基干民兵营，到点率均达100%。

国防动员工作。市人武部会同市有关部门在市科委成立科技动员办公室，完善科技动员领导机构，制定战时科技动员预案，登记统计全市有关科技人员的储备量，建立科技动员数据库，完成科技潜力调查，为做好军事斗争准备提供了高技术后备力量。

拥政爱民。市人武部积极开展军民共建社会主义精神文明和共创双拥模范城活动。在学生中深入开展国防教育。9月组织武进职业高级中学、武进技工学校、西林职业高级中学等6所职技校开展“国防杯”国防知识竞赛，10月组织全市职技校和有关中学参加常州市举办的国防知识竞赛，参赛人员达1.5万人。开展

（陆新　摄）

“扶贫帮困、爱心扶春苗”活动。5月28日，市人武部与漕桥镇楼村村前楼生产组的孤儿刘宁结成帮扶对子，决定解决他从初中至大学所需的全部学杂费。组织民兵预备役人员为地方“两个文明”建设作贡献。3月，本部机关干部、南片专职人武干部和民兵200余人到潘家镇植树2 000余株。注重发挥“维权”机制的作用，积极为官兵解决涉法问题。全年接待来信来访60多人次，解决民事纠纷10起，依法维护了军人合法权益。5月22日，组织市四套班子领导到芜湖空军某部过“军事一日”活动，市领导看望了该部武进籍官兵，勉励他们安心服役，建功立业。年底，市人武部被常州市委、市政府、常州军分区评为“双拥模范单位”。

启动国防教育训练中心二期工程。6月动工建设，投资250万元，建筑面积4 700平方米，包括食堂、浴室、教室、会议室和小招待所。二期工程将于2002年下半年投入使用。

基层正规化建设。市人武部根据正规化建设规划，重点加强对礼嘉、横林、奔牛、夏溪4个镇人武部的正规化建设，配置了电脑、资料柜和相关图板，安装了相关软件，培训软件操作人员。复查上年度村民兵营“五个一”正规化建设未达标的单位，达标率达100%。

【“武防—01”演习】 9月27日，市国防动员委员会根据现代高技术条件下局部战争的特点，在位于常州新闸镇的江苏新亚化工集团公司成功组织了以城市反空袭作战为背景的“武防—01”重点目标防空袭研究性演习，以人员疏散、物资转移、目标伪装、消除空袭后果为主要内容，参演人员达370多人。演习采取实兵与实装、讲解与演练相结合的方法，突出研究了演练组织指挥和演练方法程序。这次演练提高了党政军联合指挥和军民联合防空袭作战的整体能力，为战时防空袭积累了经验，受到了江苏省军区、人防办和常州军分区等领导的高度评价。

中国人民解放军
江苏省武进市人民武装部

部　　长　金绍斌
政治委员　蒋平方
副 部 长　李留芳　钱国金

中共武进市委人民武装委员会暨
武进市国防动员委员会

主　　任　毛伟明
副 主 任　金绍斌　金建勇　蒋平方

武进市国防教育委员会

主　　任　杨锡根
副 主 任　徐　缨　金建勇　蒋平方

武进市人民武装部工作部门

军事科科长　王槐倩
政工科科长　黄志新
后勤科科长　彭荣生

（常国华）

人　民　武　警

【概　况】 2001年，武警武进市中队依据《军队基层建设纲要》、新《条例》和《基层中队正规化建设标准》，抓好支部班子建设和全队官兵思想政治建设，推动各项工作的落实，圆满完成以执勤和“处置突发性事件”为中心的各项工作任务。中队连续7年被武警总队评为基层建设先进中队，连续12年被常州市、武进市评为“文明单位”、“双拥模范单位”。年内有2人荣立三等功，11个人被评为优秀士兵，中队应急防暴小分队在支队组织的第二届应急防暴小分队比武竞赛中荣获县市中队组第一名。

执勤工作。该中队围绕抓住中心工作，搞好教育、完善预案、强化训练、落实制度，确保执勤秩序正规、各类执勤任务圆满完成。坚持开展好“执勤日”活动，定期组织勤务研究和分析，提高执勤技能，把执勤事故消灭在萌芽状态。严格依据勤务训练教材，按照“执勤需要什么训练什么，缺什么补什么”的原则，抓好专勤训练，使战士具备了在各种情况下“处置突发性事件”的能力。年内中队出动临时勤务百余次，押解犯罪嫌疑人900多人次，行程6 200多千米。实现连续19年执勤无事故。

警民共建。按照支队的要求，与武进市房地产开发总公司、武进高级技工学校签定共建协议书，组织丰富多彩的共建活动。为保驻地一方平安，中队与翠竹派出所、新村保安队三家联合在翠竹新村巡逻，得到当地居民的好评。年内中队为武进高级技工学校、常州市外国语学校等单位军训8 000余人次。市中队派出兵力200余人次参与全市“严打”斗争，每逢重大节日，在车站、码头和繁荣地段增派兵力维护治安，中队再次被中共武进市委、市政府、市人武部评为“双拥工作先进单位”。

军事训练。以执勤入手，苦练基本功，提高执勤能力。同时从“处置突发性事件”出发，精选训练尖子，组成武警武进防暴应急小分队，加强擒敌术、警棍盾牌术、攀蹬、刺杀、驱散闹事人群、催泪弹投掷、匕手术等课目训练，提高了中队在市内处置突发事件的应变能力，做到“首战用我，用我必胜”。

育才工作。2001 年，该中队有 3 名学员被武警院校录取。选送 2 人参加红星美凯龙的电脑培训、选送 1 人参加地方厨师培训、4 人参加支队、总队的厨师、汽车维修培训。中队官兵的学习、训练和生活情况被拍摄成专题片在武进电视台《警方传真》栏目播出。

中国人民武装警察部队武进市中队

中　队　长　蒋华东

政治指导员　徐春法

（赵建华）

人　民　防　空

【概　况】 2001年，市人防办认真贯彻《人民防空法》和《江苏省实施〈人民防空法〉办法》，认真贯彻“长期准备、重点建设、平战结合”的人防建设方针，同时坚持人防建设与城市建设相协调、与经济建设相结合，较好地完成人防工程、人防指挥通信各项目标任务，取得全市重点目标防空袭研究性演习的宝贵经验和资料，增强了全民国防意识和战备意识，提高了人防专业队伍实战本领。

【人防地面指挥所竣工验收】 市人防办根据省军区、江苏省人防办建好人防地面指挥所的要求，认真规划，新建市人防地面指挥所。5 月 30 日，由常州市人防办、武进市信息中心、人武部、人防办领导和有关业务部门组成的领导小组对市人防地面指挥所组织竣工验收，认为市人防地面指挥所计算机控制系统、终端信息显示系统、音响扩音系统、时钟控制系统和卫星接收系统的设备设施，在实用性、可靠性、可扩展性、安全性等方面符合地面指挥所的功能和要求。市人防地面指挥所是本级政府、同级军事机构战时组织指挥防空袭斗争的基本场所。人防地面指挥所的建成，增强了城市防空袭预警能力，完善了人防组织指挥体系。

【人防工程建设】 11 月 26 日，武进第一个市人防自建工程在城区开工建设，总面积4 000平方米，总投资1 200万元，2002年上半年竣工。该工程的建设，将大大推进人防事业和人防经济的发展。继城区第一个综合建筑人防工程之后，城区另两幢大体量建筑的人防地下室合计2 000平方米开工建设，全市人防工程总面积迅速增加。

（许晓忠）

（陆新　摄）

（栏目责任编辑　杨汉平）

政　法

公　　安

【概　况】 2001年，全市公安机关认真贯彻党的十五届五中、六中全会和全国社会治安工作会议精神，围绕全市改革开放和经济建设，全力开展"严打"整治斗争，加强社区警务工作，构筑严密的治安防控体系，全面推进公安队伍革命化、正规化和现代化建设，确保了全市治安大局的稳定。

强化情报信息工作，维护社会政治稳定。2001年，市公安机关深入开展同"法轮功"邪教组织斗争，认真做好"法轮功"人员的教育转化工作，依法查处违法犯罪案件，收缴"法轮功"宣传品；进一步完善信息员网络建设，及时有效地获取了大批深层次、预警性的情报信息，被市委、市政府和上级公安机关采用547条；积极配合有关部门，疏导和妥善处置了因征地拆迁、企业转制、环境污染引发的群体性上访、闹事事件216起；全力做好省市"两会"、2001年武进国际经贸洽谈会、华商大会、亚太经贸组织会议等重大活动的安全保卫工作。

深入开展"严打"整治斗争，严厉打击刑事犯罪和经济犯罪活动。市公安机关认真贯彻落实全国社会治安工作会议、全国公安工作会议精神，坚持"严打"方针，采取有力措施，严厉打击黑恶势力犯罪、严重刑事犯罪和经济犯罪，组织开展了"春季攻势"、"夏季攻势"和"三禁"、"追逃"等专项斗争和专项行动，及时侦破了"3·3"遥观杀人分尸案、"7·12"小河杀人分尸案等恶性案件267起，不断推进"严打整治"斗争。全年立刑事案件7 233起，破案3 870起，破案率为53.5%；抓获犯罪嫌疑人1 696名，其中依法逮捕1 376名；摧毁犯罪团伙179个，涉及成员551名；追缴赃款赃物760余万元；立案侦查经济犯罪案件107起，为国家、集体和个人挽回经济损失560万元。

严厉查禁打击毒、娼、赌等社会丑恶现象。公安机关始终将查禁打击社会丑恶现象作为维护治安稳定的重要工作，持续开展了"打黄扫非"、"禁娼、禁赌、禁毒"等专项整治行动，查获涉娼案件216起、199人；抓获涉赌案件290起、1 947人，缴获赌资69万元；查获涉毒案件192起、162人。同时大力推进"无毒社区"创建工作，全市25个镇基本达到"无毒社区"创建标准。

全面实施社区警务战略，切实加强公安基础工作。全市初步建立起以"社区民警为轴心，社区治保组织为骨干，联防分队、治安信息员为主体，治安志愿者为辅助"的社区警务工作新模式，年内全市可防性案件比上年下降9%。基本形成以"110"报警服务台为龙头，市镇两级治安卡口为骨架、社区警务站为延伸点的治安防控格局，大大增强了公安机关的快速反应能力。110报警服务台受理群众报警求助12.8万次，协助破获刑事案件893起。大力推行外来人口集居化、信息化、规范化的管理模式，全市登记发证暂住人口19.61万人，外来人口违法犯罪高发势头得到有效遏制。

（陆新　摄）

改进行政管理工作，服务经济建设。相继推出了武进市公安机关服务全市经济和现代化建设的10项措施，简化了出国（境）商务、劳务申请手续，与武钢、骏马、恒力集团等10家市重点企业建立挂钩联系服务制度。继续加强道路交通和消防监督管理。开展了以"一区七线"为重点的道路交通秩序专项整治，加大了道路基础设施投入，强化了道路交通管理基础工作。通过整治，全市交通事故四项指数与上年同期相比，均呈下降趋势。扎实开展公众聚集场所消防安全、整顿和规范歌舞娱乐服务场所秩序专项整治，整改火险隐患3 570余处，取缔不符合消防安全的公众聚集场所97家、不符合国家法律法规规定的歌舞厅 94 家，查处发生在娱乐服务场所的涉娼、涉赌、涉毒案件109起。

*以提高整体素质为重点，切实加强公安队伍建设。*市公安机关认真落实《公安机关人民警察内务条令》和加强公安机关建设的各项措施，推进人民满意创建活动，加强公安队伍的革命化、正规化和规范化建设。组织开展了“三个代表”重要思想学习教育、“树立新世纪武进公安民警新形象”专题教育和以“人民满意为标准、以公正执法为重点”的集中教育，在局机关开展了“塑造优良作风、营造优美环境、提供优质服务，使基层所队满意、使基层民警满意、使人民群众满意”(三优三满意)活动，有力地提升了公安机关和人民警察的良好形象。年内，全市公安机关为民办好事办实事8 406件。公安系统75个集体和415人受到表彰。12 月 17 日，市公安局被省委、省政府命名为“江苏省文明单位”。市公安局被常州市政府授予“常州市先进集体”称号，被武进市委、市政府评为“勤政廉洁三服务”优胜单位。2 个单位受到国家公安部表彰，周建荣被授予“全国优秀人民警察”称号，诸志洪被评为省级劳模，14个单位荣立集体二、三等功，39人荣立个人三等功。

【全面开展“严打”整治斗争】 2001 年，全市公安机关根据市委、市政府、江苏省公安厅、常州市公安局关于从 2001 年 4 月至 2002 年 12 月组织开展“严打”整治斗争的统一部署，精心组织，周密安排，全力以赴投入到“严打”整治斗争。重点抓好“三条战线”的“严打”整治活动：一是以打黑除恶为重点，集中开展打击有组织犯罪、严重暴力犯罪和多发性侵财型犯罪等专项斗争。坚持“除恶务尽”的原则，严厉打击黑恶势力犯罪活动，破获涉恶案件488起，打击处理256人，其中逮捕115人、劳动教养58人。前黄地区以黄岳贤为首的恶势力团伙插手民间纠纷，干扰基层政权执法，横行乡里，称霸一方，群众敢怒不敢言。市公安局抽调治安、刑侦部门精干力量，经过 4 个月的调查取证，7 月一举摧毁这个恶势力团伙，破获涉恶案件38起，19名团伙成员无一漏网。二是以治爆缉枪为重点，集中开展重点治乱专项整治行动，以及开展交通安全整治、消防专项治理。从 4 月中旬开始，全市公安机关组织开展了声势浩大的治爆缉枪专项行动，通过细致梳理、全面检查、整治隐患、打击处理等有力措施，推动了治爆缉枪专项行动向纵深发展。公安机关会同市经委、劳动、工商等部门对全市涉爆行业和小化工企业开展安全大检查，发现和整改不安全隐患146处。三是以打击金融、财税和商贸等领域的经济犯罪为重点，集中开展打击经济犯罪专项斗争。斗争开展以来，摧毁了一批恶势力团伙，侦破了大批刑事案件，重点地区、路段和场所秩序得到了有效整治，“严打”整治斗争取得阶段性成效，为顺利实现两年内全市社会治安取得新的明显进步这一目标奠定了基础。

【“追逃”专项行动】 9 月 20 日至 11 月 30 日，全市公安机关按照国家公安部关于全国公安机关开展“追逃”专项行动的统一部署，积极依托网上追逃新机制，全力开展缉捕逃犯工作，抓获在逃人员140名，其中本市上网逃犯94名、协助外地抓获46名、江苏省和常州市公安机关督捕对象 21 名，列常州市公安系统第一名，被常州市公安局评为“追逃专项斗争优胜单位”。

(张卫星)

【“基层安全创建”活动】 2001 年，市、镇、村与各部门积极推进“基层创安”工作的深入开展。公安机关大力实施社区警务战略，初步建立起“以社区民警为轴心、社会治保组织为骨干，联防分队、治安信息员为主体，治安志愿者为辅助力量”的社区警务体制，提高了整体驾驭和控制社会治安的能力；进一步强化以“110”报警服务为龙头的快速反应机制，不断完善治安防控体系。全市建有 12 个综合性市际卡口、34 个镇际卡口和 4 个城区社区卡口。“科技创安”力度不断加大，年内新安装“安定宝”自动报警装置1 540户，安装自动喷淋报警装置31户，防止了47起单位内部盗窃案件的发生。公安机关把金融网点、金库和运钞车的安全防范作为工作重点，全市各金融网点都安装“安定宝”，更新了金融营业网点的防弹玻璃；全年检查金融网点发现隐患292处。2001 年是市政府确定的“创建‘无毒社区’工作全力攻坚年”，公安机关广泛开展禁毒宣传教育和“禁毒志愿者”行动，狠抓禁吸戒毒工作，列入第二批创建“无毒社区”的 15 个镇基本达到创建目标。全市积极开展创建“平安大道”活动，“交通事故四项指数”均较大幅度下降，卜弋交巡警中队因创建工作成绩显著，被国家公安部授予“创建平安大道先进集体”称号。至年底，全市创建成江苏省、常州市“安全文明村镇(小区、单位)”分别为 7 个、482个。

【流动人口管理】 全市初步形成由政府牵头、以公安为主、有关部门齐抓共管的流动人口社会化管理网络，建立了暂住人口管理办公室34个、聘用暂住人口协管员407个。公安机关在集中开展流动人口清理整顿行动，重点整顿流动人口聚集、治安问题突出的重点地区、部位，全市有登记发证的暂住人口19.7万人，登记房屋出租户1.79万户。劳动和社会保障部门大力整顿和规范劳动力市场秩序，依法取缔城区非法劳务市场和7个非法职业中介机构，投资30余万元建成湖塘农村和外来人员临时务工交流点；加强对外来务工人员用工的管理，发放外来人员就业证9 235张。市综治委向全市推广了横林、遥观等地开展流动人口集居点管理的做法和经验。2001年外来刑事作案成员在全部刑事作案成员中所占比例比上年下降5个百分点。

【治爆缉枪与有毒有害物质专项整治行动】 2001年，公安机关会同市安全生产监督管理等部门加强对重点地区、要害部位、特种行业、枪支弹药、爆炸物品、有毒有害物品和特殊群体的管理，严格落实责任制，严防危险物品和枪支弹药丢失、被盗和流散社会。从4月18日开始，全市公安机关开展了声势浩大的治爆缉枪专项行动，通过细致梳理、全面检查、整治隐患、打击处理，查处涉爆涉枪违法犯罪案件24起，打击处理违法犯罪嫌疑人20名；收缴非法枪支917支、子弹912发、炸药163.9千克、炸弹59个、雷管408枚、烟花爆竹642箱件。对全市1 097家化工企业和涉爆行业进行了安全大检查，发现整改不安全的隐患146处，关闭烟花爆竹生产企业5家，举办了烟花爆竹安全经营培训班，全市701个烟花爆竹销售单位经营者参加；开展了3次大规模的全市公务用枪情况检查验收，健全了枪支管理规章制度。洛阳镇综合委针对镇内4家电镀企业氰化钠保管不严的问题，帮助这4家企业涉及的100余名个体私营业主制定完善剧毒物品的安全保卫制度，加强管理，确保安全。检察、审判机关对罗溪“8·23”职工中毒等事故的9名责任人员依法追究了刑事责任。 （朱忠裕）

【圆满完成2001年武进国际经贸洽谈会安全保卫任务】 6月，市委、市政府决定筹办2001年武进国际经贸洽谈会，市公安局及时把工作重心转移到经贸洽谈会安全保卫工作上来，召开了“迎国庆、迎国际经贸洽谈会”誓师大会，大力整治城区社会治安和道路交通秩序，制定了突发事件、交通事故、火灾事故等应急处置预案并反复演练。洽谈会期间，出动警力800余人次，以优质的服务、严整的警容和良好的治安圆满完成安全保卫任务，受到了中外来宾、各级领导的好评，被市政府授予安全保卫工作组织奖。

【深入开展“树立新世纪武进公安民警新形象”专题教育活动】 从6月下旬开始，全市公安机关集中开展了为期3个月的专题教育活动。通过组织学习培训，全面查找和解决在思想作风、工作作风、纪律作风和执法办案等方面存在的突出问题，切实落实队伍管理长效措施，强化了广大民警的宗旨观念、法律观念和爱岗敬业精神，队伍的整体素质得到较大的提高，队伍的整体形象得到有效提升，促进了“严打”整治斗争的深入和各项公安业务工作的顺利进行。

【武进“禁毒志愿者”活动得到国际刑警组织秘书长肯德尔等充分肯定】 武进市在全国首创“禁毒志愿者”行动，至2001年底，全市建成“禁毒志愿者”服务站65个、行动小组731个，参加人员达1.2万余人，打响了一场禁毒“人民战争”。国际刑警组织秘书长肯德尔对此予以高度评价，国家禁毒委员会在发布的《2000年中国禁毒报告》中，图文并茂地反映了武进“禁毒志愿者”活动的成功经验。中共江苏省委书记回良玉、江苏省省长季允石肯定这项活动是“开辟了社会禁毒的新路子”。

（刘建中 摄）

【“3·3”遥观杀人分尸案件被侦破】 3月3日，遥观镇排涝站工人在该镇梅港河芳庄段施工时，打捞出一人体尸块，市公安局领导立即组织侦察技术人员赶赴现场。经法医鉴定，尸块部位为腹部至大腿根部，死者为女性，35岁左右，初步分析，是一起杀人分尸抛尸案件。市公安局迅速组成专案组开展侦查，查清死者为常州市红梅乡人陈某某，4月14日侦破此案，抓获犯罪嫌疑人江苏省高邮市周山乡人徐喜余（男36岁）。经查，1月14日晚，陈某某借宿徐喜余在湖塘镇新城花苑的暂住地，次日晨，因陈某某索要几百元钱两人发生争吵，徐喜余将陈杀害，随后用钢锯将尸体肢解10余块装入蛇皮袋内，1月16日租乘一辆“马自达”至常州市朝阳桥，抛尸于大运河中。

【"7·4"小河杀人劫车案件被侦破】 7月4日上午10时，小河镇街北村文化新村女青年陈某某驾驶出租车被一男子租车后一直未归。市公安局接到报案后，立即开展调查，初步认定为一起杀人劫车案件，并成立专案组，迅速部署展开侦查工作。经过5个昼夜的艰苦走访、排查摸底和取证，7月9日，犯罪嫌疑人常州市龙虎塘小塘头村人杨维正(男，32岁)，被抓获归案。经审查，杨维正交待了因赌博输钱，于7月4日上午，以租车去丹阳界牌为名，骗陈某某开车至句容市亭子乡一偏僻地段，采用卡脖子等手段将陈勒死后抛尸，劫车开回常州的作案经过。

【"7·12"小河杀人分尸案件被侦破】 7月12日上午6时许，在小河镇庙边村委浦河北岸河堤上发现一具女性碎尸。经查，死者为丹阳市界牌镇界牌村委会女会计郭某某。此案的发生，在常州、镇江两地产生了严重的社会影响，各级领导十分重视，多次专门听取案件侦查工作进展情况汇报。专案组通过大量的侦查取证工作，认定界牌村治保主任徐建平(男，49岁)有重大作案嫌疑。8月17日，专案组依法对徐进行审查，徐坦白交待了为侵占巨款，采取捂嘴、勒颈等手段将郭某某杀死，并分尸抛尸的犯罪事实。

【一起贩毒大案被侦破】 11月，市公安局经过半个多月的缜密侦查，抓获了贩卖毒品和犯罪嫌疑人沈汉成(男33岁，遥观镇塘桥村人)、刘广宁(男，45岁，上海市黄浦区人)，缴获海洛因280克、毒资10万元，由此掐断了一条由上海至武进的贩毒渠道。 (张卫星)

检 察

【概 况】 2001年，检察机关认真贯彻最高人民检察院"公正执法、加强监督、依法办案、从严治检、服务大局"工作方针，以"素质兴检、业务立检、科技强检、稳步改革、服务大局"为工作主线，不断提高检察队伍的整体素质和执法水平，履行检察职能，为全市改革开放、经济建设和人民安居乐业营造良好的社会环境发挥了积极作用。

积极开展"严打"整治专项斗争。该院认真贯彻全国治安、整顿规范市场经济秩序工作会议精神，全力投入"严打"整治专项斗争，坚持"从重从快"方针，保持"严打"高压态势，积极履行审查批捕、审查起诉职能，对重特大案件坚持快捕快诉，努力维护全市政治稳定和社会安定。年内受理公安提请批捕案1 011件、1 456人，经审查批准逮捕案950件、批准逮捕1 351人，不批准逮捕案80件、不批准逮捕131人；受理公安提请起诉案1 149件、1 720人，审查后向市法院起诉1 120件、1 685人；对可能判处无期徒刑以上刑罚的重特大案件报送常州市检察院审查起诉44件、97人。4月10日至12月25日，批捕黑恶势力犯罪、严重暴力犯罪、多发性犯罪"三类"重点案件594件、批捕877人，起诉605件、913人，严厉打击了犯罪分子的嚣张气焰。

查办贪污贿赂渎职等职务犯罪。该院受理职务犯罪线索407件，立案侦查50件50人；其中贪污案件47件47人、渎职案件3件3人，国家机关事业单位工作人员22人、国有企业工作人员20人、村支部书记4人。逮捕贪污贿赂渎职等职务犯罪嫌疑人30件、30人，向法院提出公诉42件、44人。通过办案追赃，为国家和集体挽回直接经济损失1 700余万元。

加强法律监督，确保司法公正。2001年，该院坚持"基本事实清楚、基本证据确实"的原则，严格执行实体法和程序法，切实加强法律监督。追捕犯罪嫌疑人9人、追诉被告人15人、追诉被告单位1个，对公安机关应立案而未立案的案件开展立案监督11件、13人。审判监督工作以民事行政审判监督为突破口，受理当事人不服法院已生效的民事(经济)行政判决及裁定的申诉案44件，立案审查27件，经查证复核，提请和建议提请常州市检察院抗诉5件，已改判1件。对法院认定事实有误的3个建议在执行中进行和解。

加强控申、监所检察工作。该院年内受理群众来信来访655件，比上年增34%，对407条贪污、贿赂、渎职等案件线索及时有效地组织查处。推出传真举报新举措，为群众开辟了既方便又安全的举报"绿色通道"。积极为民排忧解难，妥善化解社会矛盾，处理"两访一户"案件19件、29人。受理刑事申诉复查案6件。监所检察工作加强对监所活动及监外执行情况的监督，避免了1起律师在监管场所会见被告人时的泄密事件，纠正了1名罪犯不符合减刑条件的案件。加强对监外"五种人"的考察帮教，办理"五种人"重新犯罪案件16件、16人。

积极开展社会治安综合治理。会同市国税、地税、工商、土管等行政执法部门、市9家金融机构及有关镇、企业建立预防职务犯罪联席会议制度，形成预防网络。组成有16名干警的法制宣讲团到重点单位开展法制宣传，进行职务犯罪预防宣传活动24次，结合办案向案发单位发送检察建议40余份。与重大工程承发包双方签订廉政责任书38份，检查考察14个在建工程。积极开展青少年犯罪预防教育活动50次，有效地预防和减少青少年犯罪。

加强检察干警队伍建设。认真推进公正执法、文明办案，强化监督制约和机制，推进检察员向人大述职制度。加强学历教育和素质教育，组织19名干警参加省委党校研究生班学习，25名干警参加本科学习。组织全院140名干警参加最高人民检察院组织的检察官基本素质考试，举办培训班、演讲会、新聘中层干部交流会，提高中层干部的管理水平。通过内强素质、外树形象，被江苏省检察院再次确认为“人民满意的检察院”。

【推行未成年人案件不诉听证制度】 未成年人案件不诉听证制度是预防青少年犯罪的重要举措，是检务公开的深化。3月，市检察院举行首例未成年人案件不诉听证会，对本市某中学学生张某宣布不起诉决定。16岁的张某因临时起意盗窃了邻居现金，数额较大，事后悔恨交加，在父母的陪同下到公安机关投案自首。该院广泛听取各方面意见，从教育、感化、挽救维护青少年合法权益的高度出发，举行了听证会，对张某作出不起诉处理，随即与张某及其父母、学校、村委签订了帮教协议。

【实行特大恶性案件24小时批捕制度】 市检察院从4月起，为贯彻“从重从快”的“严打”方针，对公安侦破的特大暴力恶性案件及社会影响大、群众反响强烈的严重破坏社会治安的案件，快速反应，特案特办，及时派员提前介入公安侦查，全面收集证据。在公安报捕的24小时内从速批捕。如徐喜余杀人碎尸案、卢安军入室抢劫案、杨维正杀人劫车案、张孟安蒙面入室抢劫强奸案等社会反响较大的案件均在24小时内批捕，有力地震慑了犯罪，保持了强有力的“严打”高压态势。

【“双十”百日办案竞赛】 9月19日至12月28日，市检察院根据“从重从快”的精神和常州市检察院的统一部署，开展“双十”百日办案竞赛，即重大刑事案件审查起诉时间不超过10天，普通刑事案件平均起诉时间不超过10天。检察干警加班加点、挑灯夜战，审结起诉案件338件，平均个案审结时间为7.09天，同期还审结批捕案件256件、342人。办案数量名列常州市辖市（区）检察院前茅。

【推行检察员向市人大常委会述职制度】 2001年，市检察院为更好地将检察工作置于人大的监督之下，加强队伍建设管理，使人大全面了解所任命的检察员在任职期间的德、能、勤、绩等方面表现，实施检察员向市人大常委会述职制度，组织14名任中层正职干部的检察员向市人大常委会述职。市人大常委会通过听取述职人的工作汇报，综合评议，及时向述职人反馈评议结果，促使检察员正确履行职责，提高整体执法水平。

【市检察院被命名为全国优秀“青少年维权岗”】 12月，共青团中央、最高人民检察院联合命名市检察院为2001年度全国优秀“青少年维权岗”，全省仅有5个。近年来，该院充分运用检察职能，积极营造有利于青少年健康成长的良好环境，把打击与保护、打击与帮教、打击与预防有机地结合起来，探索出一条校园维权、帮困维权、帮教维权、社区维权的新路，切实维护青少年的合法权益。

【侦破董仲新受贿、滥用职权、贪污案】 2000年12月27日，市检察院对雪堰镇经营管理办公室主任兼雪堰合作基金会负责人董仲新滥用职权、受贿、贪污案立案侦查。经查，董仲新在1993年7月至1997年，利用职务之便为他人谋取利益，索取、收受他人贿赂10起，计人民币9.82万元。在雪堰合作基金会资金的放贷过程中，违反审批制度及程序投放资金，造成发放给武进市雪堰镇水利助剂厂等12家贷款户的1 313.99万元的贷款无法收回，使公共财产遭受特别重大的损失，期间，董仲新还伙同基金会会计周仲渊（已判刑）私分公款16 265元，董仲新分得赃款3 000元。2001年12月17日，董仲新因受贿罪、滥用职权罪、贪污罪数罪并罚被判处有期徒刑13年。

（石金祥）

审　判

【概　况】 2001年，市法院继续加强干警队伍建设，认真履行各项审判职责，切实搞好各项审判工作。办结各类案件12 317件，涉案总标的6.03亿元。

刑事审判。该院年内审结刑事案1 178件、1 727人，分别比上年增43.8%、45.2%。其中严惩故意杀人、故意伤害、绑架、抢劫、强奸等恶性暴力犯罪案212件、322人，严惩社会邪恶势力犯罪和黑社会性质犯罪案77件、150人，严惩盗窃等多发性侵犯财产型犯罪案569件、870人，严惩涉爆、涉枪、涉黄、涉赌、涉毒犯罪95件、115人，严惩金融诈骗、合同诈骗、票据诈骗等犯罪案39件、55人，严惩贪污贿赂和挪用公款犯罪案38件、40人。年内有219名犯罪分子被判处5年以上有期徒刑，占判决生效人犯总数的12.7%，其中59名犯罪分子被判处10年以上有期徒刑。

民事审判。该院年内审结民事案3 860件，其中审结离婚、解除非法同居、抚养、赡养、继承、析产等民事案1 186件，审结人身损害赔偿、财物损坏赔偿案件546件，审结侵犯姓名权、肖像权、名誉权和消费者权益保护、劳动争议等新类型民事案70件。以调解或撤诉方式结案的民事案2 532件，占65.6%，妥善处置矛盾易激化案件56件。

经济审判。该院年内审结公民、法人和其他组织之间发生的经济纠纷案1 925件，其中审结涉外企业的案件71件、涉及个体工商户和私营企业的案件450件、房地产纠纷案件30件、乡镇政府或其下属部门为原告的借款纠纷案90件、金融机构为原告的借款纠纷案317件，审结企业转制、租赁、承包纠纷案62件。全年采取财产保全措施390件次，标的5 800万元。

行政审判。审结行政诉讼案63件。办结违章建筑、违法占地等行政非诉讼案81件，拆除房屋7 400平方米。

案件执行。办结执行案件4 972件，兑现现金1.83亿元。在执行工作中，司法拘留337人次，采取其他强制措施768件次。加强执行工作规范化管理，制订34种执行文书样本和执行工作流程管理办法。年底积存执行案件117件，同比减少23.5%。

队伍建设。全院干警以人民满意为标准，以公正执法为重点，着力塑造法院、法官的良好形象。涌现出3名办案超300件、22名办案超150件的办案能手。年内制定出台了20个规范性文件，加强对干警廉洁自律主题教育活动和思想作风建设。全面提升在职干警的学历层次，55人参加法律本科和研究生层次的学习。组织全院干警大力开展调查研究，撰写调研文章220余篇，其中被省级以上报刊录用28篇。

【"严打"整治工作】 2001年，市法院把严厉打击严重刑事犯罪和治理整顿市场经济秩序工作放到突出位置，强化政治意识、责任意识、法律意识。对重犯坚持在法定刑的较高幅度上量刑，对集团犯罪的首要分子实行顶格量刑。对严重破坏社会主义市场经济秩序犯罪活动的加大打击力度。年内召开打击社会黑恶势力犯罪、恶性暴力犯罪、涉黄涉毒犯罪和经济犯罪等主题的宣判大会和公开开庭12场次，召开了有124名缓刑人犯参加集中帮教大会，到江苏省少管所、市看守所对服刑少年犯开展主题帮教活动两次。

公审公判大会 （陆新 摄）

【潘金宝见义勇为受到省、市级表彰】 2月11日下午，市法院湟里法庭助理审判员潘金宝骑摩托车外出执行公务。在追赶被盗摩托车时，与两名盗车歹徒英勇搏斗，被歹徒刺伤胸背部，生命垂危，经医院紧急抢救脱险。江苏省高级人民法院和常州市中级人民法院先后通报表彰潘金宝的先进事迹；常州市见义勇为基金会和武进市见义勇为基金会分别授予他"见义勇为积极分子"的称号，并给予了物质奖励。

【最高人民法院警务部副部长王继平视察武进市人民法院】 10月19日，最高人民法院警务部副部长王继平、警务处处长赵经铎到武进市法院检查法警工作，并听取了该院法警警务、装备保障等工作的汇报。

【刑事案件再追缴、再执行工作成效显著】 2001年，市法院继续加强对经济犯罪赃款赃物再追缴、财产刑再执行工作，抽调专门人员，对近两年所判刑事案件赃款赃物和罚没金未到位的175名涉案人员进行全面清查，取得显著成效，共再追缴赃款赃物、再执行财产刑折合人民币达120余万元。

【河豚中毒纠纷赔偿案审结】 武进市宝通线缆附件厂在西夏墅迎春饭店宴请上海电缆研究所慕某某等人吃河豚，驾驶员张爱萍因食用河豚鱼中毒，全身瘫软，呼吸心跳停止，经抢救脱险，造成一级伤残。市法院经审理认为，两被告违反国家卫生部水产品卫生管理办法的规定，擅自烹饪河豚供他人食用，严重危害了原告的健康权，造成原告一级伤残，一审判决武进市宝通线缆附件厂和饭店业主商腊敏共同赔偿原告张爱萍24.79万元。

【惩处江南彩印厂、李泉荣侵犯他人知识产权犯罪】 1996年至2000年1月，武进市漕桥江南彩印厂法定代表人陆正兴伙同个体书商李泉荣、余建钢等人，未经著作权人许可，由该厂擅自印刷定价449万余元的图书。其中李泉荣委托漕桥江南彩印厂为其印刷他人享有出版权的图书定价97万余元，并向该厂购买定价计192万余元的侵权复制品予以销售。陆正兴还受李泉荣及常州市东方书刊有限公司等的委托，安排该厂非法印刷或加印、销售定价456万余元的图书，其中李泉荣委托该厂非法印刷了定价计115万余元的图书。市法院以武进漕桥江南彩印厂犯侵犯著作权罪、非法经营罪，判处单位罚金50万元。陆正兴作为该厂主要直接负责的法定代表人，被判处有期徒刑7年，并处罚金5万元，没收财产5万元。个体书商

李泉荣犯侵犯著作权罪、非法经营罪、销售侵权复制品罪被判处有期徒刑8年，并处罚金8万元，没收财产5万元。 （储春平）

司 法 行 政

【概　况】 2001年，司法部门围绕市委、政府的中心工作，积极履行法律服务和法律保障职能，为维护全市社会稳定，保障经济发展、推进依法治市建设作出了积极贡献。

组织开展普法宣传与“依法治市”工作。2001年，市政府组织召开了全市“三五”普法总结表彰和“四五”普法动员大会，部署了全市“四五”普法任务。市司法局认真抓好全市“四五”普法、“二五”依法治市规划的制定启动实施工作，举办了全市普法骨干培训班，学习宣讲了《婚姻法》等8部新颁法律法规，发放普法学习资料1.2万册。组织开展了“依法治市”宣传周和“12·4全国法制宣传日”活动。认真落实领导干部、公务员和企业经管人员学法力度，举办市委中心组和市级机关干部法制讲座2次。全市组织普法培训班、法制教育课522场次，参训人员达10.2万人次。抓好青少年法制教育的落实，开办师生、家长法制教育课66场次，发放《未成年人保护法》和《预防未成年人犯罪法》宣传材料10万余份，受教育师生、家长达8.2万人次。

积极参与搞好“严打整治”斗争。2001年，司法行政部门积极投入“严打整治”斗争，大力宣传“严打整治”斗争的重大意义、相关法律法规。市司法局下发《严打整治法律法规汇编》2 000余册、相关宣传材料5 000余份。各镇、各部门通过报纸、广播、电视等传媒和板报橱窗、横幅等形式开展专题宣传，形成“严打整治”的强大舆论功势。各镇司法所、基层调委会积极排查调处民间矛盾纠纷。国庆节和“武进国际经贸洽谈会”前夕，市司法局会同公安部门组织开展民间矛盾纠纷和刑释解教人员情况“双排查”活动，实现全市无集体上访、无民间矛盾纠纷缴化、无重大刑事案件的目标，维护了社会稳定。

加强基层基础建设。从1月1日起各镇司法办统一改建为司法所，进一步明确司法所的编制体制、地位作用。各镇重大疑难纠纷调处中心更名为“司法调解中心”，并按标准化要求统一设立司法调解室。市司法局与各镇政府结合行政村撤并工作，及时配齐配强基层调解干部，加强基层调解委员会组织建设。年内全市调解组织调解处理民间矛盾纠纷7 962起，防止矛盾纠纷缴化153起、集体上访48起，避免非正常死亡38人。全市各安置帮教工作站认真做好以“四类重点人员”为主的刑释解教人员安置帮教工作，保障其基本生活。全市接收刑释解教人员330名、安置314名，安置率达95%，帮教率达98%，刑释解教人员重新犯罪率控制到4%，比预期目标低1个百分点。

法律服务。市法律援助中心办理法律援助案件111件，基层法律服务所办理法律援助事务407件，减免法律服务费用32.8万元，较好地维护了弱势群体的合法权益。“148”法律服务中心积极争创“常州市青年文明号”，积极做好法律咨询和联动协调工作，提供法律咨询3 429人次，接待来访群众305人次，联动服务27次，化解了潜在矛盾。

2001年，全市法律服务机构不断拓展法律服务新领域，为改革发展和群众提供优质高效的法律服务。市公证处、各律师事务所、各基层法律服务所认真当好政府、企业的法律顾问，积极代理纠纷案件的诉讼业务，拓展非诉讼法律业务，优先、优质、优惠地为国有企业和农业结构调整提供法律服务；积极参与招商引资和涉外、涉港澳台法律服务，全市7家律师事务所受聘担任248家单位的常年法律顾问，办结诉讼案件1 925件（其中刑事352件、民事894件、经济622件、行政57件），办理非诉讼法律事务240件，为当事人挽回和避免经济损失2.26亿元。律师办案数、业务收费分别比上年增45.7%、30.3%，非诉讼法律服务和涉外法律服务业务成倍增长。江苏常州正气浩然律师事务所办理非诉讼案件10多件，涉案资产标的额1.3亿元，业务收费约占全所业务收费的25%，为适应中国加入WTO后的新形势，开拓非诉讼和涉外法律服务业务作了探索。市公证处年内办结公证2 779件，其中国内民事公证556件、国内经济公证1 213件、涉外及涉港澳台公证1 010件，比上年增115%；自办公证能力大大提高，自办公证比例达57%。全市30家基层法律服务所担任815家单位的常年法律顾问，代理民事经济、行政和非诉讼案件1 977件，解答法律咨询5 388人次，代写法律文书2 976件，办理法律援肋事务407件，为当事人避免和挽回经济损失1.14亿元。

【“三五”普法教育工作取得显著成绩】 1996年以来，市司法局在全市“三五”普法工作中，充分发挥组织、协调、指导、督促的职能，切实加强组织领导，抓好授课培训，运用报纸、广播、电视等各种载体，采用现场答法、“148”专线助法、竞赛学法、上门送法、专题说法、文艺演法、图板展法、广播释法、报刊讲法、理论研法等丰富多彩的法制宣传教育活动和方式，增强普法教育的渗透力和影响力，促进领导干部、司法行政执法人员、企业经营管理人员、青少年和外业务工人员等重点群体学法用法，增强了全市群众的法制观念、法律意识，提高了广大干部依法办事、依法行政的能力，推动了“依法治市”建设的深入开展，为维护全市社会稳定、促进全市经济快速发展发挥作用。5月底司法局被中宣部、国家司法部表彰为1996～2000年全国法制宣传教育先进单位，这是该局继1996年被评为全国“二五”普法先进单位之后第二次获此殊荣。2001年，武进市被江苏省“依法治省”领导小组表彰为“三五”普法先进单位，市公安局贾文东、市司法局巢鸿鹰被表彰为江苏省“三五”普法先进个人。市教委等25个单位、市司法局毛亚娟等28人被常州市“依法治市”领导小组分别表彰为先进单位、先进个人。

【“四五”普法工作启动】 9月26日，市政府启动全市“四五”普法工作，提出了“四五”普法的总体目标、主要任务和基本内容。总体目标是实现中央提出“两个转变”和“两个提高”的要求：即实现由提高全民法律意识向提高全民法律素质的转变，实现注重依靠行政手段管理向注重运用法律手段管理的转变。要求重点对象公务员、企业经营管理人员每年累计学法分别不少于40小时和30小时；要建立和完善普法培训和考试、考核工作制度；建成家庭、学校、社会相结合的青少年法制教育网络和机制，切实加强青少年法制教育工作；强化全市公民的法律意识，培养良好的学法、用法、护法习惯；提高各级领导干部依法决策、依法管理和运用法律手段解决问题的能力；增强司法和行政执法人员依法行政、公正司法的自觉性。

【司法行政系统积极投入“严打”整治斗争】 2001年，全市司法行政系统积极投入“严打整治”斗争，积极配合公安、检察、法院搞好严厉打击严重刑事犯罪和社会黑恶势力，严肃治理整顿市场经济秩序的活动，积极做好斗争中刑事案件的辩护工作、刑释解教人员安置帮教和民间矛盾纠纷排查调解处理等工作，采用板报、标语、报纸、广播、电视等途径开展舆论宣传，发放有关“严打整治”的法律法规汇编2 000余册（份），为“严打整治”斗争创造了良好的舆论氛围。律师在刑事辩护中及时调查取证、及时出庭辩护，保障了被告人的合法权益，律师代理刑事辩护案件352件。各级调解组织认真开展民间矛盾纠纷排查调解处理，搞好“创四无”、“防激化”工作，及时化解了一大批不稳定因素。安置帮教网络组织积极做好刑释解教人员的调查摸底，安置帮教刑释解教人员314名，有效地防止了重新犯罪。年底，全市司法行政系统有2个单位、3名同志被市委、市政府分别表彰为“严打整治”工作先进集体和先进个人。

【司法行政系统首次民主评议行风活动取得显著成效】

2001年，司法行政系统按照省、市纪委和行风建设领导小组提出的要求，积极开展评议工作。市司法局及时制订了《实施意见》，基层司法所和法律服务窗口公证、律师、基层法律服务所、法律援助中心、“148”法律服务专线积极创建“优质文明服务窗口”。该局在《武进日报》向全社会公开司法行政系统五大窗口单位行风建设承诺、监督电话和行风监督员。各部门开展内部问题自查自纠，局机关组织对所属29个基层单位进行明查暗访，检查了法律服务公示制度、文明办公和服务质量情况。抽查了律师卷宗35人、95本和公证卷宗8人、73本的质量。市司法局从群众的意见建议中梳理出问题15条，制订整改措施。

市司法局机关和各法律服务窗口单位通过开展民主评议行风活动，增强了便民意识、职业道德和执业纪律观念，改进了服务态度和质量，健全政务公开和服务公示制度，强化社会监督机制，内部管理制度和队伍整体形象有了明显改观，群众投诉率比上年下降43%。年底，该局在6个市级机关重点部门群众民主测评中满意率为90.5%，名列第2位。

【首次律师职业道德和执业纪律教育评查活动】 9月～11月，市司法局根据国家司法部、江苏省司法厅的要求，组织各律师事务所和全体律师开展这项活动，认真抓好动员教育、案件登录、征求意见、自查自纠和检查验收等工作。各律师事务所认真查找在制度上、管理上和执业中存在的问题，并及时进行了查处、整改，工作重点是案件登录、核实和对发现问题的查处。市司法局到市人民法院登录了2000年1月1日至2001年6月30日内律师承办的案件1 430件；其中本市律师承办的790件，常州市司法局转来武进律师在其他法院承办的案件560件。对这1 350件案件发征求意见函，收到回函126封，满意率达88.9%。查看核实了律师事务所收结案件台帐和收费发票存根，未发现突出问题。通过开展教育评查活动，掌握了关于律师执业行为的大量第一手资料，促进了律师事务所的内部管理规范化，提高了律师的从业素质。

【基层司法行政工作制度化、规范化建设】 2001年，市司法局注重加强基层基础建设，各个镇财政拨出专项经费支持司法所的硬件建设，改善办案条件。各镇司法所将司法承诺词、工作职责、纠纷处理的原则、程序和工作纪律、法律援助程序上墙公开，各基层法律服务所将业务范围、收费标准、办事程序、职业道德、执业纪律以及法律工作者的照片、执业证号等全部在办公场所醒目位置向群众公示，自觉接受群众的监督。市司法局统一印发《司法所内部工作制度汇编》、《法律服务所内部管理制度汇编》，各基层单位依据这两个制度汇编制定和完善了各项规章制度，并汇编成册，发放到个人。

【纪念市司法局建立 20 周年】 5 月是市司法局建局 20 周年。5 月28日，在武进宾馆召开纪念建局 20 周年座谈会，回顾了 20 年来司法部门推进武进民主法制建设的历程。20 年来，市司法行政系统认真组织实施了 3 个“五年普法”规划，提高了公民法律意识，围绕经济建设搞好法律服务，积极做好人民调解、安置帮教和综合治理工作，为维护全市社会稳定作出了显著的成绩。累计普及法律法规 100 多部，年均有近 20 万人次接受普法教育和培训，律师代理诉讼与非诉讼案件1.31万件，市公证处办理公证5.57万件，基层法律服务工作者代理经济、民事诉讼与非诉讼案件2.48万件；基层人民调解组织累计调处民间纠纷14.56万件，防止民间纠纷激化1 643件，避免非正常死亡1 072人。1997年至2001年 5 月，全市司法行政系统接受刑释解教人员2 055人，安置1 891人，安置率92%，帮教率98%；市法律援助中心累计办理法律援助案件801件，减免法律服务费118.2万元。1999年至2001年 5 月，“148”法律服务专线向社会各界提供法律咨询1.2万人次，接待来访群众885人次。

（陆新　摄）

【市基层法律服务工作者协会成立】 4 月 24 日，为适应基层法律服务所实现“室所分离”，向全面脱钩改制、组建合伙制基层法律服务所转变的新形势，市司法局发起成立市基层法律服务工作者协会，制定通过《市基层法律服务工作者协会章程》，选举产生第一届理事会，该局局长蒋国民当选为会长。该协会是全市基层法律服务所和基层法律服务工作者自愿结成的行业性、非营利性、地方性的社会组织，拥有单位成员 30 个、个人会员 185 名。协会主要职能是加强全市基层法律服务行业的管理，加强基层法律服务工作者职业道德和执业纪律教育，提高其政治业务素质，保障基层法律服务机构和人员依法执业，维护其合法权益，促进武进基层法律服务事业健康发展。　　（彭旭飞）

我国将推行按套内面积售房

我国房地产市场今后将推行按套或套内建筑面积销售商品房的计价方式。在建设部、国家计委等七部委下发的“关于整顿和规范房地产市场秩序”的通知中，做出了这一规定。

文件规定，积极推行按套或套内建筑面积销售商品房的计价方式。按建筑面积计价的，房地产开发企业应当向消费者明示套内建筑面积及分摊的共有建筑面积。已纳入分摊面积的共用部位的产权，属业主共有，房地产开发企业不得擅自另行出租、出售。目前房地产市场的纠纷有 90%以上都涉及到面积问题。现行的以建筑面积计价的方式，计算复杂、环节众多，导致买卖双方经常发生意见冲突。

（栏目责任编辑　陈才全）

开发区建设

江苏省武进高新技术产业开发区

【概　况】 2001 年,江苏省武进高新技术产业开发区(以下简称武进高新区)党工委、管委会认真落实市委、市政府对武进高新区的总体要求,实现园区建设跨越式发展。完成工业总产值21.6亿元、工业产品销售收入20.33亿元、外贸供货额5.18亿元,实现税费及附加1.3亿元,分别比上年增59.4%、58.6%、57.6%和105.5%。

*招商引资取得突破性进展。*武进高新区认真贯彻市利用外资工作会议精神,调整招商思路,创新招商方法,把台湾省作为招商的重点地区,收到显著成效。全区合同利用外资6 976万美元,实际利用外资1 299万美元;在2001年武进市国际经贸洽谈会上,有6个合资意向性项目签约,总投资达7 400万美元。

*科技创新取得新的成果。*4月,武进高新区出台了促进科技发展的奖励意见,鼓励企业实施科技创新工程。年内武进市南方轴承有限公司、常州市天普生物化学制药厂、常州市智思机械制造有限公司、常州市永明机械制造有限公司被江苏省科技厅认定为"高新技术企业";楔块共用保持架的超越离合器、HDR 高速双针床绒类经编机、MERS 高功能多梳节拉舍尔经编机、塑料挤出平膜拉丝机组、WHS－Ⅲ型智能化全集成数码监测系统被江苏省科技厅认定为"高新技术产品";累计有省级"高新技术企业"5 家、"高新技术产品"11 只。全区拥有专利产品 27 只;实施国家、省、市级科技计划项目 23 项。全区高新技术产品销售收入占销售总收入的40.8%。

*投资环境进一步改善。*12 月,武进高新区110kV变电所开工建设,一期工程投资达2 324万元,将于2002 年 9 月竣工。年内先后开工建设降子路、金鸡路;全面完善火炬北路、古方路等道路的绿化和路灯设施建设,区内设立规范的道路路牌、门牌、指示牌,进一步改善了高新区的整体环境。

*经济总量大幅度跃升。*主要经济指标增幅均达50%以上,税费和附加实现翻番。卡尔迈耶纺织机械有限公司、武进兴勤电子有限公司、常州神雁光纤通信有限公司、常州市天普生物化学制药厂等骨干企业产销两旺,成为武进高新区经济的重要支撑。江苏新科电子集团有限公司 DVD 出口基地、金氏集团金海塑业有限公司等重大投资项目相继建成投产,为武进高新区经济的快速发展增添了新的活力。

【全国人大常委会副委员长铁木尔·达瓦买提视察武进高新区】 10 月 18 日,全国人大常委会副委员长铁木尔·达瓦买提在市人大常委会副主任梅鹤训等领导的陪同下视察了武进高新区。铁木尔·达瓦买提副委员长对武进高新区取得的成绩给予了充分肯定,并欣然题词"开创武进高新区美好的明天"。

【武进高新区南区获准设立】 2001 年,市政府为解决武进高新区可用土地不足的矛盾,确保后续发展的需要,经批准依托正在建设的沿江高速公路(即常澄高速公路),建立武进高新区南区。北至武南河,西至武宜路,东至新常漕路、南至南夏墅镇工业园区,总面积约为 7.72 平方千米。2002 年 1 月,武进高新区南区规划方案得到市政府原则同意。

【武进高新区获江苏省政府授予的两项荣誉】 建区以来,武进高新区紧紧抓住招商引资和技术创新两条主线,突出重点招商区域,专门成立台资招商办公室和东莞办事处,实行专门招商与全员招商相结合,取得明显成效。年内建成区道路全部安装路灯,完善区内道路绿化建设,安装交通警示牌、路牌、指标牌等标志,形成产业开发区的基本骨架。2000 年规划建设的北区江边工业园区年内投资 1.32 亿元,基本建成日供水能力 2.5 万吨自来水厂和 2.1 千米长园内道路,日处理能力为 1 万吨的污水处理厂开工建设,2×6000 千瓦机组热电联供项目完成立项。总投资 3 000 万美元的美国独资奇伦(武进)金属工业有限公司奠基。年内,台商独资兴勤电子有限公司竣工投产,德国独资博世力士乐(常州)有限公司迁至武进高新区项目签约,外商将增资 2 000万美元。新科 DVD 出口生产基地、金海塑业有限公司 BOPP 薄膜项目投产,可增加销售收入 23 亿元、利税2亿多元。开发建设速度明显加快，投资环境日臻完善，产业发展初具规模，经济总量大幅跃升，技术创新能力不断增强，开放型经济取得新的突破。武进高新区被江苏省政府表彰为“江苏省先进高新技术产业开发园区”和“江苏省2001年度开放型经济先进开发区”。

【武进高新技术创业服务中心连续两次被评为省“先进科技企业孵化器”】 省级武进高新技术创业服务中心（以下简称创业中心）1998年7月成立，经过3年多的建设，至2001年底累计建成投用孵化用房1.83万平方米，进驻科技型中小企业23家，有专业技术人才170多人，在孵项目30多个，首期创业基金330万元。创业中心良好的创新创业环境和全方位的优质服务，为中小科技型企业提供了良好的孵化、培育、发展平台。创业中心2000年、2001年分别被江苏省科技厅、江苏省政府评为“先进（优秀）科技企业孵化器”。

【江苏新科电子集团DVD出口基地建成投产】 12月，江苏新科电子集团DVD出口基地项目在武进高新区建成投产。达产后可年产出口DVD视盘机300万台，实现销售收入20亿元。DVD出口基地设有保税工厂，与海关进行数据联网，享受“绿色通道”快速服务，大大缩短了产品的流转周期，适应跨国企业全球化生产需要。

新科DVD生产线　　（高岷　摄）

【金氏集团常州金海塑业有限公司建成投产】 2002年1月建成投产。达产后可年产高档薄膜2万吨，年销售收入3亿元。该公司引进国际上最先进的激冷辊薄膜生产机组，采用五层共挤结构生产工艺，属国内首创，可开发生产标签膜等特种薄膜；采用火焰处理法，大大提高了表面处理能力，为生产真空镀铝膜表面要求严格的产品提供了保证；每分钟400米的线速度，以及超薄、高强等特点，提高了产品的市场竞争能力。

（李焕祥）

【江边工业园区污水处理方案通过论证】 11月1日，江边工业园区污水处理方案论证会在魏村召开。为解决江边工业园区内污染排放的问题，聘请上海同济大学设计污水处理方案，南京大学、同济大学、苏州城建环保学院及武进市等单位的20多位专家学者对该方案进行了论证，该项目处理污水能力达2万吨。第一期工程总造价3 500万元，日处理污水能力5 000吨，年内完成立项，通过可行性研究报告论证，年底开工，预计2002年国庆前投运。　（赵焕琴　曹留琴）

江苏省武进外向型农业综合开发区

【概　况】 2001年，江苏省武进外向型农业综合开发区（以下简称武进农发区）党工委、管委会认真贯彻落实市委、市政府有关文件精神，加大招商引资力度，加强基础设施建设，综合投资环境大大改善。实现国内生产总值超亿元，新批外资企业3家，合同利用外资1 278万美元，实际到帐外资300万美元，自营出口30万美元，开创了武进农发区外向型经济的新局面。

1.招商引资取得突破性进展。菲律宾独资常州文佳食品有限公司总投资1 000万美元，是全市最大的农产品加工外资项目；台资常州宏运房地产开发有限公司投资开发的未来型高档社区黎明清境，一期工程投资280万美元。

2.体制调整和机构改革相继进行。4月，市委出台有关文件，决定撤销武进市良种繁育场建制，将其全部职能并入武进农发区，由该区下属单位滆湖实业总公司全面负责原农场的资产运作，理顺了武进农发区的管理体制。武进农发区党工委、管委会及时调整内部机构设置，分流人员；通过向社会公开招聘，引进了一批素质较高的工作人员充实到各职能部门，并将工作重心转移到招商引资上来。

3.总体规划调整完成，明确功能区设置。规划将武进农发区建成融“绿色·生态·现代化”于一体的综合开发区，划分为高科技生态农业示范区、绿化环保科技工业园等4大功能区。

4.综合投资环境得到明显改善。武进农发区管委会加大基础设施建设投入力度，投资600余万元，改造沧海街，扩建了工业园区道路，完成水稻良种繁育基地和优质果品生产基地的园区道路建设。区管委会积极配合市重点道路工程延政西路延伸至武进农发区建设的前期工作，主动与市交通局协商了开通武进农发区至武进城区的公交线路，便利了该区的对外联系，改善了投资环境。

【观光区景点建设稳步推进】 常州市绿杨花卉盆景基地位于武进农发区内，规划建成华东地区最大的鲜切花生产基地，总投资1 000万元，总面积12公顷，将建成武进农发区观光区的重要景点和对外展示窗口。

鲜花自动温控大棚（高岷　摄）

武进市名贵水产品科技示范园计划总投资1 680万元，占地面积1.39公顷，是一个集生态渔业、休闲渔业于一体的现代化渔业生产基地。　（徐晓波）

【武进农发区总体规划调整完成】 2001年，武进农发区党工委、管委会组织力量，编制完成了总体规划调整方案，总的指导思想是把武进农发区建设成为融“绿色、生态、现代化”于一体的综合开发区，划分为4大功能区：①以发展高科技生物工程、珍奇花卉、林果、农业生态系统为主的高科技生态农业示范区；②以发展食品深加工、环保型制造业为主的绿色环保科技工业园；③以森林公园、水上游乐项目、大型户外运动场为主，融水乡田园风光与现代化生活气息于一体的度假、休闲、运动区；④以提供高标准居住环境和现代化服务体系为主的中心居住服务区。

【黎明清境一期工程全面启动】 台商投资的常州宏运房地产开发有限公司开发的黎明清境项目是一个集高档别墅、高级公寓和休闲、运动、购物于一体的综合性社区。投资280万美元的一期工程年内全面启动，几幢风格鲜明的别墅式建筑及喷泉、湖石等园林小品建筑基本竣工，初步勾勒出黎明清境的美丽前景。

【菲律宾独资常州文佳食品有限公司落户武进农发区】 7月30日，由菲律宾苏里长青国际公司独资兴办的常州文佳食品有限公司在武进农发区成立。该公司总投资1 000万美元，注册资本500万美元，这是武进历史上最大的100%外销农业合资项目。加工原料主要来源于本地，将对武进农业产业结构调整产生积极的促进作用。菲律宾伯苏里长青国际公司在菲律宾从事食品生产加工具有悠久的历史，经多方考察，决定利用武进农发区的资源优势，主要生产加工肉制品、干蔬、果脯、水果、炒货、饮料等，年产值可达1 000万美元，产品主要销往日本、东南亚等国家和地区。

（沈　隽）

镇工业园区

【概　况】 武进从2000年12月开始，规划建设全市36个镇工业园区，积极引导企业进区投资，实现资源的综合利用，环境的统一治理和布局的统一规划，园区经济成为武进工业发展的一个亮点和新的经济增长点。至2001年底，全市园区建成区面积达1 050公顷，累计完成总投入21.6亿元，其中园区基础设施投入5.8亿元、进园企业投入15.8亿元。累计进园企业712家，年内园区企业完成产值140亿元，实现销售收入120亿元，分别占全市工业经济总量的24.6%、23.8%，园区经济已经成为带动全市经济健康稳定发展的主要阵地，工业园区的发展方兴未艾。武进市江边印染工业园区在安家镇启动建设，全市现有重污染的印染企业将逐步迁入印染工业园区，新办印染企业不在园区以外建设，印染污染可在园区内进行统一治理达标后排放。　（周　波）

（栏目责任编辑　杜仁彬）

城镇规划建设

综　　述

2001年，武进建设部门按照加快城市化进程和实施“城镇带动”战略的要求，坚持改革创新，锐意进取，积极推进城区建设、镇村建设和重点工程建设，全市城乡面貌明显改观。

1. 城区建设快速推进，城市功能和形象不断提升。城区总体规划进一步深化完善，城市规划展览馆建成开放，20项建筑方案完成评审。2001年城区市政基础设施投入近1亿元，新建和改造完成城市道路4条、总长4.9千米，新增道路面积22万平方米；新增公共绿地16.72公顷，新安装总长11千米道路的路灯；新建成定安中路垃圾转运站，新建和改造公厕23座；新敷设管道燃气管网20.4千米。城区工程建设步伐明显加快，2001年新开工建筑面积80万平方米，比上年增60%。城市管理以迎接2001年武进国际经贸洽谈会的召开和湖塘镇创建“江苏省卫生镇”为契机，大力整治城区环境卫生、道路交通秩序，城区面貌迅速改观。

2. 小城镇建设蓬勃发展，镇村建设水平提高较快。全市29个建制镇(除湖塘镇外)的第4轮总体规划修编评审工作全面顺利完成。全市村镇市政基础设施建设投入达3亿多元，村镇建设建筑总面积188万平方米，建制镇建成区面积增至52.15平方千米，全市城镇化水平达38%。小河、牛塘、郑陆3镇新创建成省级“新型示范小城镇”，全市累计8个；湖塘等12个镇新创建成“江苏省卫生镇”。

3. 建设市场经济秩序进一步规范，建筑业、房地产业较快发展。大力开展整顿和规范建筑市场经济秩序工作，建筑市场秩序明显好转。2001年，全市完成建筑业施工总产值34.9亿元，新开工面积271万平方米，实现建筑业增加值7.6亿元，分别比上年增17.1%、16.3%、7.9%。2001年，全市房地产开发企业累计完成开发投资额8.5亿元，新开工面积85万平方米，实现房屋销售收入7.3亿元，分别比上年增14%、30.7%、30%。

4. 住房制度改革不断深化，公用事业健康稳步发展。年内有28个单位新实施住房分配货币化制度，1 079名职工领到一次性住房补贴总额2 544万元。至年底，全市累计有928个单位、54 328名职工实行住房公积金制度，累计归集住房公积金2.16亿元。2001年底，全市正常运行的液化气储配站增到18个、液化气供应点136个，液化气用户发展到15万户，液化气年销售量达3 500万千克。年内城区新增管道燃气用户2 500户，用户总数7 990户，全年安全供气17万立方米。

（何雪峰）

城区规划建设

【概　况】 1. 城区市政基础设施建设较快进展。2001年新建和改造完成武宜中路、广电中路西段、永胜路部分路段、滆湖路部分路段等4条道路，总长4.9千米；完成常武中路3.5千米慢车道的沥青摊铺；累计新增道路面积22万平方米。新增武宜中路、广电中路西段道路绿化、人民西路公共绿地等16.72公顷，城区绿地率由2000年的10.1%上升到11.2%。新建常武路与人民路交会处转盘雕塑“飞翔”、武宜路与长虹路交会处转盘雕塑“吉祥丰收坊”，较大幅度地提升了城市形象。完成武宜中路、广电中路西段等8条道路的路灯工程，总长11千米，新装新款路灯500套。新建成定安中路垃圾转运站，新建和改造公厕23座，新增垃圾收集房80座、果壳箱375只。城区管道燃气新敷设道路及新村燃气管网20.4千米，总长度拓展到113.8千米。

2. 城区建设项目大幅度增加。2001年城区新开工投资额超30万元的建设项目240个，总建筑面积达80万平方米，比上年增60%，土建工程造价达4.6亿元。市委党校、常州市武进质量技术监督局、市客运服务中心、明都汽车摩托车城、湖塘实验初级中学、新园实验高级中学、市看守所、新科集团城区车间、金氏集团厂房等大体量建筑相继开工或竣工落成。阳湖世纪苑、四季新城、城中花苑、中凉新村续建、湾里新村三期等住宅小区项目积极实施，定安中路两侧总建筑面积8.5万平方米的临街商住楼开发项目基本竣工，初步形成现代化城市街道。

3.城镇管理软硬件环境继续改善。以迎接武进国际经贸洽谈会的召开和湖塘镇创建"江苏省卫生镇"为

新建成的住宅小区城区丰乐公寓。(陆新 摄)

契机,加大整治力度,对夜排档集中地段统一管理,集中力量对城区暴露垃圾和卫生死角进行"地毯式"清理,查处违章建筑20.5万平方米,强制拆除1.3万平方米,城区面貌迅速得到改观。垃圾转运站、收集房、公厕、果壳箱等环卫硬件设施加快建设和完善,新出台了城镇垃圾处理费收费办法。

表4 **2001年城区开工在建的主要项目**

建设项目	建筑面积(平方米)
阳湖世纪苑住宅小区	130 000
四季新城住宅小区	85 600
定安中路临街建筑群	85 000
前黄高级中学城区分校建筑群	50 000
城中花苑住宅小区	45 720
湖塘实验初中建筑群	40 091
新科数字电子公司厂房、宿舍	27 067
市公安局看守所	21 400
金氏集团厂房	15 888
市委党校、市行政学校	14 190
针纺城E、F、G区	11 718
丰乐公寓商住楼	11 000
市综合福利院	9 672
明都汽摩城	7 600
聋哑学校教学综合楼	4 800
市客运服务中心综合楼	4 148
合计	563 894

【武宜中路综合改造工程完成】 武宜中路是贯穿新城区的交通主干道,北起人民路,南到延政路,全长3.6千米,改造后路宽36米,总投资4 600万元。道路改造与管线、路灯、绿化、环卫、人行道板等各种配套设施同步建设到位,沿线新建13米跨钢筋混凝土里底桥和"吉祥丰收坊"雕塑。武宜中路改造完工彻底解决了原先交通拥挤、路面坑洼、排水不畅的状况,联通武宜北路,形成贯通城区南北的又一条现代化城市快速通道,构建了新的城市风景线,被市政府评为2001年度目标管理优秀项目。

【城市规划展览馆建成开放】 该馆位于区规划局一楼,以大型沙盘、触摸式电脑、多媒体、图版、模型等综合手段和形式,并实现光电效果电脑化控制,直观地展示了几年来新城区建设成就和新一轮城市总体规划成果,向全市人民形象地描绘了未来20年武进城市发展的蓝图。 (何雪峰)

镇村规划建设

【概 况】 小城镇总体规划修编完成。市政府成立规划方案评审小组,市建委(规划局)年内组织初审、终审论证55次。全市29个建制镇(除湖塘镇外)的第4轮总体规划修编评审工作进展快、起点高、质量好,全面顺利完成,聘请高资质的规划设计单位参与编制,规划成果做到航测地形、计算机出图、"一书十二图"、数字化光盘。市建委(规划局)年内完成详细规划编制面积近300公顷,核发村镇《建设工程规划许可证》1 016份。

小城镇建设步伐加快。2001年,全市镇村基础设施建设投入达3亿元,累计施工建筑面积188万平方米,其中工业企业新建项目726个,建制镇建成区总面积由2000年末的45.08平方千米扩展到2001年末的52.15平方千米,全市城镇化水平由2000年末的35%提高到38%。小城镇建设水平同步提高,小河、牛塘、郑陆等3个镇新创建成省级"新型示范小城镇",全市省级"新型示范小城镇"总数达8个。

表5 **2001年村镇建设主要在建项目**

建设项目	建筑面积(平方米)	建设地点
江边工业园区移民别墅	99 657	魏村镇
武钢集团80T电炉项目	46 000	横林镇
武进市旷达织物有限公司生产车间	42 788	潘家镇
卜弋镇殷村实验学校	23 800	卜弋镇
常州四通机械有限公司装配车间	18 670	薛家镇
武进市剑湖通用车辆配件厂测试车间	15 000	遥观镇
魏村新华村常恒花苑1—5#公寓	12 000	魏村镇
礼嘉空调设备配件厂车间食堂	11 777	礼嘉镇
江苏鸿联集团装配车间	10 433	横林镇
横山美士隆商住南楼	10 400	横山桥镇
合计	290 525	

小城镇面貌较快改观。2001年，武进加大对小城镇管理的力度，加快卫生镇、卫生村建设。创建成湖塘、潘家、漕桥、寨桥、湟里、东安、嘉泽、卜弋、安家、薛家、奔牛、罗溪等12个"江苏省卫生镇"，10个"江苏省卫生村"，全市"省级卫生镇"达24个，卫生村22个。

（何雪峰）

建 筑 业

【概 况】 2001年，全市完成建安施工总产值34.9亿元，比上年增17.1%；累计施工面积407万平方米，其中新开工面积271万平方米，累计竣工面积254万平方米，分别比上年增16.3%、16.3%、16.5%；实现建筑业增加值7.6亿元，比上年增7.9%；全员劳动生产率73 299元/人、人均技术装备率9 512元/人、实现利润总额7 874万元，分别比上年增17.7%、39.2%、26.4%，经济指标均创历史最高水平。

武进建筑企业加大建筑市场开拓力度。在北京、上海、南京、河北、宁夏、浙江等建筑市场均中标建筑项目，施工队伍遍及全国28个省市自治区，外出施工产值达21.4亿元，比上年增52%，占全市建筑业施工总产值的61.3%。企业综合实力明显增强。2001年武进完成施工产值超3 000万元的建筑企业达29家，比上年增11家，其中超3亿元产值的建筑企业3家；承建10层以上的高层建筑38幢，其中超高层3幢。

2001年，市建筑监管部门认真执行《工程建设标准强制性条文》，强化工程质量监督，扩大工程监理覆盖面，启动施工图设计审查，实施工程竣工验收备案制度等措施，促使工程质量有明显的提高。全市创建常州市优质工程37个，比上年增48%，15项工程荣获常州工程质量"金龙杯"奖，8项工程荣获江苏省工程质量"扬子杯"奖，常州中华恐龙园工程参评国家"鲁班奖"。

表6 **2001年施工产值超6 000万元建筑企业**

（以施工产值为序）

单位：万元

企业名称	资质等级	施工产值
江苏武进建筑安装工程总公司	一	38 583
武进市交通建设工程总公司	一	38 295
武进市建设工程总公司	一	35 989
武进市成章建筑工程公司	三	8 843
武进市第三建筑工程公司	二	8 690
武进市市政建设总公司	二	8 644
武进市戴溪建筑工程公司	二	8 553
武进市顺通路桥工程有限公司	二	6 254

表7 **2001年武进建筑安装装潢企业获得工程质量奖情况**

建设工程	施工单位	项目经理
中国建筑工程鲁班奖参评工程		
常州中华恐龙园	武进建安总公司	周德文
常州市怡康住宅小区一期2#房	南夏墅建筑公司	张建平
江苏省扬子杯奖工程		
上海爱甸苑住宅小区3#房	武进建安总公司	丁洪伟
常州中华恐龙园	武进建安总公司	周德文
常州市怡康住宅小区2#房	南夏墅建筑公司	张建平
武进市教师进修学校综合楼	武进建设总公司	王伟明 蒋亚南
武进市针纺大厦	武进建设总公司	王伟明
常州无线电工业学校学生宿舍	武进建设总公司	周才金
常州市北新巷38－2#住宅	武进建安总公司	黄留法
武进市丰乐公寓7#房	武进建安总公司	黄才良
常州市"金龙杯"奖		
武进市教师进修学校综合楼	武进建设总公司	王伟明
武进市针纺大厦	武进建设总公司	王伟明
常州无线电工业学校学生宿舍	武进建设总公司	周才金
常州市北新巷38－2#房	武进建安总公司	黄留法
常州市丽景花园9#房	成章建筑公司	茆阿林
武进市丰乐公寓7#房	武进建安总公司	黄才良
常州市十五中学教学实验楼	武进建安总公司	周宝根
常州市新区职教中心行政楼	武进建安总公司	黄留法
常州市项家花苑5#房	南夏墅建筑公司	朱泽民 赵卫国
常州市藻江花园11#房	武进建安总公司	黄留法
常州市藻江花园39#房	成章建筑公司	茆阿林
常州市兆丰花苑7#房	南夏墅建筑公司	朱泽民
常州市兆丰花苑3#房	武进第三建筑公司	金杏大
常州市兆丰花苑临街商场	成章建筑工程公司	贺亚照
武进市郑陆申达花苑1#房	成章建筑工程公司	朱国荣

（庄 铭）

房 地 产 开 发

【概 况】 2001年，武进房地产开发企业累计完成开发投资额8.5亿元，新开工面积85万平方米，实现房屋销售收入7.3亿元，分别比上年增14%、30.7%、30%。城区房地产开发投资势头强劲，开发投资总额约3.6亿元，市场日趋成熟，商品房销售价位不断攀升。市房地产管理处直属房地产开发企业开发房屋年内竣工7万余平方米，销售房屋5.6万平方米，实现销售额4 772万元，利润482万元。小城镇房地产开发较快发展，年内新成立镇房地产开发公司7家，镇房地产开发企业总数达19家。建设行政部门加强房地产开发管理，启动实施了住宅小区竣工综合验收交接管理办法，较好地规范了房地产开发市场秩序。

【阳湖世纪苑住宅小区基本建成】 阳湖世纪苑位于城区常武中路以东，占地14.13公顷，规划总建筑面积15.8万平方米，由武进市城区房地产开发公司和武进

市房地产开发有限公司共同投资开发，2001年完成开发建筑面积13万平方米，完成投资1.3亿元。该小区住宅设计合理，外形美观，配套建设有中心花园、休闲长廊、健身广场、游泳池、喷水池等设施和商业服务设施，是城区功能配套较为齐全、环境怡人的住宅小区，对全面提高城区住宅小区建设水平具有积极的示范作用。

（何雪峰）

房地产管理

【概　况】 2001年，市房地产管理处办理房产权籍登记7 562宗，建筑面积367.68万平方米；办理抵押登记2 552宗，建筑面积198.39万平方米，抵押总额16.8亿元；办理房地产交易5 514宗，建筑面积155.53万平方米，成交额7.9亿元；办理房屋查封、解封手续188份；全市直管公房实收租金262万元，出售直管公房3 100平方米，年末存量10.83万平方米；受理房屋安全鉴定337起，鉴定面积32万平方米；测绘房屋246幢，测绘面积60余万平方米。3月，根据国家建设部《关于房地产价格评估机构脱钩改制的通知》，完成原武进市房地产价格评估所的转制工作。

【住房制度改革】 2001年，全市继续贯彻落实2000年出台的《武进市城镇职工购房补贴试行办法》、《武进市房改房上市交易管理暂行办法》。至年底，市房地产管理处批复单位（系统）购房补贴办法45个，发放72个单位的1 583名职工购房补贴3 576.58万元，其中年内批复28个单位购房补贴办法，发放1 079名职工购房补贴2 544.41万元。年内，办理房改房价格补差审批1 056户，上市审批732户，住房面积4.95万平方米；出售公有住房75套，面积5 500余平方米，筹集售房款141.82万元。市住房基金中心进一步加大住房公积金的筹集和抵押贷款力度，至年末，全市有928个单位、54 328名职工实行住房公积金制度，住房公积金归集余额2.16亿元；其中2001年归集住房公积金6 062万元，归集率84.9%，发放住房公积金贷款2 060万元，分别比上年增20.2%和42%。

【住宅小区物业管理】 2001年，武进相继出台实施武进市《物业管理两项基金管理办法》、《城区新建住宅项目竣工和交接管理实施办法》、《城区新建住宅商品房进户收费的规定》等规范管理措施，以保证物业管理工作健康有序地发展。市房地产管理处抓住3月1日开始《江苏省物业管理条例》实施的有利时机，大力宣传物业管理法规，在城区开展大型宣传咨询活动。在“创优达标”活动中，全市9个物业管理企业积极组织住宅小区参加以湖塘镇为重点的“创建卫生城镇”活动，全面整治了住宅小区环境。邱墅小区、新城花苑、中凉新村等3个住宅小区被评为常州市物业管理优秀小区。至年底，全市累计创建市优级住宅小区8个。

【房屋白蚁防治】 2001年，市白蚁防治所按照“科技兴业”的指导思想，在科研项目“白蚁种类和区域分布调查研究”获得武进市科技一等奖后，“淹城白蚁危害综合治理”科研活动项目年内通过市科研立项。该项目所新研究出无环境污染的绿色药物防治灭治白蚁的方法，保护了古文化遗址的环境风貌。同时开展《武进市城市害虫种类调查研究》的外业调研工作，为延伸拓展相关专业打下了基础。该所利用《江苏省城市房屋白蚁防治管理规定》开始实施的有利时机，加大宣传力度和加强制约措施，全市新建房屋白蚁预防施工覆盖率达90%以上。签订预防施工合同586份，预防施工面积80万平方米，白蚁灭治面积近1万平方米。3月，该所被评为江苏省白蚁防治先进单位。

（陈国中）

（栏目责任编辑　杜仁彬）

环境保护

【概　况】 2001年，武进环保部门有序推进工业污染防治从“治表”转向“治本”，重点解决结构性污染；推进巩固太湖水质达标成果，从重点抓工业污染点源治理转向全面综合整治；推进保护生态环境，从打局部战役转向打总体战；推进环境管理主要依靠行政手段转向依法管理，辅之现代化监控手段，为努力实现经济发展与环境保护“双赢”打下良好的基础。市政府与各镇政府签订目标责任书，把环保工作实绩作为考核镇领导干部政绩的重要依据，对有关单位评先创优实行“一票否决”。全市主要污染物排放总量控制在1995年水平上，工业污染源全面实现达标排放，部分区域、流域水质有所改善，入太湖武进港、太滆运河水质 COD_{Mn} 达到三类水标准。市环保局圆满完成常州市政府与武进市政府签订的2001年度环境保护目标管理责任书下达的各项任务，成绩优秀，获一等奖；被评为常州市“三五”普法先进集体。

制定环境保护规划。市环保部门修改完善《武进市“十五”环境保护计划和2015年远景目标》，作为全市“十五”国民经济和社会发展的专项整治目标；编制《全市污染物排放总量控制计划》，列出重点治理规划和环境基础设施建设名录。市建设部门结合各集镇总体规划的调整和工业小区建设，编制太湖一级保护区内各镇生活污水集中处理规划和分步实施意见。

建设项目环境管理。市环保局按照国家《建设项目环境保护管理条例》、总量控制原则和建设项目环境影响评价制度，严格执行建设项目“第一审批权”，坚决不批准染料、农药、电镀、漂染、造纸等“十五小”项目和选址不符合地区总量或环境功能区要求的项目、不符合国家和省产业政策或环保政策的项目、所用技术或设备被国家和省列入淘汰名录的项目、污染物排放不能达标或污染物排放总量超过环境承受能力的项目、新增污染物排放量突破排污总量指标项目。年内，环保部门推行建设项目审批公示制，审批对环境有影响的建设项目1 626个，否决不符合环保管理要求项目107个；环境影响评价率100%，审批率100%。太湖、滆湖、淹城遗址、饮用水水源保护区和新城规划区内未新增污染项目。

严格执行管理建设项目“三同时”制度。市环保局对所有应执行环保“三同时”的项目加强建设过程的监督管理，联合市发计局、经贸局、工商局等部门建立环保“三同时”项目监察制度，经常督促检查“三同时”落实工作。年内对审批项目中的89个项目执行环保“三同时”，其中通过验收项目53个、待验收项目14个、在建项目16个、未建项目6个。

环境污染治理。年初，市环保局下达26家水污染治理设施限期整改、27家大气污染治理设施限期整改和30家固体废弃物限期治理的决定。7月底，市政府对50家废水污染企业下达停产治理决定。市环保局按照设施竣工验收办法和排放口规范化整治要求，督促检查污染治理企业，主要检查治理设施的工艺、工程质量、施工进度、治理效果、运行费用、规章制度、排放口规范化建设等方面。年内，全市76家污染治理企业中有62家基本完成治理任务、14家停产，共投入治污资金2 050万元，削减COD排放量380吨/年；27家大气污染治理企业总投资230万元，削减二氧化硫排放量6.4吨/年，烟尘250吨/年，均完成治理任务；38家企业完成固体废弃物污染治理项目，投资189万元；12家企业完成畜禽养殖污染治理，投入治污资金160万元。

污染综合整治。武进市政府按照常州市创建国家环境保护模范城市的总体要求，确定武进市“创建”工作目标任务，对污染防治提出更新、更高的要求。城区污水处理厂建设进展顺利，主体工程完工；湖塘镇区两个污水提升泵站建成，老镇区铺设排污管道4.5千米；全面彻底清淤大通河；太湖武进港入口5千米生态林建设规划编制完成；太湖一级保护区建成2 000多公顷生态农业示范区。市贸易办、技监局大力查处禁销含磷洗涤剂。市交通航道管理部门严格控制船舶排放污染，强化平时监督，规定航经武进水域的主要船只均安装油污分离装备和贮存装置。市多管部门加大围网拆除、禽畜养殖污染整治力度。

环境质量监测。年内，武进环境质量进一步趋向好转，市环保局环境监测站获得环境有效数据16 403个，其中环境例行监测数据6 639个(包括地面水3 200个、空气环境质量监测2 434个、区域环境噪声及交通噪声1 005个)、污染源监测827个、污染事故及其他监测8 937个。

表 8 2001 年武进市环境质量监测情况一览

项 目	单 位	水质 COD_{Mn} 大气、噪声质量数值
武进港水质		三类
太滆运河水质		三类
滆湖水质年均值	mg/L	4.3
淹城遗址护城河年均值	mg/L	4.5
城镇集中式供水源水质达标率	%	97.7
其中城区供水源水质达标率	%	94.4
城区交通干线噪声(昼间)	dB(A)	68.6
区域环境噪声(昼间)	dB(A)	50.9
城区大气质量		二级标准

环境管理现代化建设。市环保局进一步加强环境监理大队、环境监测站标准化建设,促进环境监管强化监控手段,充分利用建成的自动化监控系统,对重点污染企业实行全过程监控。年内完成 38 家企业排污口规范化整治;在 5 家企业安装 COD 在线监测仪,在 15 家企业设施监测自动监控仪,实行自动监控。

环保信访工作。市环保部门受理来信190封、来电343个,接待群众来访56批193人次,其中集体上访 6 起172人次。信访案件事事有结果,件件有答复。

【环境保护宣传教育】 2001 年,武进各级把环境宣传教育作为法制建设的重要内容常抓不懈。市环保局以提高全民环保意识为重点,围绕环保目标任务,组织宣传挂图、环境报特刊、环保小知识等分发到有关单位;联合武进电台、电视台、武进日报社等媒体开设环保栏目,传播环保知识;举办"科普宣传周",开展"环保下乡"、"绿色学校"创建活动,举行"六·五"世界环境日大型纪念活动,开展现场接受群众咨询;召开武进市环境质量报告会,邀请专家讲座,举办环保干部和企业负责人培训班,结合农村党员冬训宣讲环境与发展综合决策等,使全民环保意识得到增强。

(高岷 摄)

【环境综合整治】 2001 年,武进环保部门抓住镇区域调整及其创建"江苏省卫生镇"的有利时机,组织开展环境综合整治。湖塘、湟里、潘家等 13 个镇按创建"江苏省卫生镇"要求,整治废水、废气、噪声、垃圾和白色污染,烟尘控制区、噪声达标区、工业废水处理达标率等主要指标基本达到环境保护考核要求,集镇环境面貌有较大改观,通过省、市卫生镇考核验收。横山桥、横林、洛阳、遥观等镇在深入开展创建"环境经济协调发展示范镇"的基础上,努力创建环境优美镇。全市各级认真做好夏秋两季禁止焚烧秸秆工作,确保机场、高速公路等重点干线和通信、电力等设施的正常运行。环境综合整治活动提高了城镇建设和管理水平,改善了城乡面貌。

【污染事故防范】 2001 年夏初,武进环保部门针对入春以来雨量偏少、水位下降、河道、内河浜水质恶化对水稻秧苗培育构成严重威胁的状况,采取以防为主、立足于防的污染事故控制措施。4 月中旬,全面检查全市重点排污企业、重点污染区域和污染事故隐患,制定严密的监控和防范措施。4 月底,市农业局、环保局联合发出《关于加强农业污染事故防范的通知》。市委、市政府领导协调研究了防范对策;召开各镇负责人紧急会议,部署落实应急防范措施。市环保局内部划片分段,分工负责,集中力量抓好100家企业的季节性停产、限产和事故防患排除工作,不间断开展巡回检查,现场监理达1 000多厂次,其中利用夜间、节假日检查300余厂次,封停了湖塘及周边镇 20 家印染企业的生产设备。各镇明确责任,切实做好辖区内的污染事故防范工作。年内,全市排除环境污染事故隐患 20 多起,水稻育秧未发生大面积污染事故。

【推广清洁生产】 2001 年,武进环保部门、行业管理部门和各企业积极推广清洁文明生产,实现污染控制的末端治理向全过程控制转变。市环保局会同市经贸局编制清洁生产审计程序,在全市重点企业中开展清洁生产审计工作。武进蓝天化工有限公司、常州市江飞稀土有限公司创建成清洁文明生产企业,常州市金隆化工厂完成清洁生产审计工作,江苏新科电子集团有限公司、武进侨裕集团有限公司、常州市常发动力机械有限公司获常州市"十佳环保模范工厂"称号,江苏新科集团、常州亚太机电有限公司开展ISO14000 环保体系论证。通过推广清洁生产,促进了全市污染治理工作向纵深发展。

【开展严肃查处环境违法行为专项行动】 6 月 12 日,

市政府贯彻国家经贸委、监察部、环保总局、林业局4部委局召开的严肃查处环境违法行为专项行动电视电话会议精神，发出《关于在全市开展严肃查处环境违法行为专项行动的通知》，组建由分管领导任组长的专项行动督查组。6月中下旬，市专项行动督查组全面检查了183家企业，查出环境违法企业116家，占受检企业总数的63%。7月4日，市政府召开相关23个镇主要负责人会议，确定取缔关闭"十五小"死灰复燃和擅建盲扩化工、印染等重污染企业27家；对50家未完成治理任务，擅自停运污染治理设施，偷排、超标排放污染物的企业实行停产治理。至年底，27家被关闭的企业有25家清除原料、拆除设备、断电断水；50家停产治理企业基本完成治理任务。

国家环保总局副局长汪纪戎考察武进现代畜牧公司。 （陆新 摄）

【江边印染工业园区通过规划论证】 11月15日，武进政府邀请20多位专家评审论证并通过东华大学编制的《武进市江边印染工业园区生产布局规划》、《武进市江边印染工业园区环境规划》。武进市江边印染工业园区位于安家镇，紧靠常州高新技术开发区和武进市高新技术开发区江边工业园。根据规划，江边印染工业园区一期规划面积1.1平方千米，区内实行统一供水、供电，实行统一集中的污水处理。江边印染工业园区的规划建设将对安家镇经济的发展和全市纺织印染产业的发展发挥巨大的带动和促进作用，将对改善环境、"三废"集中治理、促进可持续发展带来重要影响。

【印染企业超标排放专项整治】 武进政府为进一步贯彻落实全国严肃查处环境违法行为专项行动电视电话会议精神，加大对印染企业超标排污的环境执法力度，从根本上解决印染企业超标排放"反弹"的问题，遏制水环境恶化势头，从7月起，对湖塘一带印染企业超标排放展开专项整治。

1. *严格控制生产规模*。规定各企业按核定允许排放的废水量，折算实际生产能力和设备，拆除或封存超负荷的生产设备。

2. *严格环保管理*。实行污染物排放总量控制管理；继续实施排污口规范化整治，安装废水计量装置和设施运行监控装置，一律封堵不符规定擅自设置的排污口；加强设施运行管理，进一步加强废水治理工作，确保做到连续稳定达标排放；开展设施年检工作，对年检合格的颁发《达标排放合格证》，对不具备年检条件的责令限期整改。同时对整改期间的企业实行限量生产，对整改后仍不能做到稳定达标排放的实行停产整治。

3. *严肃查处环境违法行为*。经监测认定连续两次超标排放的，责令其停产整顿；对个别无视环保法律法规，继续偷排、漏排废水的实行停产治理，直至关闭。年内对整改不力、严重违法、违章排污的常州市第一绒线厂、武进市鸣凰丝绸炼染厂等5家企业实行停产治理。

【畜禽养殖业污染限期治理工作启动】 9月，武进环保部门根据国家《畜禽养殖污染防治管理办法》和《江苏省太湖水污染防治条例》等法律、法规，启动这项工作。首次列入限期治理范围的有武进市现代畜牧场、武进市康乐农牧公司、朱锡林私人养殖场等12个单位。各治污单位采取综合利用的生态农业示范工程，对畜禽污水实施资源化、无害化处理。至年底，投入治污资金160万元，有3家单位被关闭、9家单位完成治理任务。 （严建中）

（栏目责任编辑 万向阳）

农业水利

综述

【武进农业产业化经营进程加快】 1998年以来，武进把推进农业产业化经营作为加快农业结构调整、提高农民收入的重要战略举措来抓，积极扶持和发展龙头企业，大力实施龙头带动战略。2001年，市委农工办组织人员对土地流转、农村劳动力转移、开放型农业经济发展、实现农民增收等6个课题进行专题调研，形成调查报告及有关制订政策的建议，积极引导龙头企业与农户建立合理的利益联结机制，提高农户经营能力，带动农户和生产基地发展，增加了农民收入。至年底，全市有农产品加工(销售)龙头企业160余家，有15家企业被确认为重点龙头企业，其中省级5家、常州市级5家。农产品加工主要涉及粮油加工、食品加工、珍珠加工、畜禽和养殖加工、皮革服装加工、花木园林等10多个行业；有23只农副产品被评为常州市名优农产品，“尊龙牌”珍珠酱鸭、“香雪牌”味精、“横山牌”肉松、“中东牌”复合肥、“雪山草鸡”等在省内外享有盛誉。2001年，全市龙头企业实现销售收入31.6亿元，其中重点龙头企业实现销售收入18.9亿元、利税7 013万元，出口创汇2 740万美元，分别比上年增24.8%、33.7%、45.7%；7家企业销售收入超亿元，江苏中东集团、天香集团、滆湖水产批发市场销售收入均超过3亿元。重点龙头企业对全市的农业产业化发展发挥了有力的带动作用。

武进农业产业化经营还存在着龙头企业数量较少，规模不大，产品雷同，档次不高，龙头企业与本地农业产业的关联度不强，工业企业较少利用本地农副产品的资源优势，龙头企业与农户的利益机制尚未真正建立等问题。

【武进农业应对入世实行多元化开拓】 2001年，武进农业企业面对中国加入WTO后的新形势，加快培育和壮大全市的龙头企业，开拓多元化经营。各级政府重点扶持加工能力强、发展前景好，特别是对本地产业有明显带动作用的企业，培育上规模、上水平的龙头企

表9 **2001年武进市农业和农村经济主要指标**

	指 标	单 位	数 值	比上年±%
综合	农业总产值	亿元	24.75	5.0
	多种经营总产值	亿元	20.97	8.8
	农业增加值	亿元	19.51	4.2
	工农业总产值	亿元	594.81	11.0
	新增亿元村	个	8	161.7
粮油生产	粮食总产量	万千克	58 500	－12.7
	夏粮总产	万千克	8 175.8	－33.5
	秋粮总产	万千克	42 674.2	－7.8
	油料总产	万千克	1 319	－14.6
多种经营	蔬菜种植面积	公顷	9 138.9	33.1
	其中设施栽培	公顷	2 170.5	25.2
	大棚面积	公顷	1 260.3	26.0
	蔬菜总产量	亿千克	3.07	18.5
	食用菌总产量	万千克	1485.9	26.0
	花木种植面积	公顷	4 206.67	47.4
	花木销售额	亿元	37 217	94.7
	干茶产量	万千克	24.8	－1.2
	果品总产量	万千克	2 366.3	13.4
	水产养殖面积	万公顷	19.48	5.7
	特种水产养殖面积	万公顷	1.3	12.4
	水产品总产量	万千克	4 750	2.2
	桑园面积	公顷	374.8	39.3
	蚕茧产量	万千克	30	23.9
	发放蚕种	张	8 035	15.4
	茧款收入	万元	490	14.5
	家禽出栏	万羽	753.14	6.4
水利	水利建设投资	亿元	1.3	－18.7
	累计完成土石方	万立方米	980	－0.1
	加固江河堤坝	千米	1 247	402.4
	疏浚河道	条	141	14.6
	新建节水灌溉渠道	千米	365	2.6
农业机械化	自走式收割机	台	518	—
	步行式插秧机	台	2	0
	水稻直播机	台	1	0
	农业综合机械化作业水平	%	83	1
	农机总动力	万千瓦	86.6	1.5
农村经济	农民年人均纯收入	元	5 522	6.0
	发展种粮大户	户	3 044	0.6
	承包耕地	公顷	6 800	1.1
	各类农场经营粮田	公顷	319	6.5
	农业规模经营面积	公顷	7 119	1.3

（胥志新）

业，充分发挥示范引导作用，形成“大企业带动大基地、大产业”的发展格局。加大科技投入，提高产品附加值，增强市场竞争能力，发挥其对农业结构调整和农民增收的辐射带动作用。1. 围绕粮油、畜禽、水产、花木、果蔬5个支柱产业，积极发展优质专用粮油深加工，发展营养、保健、方便和休闲类食品，大力发展蔬菜、果品、花木、畜禽、水产等鲜活农产品的分割、保鲜、加工和储运。引导和鼓励国有企业、重点乡镇企业、私营业主或农民，发展农产品加工项目或专业市场，成为新的龙头，把武进资源优势、产业优势转化为商品优势和经济优势。2. 设立贷款担保专项基金，为贷款金额50万元以内的项目提供担保，对10个龙头企业重点项目优先提供贷款贴息和其它专项扶持资金；制定完善优惠政策，扶持企业搞好基地建设、原料采购、设备引进和产品出口等。鼓励重点龙头企业使用本地原料或建设原料基地，引导部分重点龙头企业进行资产重组，扩大规模。3. 广泛采取合同契约、股份合作、资产参股及联产、联营、技术入股、土地使用权入股等模式，将农民转变为农业产业链中的所有者或经营者，使龙头企业与广大农户结成经济利益共同体；重点发展“合同农业”、“订单农业”，加强产销衔接。4. 大力推进农业品种、技术、知识三大更新工程，加快开发优质农产品，如无公害农产品的绿色食品基地建设，为龙头企业提供充足的优质原料。5. 加强与科研院所、大专院校的合作，吸引科技人才投身龙头企业建设，有条件的企业自建研究中心。6. 加快引进和运用现代农产品加工的新技术、新工艺，提高农产品加工的科技含量，发展精加工、深加工、低消耗、高附加值农业。7. 食品加工类龙头企业要加快发展休闲食品、保健食品、绿色食品、微波食品等“高精细稀”产品，注重高档产品的越位开发和低档产品的缺位补充。

【武进农业名牌发展战略初见成效】 1998年来，市发展计划局、农林局等部门为加快实施农业名牌发展战略，培育更多具有地方特色的名优农产品，组织企业开展农产品“树名牌、创名牌”活动。2001年，全市农产品生产经营企业进一步确立市场意识、品牌意识，加快科技进步，不断更新设备，改进工艺，高度重视农业标准化工作，创新经营机制，逐步实行“公司＋农户”、“产品＋农户”的农业产业化经营。武进有3家企业的15只产品被评为常州市第四届名优农产品，销售总额达3.98亿元，创利税5 730万元。销售额超1亿元的有“香雪牌”味精，销售款在3 000万～9 999万元的有“大江牌”510号仔鸡饲料、“中东牌”种猪，在1 000万～2 999万元之间的有“三春牌”黄酒、“横山牌”肉松、“大江牌”551号乳猪饲料。这些名优农产品对当地资源的利用、产业结构的调整、相关产业的发展具有强烈的拉动作用，呈现出“创一个名牌，带一片产业，兴一地经济，富一方农民”的效果。大多数名优农产品有较高的科技含量，附加值高，市场竞争力强。常州市康乐农牧有限公司的“中东牌”种猪引进国际最先进的品种，从配种、怀孕、产仔、保育到种猪育成均采用国际化生产流程，生产种猪具有速度快、瘦肉率高、出肉率高、抗病性强等特点，售价明显高于一般的商品猪，享誉国内外市场。武进名优农产品大多数在常武地区市场上家喻户晓，享有较高的知名度，“横山牌”肉松、“尊龙牌”珍珠酱鸭、“中华多宝”珍珠口服液成为消费者首选商品，进入上海、北京等大中城市的大型连锁超市，开始出口到国际市场。 （蒋逸琦 宦庆辉 胥志新）

【推行行政村转移支付制度】 2001年，武进农村实行税费改革后，村级经济收入相对减少，收支矛盾更加突出，市委、市政府及时安排4 474万元财政专项补贴资金，以转移支付形式补贴，按行政村调整后的515个村计算，平均每村可得补帖8.69万元。这项补贴保证了村干部工资和其他经费支出需要，对维护基层政权建设和农村地区的稳定具有积极作用。

【加强农民负担监督管理】 2001年，市委农工办重点加强税收外的农民负担项目监管，建立农民负担监督卡和专用票据管理制度。8月，市委、市政府组织有关部门检查农民负责情况，未发现乱收费、乱集资、乱摊派和违规出工、出钱、出物现象。市委农工办建立5个农民负担监测点，对减轻农民负担、农民增收情况进行实地监测。年内接待农民来信来访43件(次)，件件得到认真调处。

【农村财务实行“双代管”】 2001年，市委农工办积极推行农村财务“双代管”，依托镇经管站建立镇会计服务站，在坚持村集体资金和“三权”(财产所有权、使用权、得益权)不变的原则基础上，对村财务实行会计核算上的“村账镇记”，资金管理上的“村有镇管”，进一步规范了村(组)财务管理，市委农工办制订了《建立农村会计暂行办法》、《加强村经济合作社资金管理的意见》等配套管理制度，全面推行农村财务管理电算化。

【规范镇村两级集体资产管理】 2001年，市委农工办重点检查了镇级集体资金的收缴、管理、使用情况，各镇理顺了农村集体资产的管理体制，做好农村集体资产的清产核资、资产评估、产权界定、产权登记工作。全市镇、村、组三级集体资产年末净值57.94亿元，比上年增0.9%，其中镇级26.85亿元、村级28.26亿元、组级 2.83亿元。

【现代化试点村、亿元村、创亿元村创建工作】 2001年，横林镇卫星村、省庄村、湖塘镇湾里村被新确定为武进市现代化试点村，全市累计达 14 个。市委农工办在 14 个试点村安排建设项目 67 个，投入资金1.4亿元。这些村加大环境整治美化工作，重点规划住宅小区建设，充分展现现代化新农村的风采。市委农工办抓好实施项目的检查验收，制订落实 180 万元现代化试点村以奖代补资金分配方案。市农工办积极搞好“亿元村”创建工作的协调服务，促使亿元村继续发挥经济排头兵作用。61 个“亿元村”、创“亿元村”共完成工业产值112亿元，销售101亿元，实现利润4.4亿元，分别比上年增8.2%、9.7%和28%。市委农工办经常指导“亿元村”以农村现代化建设为目标，积极开展创建省级卫生村、文明村活动，年内，有 11 个“亿元村”创成省级卫生村，累计已达 13 个。

【帮扶经济薄弱村】 2001 年，武进进一步调整经济薄弱村扶持政策，对 50 个经济薄弱村重点实行 3 项扶持政策：1.税收优惠。经济薄弱村新办企业征地交纳的耕地占用税实行先征后返。2.规费减免。新办企业免收企业登记费、环境影响评价费、土地使用登记费、征地管理费、土地用途权属变更费等。3.资金扶持。市财政每年拿出 100 万元用于经济薄弱村基础设施建设项目补贴。市政府还进一步明确市、镇分级扶持及市级机关部门挂钩结对扶持办法，促进了经济薄弱村的经济发展。2001 年，武进 50 个经济薄弱村完成工业产值1.97亿元；实现销售收入1.72亿元、利润432万元，分别比上年增26.5%、23%和20%。

【农村税费改革顺利完成】 参见“武进概貌”栏目“体制改革”P5 分目。 （胥志新）

粮 油 种 植 业

【概 况】 2001 年，武进粮油种植业继续实行统一供种，优化品种布局，积极推广先进适用技术，大力引导和鼓励发展农业示范园区，推进农技服务产业化。粮食生产因农业结构调整，种植面积较大幅度减少，总产量比上年减 12.7%，比市政府下达计划超 1.7%。

先进适用技术推广。全市推广套播麦1.69万公顷，占小麦种植总面积的64.8%，推广水稻肥床旱育稀植1.34万公顷、抛秧稻4 433公顷，分别占水稻种植总面积的28.3%和9.3%。推广直播稻700公顷，占水稻种植总面积的1.5%，28 个镇积极示范和推广了直播稻。推广群体质量栽培“三麦”2.5万公顷、水稻4.74万公顷。

统一供种。2001 年，全市供应稻麦油良种395万千克，其中水稻良种265万千克、小麦良种110万千克、油菜籽20万千克；全市统供率达85%，种子加工率和包装率均达100%，稻麦油良种覆盖率98%以上。市种子公司按照《种子法》要求，在全市建立 23 个种子直销连锁点，经营稻、麦和油料等经济作物种子130万千克，发展优质米、特色米订单农业1 000公顷。

农业示范园区建设。2001 年，武进农技部门扶持筹建前黄镇粮油作物高产示范园、孟城镇和牛塘镇“三新”技术推广示范园、横山桥镇和寨桥镇优质稻米开发示范园和奔牛农场水稻新品种示范园，总面积达350公顷，辐射面积达2 500公顷。其中牛塘镇6.8公顷机械化直播稻，平均单产640千克。

推进农技服务产业化。全市小麦推广“双多”和“多效唑”拌种面积 2 万公顷，水稻“新型种子处理剂”和“多保”合剂浸种面积3.07万公顷。全市推广病虫草防治农药新品种12个，防治面积占稻、麦、油种植面积的96.1%，植保机防覆盖率达62.8%，严重草害面积控制在 3%以下，病虫草危害损失率控制在 2%以下，累计挽回稻、麦、油损失 1 亿千克。全市绿证培训400人，举办实用技术培训800多人次，开展农业技术咨询500人次，在网上发布信息100余条，印发农业技术资料5 000余份。

表 10 **2001 年武进市粮油种植业生产指标**

类 别	面 积（公顷）	比上年±%	总 产（万千克）	比上年±%	单 产（千克）	比上年±%
夏 粮	29 480	−14.2	8 176	−33.5	185	−22.6
扬麦 158	18 500	−26.0	—	—	—	—
宁麦 8 号	2 180	−20.2	—	—	—	—
苏 9356	3 227	−37.1	—	—	—	—
秋 粮	49 587	−9.3	42 674	−7.2	574	2.3
水稻 9915	2 200	182.8	—	—	—	—
水稻 9520	8 227	−64.4	—	—	—	—
武香粳 9 号	6 087	—	—	—	—	—
糯 稻	4 420	—	—	—	—	—
油 料	7 593	−9.2	1 318	−14.6	116	−5.7
油研 7 号 秦油 2 号	5 549	12.5	—	—	—	—
合 计	79 067	−11.2	50 850	−12.7	429	−1.6

【积极培育稻米名牌】 近 3 年来，武进育成武育粳 3 号、武育粳 5 号、武育粳 9 号、武运粳 7 号、紫金糯等 5 个水稻品种获省级以上奖励，累计推广面积达1 223万公顷。2000 年初，武进市种子公司联合滆湖稻麦原种场、武进市农科所等 4 个国营原良种场在湖塘镇组建

成立武进市三农种业有限公司，在全市建立28家连锁直销点，以注册商标“三农牌”统一标识，利用“公司＋农户”形式，在原滆湖良种繁育场和寨桥、邹坵等镇建立优质稻米开发基地533公顷，收购“武运粳 7 号”、“9998”等优质米50万千克，实施“订单农业”，基地农户增加收益15％以上。该公司投资450万元兴建现代化种子加工中心，生产的“三农牌”优质水稻种子 2001 年 12 月被常州市名优产农产品认定委员会授予“常州市名优农产品”称号，畅销苏、浙、沪、皖地区，2001 年该公司年产稻种300万千克、麦种50万千克，销售水稻种子300万千克，实现种子销售净利润100多万元。

【武运粳 7 号获国家科技部、农业部主要农作物新品种重大后补助】 武运粳 7 号由武进市农科所于 1995 年育成，属早熟晚粳类型优等品种。该品种丰产性好，产量稳定在 650 千克左右，且有 750 千克～800 千克的高产潜力；抗逆性强，抗倒、抗病；适应性广，适宜于苏南、沿江地区及沪、浙、皖晚粳稻区种植，适宜种植范围超过66.67万公顷以上。武运粳 7 号从 1998 年开始成为苏、沪、浙、皖晚粳稻区主栽品种。1997～2001年，推广面积累计 213 万公顷，占同类品种的 90％以上，成为全国常规稻推广面积最大的品种，增产稻谷12.18亿千克，增加经济效益16.1亿元。2001 年 10 月，获得国家科技部、农业部主要农作物新品种重大后补助，获得奖金50 万元。

【两个水稻品种通过省级鉴定】 4 月，由武进市农业科学研究所于 1997 年育成的迟熟中粳“武运粳 11 号”(原名9704)通过江苏省农作物品种审定委员会审定，获准在苏中及沿江地区中上等肥力条件下推广。由武进市稻麦育种场 1998 年育成的早熟晚粳“武糯 8333”通过江苏省农作物品种审定委员会审定，准予在江苏省沿江及太湖稻区中上等肥力条件下推广。

【水稻新型播栽方式恶苗病发生及相关研究成果在省内领先】 该项目由武进市植保植检站等单位承担，历时 3 年，2001 年 12 月 17 日通过市级成果鉴定。该成果的运用，解决了水稻生产中种传病害猖獗危害的问题，具有广泛的推广前景。3 年来累计推广 21.3万公顷，挽回稻谷损失 1.48 亿千克，创造经济效益 1.78 亿元。 (顾 文)

水 产 业

【水产养殖品种结构调整】 2001 年，武进水产部门狠抓了养殖品种结构的调整，水产业的发展由数量速度型向质量效益型过渡。1. 扩大了名特优水产养殖面积，努力提高名特优水产品产量，全市名特优水产养殖面积达8 333.33公顷，比上年增12.4％，净增920公顷。2. 积极引进新品种，加快了品种更新步伐，推广养殖了长吻鮰、俄罗斯鲟、史氏鲟、杂交鲟、匙吻鲟、黄颡鱼、黄鳝、日本锦鲤、鳄龟、黄喉水龟、黄缘盒龟、南美白对虾、虹鳟、水蛭等近 30 个品种，养殖专业户近千户。

表 11 武进市 2001 年水产业主要指标

项 目		单 位	指 标	比上年±％
养殖面积	总面积	万公顷	1.22	−0.6
	其中池塘养殖	万公顷	6.88	−15.1
	围网养殖	万公顷	0.31	−2.3
	其中特水养殖	万公顷	0.83	12.4
	其中河蟹	公顷	2 533.33	—
	青虾	公顷	4 233.33	—
	龟鳖	公顷	303.33	—
	黑鱼	公顷	61.67	—
	鳜鱼、鲈鱼蛙类等	公顷	1 200	—
养殖产量	总产量	万千克	4 750	2.2
	其中河蟹	万千克	91.5	11.9
	珍珠	万千克	14.6	−3.3
	青虾	万千克	1 58.7	11.1
	甲鱼	万千克	24.9	−1.2
水产繁殖	繁殖鱼苗	亿尾	16.35	−2.7
	其中家鱼	亿尾	13.5	−6.9
	稚鳖	万只	80.5	10.4
	稚龟	万只	6.8	3.0
	培育幼蟹	万只	810	5.6
	鮰鱼	万尾	18.86	1.9
	繁育小蛙	万只	2.95	−48.2
	虾苗	亿尾	6.32	37.4
	幼蛙	万只	610	93.7

【“八个一”水产示范工程启动】 武进把一些品种优良，市场前景广阔，养殖技术成熟的水产品种列入“十五”重点推广普及对象。2001年，重点规划启动郑陆镇 10 万只商品龟养殖示范基地、横山桥镇 10 万条鳜鱼养殖示范基地、奔牛镇 10 万条黄鳝养殖示范基地、洛阳镇 5 万千克青鱼和 10 万条黑鱼养殖示范基地、东安镇 5 万千克青虾养殖示范基地、漕桥镇 10 万条鮰鱼养殖示范基地、郑陆镇 10 万只商品蟹养殖示范基地、湖塘镇 10 万只商品甲鱼养殖示范基地等“八个一”水产养殖示范工程。市政府及有关部门在经费上予以支持，

渔业主管部门在养殖技术上给予帮助，较好地完成了2001年度项目的指标任务。该项目的实施促进了武进渔业产业结构调整和渔业产业化经营，发挥了示范项目的带动作用，提高了水产品的市场竞争力，为全市的渔业增效、渔民增收起到了积极作用。

【渔政管理】 2001年11月，市渔船检验站顺利通过江苏省渔船检验局进行的渔业船舶检验机构认可，软、硬件设施都达到标准。

表12 **2001年武进市渔政管理指标**

项目	单位	数值
签办专业渔民捕捞许可证	本	426
签办副业渔民捕捞许可证	本	67
签办内河定置渔具	本	215
签办入湖捕捞许可证（含围网专业户）	本	1 367
签办临时特许证	本	135
签办外来专业户渔民捕捞许可证	本	94
年检专业渔民船舶	艘	478
副业渔民船舶	艘	795
渔业快艇	艘	123
总吨位	吨	7 902
总功率	kW	9 219
新检渔业船舶	艘	67
渔业快艇	艘	15
外来渔船进出港签证	艘	231
查处渔业违规事件	起	131
其中电力捕鱼	起	69
渔业污染事故	起	28
其中重大事故	起	8
养殖受损面积	万平方米	255.23
死鱼	万千克	21
死蟹	万只	25
死嫁接蚌	万只	13.5
直接经济损失	万元	285
给予补偿金额	万元	102

【积极推进渔业工厂化、集约化养殖】 武进渔业部门近年来积极稳妥地引导、推进渔业的工厂化生产，继养殖乌龟、甲鱼、河豚、鲟鱼之后，2001年又开发虹鳟鱼的工厂化流水养殖。魏村镇新华村投资500多万元兴建的工厂化养殖场竣工投产。全市发展控温工厂化养殖面积达5.6万平方米，其中养殖龟鳖的面积2.2万平方米、河豚2.2万平方米、鲟鱼等2.2万平方米。工厂化、集约化养殖开拓了武进渔业生产新的领域，成为武进渔业经济的高效增长点。

【休闲渔业成为渔业发展新亮点】 2001年，以休闲、观赏、娱乐为主要功能的渔业第三产业迅速壮大，成为武进渔业的重要组成部分，以基础设施投入为基点，集垂钓、旅游、观赏、品尝、娱乐于一体的都市型休闲渔业初露端倪，展示出了广阔的发展前景。投资600多万元的横山游钓中心建成开放，经营情况良好。湖塘投资370多万元建设的市名贵水产科技示范园二期工程竣工。建有高标准鱼池、垂钓休闲、钓鱼长廊、娱乐活动等配套设施的滆湖度假村，环境优美，设施完备，服务功能齐全，成为武进渔业发展的又一新亮点。汤庄的游钓场、滆湖水上乐园等休闲渔业形成武进渔业的一道独特风景。

【郑陆名特水产养殖有限公司打造“龟鳖链”】 郑陆镇三皇村丁氏四兄弟继规模养殖甲鱼成功后，相继引进乌龟、河豚、鲟鱼等多种名特水产品，创办郑陆名特水产养殖有限公司。近年来，公司累计投入400多万元兴建先进的孵化、养殖场所，对名特水产进行课题研究，使甲鱼养殖成活率达到75%以上、乌龟成活率达到98%以上。从美国、台湾省等地引进鳄龟、草龟、皇后水龟、巴西彩龟等新品种。成品小的0.5千克，大的5千克，既有食用品种，又有观赏品种。积极引导和帮助当地农户从事水产养殖，以其优质、优价和优良服务开拓市场，成为特种水产行业中的经营大户。至2001年，该公司养殖基地达8公顷，养殖面积1.4万平方米，年产甲鱼、乌龟、小河豚13万千克，并为养殖户寻找渠道销售28万千克，成为武进地区规模最大的龟鳖生产经营企业。

【鲟鱼工厂化养殖技术成果通过鉴定】 2000年～2001年，市水产技术推广站承担市科委(科技局)下达的“鲟鱼工厂化养殖技术研究”项目。课题组围绕鲟鱼人工养殖情况下的环境条件、水质条件、饲养种类、水温水流、投喂方法、日常管理等技术内容进行试验研究，基本攻克鲟鱼苗种培育技术和养成技术，鱼种培育成活率59.2%，商品鱼养殖成活率90.5%，平均增重1 104克，每平方米产商品鱼13.8千克。经过两年的努力，完成项目合同的各项技术指标任务，为鲟鱼的苗种培育和工厂化养殖提供了一套适用的技术资料。12月1日，通过市科技局组织的专家验收，认定这项技术及其苗种培育技术分别达全国、全省领先水平。这套技术不仅在本市1万多平方米养殖面积上获得成功，在无锡、苏州、南通等周边地区和上海、浙江等省市的近5万平方米养殖面积上推广和检验，均取得较好的社济效益，可以在全省推广应用。 （张小虎）

畜　牧　业

【概　况】 2001年,武进畜牧业总产值达5.61亿元,同比增6.3%。畜牧生产总体形势看好,主要畜禽稳中有升,食草动物发展成为畜牧生产的新亮点。全市有百头以上奶牛场2个,梅花鹿场5个,百头养羊场8个。规模养畜、科学养畜给武进家庭传统副业带来了生机。

养畜生产形成规模效益。常州市康乐农牧公司出栏肥猪近5万头,对外供种8 000头,已成为省内最大的外来瘦肉型猪基地。武进市立华鸡场的雪山草鸡存栏达120万羽,年出栏350万羽,孵化能力达600万羽。武进市现代畜牧场奶牛发展到108头。这些龙头企业逐步走上了"公司+农户"的产业化道路,带出了一大批养畜大户,提高了自身的经济实力。全市养猪大户2 424户,出栏肉猪达25.61万头,占全市出栏总量的55%;养禽大户有515户,出栏禽517万羽,占全市禽出栏总量的77.6%。南山兔业公司种草养兔,金土地有限公司种草养肉鹅,漕桥祝庄村种草养鹅、种草养畜,都达到一定规模,发挥了较好的示范作用,发展食草动物已成为农民的致富途径。

推广畜牧良种,常规畜禽品种稳定发展。武进二元母猪和三杂交猪的推广面达65%。立华养鸡场培育的"雪山草鸡"、奔牛引进的"扬州鹅"、前黄引进的"奥白星"肉鸭、武进种羊场的"波尔山羊",还引进了天鹅、鸳鸯、黄鸭、野鸭、鹧鸪、孔雀、肉鸽、番鸭、獭兔、海狸獭、黑肫、梅花鹿、麝鼠、肉狗等20多个特种畜禽品种,体现了品种的优势,给养畜户带来了实惠。

畜牧生产存在着一些需要解决的问题:1.生产与市场衔接未到位。2.畜种引进存在盲目性,有些镇引进的奶牛品种质量较差,产量不高,效益不好,还没有引起农民足够重视。3.畜禽疾病防治有待加大力度。2001年羊痘的发生,给全市养羊业带来了较大损失。

（蒋劲大）

表13　**2001年武进市畜牧业主要指标**

项　目	单　位	指　标	比上年±%
生猪出栏	万头	49.70	3.1
生猪存栏	万头	36.85	0.6
能繁母猪	万头	2.76	－13.2
家禽出栏	万羽	753.14	6.4
家禽存栏	万羽	267.35	10.5
奶牛存栏	头	1 230	113.9
羊出栏	万头	18.54	－6.0
存栏	万头	17.48	－0.2
兔出栏	万只	8.49	50.0
存栏	万只	9.83	12.0
梅花鹿存栏	头	308	—
猪肉产量	万千克	3 379.3	3.1
羊肉产量	万千克	278.1	－6.0
禽肉产量	万千克	1 129.7	6.4
蜂蜜产量	万千克	50.0	79.2

【芙蓉镇奶牛专业合作社成立】 芙蓉镇为促进芙蓉奶牛的发展,4月成立奶牛合作社,同时筹建金芙蓉牛奶收购站。2001年底,由陈建国等个人投资150余万元筹建金芙蓉奶牛专业场,年末存栏奶牛150余头,是芙蓉镇奶牛饲养的龙头企业,成为全市起步较晚、发展较快、规模较大的奶牛养殖场。芙蓉镇奶牛年末存栏达314头。

（陆新　摄）

【生猪防疫制度改革】 2001年,武进畜牧主管部门改革生猪防疫制度,在原来普遍采取窝防的基础上实施耳标防疫,加扎防疫标记,确保防疫效果,杜绝漏防,有效控制了猪瘟、猪丹毒、猪肺疫三大传染病的发生与流行。全市生猪W病防疫达74.2万头,占应防生猪的94.9%,使用生猪防疫耳标58.4万副,使用生猪免疫证12万张。全市所有奶牛都经过W病防疫,所有鸡都经过两次以上免疫。

【苏太猪扩繁场通过省级验收】 牛塘镇牛塘村村民邓国荣投资80余万元,引进原种苏太种猪112头,筹建武进市苏太猪繁殖基地。2001年10月26日,经江苏省农林厅专家组验收合格,定命为"江苏省苏太猪扩繁场"。至年底该场存栏原种母猪106头、后备种猪500余头。该场是全市唯一的地方瘦肉型猪生产基地,年内向社会提供苏太猪300余头。

【武进市波尔山羊纯繁培育中心成立】 该纯繁培育中心位于郑陆镇，投资额118万元，建筑面积2 800平方米。2001年末存栏纯种波尔山羊45头、后备波尔山羊40头，年内向社会提供纯种波尔山羊38头，并与上海转基因研究中心合作进行波尔山羊的胚胎移植。该中心的建立，将为全市山羊的品种改良发挥重要作用。

【武进市立华畜禽有限公司年产雪山草鸡突破300万羽】 该公司2000年培育成功雪山草鸡，投放市场后受到广大消费者的青睐。至2001年底，该公司投资总额达2 000万元，拥有专业技术人员60多名，年末存栏种鸡6万套，年饲养雪山草鸡350万羽、出栏320万羽、年末存栏130万羽，孵化苗鸡450万羽，总产值达4 200万元，成为省内规模较大的草鸡培育与饲养场。(张小虎)

【徐兴良投资百万元养珍禽】 漕桥镇谭庄村村民徐兴良从小爱鸟。1997年他尝试养殖野鸭、山鸡等珍禽，获得很好的经济效益和社会效益。2000年底，徐兴良取得国家林业部颁发的《国家重点保护野生动物驯养繁殖许可证》后，投资100多万元，建成占地1.67公顷的珍禽园，陆续收养起白天鹅、白鹳、赤麻鸭、鸳鸯等珍禽动物6 000多只，主要向全国各地的公园、广场及度假区提供高档观赏性珍禽。(谈兆兴)

(陆新 摄)

【武进市梅花鹿研究所成立】 10月在江苏省武进外向型农业综合开发区梅花鹿养殖场成立。该所是全省首家梅花鹿研究所，由中国农科院特产研究所博士生主持研究，专门从事梅花鹿在苏南地区品种的研究和改良、鹿茸的高产及梅花鹿防病治病等课题。武进市梅花鹿养殖场成立于1998年，是常武地区第一个规模化梅花鹿养殖场。2001年底拥有鹿舍及配套用房3 000余平方米，存栏梅花鹿280头，引进种鹿80头。该场生产的“阳湖牌”鲜鹿茸酒2001年10月获得江苏省农业综合开发成果展示会金奖，“阳湖牌”鲜鹿茸酒年内获得“常州市名优农副产品”称号。2001年生产“阳湖牌”鲜鹿茸250千克、鹿血酒800多千克。(张小虎)

林 特 产 业

表14 **2001年武进市林特产业主要指标**

项 目	单 位	指 标	比上年±%
义务植树人次	万人次	18.95	−10.1
植树	万株	46.15	15.7
营造成片林	公顷	86	−57.0
其中用材林	公顷	10	−82.5
经济林	公顷	76	−46.9
四旁植树(含义务植树)	万株	86.2	6.1
农田林网新增面积	公顷	900	−1.2
林网更新完善面积	公顷	3 086.7	1.1
花卉苗木种植面积	公顷	4 206.67	47.4
其中花 卉	公顷	157.5	—
苗 木	公顷	3 301.6	—
盆 景	公顷	47	—
草 坪	公顷	1 241.5	—
花木产值	亿元	5	15.4
生产干茶	万千克	24.8	1.2
生产果品	万千克	2 366.3	13.4

【名特优水果高产优质栽培技术项目获国家农业部“丰收计划”三等奖】 5月，由市多种经营管理局、林业工作站与洛阳镇、雪堰镇、潘家镇、礼嘉镇承担的该项目经江苏省农业丰收计划办公室推荐，获得国家农业部“丰收计划”三等奖。项目推广蔬花抹芽，综合遏制病虫害、梅雨期地膜覆盖、测土配方、植物动力“2003”应用等5项高新技术，实施面积335公顷，新增产量200万千克，总收益增加900余万元。

【无花果酒获得中国绿色食品证书】 金氏集团常州市长寿保健食品厂拥有无花果基地73.33公顷，从1997年开始生产无花果酒，2001年生产无花果酒50万千克，生产的无花果系列产品有无花果酒、无花果饮料、袋泡茶、无花果茶，产品销往北京、上海、南京、苏州、盐城等国内大中城市，颇受消费者好评。2001年12月4日，无花果酒获中国绿色食品发展中心颁发的绿色食品证书，这是武进市第一个拥有国家级绿色食品证书的企业。(张小虎)

【江南葡萄研究所组建葡萄生产合作社、注册“王氏葡萄”商标】 该研究所近年积极与大专院校协作，从国外引进优质葡萄品种，率先实施标准化生产，所产“新南牌”优质葡萄符合无公害要求，易贮藏、适口性好。该研究所牵头组建了常武地区惟一的葡萄专业合作社，年底有社员200多户，葡萄种植面积达200余公顷。5月，该所参照有关行业标准、鲜果葡萄的质量特点及企业和国内外的研究成果与经验，制订了鲜食葡萄企业标准，规定了鲜食葡萄的果型、色泽、穗重、缺陷等外观等级、可溶性固形物、术语、分类、检测规则、包装、贮藏和运输作了量化规定，以确保上市新鲜葡萄为无公害、高品质的品牌产品。该标准通过浙江大学园艺系教授陈履荣等专家的评审。8月23日，获准注册“王氏葡萄”商标，成为全国第一个执行企业标准、拥有自主商标的葡萄生产企业。2001年该社生产优质葡萄150余万千克。 （夏源陵）

花木园艺业

【概　况】 2001年，武进花木生产初现产业化经营雏形，全市从事花木业的农户达2.5万户，种植花卉苗木4 206.67公顷；其中花卉157.5公顷、苗木3 301.6公顷、盆景47公顷、草坪1 241.5公顷。完成花木产值3.72亿元，拥有花木经纪人5 000多人。花木业已成为卜湟地区农民增收的主渠道。

嘉泽、夏溪镇80%的农户从事花木生产，至2001年末，这两个镇种植面积达3 400公顷，占两镇耕地总面积的70.9%，种植面积超3 330平方米以上的花木生产专业户达480多户，两镇花木年总产值达2.2亿元。从事园林绿化工程的经纪人和施工人员达2 500余人，业务涉及20多个省、市、自治区。

武进花木业虽具有一定的规模，也建有全国一流的花木市场，但面临激烈的国际国内竞争及产业升级的紧迫要求，还存在许多问题和矛盾。随着入世，花木进口将增加，国内市场将受到较大冲击，尤其是对种子、种苗经营的冲击会更大。武进花木业应从3个方面进行调整。

1. 紧紧围绕“科技兴花”努力提高花木产品的质量和档次。武进花木要由大众苗木为主向名优新品转移，由过去的农民零星种植向建基地、创特色、树品牌转移，加快农科教结合步伐，加快花木产业的科技对接和人才引进步伐，与大专院校、科研院所挂钩，鼓励专家教授、技术人员到本地技术指导、科技攻关、科技合作。科技型企业要进行花木业等农业优势主导产业的研究和攻关，特别是花木种子、种球的培育。

2. 拉长产业链，大力发展花木相关产业。要形成园林建筑的合力优势，改变园林建筑公司多、规模小的分散状态。积极发展花木生产用材工业，积极开发食用油、香料和药品，提高花卉产品的附加值。努力发展旅游观光业，充分利用本地花木种植优势、园林设计建筑优势，积极开发花卉苗木旅游业，拓展花木生产领域，提高花木产业竞争力。

3. 加大市场力度，建成全国一流的花木大市场。继续抓好花木大市场建设，市场建设要突破行政区域，按照产业布局，以全国十大花木市场之一的华夏花木市场为基础组建统一的大市场，既有主市场，又有配套市场；既有综合市场，又有专业市场；既有批发市场，又有产业市场；既有季节性市场，又有常年性市场，逐步使中国华夏花木城发展成全国领先的花木大市场。

（小虎　潘林　泽宇）

【夏溪花木畅销京沪等大城市】 20世纪80年代，夏溪花农就开始在北京设立花木销售窗口。北京申办奥运成功后，该镇的花农开始在北京兴办“花木超市”，积极推销武进培育生产的名贵花木，为北京迎接2008年奥运会兴起的大规模城市绿化建设供应花木；武进花木在上海等大城市也颇为畅销。2001年，夏溪镇调整200公顷地用于花木生产，全镇花木总面积达1 867公顷。花木经纪人引导花农种植适应北京、上海等城市气候和土壤特点的花木品种，建立了百亩观赏植物科技示范园，培育数百个高档花木名特优新品种，特别是一批树龄达百年以上的银杏、桂花、黄杨、枸骨、香樟等精品深受上海用户的欢迎。盆景也成为武进花木市场的盆景鲜花超市销售的新亮点，花农们搭建了连体温室天棚，开办花卉盆景超市，专营高档观叶植物、盆花、盆景和鲜切花，及“郯城银杏”、“皖东蜀桧”等名贵花木。夏溪镇引进新品种花木12万株，扩大新品种植面积。至年底，全镇来自北京的订单近百份，销售额比上年增20%以上，在京花木销售达1亿元。 （燎原　彩芳）

国家农业部副部长韩长赋视察常州市观赏植物科技示范园。 （陆新　摄）

【常州市观赏植物科技示范园在夏溪建成】 该园是夏溪镇对花木生产思路开拓创新的成果，主要是引进市场紧缺的古、稀、名、珍观赏苗木和树桩盆景，研究栽培造型及大规格苗木的移植成活技术进行示范推广，提升本地区的花木档次，增加经济效益。该园区已被列为国家级农业综合开发项目，初期规划面积 20 公顷，2001 年投入资金 600 多万元，引进高档名贵树木 1.2 万余株，其中银杏 1 000 余株、桂花 300 余株、黄杨和构骨 1 000 余株，香樟 3 000 余株，杜英、栾树、樱花、杜仲等名贵品种 5 000 余株。这些品种的效益比常规品种每株高 800 元以上。园内古树林立、千姿百态，吸引了众多的参观者。2001 年该镇接待考察参观团 100 多批、近万人次。 （石 城）

【武进市大地草坪种植有限公司在东安成立】 草坪种植是东安镇农民发家致富的一条门路。2001 年，全镇种植面积达 650 多公顷，种植农户达 3 500 多户。近几年来，该镇天鹅、马尼拉、四季青等普通草坪出现市场供过于求，效益严重下滑。2000 年 8 月，香泉村农民马永年承包东安、湟里等乡镇的抛荒地 30 多公顷，组建武进市大地草坪种植有限公司，2001 年，调整草坪品种结构，从美国、荷兰等国引进市场前景看好、附加值高的高羊茅、白三叶、红三叶等新品种 200 多吨，除供自种外，全部供应本地农户。该公司全年销售草坪 100 多万平方米，其中为本地农户销售草坪 30 多万平方米。 （沈德华）

【牟家村投资 600 万元发展林果园艺业】 牟家村在 20 世纪 90 年代初就实行“两田制”规模经营，全村的粮田均由种粮大户承包耕种。近年来，由于粮价下跌，种粮效益下降，种粮大户想调整农业产业结构，但由于受到文化、技术、资金等因素的制约，调整进展慢、效果不明显，种粮大户纷纷抛田。村委针对这种情况，将全村土地集中起来，采取多种形式搞活土地经营。为了起好示范作用，村里成立了一家林果园艺场。该园艺场一开始就定位在现代化高科技上，村委投资380万元从西班牙引进了具有世界先进水平的温控大棚设备，主要引进种植高档花卉和种苗培植。投资220万元引进种植的优良品种梨树、网状瓜、枇杷等，果品生产销售形势看好。 （冯月仙）

家绿林果园艺公司鲜花自动温控大棚。（高岷 摄）

【“垂柳王”沈金良成为网上经纪人】 沈金良是湟里镇蒋塘村农民，1983 年开始种植垂柳，村里绝大多数农户在他带动下种植了垂柳，蒋塘也变成远近闻名的“垂柳村”。沈金良既当专业户，又做销售经纪人，全村 80%的垂柳苗通过他销往外地，被当地村民称为“垂柳王”，《中国花卉报》、《新华日报》等对他作过报道。2001 年 10 月 1 日，沈金良注册了国际域名 www.jinliang—sm.com，开通个人网站常州金良树苗网，发布垂柳供求信息和基地情况；建立客户信息数据库，与新浪、网易、搜狐等国际知名网站做了站点链接，累计通过金良网站销售出垂柳 3 万棵。 （亚清 燎原）

蔬 菜 业

【格林公司引进果蔬新品 135 个】 2000 年～2001 年，武进市格林农业新技术有限公司在罗溪镇建设果蔬新品开发农业科技示范园，建成连栋大棚 1 万平方米、钢架大棚 15.67 万平方米，两年间该示范园引进果蔬新品种 135 个，选育出了适合本地栽培的黑美人西瓜、格林168无籽西瓜、火炬、火焰洋香瓜、樱桃番茄、草莓等 10 多个品种。同时公司向农户供应优良种苗 100 万株，对种植大户培训达356人次。近年来，前往参观学习的人员达 1.5 万人次。2001 年公司完成总产值295万元，实现利税143万元，格林公司取得的显著的社会和经济效益带动了武进及周边地区设施蔬菜业的发展。 （张小虎）

蚕 桑 业

【概 况】 2001 年，武进蚕桑业走出 6 年低谷徘徊局面，出现恢复性增长，并向规模化、集约化发展。至年底，全市有桑田面积352.93公顷，其中年内新增桑田106.67公顷。主要分布在西夏墅和孟河镇，两镇桑田面积360公顷，占全市桑田总面积的95%，全市蚕茧总产30万千克，平均张产茧37.5千克，亩产茧

53.7千克，分别比上年增23.9%、7.1%、减11.3%。

西夏墅、孟河镇农民蚕桑指导站和当地政府三方联动带动了武进西北蚕桑的发展，广大蚕农在市场价格驱动、技术促动和政府推动下，扩大新桑种植面积，大力发展蚕桑业。武进市三新茧丝绸有限公司利用废弃的枝条培育食用菌，利用季节差，形成肥料还田的产业链，培育的绣针菇、鸡腿菇2001年冬春之际上市，市场前景好，食用菌年单产净收益可达2 000元左右。孟河镇石巷村养蚕大户王文龙2000～2001年发展新桑8公顷，年收入近15万元。随着中国加入世贸组织，养蚕作为绿色农业，实行科学养蚕，市场前景将会更加广阔。

【直播杂交桑、省力化养蚕技术推广】 近年来，市蚕桑指导站推广杂交桑新品种，组织各镇多种经营服务站到外地参观考察。从广东引进直播杂交桑获得成功，具有出苗率强，枝条多，省工、省本，当年投资、当年收益等优势，改变了桑田需3年成园、生产周期长的低效益状况。西夏墅和孟河镇政府把发展蚕桑列为任期目标，作为"富民工程"来抓，到2002年两镇桑田发展到630公顷，并对蚕农实行发展1亩新桑政府贴补100元种苗、种籽费的优惠政策。省力化养蚕技术也有所突破，实行大蚕斜面条桑养育，改变了传统的采叶养育；在田间利用大棚养蚕，就地采桑，蚕粪及时还田，既省力，又解决了规模养蚕的场所；一般蚕农一年养两季蚕，最多的不超过3季，2001年在技术上实现养5季蚕，提高了蚕农的种桑养蚕积极性。（查学文）

【三新园艺公司规模栽桑养蚕初见成效】 2001年底，该公司发展桑田总面积48公顷，建有小蚕共育室670平方米、养蚕大棚1.6万平方米，采用一步成园杂交桑和土钵移栽杂交桑田相结合的播种技术，采用小蚕共育、大蚕大田大棚平台立体育饲养技术，省工省力又省本，簇具由过去的塑料折簇上山改为方格簇上山，提高了成茧质量。三新园艺有限公司年内饲养蚕种800张，产茧30万千克，年张产达37.5千克，茧产值达60万元。三新科技示范园积极探索桑枝木屑综合利用新技术。该园利用桑枝木屑取代木材，开发生产食用菌，把生产食用菌的下脚料再还田利用，每公顷桑园可增加收益1.5万元。（张小虎）

【武进市三新茧丝绸有限公司成立】 6月4日挂牌成立。该公司的成立标志着武进茧丝绸经营体制的重大改革，茧丝绸行业走上贸工农一体化发展道路。2001年，武进市三新园艺有限公司及其三新科技示范园为主体组建武进市三新茧丝绸有限公司，由三新茧丝绸有限公司收购市茧丝绸总公司，三新公司行使全市蚕茧收购职能。三新公司年内获得江苏省茧丝绸行业管理部门核发的《蚕茧收购经营资格证》，成为全市惟一拥有蚕茧经营资格的企业。（鞠燎原）

【全市首家蚕桑生产合作社成立】 2001年，武进市三新茧丝绸有限公司牵头组建全市首家蚕桑生产合作社，凡种桑2亩(1 334平方米)以上的农户按照技术规范要求进行蚕桑生产和培育食用菌，固定把蚕茧和食用菌产品出售给该公司，该公司承诺当蚕茧生产效益低于种粮(500克鲜茧比5 000克秋粮)效益时，以保护价收购合作社成员生产的蚕茧。（张小虎）

【耐氟新蚕种的研究推广】 2001年，市蚕桑指导站与中国农科院蚕业研究所合作，在西夏墅、东安镇开展耐氟新蚕种的研究和推广工作，取得良好效果。秋季，采用耐氟蚕种，每张蚕茧产量达20千克，为武进蚕桑抗氟污染走出了一条新路。（何泽宇　鞠燎原）

（高岷　摄）

水　　利

【概　况】 2001年，武进水利部门深化水利改革，积极探索水务一体化管理，强化水资源统一配置，加快水利建设步伐，稳步发展水利经济，取得了新的成效，市水利局被江苏省水利厅评为全省水利系统先进集体和全省水利综合经营先进单位。

突出重点，注重实效，加快全市水利建设步伐。2000年冬至2001年春，全市围绕圩堤加固、增设泵站、疏浚河道和节水灌溉等四大工程，掀起水利建设热潮，投入资金1.3亿元，完成土石方980万立方米。雅浦港水利枢纽全面建成投运，湖塘地区防洪工程大通河西套闸主体建设竣工，8月投入试运行，大通河泵站、孟城闸改建工程于12月上马施工。全市加高培固圩堤56处、124千米，疏浚淤浅河道141条、178千米，建成各类节小型渠道365千米，其中地下渠道78.6千米，建成中型泵站3座，新建翻建小型电灌排站40座。

*加大力度，依法管水，强化水资源统一管理。*市水利部门积极组织"建设节水型社会，实现可持续发展"为主题的第九届"世界水日"和第十四届"中国水周"宣传活动。全年查处水事违章12次，打击长江非法采砂3次，年审非农取水许可证936本，全市地下水年开采量1 860吨，比上年减采27%。贯彻江苏省人大常委会《关于苏锡常地区限期禁止开采地下水的决定》，填封地下深井137口。

*精心准备，一丝不苟，认真做好防汛防旱工作。*市防汛指挥部分别与24个圩区所属镇签订了防汛工作责任状，组织修复郑陆镇太平联圩大堤等病险堤段14处，集中储存防汛抢险物资草包5.1万只、编织袋11.25万只、钢管105吨、毛竹3 000根，汛前准备工作充分，未出现严重灾害性天气，2001年全市安全渡汛未出险。

*深化改革，积极探索，努力实施水务一体化管理。*全市725座基层电灌站通过承包、租赁、拍卖等多种形式转换了经营机制，改制面达80.3%。在全市初步建立起水利工程建设管理、水资源统一管理配置、城乡供水和污水处理等3套水务管理体系的基础上，10月18日成立武进市水务局，开创了武进涉水事务统一管理的新阶段。

*抓住机遇，克难求进，水利行业经济稳步发展。*全市水利系统完成综合经营产值12.72亿元，比上年增6%。

【雅浦港水利枢纽通航】 6月28日正式通航，成为苏南地区直达杭嘉湖地区水上运输良好的航道口门。雅浦港水利枢纽位于雪堰镇雅浦村，由净宽12米的单孔节制闸和8(12)×135米的船闸各1座组成。该工程具有挡洪、交通、环保等综合功能，是太湖流域综合治理十大骨干工程中环太湖大堤工程的重要控制建筑物，于1999年12月28日开工，2001年3月竣工，总投资1 623万元。

【大通河西套闸建成投运】 8月18日投入运行。该工程位于湖塘镇聚湖村，是太湖地区武澄锡低片西控制线的重要建筑物，也是武进城区防洪工程的骨干项目，套闸规模为8(20)×80米。2000年7月16日开工，2001年1月12日水下工程通过江苏省水利厅组织的专家组验收，被评定为优良等级，主体工程5月底竣工，工程总投资790万元。

大通河泵站经江苏省水利厅批准，12月28日开工建设。该泵站位于湖塘镇降子村，为城区防洪工程主要建筑物，由单孔净宽8米节制闸和抽水能力30立方米/秒排涝站各1座组成，预算投资2 872万元。武进市水利工程公司在公开招标中中标承建，于2003年4月30日竣工，2003年汛期投运。

【江河港武水务(武进)有限公司成立】 7月26日成立。该公司是由国家水利部江河水务投资有限公司、香港伟创实业有限公司和武进市供水总公司联合组建的合资公司，注册资本8 700万元。江苏省水利厅厅长黄莉新、常州市副市长张力航和武进市委书记、市长毛伟明等领导出席签字仪式并作重要讲话，国家水利部副部长翟浩辉发来贺电，公司将合作建设和经营武进市长江引水一期工程。

【武进市水务局成立】 市机构编制委员会武编复[2001]14号文批准成立，10月18日举行成立大会暨揭牌仪式。国家水利部原副部长朱登铨、省水利厅副厅长张小马等出席成立大会。市水务局是全市涉水事务管理的行政主管部门，与市水利局实行"一套班子，两块牌子"。该局的成立标志着武进由传统的"工程水利"向资源优化配置和环境生态平衡为目标的"资源水利"转变。

【武进市长江引水工程正式开工】 10月18日举行开工典礼。一期工程日产水量20万吨，概算投资3.6亿元，整个工程包括日产水量40万吨的长江取水头部、43千米原水输送管道和湖塘水厂10万吨级扩建工程，由中外合资江河港武水务(武进)有限公司负责建设和管理，计划2003年6月竣工投运。国家水利部原副部长朱登铨、江苏省水利厅副厅长张小马等参加开工典礼。

【横林地区引水工程竣工投运】 12月18日竣工，2002年1月28日正式投运。该工程作为武进长江引水工程的前期工程，将湖塘水厂的自来水引到遥观、洛阳、横林等镇，解决武进东部地区18万居民和企业的生活生产用水。工程铺设清水输送管道16.3千米，建3万吨级增压站1座。一期工程日供水量1.5万吨，概算投资1 500万元，沿长虹东路铺设DN800钢管7.8千米。

【填封地下深井137口】 2000年8月26日，江苏省人大常委会发出《关于苏锡常地区限期禁止开采地下水的决定》，要求2003年前地下水超采区全面封堵采水井，2005年底前全面禁止开采地下水。市水务部门贯彻落实这项《决定》，排查全市现有的530口地下采水井，编制分年度封堵计划。年内全市封井137口，完成年度封井计划。

【市水利局被评为全省水利工作先进集体】 20世纪90年代以来，武进不断加强以防洪保安为重点的水利建设，累计投入资金7.55亿元，先后建成魏村水利枢纽、武进港水利枢纽、长江堤防达标工程、雅浦港水利枢纽等流域性和区域性骨干水利工程，培修加固圩堤614千米，建成中型排涝站102座，兴建节水型灌溉渠道1 931.8千米，每年节省灌溉成本440.8万元，有效地保障和促进了地方经济的发展。市水利局不断深化水利改革，大力推进水务一体化管理，初步建成水利工程建设管理、水资源开发利用管理和城乡供水及污水处理管理等涉水事务管理体系。全市水利系统完成综合经营产值12.72亿元，连续6年位居全国县（市）级水利经济之首。

【孟河水闸加固改造工程竣工】 孟河水闸始建于1978年，主要担负孟河、小河、西夏墅及丹阳市豆庄4个乡镇近万公顷粮田的防洪灌溉任务。经过多年的使用运行，闸门腐蚀严重，混凝土工程表面炭化，桥面承载能力减弱，已不能适应这项水利工程职能的要求。2001年10月，江苏省水利部门和武进市共同投资420万元，对孟河水闸实施加固改造工程，全部和部分拆除重建闸体上部结构及闸墩，上游增设定喷封墙，重新更换闸门启闭系统，工程将于2002年5月全部竣工，投入运行。

（于华兴）

农 业 机 械 化

【概　况】 2001年，武进农机部门紧扣农机优质服务活动主题，采取多种技术手段攻克水稻机械化栽插难点，加快推进水稻生产全过程机械化进程，切实抓好农机春修备耕、农作物秸秆综合利用及禁烧、水稻机械化栽插、农机安全生产、夏秋两忙抢收抢种等环节，农机各项事业建设顺利进行。

*农机发展由量的增加到质的提高。*根据农业产业结构调整的需要，全市继续压缩调减土地耕翻、小麦收割机械，大力推广发展水稻种植机械和秸秆还田机械，积极引进试验示范苗木、大棚蔬菜、油菜收获、粮食烘干、种子处理和河道清淤机械，优化农机存量结构。2001年全市投入农机购置资金300万元，新增自走式联合收割机31台、步行式插秧机2台、水稻直播机39台、苗木挖掘机1台。自走式收割机保有量达到490台，农机总动力85万千瓦，农机化综合作业水平达82%，继续在全省保持领先。

*农机优质服务月活动取得实效。*市农机系统采取组织工作组分工包片指挥调度农机作业、组成技术服务小分队开展巡回抢修、安排专人昼夜值班供应配件、开通农机110热线电话受理机手报修求助等措施，开展农机优质服务月活动。夏秋两忙期间，全系统共组织动员400多名干部职工、3 000多名机手、3 000多台套机械在雨前抢主动、雨隙抢夺粮、雨后抢扫尾，进行机收会战，完成机收小麦2.77万公顷，小麦秸秆还田2.49万公顷，水稻抛秧1.33万公顷，水稻直播833公顷，机收水稻2.71万公顷。农机跨区作业收入达3 050万元。

联合收割机水稻收割现场。

*水稻栽插机械化取得突破。*制约全面实现农业机械化的“瓶颈”——水稻栽插机械化年内有所突破。市农机部门通过一年多时间的考察调研、技术储备、机械准备、人员培训，确立了稳定发展抛秧和机抛秧、积极试验示范机插秧、大力推广水稻机直播的技术路线，引进高速插秧机3台、步行式插秧机2台、水稻直播机39台、抛秧机179台，在28个镇、30个试验示范点上试验示范了不同形式的水稻机械化种植方式，完成机械化水稻种植面积1.42万公顷，全市水稻机械化种植率由上年的6.8%跃升到30.4%。这些试验示范点的水稻单产平均达625千克，同比增产5%左右，实现了省工、节本、增产、增效的目标。

*农机综合经营效益创新高。*农机系统完成综合经营销售额14.25亿元，其中物资流通11.6亿元，实现综合经济效益4 500万元，分别比上年增29%和8%；邹区灯具城年销售额突破11亿元。

【武进市秸秆禁烧和综合利用工作受到部、省级表彰】 2001年，武进从农业现代化和农业可持续发展的要求出发，以科技为先导，按照因地制宜、各方配合协同作战、分步推进全面禁烧的原则，采用农机技术、经济考核、行政推动、法律约束等多种措施，做到农机与农艺相结合、农作物秸秆机械化还田与秸秆气化相结合、宣传教育与法律规范相结合，基本实现了市境内沪宁高速公路、罗溪机场、省道国道、行政中心周边地带等禁烧区范围内无秸秆焚烧的目标，4月底受到国家环保总局、农业部、科技部、共青团中央等中央部门和江苏省环保厅、交通厅、农林厅、农机局、科协、航管局等6厅局的表彰。

【武进通过国家农业部水稻生产机械化示范县验收】 水稻生产机械化项目是近几年武进市农口部门重要的部级投资项目之一，概算总投资200万元，其中国家农业部无偿投资100万元，省及省级以下财政配套100万元，建设面积2万公顷，建设期限两年。项目实施主要围绕水稻生产环节全过程机械化作业，实现育秧科学化、供秧商品化、栽插机械化、收割机械化、秸秆还田化目标。自承担实施该建设项目后，全市共新增自走式联合收割机227台、水稻抛秧机178台、插秧机5台、直播机39台、秸秆还田机械855台套，实际投入建设资金6 000万元。该项目实施后，武进市水稻生产全过程机械化各环节作业水平明显提高，机械化种植、机械化收割、机械化秸秆还田达到21.4%、57%、74%，分别比上年提高8.2个、32个和42个百分点，基本上走出一条水稻生产全过程机械化作业的技术路线。11月下旬，江苏省农机局受国家农业部委托，组织有关方面领导和专家对武进市承担实施的农业部水稻生产机械化示范县建设项目进行的评价验收，顺利通过。验收组高度评价了武进市在水稻生产全过程机械化工作方面所取得的成绩和经验，认为武进水稻机械化收割水平在全省乃至全国处于领先水平，水稻机械化种植已探索出以机插为主、机抛秧和机直播为辅的发展路子，加上农机发展机制创新方面的成功实践，武进成为引领全省走向全面实现农业机械化的一面旗帜。 （潘志峰）

农 业 科 技

【概　况】 2001年，武进农林系统实施"品种、技术、知识"三大更新工程，加快科教兴农步伐，科技对农业的贡献份额达54.7%，高出全国平均水平10个百分点。全市农林系统在省、常州市、武进市各级立项实施的项目共计54项，其中省"三项工程"项目1项、常州市农业科技示范园区7项、武进市农业科技发展计划项目46项。通过武进市科委组织鉴定的项目有5项，获得武进市科技进步奖励的有7项，其中"武运粳8号"的育成、"优质高产抗病、中粳新品种早丰九号、池塘乌鱼养殖高产、高效技术研究"获市科技进步一等奖。获部、省"丰收奖"项目两项，其中"名特水果优质、高产栽培技术"获国家农业部三等奖，"优质粳稻品种推广"获省农林厅二等奖。

【新华现代农业科技示范园初具规模】 5月建成，总投资2 000万元，占地160公顷。该园与中国农业科学院、上海水产大学进行技术协作，采取克隆技术，每年可培育名贵花木200万盆(株)，无土栽培高档蔬菜，种植树苗200万棵；养殖繁育长江名贵鱼类，年产100万尾河豚苗种，建成3 000平方米的净水循环恒温养殖设施，年产河豚2万千克、鮰鱼、鲟鱼各1万千克、露天池养殖桂鱼1.5万千克、长江蟹1万千克、四大家鱼5万千克；种植早园竹10.62公顷、大雪枣1万棵，桃、梨、枇杷、葡萄等优质果树10万棵，每年组培、嫁接特优果物树苗5万棵。园区建成后第一年产值可达800万元。该园向周边农户提供经济作物品种和水产种苗，逐步建立农产品加工基地，推动农业产业化发展。

（顾　文）

（陆新　摄）

（栏目责任编辑　陈如华）

工　　业

综　　述

【工业产销利同步增长】 2001年，武进工业经济运行质量明显提高。全年完成工业总产值570.06亿元、销售收入504.14亿元，比上年分别增11.3%和13.6%；其中市属工业企业完成工业总产值44.96亿元，销售收入42.14亿元，比上年分别下降12.3%和13.8%；民营和个私工业企业完成工业总产值525.1亿元，销售收入462亿元，占全市工业经济总量的92.1%和91.6%，分别比上年增13.9%和17%。全市工业实现利税总额36.92亿元，其中利润17.88亿元，比上年增16.1%和33.4%，利税、利润指标增长幅度分别高出销售增长幅度2.4个、19.8个百分点。全市工业企业资产负债率64%，比上年下降1.88个百分点，企业盈利能力和偿债能力有所提高。民营和个私工业企业所有者权益132.65亿元，比上年增28.7%。　（周　波）

【技改投入增势强劲】 2001年是武进工业技改历史上最好的一年。全市完成工业技改投入38.29亿元，比上年增29.7%；其中市属企业投入2.37亿元，民营和个私企业投入35.92亿元，比上年分别增53.95和28.3%。遥观、横林、洛阳、焦溪、邹区、魏村、礼嘉等16个镇技改投入超亿元，其中武进高新技术产业开发区、横山桥镇、牛塘镇投入超2亿元，最高的湖塘镇达3.82亿元。至年底，全市总投资额超1 000万元的在建和竣工技改项目83个，完成总投资26.3亿元。20个市重点项目年内完成投入10.97亿元，占全市技改总投入的28.7%；有7个项目投资额超亿元，江苏新科电子集团有限公司的DVD出口基地及变频空调扩能等17个重点项目均竣工投产。　（周　波）

【改制企业活力增强】 至2001年底，武进镇村企业改制工作基本完成，市属工业企业完成改制209家，改制面达96%。市经贸局积极推进企业改制工作。武进柴油机厂、武进钢铁集团公司等市属大型企业改制顺利完成，经贸局系统的52家工业企业有48家完成改制。其中有14家严重亏损、资不抵债、复产无望的企业停产，2 282名在册职工全部解除劳动关系，给予一次性经济补偿，同时妥善处理了拖欠职工的集资款等遗留问题；有34家企业的产权整体转让，公有资产全部一次性从市属企业中退出，并吸收民间资本1.46亿元；对改制企业富余人员采用内退和解除劳动关系的方式分流。改制增强了经营者的责任意识和风险意识，转变了企业职工的就业观、分配观，增强了企业自我发展的原动力和发展后劲。由镇村工业企业改制的民营企业、股份制企业、个私企业经过几年的巩固、提高、规范和完善，已步入良性的发展轨道，呈现出较好的发展势头。全市30个镇有29个镇的产销均实现增长，其中南夏墅、湟里、礼嘉、小河等镇产销增幅超过20%。　（周　波）

【工业园区建设初具规模】 2001年，省级武进高新区、农业开发区和市经贸局、外经贸局等部门及各镇政府积极引导企业进区投资，实现资源的综合利用，最大化地发挥园区的聚集功能和辐射功能。至年底，全市36个工业园区建成面积达10.5平方千米，累计投入21.6亿元；年内进区企业286家，年末累计712家；园区企业完成工业产值140亿元，销售收入120亿元，分别比上年增25%；经济规模超过全市工业经济总量的25%，成为武进工业持续发展的一个重要支撑点。　（周　波）

表15　**2001年武进市工业企业利税大户前10位**

企　业　名　称	利税总额（万元）
江苏新科电子集团有限公司	16 442
江苏金成集团公司	10 599
江苏鸿联集团公司	10 947
江苏常恒集团公司	8 427
江苏常发集团公司	6 359
江苏江南实业集团有限公司	6 417
江苏金鼎电动工具集团有限公司	5 760
武进凤市电子集团有限公司	4 891
江苏新华昌集团有限公司	4 800
江苏亚邦集团公司	5 987

表 16 **2001 年武进市工业经济"百强企业"一览**

单位:万元

序号	企业名称	销售收入	利税总额	利润总额
1	江苏新科电子集团公司	332 491	16 148	9 091
2	江苏亚邦集团公司	111 920	4 231	2 829
3	武进天中钢铁有限责任公司	93 224	2 664	1 096
4	江苏江南实业集团有限公司	89 322	6 418	3 893
5	江苏金鼎电动工具集团有限公司	80 006	5 760	3 803
6	江苏常发制冷集团公司	73 424	7 329	5 710
7	江苏新华昌集团有限公司	66 768	4 800	4 528
8	江苏常恒集团公司	54 217	9 085	5 331
9	江苏鸿联集团公司	52 500	9 119	7 100
10	江苏金成集团公司	47 815	10 855	10 347
11	江苏铁本钢铁有限公司	45 734	934	361
12	武进大众钢铁有限公司	44 985	3 052	2 132
13	常州天香集团有限公司	32 940	1 088	93
14	常州常柴动力机械有限公司	32 526	3 653	1 877
15	江苏武进丝织总厂	32 136	375	13
16	常州侨裕集团有限公司	30 376	1 628	729
17	江苏中东集团有限责任公司	29 838	1 189	633
18	江苏新光棉织厂	26 808	1 542	712
19	江苏新亚化工集团公司	23 972	1 911	398
20	江苏阳湖纺织集团股份有限公司	21 900	1 082	16
21	江苏金牛线缆集团公司	21 624	2 430	1 420
22	江苏江南塑料集团公司	21 246	1 866	1 128
23	江苏旷达集团公司	21 240	2 431	1 021
24	常州常内内燃机有限公司	20 837	1 196	1 168
25	武进联创染织有限公司	20 615	301	159
26	武进市凤墅电子集团有限公司	18 188	4 891	3 605
27	武进五菱柴油机有限公司	16 868	−5 884	−5 909
28	江苏兰陵化工集团公司	16 527	2 205	1 389
29	常州北美颜料化工有限公司	15 836	1 099	530
30	武进市牛塘化工厂	15 286	620	319
31	江苏华东邮电电缆厂	14 971	1 013	762
32	江苏恒力电机集团股份有限公司	13 902	642	143
33	常州医药原料厂	13 061	1 348	723
34	常州市第八纺织机械厂	11 018	2 143	1 212
35	常州大江饲料有限公司	10 977	45	45
36	常州市金隆化工厂	10 771	2 289	1 973
37	武进市奔牛镇拖内配件厂	10 581	1 057	382
38	武进市电子计算机设备厂	10 560	561	340
39	武进市长江机械油厂	10 511	−98	−208
40	武进不锈钢管厂	10 079	977	528
41	常州锦纶厂	10 020	574	303
42	武进亚能热电有限公司	9 699	1 262	265
43	武进市遥观钱家净化厂	9 337	2 186	1 453
44	武进市机房防静电设备厂	9 318	1 334	734
45	卡尔迈耶纺织机械有限公司	9 290	2 686	2 187
46	常州启星鞋业有限公司	9 171	1 223	1 026
47	武进市寨桥农机厂	9 060	415	144
48	江苏霞峰集团公司	8 997	1 111	435
49	武进市马杭色织布厂	8 898	375	184
50	武进市勤益染织有限公司	8 681	1 285	809
51	武进市永安电机厂	8 613	3 134	2 484
52	江苏远宇电子集团公司	8 589	1 198	676

续表

序 号	企 业 名 称	销售收入	利税总额	利润总额
53	武进市漆包线厂	8 478	99	66
54	武进铁合金厂	8 199	766	139
55	武进金氏集团有限公司	8 106	1 536	1 188
56	武进市晨阳工业集团公司	7 816	74	−58
57	武进市第三合金厂	7 584	596	435
58	常州市邮电通信光缆厂	7 568	798	760
59	武进创立电子有限公司	7 512	581	27
60	武进市亚泰割绒厂	7 100	280	103
61	武进恒通金属钢丝厂	7 072	237	247
62	常州凯美铜管有限公司	7 033	−669	−559
63	常州市江飞稀土有限公司	6 804	146	−330
64	常州晶华印染有限公司	6 748	150	119
65	常州市南方电缆厂	6 672	1 397	1 040
66	江苏海鸥冷却塔股份有限公司	6 607	579	19
67	武进市湟里镇河南纺机配件厂	6 309	402	98
68	武进自行车配件厂	6 270	78	2
69	武进市遥观华盛集团	6 247	667	650
70	常州市时代包装有限公司	6 200	1 442	352
71	武进华能热电有限公司	6 165	880	334
72	武进市漕桥农机有限公司	6 126	219	12
73	武进轧辊厂	6 105	983	646
74	武进市薛巷电讯元件厂	6 009	277	22
75	武进纺织厂	5 972	400	108
76	武进市东华色织厂	5 732	138	66
77	常州市天普生物化学制药厂	5 672	564	324
78	武进市湟里合成纤维厂	5 647	104	2
79	江苏恒德机械有限公司	5 616	160	1
80	常州汉森江浪减速机有限公司	5 578	193	−244
81	武进市牛塘特种轴承厂	5 569	192	98
82	武进市裕成电子有限公司	5 569	167	6
83	武进市竹园装饰用品厂	5 562	202	146
84	武进凯达织布厂	5 504	144	18
85	武进市华隆化工有限公司	5 438	98	8
86	常州华艺铝型材料有限公司	5 423	870	640
87	江苏立新钢管厂	5 346	273	988
88	常州康普药业有限公司	5 317	452	53
89	江苏双菱链传动有限公司	5 262	428	136
90	常州神雁光纤通信有限公司	5 231	680	325
91	常州市泽天化纤厂	5 055	64	−17
92	武进市东方染整厂	5 052	184	56
93	武进市湖塘热电厂	5 034	547	47
94	常州市蓝天化工有限公司	5 030	713	281
95	武进市东方柴配有限公司	5 027	272	34
96	常州新进鞋业有限公司	5 007	113	103
97	常州市亚飞电线电缆有限公司	5 004	535	175
98	常州升利兰服装砂洗有限公司	4 961	184	38
99	武进市英特曼电子电器有限公司	4 807	243	11
100	常州市神龙油箱有限公司	4 793	514	168

表 17 **2001 年武进市重点技改项目进展情况**

单位:万元、万美元

企业名称	项目名称及内容	投资情况			项目进展进况
		总投资	2001 年投入数	项目累计投入	
武进铁路客车配件厂	开发生产铁路车辆控制系统及配套牵引电动机、变流器	7 000 用汇:550	7 890	7 890	竣工
江苏常发集团公司	开发生产空调二器、汽油机及发电机组、邦迪管等	4 500	3 800	4 800	竣工
武进中天钢铁有限责任公司	80 吨超高功率电炉	47 000 用汇:2 180	10 485	11 485	2002.09 竣工
江苏卓群纳米稀土股份有限公司	稀土金属合金生产线	4 600	1 570	1 570	2002.06 竣工
江苏江南实业集团公司	开发生产气相防锈纸、铝硅锰复合脱氧剂	5 500	4 600	4 600	竣工
江苏新科电子集团公司	DVD 出口生产基地及变频空调扩能	16 000 用汇:915	13 442	14 758	竣工
武进市南方电子管厂	合资生产氧化铟锡(ITO)导电玻璃	4 000 用汇:300	3 655	3 655	竣工
常州正大粮油工业有限公司	扩建年产 3.24 万吨豆油及 14.4 万吨豆粕生产线	3 500	3 600	3 600	竣工
江苏亚邦集团公司	年产 3 000 吨分散染料后整理生产线及不饱和树脂扩能	10 000 用汇:315	9 000	9 000	竣工
江苏旷达集团公司	扩大汽车内饰织物生产能力	12 000 用汇:498	7 858	7 858	竣工
江苏新光棉织厂	引进织造关键设备,提高产品档次	2 980 用汇:332	3 000	3 000	竣工
江苏阳湖纺织集团股份有限公司	引进络筒机等,提高棉纱质量	3 760 用汇:75	3 300	3 300	2002.03 竣工
常州市宏发土工复合材料工程有限公司	开发经编增强骨架复合材料	2 800 用汇:100	2 880	2 880	竣工
武进市裕兰色织有限公司	引进关键设备,提高后整理生产技术水平	3 000 用汇:50	3 000	3 000	竣工
武进市牛塘特种轴承厂	开发 FC、QJF 系列大型轴承	2 925	2 950	2 950	竣工
江苏常恒集团公司	开发生产无刷直流电机、FJ 系列截止阀电子除尘器等产品	10 000 用汇:900	7 309	11 957	竣工
江苏鸿联集团公司	开发生产电力照明杠杆及出口家具扩能	5 000	5 000	5 000	竣工
常州天香集团有限公司	建麸酸生产基地,扩大结晶味精生产能力	4 200	4 200	4 200	竣工
武进金氏集团有限公司	引进新型高档 BOPP 薄膜关键生产设备	15 000 用汇:978	15 200	1 6000	竣工
常州侨裕集团有限公司	扩大旅游用品出口能力	3 000 用汇:290	3 100	3 100	竣工
合计	20 项	166 765 用汇:7 483	115 839	124 603	

表18 **2001年武进市各镇(区)工业主要经济指标情况表**

单位:万元

指标 单位	产值	销售	利税	利润	技改投入	两项资金	资产负债率(%)
合计	5 263 512	4 627 476	356 390	181 350	359 174	1 231 703	64.04
湖塘	916 122	889 481	57 242	20 096	62 882	130 982	57.87
牛塘	305 058	295 326	16 648	8 505	20 340	65 813	67.74
南夏墅	148 776	141 172	11 969	5 872	10 880	48 236	61.97
农发区	12 502	11 637	327	—127	1 445	6 510	64.07
洛阳	550 088	480 169	30 769	15 831	4 108	138 139	74.17
遥观	283 218	262 548	27 140	17 524	12 254	102 515	60.32
横林	287 356	252 280	24 228	14 400	12 358	71 422	64.32
横山桥	332 368	262 201	25 693	10 578	10 500	74 505	54.05
芙蓉	79 263	56 612	5 201	2 286	13 150	15 841	62.66
焦溪	175 430	125 538	11 396	5 444	12 685	46 061	58.24
郑陆	171 173	124 999	10 988	5 490	18 310	31 582	69.49
雪堰	78 008	56 518	5 109	3 020	18 920	15 555	60.46
潘家	98 038	79 082	8 412	4 058	18 602	28 210	59.62
漕桥	126 206	111 875	7 139	3 372	20 200	21 491	59.28
前黄	105 000	83 215	5 558	2 538	5 050	23 801	74.04
礼嘉	193 151	180 708	16 444	10 347	16 130	34 211	67.00
寨桥	156 185	134 040	10 215	4 787	9 559	48 602	72.78
邹坵	211 025	181 029	13 304	5 420	13 449	49 060	65.45
卜弋	78 946	72 078	4 193	1 667	3 500	12 899	65.07
夏溪	51 080	44 029	1 622	591	6 013	15 134	66.86
嘉泽	60 800	54 561	2 964	1 555	7 530	22 914	70.41
湟里	161 000	138 021	8 648	4 346	57 501	22 914	70.60
东安	150 006	125 116	6 403	2 606	3 905	33 654	66.20
魏村	113 818	102 446	10 297	5 058	4 500	48 323	59.41
安家	32 815	29 603	3 705	2 032	4 224	11 521	62.38
薛家	52 275	50 728	3 998	1 494	15 344	19 843	71.43
奔牛	103 055	97 423	6 529	2 018	6 550	27 340	65.41
罗溪	69 660	58 951	5 744	2 566	6 000	23 450	65.06
西夏墅	46 463	41 843	3 947	1 236	3 750	20 122	70.97
小河	73 271	54 622	6 044	2 810	5 750	14 542	55.29
孟河	41 356	33 802	4 252	2 334	8 610	14 543	65.09

【民营重点企业支撑作用日益明显】 2001年,市政府确定的20家民营重点企业完成工业总产值131.91亿元,实现销售收入123.55亿元,分别占全市工业经济总量的23.1%和24.5%。其中江苏新科电子集团、亚邦集团、中天钢铁公司、江南实业集团、金鼎集团、新华昌集团、鸿联集团、常恒集团等8家民营企业销售收入均超过5亿元,最高的新科集团销售收入达33.25亿元。20家重点企业实现利税8.42亿元,利润5.19亿元。"百强企业"完成产值217.5亿元,实现销售收入202.8亿元、利税14.98亿元、利润8.8亿元,比上年分别增8.5%、7.8%、10.5%和22.3%,分别占全市工业总量的38%、40.1%、40.5%和48.5%。"百强企业"中有46家企业利税超过1 000万元,其中民营企业新科集团、金成集团利税均超亿元,分别达1.62亿元和1.09亿元。5 000万元~9 999万元的有7家,2 000万元~4 999万元的有21家。有28家企业利润超1 000万元,其中最高的金成集团利润达1.04亿元,新科集团、鸿联集团、常发集团、常恒集团利润在5 000万元~9 999万元,8家民营企业的利润超2 000万元~4 999万元。重点企业规模的扩大,提升了武进产品的市场形象,为武进工业发展起了带动和促进作用。 (周 波)

【30家民营科技企业成为技术创新生力军】 近年来,武进努力改善民营科技企业的发展环境和条件,切实

加强对民营科技企业服务，取得较为显著的经济和社会效益。2001年，市有关部门积极做好民营科技企业的申报和认定工作，有30家企业被确定为民营科技企业，全市民营科技企业累计达74家。新确认的30家民营科技企业职工总数为7 217人；其中大专以上学历为1 067人，从事新技术研究开发的科技人员为623人，分别占职工总数的14.8%、8.6%；企业注册总资本2.4亿元，固定资产6.2亿元，全年实现技术性收入3 240万元，新产品销售收入13.3亿元，技术性收入与新产品销售收入总额占总收入的73%；新技术新产品利税率达25%，用于新技术及其产品的研究与开发经费达6 695万元，占企业销售总收入的3.6%；民营科技企业中的科技人员经费、销售收入、利税及新产品的研究开发经费等指标全部高于非科技型企业。江苏奥奇海洋生物工程有限公司、江苏远宇电子集团公司、江苏兰陵化工集团等民营科技企业正成为全国同行业企业技术创新的生力军。（信　科）

个 私 工 业

【概　况】 2001年，武进进一步加大对个私工业企业的扶持力度，不断优化发展个私经济的宏观环境，扶持政策明确，扶持力度继续加大，个私工业经济呈现出快速发展的势头。年末，全市有个私工业企业5 881户，其中年内新注册2 121户，注册资金总额40.2亿元，比上年增173.5%。全市个私工业企业完成产值210.34亿元，实现销售收入211.06亿元、利税15.12亿元、利润7.47亿元，比上年分别增31.9%、33%、41%和59.8%，增幅分别高于全市工业20.54个、19.26个、22.91个和25.19个百分点，成为推动武进工业持续快速发展的新生力量。（周　波）

【地域特色经济优势凸现】 武进大力培育发展个私工业地域特色，逐步形成了集约化生产的格局。以纺织工业为主体的湖塘镇纺织龙头企业迅速崛起，带动了湖塘个私工业的大发展，个私工业经济总量已经占到全镇工业经济总量的75%。东安镇个私工业总量占全镇工业经济总量的70%以上，其中江苏铁本铸钢有限公司实现销售收入4.8亿元，占东安镇销售收入的30%以上。横山桥镇和牛塘镇的精细化工已成为全国"星火计划密集区"，礼嘉镇雨披系列产品占全国65%的市场份额，南夏墅镇生产的电子接插件打入欧美等国际市场。横林镇的强化地板年生产能力4 000万平方米，占全国销量的35%，成为全国三大浸渍纸层压木质地板生产基地之一。全市大多数镇建立了民营或个私工业园区，为个私工业进区提供了加速发展的空间。（周　波）

【构筑科技高平台参与国际竞争】 2001年，武进个私工业企业积极主动参与国际经济一体化进程，瞄准高科技、高附加值项目大胆投入，构筑发展高平台，实现发展新突破。全市个私工业企业技改投入达12亿元。其中武进金氏集团有限公司投入1.6亿元引进国际先进的BOPP双向拉伸薄膜生产线，年内投入运行。江苏铁本铸钢有限公司扩大冷轧钢生产能力，两年内技改投入达3亿元。许多个私工业企业经营者通过人才市场、大专院校等多种途径，吸纳、招聘高级工程师、硕士研究生、大中专毕业生2 000余名，促进了一批颇具市场竞争力的产品问世，成为外贸出口的拳头产品。武进东华色织厂的九采罗天然彩棉产品开发成功，使之成为中国纺织新产品的出口基地。武进华福纺织有限公司生产的薄型呢系列产品全部出口，成为欧美市场的抢手货。武进蓝天化工有限公司一跃成为全球三大赛克产销企业之首，其产品质量可与世界著名公司的产品质量相媲美，90%出口到国外，2001年国内外市场占有率达35%。全市200余家自营出口生产私营企业外贸供货额达3.35亿元，成为武进出口创汇的中坚力量。（周　波）

电 子 信 息 工 业

【概　况】 武进电子、信息工业销售收入超500万元以上的企业有68家，实现销售收入41.77亿元，比上年增19.4%，利税总额2.17亿元，其中利润0.92亿元，分别比上年增13.8%和60.5%。在电子信息行业中，集体企业有4家，股份合作制企业41家，联营企业1家，有限责任公司6家，私营企业6家；其中港澳台投资企业7家，外商投资企业3家。固定资产原值7.73亿元，净值5.06亿元。

表19　**2001年武进市电子信息工业主要产品产量**

产品名称	单位	2001年	2000年
激光视盘机 SVCD,VCD	万台	308.42	314.10
电子元件	亿只	10.24	9.52
通讯电缆	万千米	3.14	2.94
电力电缆	万千米	0.56	0.38
钢芯铝绞线	吨	2 057	5 020
电线	万千米	2.75	2.81

【电子信息设备制造业成为武进工业支柱产业】 2001年，武进有280多家企业从事电子信息设备制造业，从

业人员2.8万人，形成以VCD和DVD影碟机、家庭影院、液晶显示器、电子元器件、高性能讯响器、通讯光缆、通讯设备、多层线路板、接插件等产品为重点的电子信息制造业。电子信息设备制造业完成工业产值80亿元，实现销售收入65亿元、利税12.5亿元，分别占全市工业总量的14%、12.9%、33.9%。

【武进被列为常州市制造业信息化工程示范地区】 近年来，武进的企业加快电子信息技术推广应用步伐，全市工业企业对信息技术应用投资约3.5亿元，完成项目300多个。重点推广计算机辅助设计(CAD)，工程建筑行业、机械制造业、高新技术企业CAD普及率分别达100%、80%、90%。武进已被列为常州市制造业信息化示范工程试点地区。2001年，市政府出台了《关于加快全市制造业信息化建设的实施意见》，以推进全市制造业信息化步伐。 (邵建明)

【新科电子集团有限公司举行企业发展战略研讨会】 9月11日，该集团与新华财经专家委员会联合举行企业发展战略研讨会，有10余名曾多次参与我国宏观经济政策研究和制定的著名经济理论家参加。担任课题组组长的是清华大学经济管理学院责任教授、博士生导师、中国企业研究中心主任魏杰。成员有国家计委经济研究所教授、中外企业集团发展研究中心专家组长、博士生导师常修泽，中共中央宣传部研究员、中国市场经济研究会副会长、中国企业文化研究会副理事长贾春峰等。

魏杰提出，中国入世在即，“新科”将直接面对来自国际企业的竞争，要“与狼共舞”，首先就要使自己变成“狼”，必须进行脱胎换骨的彻底变革，处理好两个方面问题。一是要进行体制创新。建立、完善企业法人治理结构，理顺货币资本和人力资本的关系。要建立对人力资本的激励机制，建立并完善以岗位管理为特征的薪酬制度。要将经济利益激励和权利、地位激励相结合，真正建立适应人力资本要求的公司组织结构。其次要建立对人力资本的约束机制，包括内部约束和外部约束，保障货币资本相对应的利益。二是要进行技术创新。要加快企业上市步伐，依托资本市场融资，为企业技术创新提供强大的资金保障。要通过“试验室经济”，自办或者和国外试验室进行对接，加快把知识转变为技术，并使技术迅速产业化。专家们一致认为，“新科”具有强烈的忧患意识，敢于超越自我，超越今天。专家们建议“新科”面对入世挑战要明确未来产业拓展的方向，按照“有限的相关产业多元化”的发展思路，在消费类电子产品领域内做大做强。还要建立独特、系统的企业文化，建立“协作竞争、结盟取胜、双赢模式”的未来企业发展运作方式。本次研讨会对“新科”有着巨大的指导意义，对其他企业也有着十分重要的启示作用。 (居 鹏)

【“新科”超薄双解码DVD投放市场】 2001年，新科“超越号”实验室又推出超薄双解码DVD系列产品。新科“超越号”实验室在两年前就与美国杜比公司、DTS公司默契合作，开发双解码DVD，拥有自主知识产权的“超级数码流(SDS)”技术和“精析解码技术”。超薄双解码DVD－8100同样具有以上优点，内置AC－3、DTS双解码芯片，可自由欣赏两大主流环绕声格式的DVD影片，DVD－8100还备有同轴光纤数字音频输出功能，搭配视听器材灵活度大，使用更得心应手。“新科”超薄双解码DVD比传统的双解码DVD兼容性更强，可播放DVD、超级VCD、VCD、CD、MP3、CD－R、CD－RW等碟片外，还内置HDCD解码器，可播放比CD更胜一筹的高解析度HDCD碟片，获得大动态、细节丰富、高档噪比的模拟音频信号，适合用来欣赏音乐。超薄双解码DVD还能兼容柯达PictureCD(数码相册)，大大扩展了DVD的使用范围。具有标准视频与S端子图像输出功能及先进的色差输出，可将DVD电视机的色差端子直接连接，欣赏更为清晰纯正的影像。 (周 波)

【国家免检产品“新科”变频空调畅销全国】 12月起，新科集团根据国家权威机构预测变频空调将成为中国大中城市的消费主流的信息，率先在空调业开展普及变频空调活动，将1.5P变频小精灵“新科”空调的价格调整为2 999元，使得“新科”变频空调销售直线上升。“新科”在变频空调的研发、生产中，严格贯穿“精细化、零缺陷”的质量管理宗旨，采用58项制造工艺标准，严把质量关。国家标准规定室外机达到－7℃可停机保护，但“新科”变频空调在－15℃仍能正常运行。根据中国电网的特点，新科集团设计开发出国家专利技术低电压自动补偿，使得电压波动范围为20%。“新科”空调率先通过“ISO9001”、“ISO14001”两大国际认证，成为首批“国家免检产品”和国内唯一通过国家家用电器检测中心5 000小时连续无故障运行测试的变频空调。 (周 波)

【远宇电子集团公司总部迁至美国】 誉为“中国声响器大王”的民营企业江苏远宇电子集团公司，自1988年创办起就瞄准了国际市场。1990年南下深圳设办事处，1993年获得自营进出口权，1995年在美国洛杉矶建立窗口，成立威尔逊公司，1998年依托威尔逊公司创办远宇香港公司、远宇德国公司、美国潘氏企业投资公司和美国加州电声研究中心。2001年7月，公司董事长潘中来决定把总部从武进搬到美国，在威尔逊公司的基础上重新注册成立“远宇美亚电声公司（简称AAC公司）”，并对集团进行整合，AAC公司为“远宇”的决策中心、信息中心、技术中心和营销中心，原武进总部作为产品研发、生产基地。

12月初，AAC公司作为摩托罗拉指定供应商，直接参与超薄型手机受话器的研究设计。半个月后，“远宇”国内研发、生产基地根据总部设计方案研制出的样品，在摩托罗拉东京新品信息发布会上，赢得1 000万美元的订单。国际权威期刊《环球资源》对“远宇”总部移师美国发表评论，称“远宇”是中国民营企业向跨国公司发展的先驱。“远宇”从全球经济的角度来定位企业战略，意义深远。（承 原）

【东南电工器材厂两只电子产品达国内领先水平】 武进市东南电工器材厂是奔牛镇电子产品重点生产企业。2001年，由该厂开发生产的重低音喇叭、磁围路产品，经国家有关部门鉴定，各项技术数据和工艺水平均达到国际先进标准。其中重低音喇叭系列产品具有音质优美、设计新颖等特点，技术达国内领先水平，销往美国等市场。（陈洪良）

【侨裕集团投资1 200万美元生产LCD液晶电脑】 2001年，常州侨裕集团与香港森林控股电子有限公司合资成立侨森电子信息产业有限公司，主要生产LCD－PC液晶一体电脑、LCD－MINT液晶分体电脑、LCD－MONT TOP液晶显示器。该项目总投资1 248万美元，达产后将形成年产10万台，销售达10亿元的规模。

LCD—PC液晶电脑是新一代安全、环保电脑。液晶显示具有无电磁辐射、无画面闪烁、避免几何失真、抗干扰等优点，以及融主机与显示屏于一体、操作更简便、性能更先进的特点，代表世界电脑业的发展方向。液晶电脑在欧美等国已占市场份额的60%～70%，而国内目前仅占1%左右。专家预测，液晶电脑在中国市场前景广阔。（宜国新）

【常恒集团斥资1亿元实施9个技改项目】 常恒集团以增强企业产品的市场竞争力为抓手，2001年投入资金近1亿元，实施电磁线圈生产线、KSD温控器生产线、包装箱生产线改造，以及17AM热保护器、KSD保护器、FJ截止阀、无刷直流电机、电加热器、电子集尘器等6只新品开发。其中无刷直流电机、电子集尘器两只新品被认定为省“火炬计划”项目。无刷直流电机开发项目投资2 980万元，其试制样品经德国有关权威机构认可，项目完成后可达年产20万台的能力。电子集尘器开发项目投资800万元，其产品被国内“海尔”、“长虹”、“美的”等名牌企业认可。该产品适应空调器向健康化、环保化方向发展趋势，具有自主知识产权。项目完成后可达年产20万台的能力。以上6只新品投产后，可使常恒集团年新增销售收入2亿元。集团技改工程被评为常州市“工业技术改造十佳项目”。（张建华）

·江苏新科电子集团有限公司·

该公司创建于1980年，是一个地跨全国、集科工贸于一体的大型企业集团，江苏省高新技术企业，AAA级资信企业，省级“重合同、守信用”企业，省、市重点企业、明星企业，全国电子工业百强企业。下属12家实体工厂和分布全国大中城市40多家经销分公司及技术服务中心。“Shinco新科”商标在1998年3月被认定为“江苏省著名商标”，1999年12月被国家工商局商标局认定为“中国驰名商标’。公司总部设在武进市洛阳镇，占地面积15万平方米，员工6 000人；2001年末拥有总资产近10亿元，销售总额33.25亿元，利税总额1.61亿元，其中利润9 091万元。

董事长、总经理 秦志尚 （周 波）

·江苏常恒集团有限公司·

该公司位于武进市江边经济技术开发区，为省级企业集团，拥有员工5 000余名，总资产4.5亿元，无形资产2.1亿元，下属11个生产经营实体，其中8家中外合资企业。主要生产家电制冷配件、塑钢门窗和型材等九大系列1 000多个品种的产品。集团公司加强企业内部管理，抓技改促产创效，通过产品结构调整，增强集团经济的整体竞争力；重视人才的引进和招聘工作，营造良好的容人和用人环境；注重外向型经济的发展，积极开拓国际市场。2001年，集团实现销售收入6.1亿元，利税8 000万元，被评为江苏省“先进乡镇企业”。

董事长 金华友 （张祖仁）

纺织服装工业

【概 况】 武进纺织服装行业销售收入超500万元以上的企业有111家，实现销售收入36.89亿元，比上年增9.6%，利税总额1.78亿元，其中利润0.58亿元，分别比上年增19.1%和77%。在纺织服装行业中，集体企业有12家，股份合作制企业63家，联营企业3家，有限责任公司5家，股份有限公司3家，私营企业20家；其中港澳台投资企业5家。固定资产原值14.48亿元，净值8.77亿元。

表20 **2001年武进市纺织服装工业主要产品产量**

产品名称	单位	2001年	2000年
纱	吨	13 543.66	12 373.37
布	万米	12 606.79	12 556.08
棉布	万米	10 575.73	10 322.75
混纺交织布	万米	729.54	965.71
纯化纤布	万米	1 301.52	1 267.62
印染布	万米	8 735.11	7 065.04
帘子布	吨	527.86	513.00
绒线(毛线)	吨	843.00	910.09
丝织品	万米	551.89	508.00
服装	万件	793.09	640.64
梭织服装	万件	793.09	640.64

【武进针纺织行业大力引进先进设备提升产品档次】 2001年，武进多渠道筹集资金，投入纺织工业技改资金1.25亿元，引进国外先进的纺纱、织造、后整理等环节关键设备，实施重点技改扩能项目4个。江苏新光棉织厂投资2 980万元，引进织造关键设备，投产后形成年产棉布610万米的能力，每年可新增销售收入4 900万元、利税1 200万元。江苏阳湖纺织集团股份有限公司投资3 760万元引进络筒机等，投产后可形成年产优质纱4 500吨的能力，新增销售1.5亿元、利税1 500万元。武进市裕兰色织有限公司投资3 000万元，引进关键设备，投产后可新增销售收入8 000万元、利税1 200万元。武进市隆泰纺织品有限公司投资2 800万元，引进100台剑杆织机技改项目，将形成年产布700万米的能力，达产后可年新增销售收入6 000万元、利税1 000万元。 （周 波）

【常州市钢筘厂18条高精密针布纺机生产线投产】 该厂是中国生产新型纺织器材的骨干企业，国内规模最大的钢筘科研、生产基地。该厂经过3年努力，成功开发出LJ2000型精密金属齿条自动生产线，攻克了我国针布行业技术难题。经江苏省科委科技成果鉴定，该生产线样机达到国际先进水平，填补国内空白；被评为2001年江苏省高新技术新产品，并拥有自主知识产权。该生产线加工生产的高精密、高质量针布，将有效提高纺织产品档次，增强我国纺织品在国际市场的竞争力。继8月29日第一条18条高精密针布生产线投产后，第二条生产线于年底下线，达产后将形成年产高精密金属针布7 600套的生产能力，逐步达到替代进口的目标。 （亚 宇）

【旷达集团开发成功新型汽车内饰面料】 2001年，江苏旷达集团公司投资1.2亿元，引进36台国际先进生产设备，提升汽车内饰织物档次，年内4.2万平方米的生产大楼基本建成。该集团下属武进市旷达汽车内饰厂研制开发的针织纬编绒大提花汽车座椅内饰面料，具有阻燃、透气、柔软、抗静电、抗油污、坑断裂强力强、被包覆性好等特点，主要用于汽车、火车、轮船等座椅内饰，同时适用于家庭、宾馆等室内装璜装饰，各项性能指标达到并超过国外同类产品，能替代进口。该项目达产后将形成年产6 000万米汽车座椅内饰面料的能力，可新增销售收入4亿元、利税4 000万元。 （光 大）

·江苏阳湖纺织集团股份有限公司·

该公司是集生产、经营各类棉纱、棉布织物及印染后整理加工为一体的大型企业集团，拥有总资产2.2亿元，员工3 000余名。主要产品有纯棉纱、氨纶包芯纱、弹力灯芯绒、卡其布、色织布。2001年完成销售收入4.5亿元，实现利税1 370万元。集团核心企业阳湖纺织本部有员工2 120名；有纱锭4.8万枚，无梭织机200台。年内，阳湖纺织本部投入技改资金3 760万元，引进自动络筒机等关键设备，提高产品档次和生产能力。同时紧紧围绕产品质量、效益这个中心，开展质量竞赛活动，采取产品质量与员工收入密切挂钩等措施，强化员工的质量意识。公司严格贯彻ISO9002质量标准体系，以优质产品和长期合作的诚信稳定老客户，以价廉和优质的服务巩固发展大客户、新客户。全年生产纱10 580吨、布1 053万米，分别比上年增11.7%、3.4%，完成工业产值2.32亿元，销售收入2.19亿元，实现利税1 082万元，生产、销售、利税同步增长。

董事长、总经理 唐金华 （吴志清）

机 械 工 业

【概 况】 武进机械行业销售收入超500万元以上的企业有241家，实现销售收入70.65亿元，比上年增9.6%，利税总额5.60亿元，其中利润2.70亿元，分别比上年增8.4%和16.1%。在机械行业中，国有企业1

家，集体企业 26 家，股份合作制企业 163 家，联营企业 4 家，有限责任公司 22 家，股份有限公司 3 家，私营企业 16 家；其中港澳台投资企业 1 家，外商投资企业 4 家。固定资产原值 27.33 亿元，净值 16.96 亿元。

表 21 **2001 年武进市机械工业主要产品产量**

产品名称	单位	2001 年	2000 年
金属切削工具	万件	38	33
金属集装箱	万立方米	164	169
建筑用金属品	吨	1 550	2 000
内燃机	万千瓦	574	715.15
金属切削机床	台	555	506
升降移动机械	台	140	131
泵	台	9 690	9 973
电动工具	万台	888.25	753
轴承	万套	4 492	3 955
密封件	万件	113	109.65
标准紧固件	吨	5 945	5 103
工业链条	吨	4 404	3 249.40
齿轮	吨	2 920.05	2 662.55
铸件	万吨	35 139	35 121
锻件	吨	8 973	7 644.54
粮食加工机械	台	881	720
针织机械设备	吨	2 833.44	2 139.56
小型拖拉机	万台	1.99	0.66
交流电动机	万千瓦	6.04	4.49
变压器	万千伏安	36.28	31.09

【“常发牌”柴油机销量、效益跻身国内同行前列】 常州常发动力机械有限公司坚持走创新兴业之路，企业获得飞速发展。2001 年，该公司销售各类柴油机 47 万台，销量居国内同行第四位。

常发公司是 1996 年创立的小型单缸柴油机专业生产企业。创业伊始，企业就确立了“创新兴业”的发展思路。“常发”通过创新管理来降低成本，节支增效，单机管理费用支出仅为 80 元，比国内同行降低 70%左右。同时，公司实施产品创新，研制开发了“常发牌”绿色环保柴油机 3 马力～10 马力风冷系列、世纪精品 2.72马力～4 马力立式四冲程风冷系列和 2 马力～4.4马力卧式四冲程风冷系列产品，成为市场的抢手货。“常发”拥有 25 个系列 200 多个品种，成为国内小柴品种最多的企业。在营销上，“常发”确立了创新市场的新观念，实施生产方、经销商和配套整机厂的“三赢”政策，用高品质的产品配以高质量的服务占领市场。“常发牌”柴油机在全国 30 个省市建立了 500 余个销售和维修服务点，随时随地为用户提供咨询和服务。为让消费者放心满意，“常发”在同行业中率先对消费者作出质量承诺：凡使用“常发牌”柴油机，在保修期内曲轴、连杆断裂，经本公司技术服务部确认不属用户使用不当，本公司将调换一台同型号新柴油机，并奖励人民币 1 000 元。“常发牌”柴油机被评为“江苏省名牌产品”，连续四年赢得中国消费者基金会推荐的“销售者信得过产品”称号。2001 年，“常发”商标被认定为“江苏省著名商标”。 （李世光）

【武进液压启闭机厂中标三峡枢纽液压启闭设备项目】

2000 年，武进液压启闭机厂中标三峡工程液压启闭设备招标项目。2001 年，该厂投资 1 500 万元的扩能技改项目，保质按时完成目标任务。该中标项目完成后可为武进液压启闭机厂增加销售收入 3 350 万元，利税 640 万元。 （武 健）

【“远东”柴油机连杆覆盖全国 70%市场】 常州远东连杆有限公司生产的柴油机连杆系列产品，以其光滑耐磨、安全系数要求高，在 1998 年被评为农机行业“金牌”产品。2001 年，该公司生产连杆系列品种 41 个，销售达 330 万支，产值 1.3 亿元，产品销售量占全国市场份额的 70%。 （徐悦良）

【集装箱平台车被列入国家重大创新研制项目】 武进市腾飞航空油料设备配件厂研制的 6.8 吨～7 吨集装箱集装板升降货物平台车，经国家经贸委组织专家评审，被确定为全省唯一的 2001 年度国家重大技术装备国产化创新研制项目。该研制内容包括装卸系统、升降平台设计；研制 ICTA 规定标准化的集装箱集装板货物升降平台；购置大型折弯设备，数控加工中心等。经费总额 2 200 万元，研制时间 2001 年到 2002 年，项目研制成功后可新增销售额 4 400 万元，税金 310 万元，利润1 000万元，节约外汇 800 万美元。（胡祖福）

【陶瓷等离子喷涂活塞杆获江苏省优秀新产品奖】 该产品由江苏省高新技术企业常州冷拔油缸厂自 1999 年 2 月开始研制，2000 年 7 月投产，年生产能力达 3 000支。该产品采用从德国 GTV 公司引进的 MP－F－1000 型陶瓷等离子喷涂系统和陶瓷等离子喷涂工艺，参照德国 DIN 标准生产，替代传统的镀铬工艺，从而提高了工件的表面硬度与强度，使工件具有较强的耐腐性，获得较高的表面质量，广泛应用于航空航天、海洋工程、水利枢纽、冶金等领域。该产品的研制成功缩短了我国与国际先进水平的差距，填补国内空白，替代进口、节约外汇。该厂生产的高强度精密冷拔管 HSP 被国家经贸委评为国家级新产品，高强度精密液压冷拔设备被评为江苏省高新技术产品。该厂连续 3 次被评为江苏省高新技术企业。 （胡祖福）

【腾龙汽车空调管路公司通过法国 EAQF94 认证】 常州市腾龙汽车空调管理有限公司 2000 年通过 ISO9002 国际质量体系认证后，2001 年投入 2 000 万元，引进具有国际先进水平的生产设备和技术，注重强化企业内部管理，加强技术培训，提高员工素质，提升产品的技术含量和附加值。生产的汽车空调管路取得汽车配套商信赖，成为武汉"神龙公司"的"十佳"配套供应商，11 月成为江苏省首家通过法国于达克公司 EAQF94 认证的企业，获得产品进军欧盟市场的通行证，成为法国雪铁龙公司的生产合作伙伴。2001 年，该公司产品销售收入达 4 000 万元。（沈德华）

【名牌产品"明波牌"摩托车畅销 20 多个省市】 常州东方龙摩托车有限公司是东安镇一家民营企业。2000 年，该公司以 2 000万元买断大型国营企业武汉摩托车厂的无形资产，在武进第一个获得摩托车目录商品资格，成为国家定点摩托车生产企业。为确保"明波牌"摩托车高起点，该公司建立了一整套科学的管理体系，投产当年就通过 ISO9002 质量体系认证，并被国家质量技术监督局确认为"质量信誉跟踪产品"，列为华东优秀科技产品，2001 年 6 月获得农业部颁发的全面质量管理达标证书。"明波牌"MB100、125、150 摩托车被评为 2001 年"江苏省名牌产品"，成为省内同行业获此殊荣的两家企业之一，产品畅销广西、湖南等 20 多个省市，远销尼日利亚等国家和地区。（周祥生）

·江苏新华昌集团有限公司·

该集团公司是集生产、经贸、运输、开发为一体的国家级乡镇企业集团，拥有总资产 6.6 亿元，其中固定资产 1.55 亿元，员工 1 600 多人，各类工程技术人员 100 多人。主要产品与服务有国际标准集装箱、特种货柜、焊丝、环保设备和货柜运输、车辆加油等。2001 年创产值 7.18 亿元，实现销售收入 7.2 亿元，出口创汇 5 600 万美元。中国乡镇企业协会 2001 年的《中国乡镇企业排序》公布，新华昌集团名列中国最大出口创汇乡镇企业 1 000 家第 37 位、中国金属制品行业最大经营规模乡镇企业第 23 名。

常州新华昌国际集装箱有限公司是集团核心成员企业，主要生产与销售各类国际标准集装箱，为诸多世界著名公司和国际大型船舶租箱公司的可靠供货商。该公司 2001 年实施集装箱制造工艺革新项目，工艺设计与布局、生产设备与设施革新均取得显著成效，大大提高了集装箱生产效率，大幅降低了单位制作成本。该次技术革新还充分贯彻了人类工程学的理念，减轻了工人的劳动强度，改善了工作环境。

核心成员企业江苏万隆特种货柜有限公司主要研究、开发、制造与销售各类特种货柜。该公司在国内首先开发研制成功散装物料罐式集装箱、沥青罐式集装箱、IMO 型罐式集装箱等特种货柜，产品在国家重点建设项目长江三峡工程、沪杭高速公路铺建工程等中广泛使用，并出口美国、新加坡、菲律宾、印尼、日本等国家和台湾省、香港特区。2001 年，该公司开发的水泥罐式集装箱被铁道部列为重点推广项目，已大量投入全国主要铁路干线运行。

重要成员企业常州华通焊丝有限公司主要生产 CO_2 气体保护焊丝和埋弧自动焊镀铜焊丝。年生产能力 1 万吨，产品获中国船检社和英国劳氏船级社检验认可。2001 年，该公司应用工业自动化技术革新焊丝生产流水线，大幅度提高了生产效率，降低了生产成本。焊丝销量以每年 30%的平均速度递增。

董事长、总经理　潘传荣　　（包亚红）

·武进市剑湖铁路客车配件厂·

该厂是由五家全资内资企业和两家中外合资公司组成的紧密型经济联合体，为江苏省高新技术企业，铁道部机车车辆配件定点生产厂家。2001 年末，该厂拥有总资产 1.8 亿元，员工 1 400 人，其中工程技术人员 200 余人，具有高级技术职称的人员有 20 人；厂房和辅助建筑 10 万平方米，年工业销售收入 6 亿元，实现利税 1.1 亿元，出口创汇 3 000 万美元。企业连续多年被评为市工业先进单位、"重合同守信用"企业、"利税大户"、"文明单位"和江苏省"特级信用(AAA)级企业"等荣誉称号，董事长兼总经理俞金坤从 1996 年起连续被评为江苏省、常州市"优秀企业家"。

武进市剑湖铁路客车配件厂以生产铁路客车、地铁、轻轨车辆、电气产品和内装饰以及办公自动化用品为主。近年来，该厂加大科技投入，引进一批重点专业人才，在引进国外先进电力机车、地铁、轻轨牵引变流控制技术基础上组织科研攻关。2001 年组建"江苏省轨道车辆牵引变流技术工程研究中心"，投入 1.4 亿元从事消化、吸收国外先进技术工作，加速先进牵引变流技术装备的国产化和产业化进程，产品在国内轨道交通市场上享有良好声誉。铁路客车用控制系统及配套牵引电动机、变流器技改项目年内竣工，达产后可新增销售收入 2.5 亿元、利税 3 500 万元。

董事长、总经理　俞金坤　　（刘继邦）

·常州常柴动力机械有限公司·

该公司是国家大型企业，江苏省明星企业。公司拥有总资产2.8亿元，员工2 180余名，具有年产8万吨铸铁及相适应的金属加工能力。2001年实现销售收入3.25亿元，利税3 653万元。1999年通过中国机械工业质量体系认证中心ISO9002质量体系认证。主要产品有：单缸机体，具有年产300万台60mm～125mm缸径的单缸柴油机机体能力，是全国最大的单缸柴油机机体生产基地；多缸柴油机有缸径85mm～105mm、功率20KW～60KW、缸数2缸～4缸多种型号，具有转速高、功率大、易起动、油耗低等显著特点，是农用车、收割机、工程机械的理想配套动力；叉车主要品种有CPC30型和CPCD30型，具有操作简便、转向灵活、视野宽广等优点。采用该公司生产的多缸机作动力，使整车更具质量和价格优势。部优产品风机有10多个系列、300多个规格，能满足不同用户的需求。

董事长、总经理 石剑舫 （柴仲元）

·江苏恒力电机集团股份有限公司·

该公司是以原国家中型二级企业武进电机厂为投资主体的省级集团公司，为国家机械工业局定点生产汽车、拖拉机、工程机械及船舶内燃机用电机的专业企业，全国技术改造重点企业，江苏省高新技术企业，江苏省科技进步先进企业，江苏省质量管理先进企业。多次被评为全国模范职工之家，江苏省文明单位，江苏省AAA级信用企业，常州市先进基层党组织。公司拥有总资产2.48亿元，职工1 328人。公司主要生产“武电牌”起动机、“永字牌”发电机、“恒电牌”电动轮毂三大类200余种型号的产品，其中起动机产销量居国内同行之首。2001年生产各类电机77.1万台，完成产值1.50亿元，销售收入1.47亿元，实现利税642万元。

该公司以市场为导向，加快新品精品开发步伐，成功开发QD268、QD275D、QD157系列产品，有刷无齿电动轮毂HDY3B、带泵发电机JFWB25C4等新品和变型产品48只；完善精品J3Q5A起动机，形成批量生产；新产品产值达7 060万元，占总产值的47%。

董事长、总经理 王增连 （顾建新）

·江苏金鼎电动工具集团有限公司·

该公司是国家电动工具出口生产基地企业，武进市出口创汇大户。2001年，公司拥有总资产3亿多元，职工2 000多人，销售收入8亿多元，外贸出口7亿多元，自营出口3 685万美元，实现利税5 760万元，多项技术经济指标名列全国电动工具行业前茅。

近几年来，公司投入技改资金近1亿元，增添先进的生产设备和检测仪器，扩大生产能力，确保产品质量不断提高；又以灵活的营销政策、一流的服务赢得国内外市场，取得了良好的信誉。公司荣获国家经贸委、外经贸部“全国机电产品出口先进单位”，国家农业部、外经贸部“全国出口创汇先进乡镇企业”称号，江苏省委、省政府授予“九五”期间“先进乡镇企业”称号，被评为江苏省“先进私营企业”，常州市“农村十强企业集团”和中国市场调查研究中心“跨世纪质量无投诉示范企业”。产品获“第三届中国出口商品展览会金奖”。

公司主要产品有充电电钻、电园锯、剪枝机、往复锯等各种规格的充电工具系列，砂光机、曲线锯、电刨等各种规格的交流工具系列，砂轮机、台钻、线锯、带锯等各种规格的台式工具系列。公司强化质量管理，产品全部采用国际先进标准，取得美国UL、德国GS、欧共体EMC/CE认证，1997年12月取得ISO9002质量体系认证，产品畅销德国、法国、英国、荷兰、俄罗斯、美国、加拿大、澳大利亚、南非、韩国等30多个国家和香港地区，在国内覆盖包括台湾在内的31个省、市、自治区。

董事长、总经理 鲁仲清 （山志成）

·江苏常发集团·

江苏常发集团是一个综合型产业集团，集团总部设在常州高新技术产业开发区。下属公司主要有江苏常发实业集团有限公司、中外合资常州常发动力机械有限公司、常州常发机械有限公司、常州常发通讯器材有限公司等。集团拥有员工3 000余人，各类专业技术人员350人，其中高级工程师96人；2001年实现销售收入8.5亿元，出口创汇800万美元。

该集团拥有国内先进的生产装配线、测试线、烤漆线，从国外引进了10余台世界一流水平的加工中心和三维坐标测量机。主导产品有冰箱、空调用蒸发器、冷凝器和“常发牌”机电产品。蒸发器、冷凝器具有1 000万套的年生产能力，2001年销售473万套，国内市场占有率50%以上，产品为“海尔”、“澳柯玛”、“伊莱克斯”、

"新飞"等知名冰箱、空调企业配套。"常发牌"机电产品包括高性能风冷式CF系列柴油机及以该产品为主机的发电机组、水泵机组;单缸水冷系列柴油机、手扶拖拉机等,具备年产柴油机100万台、拖拉机10万台的生产能力。单缸柴油机销量国内同行排名第四位(国家单缸内燃机协会2001年度统计),产品远销东南亚、非洲、欧美等国家和地区。集团所属各公司均通过ISO9002质量体系认证,被评为农业部全面质量管理达标企业。企业自1996年以来连续荣获"江苏省明星企业"称号,1998年以来连续评为江苏省"重合同、守信用"企业、国家级"重合同、守信用"企业。2001年,"常发"商标被评为"江苏省著名商标"。"常发牌"柴油机被评为"江苏省名牌产品"。该集团还荣获新飞、科龙、荣事达、海尔等家电企业"配套件质量高档化银奖"、"优秀分承包方"、"最优分供方"企业。集团董事长黄小平1999年被评为"江苏省明星企业家",2001年荣获"江苏省劳动模范"、"全国第四届乡镇企业家"称号。

董事长、总经理　黄小平　(李世光)

冶　金　工　业

【概　况】 武进冶金行业销售收入超500万元以上的企业有48家,实现销售收入40.45亿元,比上年增6.7%,利税总额1.87亿元,其中利润0.64亿元,分别比上年负增长10.8%和34.1%。在冶金行业中,集体企业有6家,股份合作制企业25家,有限责任公司5家,股份有限公司1家,私营企业6家;其中港澳台投资企业2家,外商投资企业3家。固定资产原值18.85亿元,净值12.03亿元。

表22　**2001年武进市冶金工业主要产品产量**

产品名称	单位	2001年	2000年
钢	万吨	35.00	34.44
普通碳素钢	万吨	30.36	31.14
优质钢	万吨	4.63	3.30
成品钢材	万吨	58.48	63.65
线材	万吨	55.36	60.98
无缝钢管	万吨	3.12	2.67
铁合金	万吨	7.89	7.14
铜加工材	万吨	1.14	1.27
铜盘条	万吨	0.06	0.07
铝制品	万吨	0.35	0.16
钢丝	万吨	1.90	1.81
焊条	万吨	0.58	0.45

【江南实业集团投资8 000万元实施两个技改项目】 2001年,江苏江南实业集团公司投资8 000万元,开发科技含量较高的新型冶金材料产品镀锡用锡粒,实施气相防锈纸、铝硅锰复合脱氧剂技改项目。其中集团下属江苏江南铁合金有限公司投资3 000万元,实施镀锡钢板用锡粒及其制备方法技改项目,被列为"全国促进专利技术产业示范工程"项目。达产后每年可增加销售收入3.2亿元、利税4 000万元。集团公司组织实施的气相防锈纸、铝硅锰复合脱氧剂开发生产项目投资5 000万元,年内投入试生产,达产后可增加年销售收入1.5亿元、利税1 500万元。　(梅　平)

【"鑫海钢铁"落户夏溪】 常州鑫海钢铁有限公司是夏溪镇武进福华化工换热设备有限公司与台湾客商宁懿唐、香港客商陈步涛兴办的合资企业,总投资为2 000万美元,注册资本为800万美元,这是武进2001年最大的利用外资项目。主要生产钢架、新型建材等产品。投产后年产钢架和新型建材5万吨,年产值可达2.4亿元,利税4 150万元。　(石　城)

【"国冶牌"系列新品轧辊畅销】 "国冶牌"轧辊由国家冶金配件中心成员单位武进市凯达铸钢轧辊有限公司生产。2001年10月,该公司实施合金离心复合轧辊生产技改项目,总投入1 028万元,新增贝氏体球铁轧辊产品产量1 000多吨,全年完成轧辊产量9 000吨,实现销售收入6 300万元,比上年增12.5%和8.8%,实现利税总额983万元。"国冶牌"φ850以下六大系列40余种材质,近千种规格的铸铁、铸钢系列轧辊畅销全国200多家钢铁企业,外销美国、南非和东南亚等国家和地区。该厂连续多年被评为江苏省、常州市"明星企业","文明单位","科研型工厂","重合同、守信用企业","AAA级信用企业"。合金冷硬铸铁轧辊被评为冶金部和江苏省"优质产品"。企业通过ISO9002质量体系认证。　(沈德华　符福兴)

【常州优劲不锈钢制品有限公司开业投产】 5月11日开业。该公司由世界知名钢铁企业、全球500强企业之一法国优基诺钢铁集团与魏村实业总公司联合投资兴办,位于魏村镇欧洲工业园区内,一期工程总投资500万美元。合资企业以法国优基诺集团在全球的四大不锈钢轧钢厂的优质不锈钢为原料,主要为国内的青岛海尔、无锡小天鹅、安徽荣事达、济南小鸭等著名家电企业提供优质不锈钢制品。年内又追加投资150万美元,引进意大利横剪中心的加工设备,使主要生产设备均达到世界先进水平,年产不锈钢卷材2万吨,年销售额达8 000万元。　(赵焕琴　曹留琴)

·武进中天钢铁有限责任公司·

该公司是由江苏武进钢铁集团公司改制组建的民营企业，公司拥有总资产15亿元，员工2 000余名，其中各类专业技术人员300多名，是具有从发电——炼钢——轧材综合生产能力的江苏省冶金行业骨干企业之一。公司在市场增本减利因素高达2 000万元的情况下，生产经营仍然取得喜人成绩。全年完成工业总产值8.3亿元，实现销售收入9.3亿元，实现利税2 664万元；完成钢产量9.65万吨，轧材27.69万吨，发电3.31亿千瓦时。

2001年是中天钢铁有限责任公司发展史上具有特殊意义的一年。一是按照市委、市政府的统一部署，仅用3个月的时间，成功地将武钢集团改制为武进中天钢铁有限责任公司，为公司的加快发展注入了新的活力。二是80吨超高功率电炉技改工程进展顺利，电炉主厂房土建工作全部完工；制氧设备安装工作量完成50%，连铸机、35KV变电所进入全面安装阶段，预计2002年三季度建成，达产后可年产钢80万吨。三是生产经营管理水平进一步提高。公司所属高线厂、热电厂、炼钢厂等生产水平屡创新高。公司拓展经营思路，在杭州、上海等全国8个省、市设立销售点，一方面减少销售环节，扩大了销售面；另一方面增加信息资源渠道，使公司能根据各销售点反馈的信息，及时调整经营策略，确保经营出效益。四是管理思路新，公司与世界著名冶金企业——德国巴登钢铁公司进行管理和技术的合作，使在建的电炉工程产量由50万吨提高到80万吨，节约工程投资3 000元。公司还组织工程技术人员和管理人员分五批到巴登钢铁公司学习培训，第一批培训人员已走上生产管理岗位。五是公司党委贴紧企业经济工作中心，扎实有效地开展创建“四好企业党组织”活动，坚持标本兼治的原则，促进企业廉政建设，积极指导群团组织开展各项活动，增强了企业的凝聚力和向心力，为公司生产经营活动的正常开展营造了良好的环境。

董事长、总经理　董才平　　（周伟民）

·江苏江南实业集团公司·

该集团下属10个有限公司，核心企业为江苏江南铁合金集团有限公司。集团拥有总资产9.5亿元，员工2 800多名。具有年产铁合金5万吨、塑钢型材6万吨、建筑门窗25万平方米的能力。主导产品铁合金长期为宝钢、武钢、首钢和太钢等国家大型企业配套，在冶金行业享有良好的声誉。根据国家冶炼特种钢需求研制开发的铝锰硅合金和铜镍合金两大类产品，大大地降低了钢铁厂的生产成本。镍铁、锡粒和锌粒等新产品投放市场后销售形势看好。2001年，集团公司完成工业产值9.84亿元，实现销售收入8.93亿元、利税5 616万元，分别比上年增8.6%、1.7%和33.8%。

董事长、总经理　梅鹤康　　（梅　平）

·江苏铁本钢铁有限公司·

该公司是专业化生产D22矽钢和连铸连钢的企业。拥有固定资产原值2.45亿元，主要生产设备有50吨化铁炉2台，30吨转炉3台，连铸坯生产线一条，制氧能力6 000立方米，除尘系统3套，27150KVA主变一套；建筑面积9万平方米，职工1 300人，其中熟练技术工人380人，工程技术人员30人，高级工程师10人。主要产品有连铸坯、矽钢片、矽钢板坯。

该公司1997年投入2 500万元，在东安镇建立“江苏铁本钢铁有限公司”生产D22矽钢。1999年至2000年投入3 000万元，建成年产25万吨连铸连轧钢坯生产线。2001年又投入6 500万元进行电炉炼钢改转炉炼钢技术革新，企业取得跳跃式发展。2001年实现总产值5.57亿元，销售收入4.79亿元，利税934万元，其中利润361万元。经济规模列武进市重点个私企业之首。

董事长、总经理　戴国芳　　（符福兴）

化学医药工业

【概　况】 武进工学医药行业销售收入超500万元以上的企业有147家，实现销售收入49.68亿元，比上年增12.4%，利税总额3.74亿元，其中利润1.6亿元，分别比上年增17.6%和24.8%。在化学医药行业中，国有控股企业1家，集体企业18家，股份合作制企业109家，联营企业3家，有限责任公司4家，私营企业5家；其中港澳台投资企业3家，外商投资企业3家。固定资产原值18.25亿元，净值11.72亿元。

【武进水质稳定剂厂推进高科技新品开发】 该厂两年投入1 000万元，先后同复旦大学、上海交通大学、北京化工大学和南京化工大学等院校和科研所进行技术研讨和项目合作，不断开发新品，增强企业后劲。该厂与南京大学合作开发的硅溶胶系列产品，符合美国杜

表23 **2001年武进市化学医药工业主要产品产量**

产品名称	单位	2001年	2000年
润滑油	万吨	2.45	3.01
硫酸(折100%)	万吨	2.5	2.00
合成氨	万吨	5.63	6.17
农用氮磷钾化肥总计(折纯)	万吨	2.52	2.27
氮肥(折含N100%)	万吨	2.11	1.86
磷肥(折合P2O5100%)	万吨	0.41	0.41
化学农药	万吨	0.74	0.76
杀虫剂	万吨	0.74	0.75
精甲醇	万吨	1.52	1.60
油漆	万吨	0.32	0.26
塑料树脂及共树物	万吨	2.58	2.31
化学原料药	吨	25.35	30.43
化学纤维	万吨	3.34	2.90
合成纤维	万吨	3.34	2.90
锦纶纤维	吨	1 050.02	993.97
涤纶纤维	万吨	1.76	1.52
丙纶纤维	万吨	1.47	1.27

邦公司产品的9项指标，填补国内空白；与扬子公司常州化工研究所联合开发的W－331水处理药剂取代日本粟田化学公司的S－113进口产品；与国家电力部联合开发的JN－9142水稳剂替代德国亨格尔公司产品。这些产品先后在我国100多个重点工程应用，为国家节省了大量外汇。“颂歌牌”水质稳定剂被评为江苏省“名牌产品”，荣获国家“星火计划”博览会金质奖。氢化可的松、雄稀醇酮等医药产品在国际市场上成为抢手货。与南京野生植物研究所共同开发的“附酶Q11”产品是国家科技部下达的重点高科技攻关项目，填补了国内空白。该厂生产十大系列百余个品种的水质稳定剂，其中有6只产品达到或超过国际先进水平，有2只国家重点产品，4只江苏省“高新技术产品”，2只江苏省“名牌产品”。2001年开发的硅溶胶新产品已申请国家专利。企业被认定为江苏省“明星企业”、江苏省高新技术企业、国家“星火计划密集区”骨干企业。

（刘国清）

【兰陵集团两只涂料新品投产】 2001年，江苏兰陵集团公司投资1 300万元，组织科研人员积极研制开发彩色卷材涂料，年内完成底漆、背漆、面漆车间中试和鉴定，批量生产50吨。达产后可年产涂料5 000吨，新增销售收入1.87亿元、利税4 850万元。

H55～8环氧高固饮水舱涂料集团公司研制的新产品，广泛应用于船舶饮水舱、淡水舱、饮料、自来水等行业的贮罐、管道和仓库内壁，具有良好的附着力、耐水性和防锈性能，对水质污染、人体健康无影响，技术达到国内领先水平。

（刘国清）

【卓群公司实现纳米稀土材料产业化生产】 2001年，江苏卓群纳米稀土股份有限公司投资9 100万元，实施科技开发项目纳米氧化钇研发和稀土金属合金生产线项目技改，形成纳米稀土材料专业化生产。年内稀土金属合金生产线部分设备仪器安装，中试车间竣工，完成形成年产100吨氧化钇的能力，销售5吨。两个项目建成投产后可增年销售收入3亿元、利税6 000万元。

（阿 冰）

【亚邦集团投资亿元实施两项扩能项目】 2001年，江苏亚邦集团公司投资上亿元，实施新建3 000吨分散染料后整理生产线和不饱和树脂扩能技改项目。染料项目引进设备安装完成，不饱和树脂扩能项目进入试生产。这两个项目达产后将形成年产染料3 000吨、不饱和树脂2 000吨的能力，新增销售收入4亿元、利税6 000万元。

（周欣欣）

【4只兽药产品被确认为江苏省高新技术产品】 江苏亚邦集团公司注重市场调研，努力开发和培育具有竞争力、适销对路的新产品，做到“三个领先”，即产品领先于市场，技术领先于时代，工艺领先于潮流。该集团通过互联网把企业与国际市场联结起来，建立和完善项目库，形成新品开发、技术攻关、技术改造、市场预测等较为完整的经济技术资料，真正做到生产一批、研制一批、储备一批。年内，该集团所属亚邦兽药有限公司研制的丙硫咪唑、丙硫咪唑亚砜、苯硫咪唑、丙氧咪唑4只新产品被评为江苏省高新技术产品，达产后可增加销售收入4 000万元、利税680万元。（周欣欣）

【“蓝天化工”成为全国最大的“赛克”生产基地】 常州蓝天化工有限公司是生产“蓝燕”牌赛克(FHEIC)的专业工厂，拥有5条技术含量较高的生产流水线，年产赛克6 000吨。产品获得ISO9002质量体系认证，为江苏省优秀科技产品。企业享有自营进出口权，90%的产品出口，远销美国、德国、意大利、法国、巴西、印度等国家和地区。据英特网用户资料综合对比和评估，“蓝天化工”已成为全球最大的赛克生产基地，并与德国巴斯夫公司、日本四国公司并称为全球生产赛克的三大化工企业。

（朱伯范）

·江苏亚邦集团公司·

该集团公司是一家跨地区、跨行业，融科、工、贸于一体的民营股份制大型企业集团，控股下辖染料、涂料、医药三大产业公司。公司有员工 1 808 人，拥有总资产 6.51 亿元，已形成年产 3 万吨蒽醌型分散染料及中间体、6 万吨不饱和聚酯树脂、800 吨丙硫咪唑系列原料药及中间体的生产规模，成为我国分散染料主要生产基地和全国化工创汇先进企业之一。丙硫咪唑产品销量占全国总量的 70%以上，不饱和聚酯树脂产销量居全国第二位，产品均通过英国劳氏公司 ISO9002 国际质量体系认证。公司主要产品 85%～100%出口，远销亚洲、欧洲、北美洲、南美洲、大洋洲等 5 大洲的 30 多个国家和地区。2001 年实现销售收入 11.19 亿元，外贸出口额超亿元，其中自营出口创汇 1 266.87 万美元，利税4 231 万元。

董事长 许小初
总经理 张文俊 （周欣欣）

·江苏新亚化工集团公司·

2001 年，该集团公司面对化工产品销售市场跌宕起伏，国内煤碳价格一路上扬以及农资市场进一步放开，碳铵销售价格与成本严重倒挂的严峻形势，确立了“把握发展主题、狠抓调整主线、紧靠科技进步、增强人本动力”的生产经营思路，灵活调整产品结构，增产适销对路产品异丙胺。全年生产异丙胺 6 570 吨，比上年增 135.4%，为公司保持经济持续增长和盈利起到了积极的作用。同时狠抓产品成品核算，加大技改力度。二甲胺是公司生产 DMF 的重要原料，公司通过技改的目标考核，将二甲胺占混甲胺的比例从 65%提高到 81%，取得了良好的经济效益。公司还进一步完善营销机制，抢占市场份额，确立“产品百分之百销售，货款百分之百回笼”目标，实现销售收入 23 965 万元，同比增长 7.84%。全年完成销售收入 2.4 亿元，完成工业产销率 104.49%，应收款下降 13.69%。年内，公司外向型经济有历史性突破，出口甲酰胺 370.54 吨，创汇 1 024.51万元。2001 年，公司实现工业总产值 22 943 万元，同比增长 5.4%，实现利税总额 1 954 万元，其中利润 398 万元，产值、销售创历年来最好成绩。

董事长、总经理 朱兴初 （张东贤）

·江苏兰陵化工（集团）公司·

该集团公司为江苏省高新技术企业，拥有总资产 1.2 亿元，员工 800 多人，具有年产工业涂料、建筑涂料、船舶涂料 2.5 万吨，钢结构、网架 2 万吨的生产能力，实现销售收入 1.5 亿元、利税 2 200 万元。该公司多次冠连部级“清洁文明工厂”、“江苏省无泄漏工厂”、“江苏省明星企业”等称号，是中国乡镇化工“百强”企业，国内著名的工业涂料和船舶涂料生产企业、全国重点建筑涂料生产企业、中国建筑业协会建筑涂料定点生产企业。2001 年 4 月通过 ISO9002 质量体系认证复审。“兰陵牌”涂料自 1996 年起连续 5 年被评为“江苏省名牌产品”，“兰陵牌”商标再次被评为“江苏省著名商标”。集团公司董事长、总经理陈春源为江苏省明星企业家、江苏省乡镇企业家、常州市中青年专业技术拔尖人才。下属骨干企业江苏兰陵高分子材料厂是中国涂料工业协会 50 家重点企业之一。

董事长、总经理 陈春源 （刘国清）

·江苏中东集团有限责任公司·

该公司成立于 1994 年，为省级集团公司。1997 年 9 月成立以武进市复合肥厂为核心、以常州市康乐农牧有限公司、江苏常州瘦肉型猪原种场有限公司、常州中东化肥有限公司、武进市复合肥研究所有限公司为紧密层企业的江苏中东集团有限责任公司，是一家以复合肥、瘦肉型商品猪、种猪生产为主的贸、工、农一体化企业。公司拥有总资产 2 亿多元，固定资产 8 000 万元；有职工 860 名，其中工程技术人员 180 名。2001 年完成销售收入 4 亿多元，其中集团所属沭阳分公司销售 1 亿多元。

集团所属核心企业武进市复合肥厂是全国重点磷复合肥生产企业，年产复合肥能力 60 万吨，综合经济效率、规模均居江苏省同行业首位，全国第二。主产品“中东牌”复合肥是“江苏省名牌产品”和“江苏省重点保护产品”，获“2001 年中国国际农业博览会名牌产品”称号。

常州市康乐农牧有限公司、江苏常州瘦肉型猪原种场是以目标年产 20 万头瘦肉型商品猪、5 万头瘦肉型种猪生产线为主体的工厂化畜禽生产企业，通过省级重点种畜场考核验收，成为江苏省起点高、科技含量高、规模大、与国际接轨的现代化种猪繁育场之一，生产技术、设备及管理体系为国内独创，其科学性被认定达到国内领先水平。现有种母猪存栏 3 500 余头，常年存栏活猪 2 万余头。“中东牌”商品猪、大约克种猪获“99年中国国际农业博览会名牌产品”称号。公司投资 1 500万元，利用猪粪制造 3 万吨生物有机肥项目竣工投产，为我国发展大型现代化、工厂化养殖环境保护开创了新路子。该项目被列入 2000 年国家“星火计划”项目。“外种猪选育与扩群项目”是公司承担实施的 2001

年国家农业资源综合开发重点项目。

董事长、总经理 刘敖根 (吴中庆)

轻 工 业

【概 况】 武进轻工行业销售收入超500万元以上的企业有176家，实现销售收入20.26亿元，比上年增10.9%，利税总额1.97亿元，其中利润0.98亿元，分别比上年增6.9%和13%。在轻工行业中，集体企业有10家，股份合作制企业62家，联营企业5家，有限责任公司50家，股份有限公司4家，私营企业8家；其中港澳台投资企业18家，外商投资企业19家。固定资产原值7.07亿元，净值4.83亿元。

表24 **2001年武进市轻工业主要产品产量**

产品名称	单位	2001年	2000年
皮鞋	万双	74.90	56
布鞋	万双	580	450
纸浆	吨	3 500	3 480
机制纸	吨	8 678.60	7 669.90
单色印刷品	万令	11	11
本册	万本	117	172
铅笔	亿支	1.10	1.57
塑料制品	万吨	3.50	2.98
塑料薄膜	吨	3.12	2.49
塑料板片材	吨	220	260
塑料丝及编织制品	吨	581	1 374
塑料包装箱及容器	吨	1 812.20	1 460.42
日用塑料制品	吨	551.34	834
其它塑料制品	吨	710	980
手工工具	万把	3 527.80	2 922.75
锁	万把	592.66	943
燃气用具	万台	2.58	4.46
自行车	万辆	30.86	41.47
原电池(折一号电池)	万只	125	125
空调	万台	46.79	18.93
灯泡	万只	4 527	4 881.76
灯具	万只	772.47	774.60
石英钟	万台	101	62.20

【侨裕运用信息网络促进新品研发和销售】 侨裕集团公司继2000年与韩国合作成立侨裕佩特罗斯技术有限公司后，2001年上半年，集团与日本斯苏克株式会社在东京合作成立产品研发中心。下半年，集团投入2 000多万元建成建筑面积1万平方米的智能化大楼，成立集团本部产品研发中心，汇集了公司众多优秀技术开发人才，利用宽带因特网技术，集成欧美以及中、日、韩等国家地区的最新技术和信息，促进产品科技含量和升级向更好更快方向发展。年内新开发的GC202户外花园椅、AC026－6椅、BC008N系列椅、三人秋千、AT001和CF9705系列产品推向国际国内市场后，颇受顾客欢迎。该公司已形成7大系列200多种产品的规模，并由旅游用品向婴儿用品、餐饮、休闲、电子等多元化发展。

该公司以“优质高效的经销手段，赢得客户的信赖”为经营原则，先后在美国旧金山、日本东京、韩国汉城、澳大利亚悉尼、德国慕尼黑、英国伦敦6个世界著名城市设立销售服务窗口，同时积极利用国际互联网进行网络销售，极大地便利了世界各国经销商与本公司的快捷联系。2001年，该公司产品在美国、欧洲、澳洲、东南亚地区的销售量分别占集团全年销售总额的30%、40%、10%、10%。 (宜国新)

【金氏集团依靠科技提升产品档次】 金氏集团公司是一家由10多万元资本起家的作坊式小企业发展而成的高科技民营企业，1998年组建为集团公司，有下属控股企业8家。2001年完成销售额8 106万元，创利税1 536万元，为武进市个私工业十强企业。

金氏集团加速向高科技领域进军。2001年，该公司投资1.6亿元，从德国引进了一套全球最新技术、亚洲第一的生产2万吨五层共挤高档BOPP薄膜生产线及配套设备，年底投入正常运行，月产值达2 000万元，产品供不应求。二期技改项目节能型高档BOPP薄膜总投资达2亿元，年设计生产能力4万吨，投产后可年新增销售5亿元、利税1.3亿元。

金氏集团大力开发替代产品和填补国内空白的高附加值产品，生产的“晨克牌”BOPP薄膜专用添加剂母粒，已从1个系列发展到多个系列，质量超过进口同类产品，获得“国家级重点新产品项目”和“江苏省高科技产品”殊荣。

【横林成为全国最大的电脑操作台产销基地】 2001年，横林老板在有着“中国硅谷”之称的北京中关村经营电脑操作台，产销额近3亿元，继续占据国内70%左右的市场份额，2002年全国各地的订单已经排满。

90年代初，横林木匠把传统的斧头、锤子放在一边，引进了电锯、电刨，还投资数百万元上了高密度防火板生产线、塑面纸生产线，实现专业化生产电脑操作台。经过短短几年的发展，横林电脑操作台的生产规模创全国之最，在北京设厂的一个经营大户一年的产销额就达1亿元。与此同时，横林人还一改“家中生产街头卖”的传统销售模式，积极探索出“销地产”的新型经营模式，在北京、上海、西安等全国150多个城市开辟“电脑操作台一条街”，并在当地办厂生产，及时掌握当

地市场信息，降低生产和运输成本，从而牢牢占据国内电脑操作台市场。 （孙　浩）

·江苏鸿联集团有限公司·

该公司是由常州红联灯具厂、江苏红联建材厂改制组建的省级企业集团，下属12家子公司，拥有职工4 200名，其中有中高级职称的工程技术人员380余名，集团公司具有年生产灯具800万套、金属顶棚30万平方米、家具150万套、家用饰品600万件的生产能力。年内，鸿源纸业有限公司二期投产，年产纸质餐具及食品包装系列产品可超6亿只。近3年来，鸿联集团的年销售创汇能力均以20%递增。至2001年底，集团拥有总资产3.7亿元，年销售额6.2亿元，创利税1.18亿元，出口创汇5 500万美元，各项主要经济指标在全国同类型企业中多年名列前茅。

江苏鸿联集团有限公司注重新品开发，以创名牌树企业形象。1997年，鸿联集团在全国同行业中率先通过ISO9002质量体系认证，获长城标志认证和美国UL电器安全标准认证，部分产品获欧洲GS标准。鸿联产品经权威部门质量测试，可与国际照明权威国家的电器产品媲美。在与世界一流欧美设计师的交流中，鸿联集团每年有上百种新产品投入生产。“红联牌”灯具连续多年获“江苏省优质产品”，获“'97中国名牌灯具”和“中国灯饰企业知名商标”、“常州市知名商标”、“江苏省名牌产品”称号，成为中国著名灯具生产厂家之一。鸿联的产品在国内被许多国家级的重点工程及多家五星级大酒店、高档的大商场、著名的高等院校所选用，远销美国、日本、加拿大及欧洲、大洋洲、非洲、亚洲等国家和地区。公司连续7年荣获江苏省“明星企业”和“重合同、守信誉企业”的荣誉称号，被评为江苏省“十佳外商投资企业”和“工业先进企业”。

董事长、总经理　周金清 （潘文美）

·常州市侨裕集团有限公司·

该公司是国内最大的旅游用品生产厂家之一，专业生产便携式折叠桌椅、野营床和帐篷等各类旅游用品。公司拥有总资产2.98亿元，员工近2 000名，其中管理技术人员200余人。公司形成了从铆钉加工、焊管制造、铝合金制管及阳极氧化表面处理、表面喷塑、面料加工到成品装配为一体的规模化生产，年生产能力达1 200余万件。集团公司多次获江苏省“重合同、守信用企业”、“江苏出口创汇先进企业”、“AAA级资信企业”、“常州市自营出口十强企业”、“常州市十强企业集团”和“常州市十佳外商投资企业”等称誉。2001年，集团获得中国市场调查研究中心颁发的“中国品牌质量无投诉企业”和“常州市十佳环保企业”等称号。“侨裕牌”折叠式旅游椅荣获“常州市名牌产品”、“江苏省名牌产品”。2001年，公司完成销售收入4.5亿元，出口创汇4 000万美元，实现利税4 600万元。

董事长　王琴芳
总经理　陈礼斌 （宦国新）

建 材 工 业

【概　况】 2001年，武进建材工业完成销售收入47亿元，比上年增长10.3%，占全市工业销售收入的8.2%；千万元以上的50家新型建材企业完成产值32亿元，其中5 000万元和超亿元的19家企业完成产值22.5亿元，占建材总销售额的48%。主要产品有水泥、玻璃玻纤、铝（塑、钢）门窗、防水材料、新型装饰装璜材料、建筑涂料、新型墙体材料和砼构件等8大类。玻钢玻纤和树脂产量12.2万吨，其中树脂9.2万吨，比上年增长11%；装饰复合地板2 000万平方米，新型墙体材料产量3.2亿块（折标砖），建筑涂料1 701吨，耐火材料制品9 735吨。

【5万立方米粉煤灰加气砼砌块项目投产】 江苏武进钢铁集团公司新型墙体材料厂投资1 000万元，建成常武地区最大规模、年产10万立方米粉煤灰加气砼砌块生产线，一期年产5万立方米于10月投产。该产品是一种品质优良的新型建筑材料，具有质轻、隔热、保温、节土节能、施工方便等优点。使用该产品可改变秦砖汉瓦和肥梁胖柱、深基础的建筑模式，营造出“冬暖夏凉”的温馨环境，符合当前墙改发展的产业政策，被广泛用于框架、高层和大空间结构的工程。 （黄琴芳）

【1.5万吨轻钢结构项目投产】 江苏兰陵化工集团公司所属兰陵钢结构工程有限公司投资1 000万元，引进美国林肯自动焊接机组及专用抛丸，喷砂机组和全套数字电脑检测仪，建成年产1.5万吨全套轻钢结构项目，8月28日投入规模生产。年内承接上海汽车展示城、南通通广公司、无锡加枫卫浴公司等10多个大型项目，建筑面积5万多平方米，实现销售收入3 000万元。该公司与北京钢铁设计研究院等10多家科研设计单位建立了长期的技术协作关系，具有工程设计、各类风架结构、轻钢结构、防腐防火等全套项目的制作、安装、施工能力。 （刘国清）

【武进市华耐衬里材料厂形成技术创新体系】 该厂是90年代初创建的一家民营企业，主要生产石化炼油、火力发电、水泥建材、冶金等行业工业炉室及生产设备所配套的耐高温、耐冲刷、耐腐蚀衬里材料及耐磨件。该厂一贯重视人才引进和技术创新，逐步造就了一支多层次的技术人员队伍，其中具有中高级技术职称的技术人员10多名。1998年、2000年该厂连续被江苏省科委评为江苏省高新技术企业，厂长陈海渊也成为武进市惟一的“爱迪生科技发明奖”获得者。国内生产的石化炼油催化、裂化装置中的高温耐磨衬里材料，由于适应不了高温冲刷的苛刻条件，长期被美国Resco公司的AA－22牌号的材料所垄断。陈海渊通过上千次试验，终于研制成功TA－218高温耐磨衬里材料，其主要指标超过美国AA－22材料，替代进口，填补国内空白，被国家专利局批准为发明专利，荣获国家科技进步二等奖及国家级重点新产品证书，列入国家级“星火”计划，产品为全国58家炼油厂使用，国内市场覆盖率达90%。目前，该厂已形成五大系列28个品种的产品，完全满足了石化炼油行业不同部位、不同状况条件的需要。该厂还设计开发了“T型龟甲网”专利产品，与“TA－218高温耐磨复合管”纳入国家经贸委发布的电子行业耐磨管道技术条件的行业标准，向全国推荐。2001年，该厂销售收入1 400万元，产销率100%。

（刘国清）

【“晨光牌”涂料获国家级绿色室内装饰材料证书】 武进市晨光涂料有限公司是中国涂料行业的大型企业之一，1999年10月通过ISO9002国际质量体系认证，被认定为“中国涂料知名品牌”、“常州市知名商标”、中国“质量万里行”定点检测单位。2000年8月，“晨光牌”外墙涂料荣获“第九届中国专利新技术新产品博览会奖”。2001年5月，“晨光牌”、“澳派牌”氟碳涂料、氟树脂、得耐克功能性亚光外墙漆、环保型内外墙装饰漆、木器漆、天然真石漆、防霉防水防腐涂料系列产品、欧色建材等产品，通过中国建筑建材工业协会、国家建筑建材工业局技术情报研究所、中国硅酸盐学会科普工作委员会、中国建材工业出版社审核，入编《中国主要建材企业及知名建材产品概览》，向全国建筑工程推荐使用。2001年7月，“晨光牌”内外封墙涂料、水性木器漆产品获得中国室内装饰协会与中国建筑装饰装修材料协会颁发的《绿色室内装饰材料证书》。产品在常武地区覆盖率占50%以上，在江苏省覆盖率占30%以上，公司工程实例有中共辽宁省委办公大楼、常州中华恐龙园、常州和平假日大饭店、常州伊莎士花园、绍兴外国语学校、太原市精英佳苑等。（焦金保　周彩芳）

【超强高级耐磨地板和高档装饰纸技改项目投产】 2001年，常州吉力纸业有限公司投资2 100万元，研制开发出超强高级耐磨地板和高档装饰纸，8月投入批量生产。达产后可年产地板100万平方米、高档装饰纸5 100万平方米，新增销售收入1.1亿元、利税2 200万元。

（莫　清）

【浸渍纸层压木质地板占有全国33%的市场份额】 浸渍纸层压木质地板俗称强化地板。在全国各地从事生产经营电脑操作台的横林人了解到，由于国家提倡保护森林资源，生产浸渍纸层压木质地板极具发展空间，市场前景广阔。横林人展明晓原来在长沙经营电脑操作台业务，他捕捉到这个市场信息后，回乡办起了常州市欧太装饰材料有限公司，迅速成为横林地区浸渍纸层压木质地板的骨干企业。短短3年时间，横林镇办起了40多家同类企业，成为继东北、长沙之后的全国又一大浸渍纸层压木质地板生产基地，年生产能力达到4 000万平方米，占全国销量的33%。2001年8月，国家质量技术监督检验检疫总局组织首次浸渍纸层压木质地板质量监督检查，该镇被抽查的企业全部达标。横林生产的浸渍纸层压木质地板以质优价廉成为国内市场的抢手货。

（陈燕　兴法）

【常恒富丽塑料型材生产线投产】 常州常恒富丽塑料型材有限公司是江苏常恒集团公司与意大利富丽雅有限公司共同投资1 200万美元组建的合作公司，专业开发、生产经营硬质PVC窗型材和低发泡PVC门板型材。5月投入批量生产，达产后可年产硬质PVC窗型材3万吨、低发泡门板型材2 000吨，年销售额可达1亿元。该产品通过省级鉴定和ISO9002质量体系认证，被中国建筑材料企业管理协会评为“全国建设工程推广产品”。该公司是中国塑料加工协会塑料门窗委员会理事单位，在全国各大城市设有分销网点。（张建华）

【长青艾德利复合材料获法国知名企业A级认定】 江苏常州长青艾德利复合材料有限公司由武进芙蓉镇的江苏长青集团与法国EDERENA、CONOPT公司共同投资1 500万美元创办。生产的新型复合材料被世界最大的轻轨地铁车辆生产企业法国阿尔斯通公司评定为A级产品。该公司引进法国先进的技术和设备，专业生产用于建筑装饰、车辆行业等各种蜂窝夹心板，其中超薄型石材蜂窝板具有国际先进水平，填补国内空白。该产品的研制开发成功，打破了目前世界上只有美国、意大利、法国、德国能生产这种产品的垄断。

（武　鉴）

【污水高效生化处理反应器项目属国内首创】 常州海鸥水处理技术开发有限公司研制开发。该产品是处理高浓度有机废水的高效套氧生化水处理设备，与传统的上流式厌氧污泥床比较，具有承受污泥浓度高，反应器流速高、容积负荷高及去除效率高等优点。经省科学技术情报研究所查新中心查新，使用高效菌种的厌氧生物颗粒反应器，在国内未见相关文献报道，成果属国内首创，达到国际同类产品的先进水平。该产品为城市生活污水及工业污水治理提供了一套高效率、低成本、资源化处理的污水处理设备，具有良好的经济效益和社会效益，可广泛用于食品、油脂、纺织印染等各种高浓度有机废水处理领域。 （杨 慧）

食品饲料工业

【概 况】 武进食品饲料工业行业销售收入超500万元以上的企业有16家，实现销售收入5.72亿元，比上年负增长0.5%，利税总额0.10亿元，其中利润0.02万元，分别比上年负增长29.3%和27%。在食品饲料行业中，有集体企业1家，股份合作制企业9家，联营企业1家，私营企业1家；其中港澳台投资企业3家，外商投资企业1家。固定资产原值2.28亿元，净值1.68亿元。

表25 **2001年武进市食品饲料工业主要产品产量**

产品名称	单位	2001年	2000年
罐头	吨	135	194
味精	吨	57 025	38 093
饮料酒	吨	3 400	3 201
白酒	吨	300	500
配混合饲料	吨	300	500

【"好太太"系列熟食美誉万家餐桌】 武进市好太太食品有限公司创办于1998年。该公司与多家高等院校、科研机构"联姻"，研制产品配方和生产工艺，首先打出了"好太太"鸡、鹅熟食系列。接着，公司投资300多万元，初步建成从批发市场到饭店宾馆、从大超市到大卖场、从武进到全国的销售网络，拥有销售网点3 500多家。高质量的产品、强有力的营销使"好太太"知名度日益提高，在上海各大超市、各大卖场博得了"'雨润'的肉食、'大盈'的鸭、'好太太'的鸡和鹅"的美誉。公司连续两次被常州市、武进市政府确定为"农业产业化重点龙头企业"。2001年，"好太太"公司熟食系列产品销售收入2 500万元，产品被评为"常州市名优农产品"。"好太太"公司在2001年还投入500万元在武进外向型农业综合开发区建造新厂，投资32万美元引进日本生产流水线及检测设备，与河海大学联合开发国家级新品淡水鱼深加工以及加工鱼丸、鱼仁等包装产品投放市场。同年6月，"好太太"公司与山东师范大学联合开发骨食品，以"陪尔钙"注册商标的骨松试制成功。双方还着手建立营养保健食品研究开发基地，以建立稳定的"产学研"合作关系。 （肖 飞）

【知名品牌"尊龙"酱鸭畅销京沪宁深】 武进市尊龙食品有限公司7年前注册的"尊龙"商标，如今成为国内农副产品的知名品牌，为武进的鸡、鸭、鸽、牛、猪等畜禽加工产品飞向市场和群众的餐桌，亮出了绿色通行证。该公司前身是前黄镇蘑菇罐头厂，创办于1986年。4年后更名为前黄镇副食品加工厂，开始生产板鸭。1993年，新任厂长杨建益在多次的市场调查中了解到真空包装的熟食品在城市中开始流行。于是，他着手引进设备，与常州市中医院联系，由院方研制药膳加工配方。之后，首先加工生产独特的"珍珠酱鸭"，投入市场后十分抢手。1994年，该厂为"珍珠酱鸭"注册"尊龙牌"商标，当年用鸭30万只，销售达400万元，带动了当地农户的养殖业。工厂规模逐步由原来的500平方米生产厂房扩建为3 500平方米的生产综合大楼，引进先进的屠宰流水线，形成年加工250万只鸭(鸡)的生产能力，成为江苏省同行业中规模最大的加工企业，1999年更名为武进市前黄尊龙食品有限公司。

"尊龙"年年有新品上市，从鸭、鸡加工食品发展到牛、猪、豆、菜等加工食品。2001年又开发了蛋白豆粉、蛋白龙须、纤维蛋卷、鲜味薯条等大豆蛋白系列产品。目前，"尊龙"已拥有珍珠酱鸭、龙凤烧鸡、拆烧肉、捆腿、牛肉、素火腿、贡菜、大豆蛋白等肉、豆、菜三大类系列50多个品种的产品，满足了居民多层次、多口味的需求。在常州、南京、上海、北京、深圳等10多个省市销售，网点达5 000多个，还间接出口俄罗斯、新加坡、香港等国家和地区。年销售收入3 700万元，持续名列省内同行前位。 （肖 飞）

【喜临门"公司＋基地＋农户"模式喜得"三赢"】 坐落在焦溪镇三河口的常州市喜临门食品厂的前身是一家区供销社办的食品厂，以做糕点、糖果为主。喜临门食品厂坚持科技领先，如今已发展成日产速冻汤圆6 000千克、水饺2万千克，年产值达1 100万元，建成粮食、蔬菜、果品生产基地近千亩的农业龙头企业。最近又开发成功常州包子速冻系列，设计年生产能力365万千克，产值3 000万元，每年可消化农副产品180万千克左右，已被列为"常州市龙头企业示范工程"。

喜临门食品厂原料是糯米、面粉、植物油、赤豆、芝麻、草莓、冬瓜、南瓜、青菜、萝卜等农副产品。为保证原料的质量"绿色化"，2000年除收购一些外地散户外，企业在本地的焦溪、芙蓉、潞城、罗溪等地建立专业户生产基地，由当地农科站验证，签订协议搞“订单农业”，现有糯米基地20公顷、冬瓜15公顷、草莓和青菜等20公顷。据市蔬菜研究所预测单产4 000千克～5 000千克，光冬瓜一茬单产值超2 000元，企业每年草莓的用量60吨左右，向罗溪镇专业户订购，喜临门食品厂全部收购芝麻、红赤豆，增加了低收入户的经济来源。据测算，喜临门按“公司＋基地＋农户”的模式发展，可带动种植面积100公顷，就业200人，实现社会效益200万元。 （冯 泉）

【金文宗22项专利托起无花果产业】 12月29日，经国家知识产权局批准，武进农民企业家金文宗发明的“无花果香味茶及其制造方法”获得专利，这是金文宗深度开发无花果取得的第22项发明专利。这22项发明专利，有无花果栽培、保鲜、榨汁制粉的生产技术，也有无花果切片茶、袋泡茶、香味茶的加工工艺，还有无花果果酒、白酒的酿造发明等方面的深度开发。

2000年，金文宗了解到全世界只有日本、马来西亚涉足无花果产业开发领域的信息后，果断投资1 500万元，聘请南京农业大学科研组和全国果酒专家赵光鳌教授担任顾问，建立无花果研究中心，深度开发无花果产品，并将个人全部研究成果申报了国家发明专利。

2001年，金文宗运用自主专利技术，创办无花果深加工企业和无花果种植基地，使无花果成为一个前景广阔的产业。目前，金氏集团已开发生产无花果营养品、果茶、果酒等3大系列20余种产品，并成功打入沪宁沿线城市的各大超市，其中“圣花牌”无花果酒于12月4日取得绿色食品证书。金氏集团的无花果种植基地发展300余公顷，种植农户达1 200户，户均增收1.2万元。规划到2002年，基地面积将扩大到600公顷，种植农户超过2 000户。12月11日，中共江苏省委书记回良玉视察金氏集团的种植基地时指出，我国农业缺乏竞争力，其中一个重要原因就是农产品未充分进行深加工和综合利用，技术含量、产业化程度低。金文宗将无花果经过深度开发和多层次转化后，形成一个具有潜力的产业，是我们应对“入世”挑战、发展农村经济、富裕农民的一条新路。 （承 原）

【顾亚南开发出淡水鱼松产品】 武进市寨桥水鲜水产品厂是寨桥镇奔庄村农民顾亚南于2001年创办的。前几年，寨桥及周边地区养鱼业发展很快，旺季上市成鱼供过于求，卖鱼难困扰着一些养鱼户。顾亚南办起寨桥水鲜水产品食品厂，为渔民解决成鱼销售的困难。顾亚南投资30万元，聘请江苏省水产研究所科技人员做技术顾问，开发出真空包装美食鱼，配方精良，口味鲜美，评为“常州市名优农产品”，不但畅销苏锡常沪食品市场，而且在俄罗斯阿木尔州的中国食品城站稳脚根。他又请江苏省水产研究科技人员探索淡水鱼松配方。经过半年努力，成功试制出淡水鱼松，通过青岛国家水产品检测中心的检测。该厂生产的淡水鱼松在苏锡常沪热销。开发成功的真空包装美食鱼、淡水鱼松、鱼肉高蛋白豆腐、鱼肉火腿肠4只产品，每年消化鲜鱼40万千克，有力地促进了当地水资源产品的开发。

（剑 武）

富人纳税不以个人所得税为主

“对富人征税，不能只盯着他们的个人所得税。”中国人民大学钱晟教授说，“在我国，个人所得税只占他们纳税的很小一部分。”

这位学者比较了中国和西方国家税制设计的不同——西方发达国家的税制，是以个人所得税作为主体税；而我国的税制是以与工商业相关的流转税为主体。“反映到企业家纳的税上，他们公司缴纳的税远多于个人所纳的税。国家税务总局公布的50个纳税大户，他们的纳税数额，也是综合了企业和个人的数字。”

（栏目责任编辑 杨汉平）

交通电力

交通建设

【概　况】 2001年，武进交通部门深入开展“工程质量创优”活动，努力克服建设资金短缺、前期工作矛盾突出等困难，多渠道筹措建设资金，抓好重点交通工程建设。年内全市开工建设项目23个，完成投资额2.3亿元，比上年增73%。新建、改造、拓宽公路桥梁89座，实施镇村公路改造61.92千米。长虹东路11.5千米南幅贯通，长虹路北幅全线开工建设。环太湖旅游线雪堰至马山段3.1千米施工进展顺利，江边工业园区道路基本完工，完成芙蓉至戚月线、洛阳至戴溪线等8条、27.02千米二级公路的改造，全市有27个镇基本实现通二级公路。配合江苏省和常州市交通建设部门，完成锡宜高速公路、常州新机场路等重点工程武进段的前期工作；提前完成锡溧漕河五级航道网武进段5座桥梁改造，工程质量全部达到优良；常澄高速公路武进段前期工作进展顺利，其中礼嘉镇、南夏墅镇完成房屋拆迁，湖塘、芙蓉、横山桥等镇房屋拆迁基本完成。全市农村道路路网发展规划通过初审。至年底，全市交通工程建设累计负债2.99亿元，其中银行贷款1.45亿元、乡镇垫资6 052万元、贷款项目2 980万元、新常漕公路欠港方担保还报款3 638万元、欠省级规费2 704万元。

表26　**2001年重点交通工程与镇村公路建设情况**

类别	工程项目概况	完成投资（万元）	里程（千米）
重通点工交程	环太湖旅游线（雪堰至马山），新建二级公路（沥青砼）	1 000	3.1
	新建长虹东路南半幅一级公路（沥青砼）	4 700	11.4
镇村公路改造	洛阳至戴溪公路改造	—	5.0
	改造湟里至东安公路	—	4.0
	改建谈家头至南环线	—	2.4
	新建东安至宜兴市丰义公路	—	5.12
	新改建戚月线至芙蓉公路	—	1.8
	改造嘉泽至村前公路	—	3.0
	改造常焦线焦溪段公路	—	4.5
	改造礼嘉至新常漕线	—	4.5
	改造常焦线郑陆段公路	—	2.0
	改建邹坵至新街道路	—	2.6
	改造沪宁高速公路东青口至武澄线	—	2.0
	完成部分村道改造	—	25
	小计：项目12个、道路改造61.92千米	9 059	—

表27　**2001年桥梁建设情况**

名称	工程概况	完成投资（万元）
蒋庄桥　天井桥　东尖桥　欢塘桥　朱家渡桥	配合锡溧漕河五级航道网改造建设完工	4 600
89座农桥、危桥	为新建、改造、拓宽公路中需新改建的桥梁	1 500

【公路、航道养护】 *公路养护*。2001年，武进公路养护投资1 342万元；整修补铺路面15.06万平方米；公路绿化投资120万元，绿化化公路24条、309.7千米，管护公路行道树677.4千米、25.84万株，保存率90%、成活率95%；清除公路障碍、公路违章建筑145处、1 771平方米。全市干线公路、支线公路好路率分别达100%、63.87%。保持和创建GBM工程95.15千米、文明样板路30.22千米，嘉泽至满墩、薛家至冶金厂公路创建成武进市文明样板公路。保持和创建省级标准化公路养护工区4个。

航道养护。2001年，武进航道养护投资51万元。疏浚航道土方4 551立方米，新建直立式驳岸300米；打捞沉船57艘、3 770吨位，其中无主沉船21艘、1 170吨位；航道清障扫床775.8千米，拆除碍航桥梁7座，干线航道通航保证率达98%。

【武进交通建设竣工工程全部达到优良标准】 2001年，市交通局按照“公开、公平、公正”的原则，全面推行项目招投标制度，规范基建程序，项目报建率和招投标率均达100%。2000～2001年，通过实施项目招投标，节约投资额1 630万元。交通工程建设单位注重工艺创新，路面摊铺采用进口机械，大面积软基处理采用新工艺，碎石土填筑工艺得到改进，桥梁设计趋于实用美观，桥头高填土路基采用浇注粉喷桩。该局加强交通建设行业管理和工程现场管理，进一步完善质量保证机制，全面推行工程质量终身负责制和工程质量监督制，对工程质量、经费、工期实施全过程监督。至年底，全市交通工程竣工项目优良率达100%。

【武进市交通建设工程总公司年中标10亿元工程】 2001年，该公司立足省内外市场，积极拓展交通工程建设业务，工程建设取得在建工程项目数突破20个，全年承接工程合同中标额突破10亿元；该公司在省外交通工程建设市场开拓取得重要突破，中标宁杭高速公路湖州段16标。 （武华忠）

交　通　运　输

【概　况】 2001年，武进交通运输仓储业完成增加值12.77亿元，其中交通系统实现增加值9 713万元，比上年减9.9%。市属交通专业运输企业完成客运量495万人次、客运周转量2.8亿人公里，分别比上年增4.2%和2.3%。武进市港务有限公司、联运总公司等单位坚持走“一业为主、多种经营”的发展之路，不断开拓新的经济增长点，生产、效益获得同步增长。奔牛港以优质的服务吸引货主、留住货源，港口木材、煤炭等大宗物资到达量大幅度增加，车皮到达（发送）量比上年增14%，奔牛港木材交易市场年成交额达3.4亿元，比上年增3.6%。

表28　**2001年交通运输仓储业主要业务指标**

指标		单位	数值	比上年±%
交通运输仓储业增加值		亿元	12.77	0.3
其中交通系统增加值		万元	9 713	－9.9
市属交通专业运输企业	客运量	万人次	495	4.2
	客运周转量	亿人公里	2.8	2.3
	货运量	万吨	74	17.3
	货运周转量	万吨公里	6 480	16.5
	港口吞吐量	万吨	128	11.9
	港口操作量	万吨	548	15.2
	联运量	万吨	29	34.5
市交通系统	工业总产值（'90不变价）	万元	1 896	－14.7
	营业（销售）额	亿元	1.9	29.2
	其中多种经营收入	亿元	0.13	－25.1
	利润	万元	399	－38

交　通　管　理

【概　况】 2001年，武进交通部门按照“内强素质、外树形象”的要求，培育和发展“统一、开放、竞争、有序”的运输市场，深入开展“水上运输安全管理年”、“道路运输市场秩序整顿”和“路政管理年”活动，强化交通行政执法力度，加强交管所建设；拍摄资料片《交通行业管理展新貌》分5个专题在武进电视台播出，收到较好的社会效果。积极推进行政审批制度改革，合并取消审批项目50项，保留76项，削减率达39%。全市交通规费征收比上年增18.1%。重视交通行政执法队伍建设，定期组织执法人员进行交通法规培训。建立健全中心交管所、交管所、稽查队相互协调配合的交通稽查网络，加强交通行政执法现场监督。全年依据交通行政处罚程序查处水陆运输违章、违法行为90件次，结案率达100%，未发生交通行政复议、撤销和败诉案。

深化干部人事制度改革和企业改革。2001年交通系统继续深化干部人事制度改革，事业单位全面推行聘用制，加大干部轮岗交流的力度，一批优秀年轻干部走上领导岗位。不断深化企业改革，逐步有序地退出企业公有股权。市联运总公司兼并市交通储运公司，由股份合作制转为有限责任公司。河海实业公司武进分公司改制为有限责任公司，彻底明晰了产权关系，了断了劳动关系，划断了债权、债务关系。交通机械厂停产歇业，职工劳动合同解除工作完成。

交管所建设。2001年，各交管所从严治所、文明执法，工作质量和服务水平不断提高，巩固了“文明交通管所”创建的成果。至年底，全市31个交管所中的16个创建为武进市“文明交管所”。

交通规费征收。年初，市交通局下发《关于规范交通规费征收的通知》，停止收取配载服务费，调整部分交通规费的征收政策；与市公安局联合做好公路养路费等交通规费征收稽查工作，各征收单位针对运输结构调整、工具数减少、规费征收范围发生变化等情况，努力征足收好交通规费。“五小车辆”养路费征收额比上年增18.1%，雪堰、潘家、小河、西夏墅、魏村和湟里等交管所的规费征收工作成绩较为突出。市交通局车购税征收办人员全年下乡征税办证90余天，方便了购车群众。

【运输市场管理】 2001年，武进新办运输服务业企业36家，审批汽车1 409辆。市运输管理处会同有关部门集中打击非法和违章经营，更新淘汰技术性能不合格的车辆436辆，彻底解决了长期困扰的25辆无证租赁车的经营问题。年内组织1 296人次上路、上线检查车辆1.18万辆次，查征交通规费18.56万元。道路运输水路运输“两证”年审率分别达97％和86％。通过协调，公安部门向前黄收费站派驻警力，有效地维护了收费站的秩序。强化对奔牛港水陆货运交易市场和湖塘针纺织品运输市场等货运市场的源头管理。

【港航监督管理】 6月28日，市港航监督处改名为市地方海事处。年内该处大力开展“水上运输安全管理年”活动，年检船舶825艘，审验船员291名，组织154名船员参加培训考试；加强港口、渡口和水上加油站点管理，加大上航检查力度，打击“三无船舶”，全面遏制了始发港口的船舶超载现象，保障航道安全畅道和水上重点工程建设的顺利进行。年内组织1.4万余人次上航检查，出艇3 000余艘次，检查船舶近10万艘，纠正违章2.6万起，取缔无证无照船舶70艘，查征水上交通规费355万元；实施航道管制14次。圩塘汽渡安全渡运4.1万航次，渡运客货汽车73万辆次。

【路政管理】 市公路管理部门将苏232线、苏340线、苏342线、苏238线、戚月线和常州新机场线等公路确定为“路政管理示范路”，设立路政投拆举报监督电话牌、路政法规宣传牌。加大统一执法和集中整治力度，重点强化对公路施工路段管理工作的监督检查，集中整治超限运输车辆非法行驶，整治公路集镇路段，完善街道化路段隔离设施，实施归口并道；整治违法建筑，清理公路两侧建筑控制区内的违章建筑物和地面构造物；整治非公路标志，更新完善国、省干线公路标志标线，净化公路环境，保障行车安全。全年清除公路违法建筑148处、1 837平方米、非交通标志牌204块、违章摊位94个、路障287处、7 305立方米，处理破坏公路绿化案件28起，追回路产损失62万元。通过整治，超限运输非法行驶现象明显减少，实载货车超限车辆比率低于20％，公路街道化现象得到有效控制。

【航政管理】 市航道管理部门大力整治航道两侧违章建筑，审批桥梁、驳岸、港池、码头等临河、跨河、过河设施35处，依法查处破坏、侵占和损害航道的行为及航道违章21起，依法清除碍航设施20处，清除沿河违章堆放10余万吨，有效地维护了航道及其设施的完好。开展航道巡查10次，保证干线航道畅通。严格管理辖区内社会工程船舶及航道疏浚工程，查处违章施工行为4起。苏南运河武进段被评为“全国内河文明样板航道”。

【维修行业管理】 2001年，市交通局共审批汽车修理厂、摩托车(专项)维修店39家(个)。至年底，全市拥有一类汽修厂16家、二类汽修厂104家、三类专项修理(摩修)业户453家，汽车维修行业许可证持证率达100％，市汽车修理厂坚持“以质取信，以优取胜”的经营思路，率先成为武进首家通过ISO9001－2000质量管理体系认证的企业。全市维修行业基本形成以一类企业为骨干、二类企业为基础、三类专项修理和“快捷服务部”为补充的格局。

【安全生产管理】 2001年，交通系统各企事业单位加强安全生产管理，层层签订安全生产、综合治理和内保消防等目标责任书，继续推行安全管理新机制，全面落实安全生产责任制和安全责任追究制。举办安全培训班14期，332人次参训。以“水上运输安全管理年”、“春运安全”、“安全生产月”、“反三违月”、“百日安全竞赛”等活动为载体，组织春运、夏季、五一、国庆运输等安全专项检查，加强安全监管，及时消除各种安全隐患，主要安全生产指标均控制在预控目标内。市海事处分别与3个镇农村渡口签订安全管理目标责任书，强化了农村渡口、汽渡和客渡的安全管理。圩塘汽渡连续14年未发生重大渡运事故，实现安全、及时、优质的渡运目标。

(武华忠)

·交通安全管理·

【概　况】 2001年，市公安局交通巡逻警察(以下简称交巡警)部门坚持以“事故少、秩序好、安全畅通”为目标，深入开展创建“平安大道”和实施城镇“畅通工程”活动，大力开展道路交通秩序专项整治，严密道路交通治安管理，有效地遏制了交通事故多发态势，全市道路交通秩序明显好转。全年发生交通事故7 165起，死亡181人、伤2 489人，造成直接经济损失653万元，比上年分别下降10.5％、15.4％、15.4％和13.3％。

【交通安全设施建设】 交巡警部门组织对全市交通事故易发路段、险桥险段进行全面排查，加大基础设施投入，全面整改不安全隐患，切实维护道路交通安全。年内投入资金700万元，增设标志标牌598块、警示桩585根、添置防撞护栏5 450米、红绿灯9组、十字交叉路口事故易发段闪烁黄灯18组、夜间闪光灯标志12块、叉路闪光警告标志15块，漆划标线299千米。

【交通秩序管理】 交巡警部门以“抓秩序、保畅通、防事故”为中心，全面落实“四定一包”路段承包责任制，实行弹性工作制，加大道路管理力度。围绕“四危五重”，适时组织开展春运、严禁上路打谷晒场、夏季交通秩序专项整治、冬季道路交通百日整治等专项整治工作，狠抓城区、主干线和镇村道路交通整治，严厉查纠各类违章行为。年内，查纠交通违章行为14.39万起，行政拘留64人，罚款12.31万人次，吊扣驾驶证414本，拆除违章摊点2 299处。

【机动车辆管理】 全市办理“五小”机动车牌照1.95万副，办理“五小”机动车驾驶证1.96万本；审验汽车驾驶员2.49万名、“五小”机动车驾驶员10.31万名，注销驾驶证343本；年检“五小”车辆10.9万辆，汽车检测站检测大客车184辆、小客车8 740辆、大货车2 979辆、小货车4 261辆、农用四轮车80辆，报废机动车519辆，办理585辆汽车报废登记手续；市机动车驾驶员培训中心培训汽车驾驶员3 492名。

【道路治安管理】 交巡警部门充分发挥既管道路交通又管治安的双重职能，严厉打击涉车涉路违法犯罪。年内破获刑事、治安案件78起，抓获违法犯罪嫌疑人35人。

【交通事故处理】 2001年，全市依法处理250余起交通事故，无行政败诉案件。加大侦查力度，严肃查处交通肇事案件，破获重大交通肇事逃逸案20起，依法逮捕交通肇事犯罪嫌疑人11人。

【城区道路交通秩序专项整治】 市公安局交巡警部门按照创建“平安大道”和实施城镇“畅通工程”的要求，从5月开始，围绕“保畅治乱”开展城区道路交通秩序专项整治。进一步完善城区道路交通设施，在苏211线、花园路、延政路、人民路建立10组自动交通指挥红绿灯、12套电子警察，增设道路警示桩128根，添置标志标牌385块，漆划了9条道路38.3千米的交通标线；查处交通违章31.02万起，清理路障和乱设摊点465处，行政拘留违章驾驶员12人，强制拆除私自拼装车辆50辆。通过整治，城区道路交通秩序明显改善。（姚英华）

电　力

【概　况】 2001年，武进供电局坚持“以经济效益为中心，安全文明生产为基础，改革为动力，优质服务为宗旨，队伍建设为根本”的指导思想，积极争创县（市）级一流供电企业，设备健康水平提高，电力供应得到保障，武进电力行业被江苏省人民政府评为“江苏省文明行业”，武进市供电局被评为武进市“文明单位”和“安全生产先进集体”，洛阳供电所被国家电力公司农电系统确认为“为人民服务，树行业新风”示范窗口。全年未发生重伤及以上人身事故，全局创3个“百日无考核事故安全生产记录”。

表29　**2001年武进供电系统主要指标**

指　　标	单　位	数　值
年末正式职工数	人	606
固定资产（原值）	亿元	7.52
35千伏及以上变电所	座	32
主变压器	台	61
主变压器总容量	万千伏安	146.3
35千伏及以上输电线路	条	63
长度	千米	674.3
10千伏配电线路	条	196
长度	千米	2 899.64
网供电量	亿千瓦时	29.1
售电量	亿千瓦时	27.13
负荷率	%	75.1
最高负荷	万千瓦	56.6
最大日用电量	万千瓦时	1 056
主设备完好率	%	100
其中：一类设备比重	%	98.1
电压合格率	%	99.13
其中A类合格率	%	99.52
城市供电可靠率	%	99.97
农村客户供电可靠率	%	99.78
连续安全生产天数	天	1 307

电网建设。2001年，全市电力技改工程完成率、主设备完好率均达到100%。220千伏滆湖变电所建成投运，并被常州市评为“精品工程”；220千伏遥观、110千伏工业园输变电工程完成土建设计招投标，部分设备完成订货，本体完成围墙建设和“三通一平”工作；110千伏德胜输变电工程完成规划选址工作；110千伏东滆2号线、武宅线及武湖线牛塘支线建成投运；110千伏邹区清明山、小河变电所二期工程建成投运；完成35千伏潘家、马杭、雪堰、德胜变电所的主变压器增容工作。年末，全市有35千伏及以上变电所32座、主变压器54台，总容量139.5万千伏安；有35千伏及以上输电线路63条、674.3千米，10千伏配电线路196条、2 899.64千米。

农网建设与改造。年内完成16个农林场圃的电网建设与改造工作，新建改造4条10千伏线路31.74千米，新增配电变压器17台、容量2 390千伏安。电力信息网工程南、北支环网完成10个变电所的设备安装，小河、魏村、罗溪、奔南4个变电所接通投运，光缆施工基本结束。

电力科技管理。2001年，市供电局与常州太平洋自动化技术有限公司共同开发研制的避雷器泄漏电流自动监控系统通过江苏省科委的鉴定，营销管理信息系统投入试运行；配网196条10千伏线路实现应用微机进行设备变更;调度自动化系统完成升级改造,完成35千伏前黄变电所无人值班改造。

表 30 **2001 年武进市全社会分类用电情况**

电量单位:万千瓦时

项 目	累 计	去年同期	±%
全社会用电量	315 786	276 300	14.3
农业	74 810	65 062	15.0
工业	197 085	171 896	14.7
建筑业	1 817	1 581	14.9
交通运输、邮电通讯业	2 779	2 423	14.7
商业、饮食、物资供销	2 035	1 769	15.0
其他事业	3 787	3 340	13.4
城乡居民生活用电	33 473	30 229	10.7

(刘洪涛)

【市政府制订电源建设新规划】 年初,市计委与电力部门为进一步改善全市"十五"期间的供电状况,解决电源不足的矛盾,拟订了电源建设新规划。包括:1.武进亚能热电有限公司热电厂继1台5万千瓦机组建成投用后,建设第2期工程1台6万千瓦热电机组,年内完成横山桥和无锡前洲、玉祁地区区域供热规划的论证,可行性研究报告已编制完成。2.扩建武进中天钢铁有限责任公司热电厂,继1台6万千瓦机组建成投用后,建设第2期工程1台6万千瓦热电机组,其地区的供热规划通过常州市发展计划委员会审查,二期工程可行性研究报告报导已编制完成。3.规划新建武进市长江热能有限公司热电厂,设计总装机容量为2台1.2万千瓦热电机组,可行性研究报告年内通过江苏省计经委组织的部门和专家审查,该厂建成投运后可有效地保障武进高新技术产业开发区江边工业园区的集中供热,促进武进高新区的开发建设。这项规划已经市政府批准实施。

表 31 **2001 年武进市地方(自备)热电厂主要技经指标**

单 位	可调出电力	锅炉总产汽量	向外供汽量	总发电量	企业总用电量	占企业总用电	分厂自用电量	总供出电量	上网电量	上网电量结算金额	外供热结算金额	发电峰谷比	热电总用原煤量	发电用原煤量	热容比总热效率
	千瓦	万吨	万吨	万千瓦时	万千瓦时	%	万千瓦时	万千瓦时	万千瓦时	万元	万元	峰/谷	万吨	%	%
武进亚能热电有限公司	50 000	143.69	15.79	32 618	3 078	—	2 538	30 074	29 540	9 277	422	7/3	21.07	9.47	36.6
武进华伦热电有限公司	27 000	43.94	21.23	19 355	2 560	—	2 246	17 110	16 013	6 017	170	7/3	15.06	21	37.7
湖塘热电厂	18 000	61.06	18.34	12 169	1 154	—	1 154	11 015	9 997	3 898	1 170	66/34	13.24	30.57	36
马杭热电厂	9 000	50.87	27.34	4 692	3 312	141.7	939	3 753	1 082	454	2 596	65/35	8.66	91.1	53.6
武进钢厂热电分厂	78 000	111.1	20	33 108	12 845	258	1 178	29 281	20 521	6 772	822	7/3	20.11	7.69	38
武进化肥厂热电分厂	12 000	86.67	40.91	9 877	13 649	72.36	1 041	8 834	0	0	1 841	75/25	14.56	102.28	51
武进铁合金厂发电分厂	2 200	9.78	0.37	1 775	2 566	69.15	125.6	1 648	0	—	—	58/42	—	—	—
武进剑龙水泥公司发电	1 500	—	—	795.8	1 533	52	—	—	—	—	—	65/35	—	—	—

(刘洪涛)

【电力生产】 2001 年,全市 8 家地方(自备)热电厂总装机容量为 20.19 万千瓦,共发电 11.4 亿千瓦时,其中上网电量 7.72 亿千瓦时、企业自发自用电量 3.68 亿千瓦时,对外供应热量 143.97 万吨,发电峰谷比平均 70∶30,发电耗用原煤 68.94 万吨,平均热容比 40.5%、平均热效率 43%。 (邹珊林)

【农村电力管理体制改革进入实质性阶段】 2001年,市供电局根据江苏省政府苏政发[1999]95号和江苏省政府办公厅[2001]64号文件精神,积极稳妥地推进农村电力管理体制改革。①撤消所属各供电营业所,成立供电所,实行人、财、物由市供电局统一管理。明确农电体制改革中有关人事、纪律、资金审批、日常管理等工作。②市供电局会同市计委、国税、物价等有关部门清理对农村集体电力资产债权、债务,并对农村集体电力资产统计、造册、作价。8月底,全市30个镇农村集体电力资产全部移交供电局管理。③按照公正、公开和竞争择优的原则,严把报名关、考试考核关、体检关,完成供电所人员和农村电工的招用工作,全市招用供电所人员342名、农村电工688名。

【洛阳供电所成为全国农电系统“为人民服务，树行业新风”示范窗口】 洛阳供电所本着切切实实为群众办实事，为地方经济服务的原则，深入开展规范化服务。

武进市供电局深入开展“心桥行动”，局领导向群众发放“连心卡”。（高岷　摄）

①设立供电所用电服务中心，做到一口对外、办理用电业务。②公布报修投拆电话，实行24小时接受客户报修和咨询。③规范使用13种工作传票，加强内部经营管理。④坚持定期走访客户和召开行风监督员座谈会，接受社会各界的监督，不断转变工作作风。⑤自觉执行电价政策，公开电费、电价、电量，杜绝乱涨价、乱收费、乱摊派和搭车收费现象，这些做法受到客户和上级部门的好评。2001年，该供电所被国家电力公司农电系统确认为“为人民服务，树行业新风”示范窗口。

【武进亚能热电有限公司综合效益显著】 该公司横山热电厂为中外合作企业，是武进近年来引进外资最大的单一项目。1998 年 8 月正式并网发电，2001 年省计划发电量 2.44 亿度，实际完成发电量 3.26 亿度，实现销售收入 9 699 万元。至 2001 年底，建成热网工程 19 千米，平均每小时供汽达 30 吨。

该公司建设了一支高素质的员工队伍，员工中大学学历的占 42%、中专学历的占 52%；聘用电力行业的老工程师，对专业生产人员进行系统培训，员工均取得了电力企业技术等级证书。该企业的设备与国内同类热电厂相比较为先进，热控自动化水平高，采用 DCS 系统集中控制机、炉、电设备，输煤、供水、出灰等外围工程均采用 PLC 程序控制。

该公司规划二期工程，投入 3 亿元，最终完成三炉二机（2×6 万千瓦）的运转模式。二期工程规划了两条新的供热管网：一条由电厂出口向南，经横林镇崔桥地区，到达无锡玉祁镇，主管全长约 11 千米；另一条由电厂出口向西，经常州戚墅堰机车厂，到达丁堰镇，主管全长约 10 千米。二期工程下半年开工，到 2002 年底并网发电。

（邹珊林）

【220 千伏滆湖输变电工程建成投运】 5 月12日投入电网运行。总投资10 855万元，其中滆湖变电所本体 6 607.5万元，一期安装主变压器 1 台、18万千伏安，220千伏进线 4 回，110千伏出线 5 回，35 千伏出线 2 回。滆湖输变电工程为武进第二座220千伏变电所，该变电所的投运，使全市电网结构更加合理，提高了南片、西片和城区供电的可靠性，彻底解决了全市夏季高峰用电电网过负荷的现象，有力地推动了武进经济的发展。

（刘洪涛）

中国初步形成六大卫星系列

返回式遥感卫星系列。这一系列包括三种不同类型的近地轨道返回式卫星，中国至今已发射和回收了 17 颗，分别在轨道上运行了 3 到 15 天。

“东方红”通信广播卫星系列。此系列包括三种不同类型的静止轨道通信卫星，即“东方红二号”、“东方红二号甲”试验通信卫星和“东方红三号”通信广播卫星。中国共发射这类卫星 10 颗，为通信、广播、水利、交通、教育等部门提供服务。

“风云”气象卫星系列。该系列包括“风云一号”太阳同步轨道气象卫星和“风云二号”地球静止轨道气象卫星两类，在中国天气预报和气象研究方面发挥了重要作用。

“实践”科学探测与技术试验卫星系列。这一系列包括 6 颗卫星，分别是：1971 年 3 月发射的“实践一号”；1981 年 9 月发射的“实践二号”、“实践二号甲”、“实践二号乙”；1994 年 2 月发射的“实践四号”；1999 年 5 月发射的“实践五号”。

“资源”地球卫星系列。1999 年 10 月，中国和巴西联合研制的“资源一号”卫星发射成功；2000 年 9 月中国自行研制的“资源二号”卫星发射成功，标志着中国传输型遥感卫星研制取得了突破性进展。

“北斗”导航定位卫星系列。2000 年 10 月和 12 月，中国两次成功发射“北斗”导航试验卫星，为中国“北斗”导航系统建设奠定了基础。

（栏目责任编辑　王国新）

邮电信息

邮政

【概　况】 2001年，武进邮政局加强软硬件建设，新建横林支局，在新城区湖塘增设阳湖支局；改造郑陆、小河等5个支局；在湟里等12个局所的邮政储蓄营业厅安装防弹玻璃；在礼嘉等3个支局安装邮政储蓄自动取款机（全市累计24个）；完成万绥、马杭等7个局所的电子化改造。年内全市邮政营业综合网及邮政储蓄计算机网顺利建成，各镇邮政局（所）实现邮政业务电子化处理，改善了邮政的服务环境，提高了邮政服务的效率。

2001年，全市完成邮政业务总量5 757万元、邮政业务收入6 218.84万元，比上年分别增12.5%、9.5%；开发汇票32万张，比上年增13.5%；收寄特快专递21万件，完成收入926.21万元，比上年分别增21.1%、26.5%；收寄函件671万件，收寄包裹17万件，订销报刊4 063万份，比上年分别降3.6%、增9.5%和1.7%；邮政储蓄月均余额达11.19亿元，比上年增10.8%，年末余额达12.79亿元，比上年同期增21%。年末，武进邮政系统获得"江苏省文明行业"称号。

【全面开通邮政电子汇兑业务】 2001年，市邮政局加快邮政汇兑业务的技术革新，将信息技术应用于邮政汇兑业务。至12月31日，全市各邮政局所在电子化的基础上开通电子汇兑业务，取消原来传统汇票的进出口分拣及运输环节，大大提高了邮政汇款的传输速度，客户汇出款项后24小时内即可到达对方兑付局（所），邮政服务水平显著提高。　（巢建军）

电信

【概　况】 2001年，武进电信部门完成业务收入1.78亿元，由于资费调低，比上年减少2.7%。放装电话5.01万号线，年末电话用户达28.25万户，比上年增加4.64万户，其中住宅电话用户25.45万户，占90.1%；有长途直拨功能、国际直拨功能的电话用户分别为27.89万户和10.95万户，分别占电话用户总数的98.8%和38.8%；电话主线普及率23.7号线/百人，比上年增3.9号线/百人；安装农村公用电话1 757部，公用电话普及率1.47部/千人；电话机总数达68.03万部，比上年增11.43万部，电话机普及率50.4部/百人；来电显示用户达6.59万户，比上年增3.33万户。163上网用户7.38万户，宽带上网用户达550户，上网企业6 000多家，DDN专线用户达387户。

【通信事业建设】 2001年，武进投入通信事业建设资金3 289.5万元，实施通信建设项目139项。新建马杭中华、勤胜、杨坵等34个模块局和湖塘新晨、横林卫星等22个接入点，净增交换机容量2.56万门、接入网容量3.51万门。年末全市交换机容量达35.18万门，接入网容量达6.62万门；电缆长度达9 444.4皮长千米，电缆芯线长度达129.1万对千米；中继光缆长度达552皮长千米，纤芯长度6 966芯千米，已用纤芯4 527芯千米；接入网光缆长度463皮长千米，纤芯长度2.28万芯千米，已用纤芯4 132芯千米；出局线对达55.17万对。全市实现光缆到小区、光缆到路边、光缆进大楼，用户线到达自然村。　（周　隽）

信息产业

【信息基础设施建设步伐加快】 2001年，武进投资7 000万元，加快通信、信息事业建设。其中用于交换机扩容工程投资4 000万元，新建接入网点37个，新增交换机容量3.03万门。电信管道、光缆建设工程投资3 000万元，新建电信管道60千米、光缆150千米。通信事业的先行发展，大大增强了武进的可持续发展能力。市发展计划局为推进武进信息化工作上台阶、上水平，起草《关于我市信息化管理工作的设想及建议》，提出全市近阶段信息化工作的主要内容及措施建议。至年底，武进建成覆盖各镇的"三纵三横"光纤网络骨干传输网。全市通信光缆总长度达1 484千米，局用电话交换机总容量达41.81万门，固定电话用户28.24万户，移动电话用户20多万户，全市"电话村"总数超过700个（并村前），电话主线普及率达23.7线/百人，进入全国先进水平。因特网建设初具规模，互联网出口带宽达 10G，拥有专线（DDN）、一线通（ISDN）、高速通（ADSL）、网络特快（FTTX＋LAN）等宽带接入方式。163 上网用户7.38万户，宽带上网用户达550户，上网企业6 000多家，DDN专线用户达387户。至年底，全市有线电视用户达20万户，市镇光缆干线达390千米、镇村光缆干线1 195千米、电缆线路3 800千米，实现村村通光缆。利用有线电视光缆网络，建成全市电视会议系统，开通武进广电宽带网，构建成数字传输平台，开发数据传输新业务。

【武进软件业开始起步】 2001 年底，武进软件企业主要有开发纺织印染企业信息管理系统的江苏新天地网络有限公司、开发汉字部件结构字库的常州华文印刷新技术有限公司（简称华文公司）、开发教育软件平台的武进星斯未超媒体有限公司、开发试题库系统的常州金智能计算机研究所（简称金智能研究所）、开发财务管理软件的武进苏科软件有限公司，从业总人数达 200 人。其中华文公司、金智能研究所被认定为“省级软件开发企业”，华文公司被认定为“江苏省高新技术企业”。2001 年，全市软件业实现销售收入 3 000 万元，利税900 万元。

【武进人才市场网站建成】 10 月 16 日，这个网站经过数据收集整理、方案拟定、网页制作、调试运行等准备阶段正式开通。网址：www.wjrcsc.com。主要开设

人才市场网站开通 （刘建中 摄）

了网上人才市场、招聘集市、武进人事、会员特区等栏目。至年底，该网站总点击次数达 43.96 万次，日均点击 1 048 次；有网站个人会员 2 808 个、企业会员 243 个，发布企业招聘信息 270 条。 （史复林）

【信息服务业】 2001 年底，武进有信息服务企业 100 多家，信息服务业从业人员达 1 000 人。主要从事系统集成、网页制作、联网接入、电子商务、文印服务等服务，已建成一批计算机应用信息系统数据库及相关数据库，为全市 1 万余家企事业单位和各类机关提供信息服务。2001 年，全市信息服务企业完成业务收入 1.5 亿元，实现利税 1 600 万元。

【网络应用快速推广】 1.积极实施政府上网工程。按照政府部门工作要求开发的“武进市办公决策服务系统”可实现政府与部门、部门与部门之间公文的相互流转、文件的相互传阅、批示等工作。2.一批主要部门网站建成。“中国武进”网站访问人数已超过 15 万人次，收到市民来信 300 多封。武进教育信息网、武进科技信息网、武进人才市场、新天地纺织商务网等专业网站建成开放，拥有固定信息源，为政府、企业和社会各界提供各种服务。3.社会各界对网络的应用程度不断提高。至年底，全市有 8 万多网上用户、上网企业 6 000 多家，数百家企业建立了自己的网页。金融、财税、公安、统计等行业充分利用网络技术开展自身业务。

【15 万人次点击“中国·武进”网站】 2001 年，武进市信息中心为各级领导提供信息资料，注重提高信息的数量和质量，充分利用现代信息技术拓展信息收集的渠道，针对领导需要提供个性化服务，编印《信息选编》36 期报送有关领导，供决策参考之用。

市信息中心围绕着政府信息化建设做文章，推出以政府信息化建设带动企业信息化建设，促进全市信息产业大发展的思路。在政府办公决策服务系统建设上下功夫，组织 20 多个机关部门接上政府办公网，联网计算机达 350 多台；与常州电信局签订协议，将互联网出口拓宽到 100M，在常州市第一个实现政府宽带上网，并扩大到有 23 个镇、9 个村、22 家企业上网。

积极做好“中国·武进”网站的的信息收集、发布、更新工作，确保政府网站的窗口作用，改版政府网站，充实大量的政务信息和政府机关职能和办事程序，方便了市民。“中国·武进”网站年访问量达 15 万人次，通过互联网收到市民来信 300 封，及时发送到有关领导手中。通过网站市长信箱解决落实的来信 15 件。专门制作 2001 年武进国际经贸洽淡会网站，拓宽政府网站为地方经济建设的服务领域。 （尤 洁）

（栏目责任编辑 王国新）

国 内 贸 易

综　　述

2001年，武进流通主渠道部门以建立现代企业制度为目标，按照“彻底改、改彻底”的原则，继续深化和完善流通企业产权制度改革；加快经营策略、经营理念和经营方式转变，积极稳妥地发展连锁经营等现代营销方式，大力开拓市场，扩大销售；大力培育和扶持重点企业，强化流通行业管理，努力扭亏增盈，流通经济保持平稳健康发展。全市流通主渠道部门完成商品销售总额42.09亿元，实现第三产业增加值1.4亿元。有9家流通企业销售额超亿元。

表32　**2001年武进市流通主渠道部门主要经济指标**

部门名称	销售额（亿元）	比上年±%	第三产业增加值（万元）	比上年±%
武进商业（集团）公司	5.76	5.1	1 783	11.86
武进市粮食局	5.55	－4.2	2 903	13.53
武进物资（集团）总公司	18.61	－22.7	4 663	－0.22
武进市供销合作总社	16.52	－43.3	4 625	－0.56

表33　**2001年国内贸易系统销售额超亿元企业**

系统	企业名称	销售总额（亿元）
供销系统	江苏明都汽车摩托车总公司	5.99
	武进市信特超市有限公司	1.49
	武进农资集团有限公司	1.14
	武进供销社经济贸易公司	1.09
物资系统	武进物资再生集团有限公司	12.32
	武进市化轻有限公司	3.37
	武进大厦集团有限公司	1.24
	武进市第二物资总公司	1.20
粮食系统	常州大江饲料有限公司	1.07

*流通企业产权制度改革。*年内，贸易系统全面推进产权制度改革，抓住重点，力求突破，努力搞活流通企业。有15家市属流通企业年内完成改制，累计154家。年末改制面达93.9%，其中流通主渠道商业、粮食、物资、供销系统完成改制62家，年末改制面达95.4%。

*大力推进连锁经营发展。*2001年，市政府确定了大力发展连锁经营、年内新增连锁网点30家。4月，市贸易系统组织总结推广连锁经营发展的经验，引导企业加快向新建居民区商业网点相对不足的地区布点，积极填补市场空白点；市经贸局针对市区大型综合超市竞争加剧的现状，指导企业大力实施市（区）基（层）连锁和城乡一体化发展战略，在农村多开连锁网点，扩大农村市场占有份额；促进企业积极运用计算机信息管理系统实施连锁企业核心业务管理，提高现代化管理水平和市场竞争能力。全市连锁经营业务从原有松散连锁店发展至标准超市连锁店、便利店、专卖连锁店；经营形式从直营连锁向直营店与加盟店并举发展推进；经营区域从市区向农村集镇延伸；经营范围由农用物资向副食品、日常生活用品、图书、大件耐用消费品等大类拓展；经营品种由原有的4 000余个增至年底的1万余个。年内，全市新增连锁网点74个，累计224个；新增营业面积3.79万平方米，累计12.44万平方米；实现连锁经营销售额7.52亿元，占全市社会消费品零售总额的14.7%。其中武进信特、明都超市、联华超市有限公司按统计口径分别实现销售1.9亿元、0.9亿元、0.92亿元，分别新增网点33个、24个、7个，分别新增营业面积1.34万平方米、1.06万平方米、0.23万平方米。

*加强流通行业管理。*1.整顿农资经营行为。在夏季农资供应旺季期间，会同工商、质量技术监督等部门专项检查部分镇农资商品，依法查处非法个体经营户两家，没收相关农资商品价值5 845元，严厉打击了非法经营农资行为，确保广大农民用上“放心药”，施上“放心肥”。2.组织开展创建“购物放心、服务满意商店、市场和一条街”活动。市经贸局与常州市武进工商局、质监局等部门向2001年符合创建标准并验收合格的9个单位授了牌，对列入创建范围的3个单位提出了明确的创建要求和目标，进一步规范了企业经营行为，倡导守法经营、文明经营新风尚，真正为消费者创造购物放

心、服务满意的消费环境。

【组织实施“放心肉”工程】 2001年，市经贸局、武进商业(集团)公司、武进市食品总公司严格生猪定点屠宰管理，认真贯彻国务院颁布的《生猪屠宰管理条例》、《武进市生猪屠宰管理办法》，根据年初“保稳定、促完善、创规范、抓统一、严执法”目标和要求，加强定点屠宰管理的科学化、规范化，食品总公司制定实施公开上墙制度、规范收费制度、按时结报制度、结报员制度、认真分流制度、健全台帐制度，坚持规范操作，进一步强化服务功能。全市屠宰场点布局日趋合理，年内全市定点屠宰率提升到98%以上。1. 合理压缩归并屠宰场点。按照“一镇一场一点”的要求，归并了湖塘、湟里、东安等镇的5个屠宰场点。2. 规范屠宰收费行为。2月14日，市经贸局下发《武进市生猪定点屠宰环节规费征收和票据管理办法》，适当调整了生猪屠宰环节各项规费收缴标准，明确规定了票据使用、市场管理、违规处罚、异地批供白肉销售等内容，确保屠宰规费及时足额上交。3. 整顿肉品流通市场秩序。各食品企业严把生猪进出口关，杜绝病、死猪肉流入市场，积极配合市有关部门落实各项防范措施，确保了生猪市场的正常秩序。市经贸局与工商、兽医、食品等部门及有关集镇制定措施办法，集中查处了少数集镇“小刀手”异地批供白肉到本地销售，逃漏国家税费，扰乱市场的行为，市场秩序明显好转。4. 督促场点搞好管理。全市72个场点经考核验收66个场点合格，要求3个场点进行整改，建议撤并3个场点。5. 加大行政执法力度。市经贸局组织兽医、卫生等部门参加联合执法活动69次，查结私屠乱宰等违法案件60起，教育并处罚违规人员64人，依法设收非法经营的生猪产品1 676千克，罚款8 300元。(周　波)

商　业

【概　况】 2001年是商业系统改革攻坚之年，全体干部职工面对着激烈的市场竞争，紧紧围绕商业经济的建设和发展，深化企业改革，加强资产管理，加快结构调整、开拓创新步伐，促使商业经济走上良性发展的轨道。全系统完成商业销售5.76亿元、上缴各项税费348.68万元，分别比上年增5.1%、70.1%。

【深化企业改革】 商业系统按照建立现代企业制度的要求，深化产权制度改革，扎实抓好改制企业“回头看”工作，巩固了企业改革成果。企业改制工作。武进商业资产经营公司党委按照建立现代企业制度的要求，突出企业改制的重点和关键，进行克难攻坚，规范操作，扎扎实实地开展好这项工作，做到成熟一个改革一个。公司党委做到公开资产经营状况、公开人员分流和重组方案、公开招投标的。把改制操作过程中的资产评估、改制方案制订、动员发动、组织实施公布于众，加快了改制步伐。根据改制目标逐步进行改革。年底，武进商业(集团)房屋开发公司改制成为有限公司，商业(集团)副食品公司的改制进入尾声，拍卖行改制前期工作到位，步入组织实施阶段。

改制企业“回头看”工作。该公司党委高度重视抓好改制企业这项工作。武进食品集团有限公司把较早改制的股份合作制公司武进市食品经销公司、肉禽蛋公司，分别组建为武进市盛明食品经销有限公司、海达食品有限公司。武进市国贸总公司、牛塘哺坊的“回头看”工作正在进行。全系统年内妥善分流富余人员82名。

【经营结构调整】 调整经营领域，发展经营规模化。各单位以“名、特、优、新、廉”商品为依托，继续发展总经销、总代理业务。武进商业(集团)副食品公司利用食用油全国名牌“金龙鱼”的品牌效应，主动实施由以城区市场为主向抢占农村市场实现与城乡市场并举转变的经营策略，扩大了城乡市场覆盖率，年销售额达3 800多万元，比上年增6%。武百化妆品有限公司、武百百货有限公司巩固10多个总代理品牌业务，深挖品牌经营潜力。武进商业(集团)外贸公司利用自身专营粮油、食品、饲料添加剂的经营特色，努力拓展出口渠道，拓展外贸业务，进出口总额达300万美元。武进商联化工有限公司充分利用自办企业网站的信息优势，与外商合资、合作代理业务。武进市国贸总公司、奔牛商贸公司和横林商业经贸公司等企业抓住政府整顿娱乐场所的契机，投入近100万元资金，全面整修所属休闲、洗浴场所。商业(集团)房屋开发公司重视广告效应，投入广告费数十万元推销开发建设的廉价房，实现商品房年销售额3 200万元，比上年增14%。

调整经营业态，商品销售多元化。武进拍卖行针对拍品资源减少、市场竞争日趋激烈的趋势，把拍卖主业由原来综合性拍卖转变为专场拍卖、联合拍卖，调剂业务由“多而散”转向“少而精”发展，做大调剂规模，做强调剂专业，年内举行拍卖会25场，交易额达3 600多万元，比上年增83%。拍卖行取得中国旧货业协会《旧货快讯》的出版权，掌握了发布各类拍卖调剂商品信息的主动权，克服了调剂与拍卖地区局限性，年底刊物正式面向全国发行，每期发行3 000份。武进美德丽空调有限公司努力提高商品的市场覆盖面、占有率，与无锡银燕空调厂形成风险共担、利益共享的捆绑式发展格局，创造了良好的经济效益。武进商联化工有限公司提出“把企业介绍给世界，让企业了解世界”的企业网络建设思路，年内创建企业英文网页，年销售额达1 800万元，比上年增7.5%。武进民乐净菜有限公司主动与有关工厂、学校联系供货，日均营业额超6 000元。

【化学危险品和酒类管理】 2001年，市化学危险品管理办公室加强化学危险物品经营许可证和酒类批发经营许可证的发放管理。年内，深入宣传、广泛发动、严格审核、严肃执法，颁发化学危险品经营许可证1 800余份、酒类批发许可证50余份，发证量居江苏省前茅，确保了全市特殊商品经营活动有序展开。（王　昕）

烟　草　业

【概　况】 2001年，市烟草专卖局、烟草公司坚持“狠抓基础，稳中求进”的指导思想，确定了“一要规范，二要改革，三要创新”的工作重点，围绕规范管理的工作中心，加强学习型企业建设，提高全员综合素质，推进内控制度、专卖管理和网络调整步伐，全市卷烟市场秩序明显好转，烟草行业经济效益取得公司组建以来最好成绩。完成卷烟销售额5.21亿元（含税），比上年增0.71%；对系统外销售卷烟4.13万箱，比上年增9.5%；实现税利7 636.29万元、利润5 935.91万元、分别比上年增52.5%和68.5%，省内地产烟所创效益占总效益的77.1%。

【专卖管理】 年内成立湖塘、前黄、横林、新安、小河、汤庄、卜弋7个中心专卖管理所（稽查中队），全年出动市场检查人员1.05万人次、4 358车次，检查卷烟零售户15.5万余户次；受理举报投诉60起，查处违法烟案260起，查获走私烟600条，上缴财政罚没款8.5万元；端掉售假窝点75个，查获非法生产（假冒）卷烟128件，焚烧假冒卷烟281件，标值82.85万元。落实卷烟零售户户籍化分类（分为A、B、C、D、W5类）管理，对卷烟经营户实行动态性管理。年检《卷烟零售许可证》，检查整顿全市12 596户零售户，停办（歇业）零售户2 863户。年末全市有卷烟零售户9 733户，其中新办434户。

【烟草网络建设】 2001年，市烟草局（烟草公司）调整原有的24个下伸批发部网点，改设为湖塘、前黄、潘家、洛阳、横林、新安、小河、西夏墅、汤庄、卜弋、湟里11个批发网点，网点聘用人员由231人精简到151人，改善了人员年龄结构、文化结构和能力结构，推进了网络运行工作的顺利开展，扩大了江苏生产的“南京牌”、“一品梅牌”、“东渡牌”、“红杉树牌”卷烟在武进市场的覆盖面，提升了“四大名烟”在武进的知名度和美誉度。

（蔡荣春）

粮　油　商　业

【概　况】 2001年，武进粮食系统企业面对粮食政策调整幅度较大、企业困难和粮食市场矛盾较为集中的实际情况，按照粮食购销市场化的要求，积极探索符合武进实际的粮食流通体制和市场运作机制，推进国有粮食企业改革，推进武进粮油收购储运业、粮油贸易业稳步发展。全系统完成销售收入5.55亿元；其中粮油商业企业实现销售额3.4亿元，粮食系统工业企业实现销售收入2.15亿元，实现利税7.19万元，实现全面盈利。

【粮食购销实行市场化改革】 7月31日，国务院发出《关于进一步深化粮食流通体制改革的意见》，对江苏等8个主销区省份粮食市场化改革提出明确的政策措施。这次改革的目的是充分发挥市场机制对粮食购销和价格形成的作用，完善粮食价格形成机制，建立完善的国家粮食宏观调控体系和粮食市场体系，逐步建立适应市场经济发展要求和中国国情的粮食流通体制；改革的基本思路是“放开销区、保护产区、省长负责、加强调控”。武进市政府根据国务院和省、市的要求，取消粮食定购任务和收购保护价制度，全面放开粮食市场和粮食收购，经粮食行政管理部门审查，工商部门核准登记，具备相应资质的粮食购销企业、加工企业、用粮企业、农业产业化龙头企业、农民合作经济组织及其它符合规定的企业、个人都可以从事粮食收购业务；取消粮食运输凭证管理制度，购销企业自主经营粮油，实行边购边销、快购快销、以销促购的战略，盘活新粮，带动陈粮销售，降低库存成本，并通过粮食加工增值，促进粮食转化。销售粮食12 974.6万千克。农发行武进市支行按照“以销定贷、以效定贷”和“购得进、销得出、有效益”的原则，提供非信用贷款，同时坚持封闭运行的各项政策规定。随着居民粮油供应的市场化改革，城镇居民粮油定量供应政策已名不符实。武进根据国家粮食局的通知，从5月1日起统一取消和停办城镇居民粮油关系迁移手续，沿袭50多年的计划经济产物居民“粮本”退出历史舞台。

【推行粮食收购“承诺制”】 2001年，武进各粮油购销企业对农民作出了严格执行收购质量标准、收购结算兑现、收购服务等方面的承诺，积极发挥夏秋两季粮食收购的主渠道作用，认真执行国家粮食政策，做到常年收购农民余粮，不压级压价，坚持质量标准和依质论价，售粮后现金当场兑付。各购销企业职工努力改善服务态度，提高服务水平，采取增设收购网点、延长收购时间、进村入户上门收购等措施，方便了广大农民售粮。全市粮油购销企业年内收购粮食11 458.2万千克，其中稻谷8 618.4万千克、小麦2 839.8万千克，国有粮食购销企业收购了农民70%的余粮，掌握了主要粮源，主导了市场粮价。

【发展“订单”粮食】 2001年，武进各粮油购销企业通过“订单粮食”、“粮管所＋农户”等组织形式，积极推进以市场为导向、以农民增收和粮食收购企业增效为目标的贸工农一体化、产加销一条龙的粮食产业化进程，活跃了全市粮食流通市场，取得较好的经济效益和社会效益。南夏墅、芙蓉粮管所充分发挥种粮大户的资源优势，以“订单粮食”为突破口，收购前分别与本镇种粮大户签订总计170多万千克和40万千克粮食的收购合同、协议，收购时实行优质优价收购，普通品种市场价收购，结算时先按市场价现金付给，粮管所销出得益后再与种粮大户按销售粮食总量比例“分红”。

【发展粮食收购经纪人队伍】 2001年，各粮食购销企业积极适应收购市场发展趋势，参与有序的收购市场竞争，拓展粮源渠道。湟里、卜弋、奔牛片等购销企业发挥经纪人地缘熟悉、运输方便、收购灵活等优势，发展壮大粮食收购经纪人队伍，走村串户收购农民余粮，较好地满足了农民售粮的要求，延伸了国有粮食购销企业的收购触角。

【全国性粮食清仓查库工作顺利完成】 2001年，市政府按照《国务院办公厅关于组织全国粮食清仓查库工作的通知》精神和省、市粮食清仓查库方案的要求，市有关部门组成清查小组，全面清查全市57个粮管所、11个粮站和2个国家储备库，迎接江苏省粮食清仓查库交叉检查。4月10日～17日，句容市粮食清仓查库小组来武进市进行清仓查库工作，到全市70个存粮点、473个廒间逐仓逐位地清查实物、帐务和库存质量。到3月31日规定的清查时点止，全市实际库存粮食(折合贸易粮)1.53亿千克，其中国家专项储备粮5 453.9万千克、地方储备粮650万千克、地方商品储备粮9 198.3万千克。经检查组核实，帐实相符率达100%。

【粮油企业改制工作】 2001年，市粮食局把非粮食购销企业的改制作为工作重点，抽调精干力量组成两个企业改制工作小组专门抓这项工作。到年底，非购销企业全部改制，其中1家企业完成“二次改制”、4家企业实行职工身份置换。全市非购销企业引入内部竞争机制，增强职工自主创业意识，积极鼓励职工“双置换”和辞职自谋职业，降低了企业经营成本。各困难企业对职工按照规定解除或终止劳动关系，给予一次性经济补偿。全系统实行“置换工龄”职工220名，发放一次性补偿金209万元。

【研究推广科学保粮新技术】 2001年，武进各粮油仓储单位积极探索科学保粮新技术、新措施。1.使用防护剂保粮磷防虫技术。根据粮仓害虫容易繁殖和粮仓死角不易除虫的特点，粮食入库时在粮堆表面和死角地方针对虫害拌和保粮磷。市粮食局直属库313号廒间应用这项技术后，保持了粮仓内部300天无虫的记录。2.开展高水份小麦的过夏试验。湟里中心粮管所对水份为14.5%的500万千克小麦，利用夜间气温低的特点，进行机械降温和气窗开关调节粮温，到年底该批小麦的出库质量良好。3.探索粮仓内通风的新方式和探寻降温死角新方法。奔牛储备库对平房仓储粮进行自然通风和环境通风的科学试验，总结出仓内换气扇通风降温均匀且速度快、电耗低等经验；安家粮管所对粮仓径向通风过程中，储气柜四周降温“死角”进行多管通风的实验，基本消除降温“死角”。 (是叔成)

供 销 合 作 商 业

【概　况】 2001年，武进供销合作商业系统完成销售额16.8亿元，实现工业产值970万元，销售收入958万元。市供销合作总社从系统经营工作的实际出发，确定了抓好优势条线，发展新型经营业态，开拓专业经营的思路，系统内各项经营工作有序展开，农资经营实现销售9 410.65万元，在市内农资市场保持了一定的份额。以日用品、副食品为主的生活资料零售业务快速发展，明都苏果超市在一年半的时间里发展30家连锁店(直营店14家、加盟店16家)，实现年销售额8 000余万元，居江苏省苏果超市集团各加盟企业之首。信特超市发展连锁店34家，年销售额超亿元。明都汽车摩托车总公司强化市场建设，明都汽车摩托车城于10月18正式开业。改制后的供销社经贸、纺织原料、工业物资、武进家电城、人民商场等企业的经营均取得较好的业绩。

【清退社员股金】 武进供销合作商业系统积极变现企业资产，通过多种渠道筹集资金，化解股金风险。全年出售各类资产8 347万元，除偿还银行抵押贷款和支付职工身份置换补偿金外，用于清退社员股金6 118.23万元，使社员股金从2001年初的13 705.79万元降至12月31日的7 587.56万元；其中直属公司清退210.66万元，基层供销社清退3 431.81万元，基层商业社清退125.89万元，市社本部清退2 349.87万元。

【供销系统改制工作】 2001年，供销合作商业系统内原132家企业中有129家完成改制工作。直属工厂、公司均严格按照现代企业制度要求，以产权制度改革为核心，采用先售后股、出售等形式和办法改制。基层供销社、商业社改制工作于年初基本结束，市供销总社根据便于管理、减少支出的原则，按东、南、西、北、中等地域分别成立5个基层供销社管理点、商业社管理点，妥善处理好离退休及遗定补人员医疗费、生活补助费等相关问题，确保剩余资产的管理和变现。至年底，供销社系统身份置换工作基本结束。全系统支付经济补偿金4 048万元，其中财政部门承担1 295.6万元、劳动部门承担914.4万元、企业自筹1 838万元。职工总数由1999年末的5 115人降至502人，全员身份置换率达90.19%。（荆　成）

【明都汽车摩托车城开业】 10月18日，位于常武北路湖塘段的江苏明都汽车摩托车城开业。由江苏明都汽车摩托车总公司投资、中国煤炭设计院设计的汽车摩托车城占地2.15公顷，是全省汽车摩托车行业规模最大、品种最齐全的商城之一。它的启用标志着明都公司经营规模跨上了一个新台阶。（周天鹏）

物　资　贸　易

【概　况】 2001年，武进物资系统加强内部管理，积极提升企业素质，按照重信誉、重质量的经营理念，规范经营业务，服务业稳步发展。新建成连锁网点8个，累计214个。主要物资供应达6亿多千克。其中钢材7 255.3万千克、废钢51 762.6万千克、化工物资5 452.3万千克；实现销售收入21.7亿元、第三产业增加值4 500万元、社会贡献总额5 640万元、服务业营业额近1亿元。

【物资系统改制工作】 2001年，武进物资系统企业产权制度改革全面到位。物资企业在完成第一步改制以后，按照市委、市政府的要求，认真实施改制企业“回头看”的工作。武进大厦和武进物资再生两集团经过规范的资产评估，有序的员工分流，方案几经论证，已改制到位。至年底，全系统改制企业全部退出国有、集体序列，成为新的股份制企业。*股权结构逐步趋向集中*。为尽快适应国际化竞争和资本运作规律，改制以后的中小流通企业及时调整了股权结构。铝业公司、汽贸公司、南方公司等企业的经营者根据股东的要求，分别收购大部分员工的股权，实现经营者绝对控股。武进第二物资总公司、大厦集团、物资再生集团在起步阶段就提倡经营者持大股。通过股权的调整，经营者股权占60%。*劳动力资源实行新的优化*。按照“自愿、自选、给出路”原则，结合市政府陆续出台的优惠政策，各企业在改制工作中重点解决了员工身份平稳转换的问题。年内，全系统有275名员工解除劳动合同，为397名员工提取老职工失业储备金，为174名职工办理内退手续，职工的身份全部实现转换，劳动力资源得到优化配置。

【多元化经营取得成效】 经过多年的改革实践，武进物资系统形成多元化经营格局。

流通主业向集约化、规模化拓展。第二物资总公司根据自己的市场定位，2001年销售各类钢材5 600万千克，比上年增30%，连续3年以1 000万千克的净增量形成规模优势。化轻有限公司加强与大型石化企业合作，充分发挥奔牛储运站的优势，把化工主业做大、做强、做精，形成专业化、系列化经营格局。物资再生集团加大自收自购，销售废钢5亿千克，销售收入达12亿元。

商业服务业平稳发展。2001年，联华超市新增网点5个，经营网点总数达22个，总经营面积8 250平方米。全年完成商品营业收入7 632万元，比上年增18.7%。上海酒楼、金都大饭店等餐饮业完成年营业额2 100万元，比上年增8.8%。

专业市场建设加大力度。常州市区会馆浜综合市场、湖塘棉纱市场、武进钢材交易市场总面积达8.5万平方米，建筑面积达2.8万多平方米。湖塘棉纱市场瞄准武进地区纺织原料的巨大市场前景，投入1 750多万元，已吸引160个客户进场，形成年交易2 000万千克棉纱的规模。武进钢材交易市场投资500多万元的一期工程竣工投用。常州市会馆浜综合市场通过改善硬件方便居民，强化经营管理，提高了市场的影响力，年成交额5亿元。（徐　东）

餐饮业·服务业

【概　况】 2001年，武进餐饮企业、服务业实体面对激烈的市场竞争，努力改善服务环境，积极开发菜肴新品种，增加特色服务，加强管理，继续稳步发展。全市年末登记注册餐饮服务业实体6 474户，其中餐饮业1 867个、社会服务业4 807户（包括日用品修理业885户、旅馆业300户、娱乐服务业106户）；有从业人员13 964人，其中餐饮业4 789人、社会服务业9 175人（包括日用品修理业1 079人、旅馆业666人、娱乐服务业469人）；拥有注册资金16 254万元，其中餐饮业3 353万元、社会服务业12 901万元（包括日用品修理业292万元、旅馆业434万元、娱乐服务业1 155万元）。完成社会服务业总产值5 318万元；实现销售总额和营业收入85 577万元，其中餐饮业37 372万元、社会服务业58 702万元（包括日用品修理业2 070万元、旅馆业2 694万元、娱乐服务业3 372万元）；社会消费品零售额32 704万元，其中社会服务业5 865万元(包括日用品修理业207万元、旅馆业48万元、娱乐服务业 370万元)。明都大饭店、武进大厦上海酒楼、京都大饭店、金龙大酒店分别完成营业额4 300万元、946 万元、727万元、707 万元。

广　　告　　业

【概　况】 2001 年，武进工商局年检广告经营单位75个，其中广告公司36个、广告部(社、室、中心)以及兼营广告企业30个，累计注册资金2 681万元，有广告从业人员727人，完成广告营业额2 817万元。年内武进工商局开展医疗、药品、保健品广告专项检查，依法查处了一批广告违法案件。7 月，常州市首届广告节，组织部分广告企业参加广告设计大奖赛，有10件作品获奖，其中银奖 1 个、铜奖 1 个、优秀奖8个。　　(陆福华)

商品交易市场

·市　场　建　设·

【概　况】 2001 年，武进投入市场建设资金 10 042 万元，新建、重建和扩建集贸市场 12 个，新增市场面积 16 万平方米。全市建有市场 145 个，总面积达 140.3 万平方米，其中室内面积 50.06 万平方米、棚顶面积 23.8 万平方米。全市市场结构优化，基本形成农副产品、消费品、大型专业批发市场为主，土地、劳动力等生产要素市场相配套的门类齐全的市场体系，有力地保障和推进了武进地方经济的持续稳定发展。年内全市市场总成交额 113 亿元，比上年增 17%；16 个市场年成交额超亿元，其中湖塘针纺织品市场、邹坻灯具城年成交额超 10 亿元。全市累计创建成"文明市场"63 个，其中省级 10 个、常州市 35 个、武进市 28 个。

表 34　**2001 年武进市新(重、扩)建主要市场一览**

市场名称	新增面积(平方米)	总投资(万元)	总面积(平方米)	其中		
				室内	棚顶	露天
小河汽摩配市场	33 300	1 900	33 300	20 900	1 000	11 400
成章花木交易中心	25 000	500	25 000	3 000	8 000	14 000
湖塘棉纱市场	24 950	1 500	24 950	24 950	—	—
邹坻建材市场	10 600	600	10 600	10 000	—	600
横山桥美士兴小商品市场	5 700	150	5 700	2 160	1 080	2 460
武进市夏溪杂品市场	3 600	62	3 600	120	1 100	2 380
罗溪机械设备调剂市场	3 432	64	3 432	378	241	2 813
横林牛塘农副产品市场	3 188	180	3 188	1 240	1 080	868
发得宠物市场	3 000	38	3 000	1 500	500	1 000
前黄食用菌市场	2 300	50	2 300	460	—	1 840
南夏墅南华消费品综合市场	2 000	25	2 000	800	430	770
崔桥计算机房用品市场	1 568	15	1 568	320	448	800
合　计	118 638	5 084	118 638	65 828	13 879	38 931

(陆福华)

【市场建设取得显著成效】 2001 年，全市重点专业市场由"九五"期间的"扩量"向"十五"开局初的"提质"发展；由原来的生活资料市场经营转向为生活与生产资料并举的经营格局；由销地市场向产销兼顾经营转变；市场管理更趋规范化、集约化、网络化。9 家重点专业市场经营总面积增加到 30 多万平方米，总投资达 3.5 亿元，经营总摊位数达 8 000 多个，年成交额占全市市场成交总额的 74%，这些市场依托各地的产业优势，确立起"买全国、卖全国"的营销理念，初步形成产区、销区或集散等市场类型，形成武进市场的特色和较强的规模经营优势；多数重点专业市场采用现代企业管理模式，注重完善质量管理体系，提升市场档次；邹坻灯具城、湖塘针纺织品市场、湖塘棉纱市场、湖塘装饰市场等开设了网站，为进一步提升管理水平，与国际市场接轨创造良好条件。在原有粮油、副食品、蔬菜、服装等生活资料类市场的基础上，大力培育发展棉纱、木材、钢材、塑料、机械等生产资料市场，为促进地方经济发展发挥了积极作用。武进花木市场群的 5 大交易区依托总面积达 4 206.67 公顷的花卉苗木产品基地，成为国内最大的花木集散地之一；九洲服装城已发展成为常武地区规模最大的大众服装市场；湖塘针纺织品市场依托湖塘地区纺织产业优势，使地产布畅销全国 20 多个省市自治区，出口到东南亚及欧美等国家和地区，进入江苏省"百强市场"行列。全市市场成交总额达

113.1 亿元，其中专业市场成交额 84.6 亿元，分别比上年增 17%、23.6%。年成交额超亿元市场增至 16 个，其中成交额超 5 亿元市场 9 个，湖塘针纺织品市场年成交额达 20.1 亿元。

【小河镇建成华东地区最大的汽摩配件市场】 小河镇是全国闻名的汽摩配件生产基地，全镇有从事汽摩配件生产的企业近千家，产品销往全国各地。镇党委和政府抓住这项产业优势，积极协调，筹集资金3 300万元，兴建汽摩市场。2月开工建设，5月8日竣工，开始试营业。该市场占地26.7公顷，建有1.08万平方米商住楼、1.2万平方米彩钢房、0.45 万平方米展销厅及0.6万平方米停车场，是华东地区目前最大的汽摩配件市场。至年底，有68家经销单位进场，年内交易额达8 800万元。

（刘建中　摄）

·市　场　管　理·

【开展市场“三整顿、三满意”活动】 4 月，武进工商局在全市各类市场组织开展“三整顿、三满意”活动，向社会各界发放征求对市场管理、市场发展的建设性意见的意见书 1 500 余份。针对市场存在的问题，全市召开市场现场会 34 次，整改存在问题 1 139 件；9 月邀请市人大、政协领导以及经营户、消费者代表对重点专业市场九洲服装城和江苏省样板市场牛塘消费品综合市场开展“开门评场”活动。经过重点整治和全面整改，清除了市场的“市霸”、“菜霸”，促使各类市场的管理服务、经营作风、上市商品、场容场貌、消防安全等各方面上了一个新台阶。

表 35　**2001 年武进市城乡集贸市场成交情况**

大　类	类　　别	成交量（万千克）	成交额（万　元）
消费品	粮　食	3 730.3	7 766
	油脂油料	2 009.8	11 690
	肉食禽蛋	5 906.5	59 422
	水 产 品	2 795.9	46 725
	蔬　　菜	12 188.5	41 806
	干 鲜 果	10 933.5	44 864
	家禽幼禽	389.7	2 342
	工 业 品	—	722 321
	其 他 类	—	143 001

【市场经营秩序管理】 2001 年，武进工商局认真贯彻国务院整顿和规范市场经济秩序的重要决定，狠抓日常巡查监管和重点专项整治。1.加强“春节”、“五一”、“中秋节”等节日市场的专项检查，确保消费者餐桌安全。2.抓好生猪定点屠宰管理，严把市场猪肉检疫关，集中力量取缔私屠乱宰，确保广大消费者吃上“放心肉”。3.加强对粮食市场的监管，进一步落实《江苏省人民政府关于全面推进粮食购销市场化改革的实施意见》，重新调整全市 1 010 户粮食经营、粮食加工企业和个体工商户资格认定和经营范围，促进粮食收购和销售价格的放开，确保粮食流通体制改革的顺利推进。4.检查整治农资农机市场，切实保护农民利益。5.加强旅游市场和夏季饮料食品市场的检查。6.开展市场收费专项检查，严格规范票据使用。全年出动整治检查人员 7 675 人次、车辆 1 800 余台次，检查市场主体 1.78 万户，清理无照经营 3 600 多户；查处各类市场管理案件 417 件，罚没 11.05 万元；查扣假冒碘钨灯 1.15 万支、整流器 1.5 万只、灯泡 4 700 只

表 36　**2001 年武进市成交额超亿元市场**

单位：亿　元

名　　称	成 交 额
湖塘针纺织品市场	18.9
邹区灯具城	13.90
九龙小商品市场	8.30
湖塘消费品综合市场	7.20
九洲服装城	6.70
江苏滆湖水产品批发市场	6.10
湖塘棉纱市场	5.00
湖塘纺织装饰市场	4.00
奔牛港木材市场	3.10
夏溪花木市场	3.00
焦溪机电拆旧市场	2.50
奔牛消费品综合市场	2.38
前黄消费品综合市场	2.20
横林消费品综合市场	2.15
武进木材交易中心	1.15
洛阳消费品综合市场	1.14

及假冒"五粮液"白酒、"仙鹤牌"酱油等一批假冒商品，强化了对各类市场的监督管理，有效地维护了市场的竞争秩序。

【加强经纪人队伍建设】 2001年，武进工商局充分发挥市经纪人协会的作用，强化各类经纪人"自我教育、自我管理、自我服务"意识，发挥他们在沟通商品生产，流通消费，引导资金、人才、信息的合理流动，促进农村产业结构的调整，优化资源配置等方面的重要桥梁作用。特别是加强对中介机构和生产要素市场经纪人的监督管理，召开夏溪、罗溪、焦溪等地的花木、旧设备调剂、果品等类产（商）品农民经纪人会议，有重点地培养发展花木经纪人。全年举办经纪人培训班4期，培训领证人数366人，有力地促进经纪行业的健康发展。

（陆福华）

市　场　选　介

·武进市湖塘纺织装饰市场·

位于武进城区中心常武中路与人民路交会处，2路、31路、常州火车站东专线车可直达市场，是华东地区集针纺城、装潢建材城与时代家俱城三城一体的大型装潢装饰材料批发市场之一，场内共设摊位800多个，接纳从业人员近千人。自一期针纺城1998年7月开业，到建材城、家俱城1999年10月开业以来，销售规模逐年扩大，2001年市场累计成交额达4亿元。商场式管理、市场化经营，深受消费者推崇，客户涵盖宜兴、金坛、溧阳等周边地区，曾被授予"常州市文明市场"、"全国纺织品百强市场"等多项荣誉称号。

总经理 张建强　电话 6302002　6302001

地　址 常州市武进区常武中路5号

邮　编 213161

·武进市九洲服装城·

创办于1997年1月，位于常州兰陵，营业面积达1.8万平方米，设有商位1 800多个，经营商品达2万余种，是常武地区最具规模的服装、百华批发零售集散地。该城分类经营有特色。一楼主营各类服装；二楼主营针织、箱包、皮鞋、面料、床上用品；地下商场主营日用百货。经营户来自全国的20余个省、市、自治区。市场内设有工商、税务、银行、公安等监管服务部门，为经商户提供全方位的服务。九洲服装城秉承"以服务求信誉，以信誉保证效益"的管理理念，遵循"顾客至上、商品至优、价格至廉"的经营方针，深受消费者的青睐。九洲服装城一手抓管理，一手抓繁荣，销售额稳步增长，2001年完成成交额6.7亿元，连续5年获武进市、常州市、江苏省"文明市场"称号，2000年被评为"江苏省样板市场"。

总经理 刘啸放　电话 8119131　6659965

地　址 常州市劳动中路58号

邮　编 213001

·武进市邹坵灯具城·

邹坵灯具城是全国规模最大的三大灯具市场之一，总面积15万平方米、建筑面积10万平方米，有营业门面房1 500间，云集了来自广东、浙江和江苏等地的灯具经营户600多户，主要经营民用灯、工矿灯、建筑灯、庭院灯和舞台灯等各类灯具及小家电，商品销售辐射到全国10多个省市自治区，2001年成交额达13.9亿元。多次荣获"江苏省文明市场"、"常州市文明市场"、"武进市十佳市场"等称号，成为常武地区专业市场中的一颗明珠。

2001年，邹坵灯具城集科研开发、生产销售、售后服务等功能完备的灯具工业园启动建设，规划面积90万平方米，总投资4亿元，分三期建设。到2010年，建成销售额达50亿元，产销兼优，并与国际接轨的、网络化的大市场。

经　理 陈敖生　电话 3631045　传真 3638977

地　址 常州市武进区邹坵镇312国道旁

邮　编 213144

·武进市滆湖水产品批发市场·

该市场创办于1992年。2001年拥有水上码头6 500平方米，可同时停靠船只300多艘；建有停车场3.6万平方米，可同时停放300多辆大卡车，市场内设有饭店、旅馆、商店、银行及氧气、净水、冰块、汽柴油供应处及年产3万吨的水产品饲料厂。2001年成交水产品6 000万千克，成交额达6.1亿元，是江苏省规模最大的水产品批发市场，销售覆盖到内蒙古、黑龙江等10多个省市自治区。

场　长 马祖华　电话 6281983

地　址 常州市武进区寨桥镇

邮　编 213174

·湖塘棉纱市场·

2001年由武进市第二物资总公司投资新建，目前是江苏省最大的棉纱专业市场，占地2.13万平方米，设有商位123个和仓库、餐饮、金融结算等配套设施，2001年成交额达5亿元。为促进地方纺织业的发展，正在规划进行大规模扩建。

总经理 陈建中　电话 6555882　传真 6552535

地　址 常州市武进区常武北路 58 号

邮　编 213161

·武进钢材市场·

该市场 2001 年由武进市第二物资总公司投资建设，设计可年吞吐钢材 20 万吨。

总经理 薛克荣　电话 6321882　传真 6552535

地　址 常州市武进区夏城桥南堍

邮　编 213161

·武进木材市场·

该市场 2001 年由武进市第二物资总公司投资改建，占地 3.3 万平方米，有 183 个商位和完备的配套设施。

总经理 荆国营　电话 6551578　传真 6552535

地　址 常州市武进区武宜中路

邮　编 213161

商贸企业选介

·武进市经济贸易总公司·

2001 年，武进市经济贸易公司发挥原六大行业公司在管理、信息、质量、标准、技术等方面的人才优势为企业提供服务。年内，公司下属生产企业完成技改投入 400 余万元，完成销售额 9 127 万元，超额完成年计划的 66%；实现利润 178 万元。完成 4 家企业转制工作。武进茧丝绸总公司妥善分流安置了富余人员，建立民营企业——三新茧丝绸经营有限责任公司。武进市纺织丝绸外贸公司拓展市场渠道，完成出口额 295 万美元、内贸 597 万元。

董事长 唐惠林

副董事长、总经理 朱华方

·武进市第二物资总公司·

武进市第二物资总公司是原武进市物资局的下属企业，1997 年经市政府批准改制为股份合作制企业，从事物资流通业务。公司以“务实、诚信、发展、服务”为宗旨。2001 年底有固定资产 3 000 余万元。2001 年销售钢材 5.2 万吨、水泥 5.3 万吨，实现销售收入 1.2 亿元，上交各项税收 110 万元，是武进市经贸系统先进企业、武进市第三产业先进单位、武进市文明单位和“江苏省钢材营销五十强”企业。2001 年投资新建了湖塘棉纱市场、武进市钢材市场和改建了武进木材市场等三大生产资料专业市场。

董事长 白中泽　电话 6551989　传真 6552535

地　址 武进新城区常武北路 58 号

邮　编 213161

五类食品将实施市场准入制

从 2003 年 8 月 1 日起，凡在我国境内从事米、面、油、酱油、醋生产加工的企业，未按规定程序获得食品生产许可证而生产加工这 5 类食品的，未经检验合格并加贴(印)食品市场准入标志就出厂销售的，将受到各级质量技术监督局的依法查处。该决定标志着国家质检总局启动的食品市场准入制度开始实施。

2002 年，国家质检总局经过半年多的深入研究、探索，并借鉴美国、欧盟、日本等发达国家和地区关于食品质量安全监管的经验，制定了食品质量安全市场准入制度，同时还制定发布了有关工作规范及首批 5 类产品的生产许可证实施细则。

食品质量安全市场准入包括 3 项制度：一是对食品生产企业实施质量安全许可制度。未取得食品质量安全许可证的企业不准生产食品。二是对企业生产的食品实施强制检验制度。有出厂检验能力的企业自行实施出厂检验，但应定期将样品送到质检部门指定的检验机构进行比对检验；不具备出厂检验能力的企业可以按照就近就便的原则，委托质检部门指定的检验机构进行出厂检验，未经检验或检验不合格的食品不准出厂销售。三是对检验合格的食品加贴市场准入标志，即 QS 标志。该制度按照食品的安全程度、生产规模以及与群众生活的相关程度，分批分步，滚动实施。

（栏目责任编辑　周小红　杨汉平）

武进市药品集中采购办公室

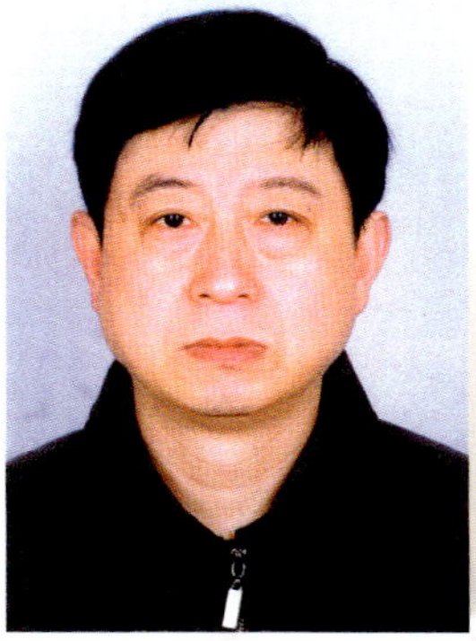

主 任　张子豪

供需双方签订合同书

成立于2001年4月18日。该办认真履行监督、管理、服务职能，规范全市医药机构药品购销行为。年内有31个医疗机构与80家供方企业进场采购和交易，药品成交总额1.2亿元，有14个品种、16个规格药品让利于民，让利总额超300万元。

现场审批、咨询

地 址　武进市防疫大院8号楼
邮 编　213161
电 话　6570565

医疗机构药品购销现场

武进市农村信用合作社联合社

武进市农村信用合作社联合社是武进市银行系统营业网点最多，存款余额最高的金融机构，计算机网络立足武进，覆盖常州。2001年，该联社坚持以支农为主线，以发展为主题，抓改革创新，努力开创合作金融工作新局面。全辖57个信用社，142个营业网点，员工1 300余人。该联社从2001年初起，按照“统一法人、授权经营、单独考核、分级核算”的经营管理模式运作，完善了法人治理结构，明晰了产权，增强了抗风险和资金调控能力，在支持地方经济发展中发挥金融主力军作用。2001年支持市重点企业和民营企业贷款35.9亿元，比上年增加4.3亿元，个私经济贷款13.37亿元,比上年增加1.77亿元,农、林、牧、副、渔贷款5.7亿元，比上年增加0.8亿元。年末，全辖存款余额74.68亿元，贷款余额50.80亿元,分别比年初增加11.8亿元和5.85亿元，增长18.7%和13.10%，雄居武进金融同业机构第一，名列全省信用社系统第二。

在新的发展历程中，该联社将坚持“三农”服务方向，进一步深化体制改革，积极组建武进农村商业银行。同时依托先进的计算机“综合业务系统”，丰富业务品种，提高服务效率，抢占科技制高点,以改革促发展，积极服务武进经济和社会事业的全面发展。

联社办公大楼

理事长 党委书记　姜益民

主任 党委副书记　金文建

地 址　常州市永宁路
电 话　5307641
邮 编　213003

总经理　刘怀平

中国人寿保险公司武

中国人寿保险公司是一家具有50多年历史的国有专业寿险公司，其前身是与新中国同期诞生的原中国人民保险公司，隶属于国务院领导。经过长期发展，中国人寿已成为拥有总资产2 212亿元,2001年业务规模达813亿元的现代大型人寿保险企业。

中国人寿保险公司武进市支公司是中国人寿保险公司的分支机构，作为全市最大的专业寿险企业，目前开办有人寿保险、养老金保险、健康保险、意外伤害保险四大类上百种人身保险业务，已形成年保费收入超亿元的业务规模，拥有保户30万人次，承担人身保险责任80亿元。

中国人寿以“成己为人，成人达己”为核心理念，以“诚信为本，稳健经营”为企业宗旨，全面确立“创新、拼搏、务实、奉献”的企业精神，以“与客户同忧乐”为企业价值观，以“造福社会大众，振兴民族寿险”为使命,努力打造现代化的商业保险企业。

进市支公司

地　　址　武进市湖塘镇人民中路111号
电　　话　6560358
服务热线　95519
邮　　编　213161

经理 党组书记　汤国平

YANG BAO XIAN

中国太平洋人寿保险股份有限公司武进支公司是太保集团设在武进地区经营人寿险、人意险和健康险等寿险险种的合法经营机构。公司秉承“一流的服务质量，一流的工作效率，一流的公司信誉”为宗旨，强化“诚信、敬业、创新、奋进”的企业精神，稳健经营，努力开拓，积极为广大客户提供完善的保险保障和快捷的理赔服务。

2001年全年共实现保费收入7 697万元,比上年同期增长82.6%。其中：个人寿险3 198万元；团体寿险2 221万元；人意险748万元；个人投资型保险1 530万元，为全市13.2亿人次提供了各类人身保险保障。年内共处理各类赔案2 356件，实付赔款金额400多万元，并向290人次支付了期满保险金104.8万元。为社会安定和人民生活提供了有力的保障。

公司在全辖范围内下设22个营销服务部，每个网点配备专职的营销主管及业务人员，全面开展各类保险业务，在整个武进地区已经形成了比较完整的服务网络。

目前公司开办的险种已达二十余个，其中“太平盛世”系列等产品深受客户青睐，市场份额日益扩大。充满活力、锐意进取、不断壮大的中国太平洋人寿保险股份有限公司武进支公司将充分发挥资金、人才优势,以团结、拼搏、务实的精神在广阔的保险市场上与客户携手共进,开创美好未来。

险股份有限公司武进支公司

地 址 常州市关河西路25-3号 电 话 6672296 6604688 邮 编 213002

中国太平洋财产

总经理　蔡群

平时注入一

难时拥

保险股份有限公司

武进支公司

滴水

有太平洋

中国太平洋保险集团公司是全国性的商业性股份制保险公司，总部设在上海。目前已在全国各省市自治区及大中城市设立分支机构，在美国和香港特区设有子公司，在纽约和伦敦设有代表处，并在海外80多个国家和地区的港口建有代理点。2000年，太保被国际标准普尔公司评为世界大型保险公司200强中第45位，2000年、2001年,太保先后被商业创新方向国际组织授予国际质量金星奖和国际质量白金奖。

2000年底,中国太平洋保险公司国务院批准实行了产寿险分业经营，分业后太保集团以全新的经营机制、经营理念、经营方式，积极促进国内保险业务发展，以适应中国加入WTO后振兴民族保险业的发展需要。2001年中国太平洋财产保险股份有限公司武进支公司认真实施“集团化管理、专业化经营、市场化运作”的管理模式，严格执行上级公司及保监会下发的各项政策规定，加大展业攻关力度，业务发展呈现快速增长良性发展的好势头,新推出车险优质服务年活动，实行365天全日服务,24小时现场查勤,3 000元以内现场赔付等一系列优质服务措施。产险业务收入达3 600万元,为全市经济建设稳定健康发展提供了有力的保险保障。

地址 常州市关河西路25-3号 电话 6680827 6689690 邮编 213002

贸易总公司

武进市经济贸易总公司成立于1999年11月，是在原机械、冶金、纺工、化工、轻工、电子工业公司体制改革的基础上组建而成的。下辖武进市茧丝绸总公司、纺织丝绸外贸公司、爱利达纺织联营公司(武进)和常州中毅纺织有限公司、中美合资美进泰克金属制品有限公司，以及原武进市六个行业公司所属的39家流通企业。

2001年，经贸总公司全体干部、职工统一思想、同心同德、加强管理、立足本职、知难而进、积极创收，抓住中国加入WTO契机，取得生产、经营双突破。全年共完成工业总产值9 084万元，实现销售收入9 127万元，分别完成年计划的151.4%和166%，实现利税677万元，其中利润178万元。

该公司围绕建立现代企业制度的要求，按照“因企制宜，一企一策”的改革思路，对39家流通企业中转制难度较大的7家尚未转制的企业，主动介入、攻坚克难、逐个解剖，年内完成了4家。并协助市政府有关部门建立了民营性质的三新茧丝绸经营有限责任公司，妥善分流安置了富余人员。

总公司利用原六个行业公司在管理、信息、质量、技术、标准化等方面的人才优势，为企业提供良好的服务，共实现收入60余万元。同时，积极发挥下辖公司的职能作用和主观能动性，面对国际国内经济环境多变的严峻挑战，抓住市场机遇，开辟新途径，实现出口额295万美元，内贸597万元。

针对本部门的实际情况,高度重视,满腔热情地做好离退休老同志的管理工作,在“新意、深意、情意”上做文章，千方百计想办法，为老同志创造良好的学习和活动环境，受到市有关部门的嘉奖。

董事长 法人代表 张焕平

武进市物资再生有限公司是由原武进市物资再生利用总公司与武进物资再生集团有限公司改制而成,主要从事废旧金属、再生资源回收管理、加工、利用和经营金属材料、回收报废汽车、摩托车的专业公司。

公司现有职工380余人，资产总额达1.8亿元，近区设有70 000多平方米的仓库。市区设有废金属回收加工网点173家，从业人员3 000余人，年回收量达60万吨。公司先后投资1 300余万元，联合开办了1个电解铜厂、1个合金铝厂，其中合金铝联营厂生产的铝锰铁炼钢复合脱氧剂荣获94中国专利技术博览会金质奖，产品专利号为92 107 299.6。同时，公司利用进口废电机业务与焦溪镇联合组建了武进机电拆旧市场，年拆解能力达10万余吨。此外，公司充分发挥自身特有的条件积极发展第三产业，先后开办了武进快餐公司、休闲中心、歌舞厅和好莱坞宾馆。公司2001年物资销售13.5亿元，实现税利2 200万元，在全国同行业中名列前茅，连年被市政府授予文明单位光荣称号，连续10余年被市工商局评为“重合同，守信用”企业，连续八年被常州市政府评为“批发十强企业”、九六年被国家经济贸易委员会评为全国资源综合利用先进企业，并被国内贸部授予全国再生资源回收利用先进企业光荣称号。

目前，新组建的武进市物资再生有限公司充满着朝气和活力，正以崭新的姿态，雄健的步伐，稳步向前发展，为争取更大的成绩，实现更高的目标而努力奋斗。

左3为国内贸易局丁俊发副局长，右2为再生协调司金丹阳司长

公司外景

江苏武进市物资再生有限公司

下属好莱坞宾馆餐厅一角

下属摩托车销售公司

地 址 常州市常新路8号
电 话 6621878
传 真 6602281
邮 编 231002

江苏明都汽车摩托车有限公司

江苏明都汽车摩托车有限公司的前身是江苏明都汽车摩托车总公司，成立于1996年1月，总部位于江苏省常州市。公司目前的业务范围涉及汽车和摩托车的整车销售、配件供应及维修服务，在全省有18家连锁店及300多家分销网点。6年来，公司累计实现销售收入40多亿元，其中摩托车销售量连续多年名列全国前三位 、江苏第一位。公司的汽车业务始于2001年3月,目前是宝马、 富豪、现代、东风雪铁龙、南京菲亚特、东南、长安、跃进、吉利等国内外知名品牌的地区独家代理或授权经销商，经营规模在常州市名列前茅。公司现有职员350多人,其中大专以上168人,平均年龄28岁。汽车业务和管理人员80多人,其中大专以上50多人。

公司连续4年被评为AAA级信用单位，在常州、江苏乃至全国有很高的知名度和商业信誉。明都汽车、明都摩托已经成为消费者心目中知名的服务品牌。

上善若水

有生命力的企业应当具有水的特性

水有广阔的包容性并总是处于很谦虚的位置

水有不可压缩性

水具有多种业态

水无论在哪里，都会向同一个地方汇总前进

水具有不可阻挡性……

而我们将水的特性赋予明都的生命力象征

则更多是希望体现一种团结的浩大力量

董事长

不断奋进的摩托连锁事业

摩托车经营是明都发展事业的基础。在6年多经营历史中，明都公司锐意革新，经营品牌上几乎囊括了国内的知名品牌（建设雅马哈、意大利比亚乔、轻骑铃木、五羊本田、新大洲本田、珠峰、常州光阳、三阳、豪爵、金城铃木、劲隆、宗申等），并在地区形成了融连锁销售、完善配件、维修服务、信息管理于一体的服务体系。在江苏地区拥有近300家分销售网点及18家全资连锁店，尤其是摩托车智能检测线是同行业之最，并率先推出各项优质服务承诺。

明都摩托的目标是在未来的几年里成为中国第一的摩托车连锁集团。

汽车朝阳产业，需要我们努力拼搏

汽车品牌专营是明都汽车的重点和基础。一年多来，公司与东风雪铁龙、南京菲亚特、宝马、富豪、韩国现代、吉利、东南、长安、跃进等品牌达成合作意向,成为这些品牌的地区总代理及授权经销商。还有一些国内外知名品牌的合作事项正在洽谈之中。

建立一批符号国际标准的集整车销售、配件供应、维修服务、信息管理于一体的4S站是明都汽车的发展目标。为此，公司除在常州新区建立东风雪铁龙及菲亚特4S站外，还将在常州南部规划建设常州汽车城。

公司现有的汽车经营设施和规模宏大的汽车展示厅在地区首屈一指。顾客购车可以享受顾问销售、按揭、保险、上牌等一条龙服务。

四位一体的销售和服务模式与世界同步

常州新区
东风雪铁龙
南京菲亚特
四位一体的专营店

位于武进的常州南部汽车城项目

常州汽车城占地8公顷，计划兴建7～8个集汽车销售、配件供应、维修服务、信息反馈于一体的品牌汽车销售服务中心。

江苏省常州市常武北路60号 邮 编 213016 电 话 6575001
传 真 6575000 e-mail mdmotor@pub.cz.jsinfo.net
http://www.mingduqimo.com

九洲集团

董事长　刘灿放

九洲集团前身为九洲物资总公司，创建于1988年。现拥有两大市场、一大超市、两家房地产开发公司、两家大型娱乐企业和10余家贸易公司，总资产达5亿元，年经营额达15亿元以上。

九洲集团的发展历程突出表现为：企业核心领导始终把握经济规律，在长期的经营活动中遵守"优惠的价格、优质的服务、优良的信誉"，"不售假冒伪劣产品，不偷税漏税"等"三优六不"经营理念，逐步走上"自主经营、自我约束、自我完善、自负盈亏"的合乎市场经济法则的经营道路，每年上缴税收千余万元，受到税务部门的多次表彰和奖励，连续12年被评为"江苏省农林系统双十强企业"、"明星企业"、常州市"重合同守信用企业"以及"AAA级资信企业"和"特级信用企业"。

地　址　常州市关河东路38号　电　话　8108685　传　真　8103244

九洲南开房产发展有限公司在相继开发丽华三村、兰陵公寓之后，积极推进了"丽景花园"品牌项目建设，企业领导坚持以市场为导向、以销售为龙头，在项目策划、品牌创立、资金回拢和人才培养等方面均取得了显著成绩。近几年来，南开的房产开发经历了普通住宅—档次住宅—品牌住宅的过程，企业自身由此在常武地区数以百计的房产开发公司中跻身前列。

地　址　常州市博爱路178号
电　话　6680169

九洲中天物业管理有限公司是中外合资企业，主要从事物业管理、房产代理、出租、房地产开发咨询服务及相应配套服务设施的管理。公司借鉴香港怡高、深圳万科先进的物业管理理念，管理南方景园、迎春花园、千禧家园、世纪明珠园、金隆大厦、教育学院、南京师范大学和扬州大学宿舍等楼宇。

地　址　常州市常面路丽景花园内　　　　电　话　8104661

九洲食品日用品市场创建于1997年。2001年调整业态,移建原市场西侧,与九洲超市紧邻,占地1万平方米。市场批零兼营,客源覆盖常武地区并覆射到丹阳、泰兴、江阴、宜兴、无锡等周边城市，年均营业额约5亿元。九洲食品城与九洲超市优势互补、错位经营、相得益彰，形成了一个买卖兴旺的繁华商业区。

地 址　常州市关河东路38号　　电 话　8129076

KK迪斯科广场是沪宁线娱乐界享有盛誉的娱乐企业。10年来，KK迪斯科广场坚持健康娱乐方针，以引领常州娱乐为己任，不断推陈出新，使DISCO这一西方流行的娱乐业在常州迸发异彩,连续获得“先进歌舞厅”、“文明歌舞厅”等荣誉称号。

地 址　常州市和平路10号　电 话　8100826 8108366

九洲服装城是1996年创建的常武地区第一家最大的服装专业市场。营业面积2万平方米,设经营摊位2 000多个，吸纳从业人员3 000余名,年零售额达6亿多元。九洲服装城已发展成为名扬省内的大型市场，连续获武进市、常州市、江苏省“文明市场”称号。　地 址　常州市劳动中路58号　电 话　6640051

九洲超市有限公司是九洲集团与台商上海大润发有限公司合作创办的具有国际化水准的大卖场。营业面积3万平方米，经营商品2万余种。九洲超市有限公司引进国际先进经营理念，运用超强的电脑资讯系统，采取会员制自动购物模式，向广大消费者提供便宜、新鲜的商品和舒适的服务，成为常州商业界的表率。

地 址　常州市关河东路38号

电 话　8162788(总机)

江苏武晋会计

董事长 主任会计师 中国注册会计师
江苏省注册资询专家 江苏省注册会计师协会理事 陈华康

江苏武晋会计师事务所系省属独立法人所，成立于1988年12月。该所一贯坚持“以质量求生存，以信誉求发展”的办所方针，恪守客观、公正、独立的执业原则，接受国家机关、社会团体、企业、事业单位及其他经济组织和个人的委托，办理审计、验资、资产评估、会计咨询与服务等业务。经省财政厅

现该所为200余家中外合资、独资公司及企业集团提供服务

主要单位有：

武进柴油机厂
江苏新城集团
新加波(武进)大众钢铁有限公司
法国VALLOUEC GROUP常州法力诺长城焊管公司
香港ROAD KING INFRASTRUCTUR ELIMITED
德国MANNESMANNREXROT HGMBH常州公司
马来西亚文秀(常州)房地产开发公司
武进供销社(集团)公司
武进物资(集团)公司
武进创成塑机集团公司
江苏中华多宝集团公司
江苏远宇电子集团公司
江苏武进物资集团公司
江苏常恒集团公司
江苏商业集团公司
武进天工经编机集团公司
武进粮食集团公司
武进农机集团公司
江苏新亚化工集团公司
常州东方精细化工有限公司
常州翔达纺织印染有限公司
常州丰厚服装有限公司
常州亨运服装有限公司
常州申新制冷机械有限公司
常州创成塑料机械有限公司
常州鸿联灯饰有限公司
江苏多宝珠保健药品有限公司
武进亚能热电有限公司
江苏华东机房设备集团公司
江苏新科电子集团公司
江苏武进钢铁集团公司
江苏新华昌集团公司
江苏江南铁合金集团公司
江苏东方石油化工集团公司
江苏江浪减速机集团公司
江苏新中装饰集团公司
武进晨阳工业集团公司
常州运莱生物化工有限公司
武进路劲常漕公路开发有限公司
五菱柴油机德州有限公司
常州液压成套设备厂
江苏亚邦集团公司
武进制药集团公司
江苏金牛线缆集团公司
江苏鸿联集团公司
江苏中东集团公司
常州飞达电梯集团公司
武进通达集团公司
武进齿轮厂
武进电机厂

办公楼外景

师事务所

省体改委批准具有从事组建定向募集股份有限公司的审计及资产评估业务资格。执业范围：审查企业会计报表，出具审计报告；验证投入资本，出具验资报告；办理企业合并、分立、清算事宜中的审计业务，出具有关报告；基建预决算审计；各种类型资产评估；设计财务会计制度，担任常年会计顾问，提供财务、会计、税务、经济管理咨询，代理记帐、提供会计电算化业务服务；培训财务人员；法律、法规规定的其他审计和会计咨询服务业务。

会计师开展建设工程决算审计

财务会计珠算培训

会计电算化培训

事务所办公门厅

地 址 常州市关河西路25-3号武青大厦8楼
电 话 6613818 6674159
传 真 6673723
邮 编 213002
各副所长及业务部电话
副所长室 6613808
资产评估部 6613128 6670876
涉外部 6612400 6610117
工程造价审计部 6670873 6673612
财会培训部 6673001 6558648
行政事务部 6674159

常州市武进人民医院

院长　倪晓谦

武进人民医院是一座与共和国同龄的综合性医院，现有床位405张。医院以保障百万武进人民的医疗健康为已任,明确“科教立院、服务兴院”的发展思路,不断提高医疗技术和医疗服务的整体水平。通过外引内培，初步形成知名专家领衔，中青年技术骨干挑大梁的复合型人才梯队，现有享受国务院特殊津贴专家2名、省有突出贡献中青年专家2名、省“333”工程培养对象2名、常州“831”工程培养对象1名和武进“555”工程培养对象5名。通过调整和重点扶持,优先发展了心脏内、外科等一批高水平、有特色的重点专科。心脏不停跳心脏直视手术达国内领先水平。近年来，医院每年引进、开展新技术30项，先后获省科技进步奖3项、省新技术引进奖3项；每年在省级以上杂志发表论文60余篇。医院积极优化就医流程,开展整体护理，推行特色服务,重视健康教育，为病人提供优质、温馨、周到的服务。病人满意度达95%以上,实现了社会效益和经济效益同步提高。

面对新形势的挑战，武医人将继续发扬“团结、奉献、求实、创新”的精神，坚持不懈地努力，永无止境地追求，建设好武进医院，造福人民，服务社会。

倪晓谦

院领导和有关科主任合影

南医大武进医院研究生班(首批39人)期末考试。

英语口语班外教上课

江苏大学附属武进医院揭牌仪式

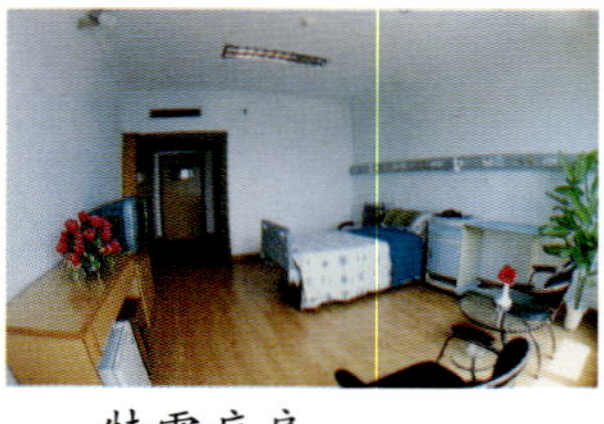

特需病房

从美国引进的心脏彩色多普勒（心脏彩超）

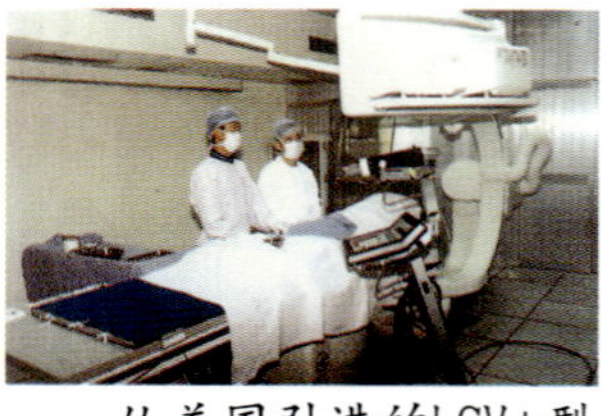

从美国引进的LCV+型数字减影血管造影机(DSA)

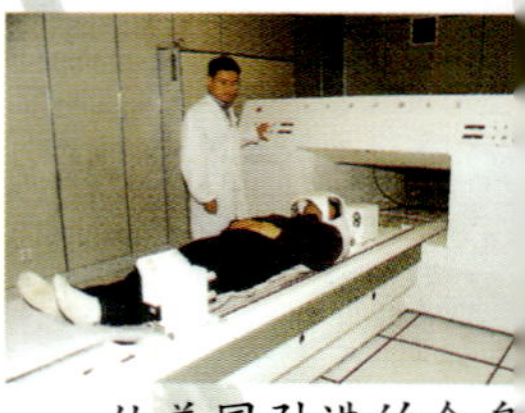

从美国引进的全身磁共振成像系统（MR）

江苏大学附属武进医院

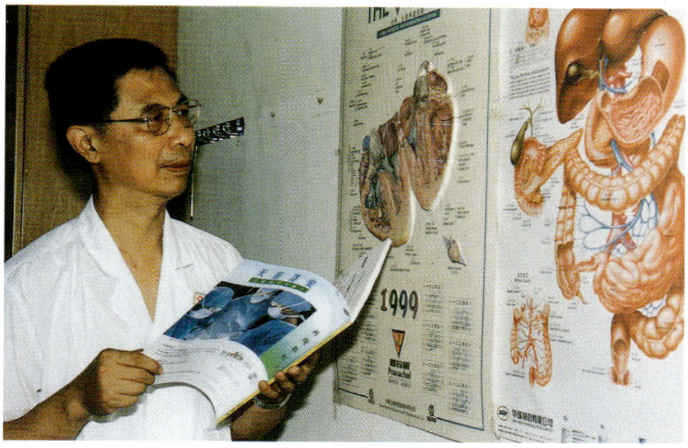

张剑平　全国著名的心脏外科专家、主任医师、教授、国家级有突出贡献专家、国务院特殊津贴享受者。曾在昆明医学院附属医院工作，并以高级学者身份在美国波士顿NEMC医学中心心脏外科深造。擅长先心、风心、冠心病的外科手术治疗，尤其对心脏不停跳的心内直视手术有深入研究和一套成功经验，有多项科研成果获省、部级科技进步奖。

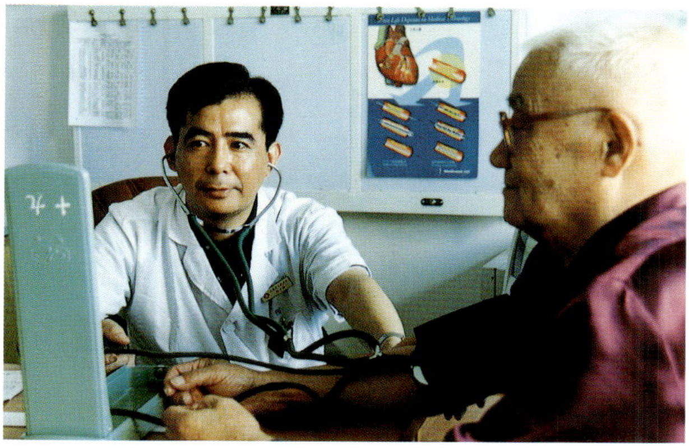

何国平　医学硕士、江苏大学教授、心内科主任医师、江苏省“333”跨世纪带头人培养对象，中国高血压联盟江苏分中心理事，《临床心电学杂志》审稿委员、江苏省劳动模范，省有突出贡献的中青年专家和优秀科技工作者。擅长于冠心病、各种心律失常、风心病、二尖瓣狭窄和先心病的诊治，已主持开展心脏介入手术1 600余例。

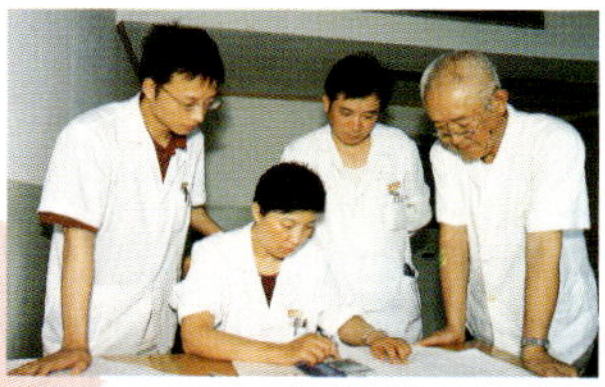

右一　栾成祥　麻醉、ICU专业专家，主任医师，国务院特殊津贴享受者。

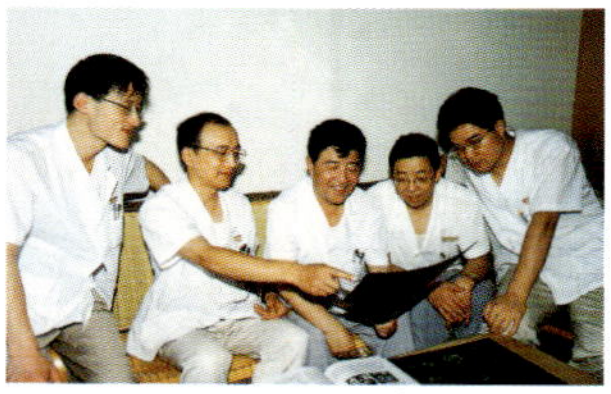

右三　董全胜　脑外科主任医师(原南京鼓楼医院脑外科主任)

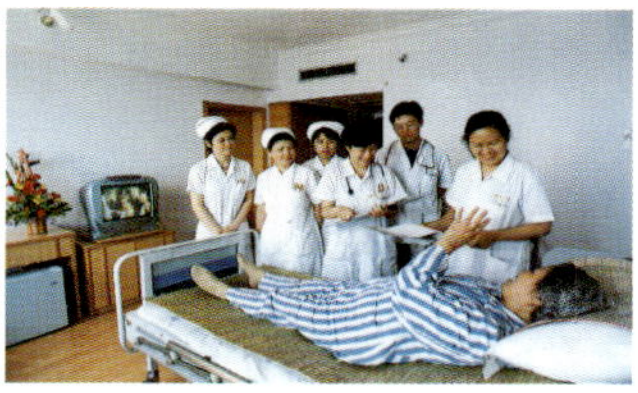

右一　罗春暖　内分泌科主任医师。

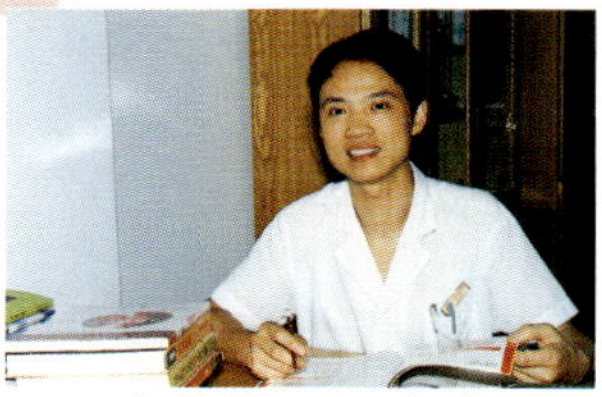

奚伟红　检验科主任，副主任医师，省有突出贡献的中青年专家，两项科研成果分获省科技进步三、四等奖。

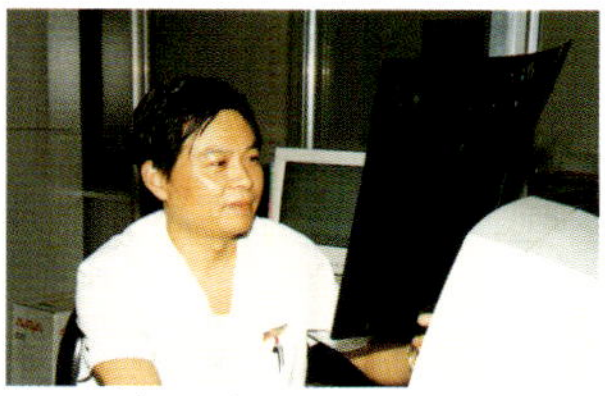

莫乃新　泌尿外科主任、副主任医师，一项科研成果获省科技进步三等奖。

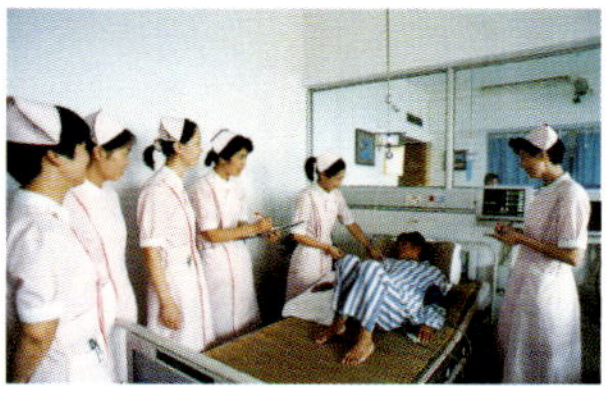

优质服务活动

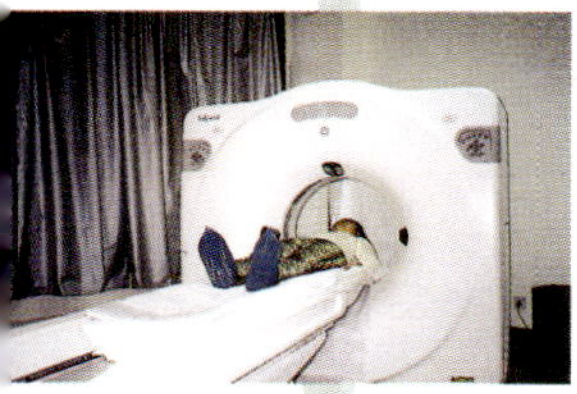

从美国引进的高档科研螺旋CT机

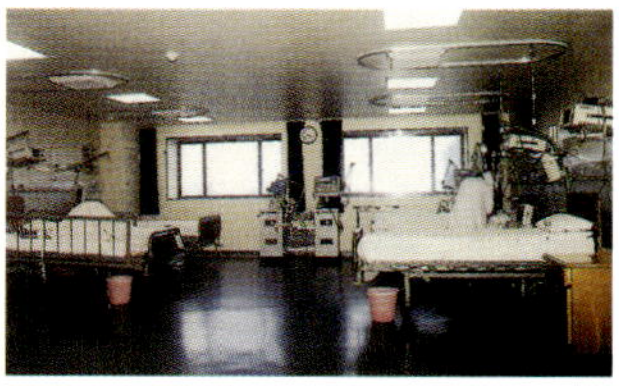

国际标准的ICU

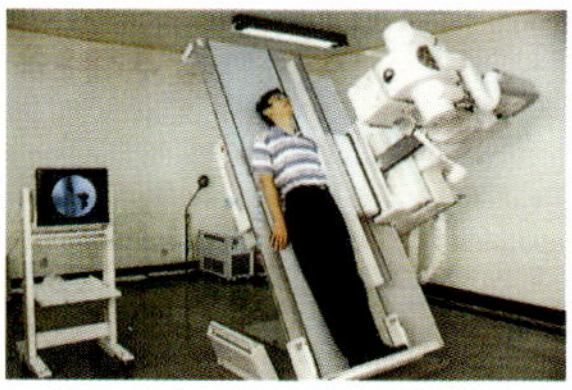

从美国引进的1 000毫安数字胃肠机

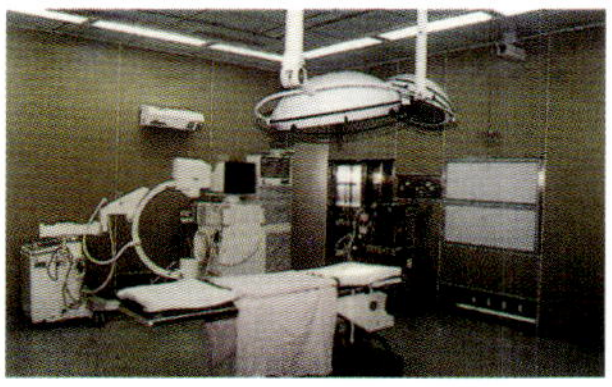

手术室层流净化设备

武进市三河口信用社

主任　胡坚

电话　8675757
邮编　213115

营业大厅

辖1个分社、1个储蓄所，2002年6月，各项存款余额达1..8亿元，不良贷款仅占总贷款数的5%。

该社立足于服务农民、农业和农村，内抓管理，外树形象，出现了存款增长快、资产质量高、经济效量好的局面，利润以每年10%的速度递增，系武进市金融先进集体，连续10年被授予武进市文明单位称号。1999年以来被评为南京分行级“青年文明号”集体。

培训

技能比赛

九龙小商品批发市场

总经理　邓筱平

九龙小商品批发市场创办于1994年9月18日。坐落在常州市东门三角场，距常州火车站、汽车站仅2千米，是常武地区最大的日用小商品专业批发市场。市场总面积1.5万平方米，设有摊位1 500余个。主要交易品种有日用百货、服装鞋帽、针棉织品、塑料制品、电子产品、箱包五金、文具玩具、各种布料和副食品等。该市场以商品多、式样新、价格廉赢得消费者青睐，市场实行水电、通讯、金融、工商、税务、保安一条龙服务，政策优惠、服务周到而受到商界同仁的瞩目，辐射面越来越广，知名度越来越大。2001年，该市场商品交易成交额达8.3亿元，连续3年荣获“江苏省文明市场”、“常州市文明市场”、“常州市流通企业市场十强”和“武进市十佳市场”称号。

地 址　常州市北环路三角场　　电 话　5313524　　邮 编　213021

武进市燃气总公司

总经理　徐成大

武进市燃气总公司自1997年起依托城区中凉新村为基础实施建设城市管道燃气，至2001年底已初具规模。目前公司拥有员工70名，其中工程专业人员10名 。具有占地4公顷、工艺居国内领先的气源厂1座，已建成中低压供气管网130余千米、覆盖城区30余平方千米。发展居民用户10 000多户、工商团体用户20多家，总资产达5 000余万元。公司多次获得“常州市服务示范窗口”、“武进市文明单位”、“武进市窗口行业先进单位”等称号。

多年来,公司狠抓“安全与发展”两大主题，围绕“建设、管理、服务”三大职能，发扬“团结拼搏、负重奋进、尽瘁为民、献身燃气”的企业精神,以“用户的需要就是我们的职责”为服务宗旨，实行全年365天每天24小时不间断的一站式服务，竭诚为用户提供优质，满意的服务。

地 址　武进市城区人民中路86号
电 话　6554334　　邮 编　213161

武进市路灯管理处

主任　朱志人

开发区星火北路路灯

行政中心路灯

武进市路灯管理处成立于1995年3月,主要负责城区道路照明工程建设和维护管理工作。几年来，按照市建设局的总体部署和目标要求，始终发扬“团结奋斗、开拓前进、优质服务、一路光明”的路灯精神，加强工程施工管理，不断提高工程建设质量,已建成常武中路、延政中路、武宜中路等17条主干道路工程,总长度达25.8千米，城区现有路灯4 000余盏；其中常武中路路灯工程获得江苏省城市道路照明优质工程称号，武宜中路路灯工程已通过省优工程专家组的综合评审，正在建设中的花园南路路灯工程将于2002年底竣工投用。城区亮化工程实施进展迅速。全年注重已建工程的长效化、规范化管理，推行社会服务承诺制，实施周三巡查、周四定期维修制度，城区路灯亮灯率和设施完好率年年达标。

地 址　武进城区广电中路　　邮 编　213161
电 话　6502928　　传 真　6502467

武宜路路灯检修

人民路夜景

武进市环境卫生管理处

武进市环境卫生管理处成立于1995年5月。有各类人员250名，内设行政办公室、业务技术科、计划财务科，辖城区特管站、城北环卫所、城南环卫所、垃圾填埋场、环球环卫服务公司。

近来年,武进市政府出台了《武进市生活垃圾管理办法》、《武进市特种垃圾暂行管理办法》和《武进市城镇垃圾处理费征收管理暂行办法》，加强了城镇环卫管理工作，规范了城镇垃圾处理收费行为。1996年完成武进市环卫总体规划，启动垃圾填埋场的论证、选址及筹建工作。1998年建成国内县级市一流水平垃圾填埋场（一期工程），总投资2 800万元，库容110万立方米，按日处理垃圾200吨计算，使用年限为11年。1999年底建成环卫办公大楼,总投资600万元，建筑面积5 060平方米,7年来,城区建成垃圾转运站5座(其中两座为压缩式转运站),日处理能量为20吨的粪便无害化处理场1个；新建、改建水冲式公共厕所50座,厕所水冲率由10%提高到90%以上；新建垃圾收集房及密闭式垃圾箱300多个；配置果壳箱380只；购置环卫车辆13辆,配套了其它环卫机械5台。城区环卫清扫总面积达130万平方米,其中城北环卫所42万平方米、城南环卫所88万平方米。2001年该处被评为武进市文明单位，夹山生活垃圾填埋场被评为武进市“青年文明号”。

主任 蒋荣泉

垃圾填埋场

湖塘垃圾中转站

市环卫处门景

地 址 常武路与长虹路大圆盘交会处
电 话 6502568 6502598
邮 编 213164

武进市建设工程总公司第三公司
常州伟业房地产开发有限公司

总经理　王伟明

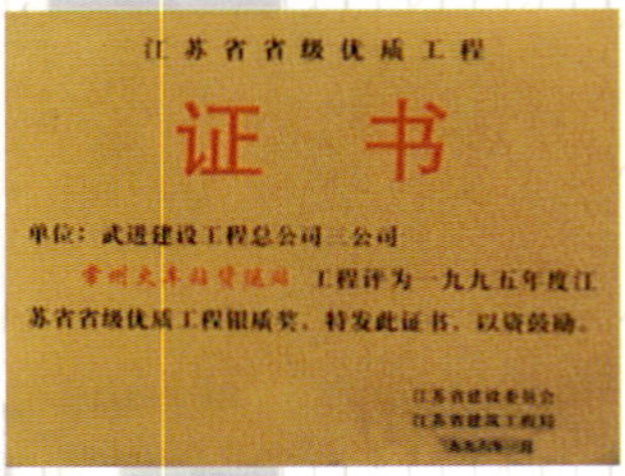

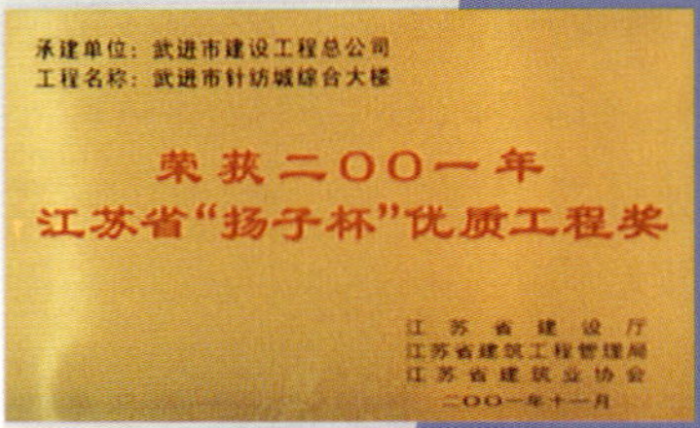

该公司创建于1968年。2001年底辖10个项目部与砼构件厂、房产开发公司和三级试验室各1个；办公区占地2.5万平方米，建筑面积1.38万平方米，公司现有固定资产3 180万元，有各类技经人员116人，其中有高、中级工程技术人员30人；拥有大中型施工机械100余台、自动式塔吊10台、井字架26台,总功率2 180千瓦,具有承建大中型工业与民用建筑的施工能力。

近年来，该公司全面贯彻“保质保期创名牌，竭诚守信为用户”的质量方针,先后荣获江苏省、常州市“质量管理先进单位”称号，连续10年被武进市人民政府评为“文明单位”，并被授予“重合同、守信用企业”称号,2000年3月通过ISO9002质量体系认证。

公司获部优工程奖1项、省优工程奖6项，市优工程38项，优良率始终保持在80%以上；安全生产无事故，达标率达100%，创江苏省文明工地2个、江苏省文明项目经理部2个。总经理王伟明连续多年被评为江苏省、常州市优秀项目经理、建筑业质量管理先进个人。

省优工程省前中体育馆

湖塘针纺大厦

地　址　常州市南郊前黄镇
电　话　6516888　　邮　编　213172

武进市教师进修学校

常州市优工程武进淹城博物馆

前黄镇农机管理服务站

站 长 周仕方

前黄镇位于武进市南部，现有人口3 5641人，辖18个行政村。耕地面积2 867公顷，是武进市的农业大镇，常州市主要商品粮乡镇、农业“十强乡镇”和江苏省万亩机械化高产示范方建设项目镇,农业生产在全镇三业经济中具有举足轻重的地位。近几年来，随着在农村经济的发展，农业机械化的作用地位已被广大干部群众所认识，尤其是镇党委、政府重视发展农机事业和农业机械化工作，加大农机化建设力度,坚持贯彻“以农户为主、多渠道筹资、多层扶持、多种经济成份参与经营”的农机发展方针，全镇农机事业得到迅速发展。农机总动力达4.34万千瓦,亩均动力1.2千瓦,拥有中拖78台、联合收割机173台（其中半喂入自走式联合收割机95台）、植播机25台，农机固定资产达2 500万元，全镇农业综合机械化水平达95%。

地 址 武进市前黄镇景德西路2号 电 话 6511624 邮 编 213172

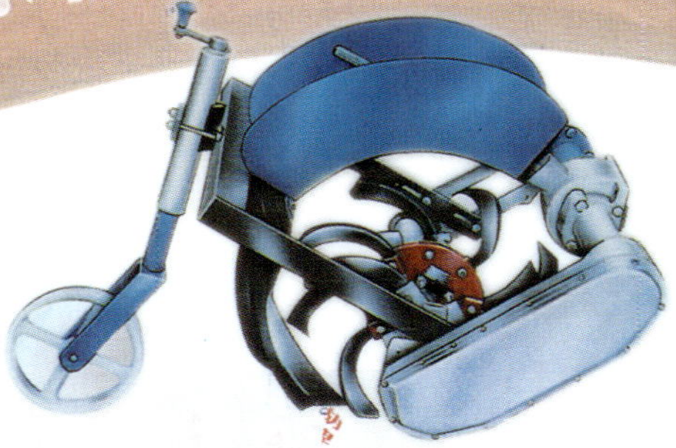

1KSH-18P后置圆盘开沟机

1KSH-25 型开沟机

4QPZ-1500Z型秸秆切碎喷撒装置获国家专利

全国跨区机收水稻暨水稻全程机械化生产现场会

前黄镇农业技术推广站

全站有工作人员7名，其中技师1名、助师4名、技术人员1名，有4人具备大专学历。站办有工业企业3家，年产值500万元，下设农资经营门市部，年销售额100万元。

该站从1995年以来，在农业“三新技术”推广、“丰收杯”竞赛、产业化经营和为农服务竞赛等“争先创优”活动中，10多次受到省、市农林部门和武进市政府的嘉奖。1995年、1996年、1999年荣获江苏省农林厅授予的农业科技进步三等奖、四等奖、三等奖。1998年、1999年连获常州市农业局授予的“丰收杯”高产竞赛稻麦丰产方一等奖。2002年获常州市政府授予的“先进集体”称号。

该站积极实施水稻品种更新工程、技术更新工程、知识更新工程。每年引进优质高产水稻新品种进行试验示范，及时向农民提供各种优质种子、农药、农技措施和信息，经常组织农民进行季节性实用技术培训和田头实践指导，大搞“三高”示范方和承担市农业局下达的高产高效攻关任务，武进大面积推广应用的水稻新品种,基本是由前黄“三高”示范方推广的。在全市率先试验示范并大面积推广水稻直播等轻型、省工、高产、高效、生态栽培技术。2001年该站承担了市科技局下达的直播水稻大面积优质高产、高效栽培技术研究与应用项目,全镇453.33公顷机直播水稻增产27.2万千克,省工节本增加经济效益73.84万元。前黄镇多次跻身于常州市农业“十强”乡镇行列。

站长　张文龙

地 址　武进市前黄镇前灵路18号
电 话　6515600　邮 编　213172

奔牛鎮土地管理所

所 长　唐国华

该所坚持勤政廉洁、依法管理、秉公执法、服务经济的服务宗旨,认真履行耕地保护、复垦开发、地籍管理、土地执法的工作职能,2001年无一违法用地。奔牛镇连续8年被常州、武进市政府分别评为土地执法模范镇。

电 话　3138185
邮 编　213131

所办公楼

奔牛镇市场管理委员会

奔牛集贸市场占地8 383平方米,其中营业大厅1 814平方米，营业大棚1 161平方米,其他附属设施5 408平方米，拥有固定资产450万元。2001年农副产品成交量达8 000万千克，成交金额2.38亿元,规费收入142万元。该市场已连续三届(两年一届)被评为“常州市文明市场”、“江苏省文明市场”称号。市场管理委员会被武进市综治委评为“安全文明创建活动先进单位”。

电 话 3211172 邮 编 213131

对外经济贸易

商品贸易

【自营出口总额增长3成】 2001年，武进生产企业自营出口产品结构不断优化，出口市场呈多元化趋势，市场份额相对集中在美国、欧洲国家和地区，全市完成自营出口总额6.5亿美元，比上年增29.2%。其中"三资企业"出口2.98亿美元，自营出口生产企业出口3.36亿美元，分别比上年增7.4%、77.6%，市外贸公司出口1 588万美元。自营进出口生产企业出口占全市自营出口总额的51.7%。全市已形成一批自营出口规模企业。有20家企业出口额超500万美元，自营出口总额达4.47亿美元，占全市自营出口总额的68.9%。一批出口大户在全市自营出口中起了主导作用。江苏新科电子集团、新华昌集装箱、津逊电器、鸿鼎家饰、金鼎电动工具等企业自营出口均超过2 000万美元。其中江苏新科电子集团出口达1.32亿美元，居江苏省自营出口企业第一位，成为江苏省第一个出口超1亿美元企业。出口产品类别主要有：机电产品出口42 500万美元、轻工产品出口5 864万美元、化工医药产品出口5 697万美元、纺织品和服装出口8 232万美元，分别占全市出口总额的65.5%、9%、8.8%、12.7%。武进产品自营出口已扩大到106个国家和地区，其中出口到美国30 600万美元、欧洲10 900万美元、香港特别行政区6 281万美元、日本5 747万美元、亚洲其他国家和地区7 924万美元、非洲和拉丁美洲及大洋洲等国家和地区2 412万美元，分别占出口总额的47.2%、16.8%、9.7%、8.9%、12.2%、3.7%。 （王宏鑫）

【江苏新科电子集团出口创汇达1.32亿美元】 江苏新科电子集团有限公司位于武进洛阳镇，是中国最大的、唯一真正掌握DVD核心技术的生产厂家，在国内家电市场竞争呈白热化之际，果断迈上国际化发展之路。该集团1997年获得自营进出口权，提出"为世界名牌打造DVD"的口号，先后与日本、欧洲、美国的30多家世界著名公司合作，并为他们配套生产DVD。新科DVD迅速占领国外市场，仅这项业务占出口量的一半。新科集团既为世界名牌打造DVD，又为"中国制造"出口DVD，以此作为新科奋斗的目标，进入国际市场打造自主品牌的路。首先在近百个国家和地区注册了"SHINCO"、"SHINSONIC"等3个自己的商标。其次是在美国硅谷创建了"超越号"数字实验室，在香港成立实验基地，在武进本部对技术开发中心进行整合，形成三驾"马车"开发体系，使高品质的新科DVD产品不断开发出来。再次，该集团狠抓产品质量，先后通过美国UL、FCC、DOL、BY、DTS和欧共体CE等多个权威认证，取得通向国际市场的"绿卡"。针对DVD市场主攻海外市场的实际，实施多元化拓展国际市场的企业发展战略。该集团1999年出口650万美元，2000年达3 888万美元，2001年猛增至1.32亿美元，成为江苏省从1974年开放口岸以来，首家出口额超1亿美元的自营生产企业。至2001年底，新科产品已出口到世界30多个国家和地区，成为世界十大DVD制造商之一。近3年年均占有国内市场的份额达40%。

（阿 冰 沈 隽）

利用外资

【概　况】 2001年，武进新批"三资"企业71家，合同利用外资2.83亿美元，比上年增126%；到帐外资1.42亿美元，比上年增18%。年内利用外资呈现4个特点：一是外资项目趋大。在新批的项目中，总投资超500万美元项目有17个，其中常州亚邦化学有限公司等11个项目总投资均超过1 000万美元。17个大项目合同外资2.1亿美元，占全市合同外资总额的77.8%。二是引资领域趋广。除工业项目占主导地位外，农业、服务业和基础设施等领域的利用外资也有所突破。亚邦化学有限公司、江河港武水务、恒兴房产项目总投资分别达2 998万美元、2 740万美元、1 000万美元。三是科技含量趋高。总投资1 248万美元的侨森电子LCD液晶显示电脑、总投资2 998万美元的奇伦金属工业、总投资2 500万美元的常州宇通科技发展有限公司、总投资2 000万美元的鑫海钢铁等项目的技术含量均达到国际或国内一流水平，有力地推动了全市产业结构调整，带动了相关产业的发展。四是利用外资以港澳台和北美为主。其中，港澳台来武进新办“三资”企业34家，合同利用外资1.13亿美元，占新批项目合同外资总额的46.7%；北美来武进投资企业13家，合同利用外资1.05亿美元，占总额的43.5%；欧洲来武进投资企业5家，合同利用外资2 159.41万美元，占总额的9%。

（王宏鑫）

【市发展计划局招商引资取得显著成效】 2001年，该局以举办武进国际经贸洽谈会为契机，不断充实完善招商项目库，精心包装招商引资“载体”，采取全员招商等方法措施，开展招商引资。精心布置好2001年武进国际经贸洽谈会农业招商馆，制作展板84块，展出实物近400件，涉及武进农业5大支柱产业、48家企业，较全面地反映了武进农业的发展现状。这次招商会签订农业合资合作项目意向书21个，投资意向总额达2 160万美元。

1.编制完成《武进市农产品目录》、《农业招商项目册》及《江苏省武进市工业对外招商目录》、《江苏省武进市亿元企业目录》。《武进市农产品目录》收录农副加工产品、初级农产品414种，涉及粮油、糖果饮料、肉食类及其加工食品、奶乳制品、保健营养品、加工副食品、特种养殖、农副产品加工、名特优农产品等9大类。《农业招商项目册》收集整理有29个农业项目，其中农产品深加工项目13个、种养业开发项目10个、产品开发项目3个、其他项目3个。

2.完善第三产业项目、固定资产投资项目、社会事业项目招商库，“实时”更新，滚动推进。协调促成武进亚能热电有限公司二期工程1×50MW机组建设项目10月19日签约，完成合同利用外资2 900万美元。

（王阿娣）

【亚邦集团办成两家合资企业】 江苏亚邦集团公司以外贸引外资，以项目引外商，年内成功举办两家合资企业，总投资达3 598万美元。外贸出口是亚邦集团的强项。近年来，该公司在积极开拓国际市场、扩大外贸出口的同时，推出好产品、好项目，实行招商引资，加快企业产品的结构调整。天津LG公司是亚邦的长期贸易伙伴，LG公司针对中国染料后整理处理技术较落后的实际，提出愿意为亚邦提供技术服务。2001年1月，LG公司以韩国三荣化学机械株式会社名义与亚邦合资，成功举办常州亚邦染料有限公司，总投资600万美元。该项目于12月8日投产，可年产商品染料3 000吨，年销售收入2.3亿元，利税2 283万元，创汇1 500万美元。香港元升国际集团有限公司是亚邦的老客户，双方多年来合作互惠互利，元升公司看好亚邦产品的市场前景和信誉，7月与台湾国精化学股份有限公司投资合作，成立亚邦化学有限公司，总投资2 998万美元。至年底，亚邦累计举办合资企业4家，总投资3 979万美元，其中亚邦化学项目将在2002年7月投产，达产后可年产顺酐1.5万吨、富马酸10.5万吨，年销售收入1.2亿元，创利税1 912万元，创汇307万美元。（阿　冰）

【2001年武进国际经贸洽谈会圆满成功】 10月18日～19日，武进市举办首届国际经贸洽谈会，来自45个国家和地区的735位外商参加了这次经贸洽谈会，共签订外资合同、章程项目、意向项目73个，投资总额3.8亿美元，出口成交总额6 180.6万美元。市外经贸局会同有关部门，按照市委、市政府的统一部署，超前着手，广邀客商，通过上门、委托、信函、召开发布会等多种方式，邀请到735名客商参加经贸洽谈会。负责3个展馆布馆的市外经贸易局、发展计划局、建设局和市台办等单位采用国际展会设计理念，精心布馆，突出武进

2001年武进国际经贸洽谈会在武进行政中心隆重举行　（刘建中　摄）

亮点，体现了规划性、前瞻性，全方位展现武进对外开放新形象。洽谈会期间，各有关部门狠抓落实，开好投资信息发布会、科技与经济合作报告会及外资项目签订仪式；认真做好外商的接送、住宿、用餐、活动和参观等事宜，受到外商的好评。洽谈会结束后，跟踪落实，巩固成果。立即着手梳理外商及意向项目，及时充实完善外商和意向项目库，对重点意向项目实行跟踪落实，加快了意向项目的批办速度。（阿　冰）

外　经　合　作

【概　况】 2001年，武进完成对外劳务承包工程合同额2 548万美元、营业额1 522万美元，比上年分别增15%和25%。年末在境外劳务人员280人。对外承包工程中"外经内做"项目明显增多。新签的13个项目，均是外商在中国的独资工程项目。当年新派出劳务人员142人。主要以缝纫、建筑、电子劳务为主。成套设备出口类型增多，全市出口成套设备有塑料机械、镍网、干燥设备、电子衡器等11个品种。（王宏鑫）

·办事指南资料·

企业申报外经经营权办事转报程序

一、大型实体企业：1.条件：具有施工一级资质的实体型企业。2.企业申报应提供下列材料：①企业的申请报告；②企业法人营业执照；③一级工程资质证书或施工总承包资质证书（正本和副本复印件）；④其他申报材料。

二、自营进出口生产企业：1.条件：具备设计、生产、出口大型成套设备条件，年出口额超过1 000万美元。2.企业申报应提供下列材料：①企业的申请报告；②进出口企业资格证书（复印件）；③企业法人营业执照；④其他申报材料。

三、企业申报外经经营权：须经主管部门同意，报区外经贸局初审，转报省外经贸厅审核，由国家外经贸部审批。

四、责任部门：区外经贸局外经科；办公地址：区行政中心3号楼507室；联系电话：6310192

举办"境外非贸易"企业办事审批程序

1.签定意向书，项目立项：签定意向书→中方举办单位编制项目建议书→主管单位盖章→区外经贸局审批。项目立项时需报下列材料：①中方营业执照复印件；②外方公司注册证书、银行资信证明、法人代表身份证。2.可行性研究报告审核：举办单位编制项目可行性研究报告（如项目需要，举办单位可组团前往项目所在地区考察）→经中外双方同意签字→区外经贸局初审。3.征求我驻外使领馆意见：项目建议书、可行性研究报告→区外经贸局上报省外经贸厅→省外经贸厅初审理后出具征询函→征求我驻外使领馆意见。4.合同、章程审核：经驻外使领馆征询意见同意后→中外双方编制合同、章程（中、外文两种版本）并签字→区外经贸局初审。5.外汇来源及投资风险审查：项目中方举办单位写出外汇来源及投资风险审查的申请报告，并附项目建议书、可行性研究报告、合同、章程、我驻外使领馆意见→区外汇管理局初审→常州市外汇管理局审核→省外汇管理局批准并下批文。6.上报审核批准：项目中方举办单位写出请批报告并附项目建议书、可行性研究报告、合同、章程、驻外使领馆意见、省外汇管理局批文（共五套）→区外经贸局初审并发文上报→省外经贸厅审核后转报国家外经贸部→国家外经贸部审核同意并发批准证书。7.筹备境外企业开业投产事宜。8.责任部门：区外经贸局外经科；办公地址：市行政中心3号楼507室；联系电话：6310192

企业申报进出口经营权报批程序

1.企业申报进出口经营权，按国家外经贸部外经贸贸发[2001]370号《关于进出口经营资格管理的有关规定》的通知的要求办理。2.资格条件：①流通企业申报进出口经营权，注册资本不低于500万元人民币。②生产企业申报进出口经营权，注册资本不低于300万元人民币（科研院所、高新技术企业和机电产品企业不低于100万元人民币）。3.要求提交的材料：①企业书面申请；②《企业法人营业执照》副本复印件（经工商部门签章）；③经年审的《税务登记证》复印件；④企业的验资报告；⑤企业法定代表人身份证复印件；⑥《全国组织机构代码证书》复印件。4.申报程序：①区外经贸局审核、盖章；②常州市外经贸局审核、盖章；③省外经贸厅核准，并发放《进出权登记证书》和《进出口企业代码证书》（流通企业申报进出口经营权，须经国家外经贸部核准后，由省外经贸厅发放《进出口权登记证书》和《进出口企业资格证书》）。5.责任部门：区外经贸局外贸科；办公地址：市行政中心3号楼511室，联系电话：6310194

（栏目责任编辑　陈才全）

财政税收审计

财　　政

【概　况】 2001年,武进市财政部门认真实施中央制定的积极财政政策,按照建立公共财政框架的要求,大力调整支出结构,保证全市各项改革、发展和稳定,确保重点支出需要,坚持依法理财,改进支出管理,提高财政资金使用效益,促进全市经济和社会发展。

财政收入。市十二届人大四次会议批准2001市财政收入任务为20.38亿元,其中国税收入13.88亿元、地方财政收入6.5亿元。11月,经市人大常委会批准,追加国税收入任务0.82亿元、地方财政收入任务1.6亿元,将总收入任务调整为22.8亿元。至年终,实际完成财政总收入23.67亿元,完成调整收入任务的103.8%,比上年实绩增收4.96亿元,增26.5%;其中国税收入完成14.7亿元,地方财政收入中地方工商税收完成7.23亿元,分别比上年实绩增44%、63.7%。

表37　**2001年武进市财政分项收入情况**

收　入　项　目	金额(万元)	比上年±%
国税(消费税、增值税)收入	147 033	17.81
地方收入	89 657	43.98
一、地方税收	72 312	63.74
1.营业税	14 154	23.94
2.企业所得税	37 571	123.73
其中:国有企业所得税	1 340	2.84
集体、私营企业所得税	22 749	101.32
股份制企业所得税	7 058	257.01
港澳台和外资企业所得税	5 652	169.27
3.个人所得税	8 863	67.73
4.城市维护建设税	9 021	31.92
5.车船使用税	303	—22.7
6.固定资产投资方向调节税	53	—88.91
7.其他税	2 347	—20.68
二、农业四税	6 114	—31.8
三、其他收入	5 817	23.95
四、排污水资源费	2 047	22.43
五、市级教育附加	1 662	25.72
六、地方财政税费附加	1 692	17.58
七、文化事业建设费	13	—7.14
合　　计	236 690	26.52

财政支出。市十二届人大四次会议批准2001年武进财政预算支出计划8.52亿元。11月,经市人大常委会批准,追加预算支出计划2.66亿元(含年初安排预备费3 000万元),政策性规定专项支出3 042万元,省和常州市下达专款3 000万元,上年结转5 151万元,最后调整支出计划为12亿元。全年实际执行财政支出12.97亿元,为预算调整支出计划的108.1%,比上年增支3.69亿元,增39.7%,剔除农村税费改革经费、增加镇财政超收分成等因素,按可比口径计算,财政支出比上年增27.4%。全年市级财政收支平衡。

表38　**2001年武进市财政分项支出情况**

支　出　项　目	金额(万元)	比上年±%
基本建设	4 769	27.34
企业"挖革改"资金	2 917	—29.76
科技"三项"费用	2 604	199.65
支农和农林水部门经费	15 524	96.66
农业综合开发支出	533	—69.05
文教卫生事业费	39 964	323.92
其中:教育事业费支出	27 633	28.70
科学事业费	176	28.47
城市维护费	15 344	101
抚恤和社会福利救济事业费	2 383	11.25
社会保障补助支出	4 952	100
行政管理费和其他支出	34 239	39.53
工交、商业和其他部门事业费	3 209	14.65
排污水资源和市级教育附加等专项支出	1 934	—8.77
财政基金预算支出	1 158	228.05
小　　计	129 706	39.72
镇财政超收奖励和专项分成(已列入镇财政预算)	13 602	87.38

【支持市属企业改革】 2001年,武进财政部门紧紧围绕市委、市政府提出的国有企业改革目标,搞好协调配合,通过预算安排、预算外资金调度等渠道筹措资金,确保市属企业改制成本的必要支出。4月,抽调精干人员参与江苏五菱集团重组工作,帮助开展资产清理和往来款对帐,多方调度资金,及时兑付应付帐款和职工一次性补偿资金,配合改制领导小组做好资产评估立项、评估结果确认、方案上报审批等工作,使五菱集团

重组工作顺利开展。年内累计筹集和调度资金2亿多元，保证了12家市属企业、4 500余名职工解除劳动关系一次性经济补偿金等改制经费的足额到位，同时为武钢、武柴等市属工业企业及市商业、物资和供销系统顺利实施体制改革创造了条件。

【镇财政管理体制改革】 4月，武进财政部门根据省对县市财政体制调整的决定及实施农村税费改革的实际情况，按照“增收分成，鼓励发展，核定支出，保持稳定”的总要求，实施镇级财政体制改革，将增值税列入增收分成范围，提高外资企业增值税增收分成比例，有效调动了各镇增收节支和外资企业的积极性，促进了外向型经济的发展。同时将镇划归人员经费、医疗保险经费及村组干部补贴等经费列入财政支出基数，保证各级政策性支出资金的足额到位。

【实行财政工资统一发放办法】 1月，市财政局按照“单位定期自报、编委核准编制、人事部门核定标准、财政部门核拨经费、银行代发到人”的运转程序，在市级行政事业单位中积极推行财政工资统一发放。7月，参照市级工资统发办法，各镇全面实施工资统发。工资财政统发的顺利实施，对加强机构编制、人员基数、工资基金管理，减少财政资金拨付环节，提高工作效率，确保人员工资及时足额发放具有积极作用，为推行国库集中支付制度奠定了基础。

【实行基建资金专户管理】 6月，武进财政部门为提高基建资金管理水平，防止挪用基建资金，制定实施基建资金专户管理办法，要求凡有财政性资金投入的基本建设项目资金必须实行专户管理，确保专款专用。同时，认真抓好对市委党校、市看守所等重点建设工程的监管，加强概算、预算、决算审核，积极参与建设项目招标，严格实行基建决算审计制度。年内决算送审金额累计13 326万元，核减1 748万元，核减率13.1%。

（姚　祥）

【扩大政府采购目录范围】 2月，市政府采购办制定出台政府采购目标，将政府采购目录扩大到16大类、66个品种。对各行政事业单位的政府采购实行计划管理，统一下达采购计划。政府采购制度还向镇级机关和学校系统延伸，购买大宗物品及教学仪器、设备都实行了集中采购。加强采购管理，公开政府采购办事程序，接受社会公众监督。年内，成功完成镇级行政事业单位工资统发、市委党校装璜工程、武宜中路燃气、自来水工程管道建设、行政中心电梯、武进高级中学笔记本电脑等项目的政府招标采购。全年组织集中采购153批次，采购单位预算金额6 520万元，实际支付金额5 535万元，节约资金985万元，节约率15.1%。市属企业继续推进企务公开和比价采购。据统计，全年市属企业通过推行比价采购为企业节支增效3 000多万元。

（姚　祥　范建军）

【清理行政审批事项】 8月，市财政局严格按照“市场取向、依法审批、强化监督、配套改革、积极稳妥”5项原则清理财政行政审批事项。经清理，市财政原有行政审批事项75项，拟保留行政审批事项31项、取消44项。其中审批类保留7项、核准类保留10项、审核类保留13项、备案类保留1项。该局同时进一步完善审批程序，规定审批时限，简化审批事项办理程序。

【开展行风评议活动】 市财政局按照江苏省和常州市财政部门的统一部署，树立财政部门“严谨有序、公正文明、热情高效”的良好形象，从4月开始在全市财政系统深入开展了行风评议活动。建立行风评议工作责任制，明确各单位负责人为行风评议第一责任人，聘请20名财政行风监督员。全市各级财政部门通过印发问卷调查表等有效形式，逐级对照行风建设重点环节，认真排查需解决的重点问题，分析查找原因，制定整改措施，完善了内部监督、财政工作督办、政务公开、服务承诺、财政检查工作规范、财政干部“十不准”等制度和管理办法。在市惩治腐败建设领导小组组织的10个部门和行业行风明查暗访与评议考核中，财政部门得分96分，在向全社会5 000份行风建设问卷调查中财政部门满意和较满意率为92.8%，均居参评单位第一位。

【推进社会保障制度改革】 参见P6同名条目。

（姚　祥）

税　　收

·国　家　税　收·

【概　况】 2001年，武进国税部门组织税收收入162 595万元，比上年增收29 233万元，增21.9%。其中增值税、消费税完成148 517万元，比上年增收23 512万元，增18.8%；中央级企业所得税完成2 177万元，中央级金融保险业营业税完成1 634万元，利息税完成4 613万元；办理出口退税32 752万元。

【信息化建设】 2001年，市国税局依托国税信息网络，实现数据处理方式的重大变革。1.推行办公自动化。该局建立与省国税局、常州市国税局及各基层分局之间的广域联网及局机关内部各科室区域联网。2.注重软件开发应用,完成4.0版数据升级,适应了集中征收、划片管理、一级稽查征管格局对信息处理的新要求。3.加强计算机硬件管理,对计算机及其使用情况开展普查,更新了20多台计算机和30多台打印机,在全系统建立健全杀毒设施。4.完善网络建设,实现征管数据的集中处理和高效应用。该局完善了DDN专线布设,新配备了高档PC服务器,成立信息和数据处理中心,实现征管信息的集中处理。5.稳步推进"金税工程"。编印《武进市国家税务局金税工程业务操作规程(试行)》,对全市纳税人分批组织学习培训,参训人次达一般纳税人总户数的37.8%;发展安装防伪税控系统1 500多户,累计安装3 000多户,占一般纳税人总户数的30.9%。组织人员划片指导,使近期信息采集率、抵扣专票认证率、存根联采集率、协查回复率达100%。

【征管机构改革】 市国税局根据"集中征收、划片管理、一级稽查"新征管模式的要求,从9月起调整机关、分局等征管机构,市局机关内设科室由6个减至5个,事业单位由3个减至2个,机关人员精减到30人以下。全市设立专业征收分局,实现由城区、外税、原直属管辖范围内纳税人的地域集中征收和全市纳税人数据集中征收。同时按照"划片管理"的原则,撤销原设所有征管分局和税务所,建立9个管理分局,全部实行一级稽查,对偷逃骗税行为实施由一般性检查向重点打击型检查转变。

【实施纳税人二维条码申报制度】 2001年,市国税局继续做好二维条码申报的培训和试点工作。至年底在前黄、卜弋、湟里、郑陆、城区等分局推广2 423户,节省了纳税人申报纳税时间,提高了申报纳税的速度和正确性。

【文明行业创建】 参见P9相关条目。(杨凌云)

·地 方 税 收·

【概 况】 2001年,武进地税部门组织地方税收入库71 412.97万元,比上年增收25 216.48万元,增54.6%。其中市级税收入库66 658.52万元,比上年增收24 636.62万元,增58.6%。全年代收市社会保障费13 868万元。

【新稽征管理模式顺利运转】 2001年,市地税部门进一步深化征管改革,加快稽征管理信息化建设步伐。全系统按经济区域设置了税务分局,设立办税服务厅,建立"以纳税申报和优化服务为基础,以计算机网络为依托,集中征收、重点稽查"的新征管模式,年内开始顺利运转。全系统《江苏省地方税收征管信息系统》的推广试点工作年内完成。

【税收管理】 2001年,市地税局强化税收管理,提高税收征管质量和水平。

1.认真贯彻落实新《征管法》。2001年国家出台新《征管法》后,该局积极组织贯彻实施,采取多种形式对内进行辅导,对外向纳税人进行广泛宣传,确保新《征管法》各项规定落实到位。

2.抓好税务登记验证工作。年内地税系统验证27 875户,验证率达98%。

3.积极支持企业改组改制。妥善处理好企业改组改制中的涉税事务,帮助企业顺利过渡,较好地促进了企业改制工作顺利实施。

4.扶持新办第三产业企业、民政福利企业和校办企业的发展。年内地税部门批办减免税收22 651万元,抵免企业所得税972.67万元;新批办第三产业企业112户、民政福利企业225户、校办企业305户,分别批准减免税收272万元和企业所得税1 225万元、723万元;批准其它各类减免税1 181万元,支持了地方经济的发展,培植了后续税源。

【税务稽查】 2001年,市地税局在积极实施稽查体制改革的基础上,实施调账检查制度、稽查案件回访制度,认真执行《重大税收案件审理办法》、《税务行政执法过错责任追究实施办法》等管理制度,提高稽查服务质量,严肃对待人民来信涉税举报案件,不断提高查处质量,健全汇报通案制度,有效避免了错案发生。全年检查纳税户2 414户,补税、罚款3 650万元,严厉打击了税收违法行为,提高了依法治税水平。(是 艳)

审 计

【概 况】 2001年,市审计局完成审计项目111个,查出违规行为金额4 872万元,增加财政收入717万元。金融审计主要是开展中国人民保险公司武进市支公司资产负债损益情况审计,固定资产投资审计主要是对农村电力建设与改造项目审计,专项资金审计主要是审计职工养老保险基金、失业保险基金收缴使用情况,企业审计主要是审查企业资产运行真实性。按照审计工作程序和规范化要求,认真组织开展单位内部审计工作,积极参与规范和整顿市场经济秩序工作。通过审计提出142条审计建议,均为被审计单位采纳,向上级部门提交审计报告和信息56篇，被批示和采用29篇，编发《武进审计信息》10期。

【同级财政预算执行情况审计】 2001年，市审计局加大对预算资金运行情况审计的深度和力度，与专业审计相结合，有重点地开展专题审计调查，提高了审计工作规范化程度和审计质量。全市查出违规行为金额1 600万元，增加市财政收入447万元。

【金融审计】 2001年，市审计局对中国人民保险公司武进支公司开展资产负债损益审计，应用计算机辅助审计技术和借助成功审计经验，调增资产96.8万元、负债58.09万元、损益57.77万元，既为该公司摸清了家底，也促进其规范经营、强化管理、防范和化解风险。

【农村电网建设与改造项目审计】 2001年，市审计局参与对常州市农村电网建设与改造项目审计，查出变价收入核算不正确、虚增交付使用财产价值等问题，促使项目法人合法、有效地使用建设资金，提高投资效益，加强工程管理和项目核算，切实维护了国家和集体的权益，防止国有资产流失，确保了“两改一同价”政策的落实，减轻了农民的额外负担。

【社会保障基金审计】 2001年，市审计局依法对劳动和社会保障部门管理的市职工养老保险基金、失业保险基金进行审计，发现存在保险基金欠缴严重，收支出现倒挂，支出吃老本，失业保险面临巨大支付压力，失业救济金按时足额发放有一定困难等问题。市审计局与市财政局、劳动局、地税局联合发文，对企业所欠养老保险金组织大力追缴。

【企业审计】 2001年，市审计局企业审计工作重点是强化真实性审计基础。重点审计某公司的资产负债损益情况，审计调整该公司资产差错金额282.03万元、负债差错金额583.76万元、所有者权益差错金额452.37万元、利润总额差错金额377.05万元，差错率分别为3.1%、24.8%、6.6%、9.7%，摸清了该企业的家底，促使其加强内部管理和控制，完善财务制度，确保国有资产保值增值。

【经济责任审计】 2001年，市审计局会同市纪委、市委组织部、市监察局和人事局联合下发《武进市市管干部任期经济责任审计暂行规定》，明确审计范围和对象、审计组织与实施、审计程序和审计内容、法律责任，为顺利有序开展经济责任审计工作提供了制度保障。年内完成48个市级机关和10个镇党委、政府“一把手”的经济责任和离任审计，共查出应收账款已成为呆账、坏账无法及时收回的资金达10 755万元；查出7 433万元不需支付的应付账款未及时转作单位收入或结余，长期挂在应付款账上；查出有问题资产14 528万元。

【内部审计与乡镇审计】 2001年，市审计局加强对全市内部审计工作的指导，下发了《2001年武进市内部审计工作指导意见》，确定了全年审计工作目标和任务。结合镇机构改革，下发《关于进一步加强镇审计监督的意见》。全市内审机构年内完成审计项目216个，查出损失浪费64万元，促进增收节支248万元，纠正违规行为金额420万元，提出的156条合理化建议均被被审计单位采纳。

【整顿和规范市场经济秩序】 参见P6同名条目。

（毛　兴）

理财是终身的财务计划

理财规划的目标 理财规划的目标应包括三个层面的内容：一是安排好当前的生活，将家庭资产做合理的储蓄和投资；二是为未来的人生计划作好安排，未雨绸缪；三是通过理财规划最终建立一个终生的现金流渠道，足以保障自己和家人过上无忧无虑的生活。

通过理财计划我们可以弄清三方面的问题，一是目前的家庭经济状况分析？二是将来希望达到的经济目标？三是如何通过最恰当最合适的方式方法实现这些目标？

理财是一个漫长的过程 在理财规划中，不仅要考虑财富的积累，而且还要考虑财富的保障和安排。财富的积累即是开源和节流。开源最重要的就是通过各种渠道和手段——金融投资、房地产投资、实业投资等实现在个人风险可以接受范围内的资产增值的最大化。节流，一个重要内容是要充分利用国家的税务政策达到合理减低税务支出的目的。财富的保障则是对风险的管理和控制，对风险的管理就是当自己的生命和健康出现了意外、当所处区域的经济发生了重大问题，如恶性通货膨胀、汇率大幅降低等问题时，我们自己和家人的生活不致于受到严重的影响。

理财不是简单地找到一个发财的门路或是做出一项英明的投资决策，理财是一个规划、一个系统、一个与生命周期一样漫长的过程。

（栏目责任编辑　陈才全）

金融业

银行业

【综　述】 2001年，武进各金融机构积极贯彻执行稳健的货币政策，狠抓内部管理和队伍建设，扎实开展创建金融安全区工作(以下简称“创安工作”)，有效地防范化解金融风险，确保金融业务正常有序开展，为支持全市国民经济持续快速健康发展和促进社会稳定作出了贡献。各银行(包括信用社，以下称“各行社”)积极采取措施组织资金，年末全市存款总余额达230.47亿元，其中储蓄存款余额124.58亿元、企业存款余额95.85亿元，分别比年初增16.4%、13.3%、16.4%。各银行机构加大信贷管理，优化信贷投入，年末全市贷款总余额达131.16亿元，其中农业贷款余额达8.45亿元，分别比年初增13.5%、13%。由于全市红皮小麦播种面积减少及粮食市场放开等因素影响，年末全市粮食收购贷款余额为3.69亿元，比年初减4 800万元。针对国家提出的扩大内需，激活经济发展的方针政策，各行社加大消费信贷业务的宣传营销力度，积极稳妥地发展住房、汽车等消费贷款业务，年末4家国有商业银行消费贷款余额达6.47亿元，比年初增71.6%。

创建金融安全区。市创建金融安全区办公室把落实金融债权、压缩不良贷款作为创安工作的重点，采取审慎态度，对逃债企业进行分类，采取不同的制裁方法，对第三类企业在全市银行机构进行通告，实行联手制裁，有效地遏制了企业逃债行为，维护了金融债权。全市排出逃废金融债务企业110家，落实贷款本息合计1.31亿元。市创安工作办公室加强对各银行机构不良贷款下降率的考核，各银行机构加强对不良贷款的有效管理，采取各种方法盘活存量，优化增量。年末全市本外币不良贷款率比年初下降3.3个百分点。

提高金融监管水平。人行武进市支行严格监管程序，完善监管措施，拓宽监管思路，抓好现场和场外监管，不断提高监管人员素质和金融监管水平。该支行对全市各银行机构的季度会计报表和各类风险指标实行严密监测，对监测发现的风险及时发出预警；对各银行机构实行矩阵制、AB角监管责任制，建立了对金融单位的机构管理台帐和高级管理人员(各银行正副行长、市农村信用合作联社正副主任、农村信用社正副主任、各银行的办事处、分理处和储蓄所的主要负责人)台帐，有计划、稳妥地实施金融机构的市场准入和市场退出。市农村信用合作联社按市场原则收购原武进市信托投资公司的有效资产，新设信用社直属分社1家，原武进市信托投资公司证券营业部由中信证券有偿收购，成立中信证券股份有限公司武进常武中路营业部。年内，市信用联社有4个储蓄所升格为信用分社，新增3个农村信用社机构，撤销14个农村信用社机构，年末，辖内农村信用社有各类机构142个，比上年减11个；有12个商业银行机构迁址，7个机构迁址更名，4个机构升格，7家机构被撤销，年末全市有各类银行(信用社除外)机构182个。人行市支行加大对银行机构的现场检查力度，检查金融机构个人存款帐户实名制，4家国有商业银行及农村信用社个人消费贷款业务，农村信用社新增贷款质量及管理状况和支农再贷款使用情况，农村信用社债券投资情况，信用社“三外”资金(外存、外贷、外拆)使用情况；专项检查全市金融机构的统计执法、现金管理、利率政策执行、会计结算、国库业务操作情况，发现了一些违规金融行为，提出了有效的整改措施，确保金融机构合法合规经营、公平有序竞争，依法维护金融秩序的稳定。2001年，人行市支行组织金融机构高级管理人员金融政策法规考试3次，增强了金融法制观念，促进了金融机构依法合规经营；对两名违规的金融机构高级管理人员予以取消两年高级管理人员任职资格的处罚，严肃了金融法纪。

加强人事管理。人行市支行以努力建设一支精业务、讲正气、高素质的金融监管干部队伍为目标，引入竞争激励机制，实行部分中层以上干部竞争上岗，考评聘任中级职称人员。修订和完善内控制度，监管人员持证按金融执法程序监管；并建立执法过程中的金融执法档案。

(张静霞)

·中国人民银行武进市支行·

【推行政务公开制度】 人行武进市支行结合工作实际，将贷款卡、银行帐户、出口收汇核销、进口付汇核销、外汇登记和开户、资本项目外汇结汇、非贸易用汇等7项办理程序推行政务公开，将其中的文件依据、办理对象、出具的资料、管理办法及责任等内容装订成专门的《中国人民银行武进市支行政务公开手册》，并且制成展版，公开展示。推行政务公开制度，规范了办事程序，提高了工作效率，增加了办事透明度。

表 39 **2001年武进市银行业务情况一览**

单 位：万元、万美元

	项 目	人民银行	工商银行	农业银行	中国银行	建设银行	农发银行	交通银行	中信银行	农信联社
人民币业务	年末各项存款余额 比年初±%	1 294 −84.07	325 792 26.44	528 690 14.7	218 001 14.94	377 909 21.62	422 7.93	87 517 −9.9	18 346 3.82	746 762 17.1
	其中：储蓄存款余额 比年初±%	—	126 906 20.89	320 919 13.85	116 063 16.74	223 643 16.52	—	27 260 1.71	3 015 30.75	427 947 9.14
	企业存款余额 比年初±%	—	170 918 20.46	199 033 14.3	92 418 9.58	137 682 21.32	422 7.93	51 005 −21.04	14 242 2.03	299 795 26.57
	年末各项贷款余额 比年初±%	—	212 448 26.59	285 867 8.32	73 574 11.15	182 200 20.53	34 425 −10.92	42 892 −2.65	6 016 −15.35	474 143 13.75
	其中：工业贷款余额 比年初±%	—	81 667 26.11	37 361 −11.67	15 814 16.02	75 721 14.49	—	18 166 22.08	1 885 61.74	—
	商业贷款余额 比年初±%	—	5 738 −10.44	33 203 −12.17	17 167 −3.73	19 666 −14.45	34 345 −10.95	98 —	425 41.67	—
	乡镇企业贷款 比年初±%	—	—	113 744 24.09	—	—	—	—	—	352 507 11.76
	签发银行承兑汇票	—	15 289	88 203	111 441	78 182	28 490	—	—	—
	办理票据帖现	—	72 493	62 692	—	11 510	538	—	—	—
	银行卡年末发卡量（万张） 比上年±%	—	3.38 295.98	13.7 97.2	3 707 23.32	29 26.09	7 148 259	—	—	—
	房地产经营性贷款年末余额	—	22 600	3 800	1 662	12 866	—	—	—	—
	新增住房公积金开户单位	—	2	20	—	3 515	—	—	—	—
	归集住房公积金年末余额	—	3 894	6 632	—	1 779	—	—	—	—
外汇业务	外汇存款余额 比年初±%	—	1 832 89.06	2 467 5.97	3 163 61.21	2 022 −26.26	—	411 44.21	—	—
	外汇贷款余额 比年初±%	—	56 0	894 168.47	—	746.3 80.4	—	—	—	—
	国际结算金额	—	12 693	15 687	30 712	17 618	—	289	—	—
	结售汇总额	—	1 050	15 393	20 172	13 167	—	108	—	
	进口付汇核销金额	20 838	—	—	—	—	—	—	—	—
	出口收汇核销金额	62 322	—	—	—	—	—	—	—	—

【全面检查《个人存款帐户实名制规定》执行情况】 人行武进市支行根据上级行的统一部署，分两个阶段现场检查《个人存款帐户实名制规定》执行情况。8月上旬，暗访辖内23个机构。9月抽调12名工作人员，分5个检查小组对辖内393家营业网点（包括54个邮政储蓄机构）2001年6月1日至30日的个人存款帐户实名制执行情况进行检查。检查发现，大部分金融机构都能很好地贯彻人总行及上级行、局有关个人存款帐户实名制的规定，其业务操作程序基本符合实名制的有关规定。但在执行的严格程度方面，有的基层网点存在薄弱之处。针对查实的问题，该支行提出了整改意见和建议，并对照规定警告违规情节严重的机构，并记入机构档案。对95家有违规情节的营业网点共处以10.6万元的经济处罚，并将检查情况在金融机构内部通报。（张静霞）

·中国农业发展银行武进市支行·

【清资核贷工作如期完成】 2001年，农发行武进市支行通过比对帐户，查找粮食企业报表与农发行台帐在库存数量、现金、结算资金等方面的差异，积极走访市政府及市财政局，并与市粮食局协调，利用财政补贴资金、销售利润、其它资金来源等收回差异数。至8月全面完成上级行要求的清资核贷任务。收回销售未达数量378万千克，金额449万元；市粮油集团公司统筹解决530万元，用于收回数量140万千克，金额530万元；企业4月～8月销售利润，用于收回数量74万千克，金额157万元；以实物补库形式，收回34万千克，金额51万元；其它资金收回数量21万千克，金额64万元。这些实物和资金的收回，为今后农发行信贷资产的良性循环打下了基础。

【改变贷款模式确保两季收购资金供应】 2001年，农发行武进市支行积极研究粮食购销形势，把增量贷款的风险防范摆放在重要位置，采取积极有效的措施，建立风险防范、制约和补偿机制，率先在常州市农发行系统内实施房地产抵押，对所有新增贷款均以抵押贷款取代原有的信用贷款模式。至年末，所有粮食企业均以办妥房地产抵押，抵押标的为2 450万元，另存粮食风险保证金32万元。该支行夏粮收购共发放贷款1 408万元，其中发放抵押贷款1 388万元，发放风险保证金贷款20万元，支持全市收购小麦1 304万千克。秋粮收购遵照市场全面放开原则，发放抵押贷款6 378万元，收购入库秋粮5 180万千克。 （包玉霞）

·中国工商银行武进市支行·

【新增个人消费贷款2.5亿元】 2001年，工行武进市支行积极拓展优质信贷市场，推进信贷结构调整。重点发展个人住房贷款、个人汽车消费贷款和小额存单质押贷款，全年新增个人消费贷款2.5亿元，占新增贷款的56%，在全市金融系统中增量占比名列第一。在积极调整贷款投向的同时，采取各种措施压缩不良资产余额5 151万元，不良贷款占比为7.2%，比年初下降4.9个百分点。

【实施对公综合业务系统工程】 综合业务系统是工行开发的多功能、综合性的业务系统。该系统集对公、零售、本外币、银行卡、资金汇划等业务为一体，具有高效率、综合化功能，简化客户办理业务的手续，缩短办理业务的时间，减少账务处理环节和资金在途时间，加快客户资金周转，提高资金利用率。7月16日，工行武进市支行对公综合业务系统投产，为全面实施复合型综合柜员、会计、储蓄、出纳、中间代理业务、银行卡业务、本外币业务整合为一体化操作，实现一个窗口为客户全方位综合服务打好了基础。

【发展中间业务】 2001年，工行武进市支行积极实施外汇客户战略，及时调整贸易融资管理办法。在进出口增幅趋缓的情况下，国际结算仍创历史最好水平，完成国际结算量2.48亿美元，比年初增139.3%。该支行还以银行卡为龙头，代理收付为纽带，消费信贷为杠杆，促进个人金融业务快速发展。全年发放牡丹灵通卡2.15万张，办理牡丹信用卡810张，办理8 626张灵通卡代收水电费9 600多户。完成216个市级行政事业单位5 885户财政统发工资业务，完成各类代收费业务28.1万笔，收付金额达5.88亿元。

【实行资金网络结算】 1月21日，中国工商银行与常州新科制冷设备厂签订资金结算网络协议书。经中国工商银行总行授权，工行武进市支行作为承办行，为常州新科制冷设备厂提供全国范围内安全、快捷的资金结算服务。资金结算网络为常州新科制冷设备厂与国内所有经营网点之间实现销售收入、费用实时清算、汇划，当年网络结算量达8.19亿元。

【综合经营效益连续5年列全省县级行之首】 2001年，工行武进市支行坚持以加快发展作为全行和各项工作的中心，进一步转变经营观念，调整信贷结构，开拓中间业务，增加个人消费信贷，向社会推出"汇市通"、"银证通"、"定期一本通"和"牡丹贷记卡"金融新品业务，为市民投资、理财、代理金融服务提供新的途径。在加强硬件建设的同时，按军营式管理、宾馆式服务的要求对员工进行服务规范化礼仪培训。开展创建"精品网点"、"星级网点"和"星级员工"和总行、省行"示范所"活动，以全面提升工行形象，促进经营效益提高。年内实现考核利润6 346万元，获工商银行江苏省分行县级行综合经营效益五连冠。 （綦　波）

·中国农业银行武进市支行·

【改革信贷管理体制】 2001年，农行武进市支行根据农总行关于规范信贷决策行为的若干规定，全面改革信贷管理体制，建立权责对称、责任明确、决策规范的信贷管理体制。原信贷科调整组建为客户业务科和信贷管理科，设立贷款审查委员会。客户业务科负责信贷调查和业务的开发拓展；信贷管理科负责贷款的审查和信贷资产的保全等;贷款审查委员会负责贷款的审批。审贷部门分离,规范了信贷业务的操作流程,建立了受理与调查、审查与审批、经营与管理分步进行的责任运作制度,按权限落实认定相关责任的责任追究制度,提高了信贷决策水平,为有效防范道德风险和能力风险提供了保障。2001年认定142家优良客户,贷款投入2.75亿元,占当年全部增量投放的122.7%,其中支持黄金客户增量贷款2.08亿元,占总增量投放的93%,贷款收回率100%,清放盘活存量不良贷款达9 820万元。

【两度在行政事业金融服务项目招标中中标】 2001年5月,武进市财政局委托市政府采购中心进行《武进市镇级行政事业单位财政统一发放工资代发金融服务机构》招标。农行武进市支行根据招标内容,积极组织投标准备,精心编制标书,以雄厚的资金实力和技术、网络服务优势中标。7月1日起,该支行开始全面代理全市镇级行政事业单位统发工资业务。12月,农行武进市支行支持行政审批制度改革,再次参加市政府采购中心组织的《行政审批服务中心金融服务机构招标》项目,并以99.3分的绝对优势中标。年内两度中标,充分显示了该行的综合竞争实力。 (石锡范)

·中国建设银行武进市支行·

【龙卡发卡量占全市银行发卡总量的七成】 建行武进市支行龙卡业务始于90年代初。近年来,该支行不断强化龙卡的服务功能,拓展市场业务。2001年,该支行龙卡综合服务功能发展到代扣电话费、电费、有线电视费、煤气费、物业管理费、水费、消费贷款和代发工资等项目。年内新增龙卡6万张,累计发卡量达29万张,占全市银行卡总量的七成以上。全市60%以上的家庭拥有龙卡,龙卡存款余额达7 263万元。

【开发网上企业银行业务】 2001年初,建行武进市支行从为广大用户提供优质、便利的服务出发,推出安全、快捷的网上企业银行服务,通过网上企业银行可以查询江苏省范围内各分支机构的账户,查询指定账户的余额,当日流水账和历史明细帐,查询定期存款和贷款利息以及银行提供的信息,为在江苏省建行开户的往来帐户较多的客户提供了对帐方便。(孙 羽)

·中国银行武进支行·

【新一代会计系统在全行成功转换运行】 10月29日,新一代会计系统在中行武进支行全辖28个网点一次性成功转换并正常运行。新一代会计系统的核算模式,为实现江苏省分支机构间的各项业务通存通兑奠定了基础,也为开发新业务,提高业务的处理速度和实现规模集约化经营留下很大的发展空间。全系统共用一个机构号,改变以往分级核算、逐级汇总的模式,简化了综合核算手续,使支行能实时进行全辖汇总;采用联机大集中方式管理新系统客户、账户资料信息,信息采集全面,资料详细,在一个机构下实现所有网点客户资料共享的目的。新会计系统也便于上级行对全辖重点科目进行监控,从而降低了业务风险。 (徐 进)

·交通银行武进支行·

【在全市率先推出24小时自助银行服务】 9月,交行武进支行在翠竹设立武进市第一个24小时自助银行网点。该银行设有取款机(ATM机)、存款机(CDM)、多媒体查询机及功能先进的监控设备。凡持有交行太平洋卡的客户均可在此银行办理存取业务和查询卡上余额,不受时间限制。

【会计综合业务处理系统投入运行】 交行武进支行会计综合业务处理系统在年底正式投入运行。该系统是以中央会计系统为核心,以客户管理和公共控制信息为基础,以柜员制为操作形式,集本外币核算为一体,面向业务操作的新型业务处理系统。会计综合业务处理系统的投运,简化了操作手续,减少了操作人员,柜面员工分工合理,权限更加明确,防范了金融风险。该系统对客户实行客户号管理,以客户号统揽客户在系统内的所有存、贷款帐户,对验资户等无企业代码的帐户,用特殊客户号进行管理,使会计数据和业务信息利用效率得到明显提高。 (杨中天)

·中信实业银行武进支行·

【中信"理财宝"保持营销旺势】 中信"理财宝"是中信实业银行于2000年推出的新颖理财业务。该业务确立以客户为中心的经营指导思想。2001年,中信实业银行武进支行总结经验,制定了一系列行之有效的营销计划,使"理财宝"的营销业务日益兴旺。至年末,该支行新增发卡1 600张,并与8个单位建立"理财宝"代发工资户,拓展了中信卡市场份额。 (许 楠)

·武进市农村信用社联合社·

【"统一法人"正式运作】 2000年10月23日,市信用联社获得"统一法人"资格。"统一法人",即取消原基层信用社的法人资格，各基层信用社与市联社合并为一个法人，实行授权经营、分级核算、单独考核的经营模式。2001年，市信用联社通过授权经营，规定贷款审批权限，有效地降低了信贷风险，同时便于联社实行垂直管理体制，提高管理效率。为完善法人治理结构，适应现代企业发展的要求，联社实行了理事长与主任分设，并进一步充实领导班子，理事会、监事会和会员代表大会有序运作，为新旧体制的过渡奠定了基础。

【坚持"三农"服务方向】 2001年，市信用联社坚持面向农民、农业和农村经济的方向，努力向"三农"提供优质服务。同时积极组织辖内基层信用社筹集资金，至年末，对农、林、牧、副、渔的贷款余额达4.7亿元，比上年末增加8 000万元，有力地促进了农村地方经济，大力支持地方经济的发展。年内市人大常委会专题调研了联社支持"三农"工作的情况，给予了较好的评价。

（来润笋）

保 险 业

表40 **2001年武进市保险业务情况一览**

单位：万元

指标		人保公司武进市支公司	寿险公司武进市支公司	太保产险公司武进支公司	太保寿险公司武进支公司	平安保险武进办事处	合计
财产保险业务	小计	8 951	—	3 609	—	673	13 233
	企业财产险	3 003	—	1 068	—	107	4 178
	运输工具及责任险	4 950	—	2 257	—	538	7 745
	货运险	221	—	91	—	20	322
	家财险	200	—	55	—	8	263
	其它	577	—	138	—	—	715
人身保险业务	小计	—	12 845	—	4 462	2 456	19 763
	养老年金险类	—	5 324	—	—	93	5 417
	意外短期险类	—	623	—	223	28	874
	健康险类	—	899	—	631	142	1 672
	寿险类	—	5 999	—	3 608	2 193	11 800
总计		8 951	12 845	3 609	4 462	3 129	32 996

·中国人民保险公司武进市支公司·

【保险业务走势强劲】 2001年，该支公司为全市1 666家企业、6.25万辆机动车辆和5.08万户家庭承担风险金额184.73亿元。其特点是骨干性险种业务稳中有升，分散性险种业务取得大幅度突破。完成保费收入9 011万元，比上年增11.2%。其中企业财产险保费收入2 855.7万元、运输工具险保费收入5 154.8万元，分别比上年增10.9%和5.2%。家庭财产险、货物运输险和责任险、其它分散性险种保费收入分别比上年增69.5%、22.6%、47.5%和491.6%。年内，该支公司处理各类赔案9 340件，支付赔款5 258.3万元。

6月、10月该支公司先后增设业务三部、业务五部，主要负责汽车消费贷款保证保险业务、分散性和新项目业务等的展业工作，进一步适应了社会发展和保户的需要，扩大了保险服务领域。

【新推出"金锁"系列家财险】 7月，该公司推出"金锁"系列家财险，并大力抓好展业工作。"金锁"系列家财险是人保公司针对家庭财产安全的新形势而推出的家财险新品种，包括家安、家顺、家康、家泰等系列险种，比传统家财险具有费率更优惠、保障范围更广、可选择性更强，更贴近保户的特点。该公司确定秋季为"金锁"系列家财险突击展业季，开展金锁系列家财险展业竞赛，7月～12月为全市1.73万户家庭承担"金锁"系列家财险风险金额21.61亿元，完成保费收入153.97万元。

【客户服务中心成立】 9月1日成立。该中心位于武进市城区人民中路109号，配备有查勘、定损专用车9辆，有专职定损员13名，全面负责公司范围内的查勘、定损、理赔、案卷缮制、防灾防损等工作。至年底，该中心接到报案2 739件，处理赔案3 366件，支付赔款2 135.1万元，特别是在处理"桃芝"台风、水灾赔案工作中，发挥了"中心"速度快、质量高、管理集中优势，顺应了保险市场的要求，服务质量明显提高。（张晓峰）

·中国人寿保险公司武进市支公司·

【保费收入超亿元】 2001年,中国人寿保险公司武进市支公司实现保费收入1.28亿元,创历年来保费收入的最高纪录;其中实现新单保费收入4 900余万元。年内,该支公司处理赔案3 300件,赔款支出800万元,满期结付1 262万元。

【全面推行中层干部竞聘上岗】 年初,中国人寿保险公司武进市支公司根据上级公司关于机构体制改革的精神,在中层以上干部中实行竞聘上岗,22人参加了16个职能部门和展业单位负责人岗位的竞聘,经过"公布职位、公开报名、资格审查、述职演讲、民主测评、综合评价、决定聘任"等程序,有15人通过竞聘走上职能部门和展业单位负责人岗位,其中5人为新聘人员,有2人因落聘由中层干部岗位转到外勤岗位。中层干部竞聘,加快了建立适应市场经济要求的干部人事体制的步伐。

【推出分红型系列新险种】 新推出的分红保险产品是投资类产品的一种。它除了具备传统寿险的保障功能外,还具有投资的功能,是一种融保险与投资于一体的金融理财商品,被誉为家庭投资理财的好帮手。险种有国寿鸿寿年金保险、国寿鸿福相伴两全保险、国寿鸿泰两全保险、国寿鸿运少儿两全保险、国寿鸿祥两全保险、国寿鸿盛终身保险、国寿千禧理财两全保险、国寿永泰团体年金保险。分红产品自2001年6月推出后,受到城乡居民的广泛欢迎,国寿千禧理财两全保险保费收入达1 800余万元。 (黄 震)

·中国太平洋财产保险股份有限公司武进支公司·

【保险收入稳步增长】 2001年是太保产险、寿险分业经营的第一年,太保产险武进支公司认真落实总公司"集团化管理,专业化经营,市场化运作"的经营机制,加强员工队伍建设,强化内部管理,适应市场,贴近市场,想方设法求发展,实现保费收入3 608.58万元,比上年增20%,其中企业财产险1 067.81万元、机动车辆险2 253.90万元,分别比上年增12.6%和11%;处理各类赔案3 465件,赔款支出1 923.70万元。8月常武地区连降特大暴雨,致使横林、郑陆、湖塘等地区大面积受淹,该公司及时向受灾企业理赔300万元。

【开设机动车快速理赔绿色通道】 10月,太保产险武进支公司对支付3 000元以下的机动车赔案开设快速赔款绿色通道,制定实施3条特别措施:设立专门工作岗位、专用电话和在修理现场挂牌,办理过程由过去的数天缩短到30分钟左右,大大方便了保户。至2001年底,通过绿色通道办理赔案82件,支付赔款15万元。

【向全市千余名公安干警赠保险】 1月,太保武进支公司对全市1 079名公安干警赠送5年期每人每年5万元人身意外伤害保险和5万元家庭财产保险。受赠保险的公安干警在执行公务中受到人身意外伤害时能及时有效地得到经济补偿,有力地支持和保障了全市社会治安、交通、消防等工作的顺利开展。

【太平洋保险公司捐助九里村修成"太平路"】 九里村地处武丹交界地区,总人口2 200余人,村级经济发展缓慢。2001年初,与九里村扶贫挂钩的中国太平洋保险公司武进市支公司捐资40万元支持九里村铺设3.1千米长的水泥路村道与镇黑色大道贯通,11月修建竣工。当地群众把建成后的这条水泥路命名为"太平路",把一座小桥命名为"太平桥",以资纪念。 (沈 云)

·中国太平洋人寿保险股份有限公司武进支公司·

【保费收入年增82%】 2000年12月,经保监会批准,太保集团公司完成分业经营机构体制改革。中国太平洋人寿保险股份有限公司武进支公司是太保集团公司设在武进地区经营人寿险、人意险和健康险等寿险险种的合法经营机构。2001年,该支公司按照集团公司的"集团化管理、专业化经营、市场化运作"的经营管理模式,严格遵守国家的金融法规和各项规章,以创新发展、稳健经营、求真务实的姿态积极参与市场竞争,实现保费收入7 697万元,比上年增82.6%。其中个人寿险3 198万元、团体寿险2 221万元、人身意外险748万元、个人万能型保险1 530万元,累计为全市13.2万人次提供了人身保险保障。年内处理赔偿案2 356件,实付赔款金额400多万元,向290人次支付期满保险金104.8万元。

【师生安康保险投保学生突破30万人次】 中国太平洋人寿保险股份有限公司武进支公司在武进地区推出的《师生团体人身保险》和《附加学生、幼儿住院医疗保险》是一种集人身保障、住院医疗于一体的保险组合,以其低廉的保费和高额的保障深受社会各界的关注和学生家长们的欢迎。为确保每位在校学生和幼儿都能得到保障，公司秉持保险自愿的原则，指派专人到学校为学生办理此项保险服务。2001 年，投保学生达 7.5 万人次，保费收入 215 万元。这项保险投保学生累计已突破 30 万人次，保费收入近千万元。 （吴叶新）

证 券 业

【中信证券武进证券营业部开业】 2001 年 10 月，中信证券股份有限公司有偿收购原武进市信托投资公司证券营业部。新成立的中信证券武进营业部隶属中信证券股份有限公司南京管理总部管理。年内，该营业部完成交易额 20.1 亿元，累计客户 8 000 多户。其中新增交易额 3.3 亿元，新增客户 534 户。

【投资 500 万元改善营业部投资环境】 2001 年，中信证券常武中路证券营业部投资 500 万元加强对大户室和电脑系统的改造。年内，完成 1 000 多个网点布线工程、近 1 000 平方米大户室、贵宾室的装潢工程，并顺利启动金证 2.0 板柜台系统，开通 B 股交易通道，正式接通“宽带”，使网上交易、B 股交易速度更快、行情更稳。营业部与工行、农行的银证转帐业务也正常开通。在软件服务上，面对分析咨询力量相对薄弱的现状，该营业部及时安装“大智慧”看盘分析系统，尽可能为客户提供更多的信息服务和技术指导，较好地激活了营业部的市场人气。 （赵文英）

贷 款 消 费

一是贷款买房。在目前利率较低的情况下，靠自己的“余钱”再加上银行的贷款，通过住房贷款也能“挣钱”。目前购房贷款利息已较 1996 年时降低不少。另外，目前许多城市物价指数仍呈负增长，而据国家权威部门预测，随着国家扩大内需、刺激消费政策效应的日益显现，明年物价指数可能会上涨 3 个百分点。在这种背景下，若您从银行贷款 1 万元，期限 5 年，假若按今后 20 年每年物价上涨 3 个百分点计算，那么 5 年中物价指数累计上涨 15%，而贷款人 5 年后所偿还的 1 万元，其“含金量”只相当于现在的 8500 元，按现行贷款利率，将偿还的利息也计算在内，则 5 年后还款额约为 11500 元，其价值也只相当于现在的 1 万元。如果是 10 年、20 年、30 年的贷款，收益将更为可观。如此好事，何苦不为呢。目前，我国银行开办的个人住房贷款一般有委托贷款、自营贷款和组合贷款三种。个人住房委托贷款：指银行根据住房公积金管理部门的委托，以住房公积金存款为资金来源，按规定向要求购买普通住房的个人发放的贷款。个人住房自营贷款：指银行以信贷资金为来源，向购房者个人发放的贷款。个人住房组合贷款：指以住房公积金存款和信贷资金为来源，向同一借款人发放的用于购买自用普通住房的贷款。

二是贷款买车。以一辆价值 20 万元的汽车来计算，若采用分期付款方式，假设首付款为 30%，还款期限为两年半，则每月需付本息及管理费约为 6000 元，远远高于居民平均收入水平。而同一辆价值 20 万元的车，通过消费贷款购买，如果选择首付 30%、还款期 5 年、年利率 7.65% 的方式，那么每月需付息 2400 元。对大中城市的不少家庭来说，这个数目完全承受得起，用明天的钱提前圆了今天的汽车梦。现在的个人汽车消费贷款有以下几种：一是以质押方式申请贷款，首期付款额不得少于购车款的 20%，借款额最高不得超过购车款的 80%。二是以所购车辆或其他不动产抵押申请贷款，首期付款额不得少于购车款的 30%，借款额最高不得超过购车款的 70%。三是以三方保证方式申请贷款（银行、保险公司除外），首期付款额不得少于购车款的 40%，借款额最高不得超过购车款的 60%。

（栏目责任编辑 陈如华）

旅 游 业

旅游开发

【概 况】 2001年，武进积极实施“政府主导、部门支持、社会参与”的大旅游发展战略。编制完成《武进市太湖大、小焦山度假休闲中心规划》和《常州太湖中华扬子鳄生态园建设总体规划》，重新编制《武进市春秋淹城旅游风景区开发建设总体规划》，邀请旅游规划专家专题研讨本市环太湖旅游资源开发规划。

【旅游景区景点建设】 *建成环太湖旅游线*。这条旅游公路是从无锡马山国家旅游度假区经雪堰镇至潘家镇百渎村，全长6.5千米，全线铺浇9米宽沥青路面，1999～2000年完成投资800万元，建成西段太滆至百渎3千米；2001投资1 000万元，开工建设太滆——雪马线长3.1千米，设计新建二级公路，完成土方和桥梁工程。阳湖花园度假村投入3 000多万元，完成多功能大楼、客房部建设工程，进入试营业。由常州金亿卡丁车有限公司公司投资建设金亿卡丁车俱乐部，占地13.33公顷，总投资8 000万元。2001年6月完成一期工程，建成别墅1.2万平方米，赛场配套设施基本结束，累计投资入2 100万元。

【旅游景区景点推介】 *武进新城区景点建设*。武进新城区是国家计委、科委和联合国计划开发署首批确定的《中国21世纪议程》“县级城镇规划建设”示范项目。新城区相继建成高228米的全国县级市最高的电视塔、第一座开放式花园文慧苑、博物馆、市烈士陵园等景点。

春秋淹城旅游风景区。淹城遗址东濒太湖，西临滆湖，距常州市中心仅7千米；东西长850米，南北宽750米，总面积约60万平方米，是我国目前保存最完整的春秋时代的地面城池遗址。该遗址1957年被列为江苏省一级文物保护单位，1988年国务院批准为全国重点文物保护单位，1990年列为常州市风景名胜区。淹城形制独特，三城均有护城河，河水清澈，长年不涸，三河平均宽度约40米，最宽处可达50米。淹城三城三河的建筑形制在国内外绝无仅有，被一些著名考古学家和旅游行家誉为“中国江南第一城”。

横山风景旅游区。位于横山桥镇域中部，东临无锡，西连常州，南通运河、太湖，北接浩淼长江，沪宁高速公路穿境而过，距常州民航机场只需20分钟车程，至上海、南京也仅有1小时多的车程，陆水空交通十分便捷。景区自然景观丰富，景色秀丽，总面积156万平方米。分设竹海古风、桃雨柳烟、波声月色、碧水芳草等8个景区。区内有大林寺、白龙观、福寿庵、澄西烈士陵园等名胜古迹和白玉兰、银杏等千年古树名木。

太湖旅游度假区。位于武进市南部太湖之滨的雪堰、潘家两镇境内，面积20平方千米。规划范围紧邻无锡（马山）太湖国家旅游度假区和灵山大佛，是环太湖旅游带的组成部分。该区湖岸线长7.5千米，坐北向南，依山傍水，迂回曲折，风景秀美，有众多的自然、人文景观。全区规划建成“三带一区”，即农业观光带、休闲度假带、山林风光带和文化娱乐区。2001年10月，市政府成立武进市太湖旅游度假区管委会，并设立驻区办公室，加大了度假区的开发管理力度。 （倪荷芳）

（刘建中 摄）

旅游服务

【概 况】 武进旅游服务部门围绕“2001体育健身旅游年”主题开展活动，加强旅游行业管理，提高旅游服务质量。全市旅游饭店、旅行社、景点景区累计接待客人44.6万人次，其中海外旅游者2 887人次，旅游外汇收入190.4万美元。完成旅游总收入1.19亿元，实现旅游业增加值3 570万元。

【旅游节庆活动】 4月28日，市旅游局会同团市委、市体委等部门举办武进青年“千骑游新城”活动，1 000名来自全市多所学校的中学生冒雨参加。活动的主题是了解武进人文发展、经济建设的巨大成就，激发和培养广大青年爱国爱党爱家乡的情感，以昂扬的姿态、饱满的热情、强健的体魄、丰富的知识投身“十五”计划和新世纪武进现代化建设事业”。5月1日，在淹城举办了武进市风筝比赛。系列节庆旅游活动丰富了市民节日文化生活，增强了市民旅游意识，塑造了武进具有深厚文化底蕴的新兴城市的旅游形象。

（陆新　摄）

【3家饭店评定为星级旅游饭店】 8月，武进大地宾馆、武进大厦通过常州市旅游局检查评定，被批准为二星级旅游饭店。新苑宾馆改进饭店硬件设施，强化标准化管理和服务质量，12月通过常州市政府办公室、外事办公室、旅游局、国家安全局、公安局组织的常州市涉外饭店检查团评估，被批准为三星级旅游涉外饭店。

表41　**2001年武进市星级旅游涉外饭店一览**

名　称	星级	地　　址	电话
明都大饭店	★★★★	常州市和平北路39号	8150888
新苑宾馆	★★★	武进市行政中心	6312888
武进宾馆	★★	常州市关河中路38号	8102888
金龙大酒店	★★	武进市湖塘人民中路1号	6550978
大地宾馆	★★	常州市北太平桥路58号	8100968
武进大厦	★★	常州市新丰街14号	8101710

【旅游线路安排】 2001年，市旅游局规划设计了市境内旅游特色线路和综合线路5条。

特色线路3条。1.现代城乡游：横山桥五一村→新科电子集团→高新技术开发区→广电中心→城中公园→东花园→行政中心→文慧园(归真亭、画经长廊、人面兽、喷泉广场、中国古代花窗廊、古竹木井、南田小溪、金盆鲤鱼)。2.文物古迹游：横山大林寺(大雄宝殿、龙碑亭、凤钟亭、地藏宝殿、万佛楼、五百罗汉殿、缅甸玉佛吉相、龙母古井和龙母宫、千年枯树发新枝、万佛群列)→白龙观→福寿庵→武进博物馆→淹城遗址→中华蓼莪文化园。3.度假休闲游：滆湖“世外桃园”→太湖旅游度假区→大焦山度假休闲中心。

综合线路2条。1.武进城区一日游：广电中心休闲广场→城中公园→东花园→行政中心→文慧园→市博物馆→春秋淹城。2.武进二日游：第一天游横山风景区→武进广电中心休闲广场→城中公园→东花园→行政中心→文慧园→市博物馆→春秋淹城→滆湖世外桃园→金亿卡丁车俱乐部；第二天游太湖旅游度假区→竺山湖度假村→太湖大焦山度假村。

旅游饭店选介

·明都大饭店·

四星级旅游涉外饭店，位于常州市和平北路39号，设有标准房及各式高级套房245间，其中有总统套房、蜜月套房、商务套房等53套，套房设有独立空调、保险箱和IDD电话、迷你吧、卫星电视等服务设施。明都大饭店中西美食闻名，风格各异的中西餐厅分布在一楼、三楼和四楼。新装饰的山明水秀商务会所供应意式、法式西餐和各种香茗、咖啡；中餐厅有日月厅、鲍龙轩等20个特色包厢，有800多个餐位，其中300多个餐位的千禧厅可举办大型酒会活动。康乐中心设有阳光驿站迪斯科厅、半月岛酒吧、星海乐园卡拉OK、弹子房、保龄球馆、健身房、网球场、桑拿、美容中心等。拥有大小会议厅、洽谈室12个，饭店具有接待中外商务团队会议的丰富经验，是常州饮食业首家通过ISO9000质量体系论证的四星级旅游涉外饭店。

（倪荷芳）

（栏目责任编辑　杨汉平）

综 合 管 理

计 划 管 理

【国民经济计划管理】 2001年初，市发展计划局认真调查研究武进经济和社会发展重点、热点问题，围绕市委、市政府确定的2001年及"十五"计划奋斗目标，通过大量的调查研究和广泛征求意见，完成市委、市政府下达的《关于加快发展城区服务业的调查与对策》等重要调研课题，编制了2001年度武进市国民经济和社会发展计划，制定国内生产总值(含第一、二、三产业增加值及其比例)、工业总产值、销售收入等重要指标，分解下达到各镇和有关部门执行。同时组织编制下达能源物资综合平衡等类指导性计划，指导有关职能部门和企事业单位搞好生产经营活动。及时跟踪了解全市经济社会发展主要指标阶段性完成情况，掌握各行各业发展动态，撰写了《武进市2001年上半年经济和社会发展情况分析及下半年工作建议》及《今年经济和社会发展情况分析及明年的初步设想》，供领导决策参考。利用电脑对全市100家工业企业作了4次景气调查，总结和预测分析了武进工业经济运行状况，供市委、市政府领导决策参考。

【政府系统目标管理】 2001年，市发展计划局探索政府部门目标管理规范化运作的新路子，年初组织市政府52个部门上报2001年的目标任务，编发《武进市人民政府2001年目标任务》(蓝皮书)；市政府各职能部门、工作机构年度目标任务完成情况良好。年底组织开展了考核评奖。市政府办公室与市发展计划局、经贸局、外经贸局、科技局、建设局、交通局、监察局、财政局获得2001年度目标管理组织奖；2001年武进国际经贸洽谈会、牟家设施园艺农业示范基地项目、年产2万吨BOPP双向拉伸薄膜项目、武宜中路改造工程、"1558"党风廉政教育系列活动等5个项目获得2001年度目标管理优秀项目奖，江建文、汤松德、范寿柏、是国林、范谔生获得2001年度目标管理突出贡献奖。

【项目编报和管理】 2001年，市发展计划局加强化工和其它特种项目的管理，编报可推动武进经济发展和社会可持续性发展的项目，向上积极争取扶持资金。组织编报了"三湖一河"碧水工程规划、农业龙头企业建设等重大项目，争取中央和省市的资金支持。全年累计争取到扶持资金1.95亿元，其中贷款1.61亿元、拨款和贴息0.34亿元。农业龙头企业建设项目贷款指标1.61亿元、拨款和贴息贷款0.03亿元；审核上报给国家发展计划委员会管理的1个环保装备国产化专门项目争取到国债投入计划445万元；向江苏省发展计划委员会上报1个"省示范工程项目"，获得支持资金20万元，向省申报夏溪花木市场省级中长期贴息计划，推荐申报常州市重点市场，争取到湖塘棉纱市场及武进大厦集团农贸市场各10万元贴息计划；落实横林阳湖花园度假村二期工程20万元贴息及横山旅游风景区建设5万元贴息计划。申报的基础设施建设项目得到中央预算内专项资金及江苏省配套投资2 513万元，其中武进港迎湖段加固工程117万元、武澄锡引排工程中央债券360万元、城市防洪工程及其配套投资1 200万元、雅浦港建设工程投资836万元；争取到秸秆气化及沼气项目建设资金140万元；向江苏省发展计划委员会申报社会事业项目武进市博物馆，争取到科技经费支持3万元。争取到进口羊毛计划40万千克，可为企业节约生产成本120万元。

【农业结构调整和产业化经营】 2001年，市发展计划局对农民普遍关注的问题展开积极的探索，按时保质完成市委、市政府下达的《对我市农业产业化、区域化、特色化的建议与对策》，完成该局下达的调研课题《关于农业产业化经营与实施品牌战略研究》、《关于农业产业化进程中农业龙头企业培育研究》、《新时期农民增收问题探讨》等11篇。起草了《武进市农业结构调整财政扶持资金暂行管理办法》，5月29日由市政府转发至各地、各部门执行。规范和加强农业结构调整中财政扶持资金的使用管理。1.组织做好全市冬季和春播牧草的引种试验示范工作，引进10个畜禽(奶牛、山羊、梅花鹿、兔、鹅等)用草和食草鱼类用草新品种开展试验示范，试种面积超过26.67公顷，取得较好收成。2.与焦溪镇牟家村合作投资600万元，建立占地14公顷的牟家设施园艺科技示范园，引进西班牙全自动控制温室1万平方米，新建避雨钢架大棚6.67公顷、喷滴灌设施6.67公顷，种植优质精品瓜果和高档花卉。通过引进、消化、开发、应用一批现代农业新技术、新设施、新品种，探索并展示未来农业发展方向和前景，并以成功实践作示范，向周边地区推广农业新科技。至年底，该园区已辐射带动种植面积8公顷多。3.做好农业协调服务和管理工作。积极争取到各个方面对龙头企业的贴息贷款1.61亿元、拨款0.3亿元。其中武进农业龙头企业江苏华夏花木园林集团公司、中东集团有限公司、天香集团有限公司、武进裘皮皮件厂、长青珍珠工艺品厂分别获得省级专项贷款2 080万元、1 250万元、6 100万元、2 270万元、3 200万元，以及省级拨款80万元；武进喜临门食品厂、好太太食品有限公司、家绿林果园艺有限公司、夏溪花木市场各争取到常州市专项贷款200万元，武进现代畜牧有限公司争取到100万元；5家龙头企业共争取到常州市级拨款55万元；牟家设施农业科技示范园获各级拨款155万元、低息贷款92万元。对重点龙头企业进行科学管理，充分发挥其龙头带动作用。年初，该局组织江苏省、常州市和武进市重点龙头企业分别召开座谈会，总结交流2000年企业生产经营等情况，制订切实可行的2001年度农业产业化经营先进龙头企业(专业市场)的评选考核办法；举办农业产业化经营培训班，对重点龙头企业、基地、科技示范园区等负责人进行了培训，就工商、卫生、质量等方面的热点问题作了释疑。做好全市“学生饮用奶”推广工作，拟定《武进市推进“学生饮用奶”计划实施意见》，由市政府办公室下发执行。组织龙头企业参加江苏农业龙头企业名优产品暨扶贫成果展销会、2001年中国国际农业博览会。

【强化全社会固定资产投资管理】 2001年，武进投资总额高速增长，全市完成固定资产投资总额50.13亿元，完成年计划的110.4%，比上年增23.9%。投资项目规模扩大，投资额超5 000万元(含5 000万元)项目22个、1 000万元～4 999万元的项目109个，工业投资总额达29.42亿元，占固定资产投资总额的57.4%，比上年增28.5%。加强重点项目协调管理，建立重点项目月报表和联络员制度，了解掌握重点项目进展情况，协调做好定安中路、湖塘棉纱市场、小河汽摩配市场建设中出现的矛盾，理顺了建设工程的程序，落实相关的扶持政策措施等。积极搞好新长铁路、政平换流站、锡宜高速公路、沿江公路、西气东输等跨地区重大项目建设的配合协调服务，向江苏省计委提出关于西气东输管道武进段走向的合理化建议，减少了管道建设与武进集镇规划的矛盾，避免了大量拆迁可能造成的经济损失。简化基本建设等项目审批手续，实行会审、会办制度，会同建设、国土、环保等部门对项目进行现场会办拍板，提高了办事效率，推进了项目顺利实施。

【能源物资管理】 2001年，市发展计划局认真组织、平衡电力、煤炭、成品油等大宗能源物资，积极做好宏观协调服务。全市各类用电均较大幅度增加，全市全社会用电总量为33.38亿千瓦时，其中工业用电21.51亿千瓦时，分别比上年增13.4%、13.3%。全市组织煤炭15.61亿千克、成品油1.52亿千克；全市生产水泥5.04亿千克、发散水泥4.17亿千克，发散率达82.3%。组织有关部门检查全市加油站、油库，消除了大批事故隐患。针对水上无证经营油品情况突出的问题，召集交通、工商、消防等部门商定治理方案。

【矿产资源管理】 2001年，市发展计划局对全市矿产资源努力做到保护与开发并重。年初召开全市地矿工作会议，市政府与各镇政府签订2001年度地矿工作目标责任书。整顿全市70个矿山承包经营实体，申请登记后重新划定开采范围和开采量，禁止无证开采。现场查看每个宕口，70%的宕口已停止山面开采，转向下层开采。对继续山面开采的限期整改；对整改不力的14家企业发出《违反矿产资源法规现场处罚决定书》，促使矿山山面开采情况逐步好转。认真核供火工产品使用手续，征缴矿产资源补偿费23万元、入库11万元。

【武进成为全国“散装水泥示范县”】 2001年，市发展计划局继2000年底武进通过江苏省“散装水泥示范县”验收后，继续加大了硬件设施投入，进一步完善水泥发散、用散设施，编印样本《武进市散装水泥发展纪略》，宣传武进水泥发散工作及其走过的历程和取得的成绩，制作了精美、详实的展板。6月18日～19日专家组严格审核，充分肯定了武进散装水泥发展的成绩和水平，武进顺利通过国家级“散装水泥示范县”验收。

【招商引资】 参见P142相关条目。 (王阿娣)

【农村能源】 2001年，武进各级扶持农村能源建设资金创近年来新高。市发展计划局向部、省、市争取到农村能源建设扶持经费140万元，是10多年来数额最多的年份。“九五”农村能源综合建设县(市)通过国家验收，秸秆气化集中供气工程取得新的突破。自1996年武进被国家计委、经贸委、科委、财政部、农业部、林业部、水利部和电力部8部委列为“‘九五’农村能源综合建设(市)”后，经过5年的不懈努力，13个子项目的任务指标已全部完成。4月2日，国家8部委在江苏金湖县召开总验收会，专家们在听取了武进市副市长钱志忠的综合汇报、观看了录像带和图片展版后，认为武进市领导重视、工作扎实、成效显著，颇具特色，同意武进通过国家"九五"农村能源综合建设县(市)验收。年内，武进农发区的常州绿杨花卉有限公司、焦溪镇牟家村(原承家桥村)、芙蓉镇东周村相继动工兴建秸秆气化集中供气站。其中常州绿杨花卉有限公司投资200万元，建造300立方米规范化沼气池和500立方米储气柜的秸秆气化站，年底完成工程量的90%。焦溪镇牟家村第二气化站和芙蓉镇东周村气化站进入选址、筹款和洽谈气化机组阶段。太阳能热水器、生活污水净化池推广工作稳步发展，全市共推广安装太阳能热水器1 280台，推广生活污水净化池230户。（张林法）

第三产业

【概　况】 2001年，第三产业继续保持连续多年健康发展的势头，呈现出总量增加、规模档次提升和对经济发展的推动作用增强的良好态势。全市实现第三产业增加值89.32亿元(其中北片7个镇累计10.63亿元)，比上年增13%，占全市国内生产总值的比重为34.4%。

2001年，全市第三产业以市场建设为龙头，以项目为抓手，全社会三产投资多元化趋势明显，载体建设步伐继续加快。全市第三产业固定资产投资达19.37亿元，比上年增14.6%。年初确定的146个第三产业建设项目中140项完成年度计划，其中37个投资额超1 000万元重点项目有35个完成年度计划，小河汽摩配市场一期、卜弋消费品综合市场、东安综合小商品市场、夏溪花木市场扩建一期、邹区灯具城配套工程、湖塘棉纱市场二期、崔桥计算机附件市场一期、新华村农民文化娱乐广场、横林阳湖花园度假村二期、罗溪农副产品批发市场一期等重点项目全部按时竣工投运。

【新兴三产发展迅速】 2001年，武进新兴第三产业发展势头较好，信息、中介、服务、居民社区建设等新兴行业都在不断发展和提高，全市仅活跃在全国花木市场上的经纪人就有5 000多名，创造了巨大的经济效益、社会效益。旅游业、房地产开发等行业明显升温，发展态势较好。

1. *旅游业*。2001年是"体育健身旅游年"，市政府组织强力推进旅游业发展，继续实施"政府主导、部门支持、社会参与"的大旅游发展战略，加强景区景点建设。武进市旅游资源开发已形成城区和太湖、滆湖、淹城、横山的景区格局，年内按照"整体推进、突出重点"的要求，阳湖花园度假村完成多功能大楼建设工程，滆湖金亿卡丁车俱乐部完成1.2万平方米的别墅及赛场配套设施建设，累计完成投资2 100万元。年内全市旅游饭店完成营业收入5 800万元，全市旅行社组织接待游客3万人次，完成年营业收入1 250万元，组团接待游客3.2万人次，分别比上年增43%和50%。

2001年全市成功举办武进青年"千骑游新城"活动、武进市风筝比赛及国际经贸洽谈会期间淹城、文慧园等处的游园活动，为武进市旅游创特色、出精品、树形象打下了良好的基础。

2. *房地产开发*。2001年，房地产开发持续升温。全市完成房地产开发总投资8.5亿元、房地产开发的房屋施工面积142.18万平方米，房屋竣工面积62.44万平方米，实现房屋销售额7.3亿元，分别比上年增7.6%、25.7%、负1.6%、增29.0%。其中城区新开工面积达38.5万平方米，比上年增29%。阳湖世纪苑、四季新城、城中花苑、中凉新村续建、湾里新村三期等成片住宅小区项目积极实施，定安中路西侧建筑面积为8.5万平方米的临街开发项目在年内基本竣工，繁华商业街初步形成。

【传统三产行业在竞争中求发展】 2001年，全市批零贸易、餐饮、交通运输、仓储业和金融保险业发展势头较好，完成增加值均比上年增10%以上。全市完成年度社会消费品零售总额达51亿元，比上年增8%。物资、供销、商业、粮食4个系统完成年销售额达42.09亿元，同比有明显下降。连锁贸易业发展加快，全市年内连锁网点发展到294家，实现销售总额比上年增15%左右，其中明都苏果超市雪堰连锁店年营业额达1 300万元，成为全市经营状况最好的镇级超市。（陈琴华）

国土资源管理

【概　况】 2001年，武进国土资源管理部门贯彻实施新的《土地管理法》、《江苏省土地管理条例》等相关法律法规，积极推进土地有偿使用制度的实施，加大耕地保护和土地复垦开发整理力度，强化土地执法监察职能，各项工作取得显著成效。

土地利用规划。8月13日，全市镇区划调整后的土地利用总体规划通过市土地利用总体规划调整领导小组论证，规划成果上报江苏省国土资源厅、常州市国土资源管理局审批。年底，各镇土地利用总体规划按照现代化、高标准的要求实现微机化管理。

建设用地管理。坚持依法审批土地，为全市经济建设和社会事业发展提供用地保障。年内上报省、市25个批次的审批材料；上报审批各类建设用地面积763.92公顷，其中占用耕地631公顷；完成供地项目153宗，面积120.59公顷。

土地复垦开发和整理。2001年，武进投入土地开发复垦和整理资金1 600万元，建立土地复垦整理项目66个，复垦开发整理土地393.44公顷，其中补充耕地216.23公顷、补充园地13公顷。

土地法规监察。国土资源管理部门年内收到人民来信146封，接待群众来访88起、357人次，分别比上年下降59%、77%；来信来访案件查处率达95%以上，上级交办的土地信访案件查处率达100%。依法立案查处土地违法案件147件，拆除违法违章建筑物1.17万平方米，没收建筑物14.2万平方米，罚款293万元。积极开展"土地执法模范镇"活动。经年终考核验收，雪堰、前黄、寨桥、横山桥、牛塘、湖塘、郑陆、焦溪、奔牛、罗溪、西夏墅、小河、孟河、湟里、魏村、安家等16个镇被市政府评为"土地执法模范镇"。

地政地籍管理。2001年，武进国土资源管理部门发放土地登记证2 313宗，累计发放36.04万本。办理土地权属和用途变更手续382宗，面积274.7公顷；办理民房宅基地过户变更手续107宗，面积2 866.7平方米；办理土地使用权抵押登记65宗，面积408.1公顷，抵押金额6 723万元。完成地价评估511宗，评估面积427.84公顷，显化土地资产10.12亿元。为用地单位和土地登记发证单位进行地籍测量1 553宗，面积1 300公顷。

土地有偿使用制度改革。市国土资源局切实加强土地有偿使用管理，年内全市有偿出让土地177.37公顷，出让合同金额4.12亿元。完成24宗国有土地使用权的招标、拍卖工作，出让土地23.15公顷，实收土地出让金1.33亿元。积极贯彻实施土地收购储备制度，实际收购储备土地17宗，面积99.87公顷，为进一步做好土地招标拍卖工作提供了保障。

土地法制宣传教育。市国土局积极开展土地法律法规宣传教育活动，使土地法制意识深入人心。4月26日，该局与市教委在全市国土资源系统和中小学中联合举办"保护耕地，爱我家园"征文活动，收到征文稿2 600多篇，表彰了获奖征文作者，征文活动帮助中小学生和国土管理工作者牢固树立保护土地资源的意识，进而促使全社会十分珍惜和合理开发、利用土地资源。8月29日，该局邀请江苏省国土资源厅执法监察局领导和南京农业大学的教授来武进主讲国土资源管理法律法规知识讲座，重点宣讲了新《土地管理法》和《江苏省土地管理条例》。"6·25土地日"前后，该局大势宣传国土资源管理的法律法规，《常州日报》、《武进日报》、武进电视台、电台及时报道了武进对违法用地典型案例的查处情况。

【全市实行统一征地改革】 2001年，市政府决定在全市实施国土管理改革的一项重大举措统一征地改革，规定对全市各类建设需征用的集体所有土地、使用的国有土地，由市国土资源局代表市政府统一征用，并采用法律规定的方式将土地使用权提供给土地使用者，其他任何单位和个人不得实施征地、供地，不得擅自与被征地单位洽谈征地补偿安置事宜。有建设项目需征用、使用国有土地的建设单位依照有关文件，向市国土局提出用地申请，经审核同意后预付50%的征地总费用；征地方案批准后，市国土局按拟定的补偿安置方案向建设单位收取总费用，组织实施补偿安置工作。统一征地改革的实施，将进一步规范征地工作，保证对农村集体经济组织和农民的补偿足额到位，减少征地补偿纠纷，维护社会安定，促进地方经济建设。

【武进市土地收购储备中心成立】 8月20日，市政府发出《关于建立武进市国有土地收购储备机制的意见》，开始实施国有土地收购储备制度，同意成立市土地收购储备中心，市机构编制委员会核准编制6人。该中心为自收自支的全民事业单位，具有独立的法人地位，隶属市国土资源行政主管部门领导，接受市土地收购储备委员会的指导和监督，行使土地收购储备的职能。主要职责是：①根据全市土地收购储备计划，对需盘活的企事业单位使用的存量土地和其它需调整的城市存量土地进行收购；②根据市和各镇土地利用总体规划、城市建设总体规划及市场需求，适量储备土地，增强政府对土地供应的调控力度；③负责管理储备的、收回的各类土地；④有计划地统一进行拆迁安置和"三通一平"等前期开发工作；⑤定期向市土地收购储备委员会汇报土地收购储备等运作管理情况，做好土地收购储备资金的筹集、运作和管理工作，确保国有土地资产的保值增值。

【窑业用地清理】 从4月开始，市国土局会同有关部门现场勘查审定全市164座窑，被保留的98座窑有90座在8月10日前办理了临时用地手续，办理临时用地面积91.48公顷，批准为建设用地的75.64公顷，年内需关停的66座窑中有7座自行拆除、58座停止制坯生产，拆除7座窑的地上建筑物和其他设施，对其业主予以一定的经济处罚。把2座窑毁坏耕地的涉案当事人移送公安机关依法追究刑事责任，把非法转让提供土地的相关责任人移送纪检监察部门追究党纪、政纪责任。

【建立5个土地执法监察中队】 2001年，市国土局加强土地执法监察队伍建设，进一步探索土地监察执法新模式。3月～5月，市土地监察执法大队组建成立5个土地监察执法中队，分东、西、南、北、中（城区）5个片对各镇实施国土资源执法监察工作，每个中队配备人员3名。其主要职责是代表市国土资源局,在市土地执法监察大队的直接领导下,对各镇的征地、用地、占地行为实行执法监察。5个中队的组建为加大土地监察执法力度,努力提高监察执法水平奠定了坚实基础。

【武进市土地学会成立】 5月26日成立。这个学会是全市土地管理人员和土地科技人员自愿组织、参加的学术性群众团体,其宗旨和主要任务是团结广大会员,贯彻"十分珍惜、合理利用土地和切实保护耕地"的基本国策,普及土地科学技术知识,开展土地科学基础理论和应用技术的研究,不断提高土地科学技术和管理水平,更好地为武进经济建设和社会发展服务。在业务上接受市国土资源局的指导。学会下设土地经济委员会等12个专业委员会,发展团体会员单位53个,个人会员277人。 (叶佳新)

工商行政管理

·市场主体登记·

【内资企业登记注册】 2001年,武进新登记内资企业899户,办理变更登记1 544户、注销登记2 715户。年末共有在册内资企业11 547户,其中法人企业9 665户、营业单位1 882户,分别比上年同期减13.4%、20.4%;注册资金总额为101.96亿元,与上年同期基本持平(参见P162页表43)。武进工商局积极支持企业调整所有制结构,推进现代企业制度的建立。办理改制企业登记552户,累计办理股份合作制企业登记6 640户。全市内资企业股份制、股份合作制企业进一步增加,企业构成进一步优化,公有制形式日益多样,所有制结构逐步完善。年末有国有企业1 018户、集体企业2 590户、联营企业46户、有限责任公司3 897户(其中股东为纯自然人的有限责任公司2 844户、股份有限公司4户)。

【外资企业登记注册】 2001年,武进工商部门办理外商投资企业初审登记60户,投资总额2.5亿美元,注册资本1.2亿美元。全市年末有在册外资企业403户,比上年同期增8.9%,其中合资企业330户、合作企业18户、独资企业55户;累计投资总额11.94亿美元,注册资本6.66亿美元,其中外方注册资本4.1亿美元(参见P161页表42)。武进工商局进一步改进外资企业出资管理工作,推行外资企业实缴资本明示制度,继续采用分段发照、限期出资、跟踪检查、逾期催款等方式,督促外资企业注册资本到位。年内全市外资到位率达90.5%,与上年基本持平。

【个体私营企业登记】 2001年末,武进登记注册有个体工商户、私营企业39 306户,拥有注册资金45.64亿元,有从业人员16.08万人,分别比上年同期增6.2%、62%、40%。全市个体工商户、私营企业仍以第三产业为主、第二产业为辅,第三产业、第二产业分别有个体工商户私营企业29 679户、9 627户,分别占总数的75.5%和24.5%;注册资金分别为16.94亿元、28.72亿元,分别占总数37.1%、62.9%(参见P163页表44)。

【加强市场主体经营资格管理】 1~6月,武进工商行政管理部门年检10 878户内资企业、323户外资企业、4 087户私营企业,年检率分别为98.8%、99.4%、99.2%。以年检为重点对各类市场主体加强登记注册的监督管理。1.认真开展登记执法大检查,全面检查涉及人民生命财产安全的13个行业的3 974户企业、个体工商户的登记档案,查出有问题企业667户、档案中前置审批不全的656户,取消465家不符合安全生产条件企业的经营资格。2.把好年检审查关,规范市场主体的出资行为和经营行为。重点检查公司股东出资、注

表42 **2001年武进市外商投资企业登记基本情况一览**

行业 \ 数据 \ 项目	户数(户)	投资总额(万元)	注册资本(万元)		从业人员(人)		产品销售额(万元)
			小计	外方	年末实有	其中:外方	
农、林、牧、渔业	1	62	45	11	30	—	—
制造业	379	97 716	56 252	34 258	36 176	246	523 108
电力、煤气及水的生产和供应业	5	9 548	4 710	2 633	688	4	19 352
建筑业	3	3 108	1 304	4 742	609	4	2 130
房地产业	7	5 365	2 667	2 083	164	15	1 079
社会服务业	7	3 482	1 618	1 325	387	8	1 738
科学研究和综合技术服务业	1	70	50	50	—	—	—
合计	403	119 351	66 646	41 102	38 408	284	547 898

表 43　**2000 年武进市公有制企业登记基本情况一览**

项目 / 数据 / 行业	合计			国有企业			集体企业			联营企业			有限责任公司			股份合作制企业		
	企业数（户）	其中：法人企业（户）	注册资本（金）（万元）	企业数（户）	其中：法人企业（户）	注册资本（金）（万元）	企业数（户）	其中：法人企业（户）	注册资本（金）（万元）	企业数（户）	其中：法人企业（户）	注册资本（金）（万元）	企业数（户）	其中：法人企业（户）	注册资本（金）（万元）	企业数（户）	其中：法人企业（户）	注册资本（金）（万元）
合计	11 547	9 665	1 019 607	1 018	371	94 835	2 590	1 729	206 703	46	41	19 728	1 253	1 053	318 019	6 640	6 471	380 322
农、林、牧、渔业	75	71	4 841	12	12	171	39	36	2 072	—	—	—	8	8	1 652	16	15	945
其中：农、林、牧、渔服务业	13	12	381	3	3	93	8	7	218	—	—	—	—	—	—	2	2	70
采掘业	28	26	1 343	—	—	—	26	24	1 283	—	—	—	—	—	—	2	2	60
制造业	7 253	7 163	697 451	73	51	26 330	577	549	80 714	36	35	12 662	629	612	246 085	5 938	5 916	331 660
电力、煤气及水的生产和供应业	70	63	24 921	4	3	2 555	57	52	21 067	—	—	—	5	5	1 276	4	3	23
建筑业	411	3049	7 8574	59	17	5 996	177	1197	20 756	—	—	—	75	75	22 290	100	93	29 532
地质勘查业、水利管理业	1	—	—	—	—	—	1	—	—	—	—	—	—	—	—	—	—	—
交通运输业仓储业及邮电通信业	202	128	7 806	6	2	764	89	73	2 810	1	1	105	33	22	2 575	73	30	1 552
批发和零售贸易业、餐饮业	2 661	1 528	139 217	566	240	32 119	1 234	672	57 020	7	4	5 901	4265	264	31 840	428	348	11 677
金融保险业	355	64	21 489	216	6	14 241	135	56	5 248	1	1	1 000	3	1	1 000	—	—	—
房地产业	51	29	10 898	22	4	2 735	8	6	1 099	—	—	—	13	12	4 242	8	7	2 972
社会服务业	311	183	18 319	48	27	9 248	162	77	2 605	1	—	—	48	41	5 430	52	38	1 036
卫生、体育和社会福利业	3	2	71	1	—	—	2	2	71	—	—	—	—	—	—	—	—	—
教育、文化艺术及广播电影电视业	47	27	1 136	3	2	438	44	25	698	—	—	—	—	—	—	—	—	—
科学研究及综合技术服务业	73	71	2 511	8	7	238	38	37	659	—	—	—	9	9	779	18	18	835
其它行业	6	6	11 030	—	—	—	1	1	10 000	—	—	—	4	4	1 000	1	1	30

表44　2001年武进市非公有制经济基本情况一览

	行业 \ 数据项目	户数（户）	从业人员（人）	注册资金（万　元）	总产值（万　元）	销售总额或营业收入（万　元）	社会消费品零售额（万　元）
个体工商户	制造业	4 908	21 713	9 017	54 072	—	—
	建筑业	2	10	2	15	—	—
	交通运输、仓储业	522	1 047	3 836	—	2 857	—
	批发和零售贸易、餐饮业	23 504	42 533	35 734	—	282 630	256 684
	其中批发零售贸易业	21 545	39 386	33 954	—	259 400	233 454
	社会服务业	4 329	6 935	5 318	—	50 092	5 006
	其中日用品修理业	882	1 052	282	—	1 950	195
	旅馆业	291	582	345	—	2 184	—
	娱乐服务业	96	342	960	—	2 400	240
	其它行业	160	214	460	—	1 540	—
	合　计	33 425	72 452	54 457	54 087	337 119	261 690
私营企业	制造业	4 719	74 822	277 977	506 340	—	—
	建筑业	87	1 333	48 893	6 070	—	—
	交通运输业、仓储业	21	243	1 021	—	710	—
	其中交通运输业	21	243	1 021	—	710	—
	批发和零售贸易、餐饮业	855	9 325	63 821	—	138 650	17 393
	其中批发零售贸易业	836	9 239	62 248	—	135 005	13 748
	社会服务业	167	2 240	7 583	—	8 610	859
	其中日用品修理业	3	27	10	—	120	12
	旅馆业	9	84	89	—	510	48
	娱乐服务业	10	127	195	—	972	106
	其它行业	32	352	2 690	—	1 108	—
	合　计	5 881	88 315	401 985	512 410	149 078	18 252

册资本到位和经营许可的情况，清理“三无”企业58户，取缔严重危害人民生命财产安全的违章违法企业18户，确定违反工商行政管理法规的B级企业84户，其中内资企业32户、外资企业41户、私营企业11户；处理违反企业登记规定的案件132件，吊销1 614户企业营业执照，其中内资企业1251户、外资企业43户、私营企业320户；年检中清理了无照经营个体户3 589户，其中取缔944户。3.大力清理整顿公共娱乐服务场所和有关重点行业。武进工商局与有关部门清理整顿全市187家歌厅和浴室、79家电子游戏室、53家“十五小”企业、98家窑业、5家烟花爆竹生产企业，取缔无照“网吧”38户，关闭烟花爆竹企业5家。工商部门同时向全社会深入宣传《公司法》、《产品质量法》、新《合同法》、《商标法》等新出台的工商法律法规，举办企业法定代表人、私营企业主法律法规培训班75期，1.08万人参加培训。

【市场主体登记注册监管实现电子化】 2001年，武进工商局以建立新型的企业信用制度为契机，依托新建成的计算机局域网，对市场主体实行“经济户口”管理，将全市2.5万余份内资、外资、私营企业登记档案整理后录入计算机光盘，建成企业登记监管信息平台，在江苏省工商系统率先实现市场主体的电子化登记注册。

（陆福华）

·经济监督检查·

【经济违法案件查处】 2001年，武进工商部门扩大对经济违法案件特别是不正当竞争案件查处的领域和范围，查结经济违法案件584件，其中万元以上案件211件、5万元以上案件48件，分别比上年增9.4%、2.4%、54.8%；查处制售假冒伪劣商品案件167件、不正当竞争案件46件，分别占结案总数的28.6%、7.9%；查获的假冒伪劣商品折合市场标值487万元。除假冒一次性使用注射器和输液器外，主要有假冒脑白金等保健品1.8万余盒、假酒1.3万余瓶和冒牌的服装3 577件、灯具2.4万只、门锁6.72万把、汽车配件8 179件、冒牌、侵权包装79.86万套；查处侵犯商业秘密和商业贿赂等不正当竞争案件7件

【开展“红盾闪光”系列执法行动】 2001年，武进工商局认真贯彻落实国务院关于在全国开展整顿和规范市

场经济秩序的重大决定，在全市开展专业市场安全生产专项治理、汽车摩托车市场专项检查、商标印制与医疗广告清理整顿、成品油市场整治、食品市场专项整治、农资市场专项整治、格式合同专项检查等“红盾闪光”系列执法行动。1.专项整治化工企业、工矿民用灯具、网吧等重点行业。牛塘“4·18”化工爆炸事故后，该局组织力量对全市涉及人民生命财产安全的化工、锅炉压力容器、烟花爆竹、电子游戏、网吧等重点企业进行全面的清理整顿，普查全市 1 500 余家化工生产经营企业，发出整改通知 179 份，立案查处 30 余起。2.严厉打击区域性制假售假行为。针对小河镇制售假冒汽车摩托车配件行为较为猖獗的情况，该局抓住该地区销假“出口”的关键环节沪宁高速公路罗溪道口，重点严查整治，与公安部门沪宁高速公路交警大队罗溪道口警组达成联手打假的协议，取得良好的效果。年内在罗溪道口查结运销假冒汽摩配件案件 30 件，处以罚没款 35 万元。3.以反仿冒、反误导、反垄断为重点，大力查处不正当竞争行为。通过整顿规范药品生产流通秩序，严厉打击了药品购销中的违法行为，查处了药品购销中的商业贿赂案件，纠正了医药购销中的不正之风，逐渐扩展到其他行业。全年查结商业贿赂案 5 起，罚没入库 45.1 万元。对保险、供水、供电等公用企业开展了限制竞争行为的专项整治，查处了一批案件，促进了公平竞争。4.查处“厂中厂、店外店”，大力取缔无照经营。积极营造“红盾闪光”打假治劣的社会氛围和清理无照的声势，鼓励群众积极举报热情参与，邀请武进电视台对执法行动作了跟踪报道。在第 3 季度的集中执法行动期间，工商部门检查了企业 3 918 家，取缔非法和无

（陆新　摄）

照经营户 944 家，捣毁制假窝点 18 个，查扣制假工具 22 套、电脑 332 台，查获劣质月饼等大批假冒伪劣物资。“红盾闪光”系列执法行动的开展，净化了武进的市场环境。

【积极维护消费者合法权益】 2001 年，武进工商局积极参与“12315 联动”，保护消费者合法权益工作取得较好成绩。依托常州工商系统“12315”消费者投诉举报网络，继续完善内部统一、高效运转的投诉举报处理运作机构，认真做好“12315”投诉举报的登记、交办、督办、反馈、归档，确保投诉举报查处迅速、反馈及时。市消协积极组织开展“3·15”国际消费者权益日纪念活动和“绿色消费年”主题活动，年内处理消费者投诉案件 1 751 件，结案 1 738 件，结案率 99.3%，为消费者挽回经济损失 42.08 万元。（陆福华）

·商标合同管理·

【商标管理】 2001 年，武进工商局继续推进“名牌工程”，为各类企业树品牌、创名牌提供服务。年内全市有 42 只商标被授予“知名商标”称号。全市年末拥有注册商标 4 082 件，比上年同期增 11.2%；其中“中国驰名商标”1 件、“江苏省著名商标”7 件、“常州市知名商标”82 件。工商部门强化对全市 346 家商标印制企业的管理，举办《商标印制业务人员资格证书》法律法规培训班 8 期，有 1 050 人通过考试并获得证书。年内依法查处商标违法案件 52 件。

【经济合同管理】 上半年，武进工商局对 595 家通过年检企业颁发了“重合同、守信用企业”牌匾和证书，其中江苏新科电子集团公司、江苏常发集团公司获得国家级“重合同、守信用企业”称号，9家企业获得“江苏省重合同、守信用企业”称号，累计有“江苏省级重合同、守信用企业”20家。工商部门继续深入开展合同“解忧”、“维权”活动，帮助扶持58家重点企业，帮助企业完善合同签约手续。3月，工商部门对全市公用企业和具

表 45　**2001 年武进市经济合同管理情况**

项　目	单位	数值
办理合同鉴证	份	5 368
检查合同	万份	3.03
查出不合格合同	份	586
行政调解合同纠纷	件	256
解决争议金额	万元	165
动产抵押登记	件	517
为企业融资	亿元	6.48
提供资信服务	次	159
避免经济损失	万元	1 895
帮助企业追款	件	44
追回金额	万元	176.8
查处合同违法案件	件	93
处以罚没款	万元	211.34

有经营优势地位企业自制的格式合同进行专项检查。

（陆福华）

个体私营经济

【概　况】 2001年，全市个体私营经济继续朝着上规模、上档次的方向发展。工商部门新登记注册个体工商户8 078户、私营企业2 121户，比上年增61%。年末全市有个体工商户33 425户、私营企业5 881户，注册资金总额45.65亿元，比上年增69.6%，其中个体工商户5.45亿元、私营企业40.2亿元，；从业人员个体为72 452人、私营企业为88 315人。私营企业户均注册资金为68.35万元，比上年同期增35.9%。个体工商户、私营企业注册资金超100万元或从业人员超100人的实体为631家，两项"双超百"实体为55家，分别比上年增72.4%和37.5%。全市已形成私营企业集团7家，其中省级集团2家、常州市级集团5家。2001年，全市个体工商户、私营企业完成产值56.65亿元、销售或营业额48.62亿元、社会消费品零售额26.17亿元，其中产值超亿元的私营企业6户、超千万元的158户。

【工商部门大力扶持私营企业发展】 2001年，武进工商局认真贯彻"放心、放胆、放手、放开、放宽、放活"的十二字方针，大力扶持私营个体经济的发展，发挥协调、归口管理的职能作用，把有关发展私营个体经济的放宽政策规定、拓宽准入领域，保护个私业主的合法权益等政策措施落到实处，提高办事效率、强化优质服务，降低门槛，能简则简，能快则快，努力营造亲商、富商的氛围，积极扶持农村专业村组、花木种植业、养植业的发展，鼓励私营企业参与小型国有企业和集体企业的改制。年内办理私营企业开业登记2 121户，比去年同期增61%，创历史最好水平；年末全市累计有私营企业5 881户、合伙企业133户、有限责任公司2 844户、股份有限公司1户。工商部门对个私企业的规范化管理由集镇扩大到农村，通过清理无照经营，促进个私企业增长数量的提高，坚持采取"拉网式"、"拔钉子户"等方式，清理无照经营户3 589户，其中疏导领照2 645户、取缔无照经营户944户。

【市个私协会强化个私经济行业管理】 2001年，市个体私营协会对占个私企业总数85.2%的业主开展思想政治、法律法规、职业道德教育，组织97家私营企业招聘待业下岗人员469人；组织1 588名个私企业业主进行义务为民服务，服务群众1.73万人次，让利销售21.9万元，组织1 031人向公益事业捐款捐物价值329.7万元。在私营企业中继续开展创建"文明单位"活动，广泛开展了"双思"教育和"三个代表"重要思想教育，树立发展典型，促使其文明经商、守法经营，自觉维护社会经济秩序。

（陆福华）

【魏村个私分会被评为全省先进分会】 2001年，武进市个体私营经济协会魏村分会利用业余学校举办8期培训班，培训会员598人，学习工商、法律法规，宣传成功经验，弘扬魏村个体工商户张志康烈士见义勇为的先进事迹，引导个私企业自觉维护市场经济秩序，开展职业道德与行业自律教育、行业技术指导活动，规范个私业主生产经营行为，帮助外来人员谋求发展，组织争创"户户讲道德、店店无假货"示范店，维护了会员合法权益。该分会积极开展爱国主义教育活动，激发爱国热情，投身公益事业，奉献爱心，回报社会，连续17年坚持开展学雷锋活动，长期为烈军属免费服务，让利群众，慰问孤老，慰然成风，连续多年获武进市、常州市先进分会称号，2001年度被评为江苏省先进分会。

（赵焕琴　曹留琴）

质量技术监督

·质量监督管理·

【概　况】 武进有122家企业通过质量体系认证（累计428家），21家企业取得《工业产品生产许可证》（累计408家）。5家企业的6只产品被评为"江苏省名牌产品"（累计14家企业18只产品），组织实施质量攻关项目5项，江苏省监督抽查武进产品质量的合格率为84.9%。市质量监督检验所质量定期监督检验全市392个批次食品、化工、建材、轻工、家电产品，合格率90.6%。全市有28家企业通过武进质监局考核取得《产品质量考核合格证》，2家企业被授予"质量信得过单位"称号。

表46　**2001年武进市获得的江苏省名牌产品**

产品名称	生产企业
常发牌单缸柴油机	常州常发动力机械有限公司
金鼎牌砂轮机	江苏金鼎电动工具集团有限公司
红联牌灯具	鸿联灯饰有限公司
旷达牌汽车座椅内饰面料	江苏旷达汽车织物集团有限公司
尊龙牌珍珠酱鸭、素火腿	武进市尊龙食品有限公司

表 47　2001 年武进市产品质量定期监督检验结果

类　别	定检批次	合格批次	合格率(%)
食　品	142	117	82.4
化　工	102	100	98.0
建　材	132	122	92.4
轻　工	3	3	100.0
家　电	13	13	100.0
合　计	392	355	90.6

【"质量兴市"活动】 2001年，武进市被确定为江苏省14个"质量兴市"活动首批试点县(市)之一。在市政府的统一领导下，由武进质监局牵头，武进工商和市建设、经贸、农林等职能部门积极配合，对全市开展"质量兴市"活动展开调查研究，起草并由市政府下发了《武进市"质量兴市"活动的实施意见》，根据"2 年初见成效，4 年取得显著效果"的要求，明确了"质量兴市"活动的目标和任务，年内在全市开始积极组织实施。

（吕海波）

·标准化监督管理·

【概　况】 武进质监局认真开展标准化长效动态管理，清理了全市工业企业执行标准情况，发出整改通知书378份，帮助企业制(修)订企业标准1 533只，为1 139家企业发放《企业产品执行标准证书》。年末全市应有标准企业5 036家、产品10 798只，其中执行国家

表 48　2001 年武进市采标产品一览

产品名称	采标标准代号	国际标准代号	采用程度	企业名称
51B 橡胶密封件★	Q/320483HDA001－2000	日本东芝公司技术标准	等　效	武进市华电橡胶件厂
水处理剂氨基三甲叉膦酸★	Q/320483JHH011－2000	美国孟山都公司标准	等　效	武进市江海化工厂
水处理剂羟基乙叉二膦酸	Q/320483JHH012－2000	美国孟山都公司标准	等　效	常州市江海化工厂
彩色瓷漆铝质鞋跟	Q/320483JFC001－1999	日本山幸制作所实物样品	非等效	常州市棱光化工材料厂
S－YZJ－6 塑料圆织机	JB/T5290－1991	日本秋原株式会社机型	非等效	武进市永光机械厂
6.5mm 低碳钢热轧圆盘条	GB/T701－1997	JISG3505－1996	等　效	武进大众钢铁有限公司
8.0mm 低碳钢热轧圆盘条	GB/T701－1997	JISG3505－1996	等　效	武进大众钢铁有限公司
色织牛仔布	FZ/T13001－2001	美国利惠牛仔布标准	非等效	武进洋泽织造有限公司
弹力色织牛仔布★	Q/320483HBH001－2001	美国利惠牛仔布标准	等　效	武进市湖塘大坝化纤布厂
电子计算机用屏蔽控制电缆★	Q/320483CCS001－2001	BS5308－1986	等　效	常州市昌盛线缆有限公司
传动用短节距精密滚子链★	GB/T1243－1993	ISO606－1994	等　效	江苏双菱链传动有限公司
全玻璃注射器	YY91001－1999	ISO5951－1986	非等效	常州市飞鸽医疗器械有限公司
兰芯全玻璃注射器	YY91061－1999	ISO5951－1986	非等效	常州市飞鸽医疗器械有限公司
内燃机凸轮轴	JB/T51048－1993		非等效	武进市万盛机械有限公司
羟基亚乙基二膦酸	HC/T3537－1999	美国孟山都公司标准	非等效	南京化工学院武进市水质稳定剂厂
氨基三甲叉膦酸	HC/T2841－1997	美国孟山都公司标准	非等效	南京化工学院武进市水质稳定剂厂
流体输送用不锈钢无缝钢管★	GB/T14976－1994	JISG3459－1997	等　效	武进不锈钢管厂有限公司
锅炉热交换器用不锈钢无缝钢管★	GB/T2841－1991	ASMESA－213 SA－213M	等　效	武进不锈钢管厂有限公司
一次性使用注射器	GB15810－1995	ISO7886－1	非等效	常州市鹤寿医用器材厂
YFN 飞轮式永磁发电机	JB/T51084.1－1994		非等效	武进市芙蓉电机厂
拖拉机内燃机用起动机	JB/T51097.1－3		非等效	武进市芙蓉电机厂
YFN 系列飞轮式永磁发电机	JB/T51084－1999		非等效	武进市芙晶活塞厂
摆线针轮减速机	JB/T53324－1997		非等效	常州市东吴减速机厂
摆线针轮减速机	JB/T53324－1997		非等效	常州市武英减速机械厂

备注：带"★"为获准使用采标标志产品

标准3 724只、行业标准2 929只、地方标准44只、企业标准3 923只、无标产品(包括企业标准到期未复审)205只;产品标准覆盖率98.1%。该局帮助企业“采标”24项,年末累计363项;年内全市有8只产品获准使用“采标”标志,年末累计89只。250名标准化从业人员通过培训取得上岗资格。发放企事业单位组织机构代码证书5 000余份、IC卡5 500余张,发展商品条码系统成员45家、续展50家。 (吕海波)

·计量监督管理·

【概　况】 2001年,武进有15家企业通过计量保证确认,52家企业通过计量合格确认。社会公用计量标准器应检267台、实检267台,受检率100%;企事业单位最高计量标准器应检246台、实检242台,受检率98.4%;强制检定工作用计量器具应检6 546台、实检6 074台,受检率92.8%。计量标准器复查考核48只,新增标准器31只。66家企业通过《制造计量器具许可证》年审,25家企业通过定量包装商品生产企业计量保证能力考核,5家企业通过“计量信得过”考核。武进质监局对全市24个品种、50家企业的248台(件)计量产品进行计量性能监督抽查,合格248台件,合格率100%。 (吕海波)

·“打假治劣”工作·

【概　况】 2001年,武进市政府统一组织领导武进质监、工商、烟草和市卫生、公安等部门,针对假冒伪劣现象严重的重点产品、重点市场和重点区域,多次开展专项打假斗争,大力查处制售假冒伪劣产(商)品的违法行为。3月13日和9月26日,由市打假办牵头,市有关部门在漕桥垃圾堆放场举行假冒伪劣产(商)品现场集中销毁活动,销毁假冒伪劣一次性医疗器械、营养食品、卷烟等产(商)品标值456万元,打击了不法分子制假售假的嚣张气焰,维护了企业和广大消费者的合法权益。

表49　**2001年武进市行政执法部门查处假冒伪劣产(商)品情况**

项　　目		单　位	数　值
立　　案		起	792
捣毁制假窝点		个	106
查获假冒伪劣产(商)品标值		万元	1 957
其中武进质监局	查处受理案件	起	478
	接受举报	起	489
	立案查处	起	405
	现场处罚	起	35
	查获假冒伪劣产(商)品标值	万元	1 470
	捣毁制假窝点	个	25

【12365举报投诉电话开通】 7月8日,根据江苏省统一安排,武进质监局在电信部门的配合下,开通质量技术监督举报专用电话“12365”。全市广大企业和群众可以通过拨打12365免费电话,举报制假售假等违法犯罪行为。开通半年来,该局接到举报电话352个,经查证属实立案查处256起,有效地打击了制假售假违法犯罪分子,维护了广大企业和群众的合法权益。

【汽摩配件市场专项整治】 2001年,市委、市政府对小河地区汽摩灯具及配件市场的整治工作明确提出“各方配合、形成合力、重拳出击、严厉打击”的打假工作意见,市政府明确由武进质监局负责牵头,该局联合市经委、贸易办、公安、工商、税务等部门,及小河镇等单位组成检查组,对汽摩灯具及配件市场认真开展打假治劣和整顿规范工作,在2月上中旬和6月上中旬等月份组织开展了6次大规模的集中专项整治活动,全年查处汽摩灯具及配件的制假售假案件32起,其中万元以上案件17起、10万元以上案件1起,查处假冒伪劣产品标值82.3万元。重点检查了小河地区生产、运输、销售、维修和储存汽配产品的企业、个人和场所,检查企业154家次,包括生产企业18家、汽修厂17家和小河镇全部汽配门市部,查处涉嫌制售生产、托运、维修假冒伪劣产品的企业和无证无照违规经营门市部48个。武进质监局与小河镇政府成立小河地区汽摩配件长效管理领导小组,制订了长效管理方案,小河镇政府依托设在镇内的江苏省摩托车质量监督检测站灯具检验室,制订实施常年强制性质量检测制度、定期监督检查抽查制度和跟踪监督考核检查。9月、10月,该局对小河镇汽配生产企业开展标准、计量、质量等技术咨询和服务工作,在该镇举办质量法律法规和标准化从业人员培训班,近百家企业的法人和有关技术人员接受培训。这次专项整治活动有效地遏制了制假售假者的气焰,该地区汽摩配件生产经营秩序已基本规范。 (吕海波)

·安　全　监　察·

【概　况】 2001年,武进质监局锅炉压力容器检验所定期检验锅炉861台、压力容器670台、电梯310台、起重机械560台、厂内机动车辆320台。至年底,全市累计发放锅炉压力容器特种设备使用证8 773份,其中锅炉1 535台、压力容器4 675台、电梯416台、起重机械1 658台、厂内机动车辆489辆。举办锅炉压力容器特种设备(简称锅压容特设备)操作人员培训班52期,培训2 955人次。年内全市未发生锅炉压力容器设备爆炸事故。

【锅压容特设备专项治理】 2001年,锅压容特设备专项治理工作的重点是历年安全监察工作的死角及盲区，其中锅炉监察的重点是小型和常压热水锅炉及“土锅炉”，依法整治无证制造、无证安装、无证使用、无证操作、无定检的“五无”锅炉；压力容器监察的重点是化工、印染等行业在用的压力容器设备，依法整治废旧压力容器及超期未检的不合格气瓶等。共对553家锅炉压力容器使用单位、81家特种设备使用单位、22家单位的压力管道进行了现场安全监督检验。共查锅炉576台、压力容器624台、液化石油气储配充装站18个、气瓶充装站14个、起重机械135台、电梯64台、厂内机动车辆75辆。取缔“土锅炉”99台、402台承压产汽使用的茶水炉中94台换成符合规定的小型锅炉、152台拆除不用、156台敞口锅炉作为茶水炉使用，拆除16台自行改制或存在重大隐患的压力容器，补办使用证379张，查处了4家非法制造压力容器的单位，查封了1家非法充装氧气瓶的单位。按照江苏省质量技术监督局和武进市政府的要求，从2001年起，两年内完成对全市锅容管特设备的普查和登记工作。至年底，该局完成10个镇的普查和登记工作，查清全市有在用锅炉1 670台、压力容器3 264台、电梯364台、起重机械950台、厂内机动车辆223辆。

（吕海波）

国有资产管理

【商业系统加强国有资产管理】 2001年，武进商业系统加强国有资产的经营管理，确保公有资产的保值增值。武进商业集团公司组织专门队伍对全系统资产进行摸底清查，尽快出售偏、小、低效资产。武进市商业经贸公司的林南商场曾经是创利大户，因市镇建设重心转移变为冷清的门店而歇业，该公司把林南商场整体出售。武进市商业总公司和奔牛商贸公司将偏僻陈旧的豆腐、茶水、山地货等门店拍卖转让，成交80余万元，武进食品发展总公司出售闲置低效资产120万元。年内，全系统盘活存量资产294万元。武进商业集团公司及其下属企业加强财务审计管理，压缩非经营性业务费用支出500万元。12月，市商业资产经营公司经市政府授权正式挂牌开始运作。这是市委、市政府对公有经济实行战略调整的重大举措，资产经营公司成为拥有投资主体地位，以资产经营为主要运行方式的企业。

（王　昕）

【粮食系统强化国有资产管理】 2001年，市粮食局制订完善了国有资产管理制度，明确国有资产清产核资的要求，制定了国有资产的变动变更、重组置换、变现现金统筹、管理责任制和责任追究制等规章制度，使全系统国有资产的管理有章可循、规范运作。（是叔成）

【物资资产经营有限公司启动运行】 该公司于2002年元月起正式运行。根据市委《关于市属流通管理体制改革的实施意见》的要求，新体制物资资产经营有限公司按照人员核定和职能转换的要求，完成机关工作人员的精简优化，成立财经办公室、党群办公室。（徐　东）

劳动就业管理

【概　况】 2001年，武进劳动保障部门围绕“推进企业改革，维护社会稳定”的目标，加快推进下岗与失业并轨步伐，大力整顿规范劳动力市场秩序，切实搞好劳动力市场建设，努力促进城镇人员就业，顺利完成劳动就业工作目标。全市新增城镇就业人数3 016人，年末城镇登记失业率3.5%，年末有滞留在企业再就业服务中心的下岗职工795名，比上年减43.9%，年末享受失业保险人数10 829人。市属企业在职职工年人均收入9 568元，比上年增4.4%。劳动部门查处严重违法案件55起，调处劳动争议1 169起。

【下岗和失业并轨管理步伐加快】 2001年，武进有1 417名下岗职工领取基本生活费，全市筹集下岗保障资金523万元，发放下岗职工基本生活费623万元。在确保下岗职工基本生活的同时，积极推动下岗保障向失业保险和市场就业转变，有622名下岗职工出中心，其中568人再次就业，下岗职工再就业率为41.2%，年末滞留在企业再就业服务中心的下岗职工795名，失业保险已成为主要保障形式，下岗与失业并轨的步伐进一步加快。

【整顿规范劳动力市场】 2001年，劳动保障部门大力整顿和规范劳动力市场秩序，集中力量取缔城区非法劳务中介机构和外来人员非法聚集形成的劳务黑市，查处了7个非法职业中介机构。与湖塘镇政府等单位共同建立城区农村和外来人员临时务工交流点，投资30余万元建造了配套设施，对这个交流点采取灵活、简捷、有效的特殊管理措施，将城区大量的外来闲散人员纳入了有序管理的轨道。积极推行职业中介准入制度。全市11个职业中介机构通过省级验收，取得《职业介绍许可证》，培训职工中介从业人员83名。

【民营企业成为城镇就业的主渠道】 2001年，随着市属国有、集体企业改革的不断深化，武进市属企业吸纳劳动力继续减少。全市市属企业在职职工人数比上年减15.4%。劳动保障部门为促进城镇人员就业，切实搞好劳动力市场的信息化建设，建立劳动力资源数据库，把用人单位用工需求信息与求职者基本情况输入微机，运用信息化管理手段提高服务质量。充分发挥镇劳动所的作用，建立就业服务网络，把就业服务工作全面延伸到乡镇企业和个私经济组织。市劳动力交流中心每星期举办两次劳动力交流活动，10月举办了1次规模较大的劳动力市场交流活动，参加交流活动的用人单位160家，提供就业岗位2 950个，与650人达成用工协议。全年安置城镇退伍军人184人，安置转业干部家属13人；年内城镇吸收就业3 016人，其中镇用人单位和个私经济组织吸收就业2 258人；年末城镇登记失业人员达3 089人，城镇登记失业率3.5%。

劳动力市场正在招聘职工。（陆新　摄）

【劳动保障执法】 2001年，武进各级劳动监察机构认真细致地做好巡视监察，组织开展了3次集中执法活动，巡视监察用人单位5 420户，清退童工22人，责令补办《外来人员就业证》2.02万本，为职工追回被无故拖欠、克扣的工资87.5万元，责成补签劳动合同3.39万份；2.01万户用人单位参加2000年度劳动用工年检，年检率96%；劳动监察机构立案查处违法案件55起，结案55起，会同有关部门处理突发事件4起，较好地保证了《劳动法》的贯彻实施。市劳动争议仲裁办公室（下称仲裁办）积极参与调解处理武进柴油机厂等市属企业转制中出现的劳动关系矛盾，热情地向广大职工宣传劳动法律、法规和政策，帮助企业顺利运用法律手段推进减员分流工作。全市立案调解处理劳动争议1 169起，其中市仲裁办立案处理劳动争议215起，结案207起，结案率96.3%，有效地维护了用人双方的合法权益。

【企业工资分配制度改革】 2001年，武进劳动保障部门全面贯彻落实常州市劳动局《关于进一步深化企业内部分配制度改革的指导意见》，取消企业职工工资升级审批制度，指导企业实行以岗位工资为主的多元化工资制度，进一步落实企业内部工资分配自主权。运用法律手段保障职工依法取酬的权利，把无故拖欠、克扣职工工资作为劳动保障执法的重点，规范用人单位的工资发放行为。从7月1日起，全市企业最低工资标准从每月390元调至430元，依法保障了低收入者的基本生活。2001年全市市属企业在职职工人均收入达9 568元，比上年增4.4%。

【职业技能开发】 2001年，武进职业技能开发坚持面向市场、促进就业，发挥社会办班的积极性，劳动就业管理部门与有关单位联合举办电工、按摩等特种作业人员培训班45期，培训2 179人；举办专业技能培训班27期，培训1 026人；参加转业转岗培训的人员达3 800人；举办劳动和社会保障工作业务知识培训班5期，培训市属企业劳资干部170人，与团市委、市人事局等联合开展了“树行业标兵、展青春风采”武进市青工技能大赛。全市职业技能鉴定达1 296人次，发放职业资格证书1 296张。常武职业技能鉴定所投入正常运转，被上级评为“优秀鉴定所。”

【劳动所机构建设】 2001年，市劳动保障局配合市人事局和各镇党委、政府，做好镇劳动所工作人员招聘工作，搞好招聘考试与考核，第一批50名招聘人员录用手续已全部办理完毕。各镇劳动所监察用人单位3 446户，发放《外来人员就业证》5.2万本，责成用人单位补办《外来人员就业证》9 135本、政府补签劳动合同5 892份，为劳动者追回无故拖欠克扣的工资47.5万元，清退童工19人，调解处理劳动争议954起，鉴证劳动合同12万人次。

（严建平）

物　价　管　理

【概　况】 2001年，市物价局积极运用价格杠杆调节作用，切实组织落实和实施物价调控目标责任制，圆满完成常州市政府下达给武进的物价调控目标任务；及时调整重要商品价格和收费标准，支持全市经济结构调整，促进消费需求增长；以整顿规范市场价格秩序为重点，强化以行政事业性收费为重点的收费管理和价格检查，大力查处乱加价、乱收费等价格违法行为，为整顿和规范市场经济秩序，促进武进经济建设和社会事业发展作出了贡献。市物价局被常州市政府评为减轻企业负担先进集体、三五普法先进集体。

收费管理。1.继续完善涉农收费公示制，增加收费政策透明度。继2000年全面推行涉农收费公示制后，年内该局与各镇进一步完善镇政府和镇属部门的公示栏,确保其权威性和完整性。湖塘镇率先启用电子触摸屏公示收费项目、标准。2.年审1 300个单位,核定民营学校湖塘实验初级中学、武进新园高级中学的学杂费收费标准;调整了生猪定点屠宰环节收费标准,每头由47元调减为44元。

价格检查。2001年,市物价局查处价格违法案件130件,作出经济制裁562.24万元,其中上缴财政555.37万元、退还用户6.87万元。办理价格举报案件76件,答复人民群众来电、来访150余次。

价格鉴定。坚持"高效、客观、公正"原则,市价格认证中心接受公安、司法等部门要求进行的价格鉴证6 300余件,评估赃物、罚没物价值金额1.1亿元。

【整顿、规范市场价格秩序】 2001年,市物价局采取确实措施和办法,整顿、规范市场价格秩序,取得阶段性成效。1.贯彻执行上级文件精神,清理涉及企业和涉及农民的收费,取消收费项目10项、降低收费标准9项,共减轻企业和农民负担9 300万元。2.重点清理整顿自来水、电力、农机作业、牲畜防疫等经营性服务收费,和工商、税务等中介服务收费及涉及房产收费,对武进高新技术产业开发区涉及企业收费实行扎口管理。3.出台规范性文件《武进市城镇垃圾处理收费管理暂行办法》、《武进市行政事业单位培训收费管理办法》、《武进市住宅区共用设施维修基金管理办法》、《武进市住宅楼房屋本体位共用部位、设备维修基金管理办法》。4.规范药品价格,建立医疗药品价格管理数据库。5.该局积极组织开展"明码标价检查月"活动,全市商品价格和服务收费实行明码标价,在城区实施明码标价"五个一示范工程"。6.开展了医疗收费、教育收费、农网改造收费、专业市场收费、农村经营性收费、自来水增容费等6项专门检查,查处了大量价格违法案件,实行经济制裁550余万元。

【物价调控】 2001年,常州市对武进市、市政府对各镇继续实行物价调控目标责任制。市物价局依据常州市政府下达的物价调控目标任务会同市目标办、经贸局,细化分解物价调控目标和任务,落实到有关职能部门,按照物价调控专项目标责任制考核办法实行严格考核。经全市各职能部门卓有成效的工作,较好地完成常州市政府下达的物价调控目标任务。市财政局、物价局、公安局等8个单位被市政府评为物价专项调控目标责任制优胜单位。

【价格管理】 2001年,市物价局重点加强对药品价格、自来水、成品油、商品房价格的监控管理,以保证人民群众正常的生产生活秩序。1.积极贯彻上级文件精

表50 **2001年武进市物价指数**

名称	2001年	2000年	±%
消费价格总指数	99.7	99	0.7
食品类	100.99	93.55	7.4
衣着类	100.24	96.06	4.2
家庭设备及用品类	99.54	96.73	2.8
医疗保健类	91	99	−8.0
交通和通讯工具类	88.26	98.24	−10.0
娱乐教育文化用品类	99.17	101.53	−2.4
居住类	99.86	105.1	−5.2
服务项目类	104.33	100.26	4.1

表51 **2001年主要主副食品市场价格变动情况**

单位:元/500克

品名	代表规格	2001年末	2000年末	±%
粳米	标一	0.87	0.84	3.6
面粉	特一	0.85	0.81	4.9
豆油	二级	2.55	2.80	−8.9
猪肉	后腿	5.70	5.80	−1.7
鸡蛋		2.30	2.10	9.5
鲢鱼	750克	2.40	2.40	0.0
青菜		0.40	0.40	0.0
棉白糖		2.40	1.60	50.0
食盐		1.40	1.10	27.2

表52 **2001年农业主要生产资料价格变动情况**

品名	代表品	销售价格(元/千克)		±%
		2001年末	2000年末	
进口尿素		1.98	1.98	−0
碳氨	17%	0.52	0.50	4
地产复合肥	10:7:8	0.88	0.98	−10.2
磷肥	14~15	0.52	0.56	−7.1
敌百虫	1kg晶体	13	11.50	11.5
乐果	0.5kg	16	18.60	−14.0
甲氨磷	0.5kg50%	15	16.60	−9.6
井岗霉素	0.5kg5万单位	3.80	4.20	−9.5
杀虫双	0.5kg18%乳剂	3.80	4	−5.0
农用薄膜	1米双幅	9.50	9.50	0

表53 **2001年工业主要生产资料价格变动情况**

品名	代表品	单位	2001年底价格	2000年底价格	±%
线材	6.5mm	元/吨	2 050	2 220	−7.7
罗纹钢	16~25mm	元/吨	2 050	2 250	−7.7
热轧薄板	0.8~1.5mm	元/吨	3 050	3 400	−10.3
冷轧薄板	0.8~1.5mm	元/吨	4 000	4 150	−3.6
冷轧薄板	0.5mm	元/吨	4 200	4 600	−9.7
铝锭	A00	元/吨	14 700	14 600	0.7
电解铜	1#	元/吨	15 000	18 700	−19.8
汽油	90#	元/升	2.20	2.64	−16.7
柴油	0#	元/升	2.34	2.64	−11.4
ABS	757	元/吨	8 800	12 400	−29.0
聚丙烯	F401	元/吨	5 500	6 600	−16.7
透苯	666D	元/吨	5 900	9 300	−36.6

神，对中央和省药品监督部门管理的6种药品价格分批实施降价，平均降幅为8%。2. 加强自来水价格管理。4月，根据上级文件对城区、奔牛、横林自来水厂的自来水价格及污水处理费作了调整，调整后城区（湖塘）居民生活用水价格每立方米由上年末的1.35元提高到1.6元，提价18.5%。3. 加强商品房价格管理。市物价局核批了全市22家房地产开发企业开发交付的70万平方米商品房预（销）售价格，为35家企业核批69种商品房价格。（汪泉生）

统　　计

【概　况】 2001年，市统计局深入贯彻“快、精、准”的工作方针，改革统计方法制度，改进信息传输方式，强化统计行政管理和统计法制化管理，提高统计数据质量、统计分析和统计监测水平，进一步增强统计对政府决策的支撑作用。4月、7月被中共常州市委、常州市政府先后评为“常州市文明单位”、“‘三五’法制宣传教育先进集体”。

搞好经济运行监测，搞好统计决策咨询服务。市统计局围绕全市经济发展目标，以GDP核算为中心，以工业经济指标监测为重点，加强经济运行监测工作，加大统计数据质量评估和经济发展预警预测工作力度，按季开展经济分析预测，及时向市委、市政府提供季度经济预测报告，反映全市经济走势和经济运行相关情况，在3月中旬“两会”召开前夕，编印《2000年武进市国民经济和社会发展统计公报》1 000份，发给出席会议的人大代表、政协委员。5月底编辑发行《武进统计年鉴（2001）》1 000册；6月底组织开展统计分析研讨，撰写了18篇统计分析预测文章参加研讨，《抓好着力点、实现再跨越》、《速度、效益、结构“三体”联动，构筑新一轮发展平台》等6篇文章分别被评为一、二、三等奖。年内该局编发《统计快讯》、《统计信息》、《统计分析资料》共100期。《量质并举、稳步发展》、《我市工业经济集约化进程评价》、《武进现代化进程评价和分析》等文章得到市委、市政府及“两办”领导的好评。

统计教育培训工作。2001年，市统计局举办统计专业、业务培训20个班（期），1 555人次参加学习；组织、举办计算机类培训9个班（期），445人次参加学习。组织49名统计人员参加苏州大学会计统计大专班专业证书后教育的学习；组织1 506名统计人员（包括基层统计人员1 480名）参加市财政局、统计局举办的会计统计上岗证培训19期，2002年5月获得江苏省财政厅统一颁发的《会计上岗证》、《统计上岗证》。举办计算机应用技术（NIT）培训班6期，市地税局、计生局、建设局等部门的298人参加，获得国家统一颁发的《全国计算机应用技术证书》（NIT证书）；举办工业统计、第三产业统计、“百强”工业企业信息联网计算机程序培训班各1期，培训147人次。

统计基础工作规范化建设。2001年，市统计局继续按照《江苏省乡镇统计工作规程》的要求，把基层统计基础工作规范化建设作为重点工作来抓，年内为3 000余家企业单位办理了发放江苏省统计局印制的《统计行政登记证》正、副本。在各镇继续贯彻执行《武进市乡镇统计基础工作规范化建设标准》和《武进市工业企业统计规范（试行）》的同时，又制定和印发了《村级统计基础工作规范化建设标准》，不断规范基层统计基础工作。年内，洛阳、横林、横山桥、郑陆、雪堰、潘家、寨桥、卜弋、嘉泽、魏村、安家、罗溪、小河、孟河等14个镇统计站通过规范化建设考评，全市30个镇统计站全部达到规范化建设标准。200余个企业和行政村达到规范化建设标准。

【全国统计执法大检查和全员统计执法活动】 2001年，市政府根据国家统计局、监察部、司法部《关于开展〈统计法〉和“两办”通知执行情况大检查的通知》精神，成立统计执法大检查领导小组及其办公室，召开全市统计执法大检查动员大会，在全市开展《统计法》和“两办通知”贯彻执行情况大检查。全市各镇及2 335家企业认真进行自查；市重点抽查4个镇、3个主管部门，查出统计违法行为42起，其中虚报、瞒报统计数据行为各21起，对32起违法情节较轻的作出《统计检查建议书》，对其中10起立案查处。武进大检查工作得到省、市统计执法大检查领导小组肯定。年内，市统计局继续推进依法统计进程，治理统计法制环境，进一步提高统计数据质量。按季下达统计监审计划，全面监审10个镇、6个部门和126个企业，发出统计法律文书42件，纠正和处理了一批统计违法违规行为。

【全社会R&D资源清查启动】 1～6月，市政府根据国家科技部、统计局、财政部、计委、经贸委、教育部、国防科工委等7个部门《关于在全国进行全社会R&D资源清查的通知》和江苏省、常州市有关文件精神，组织市统计局有关部门开展了全社会R&D（即科学研究与试验发展）资源清查工作，这是继1985年科技普查以来规模最大的科技统计调查。

【实施“百强”工业企业信息联网制度】 2001年，市统计局积极组织实施“百强”工业企业信息联网制度，实现统计信息工程建设新跨越。7月10日，市政府办公室发出《关于实施“百强”工业企业信息联网制度的通知》，11月底先行的75家企业一次联网成功。网络联接方式采用电信网和广电宽带网两种，统计网页设有法规标准、统计信息、统计分析、企业名录、培训信息、经济信息、网上报表、统计论坛等模块。企业可以上网查阅宏观经济信息、经济政策信息、行业经济信息等。“百强”工业企业信息联网可操作性强，上网方便、快捷，是企业完成国家统计调查任务的一种有效的方法。

【《武进统计志》编纂出版】 市统计局从1999年以来，组织专门力量，广泛搜集史料，查阅档案，整理编纂《武进统计志》。《武进统计志》是一部全面记述建国以来武进统计事业发展历程的大型方志书籍，也是武进历史上第一部统计专业志书，资料翔实，内容丰富。该志从1999年启动，2001年10月底完成《武进统计志》的撰写审稿工作。全书约65万字，由国家统计局局长朱之鑫作序；国家统计局副局长贺铿，原中共武进市委书记、市长毛伟明，市人大常委会主任赵耀骥、市政协主席杨锡根等领导题词，2002年4月由中国统计出版社正式出版。（包卫星）

药 品 监 督 管 理

【常州市武进药品监督管理局成立】 11月29日组建成立。该局为江苏省常州市药品监督管理局的直属部门，是主管武进市药品监督的行政执法机构，内设职能科室有办公室、综合监管科、稽查科（稽查大队），原市卫生局下属武进药品检验所同时划入武进药品监督管理局。武进药监局的主要职责是监督实施国家有关药品监督管理的法律、法规和规章，负责查处全市违反药品监督管理法律、法规和规章的违法行为，负责对全市医疗器械企业和产品实施监督管理；负责对全市药品监督法规培训；管理所属药品检验、检测机构，规范全市药品市场秩序、保证人民用药安全有效，促进全市医药事业健康发展。

【药品管理】 12月，药监、卫生部门先后联合组织全市医疗机构对使用药品情况进行全面清理，查出不合格药品301批次；抽查医疗机构和医药经营企业328家，抽检率35%，年内抽检药品324批，合格311批，合格率96%。（李小平）

【医药商品经营】 2001年，武进药业有限公司积极调整经营布局和经营策略，改革劳动用工及工资分配制度，聘任新的经营管理班子，精简管理科室，实现商品销售总额4.39亿元、利润1 316万元、上缴国家税收1 295万元，比上年分别降6.8%、增36.7%、降29.9%。9月，该公司被命名为江苏省第四批“重合同、守信用”企业。（巢全大）

8月1日起一批法律法规正式实施

房产证注册号统一编制 根据建设部、新闻出版总署、公安部、国家工商行政管理总局颁发的《房屋权属证书印制管理办法》规定，全国的房屋权属证书将统一由建设部编制注册号，并由指定的印刷单位印刷。房屋权属证书是市民拥有房屋所有权的唯一合法凭证，包括《房屋所有权证》、《房屋共有权证》、《房屋他项权证》或《房地产权证》、《房地产共有权证》、《房地产他项权证》。

市民购汇不必都去中行 根据国家外汇管理局公布的《境内居民个人购汇管理实施细则》，将在全国推广“境内居民个人购汇管理信息系统”。外资银行、商业银行及信用合作银行也能开展居民购汇业务。《细则》将居民个人购汇种类统一为16类，实行统一的限额管理，简化购汇凭证，解决了居民个人异地购汇问题。为防止不法分子非法购汇，《细则》对居民个人购汇实行事后核销管理。

互联网上乱刊载要受罚 根据新闻出版总署和信息产业部联合发布的《互联网出版管理暂行规定》，网站必须有专门的编辑对出版内容进行审查，不得载有宣扬淫秽、赌博、暴力或者唆使犯罪的内容，也不得刊载侮辱或者诽谤他人、侵犯他人合法权益的内容。一旦查出互联网出版机构有违规行为，市民可以随时向新闻出版局举报。有关部门将对其进行严厉查处，情节严重者，责令限期停业整顿或者撤销批准。

外商也能投资国内航空 根据民航总局、外经贸部和国家计委联合制定的《外商投资民用航空业规定》，外商投资中国民用航空业的投资范围、方式、比例、管理权等将进一步扩大。除涉及国家机密的项目外，外商可投资其它任何通用航空领域。

（栏目责任编辑　杜仁彬）

科学技术

科技管理

【概　况】 2001年，武进科技工作围绕全市经济工作重心，继续贯彻落实全国、省、市技术创新大会精神，重点抓好高新技术产业化、科技成果转化和企业技术创新，不断提高科技工作的组织程度，加大科技对经济和社会发展的支撑力度，积极推进科技经济一体化进程，促进了全市经济建设和社会事业的协调发展。全市科技进步对工业、农业经济增长的贡献份额分别达44.6%和57.4%，在常州辖市区科技进步统计监测评价中，总分连续六年名列第一。市科技局先后被表彰为江苏省"先进县(市)科委"、江苏省"知识产权工作先进集体"和江苏省"2001 年专利工作先进单位"。

营造良好的技术创新环境。2001 年，市科技局组织现场办公45次，为800多家企业提供咨询和服务，解决难题240多项。年初，成立由市各有关部门组成的科技联络员队伍，健全了组织网络。市科技局牵头协调20多个部门和单位联合举办以"环境保护——安全与健康"为主题的"科普宣传周"活动，与市科协联合认定5个"科普示范基地"；配合市知识分子工作领导小组，开展新一轮"515工程"对象的培养和继续教育工作；举办"纳米材料与化学化工"、"绿色化学与精细化工"、"信息化带动工业化"等专题报告会7次；完成《关于加快实现"产学研"一体化的分析与思考》、《关于促进企业技术创新的实践与思考》等调研材料，为领导决策提供参考依据。年内，市科技局与《武进日报》社联办"科技苑"栏目37期，组稿130多篇；在《科技日报》、《中国知识产权报》、《华东科技》等报刊上组织发表文章17篇。

发展高新技术及其产业。市科技局组织申报2001年省级以上各类科技计划189项，批准122项。其中国家级重点新产品试制计划项目 5 项、国家科技型中小企业技术创新基金资助项目 3 项、国家级"火炬计划"项目 3 项、国家级"星火计划"项目 3 项，获资助经费599万元；下达武进市级工业科技计划 35 项，安排科技"三项费用"279.5万元；认定高新技术产品75只、高新技术企业 7 家，累计31家，其中常州市第八纺织机械厂、江苏兰陵化工集团、江苏卓群纳米稀土材料有限公司被认定为国家级重点高新技术企业。稳步推进制造业信息化工作。该局选择江苏旷达汽车织物有限公司、常州市第八纺织机械厂、常州市裕成电子有限公司推广运用ERP(企业资源计划)技术，全面提升了管理水平；与浙江大天、南京金思维、南京新模式等软件公司合作，举办信息技术报告会 3 场、信息技术培训班 3 期、信息技术现场演示和咨询活动 32 场次，受训人员达 500 多人(次)；出台《关于加快全市制造业信息建设的实施意见》，组织 40 家企业申报江苏省制造业信息化示范试点企业，其中两家被列为省级示范试点单位。至年底，武进高新技术产业开发区累计有进区企业 170 多家，该区创业服务中心有在孵企业 27 家，高新区及其创业服务中心被江苏省政府分别表彰为"先进高新技术产业开发园区"和"先进科技企业孵化器"。

推进科技成果引进和转化。年内，市科技局组织35 家企业参加 2001 年常州——东南大学科技经济合作洽谈会，达成合作意向 8 项；组织 30 多家企业参加常州国际中小企业博览会，签订合作意向 22 项；组织有关企业负责人赴上海参加 2001 年国际控股项目及农业化投资合作洽谈会，为企业了解国际投资项目信息，招商引资提供服务。2001 年，全市培育创办科技开发(贸易)机构 32 家，新增产学研联合(中试)基地 3 家。至年末，全市正常运作的各类科技开发机构 176 家，从业人员4 500多名；开展"四技"(技术开发、技术转让、技术咨询、技术服务)活动项目1 600多项，实现技术贸易额1.5亿元。全年认定民营科技企业 30 家，累计74家；实现销售收入18.7亿元，实现利税2.7亿元，出口创汇3 287万美元。全年组织申报省科技进步奖 14 项，批准 3 项；常州市科技进步奖 18 项，批准 10 项；武进市科技进步奖 29 项，批准 28 项。

强化知识产权保护工作。年内，出台《武进市专利发展资金管理办法(暂行)》规定。市科技局协助省知识产权局调处专利纠纷 5 起，自行调解专利纠纷 7 起；协助江苏常嘉电子有限公司等 4 家企业与职工签订知识产权保护合同 300 多份。4 月，市科技局开展"武进市知识产权百题竞赛"活动，并邀请国家、省知识产权局领导就"中国加入世贸组织与知识产权保护"问题举行专题报告。

加快"科技兴农"步伐。年内，全市实施各级农业科技项目 58 项，其中国家科技部农业科技成果转化资金项目 4 项、省农业科技攻关和农业科技成果推广项目 2 项、常州市农业科技招标项目 6 项，共获得无偿资助 250 万元；实施武进市级农业科技项目 46 项，下达科技"三项费用"165 万元。开展多种形式的农业科技交流，接待了日本葡萄研究所等 4 批国外科研机构专家来武进交流和指导农业技术。

【2001 年武进市科技经济对接洽谈会】 2001 年，成功举办了两次从内容到形式均有创意的科技经济对接活动，100 多家知名高校和科研院所的 200 多位专家、教授应邀到会，展示3 300多项最新科研成果，发布950多条科技信息，全市4 100多家企业、8 200多人（次）参加了交流洽谈，洽谈签订各类技术合作意向318项，其中化工134项、机械65项、电子49项、新材料37项、轻纺10项、医药 9 项、农业14项。至年底，顺利实施技术合作项目42项，总投入达1.6亿元。 （徐亚新）

科技经济对接项目签约仪式。 （刘建中 摄）

科 技 成 果

【概 况】 2001年，武进有42个项目获各级政府评定的科技进步奖，其中省级3项、常州市级11项、武进市级28项；5只产品被确认为国家级新产品，2只产品被认定为国家科技型中小企业技术创新基金项目，4 只产品被认定为国家农业科技成果转化资金项目，75只产品被确认为"江苏省高新技术产品"，累计188只；8 只产品被认定为江苏省"火炬计划"项目，4 只产品被认定为江苏省"星火计划"项目；2 个项目被列入江苏省"十五"重大科技攻关计划；7 家企业被认定为"江苏省高新技术企业"，其中 3 家企业被认定为"国家高新技术企业"。全部新产品，省级"火炬计划"项目、"星火计划"项目及"十五"重大科技攻关计划项目完成产值143.25亿元，实现销售收入124.3亿元，新产品产值率达25.1%。

【8 只产品被认定为江苏省"火炬计划"项目】 电子除尘器由江苏常恒集团控制电器厂研制，集除尘、杀菌、脱臭三大功能于一身，主要应用于空调、浴霸、暖风机等家用电器上，电阻特性好，电离丝用镀金钨丝，抗氧化，各项功能达到国内领先水平。

树脂基复合材料用经编多轴向立体增强材料由常州市第八纺织机械厂研制，采用经编多轴技术编织出单、双、三、四、五轴向等多轴向织物，具有拉伸强度高、弹性模量高、铺覆性能好、剪切性能优等特点，可替代进口，属于国内首创、达到国际先进水平，广泛用于造船业、航空航天、风力发电、交通运输、国防科学等领域。

等离子无填料自动焊大口径不锈钢焊管由武进不锈钢管厂研制，与国内同类产品比较，焊管焊缝平整、光滑、外表美观、内在质量好，产品使用寿命长。而且加长大口径管不需要环缝焊接，都可以直缝焊接，具有国内领先水平。

激光级氧化钇由常州市江飞稀土有限公司研制，具有纯度高，杂质含量低的特点，可以用于激光材料、材料添加剂、人造宝石、高质量彩电荧光粉、电脑显示器粉、三基色灯粉以及其它发光材料，各项主要技术性能指标优于国内同类产品。

针织纬编绒类大提花汽车座椅内饰面料由武进市旷达汽车内饰厂研制，具有阻燃、透气、柔软、抗静电、抗油污、断裂强、被包覆性好等特点，主要用于汽车、火车、轮船等座椅内饰，也适用于家庭、宾馆等室内装璜装饰，各项性能指标达到或超过国外同类产品，能替代进口。

中央空调风机盘管用无刷直流电动机由常州常恒集团电机电器厂研制，具有调速范围宽、效率高、噪音低等优点，定子端部短、省钢线、高次谐波小、成本低，WIF 系列外转子采用瓦形钕铁硼永磁体，径向结构，磁能级高，效率高。主要性能指标处于国内同行业领先水平。

楔块式单向超越离合器由武进市南方轴承有限公司研制（参见 P178 同名条目）。

LJ2000高精度金属齿条自动生产线系常州市钢筘厂研制开发，主要用于生产矮、密、尖、浅、小的系列精密优质金属针布齿条，替代落后针布生产设备，为纺织行业提高纺纱质量和纺织档次，开发新品，提供急需要的金属针布，增强出口创汇能力。

表 54 **2001 年度武进市被认定的江苏省“高新技术产品”一览**

产品名称及型号	承担单位	产品名称及型号	承担单位
SD—13 型微型动圈式受话器	常州市裕成电子有限公司	IMO 型不锈钢罐式集装箱	常州市华鑫特种货柜厂
特种不锈钢箔	常州市钢箔厂	LJ 2000 型高精密金属齿条自动生产线	常州市钢箔厂
阿苯达唑(丙硫咪唑)	常州市亚邦兽药有限公司	激光级氧化钇	江苏卓群纳米稀土股份有限公司
清洁工艺生产造纸专用超细 D—蒽醌	江苏亚邦集团公司	分散蓝 S—2GL、分散蓝 60＃新组分	江苏亚邦集团公司
HDR 高速双针床绒类经编机	卡尔迈耶纺织机械有限公司	树脂基复合材料用经编多轴向立体增强材料	常州市宏发土工复合材料工程有限公司
核岛反应堆专用灯	鸿联灯饰有限公司	电子除尘器	江苏常恒集团控制电器厂
WHS—LII 型智能化全集成数码监测系统	武进市宏科电子电器有限公司	楔块共用保持架的超越离合器	武进市南方轴承有限公司
塑料挤出平膜拉丝机组	常州市永明机械制造有限公司	外转子微型电机	江苏省常嘉电器有限公司
空调列车用辅助逆变器和充电机	长春客车厂武进铁路车辆电源电器开发中心	阿斯巴甜	武进市牛塘化工厂
对羟基苯乙酰胺	武进市牛塘化工厂	雄烯二酮	常州市医药原料厂
3—羟喹哪啶—4—羟酸	江苏亚邦集团公司	苯硫(苯)咪唑	常州市亚邦兽药有限公司
DARC—9型吸附树脂	武进市药物原料化工厂	GYPG—50型广谱(高压力)喷雾干燥机	江苏省范群干燥设备厂
X28—2各色聚丙烯塑料专用漆	常州市柏鹤涂料有限公司	分散红127＃	江苏亚邦集团公司
MRES 高功能多梳栉拉舍尔经编机	卡尔迈耶纺织机械有限公司	小功率彩色金属卤化物灯	武进特种光源厂
等离子无填料自动焊大口径不锈钢焊管	武进不锈钢管厂	LDH 型磷化(钝化)废液焙烧炉	常州市第二干燥设备厂
氧化钇铕	江苏卓群纳米稀土股份有限公司	金属镧	江苏卓群纳米稀土股份有限公司
氧化钐	江苏卓群纳米稀土股份有限公司	氧化镨	江苏卓群纳米稀土股份有限公司
氧化镧	江苏卓群纳米稀土股份有限公司	氧化钕	江苏卓群纳米稀土股份有限公司
氧化镝	江苏卓群纳米稀土股份有限公司	氧化钆	江苏卓群纳米稀土股份有限公司
氧化铒	江苏卓群纳米稀土股份有限公司	金属镨	江苏卓群纳米稀土股份有限公司
金属钕	江苏卓群纳米稀土股份有限公司	金属钐	江苏卓群纳米稀土股份有限公司
金属铽	江苏卓群纳米稀土股份有限公司	金属镝	江苏卓群纳米稀土股份有限公司
氧化铕	江苏卓群纳米稀土股份有限公司	氧化铽	江苏卓群纳米稀土股份有限公司
氧化钇铽	江苏卓群纳米稀土股份有限公司	金属钕	武进市新宇稀土厂
金属镝	武进市新宇稀土厂	金属钐	武进市新宇稀土厂
金属镨	武进市新宇稀土厂	1—氯蒽醌	江苏亚邦集团公司
1,4—二氨基—2,3—二羟酰亚胺蒽醌	江苏亚邦集团公司	蒽醌—1—磺酸钠盐	江苏亚邦集团公司
1—氨基—2—溴—4—羟基蒽醌	江苏亚邦集团公司	1—氨基蒽醌	江苏亚邦集团公司
1,4—二羟基蒽醌	江苏亚邦集团公司	1,4—二氨基—2,3—二氰蒽醌(双氰)	江苏亚邦集团公司
1,4—二氨基—2,3—二氰蒽醌(双氯)	江苏亚邦集团公司	蒽醌—1—磺酸铵盐	江苏亚邦集团公司

产品名称及型号	承 担 单 位	产品名称及型号	承 担 单 位
1—氨基—蒽醌—5—磺酸钠	江苏亚邦集团公司	高品质钛菁绿G	江苏亚邦集团公司
已酸孕酮	常州市医药原料厂	醋酸氢化可的松	常州市医药原料厂
氢化可的松	常州市医药原料厂	常温加压新工艺生产黄体酮	常州市医药原料厂
4—雄烯二醇	常州市医药原料厂	5—雄烯二醇	常州市医药原料厂
叶酸	武进市牛塘化工厂	L—天门冬酰胺	武进市牛塘化工厂
对羟基苯乙酰胺	武进市牛塘化工厂	阿斯巴甜	武进市牛塘化工厂
丙硫咪唑亚砜(阿苯达唑亚砜)	常州市亚邦兽药有限公司	丙氧咪唑	常州市亚邦兽药有限公司
肌醇	常州运莱生物化工有限公司		

【4只产品被认定为江苏省“星火计划”项目】 H55—8环氧高固化体饮水舱涂料由江苏兰陵化工集团公司研制,该产品广泛应用于船舶饮水舱、淡水舱、饮料、自来水等行业的贮罐、道和仓库内壁,具有良好的附着力、耐水性和防锈性能,对水质污染、人体健康无影响,固体份含量高,技术国内领先。

二乙烯三胺五甲叉膦酸由南京化工学院武进市稳定剂厂研制,该产品是一种多功能复合药剂,对高硬度、高PH水中防止碳酸盐和硫酸钡沉积特别有效,它作为阻燃剂广泛用于冷却水处理、地热、油田、注水、电厂灰垢回水等,并可节约大量工业用水,减少工厂排污。

新型低发泡PVC异型材项目由常州恒富丽塑料型材有限公司研制,该项目通过引进低发泡PVC挤出技术和热转印技术,生产各种异型以塑代木装饰型材,它既具有一般硬质PVC型材的特点,还具有隔音、防潮、防变形等独特的优点,能加工出各种木纹的装饰效果,广泛用于建筑、装潢行业。

BTCA丝棉强物绿色抗皱免烫剂由武进市前黄红旗精细化工厂研制,该产品纯品熔点度为230℃,压液相色谱分析含量大于95.8%,棉色织布经该产品处理后,部分指标优于甲醛树脂。产品具有抗皱、免烫、保形、处理工艺简单、无污染等优点,是传统甲醛型整理剂的更新换代产品。

【3个项目获江苏省科技进步三等奖】经编土工格栅(经编增强骨架复合材料)由常州市宏发土工复合材料工程有限公司开发研制。该产品技术填补在国内空白,达国际同类产品先进水平。抗撕裂性能强,与土体结合性好,伸长率小,蠕变性小,耐久性好,成本低,使用效果好,可替代传统建筑材料,并可替代进口格栅。广泛应用于宁杭、连徐、连宁、西部沿海等高速公路和广东、深圳等地重大工程。

端粒酶活性与肿瘤相关性研究项目由武进市人民医院完成,填补了某些肿瘤组织检测端粒酶活性的空白,其总体部分项目处于国内领先水平。该项目采用端粒重复序列扩增,银染和酶联免疫吸附技术对各种恶性肿瘤组织,良性肿瘤组织以及邻近正常组织的端粒酶活性检测,从而证明端粒酶活性与恶性肿瘤的相关性。

武香粳9号的育成项目由武进市农业科学研究所完成,技术达到国际先进、国内领先水平。该品种实现了“香”、“优”、“高”的突破。九项指标达部颁优质一级米标准。经加工的“太湖明珠”大米已成为苏、浙、沪、穗一带畅销名牌大米。该品种粮食单产已成为江苏推广面积最大的优质晚粳稻品种。

【特种不锈钢箔等10个项目获得常州市科技进步奖】
经编土工格栅(经编增强骨架复合材料)项目获常州市科技进步二等奖。内容参见【经编土工格栅(经编增强骨架复合材料)】条目。

优质高产抗病中粳新品种早丰9号项目由武进市稻麦育种场研究完成,获常州市科技进步二等奖。该品种由复合杂交,经多代南繁北育,对丰产性、抗性、米质的多重筛选育成。分蘖性强,全程生长清秀,灌浆快、熟色好、米质好,抗性强,稳产性好。经检测,该品种米质达新颁国际优质食用3级米标准,是1997年审定品种中米质最好的一个。该品种的研究技术处于省内领先水平。

低硅钛铁的制备方法项目由江苏江南铁合金有限公司开发研制,是一项发明专利技术,获常州市科技进步二等奖。用于冶炼高延伸率、高深冲性的汽车用IF钢时的合金化剂,具有杂质含量低、成分稳定、炼钢应用效果好、节省钛资源、提高钛的收得率等优点。大量应于宝钢和武钢,每年可节约150吨钛金属,节约成本350万元。该技术国内领先,产品填补国内空白。

IMO型不锈钢罐式集装箱项目由常州市华鑫特种货柜厂开发研制,获常州市科技进步二等奖。该产品解决了罐体材料防腐蚀问题,有利于环境,广泛应用于化工、食品、医药、运输行业,产品属国内领先,达到国际同类产品先进水平。

特种不锈钢箔项目由常州市钢箔厂开发研制，获常州市科技进步三等奖。本产品采用航空工业上的高强度特种胶粘接而成，各项技术指标均超过国外同类产品，适用织造高档、高密、薄型、高质量织物，节省了大量昂贵的焊锡资源。技术处于国际先进水平。

精细胶粉常温生产工艺技术及工程化装备项目由江苏石油化工学院和武进协昌橡塑机械厂联合开发研制，获常州市科技进步三等奖。本装备主要用于废旧橡胶的回收和再利用，用于塑料改性、高等级公路沥青改性、轮胎胎面胶改性等诸多领域。可将废旧橡胶颗粒在常温下生产加工成不同等级的精细胶粉，减少了环境污染。本技术处于国际先进水平。

高含量2—甲基—4—氯苯氧乙酸由武进农药厂开发研制，获常州市科技进步四等奖。该产品是一种内吸传导的选择性除草剂，用于水稻、小麦、玉米等禾本科作物防除杂草，它具有高度的选择性和内吸作用，杂草从长出到开花前都能被杀死。还具有抑制水稻无效分蘖、刺激生产、防止倒伏、促进早熟、增加产量、对后茬作物无不良影响等优点。该产品属国内领先，并达到国际同类产品先进水平。

欧美优质无籽西瓜格林168研究项目由武进市蔬菜办公室开发研制，获常州市科技进步四等奖。利用该栽培技术种出的西瓜，比市场同类产品含糖量高、肉质细腻、口感好，价格比常规品种每千克高出0.4元，每亩增值2 000余元。其中，双蔓单瓜整枝技术和引蔓快速再生结瓜技术为省内首创；穴盘补光地热线育苗、父本黄冠优化组配、硼肥使用等关键技术属创新技术，总体研究水平达省内领先。

TA—218高温耐磨复合管项目由武进市华耐衬里材料厂开发研制，获常州市科技进步四等奖。该产品是将T型龟甲网和双组耐高温耐磨衬里材料二项国家专利技术（均为该厂自主知识产权）组合而成的一项新的耐高温防磨技术。能保证耐磨层在高温料气强烈冲刷的工况环境中不碎裂、不掉块、不剥落。多项性能指标比常规高温耐磨管道提高3～5倍。安全使用周期大于10年。该产品居国内首创，技术处于国内领先水平。

精养鱼池配套网箱养殖黄鳝技术研究项目由武进市滆湖多种经营综合服务站、江苏省淡水水产研究所和武进市水产技术推广站联合研究的课题，获常州市科技进步四等奖。该技术研究围绕四个方面攻关：①网箱制作、设置及生长环境的营造；②科学的饲养管理，鲜活小杂鱼及配合饲料的配套应用；③鳝种的收集、运输、优质种苗的选择；④黄鳝疾病防治技术。该技术在江苏省内最早实施，尤其是对黄鳝生长栖息环境的营造、鲜活饵料和配合饲料的应用等方面，填补了省内空白。技术处于江苏省领先水平。

【激光级氧化钇研制成功】 2001年，常州市江飞稀土有限公司研制开发的激光级氧化钇产品，具有纯度高，杂质含量低的特点，可用于激光材料、材料添加剂、人造宝石、高质量彩电荧光粉、电脑显示器粉、三基色灯粉以及其它发光材料等用途，主要技术性能指标优于国内同类产品。

【农业科技示范园区建设成效显著】 2001年，市科技局根据“科教兴农”的总体要求，加快农业科技示范园区建设步伐。年内，认定常州市级农业科技示范园区2家、武进市级5家，下达园区建设经费53万元，园区在新品种引进、新技术展示、新成果转化等方面成为全市“科技兴农”的示范样板和新的农业科技革命的典型，为全市农业发展发挥了示范窗口和辐射源的作用。

表55 **2001年度常州市级农业科技示范园（武进部分）一览**

名称	建设内容	承担单位	负责人	技术依托单位
三新蚕桑业生态科技示范园	园区引进蚕桑新品种、研究探索种桑养蚕新技术，利用蚕桑副产物，开发高档、珍稀、保健药用系列菌菇，实现工厂化、标准化、规模化生产，提高土地产出率和综合效益。以“公司＋基地＋农户”的形式实现产、供、销一体化，带动500户蚕桑大户。“十五”期间建设优质品种桑园100公顷，单产蚕茧150千克，利用蚕桑副产物开发系列菌菇500千克。园区年总收入达880万元。	武进市三新园艺有限公司	祁志平	中国农科院蚕业研究所扬州大学
现代生态畜牧科技示范园	繁育良种高产奶牛，利用废物种植优质人工牧草、养殖蚯蚓、黄鳝，形成高效生态养殖模式。以奶品加工业为核心，通过“公司＋基地＋农户”的形成实现产、供、销一体。“十五”期间，建设人工牧草场36公顷，饲养奶牛500头，引进优良种牛，母牛，建成胚胎移植工程中心，年产良种牛胚胎1万牧，冻精细管5万支，建成年处理鲜奶1万吨乳制品加工厂，并形成自己品牌。	武进市现代畜牧有限公司	吴新代	中外农村经济技术研究所

表56 2001年度武进市级农业科技示范园

名称	建设内容	承担单位	负责人	技术依托单位
三新蚕桑业科技示范园	园区引进蚕桑新品种、研究探索种桑养蚕新技术，利用蚕桑副产物，开发高档、珍稀、保健药用系列菌菇，实现工厂化、标准化、规模化生产，提高土地产出率和综合效益。以“公司＋基地＋农户”的形式实现产、供、销一体化，引导全市蚕桑业的发展。“十五”期间建设优质品种桑园80公顷，亩产蚕茧150千克，亩桑副产物开发系列菌菇500千克。使园区建成开发、示范、推广、生产、经营、服务为一体的蚕桑业生产基地。	武进市三新蚕桑园艺有限公司	祁志平	中国农科院蚕业研究所扬州大学
新华现代农业科技示范园	建立长江名贵鱼类纯繁中心，研究工厂化及生态养殖技术，建设3 000m²的净水循环恒温养殖设施，年产河豚、鮰鱼种苗100万尾；建立组培中心，培育各类花木200万株。“十五”期间，建设各类花卉和蔬菜基地40公顷；长江名贵鱼类基地20公顷，沿江经济林果园带20公顷，使园区成为集科研、生产、培训、营销、观赏旅游于一体的现代农业示范基地，成为全市发展现代设施农业和农业高新技术的典型。	江苏常恒集团有限公司	何宇林	中国农业科学院上海水产大学
郑陆畜牧纯繁科技示范园	园区通过与国内外科研机构及公司的协作，联合试验掌握家畜胚胎移植新技术。“十五”期间，形成年产500头纯种波尔山羊、5 000头杂交羊的生产能力，并不断创造条件开发生物反应器，推进家畜品种的改良，使之成为良种家畜纯繁培育的基地。	武进市波尔山羊纯繁培育中心	苏彩秀	上海市转基因研究中心
罗溪果蔬新品科技示范园	围绕国内外果蔬新品的开发和生产，利用建成的大棚设施，建设0.67公顷果蔬新品的引试鉴定区，2公顷新品种扩繁与示范区，为广大种植户提高优质种苗，结合综合丰产技术的试与推广，建立市场化的运作机制，使园区成为果蔬新品的试验、示范、繁育的基地，从而带动全市果蔬品种的优化和更新，提高农民的种植效益。	武进市格林农业新技术有限公司	刘良大	南京农业大学蔬菜所
休闲渔业科技示范园	引进、驯化鳖、龟等特种水产新品种，研究鳖、龟繁育技术，试验采用设施养殖，生态养殖相结合的生产模式，开发适合休闲、旅游渔业新品和设施，“十五”期间，建成8 600平方米的渔室、40公顷的水产养殖面积，使之成为特种鳖、龟的养殖和休闲观光于一体的基地。	常州市龟鳖繁育良种场	李浩兴	江苏省淡水渔业研究所

【楔块式单向超越离合器研制成功】 武进市南方轴承有限公司研制。该产品改变传统的弹簧给定压力，使耐疲劳强度大大增强，由内外双层保持架结构，使楔块有合适的游离位置，中层有簧长给定压力，使整套结构紧凑，各项性能指标达日本同类产品水平。2001年，该公司投资2 200万元，形成年产200万套楔块式单向超越离合器的能力，新增产值8 000万元、利税2 200万元。2001年底开始批量生产，形成300万套的年产能力。当年销售110万套，新增产值4 400万元。（徐亚新）

专利与技术市场

【概　况】 2001年，武进共申请专利510件，授权370余件，比上年增近60%，位居江苏省县市级第二，占常州市专利申请总量的50%以上。出台《武进市专利发展资金管理办法(暂行)》规定，协助江苏省知识产权局调处专利纠纷5起，自行调解专利纠纷7起；协助江苏常嘉电子有限公司等4家企业与职工签订知识产权保护合同300多份。确定武进市“促进专利产业化示范工程”项目4项，拨款326万元引导资金，扶持10人实施专利产业化项目，预计可创产值15亿元、利税2.38亿元。4月，市科技局开展武进市知识产权百题竞赛，邀请国家和江苏省知识产权局领导就“中国加入世贸组织与知识产权保护”问题举行专题报告。组织20家企业的54只产品参加第八届中国专利技术博览会，有14只产品获“金奖”，2只产品获“银奖”，4只产品获“创新奖”。年内，邀请14家省级知识产权单位来武进参加科技经济对接活动，发布专利信息258条，签订专利合作意向项目33项。1月，完成国家知识产权局下达的“中小功率柴油机专利战略研究报告”，并通过专家组的签定，为武进柴油机行业的发展提供了重要的决策依据。（徐亚新）

防震减灾

【概　况】 2001年，武进重视防震减灾工作，年初召开全市防震减灾领导小组全体成员会议，明确指出逐步建立健全地震监测预报、地震灾害预防和地震紧急救援三大工作体系，全面推进全市防震减灾各项工作顺利开展的要求，同时建立武进市防震减灾工作联席会议制度，统一领导，全面协调全市的防震减灾工作。市地震局重点抓好地震监测预报、抗震设防管理、地震应急救援、地震科普宣传等工作，被评为常州市防震减灾工作先进集体。在江苏省县(市)级防震减灾综合评比活动中，武进市获第三名。

【抗震设防管理】 2001年，市地震局根据《武进市建设工程抗震设防和地震安全性评价工作管理暂行规定》，重点在武进城区开展建设工程抗震设防工作。12月，在武进市行政审批服务中心设立窗口，开建设工程抗震设防要求审批的服务。

【地震应急检查通过省级查验】 11月6日，江苏省政府组织地震应急检查组来武进现场检查和指导地震应急工作。主要是检查地震应急工作领导机构落实，编制和修订地震应急预案，地震应急指挥系统和队伍建设，防震减灾宣传，救援资金、物资及设备应急措施和地震反应能力等情况。检查组现场察看江苏新亚化工集团及其地震应急预案和应急指挥、装备物资。在武进市地震应急指挥中心，副市长张建新代表市政府向省政府地震应急检查组作了武进地震应急工作情况专题汇报。检查组肯定了武进地震应急预案落实到位、应急指挥中心建设到位、科普宣传硬件投入到位，对武进的地震应急准备工作表示满意。

【数字地震台网建设】 武进市地震局和常州市地震局联合建设清明山地震台，编制的《武进市数字地震台(网)工程技术》被列入2001年武进市社会科技发展项目。该工程项目7月开始基础建设，10月设备安装调试，年底通过江苏省地震局专家组验收，投入运行。这项工程运用我国数字化地震观测系统“九五”攻关技术成果，系统稳定可靠，软件功能齐全，通过DDN专线通讯，传送清明山地震台提供的24位实时地震数据，并与靖江、无锡、溧阳、金坛、镇江5个地震台联网监测，监测下限达到ML1.5级，缩短了地震速报时间，达到在15分钟内完成地震速报，确定地震“三要素”的要求，提高了常武地区地震监测能力。

【地震科普宣传】 2001年，武进地震科普宣传采用集中宣传和长期宣传相结合，普法宣传和科普宣传相结合等形式。市地震局在江苏省前黄高级中学、武进高级中学和江苏新亚化工集团公司等单位巡回展览大型地震科普图版，展出《台湾“9·21”地震灾害》和《土耳其“8·17”地震灾害》图板44块，累计巡展60余天，参观达1万余人次。8月14日，通过《武进日报》“科技苑”专版，开展报刊防震减灾专栏宣传，刊登“土耳其地震警示录”、“板块学说理论知识”、“遇到地震怎么办?”等10余篇文章，发行5万余份。9月9日、12日，市地震局在湖塘、邹区两镇分别开展大型科普集市活动，展出图板40块次，发放《地震谣传与地震预报》、《我国目前地震预报水平和状态》、《我国历史上比较著名的大地震》、《武进市破坏性地震应急预案》和防震减灾刊物等宣传资料5 000余份。 (蒋国斌)

科协活动

【概 况】 2001年，市科协按照“思路更宽、起点更高、影响更大、效果更好”的总体要求，充分发挥科协作为党和政府联系科技工作者的桥梁纽带、发展科技事业的重要社会力量的作用，努力提高学术交流水平和科普工作质量，为全市“两个文明”建设提供直接有效的服务。

“送科技、文化、卫生下乡”活动。1月13日、6月11日，市科协会同市科委、农业局、卫生局、常武新华书店等单位的50多名科技人员分赴横山桥镇、寨桥镇开展“送科技、文化、卫生下乡”活动，接待群众咨询342人次，专家义诊180人次，发放科普资料1.21万份，展销科技图书1 000多册。市科协向寨桥镇图书馆赠送了科技图书394册，制作了《崇尚科学、反对迷信》专题图片资料，在江苏省奔牛高级中学、新奔中学、西林中学、芙蓉初中、浦河初中等学校巡回展出，对青少年进行反对邪教“法轮功”的宣传教育。

“科普宣传周”活动。9月9日～15日，市委宣传部、市科协、科技局在全市开展以“环境保护——安全与健康”为主题的第12届“科普宣传周”活动，组织20个联办单位的120名科技人员到湖塘、邹区两镇举办大型“科普集市”宣传，发放科普资料3.97万份，接待群众咨询4 280人次，专家义诊410人次，开展成人体能测试500人次。在市行政中心举办了环境保护与经济发展报告会，邀请国家环保总局环境管理认证培训中心副主任张晓林教授主讲，市四套班子领导等400余人听了报告。宣传周期间，市科协、市委宣传部、市卫生局、农林局和科技局等部门举办了科普知识百题有奖竞赛，收到有效答卷6 044份，表彰奖励了185名获奖者。

知识分子工作。市科协各级组织年内举办实用技术培训班24期，培训专业户、示范户800多人次。市委宣传部与市科协、科技局、农林局、人事局等部门联合表彰奖励了科技人员“讲理想、比贡献”、“讲精神文明、比科技致富”竞赛活动先进个人60名。市科协所属各学

会、协会年内举办了农林医卫类学术交流活动35次，科技人员1 000多人次参加，推荐91篇科技论文参加常州市第6次优秀科技论文评选。年内，市科协会同武进日报社宣传了谈亚飞、宋尚军等14名科技人员爱岗敬业作奉献的先进事迹，奚伟红、金明福、陆云梅被中共常州市委组织部、常州市人事局和科协授予1996～2001年度"常州市优秀科技工作者"称号。春节前，市科协领导走访慰问了武进箭龙水泥有限公司、武进铁合金厂、武进柴油机厂的10个生活特困科技人员家庭。

【武进创建成"江苏省科普示范县（市）"】 年初，市科协按照市委、市政府提出的用1年～2年时间争创"江苏省科普示范县（市）"的要求，认真制订《武进市创建"江苏省科普示范县（市）"实施方案》，积极组织贯彻落实。建成江苏省武进高级中学科学馆为"江苏青少年科技教育示范基地"，中共常州市委宣传部、常州市科技局、科协，教育局命名武进市马杭城东小学为常州市青少年地学科普教育基地，江苏常恒集团有限公司和武进市三新园艺有限公司、现代畜牧有限公司、厚余花木公司、家缘园艺有限公司被市科协、科技局命名为第一批武进市科普示范基地。12月6日，江苏省科协创建工作验收小组到武进检查验收，听取了副市长张建新作的创建工作汇报，评审了创建工作台帐，考察了江苏省武进高级中学科学馆、夏溪花木市场等科普示范基地。根据检查验收结果，江苏省科协命名武进市为"江苏省科普示范县（市）"，武进提前1年实现争创目标。

（李金海）

无公害蔬菜生产简介

何谓"无公害蔬菜"？ 无公害蔬菜是指农药残留、硝酸盐、"三废"等有害物质含量和病原菌微生物不超标、不造成环境污染的商品蔬菜。它至少包括两个方面的内容：安全和营养，即对环境保证安全，对人体确实有营养。

无公害蔬菜属于绿色食品的范畴，必须符合以下四个标准：(1)蔬菜产品的生产和原料产地必须具有良好的生态环境，有害的本底值符合国家规定的允许范围。也就是说，各种有害物质的残留量应符合国家规定的允许标准。(2)原料蔬菜的栽培管理，必须遵循一定的技术操作规程。对于农药、化肥、植物生长调节剂的应用，必须严格执行国家规定的安全使用标准。灌溉水质必须符合国家规定的水质标准。(3)蔬菜产品的生产、加工、包装、贮运、销售等各个环节，必须符合我国食品卫生法的要求。(4)最终的蔬菜产品，必须经国家有关食品检测部门按标准验收，达到合格标准才可销售。无公害蔬菜的生产，就是要遵循绿色食品标准，本着低投入、高产出的原则，从菜田生态系统的总体观念出发，在加强植物检疫的同时，协调运用农业、生物、物理和化学等综合技术措施，创造有利于蔬菜生产和加工贮运的良好生态环境，以生产出达到安全和营养双重质量标准的优质无公害蔬菜。

根据我国绿色食品AA级的生产要求，在"生产过程中不准使用任何有害化学合成物质"，这种高标准的要求很难达到。目前我国推广的无公害蔬菜生产的基本概念和技术要求是"为保证一定产量和效益，在不对生产环境产生污染和产品体内有毒物质残留不超标的前提下，允许限量使用限定的化学合成物质"。也就是说，无公害蔬菜生产，允许限量使用某些化肥、农药、激素等，但蔬菜体内的有毒残留物质不能超过国家规定的标准。

蔬菜生产的主要污染源。 农药污染：长期不合理、超剂量使用化学农药，使得害虫和病原菌种群的抗药性逐年增强，抗药性的增强又迫使蔬菜生产者不断加大农药的用量，增加使用的农药次数，农药的浓度越来越大，高残留农药和剧毒农药的使用也越来越广，致使蔬菜产品中的农药残留量越来越高，因吃菜而造成农药中毒的事件屡见不鲜。

肥料污染：为了获得一定的产量，大量使用无机化肥，尤其是片面大量使用无机氮肥，不仅导致蔬菜产品组织内硝酸盐大量积累，而且造成地下水的高度富盐基化。硝酸盐在人体内经微生物作用可被还原成有毒的亚硝酸盐，它可与人体血红蛋白反应，使之失去载氧功能，造成高铁血红蛋白症，长期摄入亚硝酸盐会造成智力迟钝。亚硝酸盐还可间接与次级胺结合形成强致癌物质亚硝胺，进而诱导消化系统癌变。

工业"三废"污染：工业"三废"是指废水、废渣和废气，含有的有害物质包括二氧化硫、氟化氢、氯、乙烯、氮氧化物、酚类化合物、铅、锌、铜、铬等20多种物质。工业"三废"通过污染周围环境中的水、土壤和空气。从而污染蔬菜。

有害微生物污染：从医院排出的污水以及城镇生活污水，含有沙门氏杆菌、病毒、大肠杆菌、寄生性蛔虫等，流入菜田，造成蔬菜污染。速生叶菜生产过程中泼浇人粪尿，使有害微生物污染更为严重。另外有些菜商在贩运、销售蔬菜过程中用污水浸泡和清洗蔬菜，导致蔬菜的二次污染。

激素和保鲜剂污染：果菜类蔬菜如番茄、西葫芦、甜瓜、西瓜等，为了促进坐果，常使用各种保花保果的生长调节剂；为了促进果实成熟和提早上市，经常依靠激素催熟。有些蔬菜在贮存期间常使用保鲜剂，以延长保鲜期。不适当地滥用激素和保鲜剂，都会致使蔬菜产品受到污染和降低其风味品质。

（栏目责任编辑　王国新）

教　育

综　述

2001年，武进各级积极实施“科教兴市”战略，全面贯彻党和国家的教育方针、政策，以丰富教育现代化内涵为重点，继续加大教育投入，加强教育管理，深化教育教学改革，创新办学体制，促进了武进教育事业健康协调快速发展。年末，全市有各级各类学校277所，年内招收新生4.42万人，毕业4.12万人，年末在校学生18.86万人。

2001年，全市教育总投入达5.35亿元，比上年增30.8%。其中市财政安排教育经费2.64亿元、收到农村教育附加费6 000万元、人民教育基金450万元，全市316家校办企业上交学校教育经费641万元、其他收入8 900万元。全市新建、翻建校舍竣工面积达12.79万平方米。湖塘桥实验初级中学、武进市特殊教育学校、湖塘桥中心小学、邹坵初级中学等新校舍全部建成并交付使用。江苏省前黄高级中学城区分校一期工程主体建筑土建工程年底顺利完工。全市年内撤并村校46所，湖塘职业中学下半年停止招收职高新生。

加速实施教育现代化工程。2001年，全市各学校切实加强现代教育技术装备建设，年底全市学校拥有计算机房、多功能教室363个，拥有奔腾以上计算机8 000多台，液晶投影机和视频展台616台、标准化语音室和视听阅览室55个，建成校园闭路电视系统55个。130多所学校与因特网联网，开通校园网32个。4月，武进接受了省级教育现代化建设县(市)级调研性评估，13个镇上半年通过江苏省教育现代化先进镇验收，累计28个(另外2个镇通过常州市级验收)；江苏省武进高级中学等16所学校、幼儿园年内分别通过国家级示范性高中、省标市重点中学、省级实验小学等的验收，教育现代化工程建设取得阶段性成果。

强化德育、法制、心理健康等综合素质教育。1.德育工作。各校以江总书记《关于教育问题的谈话》精神为指针，认真贯彻落实全国中小学德育工作会议及中办、国办颁发的《关于适应新形势进一步加强和改进中小学德育工作的意见》精神，以养成教育为基础，以思想政治、心理健康、法制教育为重点，以学科教学和班集体建设为主阵地和主渠道，增强德育工作的针对性、主动性、实效性。4月，市教育局依据《中小学德育工作规程》，再次修改学校德育工作考评细则。年内，市教育局组织了“祖国统一赞”、纪念建党80周年——“光辉的历程”读书、演讲、征文、歌咏比赛等活动。利用业余党校在高中以上学生中开展中国共产党基本知识教育，帮助学生树立崇高的理想。年内，三河口中学、小河中学、育才职业中学、西林职业高级中学获江苏省“德育先进学校”称号，邹坵中心小学教师朱小砂等被江苏省教育厅表彰为“省德育先进工作者”，江苏省武进高级中学校长毛建东被评为“全国德育先进个人”。2.法制教育。一些学校聘请了校外法制副校长、辅导员，向师生定期作法制专题报告。配合市禁毒部门在学生中开展“拒毒”宣传教育，城区部分学校的师生举行“珍爱生命，远离毒品”主题游行；6月26日“全国禁毒日”，中央电视台新闻联播节目作了报道。年内，市教育局及礼嘉、三河口、洛阳中学被评为常州市“三五”普法先进单位。3.心理健康教育与引导。开展心理健康教育论文、经验总结和心理个案辅导报告评比活动和心理健康教育现场经验交流。各校建立了家长学校，实现学校、家庭与社区教育“三结合”。10月，江苏省教育厅在寨桥初级中学召开了家长学校现场经验交流会，推广寨桥初级中学“进村、入户、到人”的“三结合”教育经验。4.优化育人环境。市教育、公安、文化、城管等部门进一步加强对公共场所和校园周边环境的整治，加强对出版物销售的管理。

严格学校办学行为管理。1.整顿规范社会力量办学行为。上半年，市教育局组织专门力量整顿市内私人非法办幼儿园，年度审核全市各社会力量办学单位。该局与市相关部门、各镇政府全面调查清理整顿外来人员在武进举办的子弟“希望小学”等办学点和在读学生情况。2.加强学籍管理。市教育局严格禁止九年义务教育阶段的学校开设特色班、实验班、试点班和快慢班等。3.规范收费管理。市教育局、物价局制定《关于规范中小学收费工作的意见》，明确规定各级各类学校收费项目、标准等，要求各校(含公办民营学校)严格执行国家、省、市有关要求，加强收费、财务及其票据管理。对社会保险、卫生防疫、报刊征订、统一着装等现收现支的社会服务性收费项目，学校要按照学生自愿的原则统一代办，不得强迫代办；严肃查处借办班之名违规收费的学校。4.加强招生管理。5月初，市教育局通过市内各新闻媒体将有关中考招生政策、法规和招生计划等公布于众，及时纠正了个别学校招生宣传中的违纪行为，杜绝宣传报道失真失实，严格审查学校宣传材料，较好地维护了全市招生秩序。

教育教学目标管理。2001年，市教育局分别召开高中、职中、初中、小学教学工作会议，组织现场教学观摩研讨活动，重新修订和完善中小学教育教学质量评估细则，切实加强教育教学工作的目标管理和过程管理。市教育行政部门督促和引导各校严格执行课程计划，落实“减负”措施，巩固“减负”成果。年内全市幼儿教育学前三年入园率达96.3%，残疾儿童入学率100%，小学“四率”、初中“五率”继续保持在较高的水平上。初中毕业生升入高一级学校的比例达90.8%。全市高中毕业生被高等院校录取4 330人，其中录取为本科2 872人、职校毕业生被对口高校录取515人。全市7 146人次报名参加全国自学考试，毕业114人；20万人次接受岗位培训和实用技术教育。年末全市人均受教育年限达9.74年。武进市被省教育厅命名为“社区教育实验区”。全市中小学生体育达标率为97.9%、优秀率24.8%。武进市学校代表队获得省级体育比赛金牌37枚、银牌9枚、铜牌21枚，团体总分及金牌数列江苏省县（市）级第四名；获得常州市级比赛金牌109枚、银牌85枚、铜牌69枚。年内，武进市向江苏省体工队输送了4名优秀运动员。

全市幼儿体操汇演。（陆新 摄）

教学调研科研工作。全市组织学科教研活动187次，7 000多人次参加。组织教师参加江苏省新世纪教育教学论文大赛，收到论文4 831篇，其中2 350篇获得全省和常州市评比奖项。年内新批准立项的课题168项，其中江苏省、常州市、武进市级课题分别为33项、84项、51项，基本达到校校有课题。全市获得省级三等奖1个和地市级一等奖11个、二等奖22个、三等奖23个。

加强教育队伍建设管理。1.学校领导班子建设。市教育局召开了两次中小学校长会议，总结“九五”期间全市教育事业的发展，部署“十五”期间的全市教育工作，进行勤政廉政教育，并邀请原江苏省教委副主任周德藩、苏州大学教授、苏州市副市长朱永新来为全体校长和机关干部作专题讲座；年内举办校长培训班11期，400多人次参训。该局制定实施《武进市中小学校（园）长考核工作实施办法》，强化了对学校领导干部的管理，组织考察了55所中小学的领导班子；考核了116所学校的415名校级领导，调整了42所学校的领导班子。全市学校普遍推行中层干部竞聘上岗制，增强了办学活力。2.职工队伍建设。2001年，全市有381名毕业生和325名在职教师通过“双向选择”找到工作岗位；引进外地优秀毕业生134名、在职教师41名，清理不在岗职工150名。完善教代会制度，加强学校民主管理，全面推行学校领导干部民主评议制度。卞卫平等45人和杨波等300人分别被评为“常州市优秀教育工作者”、“武进市优秀教育工作者”；126人被确定为“常州市学科带头人”和骨干教师。在全市各学校开展师德师风大检查，严肃查处存在违反师德行为的教师；举办师德教育专题培训班，编印《教书育人，为人师表》论文集。3.教师继续教育。2001年，市教育局有182名中小学教师自学考试毕业，其中本科137名、专科45名；160名教师参加“专升本”函授，取得本科毕业证书；238名教师参加研究生课程班学习，102人取得结业证。年末，全市小学、初中、高中、职中专任教师学历合格率分别为98.5%、93.9%、86.8%和61.9%，小学、初中专任教师高一层次学历达52.5%和26.7%。

【30个镇创建成省、市级教育现代化先进镇】 2001年，全市各学校继续加强基础设施建设，重点建设常用、必备的教育教学设施及现代教育技术装备。至年底，全市各校拥有计算机房235个、“586”以上计算机8 000多台、多功能教室128个、液晶投影机309台、视频展台307台、标准化语音室32个、视听阅览室23个、校园闭路电视系统55个、校园网32个。130多所学校通过电话拨号、一线通、DDN数据专线和宽带一线通等方式与因特网联网。12月，全市教育信息化工作会议决定由武进广播电视数据中心配合市教育局与各学校建设宽带城域网。

上半年，礼嘉、雪堰、南夏墅、卜弋、罗溪、孟河、嘉泽、夏溪、郑陆、焦溪、邹区、小河、湟里等13个镇先后通过江苏省教育现代化先进镇验收，通过省级验收镇累计达28个(另外2个镇通过常州市级验收)。上半年，江苏省武进高级中学通过国家级示范性高中验收。西夏墅、礼嘉中学通过省标市重点中学的验收，11月～12月，西夏墅、横山桥、牛塘中心幼儿园和礼河幼儿园，漕桥、东安、夏溪初级中学及市特殊教育学校等分别接受了省级示范实验幼儿园、省级教育现代化示范性初中、省级现代化特殊教育学校的验收。湟里、雪堰、牛塘、邹区中心小学通过省级实验小学的验收。

【武进城区形成现代化规模教育】 2001年，武进城区继2000年秋季全省一流的武进市星辰实验学校建成投用后，又投入巨资新建3所设施一流的新学校，总投资近2亿元、总建筑面积达10.7万平方米，与此前建成投入使用的江苏省武进高级中学、武进市教师进修学校、市委党校、星辰实验学校、技工学校等形成了武进城区的现代化规模教育特色。江苏省前黄高级中学城区分校总占地13.33公顷，一期工程投资2 900万元，建筑面积2万平方米，年内完成主体工程。武进市湖塘实验初级中学占地6.87公顷，建筑面积5万平方米，投资6 400万元。2001年8月初步建成，9月秋季学期开学已投入使用。武进市特教学校由武进市奔牛镇迁建到武进市新城区，占地2.67公顷，建筑面积7 000平方米，实际投资1 500万元。2001年8月底竣工，9月秋季学期开学投用。

【外来工子弟学校管理】 至2001年底，武进有外来工子弟学校28所，分布在14个镇，在校学生近7 000名。市委、市政府对外来工子弟学校问题非常重视，责成市教育局及有关部门专门调研全市外来工子弟就学问题，并针对此类学校中普遍存在的办学条件差、安全隐患多等问题召开专门会议，讨论研究解决措施，要求各镇公办学校尽一切可能接收外来工子女到校就读。同时按照“积极疏导，合理布点，加强管理，确保安全”的工作方针，要求各地结合学校布局调整，充分利用被调整学校的资源，支持在当地举办的外来工子弟学校，出台了《关于解决流动儿童少年就学问题的暂行办法》，实行办学许可制度，进一步加大管理力度。

(张 龙)

基 础 教 育

【学前教育】 全市年末登记注册有各级各类幼儿园(班)327所，其中实验幼儿园2所、机关幼儿园1所(年内划归市教育局管理)、镇中心幼儿园32所、私人办及转制幼儿园8所；设有班级894个，在园幼儿3.1万名；年内入园幼儿1.12名，离园幼儿1.20万名；幼儿入园率：学前一年100%、学前二年99.7%、学前三年96.3%。继续开展幼儿园评估定类工作，年末全市有一类幼儿园36所、二类幼儿园16所、合格幼儿园1所。礼河幼儿园、西夏墅、横山桥、牛塘中心幼儿园年内通过江苏省示范实验幼儿园验收，累计11所。市教育局对600多名在职幼儿教师进行“七项技能”考核等活动，不断提高幼师业务素质。上半年，市教育局下发《关于对非法私人办园(所)进行调查的通知》，清理整顿非法私办幼儿园，强化了幼儿园内部管理，不断提高保教质量，促进幼教事业健康发展。

【小学教育】 全市年末有小学207所，其中初小28所、完全小学179所(含实验小学3所、中心小学31所)、教学点2个、复式班8个。年内招生1.47万名，毕业1.98万名，年末在校学生10万名。适龄儿童入学率、在校学生巩固率、义务教育年限内升学率、残疾儿童入学率均为100%，小学生毕业率99.8%。

【中学教育】 全市年末有普通中学61所，其中高级中学4所、完全中学9所、初级中学47所。设有普通高中319班，年内招生8 600名，毕业4 769名，年末在校学生16 822名；初级中学1 172班，年内招生20 605名、毕业17 308名，年末在校学生56 313名。年内初中入学率100%，巩固率98%，市会考毕业率87%，初中毕业生升学率90.8%。全市5 372人参加高考，被高等院校录取4 330人，录取率80.6%，高出江苏省总录取率约18个百分点，比上年下降6.6个百分点；本科录取2 872人，本科率53.6%，比上年提高3.7个百分点，高出全省本科平均录取率16个百分点，居全省县市级第一位。全市533名职校生参加对口高校招生，被高校录取515人，录取率达96.6%，其中本科142人、专科373人。

【江苏省武进高级中学通过国家级示范高中验收】 2001年4月接受国家级示范高中验收。该校自1997年通过江苏省重点中学验收后，坚持“以人的发展为本，营造促进教师发展的环境，培育推动社会前进的人才”为办学宗旨，不断优化办学条件，实现了校园拓展，新建的科技馆、被确认为江苏省青少年科技教育示范基地。扩建了学生公寓楼等，教育教学设施装备水平居于江苏省前列。积极实施“龙头工程”、“形象工程”、“再教育工程”、“青蓝工程”、“名师工程”，教师队伍的综合素质有了进一步提高。2001年末，全校在职教师156名，中高级职称的占70%，有国家级优秀教师、优秀教育工作者4名，市级以上学科带头人20多名。该校积极推进课程教学改革，构建素质教育的新型教学模式。教育科研水平不断提高，近年来该校获国家、省市级教科研成果共有8项。近百名教师的400多篇论文在国家、省、市级有关报刊上发表或评比中获奖。不断加强教育信息化步伐，专门为一线教师配备笔记本电脑134台。积极开展特色教育，构建学校办学特色，初步形成以英语、体育、科普教育、德育等为主要特色的教育格局。在全市率先推行了学校中层干部竞聘上岗制，为学校的可持续发展注入新的活力。学校整体办学水平不断提升，学校获得全国"读书育人特色学校"、"江苏省电化教育实验学校"等称号。

武高学生在江苏省青少年科技教育示范基地校科技馆内接受科普教育。（陆新 摄）

【湖塘实验初级中学建成开学】 9月全面招生。湖塘桥初级中学根据"依托名校办民营"的办学思路，新建公办民营学校武进市湖塘实验初级中学，投资7 500多万元，占地面积6.87万平方米，建筑面积近5万平方米，建有教学楼、实验楼、宿舍楼、综合办公楼、音乐体育楼、餐厅等大楼，及塑胶标准田径场1面；校园绿化覆盖率达41.8%；建有完整的校园闭路电视系统、智能广播系统、内线电话系统、数字监控系统和计算机网络系统，每个教室配备电脑、液晶投影仪、实物展示台和电子评课系统。学校教学现代化的硬件设备达到了较高的水准。2001年该校招收教师103名，其中33位教师从全国各地招聘，本科以上学历61人，具有高级职称的54人，武进市级以上的学科带头人及骨干老师21人。年末在校学生1 980人，其中寄宿生1 750人。

【江苏省前黄高级中学被评为全国现代教育技术示范学校】 2000年3月通过验收。江苏省前黄高级中学1998年被教育部确认为"全国中小学现代教育技术实验学校"，1999年4月建成校内互联网。2000年被教育部表彰为现代教育技术成果突出学校。近年来，学校先后投入450万元，安装了省内一流的现代化教育技术设备，实现了百兆交换到桌面，通过100M光纤和6KDDN专线接入因特网，学校拥有8台高级服务器和12台交换机，提供各种中国公众互联网服务。全校共有4个多媒体教室、2个语音教室、200台学生电脑，其中100台为液晶显示器。年内学校为全校一线教师配备笔记本电脑110台。学校鼓励教师积极开展现代教育技术研究，努力探索网络环境下的教学模式，不断提高教育教学质量。陈国祥、吴君民老师代表江苏省参加全国网络课评比大赛成绩优异。在2000年常州市各级各类学校网络主页评比中，省前中获得一等奖第一名。该校近几年公开发表、获奖的电教论文有54篇；自制多媒体课件100多个，其中44个多媒体课件在各级评比中获奖，同时承担国家、省、市级6个现代教育技术课题研究。

【全国少先队德育工作暨"新世纪我能行"体验教育现场推进会在星辰实验学校举行】 6月17日举行，来自全国各地300多位少先队工作者观摩了本次活动，团中央书记处书记、全国少工委常务副主任赵勇等领导参加了活动。该校以全国第四次少代会提出的体验教育思想为指导，针对快速的工业化进程对乡镇文明化、现代化高要求的区域特点，学校农村学生多、住宿学生多的特点，着眼于培养新世纪现代化合格小公民，开展了以"校内小城市，体验现代文明生活"为主题的体验教育活动。星辰少先队按照"自主体验、自我感情、自我教育"的思想，帮助队员们在校园内建立了一座小城市"世纪新城"，分为社会事业区太阳小城堡、市民活动区星星小城堡、市民生活区月亮小城堡21个现代化的部门单位，通过组织各种活动，引导队员们在小城市的现代化生活中实践、体验、感悟和成长。与会人员都被"世纪新城"聘为"荣誉市民"，团中央书记处书记、全国少工委常务副主任赵勇被聘为"荣誉市长"。

【江苏省前黄高级中学动物标本馆被命名为"江苏省环境教育基地"】 1954年建馆，学校坚持"继承传统、发展特色、体现示范，服务教育"的原则，不断加大投入，加强管理，积极争创全国一流动物标本馆。20世纪90年代开始，该校投入30多万元，广泛收集动物标本。至2001年末，该馆有动物物种1 673种（标本种类1 825种，标本件数达2 500多种），其中属国家重点保护动物133种、国家一级保护动物35种、国家二级保护动物9种。该馆分8个展室，各展室实现图、文、物三配合，1 000 多幅彩图与标本动物配套展示。1996 年 1 月，中国教育电视台作了专题报道，称之为“一流动物标本馆”。2001 年，该馆被江苏省环保局命名为“江苏省环境教育基地”。该馆常年接待各地来宾和附近中小学学生参观，在生态环境、生物资源和人类生存教育等方面发挥了积极作用。

【洛阳中学被命名为“江苏省气象科普基地”】 10 月 16 日挂牌，江苏省气象局副局长、省气象学会秘书长陈开喜等领导为洛阳中学挂牌，成为全市第一个省级气象科普基地。洛阳中学气象园创建于 1997 年，该校积极参与国家、省和市教育局、环保部门组织的环境宣传、教育活动，先后获得世界自然基金会、中国科协颁发的“全国青少年科技传播行动优秀组织奖”、“武进杯”环保知识竞赛优秀组织奖。2000 年该校被评为江苏省首批“绿色学校”。2001 年 5 月，该校被评为江苏省《面向新世纪青少年科技教育理论与实践研究》省级课题实验学校。8 月，学校创建成常州市气象科普活动基地。10 月 6 日，学校选派 6 名学生参加省气象观测和暑假环保夏令营，夺得团体总分第二名。

【江苏省奔牛高级中学成为国家级中小学骨干教师培训实验研究基点】 该校办学历史悠久，人文底蕴深厚，办学理念新颖，通过实施“青蓝工程”、“名师工程”，建立了一支素质优良、结构合理、相对稳定的教师队伍，培养的学生可持续发展能力强。国家“十五”期间师资培训的高校南京师范大学选中该校为武进惟一的培训点学校。 （张　龙）

【东安中心小学“军校共建”15 年不辍】 1987 年，东安中心小学与南京军区襄阳特功团开展“军校共建”活动，先后与海航独立第五团、中国人民解放军总装备部 63680 部队等单位开展“军校共建”活动。15 年来，该校向部队发出慰问信两万多封，向军人寄赠书籍等慰问品价值 1 万多元，为烈军属做好事 2 万多人次，向光荣军属送春联、年画等慰问品总价值 1 万多元，请军人作报告 50 多场次，开展“军校联谊”活动 100 多次。该校先后被常州市评为“十佳国防教育基地”、“全国国防教育先进集体”、“军民共建先进集体”。被武进市政府评为“拥军优属先进集体”，确定为“国防教育试点学校”。

（沈德华）

职业技术教育

【概　况】 2001 年末，全市有职业教学班（包括职业高中、综合高中、职业中专、电视中专）138 个，年内招生 2 383 名，毕业 2 444 名；年末在校学生 6 782 名。下半年，湖塘职业中学停招新生。年底，技工学校划归教育局管理。全市各职业学校（班）不断强化创业教育，注重学生实践能力的培养，职高毕业生的双证率（毕业证、技术等级证）达到 98%。年内 533 名学生参加对口高考，录取 515 人，录取率 96.6%，其中本科 142 人、专科 73 人。

【武进技工学校主体工程竣工】 该校总规划用地 10 公顷，总投资 8 000 万元，一期工程用地 5.4 公顷，建筑面积 4.2 万平方米，投资 2 500 万元，2000 年完成一期主体工程，建设相应的配套工程，完成投资 1 500 万元。 （张　龙）

社区教育

【概　况】 2001 年，武进以广播电视大学为龙头，各镇成校为主阵地，整合地区各类教育资源，开展丰富多彩的社区教育活动，努力为市民求知、求技提供服务。年内，武进市被省教育厅确定为“社区教育实验区”。各成校积极适应农村产业结构调整和市场经济术要，根据当地经济特点，协同农业、科技、多种经营等管理部门开展农村实用技术培训，推进了农村产业化进程。年内，全市 20 多万人次参加了农村实用技术教育、文化教育。继续抓好扫除青壮年文盲工作，对经考核脱盲的人员核发脱盲证书。至年末，全市青壮年非文盲率为 99.7%，全市人均受教育年限 9.74 年。市属企事业（含已转制企业）单位职工全员培训率为 51%。

市教育行政部门清理整顿全市社会力量办学单位，至年末发放社会力量办学许可证 34 张，并开始实施年检制度，进一步规范社会力量办学行为。

常州电大武进分校年内为社会输送机电、计算机、法律、英语等专业大专生 331 名；招收五年一贯制等各专业大专新生 780 名，招收计算机、英语等专业普通专科、双专科新生 305 名。年末全校全日制班级在校大专学生达 2 600 人。年内举办法律、金融等成人大专、本科函授班，注册新生 353 人，开放教育注册生达 833 人；举办会计上岗证、计算机等级考试、会计电算化等短期培训班 30 多期，培训学员 2 600 余名。

【常州电大武进分校成功拓展南校区】 近年来，该校随着武进经济和社会的快速发展，办学规模逐年扩大，主校区（北校区）校舍、设施等已不能满足正常的教学需要，长期租用武进地方工业干校作为第二校区，但仍不能解决校舍紧张的矛盾。2001 年，该校抓住常州市教育布局调整，原武进师范合并搬迁的机遇，出资

1 850万元整体收购原武进师范的校产作为南校区，为学校可持续发展创造了积极的条件。9月，1 200余名2001级新学生进入南校区学习。

【常州电大武进分校开办中澳合作大专班】 常州电大武进分校积极应对中国加入WTO后带来的机遇和挑战，满足社会对国际商务管理人才的需要，探索国际教育合作的途径和方式，与澳大利亚TAFE学院签订合作办学协议，由TAFE学院提供教学计划、师资，在常州电大武进分校开办国际商务管理大专班。该专业班学制3年，应用TAFE学院的原版英文教材，实行全英语教学。学生毕业时分别由江苏电大和TAFE学院发给中、澳两张大专文凭。首期在江苏省招收学员90余名，10月11日开班。

【武进市特教学校接受省特教现代化示范学校验收】 12月接受江苏省级特殊教育现代化示范学校的验收。2001年9月，武进市聋哑学校更名为“武进市特殊教育学校”；由奔牛镇迁至武进市新城区滆湖东路。学校建设投资约1 500万元，占地2.67万平方米，建筑面积6 479平方米。学校校舍建筑风格独特，环境优雅，可容纳、寄宿18个教学班（每班12人，计216人），能基本满足武进市特殊教育发展的需要。校园分设教学区、生活区、健身活动区，设有理化实验室、微机室、烹饪室、理发室、律动室、美术室、语训室、电视演播室、图书阅览室、乒乓室、多功能阶梯教室等，为残疾儿童的学习、生活、康复训练提供了现代化的良好环境。学校按照残疾学龄儿童九年制义务教育的要求，设置学年为1～9年。学校除招收聋哑学生外，也招收弱智学生。现有教师25人，其中小学高级教师18人、大专以上学历有13人。该校为江苏省伤残人群众体育先进集体和常州市伤残人康复先进集体、军民共建先进集体、1996年～2000年度残疾人工作先进集体、武进市“文明单位”，被江苏省教委确定为“南京特师实习基地”、武进市教委确定为“现代教育技术实验学校”。

（张　龙）

（栏目责任编辑　王国新）

文　化

文　学　艺　术

【概　况】 2001年，武进文艺工作者坚持“两为”方向和“双百”方针，积极做好题材规划工作，召开各种创作座谈会、创作笔会和文艺采风活动，努力营造一个出作品、出精品的良好的艺术氛围。全市广大文艺工作者、主创人员深入社会、深入生活、深入基层，激发创作热情，汲取创作源泉，生产出一批思想精深、艺术精湛、制作精致的优秀文艺作品，促进了武进文学艺术的繁荣，推动了文化事业与社会经济的协调发展。年末，市文联所属市级文艺协会11个、基层文艺分会和文学社团23个、基层文联10个；有会员2 000余名，其中国家级协会会员33名、省级112名、常州市级450名。年内出版专著6部，创作了一批优秀作品。据不完全统计，2001年度全市文化单位和广大文艺工作者在地（市）级及其以上报刊、文艺媒体上发表、出版、入展入选、获奖、公演和被收藏文艺作品900余篇（件），其中国际性30篇（件）、全国性90篇（件）、省级400篇（件）。

表57　**2001年武进市省级以上文艺成果分类统计**

类　别	国际性	国家级或全国性	省　级	小　计
文　学	—	17	9	26
戏　曲	—	22	2	24
音乐舞蹈	—	1	2	3
美　术	—	28	10	38
书　法	2	15	15	32
摄　影	19	3	4	26
合　计	21	86	42	149

【文学艺术创作成果丰硕】 2001年，陆涛声的小说集《再见千岛湖》、散文集《走进天一阁》由海潮出版社出版发行，万叶树的中篇作品集《兰陵白泰官》由中国文联出版社出版发行，收选中篇作品7篇；黄水清的童话集《知识童话精选》由上海远东出版社出版发行，该书分为自然知识童话、动物知识童话、地理知识童话、科技知识童话、数学知识童话、语文知识童话6部分，收录作者70篇童话精品；李祺的戏剧评论集《芳草缘》由中国文联出版社出版发行。《点红烛》、《鱼赋》等8篇歌谣被《中国民间故事集成·江苏卷》收录。摄影家汤德胜有13幅作品入选美国等13个国家举办的国际艺术摄影展，其中《春风熏得游人醉》获得法国国际摄影艺术展银牌奖。马中原和刘兴中编剧，陈正文导演，沈惠兰和陈云霞主演的锡剧《风流母女》、《窦娥冤》在第六届中国“映山红”民间戏剧节上取得编剧、导演、表演等22个奖项。12月8日，常州市书画院特聘画师赵治平、戚散花、顾中平、周晓东的15幅书画作品在中国美术馆展出。

【第二届武进市“德艺双馨”文艺工作者评出】 2001年，市文联采取“公开、公平、公正”的原则，评选出26位政治思想好、艺德高、在文学艺术各门类中有较突出成就的文艺工作者，并予以表彰。

表58　**第二届武进市“德艺双馨”文艺工作者**

姓 名	单　位	姓 名	单　位
陆涛声	武进市文化局（文学艺术研究室）	黄水清	武进市文化馆
戚散花	武进市文联	曹玉屏	武进市卫生局
黄喜荣	市工人文化宫	王兴鹤	牛塘中学（退休）
刘建中	市文化馆	谢雪滔	建行武进市支行国际部
王岳群	淹城博物馆	张　振	市锡剧团
顾华兴	奔牛文化站	朱立凤	常州市凤凰楼大酒家
秦雪芹	马杭镇企管站（退休）	王金海	马杭中学（退休）
刘正范	罗溪文化站（退休）	章乙未	前黄高级中学
杨国钦	前黄第二中学（退休）	卢晓玲	武进市湖塘桥中学
沈惠兰	市锡剧团	刘兴中	市锡剧团
陈云霞	市锡剧团	王玉琴	市文化馆
徐焕法	武进广播电视台	孙洪方	奔牛镇影剧院
王鉴风	南宅建筑工程公司（退休）	吕锦尚	常州飞天集团（退休）

【市锡剧团获中国民间戏剧节12个大奖】 10月，武进市锡剧团代表江苏省参加在山西省太原市举办的第六届中国“映山红”民间戏剧节。参演的大型古装悲剧《窦娥冤》、现代大戏《风流母女》共获一等奖12个、二等奖7个、优秀奖2个，武进市文化局获得集体育花奖，陈泽民、庄旦良获得个人育花奖，这是市锡剧团在全国性大型戏剧比赛中获得的档次最高的奖项。两剧的成功上

演，为弘扬传统文化、振兴地方锡剧事业作出了贡献。

【群众文艺专场演出】 2001年，市文化局组织举办了形式多样、内容丰富的文艺专场演出，收到了良好的社会效果。

禁毒专场文艺巡回演出。市文化局配合全市开展禁毒反毒工作，组织市锡剧团等文艺单位创编了一台以禁毒为主题形式多样、内容丰富的专场文艺节目，在全市30个镇巡回演出50多场次，应邀到镇江监狱句东戒毒所等地进行演出。整台节目寓教于乐，使广大群众及涉毒人员受到了生动形象的教育和启迪。

春天的呼唤专场文艺。6月，市文化局根据市委、市政府“崇尚科学、反对邪教，教育和挽救法轮功练习者”的指示精神，组织文艺人员深入生活，创作了一台专场文艺演出配合教育活动，有小品《危险来》、独脚戏《邪功》、诗朗诵《春天的呼唤》等10多个文艺节目，内容丰富多彩、寓教于乐，用文艺形式唤醒法轮功练习者早日摆脱精神枷锁，重返现实生活。整台节目制作成VCD，下发各镇开展宣教活动。

纪念建党80周年专场演出。6月，市文化局结合纪念中国共产党建党80周年，举办《太阳·春风·开创》大型专场文艺演出，演出舞蹈、独歌等10多个节目，宣传党的光辉历史，讴歌了党的丰功伟绩。

举办国际经贸洽谈会广场文艺 10月18日上午，市国际经贸洽谈会在市行政中心广场举行，市文化局组织演出了4个群舞节目：市教师进修学校的《龙飞凤舞迎宾客》、湖塘实验幼儿园的《秋硕》、湖塘中心幼儿园的《孩儿乐》、武进市星辰实验学校的《生旦净丑尽风流》。这些群舞节目热烈奔放，感染力强，充分展示了中国传统文化的艺术魅力和武进人民的精神风貌，得到中外宾客的赞扬。

【武进全国书画（业余）等级考核成绩突出】 3年来，市文联受中国文联和江苏省、常州市文联的委托，在全市开展全国书画（业余）等级考核等培训工作。全市有122名考生参加了儿童画、书法、素描、色彩、国画等不同级别艺术门类的考试。经中国文联艺术指导委员会统一评审，武进122名考生均获得不同等级的书画考级合格证书。

【纪念中国共产党成立80周年系列文艺活动】 参见P46同名条目。

表59 **2001年武进市文学艺术创作主要成果一览**

类别	作品名称	形式	作者	发表、出版、入选、展出、获奖、收藏情况
文学	自然·科学与人	科学寓言	黄水清	2001年9月入选浙江少儿出版社出版的“2001年冰心儿童文学新作奖”获奖作品集
	芳草缘 闲中有情	戏剧评论集 散文集	李祺	中国文联出版社出版 结集发表
	兰陵白泰官 记〈摄影天地〉总编辑汤思泮先生	中篇作品集 报告文学	万叶树	5月由中国文联出版社出版出版发行 10月在《中国摄影》发表
	这是春天的温暖	散文	张咏梅	入编《潮的回响》一书，由中国文联出版社2001年3月出版
	真实的细节	散文	柯英	入编《潮的回响》一书，由中国文联出版社2001年3月出版
	走近天一阁 再见千湖岛	散文论文集 小说集	陆涛声	海潮出版社7月出版 海潮出版社7月出版
	独辟蹊径攀奇峰	文艺评论	陆涛声	《上海工艺美术》(2001年1月)发表
	踏平坎坷成大道	报告文学	马中原	入选当代中国出版社《时代的亮点》报告文学集
	《清明上河图的精彩续笔》 为祖国的文化瑰宝再续余韵——汤友常铜刻艺术五创基尼斯纪录	报告文学	纪萍	发表于中国青年文学月刊1999年第9期《青春》杂志 发表于中国青年文学月刊2001年第12期《青春》杂志
小品	兵大哥与打工妹	小品	李中萱	全国“曹禺杯”小戏小品大赛业余组二等奖
戏剧	《刘兴中剧作选》 窦娥冤	剧本 锡剧	刘兴中	中国戏剧出版社出版 发表于《剧影月报》2001年第4期
	风流母女 窦娥冤	现代锡剧	市锡剧团	获中国民间戏剧节12个大奖

续表

类别	作品名称	形式	作者	发表、出版、入选、展出、获奖、收藏情况
音乐舞蹈	我们是祖国的希望	歌曲	庄旦良	2001年6月获全国校园歌曲子创作比赛一等奖，入编由中国戏剧出版社出版的《向明天歌唱——中国优秀校歌选》一书
	小小摄影家	声乐	杨秀妹词 杨琪龙曲	获江苏省少儿艺术创作三等奖
书法	祖国在我心中	行书	庄旦良	2001年10月在由中国硬笔书法家协会主办的“祖国颂”全国书法大赛中获佳作奖
	龙翔凤翥 春夜喜雨一首	行草	王金海	获世界华人艺术展佳作奖 入选《中国当代著名书画家珍品选》
	宋词二首	行书	戚散花	《中国书法》2001年第11期刊登
		行书	包宏斌	入选中国书协举办的八届全国中青书法
美术	九秋鹤精神 纹彩韶音 锦春 秋实 锦锈前程	国画 国画 国画 国画 国画	赵治平	入选(由中国美术协会主办的《新时代中国画作品展》 入选《庆祝建党80周年江苏省美术作品展》(由省美协主办，获优秀奖) 入选《新江苏省画派——七彩世纪中国画大展》(由省文化厅主办，获铜奖，6月展出) 入选《2001年南北方中国画大展》大型画册(由省美术馆主办，9月展出) 入选《新世纪江苏省花鸟画展》(由省美协、省花鸟画研究主办，7月展出)
	奔马	国画	黄喜荣	当代中青年实力派画家作品系列邀请展之三 入选江苏省新世纪花鸟画展览。
	南非行人物之一	国画	许琪萍	当代中青年实力派画家作品系列邀请展之三
	绿到江南 太湖春色 江山新姿	国画 国画	李金谷	获世界华人艺术展铜奖 入选中国近现代书画展并出版
		国画	莫静坡	入选江苏省新世纪花鸟画展览
		国画	孙杰	入选江苏省新世纪花鸟画展览
		国画	徐思齐	入选江苏省新世纪花鸟画展览
	春韵	山水画	陆琨	入选中国文联举办的《第四届全国山水画展》
	山秋 林荫古道	山水画 山水画	周晓东	入选由《新江苏画派——七彩世纪中国画大展》 入选省美协举办的《建党80周年江苏美术作品展》
	荷塘清趣 秋韵	竹刻 竹刻	徐秉言	《文汇报》刊出 《文化艺术报》刊出
摄影	秋风熏得游人醉 作品13幅	摄影 摄影	汤德胜	获法国第十六届国际摄影展银牌 富士杯“全国摄影”十佳 入选国际摄影艺术展
	黄花三月　台上台下 龙脊西提春早　情怀	摄影 摄影	刘建中	入选江苏扬州“烟花三月下扬州”国际旅游影展 入选江苏省国际旅游摄影艺术展览
	日进寸金	摄影	倪金才	入选江苏省第二届群众美术书法摄影作品展
	翠湖之春 双桥夜色	摄影	谢雪滔	获2001年第九届中国国际影展评委推荐奖 获全国第二届“蒲公英”少儿摄影作品展银奖
	向阳花	摄影	周鑫	获江苏省第三届少儿艺术节摄影作品展金奖
	人欢鱼跃	摄影	秦蔚成	入编中国摄影家作品精华编委会出版的《中国摄影家作品精华集》

（戚散花　王文献）

文物·博物·图书

【概　况】 2001年，市文物管理委员会办公室发挥协调职能，成立李公朴研究会，完成嘉泽镇姬山遗址等第3批市级文保单位的认定工作。市博物馆加强藏品管理，做好考古发掘工作和文物征集工作，对漕桥镇善塘村的古井群等进行抢救性发掘，发掘出文物17件，征集文物2件，馆藏品量达2 033件；市淹城博物馆对淹城城墙开展了全面维修设计，出版了《淹城遗址》。市图书馆以建党80周年读书活动为主题，开展“图书馆服务宣传周”活动，加强对农村图书馆的指导辅导工作，全年接待读者8.2万人次，流通图书10.2万册次，年末总藏书量达21.7万册。

【公布第3批市级文物保护单位3个】 10月，市政府公布嘉泽镇姬山遗址、湖塘镇李公朴故居和南夏墅镇港桥为第3批市级文物保护单位。姬山遗址是良渚文化遗址，李公朴故居位于湖塘镇东村，是民国时期李公朴先生早年生活、工作的住所，港桥是明代单环花岗岩石拱桥。年末全市有市级文物保护单位14处。

【李公朴研究会成立】 4月成立。宗旨是宣传李公朴先生的爱国主义精神，研究李公朴先生的民主爱国思想，深化全社会特别是青少年的爱国主义教育，为全市的精神文明建设服务。至年底，该研究会发展江苏省武进高级中学等团体会员10个、个人会员113个。 （王文献）

文化市场管理

【概　况】 2001年，武进文化市场经营单位有2 057家(个)。市文化局以整顿和规范文化市场秩序为中心工作，集中整治出版物市场、互联网上网服务经营场所、歌舞娱乐场所、电子游戏经营场所、印刷市场、演出市场等，打击违法违规经营行为，取缔非法经营场所，收缴非法经营物品，充分运用经济、行政、法律的手段来调控文化市场，促进文化市场朝着健康繁荣、竞争活跃、统一有序的方向发展。

【整顿和规范互联网上网服务营业场所】 2001年，市文化局认真贯彻执行国家文化部等4个部局新出台的《互联网上网服务营业场所管理办法》，与市电信局、公

表60　**2001年武进市文化娱乐活动场所一览**

场　所	数　量	场　所	数　量
歌舞厅	115家	卡拉OK厅	13家
溜冰场	20家	保龄球馆	2家
健身房	2家	影剧院	40家
电子游戏机室	81家	桌球室	186家
书刊店	210家	录像放映室	32家
音像租售店	324家	音像发行站	4家
印刷打字复印企业	915家	互联网上网服务场所	113家
合　计	2 057家		

安局、工商局积极配合，全面调查清理120多个经营场所。对符合开办条件的113家场所核发《互联网文化准营证》，严厉查处色情、赌博、暴力、迷信等不健康电脑游戏活动，坚决取缔无证无照的上网服务营业场所，保障了互联网上网服务营业场所合法规范运行。

（王文献）

群　众　文　化

【概　况】 2001年，市文化局科学规划全市农村文化建设，加强对农村文化工作的指导和辅导，促进了全市农村文化事业的繁荣和发展。各镇党委、政府坚持把农村文化建设作为社会主义精神文明建设的重要内容，充分利用各类文化阵地和设施等文化资源，大力推进村镇社区文化、企业文化、校园文化、村落文化建设，

（陆新　摄）

通过开展文化进村入户等活动，丰富和活跃了广大群众的精神文化生活。坚持以特色文化为载体，以大众文化为切入点，逐步形成“一镇一品”的文化新格局，西夏墅镇的风筝节和军营文化、湖塘和礼嘉镇的农民菊花展览、洛阳和潘家镇的诗社词社活动、邹区镇的企业文化、湖塘镇的元宵文艺活动、遥观镇的鹞灯活动等都开展得有声有色。

洛阳镇清风词社社员正在填词吟诗。(高岷 摄)

【开展第六届“送文化下乡”活动】 1月，市文化局遵照中共中央宣传部、国家文化部等6部委关于开展第六届“送文化下乡”的精神，组织市锡剧团、文化馆、书画院、电影公司等文化单位赴湟里镇等村镇开展送文化下乡活动。市锡剧团、文化馆联合推出一台综合性文艺节目，演出了小品、戏曲、歌曲等丰富多彩的文娱节目；市书画院创作人员为广大群众免费书写春联、门幅等；市电影公司到农村免费放映科技电影。随后到湖塘镇敬老院等开展“送文化下乡”活动。全年“送文化下乡”活动演出20多场次，赠送书画作品1100多幅、放映电影30场次，深受广大农村群众的欢迎。

【电影放映】 2001年，市电影公司围绕建党80周年纪念活动和反对法轮功宣传教育活动，组织放映《毛泽东在1925》、《开国大典》、《宇宙与人》等影片。武进影剧院接待专业剧团11个、业余演出团体15个，演出101场，放映学生专场电影100多场。

(王文献)

我国书法艺术史之最

迄今发现最早的书法作品 中国最早的书法作品是1899年发现的殷商甲骨文。从这批甲骨文中发现，它们已具备书法的三个要素：用笔、结字、章法。从用笔上看，甲骨文所成笔画有粗有细，有方有圆，由刀刻形成的笔画多方折，笔画交叉处剥落粗重，给后世书法、篆刻留下了不少用笔、用刀的方法。从结体上看，甲骨文错综变化，大小不一，但均衡对称，稳定之格局已定。从章法上看，或则错落疏朗，或则严整端庄，且因骨片大小和形状不同而异，都显露出古朴而又浪漫的情趣。

迄今发现最早最珍贵的隶书作品 1975年12月在湖北省云梦县城关西部睡虎地墓地出土的秦始皇时期的竹简(墨书隶文)，是秦始皇统一全国后的遗物，其书体可以说是秦隶的典型。这些秦人的墨迹中，虽然还保留了篆刻的痕迹，但基本上已是隶书，它们是我国迄今发现的最早最珍贵的隶书书法作品。

现存最早的书法字帖 现存最早的书法字帖是西晋陆机的《平复帖》，陆机(216—303年)，字士衡，西晋武帝初年(公元281年)，陆机在南方给好友贺循了一封问病书信，墨迹是用秃笔写的草隶，笔意刚劲古朴，历代鉴赏家都认为“文字尽古，不可尽识”，具有高度的艺术性，可以作为书法艺术的典范，是一件在历史上和艺术上有极高声誉，有极端重要价值的国宝，是现存传世最早的书法字帖，《平复帖》由信之起首“平复”二字而得名，帖内草书九行，共84字，字大五分左右，现藏北京故宫博物院。

我国最早评论书法的专著 我国第一部评论书法的专著是《书品》。几千年来，中国人民不仅创造了我们的民族文字，也培养了鉴赏我们民族文字美的习惯。《书品》是梁朝的瘐肩吾撰写的，该书把这些书法家分成9品，并对每一品级给予评论。同时，《书品》还记述了一些字体的起源和发展，论述了这些字体发展变化的原因。《书品》不仅是一部书法的记录，而且还开辟了书法鉴赏的先河，它是研究书法及中国书法史的宝贵资料。

我国最早的丛帖 中国书法史上最早的丛帖是宋代的《淳化阁帖》。宋淳化三年(公元992年)，宋太祖命侍书学士王著选择内府所藏历代法书，摹刻在枣木板上，拓赐大臣。这就是我国最早最著名的丛帖《淳化阁帖》。该帖分为10卷，第1—5卷主要为汉魏、两晋、南北朝及隋唐法书，第6—10卷为“二王”法书。此帖对我国古代书法名迹的摹录和广泛流传起了很大作用。自北宋以来，曾被辗转传刻。

(栏目责任编辑 王国新)

新　闻　业

广　播・电　视

【概　况】 2001年，市广电局围绕广播电视事业发展"十五"计划，加快实施"六大"工程，坚持"宣传、事业一起抓，创优、创收一起抓，学习、管理一起抓"，圆满完成全年目标任务，被评为"江苏省园林式单位"、江苏省"全民国防教育先进单位"，常州市政府授予"文明单位标兵"称号，市电视台被中国黄河电视台授予"电视外宣繁荣奖"称号。

2001年，武进电台播出新闻313档，专题208档；电视台播出新闻258档、2 322条，播出专题278档（其中《武进教育》44档，《361行》39档，《阳湖视角》75档，《城区新闻》120档、420条），节目、论文获省级以上奖13项，其中一等奖3项、二等奖5项，较好地发挥了广播电视的喉舌作用。市广电局努力实现广播电视"双入户"、"村村通"。全市有线电视用户达18万户，比上年增2万户。至年末，全市行政村的光缆化率达100%。

【调整广播电视管理体制】 上半年，武进广播电视管理体制调整为宣传和经营两大块。宣传一块为武进广播电视台，负责制作电视频道、广播频率的节目，牢牢把握正确的舆论导向，当好市委、市政府和人民群众的喉舌，精办节目，不断提高宣传水平和节目质量，大力发展广播电视艺术，不断推出优质作品。

5月28日成立的武进广播电视发展总公司。总公司下设武进广播电视信息网络有限责任公司、武进广播电视广告公司、高塔休闲娱乐中心、音像公司、节目制作公司和广电物业管理公司。武进市广播电视管理体制的调整，遵循广播电视的发展规律，有利于提高舆论引导水平，有利于加快广播电视产业发展，有利于党委政府加强对广播电视事业的领导，从而推进实现"四个转变"，即资源利用由粗放型向集约型转变，经营方式由事业型向产业型转变，发展机制由政策优惠型向市场优势型转变，战略目标由单一型向一业为主多元化发展的综合型转变。

【武进建成高速宽带IP数据平台】 10月18日，武进广电宽带数据网在市广电中心顺利开通。该网是在市有线电视光缆网的基础上建成的综合宽带数据网，是武进信息化发展的基础传输平台，被列为武进市2001年"十大为民服务重点工程"之一，总投资1 000余万元。该工程从1999年开始考察和技术论证，2001年9月底完成数据平台设备的安装调试并开通试运行。年内，市科技局、常州电大武进分校、前黄初级中学等用户已接入广电网。武进广电局宽带数据网的建设，拓展了数据通信业务，充分满足广大计算机用户宽带上网的需求，推动了武进的社会信息化进程。

表61　**部分省级以上获奖节目一览**

获奖作品题目	主创人员	体　裁	获得奖项	等次
爱开车的老戴	顾　芳、秦晓东 梅　勇	专　题	中国广播电视学会第三届对外栏目"彩红奖"	三等奖
武进新闻	曹益锋、薛达新 包晓峰、李兆方	新　闻	江苏省广电局电视节目技术质量奖	一等奖
超越自我	薛达新、包晓峰 陆丽萍、李兆方	专　题	江苏省广电局电视节目技术质量奖	一等奖
一项秸秆利用新技术	秦一敏、邵益军 梅　勇	科教节目	江苏省广电学电视社教类	二等奖
超越自我	李　鹏	播音作品	江苏省广电学电视社教类	三等奖
红领巾筑起友谊路	潘剑武、万　萍	对象性节目	江苏省广电学电视社教类	三等奖

（王　莹）

报　纸

【概　况】 2001年，武进日报社以人为本，全面提升人员素质，走新闻精品之路，按照马克思主义新闻观和“三个代表”的要求，宣传好党的方针政策，配合好全市中心工作，反映积极的社会生活，传播先进的思想、文化知识和信息，为武进改革开放和现代化建设营造良好的舆论环境。全年发行报纸1 019万份。

围绕市委、市政府的中心工作，组织专题报道。积极组织和策划宣传“三个代表”重要思想学习教育活动、“两会”和党代会、中国共产党成立80周年纪念活动、武进国际经贸洽谈会等全市重点宣传工作，为市委、市政府工作的顺利推进提供有力的舆论支持。4月～6月，武进日报社与市委组织部、宣传部联合举办纪念建党80周年《“三个代表”心中装，红旗飘飘耀征程》征文比赛，陆续刊登记者和通讯员来稿20多篇。6月下旬推出《光辉的历程，伟大的实践》大型系列报道，分“中流砥柱、实事求是、胜利之本、拼搏奋进”4个部分，用8个专版刊出，使读者较为全面地了解武进中共党组织建设、发展及经济社会等方面的巨大变化。配合2001年武进国际经贸洽谈会，报社从年初就开始策划准备。会前，开设《“三外”大家谈》、《真抓实干，三外齐上》、《开放的脚步》、《办好国际经贸洽谈会，展示对外开放新形象》等4个专栏(每期1篇～3篇文章)和《外经贸广场》专版(每月2次)；会中运用对开大报，在10月18日～20日的报纸上，发表文章43篇、图片26幅，并开设了《金秋的盛会丰收的季节——2001年武进国际经贸洽谈掠影》和《铁木尔·达瓦买提在武进》两个图片专版；会后，在要闻版上开设《扩大开放、加快发展、2001年武进国际经贸洽谈会回眸》专栏，深度报道经贸会取得的成果及对武进的影响，进一步推动了全市引资工作。报社被市政府授予优秀组织奖。

围绕群众关心的热点，做好指导服务工作。《今日农村周刊》结合武进农村实际，吸取外地技术经验，成为农民发家致富的良师益友。三元杂交商品瘦肉猪“苏太猪”引进后，一度是无人问津，报社在调查研究的基础上组织刊登了《“苏太猪”缘何推而不动》等系列文章，介绍“苏太猪”的优点、繁养技术要点，分析市场前景。随后，到畜牧兽医站求购种猪、要求技术培训的农民络绎不绝。到年底，畜牧兽医站在全市推广“苏太猪”5 000余头。《教育周刊》已成为全市学校、家庭和社会参与教育的一块重要阵地。《消费指南》等专版从实际出发，着眼读者关心的热点，内容有很强的指导性，深受读者的信赖。《时代周刊》、《周末特刊》注重政治导向，知识性和可读性较强，以平民化的视角报道老百姓关心的热点难点问题，版面形式灵活，增强了报纸的亲和力、影响力。

搞好联办专版，支持部门工作。至2001年底，报社与部门联办了《警视周刊》(公安局)、《教育周刊》(教委)、《外经贸广场》(外经委)、《科技苑》(科委)、《法苑》(法院)、《检察》(检察院)、《法与生活》(司法局)等专版。这些专版注重深化专题报道，不仅为部门指导工作提供了新的渠道，也为报纸服务读者建设了新的桥梁，达到了双赢的效果。联办专版为武进报业发展积累了有益的经验。

实施精品战略，鼓励创新出优。2001年报社推出重奖优秀作品的措施，鼓励记者、编辑创新出优，出台了《武进日报社新闻职业道德规范》等文件，强化采编人员职业道德，实现既出作品又出人才。在江苏省报纸好新闻评比中，武进日报社报送的消息《江村农民向生活污水开战尝甜头》获一等奖，通讯《挚爱的谎言》、《警惕医疗垃圾借尸还魂》和摄影作品《这可叫我怎么活?》获二等奖，读者来信《红叶小檗为何不“红”?》获三等奖，获奖数量和档次继续在江苏省同级党报中处于领先地位。年内，武进日报社在各项评比中共有75件次获奖作品。

【《我是武进人》出版】 7月，武进日报社将持续4年的“我是武进人”专栏文章编辑出版。《我是武进人》由市委书记、市长毛伟明作序，市人大常委会副主任顾培华主编，江苏古籍出版社出版发行，汇集了100位在外地工作的武进籍名人的事迹。其中中科院院士、工程院院士5人，教授级以上的专家学者60多位，博士生、硕士生导师10多位。该书成为武进爱国主义和乡土教育的好载体，受到社会各界欢迎。

【策划“爱心扶春苗”活动】 2001年上半年，武进日报社与市妇联等部门共同策划“爱心扶春苗”活动，在报上开辟专栏，刊登了《妈妈，深情的呼唤》等一批富有感召力的文章，营造奉献爱心、救助贫困的社会舆论环境，资助一位孤贫儿童，积极推动资助贫困学生活动顺利开展。武进110报警中心8位女民警帮助孤儿符静婷的事迹在社会上传为一时佳话。全市年内有200多名特困学生得到定向资助。“爱心扶春苗”活动解决了部分贫困学生可能失学的问题。　(张银峰)

(栏目责任编辑　王国新)

医疗卫生

综　述

2001 年，武进有各级各类医疗机构661所，卫生从业总人数5 627人，拥有床位总数399张，完成门(急)诊304.75万人次，住院5.34万人。

表 62　**2001 年武进市医疗卫生事业基本情况一览**

项　目	数　量	项　目	数　量
医疗机构	661 所	每千人拥有床位	2.69 张
其中市级医院	4 所	卫生从业总人数	5 627 人
常武太湖医院	1 所	其中卫生技术人员	4 852 人
镇(中心)卫生院(医院)	31 所	每千人拥有卫技人员	4.07 人
铁道部滆湖疗养院	1 所	平均开放病床	2 969 张
保健所(站、医务室)	90 所	病床周转次数	18 次
农村卫生室	474 所	病床使用率	39%
个体诊所	61 所	完成门(急)诊	304.75 万人次
市级卫生事业机构	4 所	住院	5.34 万人
卫生学校	1 所	治疗有效率	95.5%
床位总数	3 199 张	其中市级医院	94.4%

医疗卫生改革。市卫生局与市人事局联合下发《关于卫生系统人事分配制度改革意见》探索和深化卫生改革：实行中层干部竞聘上岗；把20%～50%的活工资部分与奖金绑在一起考核发放；实行职称评聘分离，实施低职高聘和高职低聘；在市级医疗机构中实行药品收、支两条线管理；卫生局制定《药品集中采购管理办法》，市、镇两级医疗机构全部参与药品集中采购；对医院食堂经营、卫生维护、水电设备维修等实行社会化管理。

初级卫生保健。武进有18个镇按照《武进市农村合作医疗保险修订办法(试行)》实施农村合作医疗保险，参保35.2万人。由各镇向企业筹集资金763.6万元，市初保办下拨农村合作医疗保险扶持资金79.01万元。完成市级补偿1 487户、462万元。年内，在全市展开镇、村卫生组织一体化管理，有20个镇实行联村设室，新建村卫生室20个，改(扩)建村卫生室10个，新增联村设室的村卫生室15个。2001年，乡村医生上岗全部由卫生院院长聘用，新吸收 48 名乡村医生在村卫生室岗位试用，办理26名乡村医生退休手续。

爱国卫生运动。4 月，武进开展以“关注卫生知识，建立健康行为”为主题的第 13 个“爱国卫生月”活动。全市年内清理河道 30 千米，完成改厕 3.5 万户，清理卫生死角380处，取消露天粪坑1.1万只。通过加大改水投入，新增改水受益人口2.5万人。12 个镇年内被命名为“江苏省卫生镇”，10个行政村被命名为“江苏省卫生村”，“江苏省卫生镇”、“江苏省卫生村”总数分别达到24个和22个。判定灭鼠达标镇 9 个，灭蟑、灭蝇达标镇各10个，5 个单位被评为常州市卫生模范单位。

继续深入开展“九亿农民健康教育行动”。全市举办健康教育专兼职人员业务培训班、健康知识讲座和电化教育141场次，1.1 万人次参加；发放健康教育资料44万多册、宣传画500多套，开展大型健康知识宣传24场次，12万余人次接受了义务咨询。全市有30万群众参与“健康教育百千万行动”考试，参考群众健康知识知晓率 96%、卫生行为形成率 85%。

卫生监督执法。2001 年，武进卫生行政管理部门组织执法人员在全市开展了医疗服务市场秩序专项治理、一次性医疗用品专项整治，检查医疗机构240所，查处执业行为不规范的医疗机构100所，取缔无证执业场所 68 处。卫生防疫执法处罚 345 户，销毁了一批不合格食品和一次性卫生用品，课以罚款 13.82 万元。

【薛家等 12 个镇创建成“江苏省卫生镇”】　2001 年，薛家、潘家、安家、湟里、东安、寨桥、罗溪、嘉泽、奔牛、湖塘、漕桥、卜弋等 12 个镇被市政府列为“江苏省卫生镇”的创建镇(以下称为“创卫工作”)。12 个镇共投入创卫资金2.84亿元，新建、扩建农贸市场 5 个，浇筑硬化道路 89.8 万平方米，新建绿化 111.38 万平方米，镇区居民人均绿化面积达 7 平方米，居民区道路硬化率100%，新建大中型垃圾设施 21 个、新增垃圾箱与果壳箱 3 012 只，下水道贯通连网，农村改厕率达85%，自来水普及率达95%，公共卫生和食品卫生均达标，传染病发病率低于全市平均水平。5 月～12 月，12 个镇先后通过江苏省爱卫会组织的验收，被命名为“江苏省卫生镇”。年内，牛塘镇竹园村、牛塘村、庄桥村、白家村，横山桥镇新安村，焦溪镇焦溪村，湖塘镇湖塘村、湾里村、老坝村、横林镇牛塘村等10个村被命名为“江苏省卫生村”。

表63 **2001年武进市创建“江苏省卫生镇”情况**

镇名	投入资金（万元）	铺筑道路（万平方米）	铺设人行道板（平方米）	清理河道（米）	石驳岸（米）	新建绿化（万平方米）
湖塘	7 000	35.5	9 000	8 500	—	25.8
薛家	2 000	3.2	8 875	1 935	2 300	3.56
潘家	1 390	7.21	14 860	4 300	3 600	2.78
安家	697.5	1.64	5 553	—	—	12.22
湟里	2 272	11.84	6 000	—	796	22.78
东安	3 000	0.96	3 300	—	—	2.4
寨桥	2 500	7.95	8 500	1 860	1 860	4.52
罗溪	1 800	6.04	4 808	—	1 609	7.2
嘉泽	2 321	0.47	7 160	—	2 573	1.28
奔牛	—	1	—	—	—	10
漕桥	4 668	9.98	22 000	4 300	3 600	3.32
卜弋	787	4	4 808	—	1 200	4

【13家镇（中心）卫生院、医院实行整体护理】 年初，市卫生局确定奔牛、前黄、横林人民医院和漕桥、洛阳、郑陆、西夏墅、小河、邹坵、湟里，湖塘镇马杭、鸣凰卫生院及卜弋中心卫生院等13家镇级医疗机构作为病区整体护理试点单位，组织护士长和护理骨干分批参加整体护理专题培训班，到二级医院跟班实践整体护理和病房管理，建立统一的护理管理台帐；对入院病人按护理程序实施护理，由责任护士向病人或家属介绍医院概况和环境、入院须知、规章制度等，根据病人的病史病情制定相应护理计划；向病人介绍有关疾病知识，开展健康指导和卫生宣教；与病人进行交流，了解病人心理，及时满足病人的合理要求；同时开展工作效果评价，发现问题及时采取措施，力求最佳护理效果。通过实施整体护理，试点单位病人满意率均达95%以上。11月，试点单位全部通过市卫生局组织的评审验收。

【市、镇两级医疗机构实行药品集中采购】 市卫生局制定《药品集中采购管理办法》，成立药品集中采购领导小组、药品集中采购办公室。投资30万元在防疫大院8号楼开辟药品集中采购场所。从4月18日开始每周集中采购1次，有36个医疗机构与80家供方企业进场采购和交易，年内药品成交总额1.2亿元。集中采购基本遏制了药品购销中的不正之风，有14个品种、16个规格的药品让利于民，让利总额超300万元。（巢全大）

医疗机构建设

【概　况】 2001年，市财政投入卫生事业费4 558万元，占市财政支出的3.51%。全市医疗机构新增固定资产1.8亿元，年末固定资产总额达5.3亿元。市卫生系统完成基本建设投资1 709万元，当年新开工项目2个，设计建筑面积5 500平方米；竣工项目8个，建筑面积1.4万平方米。其中市中医院病房楼项目启动桩基工程，前黄医院门诊楼、雪堰镇卫生院综合楼、嘉泽镇卫生院成章分院门诊楼项目竣工投用。市卫生局完成基建（维修）审计项目27个，核减支出373.21万元；其中内部审计项目19个、核减88.81万元，协助和委托审计项目8个、核减284.4万元。

卫生系统年内双向选择录用大中专毕业生79名，引进人才4名，其中学科带头人2名；18人晋升高级专业技术职务；市卫生局组织232人参加执业医师考试，首次注册护士69名，再次注册护士1 350名。

【武进市洛阳强直性脊柱炎专病医院挂牌】 3月，经市卫生局批准成立。该院从1998年3月开始，投资100多万元购置了800mAX光机、全自动生化分析仪、骨密度测试仪、关节功能锻炼康复设备及各种理疗设备，引进专业人才，开设了强直性脊柱炎专科；采用中西医结合以中医中药为主，攻补兼治，标本同治，食疗与理疗相结合等方法诊治各种类风湿关节炎、强直性脊柱炎合并各期股骨头坏死、各期无菌性股骨头坏死、颈椎病及椎间盘突出症。3年来，该院配备专业骨干8名，设2个病区、60张病床，年门诊4 000人次，收治住院病人480名，治愈率达50%，有效、好转率98.6%，北京、上海等26个省市自治区的患者慕名而来求治。

【武进市中医院儿科成为常州市重点专科】 12月，经常州市卫生局组织的专家组评审确定。该院儿科有医务人员20名，其中学科带头人2名。该科坚持中医特色，采用中西医结合疗法诊治儿科疾病。1998年～2001年，累计完成门诊21.55万人次，占全院门诊总量的19.6%；出院3 240人次，中医治疗率达71.3%，治愈好转率93.8%；抢救重危儿童412例，抢救成功率96.6%；收住病种由1996年的45种增至2001年的73种。自主研制开发的补肺防感合剂、咳喘合剂和小儿复方甘草合剂、行气消胀散分别可治疗反复呼吸道感染、肺炎、腹腔间隙综合症等严重腹胀病症，在常武地区享有一定知名度。

（巢全大）

医学教育与科研

【概　况】 2001年,市卫生局制订了人才培养"十五"规划,实施第3周期继续教育方案,年度验证3 664名卫技人员,组织23个专业的2 862名卫技人员参加"三基本"考试,2 432人参加常州市卫生局组织的9门公共必修课考试。举办专业培训班4期、中西医专题讲座5期,近千人次参加;选送56人到三级甲等医院进修。127人在职就读中专,974人参加大专以上学历教育,市卫校开设28个班、在读学生1 636名,其中成人中专和职业中专1 067人、成人大专489人、专业证书班80人。

2001年,市卫生局拨出23万元支持和奖励科研活动,卫生系统新立科研项目8项,通过市科技成果鉴定2项。武进市人民医院开展的端粒酶活性与肿瘤相关性研究获江苏省科技进步三等奖,市中医院开展的降脂抗氧化合剂对血清OX－CDL的降脂作用和洛阳镇卫生院开展的非手术综合治疗强直性脊柱炎合并股骨头坏死的临床研究,获得武进市科技进步一等奖。全市医疗机构开展新技术、新项目45项,其中填补省内空白1项,填补常州市内空白13项。全市卫生技术人员在省级以上刊物发表论文144篇,其中在"中华"系列刊物上发表5篇。

【市中医院高脂血症中医辩证现代化研究课题通过市级鉴定】 10月13日通过市科委鉴定。该课题是国家自然基金会重点攻关项目《证的应用基础研究》的子课题,着重研究血脂分析指标血液流变学指标与高脂血症中医证型之间的相关性。通过研究认为:血液流变学指标中的血浆粘度、还原粘度和红细胞刚性指数等,血脂分析中的总胆固醇、甘油三脂和高密度脂蛋白胆固醇等与高脂血症中医证型之间的相关性是存在的。这种相关性对客观、规范辩证,总结临床有效方药,推广诊治经验,诊治无"证"可辨的高脂血症患者,提高临床疗效,实现中医辩证高脂血症的现代化有着重要意义。鉴定结论认为,该课题选题方向明确、设计合理、检测方法正确,数据可靠,统计科学。通过查新说明,高脂血症辩证分型与血脂分析指标、血液流变学指标的相关性研究达到国内外先进水平。

【市人民医院浅低温不停跳心内直视手术研究课题通过市级鉴定】 10月31日通过市科委鉴定。这项手术在心肌保持有血流供应、心脏在跳动中进行,基本接近生理而避免了心肌再灌注损伤,具有明显缩短体外循环转流时间,输血少,用药少,患者恢复快等优点,尤其适宜于重症和高危心脏病患者。鉴定结论认为,该成果达到省内领先水平,尤其是对重症二尖瓣置换术患者,具有较广的应用前景和推广价值。

【老中医张元凯十年写作中医论著百万言】 张元凯是武进著名老中医。他17岁师从孟河医派第三代传人杨博良研习《伤寒论》等古医典,手抄近贤医案,遍读名家医书,领悟中医精髓。19岁他回到家乡湟里镇开业行医。在近70年的从医生涯中,他积极组织联诊,培养学员,参加防保,在全县首创纯中医病房。1979年,上调当时县医学会工作后,他利用巡回医疗之机,调查常武地区常发病和多发病情况,钻研医治之法。1989年退休后,他谢绝高薪聘请,到湟里中心卫生院参加专家门诊,利用空余时间穷理兀兀,著成论案洋洋百万言的《医刍融新》,科编20门,分89类,以中国传统医学为经,现代生理解剖十大系统为纬,运用中西结合双轨诊断,是单轨中医药针灸治疗急、重、危、顽病的临床论案便览。《医刍融新》凝聚了张元凯从医70年的心得,南京中医药大学教授、博士生导师丁光迪为之作序,称赞其"有裨于科教临床",该书入选香港一医学协会组织的医学新著评奖。 （巢全大）

卫生防疫·妇幼保健

【概　况】 2001年,市卫生局继续开展规范化防保科建设活动,以镇为单位计划免疫12月龄"五苗"覆盖率平均达99.6%,接种各类预防疫苗12.75万份。传染病发病1 987例,总发病率165.73/10万;确诊霍乱2例,均为O139型,经有效控制未发生第二代病人;全市新发现麻风病人2例,判愈2例;麻风现症病人9例,麻风病患病率0.73/10万。慢性非传染性疾病防治工作覆盖全市三分之一的行政村。卫生部门和各级政府组织347个行政村的春季查螺和3个镇3个行政村的秋季查螺,查螺总面积736.42万平方米。改造潘家镇百渎村沿太湖环境,开挖鱼池3.2万平方米,增加养殖面积3.33公顷。10月,省卫生厅考评组确认武进率先在江苏省达到控制肠道线虫病标准。

2001年,卫生部门贯彻实施《中华人民共和国母婴保健法实施办法》和《武进市妇女、儿童发展"十五"规划》,加强系统管理,提高妇幼保健质量。6月,理论培训274名助产技术人员,有243名参加了江苏省理论考试和技能操作考核,合格率分别为93.8%、99.2%。市妇幼保健所开展的"武进市农村地区7岁以下儿童脑瘫的流行病学调查"获市科技进步二等奖。

表 64 **2001 年武进市卫生防疫情况**

指　标	数　量	指　标	数　量
接种预防疫苗	12.75 万份	农药中毒	108 例
传染病发病	1 987 例	死亡	9 人
总发病率	165.73 /10 万	食品监督采样	1 013 件
		合格率	85.1%
比上年	－1.15%	自来水水质监测合格率	92.6%
其中伤寒发病率	－27.5%	高血压病人上网治疗	6 080 人
出血热发病率	－54.6%	NAH 方案治疗有效率	90%
性病	857 例		
其中男性	561 例	查螺总面积	736.42 万平方米
女性	296 例		
其中淋病	455 例	有螺面积	11.27 万平方米
尖锐湿疣	189 例		
一期、二期及隐性梅毒	66 例	灭螺投资	20 万元
		血防监测查病	1.48 万人次
非淋菌性尿道炎	49 例	阴性系	100%
艾滋病（HIV）检测	1 299 例	牲畜查病	2 876 头(只)
		阴性率	100%
食物中毒	3 起	疟疾发病	17 例
中毒	63 人	发病率	0.75/10 万
急性职业中毒	3 起	重点人群补碘	5.1 万人
死亡	5 人	查漏补缺服用驱虫康	24.95 万份
中毒	7 人		

【武进有效控制肠道线虫病达省标】 武进肠道线虫病防治工作从 1994 年开始试点，组织11个乡镇30个行政村的4.7万人防治服药，然后扩大防治范围，组织临近乡镇连片集体服药驱虫。罗溪镇彭家村同时成为苏南片肠道线虫病防治试点村。至 2000 年，全市累计有260 余万人次服药，乡镇覆盖率达 100%，总感染率降至1.3%。2000年，全市开展自查自评肠道线虫病感染情况和防治资料。2001 年 8 月和10月，江苏省卫生厅考评组两次对武进控制肠道线虫病工作进行综合考评，现场抽查人群总感染率为1.2%，确认武进在全省率先达到有效控制肠道线虫病标准。

表 65 **2001 年武进市妇幼保健主要指标**

指　标	数　值	指　标	数　值
孕产妇系统管理率	90.1%	0～2岁系统管理率	87.8%
3～6 岁儿童系统管理率	95.1%	孕产妇死亡率	14.5/10 万
婴儿死亡率	6.10‰	围产儿死亡率	7.69‰
4～6 月婴儿母乳喂养率	86.04%	婚前医学检查	8 441 人
检出疾病	2 417 人	疾病检出率	26.8%
暂缓结婚	84 人	“六一”节体检儿童	39 139 名
受检率	96.4%	查出患病儿童	2 844 名
患病率	7.3%	患缺点儿童	18 712 名
患缺点率	47.8%	缺点疾病矫治率	99.9%

【全面推进慢性非传染性疾病防治工作】 2001年，市卫生局在逐年推广高血压、糖尿病等防治试点的基础上，全面开展以防治高血压为主的慢性非传染性疾病防治工作，1 200多名医防工作人员参与慢性病防治管理。全市在176个自然村对30岁以上近 5 万人次的农村居民进行高血压普查，查出高血压病人9 500人，对这些病人采用小剂量阶梯式联合用药等综合性干预措施治疗和控制。至年底，全市各镇自然村高血压普查率达34.7%，有26个镇对 6 080 名高血压病人资料实行微机跟踪管理，根据患者血压情况，及时调整药物剂量，控制高血压病情的发展，减少并发症。（巢全大）

怎样保护衰老的肾脏

肾脏是一个重要的泌尿器官，有排泄、调节水盐和酸碱平衡的作用。老年人保护好肾脏，须注意：

预防尿路感染：尿路感染的发病率随年龄增长而增高，这可能与老年人肾血流量不足、肾脏抵抗力降低有关。男性前列腺增生、女性的盆腔疾病都易引起尿路感染，故都应及时发现并予以治疗。经常导尿或留置导尿管也易引起感染，故应尽可能避免使用。

慎用药物：对肾脏有损害的药物，诸如磺胺类、卡那霉素、链霉素等应慎重选用。若患病需应用时，要在医生的指导下，选用对肾脏损害小的药物，以免损害肾功能。

控制高血压：老年人肾动脉常有内膜增厚现象，而高血压可加速这些病变的发生，故应按时服药控制血压增高。

注意对腰部的保暖：寒冷季节，要切实注意对腰部的保暖，以免风寒侵袭；盛夏季节，不可贪凉露宿，以保证肾脏有良好的血液循环，有良好的功能。

膳食保健：日常膳食多吃些新鲜蔬菜、水果、核桃、花生米，适当吃牛、羊、兔、鸡肉，吃鱼及动物肝、肾之类营养食品，均衡摄入营养。菜肴不可太咸，宜清淡，每日食盐 5 克左右为宜。在日常生活中，除一日三餐外，每日饮水应保持在 1 500—2 000 毫升为宜。夏天或出汗多时，务必增加饮水量。

（栏目责任编辑　周小红）

体　育

【概　况】 2001年，市体育局以办好武进市第五届职工运动会、第三届老年人运动会为重点，以备战江苏省第十五届运动会为动力，积极实施全民健身计划，推进群众体育社会化、体育运动产业化。

实施全民健身计划。年底全市有社会体育指导员307名，其中二级社会体育指导员有50名。3月，市体委制订了《2001年武进市全民健身工作要点》，积极推进全市全民健身活动，举办第二届全民健身节，组织市第五届职工运动会、"湟里杯"健身演练大会、中小学百校篮球大赛等活动，带动了全市"全民健身周"活动的普遍开展，健身活动溶入群众生活，科学健身方法得到普及，全市有280多个单位、32万人参加健身活动。市体育局年内举办科学健身咨询，组织国民体质测试，推广健身秧歌舞、木兰系列舞、拳操舞等健身项目培训班28期，1 000余人次接受培训。武进市获得江苏省"全民健身周"活动优秀组织奖，市体育局被评为江苏省开展国民体质监测工作先进单位。

群众体育。2001年，武进组织条线群体活动30项次，6 000人次参与。全市机关、企事业单位职工参与体育活动涌跃，市级机关举办了"建设杯"春季体育比赛、"国税杯"乒乓球比赛、"人保杯"棋牌比赛，市公安、交通、供电、地税、教育等系统举办了职工运动会。农村体育以镇文化中心为阵地迈上制度化、规范化的轨道。遥观镇的元宵节风筝会，奔牛、横林、芙蓉、礼嘉、邹区等镇的篮球运动，前黄、小河等镇的乒乓球运动，牛塘、嘉泽等镇的门球运动，湖塘镇的健身操等各具特色。市农民体协举办了亿元村现代化试点村农民体育系列比赛、农口系统体育比赛。武进市农民男、女代表队参加常州市"亿万农民健身活动先进乡镇"乒乓球赛，均获团体冠军。全市涌现出一批"亿万妇女健身活动"先进，妇女健身骨干周连娣、周菊珍、束美琴、陈梅芳、石初芬被评为江苏省老年健康妇女。老年体育运动有声有色，镇镇有老年门球队、健身队，老年人成为晨晚锻练点的健身骨干。市老年门球队参加江苏省县级门球联赛，获第二名。遥观镇许兴南参加在贵阳举行的第十一届全国风筝赛，横山桥镇被评为"全国群众体育先进集体"，庞荣瑞、江国中被评为全国群众体育先进个人。

学校体育。市体育、教育部门与各学校按照国家体育总局、教育部开展"亿万青少年儿童体育健身"活动的要求，以学校为重点，组织广大青少年儿童参与内容丰富、形式多样、科学、文明、健康、活泼的远足、郊游、登山、野饮等户外体育活动。全市有161所学校举办了春季或秋季田径运动会，各类比赛形成制度；有200余所学校参加了常州市"市长杯"百校篮球大赛武进赛区的比赛。全市学校全面实施《国家体育锻炼标准》，达标率97.8%，优秀率24.8%，比上年提高2个百分点。认真组织开展中小学生百日冬锻活动，三河口中学荣获"江苏省百日冬锻先进学校"。

业余训练和竞赛工作。体育部门调整和充实全市业余训练布局。市级业余训练项目有田径、击剑，年内增加了游泳项目。各基层学校以田径、篮球、排球、足球、乒乓球为基础项目，选择1个～2个重点项目。各重点中学注重发挥在业余训练中的资源优势与"龙头"作用。武进组队参加省级比赛4次4队54人次，获得金牌36.5枚、银牌9枚、铜牌21枚；在省县（市）级田径比赛中本市获团体总分120分、金牌6枚，列江苏省第4名；组队参加常州市级比赛17次52队608人次，获得金牌109枚、银牌85枚、铜牌69枚；在常州市"市长杯"百校篮球大赛中，武进中小学男女篮球队获得6个男女组别的3个第一名、3个第二名、1个第三名；有3名武进籍运动员代表江苏参加第九届全国运动会，获得银牌1枚、铜牌1枚。据统计，2001年，全市运动员有7人次破常州市年龄组纪录，4人6次4项破武进市纪录，11人14次13项破武进市年龄组纪录。达国家二级运动员标准的新增21人，向省级优秀运动队输送4人。武进市被评为1998年～1999年度“江苏省业余训练先进县（市）”。2001年，武进承办常州市“市长杯”百校篮球大赛等地市级比赛3次，举办市级比赛30项次。年内有4人晋升二级裁判。全市年末登记注册的等级裁判员有457名。

体育产业和体育基础设施建设。6月～8月，市体育、公安、卫生部门联合检查申请开放的18家游泳场所，取缔无证、无照经营场所1家，责令整顿1家，对全市80余名游泳救生员进行年度上岗培训，保证游泳场所全年无安全事故。市游泳馆全面整修，年内接待游泳群众6万余人次，培训学生400余名。市人民体育场坚持常年开放，年内承办比赛和群体活动20次，接待活动群众30万人次，增建一块高标准的门球场。全年各级投入健身工程（点）建设资金191万元，东安镇、奔牛镇、潘家镇、市体育场等4个单位列入省级健身工程（点）计划，其中东安镇为全民健身工程。新增健身场地面积11.4万平方米，全部建成投用。全市新增电脑体育彩票销售站13个，累计有31个。年销售额达2 700万元，比上年增8%。市级体育彩票收益金建成市行政中心、马杭街道、罗溪镇、漕桥镇、卜弋镇5个健身点。　（陈　新）

【武进市第五届职工运动会举行】　8月～9月，武进市第五届职工运动会分阶段在湖塘、常州等地举行，参赛范围扩大到各镇工会，有52个代表团1 500多人参加，参赛人数和规模为武进历届运动会之最，共设田径、篮球、乒乓球、中国象棋、围棋、健身操、飞镖、台球等8个比赛项目。9月28日在江苏省武进高级中学开幕，开幕式上表彰了江苏武钢集团公司（现中天钢铁）、湖塘镇等18个职工体育先进集体、张全泉等70名职工体育先进个人。开幕式后，美国CBA明星篮球队大学生体育大使队与探险者队进行了精彩的对抗赛和篮球特技表演，现场观众达3 000人。　（陈新　张伟栋）

武进市第五届职工运动会开幕式。（刘建中　摄）

【备战江苏省第十五届运动会】　2001年，武进引进优秀运动员10名，解决其户籍、就学等问题。市体育局组成以田径、射击、游泳、摔跤、击剑等项目为重点的运动队伍，在备战一线队伍中确定35名重点队员，制定了补助和奖励政策，与有关教练员签订了责任书。1998～2001年，武进向省级以上运动队输送12名体育后备人才，提前超额完成常州市下达的输送体育人才5名的任务。

【武进市第三届老年人运动会顺利举行】　6月4日～7日，第三届老年运动会分别在市老干部活动中心、市体育场和武进外向型农业综合开发区举行，全市有800多名老年人参加比赛。老年运动会项目设置适合老年人特点，以康乐型为主。有门球、乒乓球、中国象棋、钓鱼、柔力球、趣味项目等6项，30个镇和市级机关的31个代表队参赛。6月7日，比赛全部结束，横林镇、市级机关、奔牛镇代表团分别获得团体前3名。赛后评选出优秀组织奖8个，表彰老年体育先进集体12个和老年体育先进个人40名。　（陈　新）

（栏目责任编辑　周小红）

社会生活

人民生活

【城镇居民收入增长超10％】 2001年，市属单位职工人均工资为10 681元，比上年增1 003元；其中国有经济单位、集体经济单位和其它类型单位职工平均工资为12079元、9 717元和7 600元，分别比上年增10.9％、18.9％和下降7％。

【农村居民收入提高6％】 2001年，武进农村居民人均纯收入5 522元，比上年增6％。农民收入水平走出5年的徘徊期，进入新的增长期。

*工资性收入增长2.6％。*武进农户工资性收入人均3 205元，比上年增长2.6％。工资性收入的增长主要来源于镇村企业。在工资性收入中，镇村企业人均收入1 365元，比上年增12.3％，增加额占农民人均纯收入的48.2％。农民外出劳务收入人均359元，比上年323元增长11.1％。2001年，武进农民人均从非企业组织的劳动中所得到的工资性收入为520元，比上年473元增长9.9％。

*家庭经营性收入增长8.5％。*2001年，武进农民家庭经营性人均纯收入2 084元，比上年的1 920元增加164元，增长8.5％。农民家庭收入结构显著变化，经营收入的一、二、三、产业构成由上年的29∶33∶38转变为23∶24∶53。

*财产性收入和转移性收入增长3成。*2001年，武进农民从再分配中得到的财产性收入和转移性收入人均为224元，同比增加57元，增长34.1％。其中主要是租金和救济金比上年有所增长。

*居民收入差距拉大。*随着经济的发展，收入变动中的层次性日益明显，贫富差距有所扩大。具体表现在：(1)高收入的富裕户所占的比重增大，人均纯收入10 000元以上的户数所占比重由上年的7％上升到2001年的14％；(2)低收入户比重增加，人均纯收入在2 000元以下的户数比重由上年的1％上升到2001年的10％；(3)高收入户与低收入户距离增大，上年人均纯收入最低的20％的户平均水平与收入最高的20％的户平均水平之比为1∶3，而2001年则扩大到1∶5以上。

【农民生活消费支出略减】 2001年，武进农村居民人均生活消费支出3 648元，比上年减少72元，下降1.9％。考虑到2001年生活消费价格指数比上年下降3个百分点，全市农民2001年价格指数比上年下降3个百分点，武进农民2001年实际生活消费水平和消费支出结构与上年相比相对稳定，消费支出中以商品性消费为主的吃、穿、住、用为人均2 516元，占生活消费支出的69％；以服务性消费为主的医疗保健、交通通讯、文教娱乐等支出为人均1 312元，占生活消费支出的31％。农村居民家庭的积累率由上年的29％提高到2001年的34％。积累率提高，消费率下降主要原因是高收入户收入水平提高较快，以及农户消费意识和理念发生变化。

2001年，武进农民人均食品消费支出和文教娱乐用品及服务的支出分别为1 532元和406元，分别比上年增10.1％和15％，而衣着、医疗保健、交通通讯等支出均有所下降。

2001年末，武进农民人均住房面积为61平方米，每百户农民家庭拥有的主要消费品有：洗衣机82台，电冰箱53台，空调机28台，热水器37台，摩托车95辆，生活用汽车2辆，电话机62部，移动电话42部，彩电95台。　（包卫星）

婚姻·家庭

【婚姻、收养登记】 武进婚姻登记机关依法办理公民结婚登记8 085对，其中初婚15 440人，复婚32人，办理离婚登记78对。全市办理社会弃婴（儿童）收养登记35起。

【婚姻管理】 2001年，武进各级婚姻登记管理机关和婚姻登记管理工作人员认真贯彻落实《婚姻法》和《婚姻登记管理条例》，严格依法行政、依法管理，提高全市婚姻登记质量，规范婚姻登记管理和服务行为，维护了婚姻当事人的合法权益。婚姻登记管理工作基本步入法制化、规范化轨道。

婚姻登记管理。按照新"婚姻法"、《江苏省婚姻登记工作规范》的要求，婚姻登记部门与市妇联、司法局、法院组织镇机关妇联干部参加全国、省和市举办的新"婚姻法"培训。针对近年来镇婚姻登记员人事变动较大的情况，市民政局及时组织各镇新、老婚姻登记员参加常州市及本市举办的婚姻登记业务培训班，通过培训考核，婚姻登记员熟悉掌握婚姻登记政策、法规及业务要求，并全部持证上岗，确保了婚姻登记质量，杜绝了违法登记现象。

湖塘实验幼儿园教师举行集体婚礼。（陆新 摄）

婚育管理。婚姻登记部门积极会同计生、卫生、公安、教育等部门，大力宣传婚姻政策、法规，与市委宣传部、市计生局等单位联合组织"婚育新风进万家"活动。在婚姻登记和管理工作中，重点宣传科学、文明、进步的婚育观念，倡导婚事简办、喜事新办和集体婚礼等新风俗，普及婚前教育和晚婚晚育教育。全市初婚年龄男平均达24.6周岁，女平均达22.5周岁。会同有关部门共同抓好"三证"即(结婚证、生育证、户口簿)管理工作，把好结婚领证第一关，使过去农村少数地方"先结婚、后登记"现象自觉转变为"先登记、后结婚"，并从根本上遏止了结婚不登记现象的发生。进一步提高婚前定点医学检查质量，规范收费项目和标准，婚前定点医学检查率比上年提高 12 个百分点，其中横林、洛阳、湖塘、牛塘等镇达95%以上。（俞建东）

【"五好文明家庭"创建活动】 10月，成立武进市"五好文明家庭"创建活动协调小组。全市各级妇联围绕"家"字做文章，引导各个家庭树立"靠道德立家、靠文化兴家、靠法律护家、靠信息富家"的新理念。通过开展一系列家庭文化、家庭美德教育活动，涌现出一批爱好书画创作、盆景艺术特色家庭和先进典型。全市评出229 377户"新风户"，有9 601户评为"五好文明家庭"。其中，横山桥镇五一村梅鹤康家庭被评为全国"五好文明家庭"十大标兵户，并到北京人民大会堂参加表彰大会。各基层妇联还结合实际开展"十佳好母亲"、"十佳致富女能手"、"十佳敬老好儿女"和"十佳外来好媳妇"的评选表彰活动，有效地促进了家庭风气的好转。

【梅鹤康、陈云娟家庭获得"全国五好文明家庭标兵"称号】 梅鹤康是横山桥镇五一村党委书记，与妻子陈云娟青梅竹马，高中毕业后回家务农，后来结为夫妻。1987 年，梅鹤康在妻子的支持下，用家里准备盖房的7 000元钱办起了一家小厂，经过 15 年的发展，该企业现已发展成为年产值超 10 亿元的大型企业。创业时和致富后，梅鹤康时刻都不忘村民，投资兴建了设施一流的现代化实验学校、幼儿园，建起了自来水厂和老年活动中心，村民全年的水电费、孩子入学费全都由他包下，60 岁以上的老人还可拿养老金。他热心社会公益事业，每年捐款不少于 10 万元。作为妻子的陈云娟当好梅鹤康的贤内助，孝敬公婆、抚育孩子，处理好村民关系。公公患有年老痴呆症，常满身尿屎，陈云娟自己动手帮老人洗干净，热情照顾，从无怨言，直到老人离开人世。婆婆恋旧，老屋住惯了，不肯搬进新屋，陈云娟每天过去照看，为她请了保姆，安装了电话，婆婆有事总找陈云娟商量。儿子高中毕业后考取南京大学，留学英国。2001 年 9 月 28 日，在北京举行的第三届全国"五好文明家庭"表彰大会上，梅鹤康、陈云娟家庭成为全国 10 个"五好文明家庭标兵"之一，这也是江苏省惟一获此荣誉的家庭。

计 划 生 育

【概　况】 2001 年，武进计生部门认真贯彻落实《中共中央国务院关于加强人口与计划生育工作稳定低生育水平的决定》、国务院《计划生育技术服务管理条例》、以及全国第十一次人口资源环境工作座谈会精神，围绕争创实现"两个转变"示范市目标，进一步巩固"九五"期间武进被评为江苏省计划生育工作先进市的成果，全市计划生育管理和服务水平显著提高。年末全市已婚育龄妇女282 158人，计划生育率98.8%，期内综合避孕率94.04%，累计一孩率78.31%，出生婴儿性别比105・89。

【人口与计划生育政策宣传贯彻】 1999年以来，市委宣传部、市计生局精心组织，在全市范围内广泛开展婚育新风进万家活动，健全宣传教育网络队伍，以镇、村人口学校为载体，举办各类培训班；以舆论媒体为窗口，在武进日报、电台、电视台分别开设“人口天地”专栏，“人口家庭”直播节目、“婚育新风进万家”专题节目，规范各镇有线广播、有线电视举办的计生专题栏目与节目；抓住元旦、“5·29”、“9·25”等重大节日、纪念日，大力宣传和普及人口与计划生育政策法规，加强人口与计划生育基础知识教育，宣传晚婚晚育、少生优生、男女平等等新型婚育观念。开展“10·28”男性生殖健康宣传日活动，全市各级以“男性生殖健康与文明家庭”为主题，鼓励男性参与计划生育，提倡计划生育丈夫有责，帮助群众树立科学、文明、进步的婚育观，促进家庭文明幸福。通过宣传教育，广大群众对人口与计划生育政策、基本知识的认识进一步提高，婚育观念发生变化，全市育龄妇女晚婚率提高到46.51％。2001年，武进被中共中央宣传部、国家计生委授予“全国婚育新风进万家活动先进县(市、区)”称号。在做好宣传工作的同时，认真贯彻落实计划生育政策法规、普遍实行计划生育合同法制化、规范化管理，推行计划生育政务、村务公开。市计生局选择横山桥镇五一村作为计划生育村(居)民自治试点村，在全市推广该村自治的经验。

【人口与计划生育规范化管理】 市计生局认真对照“十五”争创目标，制订了更为具体、科学、完备的镇计生助理和服务站工作人员百分考核办法，增强了考核透明度和可操作性。各镇、村也对照要求制订完善了详细的计生干部岗位责任制，形成了全市、镇、村、组目标责任制体系。计生局两次深入全市30个镇和部分村采取“听、看、查、议”的方法，调研年初制定的岗位责任制百分考核细则，并针对存在问题，分条线组织专题培训，促进了全市规范化管理水平明显提高。加强计生协会建设。全市30个镇完成村级协会换届整建工作，健全巩固了基层协会网络和活动阵地。全市计生协会会员人数达145 684人。积极推进计算机网络系统建设，及时、准确地采集、传递、核对、变更已婚育龄妇女年龄、目前节育措施类型等信息，顺利实现了由计算机网络系统内变更个案信息代替手工报表的现代化管理。

【计划生育技术服务】 6月13日，国务院颁布《计划生育技术服务管理条例》，市计生局大力宣传并举办全系统计生干部学习《条例》的专项培训，对计生服务站的内部设置和管理按《条例》要求整改，做好服务站执业许可证申领工作及服务站技术人员《执业许可证》的办理工作。经常州市验收，全市30个镇计生服务站均获得执业许可证。8月，育龄妇女生殖道感染综合防治工程(简称RTI工程)正式启动。市计生局与卫生局首先在漕桥、横林、奔牛3个镇试点，育龄妇女踊跃参检，普查率达65.53％。

【流动人口计划生育管理】 12月，武进市政府出台《关于进一步加强流动人口计划生育管理的实施意见》，制订了切实有效的管理与服务措施。全市层层落实了流动人口计划生育管理目标责任制，建立完善合同管理、信息联系与通报、相互协调与协作以及逐步实现流动人口计划生育信息计算机管理等制度，并具体落实计生、公安等8个部门综合治理流动人口计划生育的职责。12月上旬，全市各镇与公安派出所协调配合，实现资源共享，根据派出所录入微机的外来已婚育龄妇女情况（包括姓名、户籍地址、现居住地址、现工作服务单位、到达时间等)，对本地居住3个月以上的已婚育龄妇女填写《流动人口已婚育龄妇女计划生育登记卡》，作为流进已婚育龄妇女信息管理档案，并根据《登记卡》对外来已婚育妇女逐个查验《流动人口婚育证明》，对无《证明》的教育其及时向户籍地计生部门申请办理。市计生局还积极探索在规模较大、外来人口较多的湖塘针纺织品市场、邹区灯具市场建立计生协会，为流动人口计划生育管理建立了新机制。对本地外出经商、务工的人员也逐村排队，做好流出人员《流动人口婚育证明》的发放登记，建立流出人员的管理档案。

【“十五”人口与计划生育工作总目标和主要任务确定】 7月12日，武进市委、市政府出台《关于进一步加强人口与计划生育工作稳定低生育水平的意见》。《意见》全面规划了“十五”及今后一个时期的人口与计划生育工作，明确提出“十五”期末争创实现“两个转变”示范市的目标。在切实加强对人口与计划生育工作领导方面，要求坚持党政一把手亲自抓、负总责，坚持并完善人口与计划生育目标责任制，坚持以人为本，加强计生干部队伍建设，保证必要的经费投入，要求市财政每年人均增加1.2元，期末达人均10元，镇财政2001年末达到人均8元，期末达到人均15元。具体指标是：全市户籍人口总量控制在120万左右，人口出生率控制在6.5‰以内，自然增长率控制在1.5‰以内，年均计划生育率、期内综合避孕率、避孕节育全程服务和生殖保健服务率分别达90％、85％和80％以上，合格行政村(居委会)率达90％以上，育龄群众计划生育知识知晓率达80％以上，出生婴儿性别比保持在正常范围，全市逐步实现人口零增长和负增长。

【实施计划外生育费到社会抚养费的有序接轨】 根据财政部、国家发展计划委员会、国家计划生育委员会财规[2000]29号《关于变更计划外生育费名称的通知》要求，自9月1日起，原使用的“计划外生育费”更名为“社会抚养费”。9月14日～27日，市计生、财政、审计、监察4个部门抽调人员组成3个检查组，全面检查这23个镇1998年1月1日至2001年8月31日期间的计划外生育人头、征收程序和票据及有关帐册等内容，对存在问题均按规范要求整改到位，进一步规范了使用票据、建立计划生育经费收支明细辅助帐等有关内容。在此基础上，按照上级要求实行“收支两条线”管理，社会抚养费实行“单位开票、银行收款、财政统管”的票款分离模式，全市实现计划外生育费到社会抚养费的有序接轨。 （顾咏梅）

关心下一代工作

【概　况】 武进市关心下一代工作委员会成立于1993年9月。2001年，武进关工委坚持以培养有理想、有道德、有文化、有纪律的“四有”新人为目标，以提高广大青少年思想道德和科学文化素质为根本任务，密切联系社会，充分发挥“五老”（老干部、老党员、老工人、老农民、老知识分子）的积极性，促进了全市“两个文明”建设。武进关工委先后获得“江苏省关心下一代工作先进集体”、“江苏省未成年人保护工作先进集体”等称号。

组织建设。至2001年，武进在全市建立党委的市直属机关、镇、工厂和镇属街道办、居委会、行政村、中小学校等单位建有各级关工委组织1 631个，经常参加关心下一代工作活动的老同志达2.8万人。

开展对青少年的爱国主义、集体主义、社会主义教育。2001年，武进各级关工委围绕纪念中国共产党成立80周年，开展“三好”教育活动。累计印发讲课宣传资料7 786份，组织180名报告员作报告330场次。同时，充分发挥各类教育基地的功能，对青少年开展德育和革命传统教育。全市133个教育基地利用节日和纪念日，组织青少年祭扫烈士墓、参观纪念馆等；各镇关工委带领新党员、新团员和少先队员在烈士墓前举行宣誓仪式；各镇关工委配合有关部门汇编人民革命斗争群英谱，分发到中、小学校，以本地的人和事来教育身边的人，收到了良好的效果。

市关工委老干部在南夏墅初级中学作法制报告。

公民道德建设。3月，武进贯彻中共中央《公民道德建设实施纲要》，市委宣传部、市关工委、教育局、民政局、司法局、总工会、团市委、妇联等8个单位联合发文，在全市青少年和青年干部、职工、农民、学生及家长中开展公民道德规范宣讲活动。市关工委在武进电大举办贯彻“纲要”巡回报告的启动仪式，印发“纲要”原文、中共中央的通知和“纲要”知识竞赛测试题15万份，累计举办报告会156场次，受教育者有10余万人，促进了贯彻“纲要”的宣讲活动在全市的推开。

开展法制教育、帮教工作。武进各级关工委与司法、教委、团委、妇联等相互配合，采取多种形式，切实抓好《未成年人保护法和预防未成年人犯罪法》的宣传贯彻。市关工委聘请长期从事政法工作的老同志和部分在职干部23人组建武进市青少年法制教育报告团，各镇组建青少年法制报告小组34个，成员142名。2000年5月至2001年5月，市、镇青少年法制教育报告团作巡回报告385场次，24.57万名青少年学生及其家长受到教育。各镇关工委组织88个帮教小组、170名帮教员开展对235名帮教对象的工作；配合司法、学校、家长逐个做好失足青少年的教育挽救工作，帮助115名劳教释放人员落实就业工作。寨桥镇关工委切实加强对青少年学生的思想政治教育、品德教育、法制教育，做到工作目标、组织网络、宣传发动、指导家教、评优表彰“五个进村，落户到人”。

家庭教育和家长学校工作。武进市家庭教育指导委员会成立于1998年8月，成立后积极组织开家庭教育、家长学校工作。2001年底，全市有家长学校323所，累计办班1 003期，有17.8万人次听课。各家长学校做到“五有”、“六落实”。即：学校领导有较高的思想认识、较强的组织领导；有比较完整的教学计划；有比较系统的教学内容；有比较稳定的教师队伍；逐步走向了正规化、制度化。做到组织落实、教师落实、教学落实、授课计划和课时落实、管理制度落实、经费落实。家长学校将学校教育与家庭教育相融合，有效地推动了全市实施素质教育的进程，促进了学校、家庭、社会三结合教育以及实施“教育一代人，受益两代人”、“同唱一台戏，共育接班人”的目标实现。

为贫困学生排忧解难。全市各级关工委积极为一些经济困难而辍学或失学的中小学生排忧解难，联系单位定向资助。至 2001 年，全市各级关工委配合学校成立扶贫助学基金会 68 个，扶贫助困青少年学生 1 018名，捐助金 54 万元。（陈洪焕）

民 族 · 宗 教

【依法管理宗教事务】 2 月13日，市民族宗教事务局年检 61 处批准的宗教活动场所，对 7 处不合格场所存在的问题，责令其限期整改。协助 5 个镇调整 6 处宗教场所的管理班子。全市有 11 处宗教活动场所评为“五好宗教活动场所”。

爱国主义教育和宗教法规、政策学习。组织宗教团体和佛教、道教、基督教、天主教各场所负责人 3 次180人（次）参加常州市宗教局举办的爱国主义教育。85人参加市宗教局举办的学习班，学习《江苏省实施〈宗教活动场所管理条例〉办法》，依据各宗教特点，分别举办基督教、天主教培训班各 2 次，有 4 名宗教界人士在常州市宗教局组织的宗教界畅谈爱国主义教育学习心得交流会上发言。

宗教场所实行属地管理。根据江苏省宗教工作会议精神和市宗教管理工作实际，市宗教局规定，经江苏省和常州市批准开放及宗教团体所在的寺观教堂仍以市宗教部门管理为主，其余宗教场所均由当地镇党委、政府负责管理，明确各镇党委主要负责人为管理责任人。这一政策的出台，形成了多层各方齐抓共管的良好局面，促进了全市宗教工作法制化、规范化、制度化建设。

宗教活动交流。5 月初，武进天主教爱国会组织100名教友赴上海佘山朝圣和浦东地区参观学习，10月中旬组织30名教友代表赴南京参观学习。9 月 25 日，市民族宗教事务局协助组织基督教、道教各场所26名负责人和骨干赴苏州、昆山参观学习。这些交流活动提高了宗教界人士的法制观念、思想素质和爱国热情。

【扶持少数民族贫困家庭】 2001年，武进深入开展农村少数民族脱贫致富活动。市民族宗教事务局逐户核实少数民族贫困家庭，由市财政专项拨款45 710元补助全市确认的19户少数民族贫困家庭，并制定帮困扶贫优惠政策，引导他们勤劳致富。6 月，省水利厅对市民族宗教事务局向江苏省民委申报潘家镇回民聚居村修建防渗渠道扶贫项目拨专款 5 万元，工程正在实施中。

【基督教“三自”协会创办福音养老院】 1999年10月，武进市鸣凰中心堂基督教“三自”协会根据老年信徒逐年增多的情况，自筹资金在鸣凰中心堂教堂院内创办福音养老院。2001 年10月又翻建 6 间 2 层楼房，可容纳48名老人吃住，已有16名入住。9 月 8 日，省政协副主席王树建带领宗教界的省政协委员到基督教鸣凰中心堂视察，听取市基督教“三自”副主席、中心堂负责人王才平汇报几年来武进市“三自”爱国会、基督教开展工作的情况。王树建对武进市基督教创办福音养老院，引导信徒为社会办实事表示赞赏。12月，在全省基督教召开的宗教界为社会主义服务经济交流暨表彰会上，鸣凰基督教中心堂被评为全省基督教为社会服务先进单位。（李美娟）

残 疾 人 事 业

【概　况】 2001年，武进有残疾人4.9万余人，占总人口的4%，其中肢体残疾22 060人、听力言语残疾8 370人、视力残疾8 350人、智力残疾7 800人、精神残疾2 500人。在残疾人中，16 岁～45岁有一定劳动能力的残疾人2.5万人，完全丧失劳动能力的8 000余人。16岁以上有劳动能力的在业残疾人1.5万余人。其中在镇社会福利企业就业的1.2余人，在市属机关、团体、企（事）业单位就业的688人，在农村从事家庭种植、养殖业的3 000余人。

【宣传落实《残疾人保障法》】 2001年，武进市残疾人联合会以《残疾人保障法》实施10周年为契机，在 5 月20日第 11 个“全国助残日”广泛开展助残活动。市领导金建勇、王仲南等走访慰问了卜弋镇 2 户残疾人特困户，给他们每户送了500元慰问金和慰问品，并鼓励全市残疾人自强、自立。10 月 9 日～12 日，市人大检查

武进市残联举办残疾人保障法宣传咨询活动。（陆新　摄）

组执法检查洛阳、奔牛、孟河3镇和市民政局、残联贯彻实施《残疾人保障法》情况。认为,近年来武进各级深入贯彻宣传《残疾人保障法》,大力弘扬和谐友爱、团结互助的良好社会风尚,认真履行社会义务和责任。肯定了市民政局、残联在做好残疾人"生活保障,危房改造,孤残五保,"四残"职工工资待遇"四优先"工作方面取得的成绩。全市每年有780户、1 600余名残疾人被纳入最低生活保障范围,每年享受保障金140余万元。全市残疾人的生活状况得到明显改善,合法权益得到及时维护。

【残疾人就业与培训】 2001年,武进市级机关、团体、企(事)业单位认真落实《武进市按比例安排残疾人就业办法》,累计安置残疾职工688名;市残疾人劳动服务部对未达安置比例的单位收缴残疾人就业保障金150余万元;开办了"微机操作(初级)"、"插花、扎花艺术"两期残疾人实用技术培训班,有50名残疾人参加培训并取得结业证书和上岗资格证书。市残联还扶持小河镇盲人在城区湖塘开办了全市第一家盲人医疗按摩诊所——武进市陈志良推拿理疗科诊所。

【残疾人康复】 2001年,市残联着重调查肇事肇祸精神病人情况。市残联每年拨出资金5万余元,医疗救助肇事肇祸病人。其中25名肇事病人采取强行收治,按市、镇两级负担的办法,市残联承担每人每年2 250元的治疗费用;另外14名的有肇事苗头的精神病人,采用免费服药的方法医疗救助。以坂上眼科医院和武进中医院白内障复明中心为依托,全年施行白内障复明手术735例,肢体残疾人康复训练325人,智力残疾儿童康复训练40人,聋儿语训7人。

【残疾人教育】 在城区新建的武进市特殊教育学校于9月1日正式开学。现有在校聋哑学生62名,弱智学生28名。年内,市残联调查全市7周岁～15周岁未入学残疾儿童、少年,使有就学能力的27名贫困残疾儿童及时得到资助走进课堂。

【残疾人文体活动】 市残联丰富残疾人业余文化体育生活,每年都举办残疾人书画、摄影、象棋比赛。2001年,市残联、市体育局经过两次选拔和两个阶段1个月的系统训练,组成了由35名运动员组成的武进市残疾人运动代表团参加常州市第二届残疾人运动会,取得了田径、游泳总分第一、聋人篮球第一名、35个单项第一名、团体总分第二的好成绩,有4名运动员入选省队集训,备战第六届全国残疾人运动会。(诸文洁)

老 年 人 生 活

【概 况】 2001年,武进60岁以上老年人口170 912人,占全市常住人口的12.03%。80岁以上的高龄老人20 519人,其中95岁以上的寿星有194人,百岁老人48人。全市老年人平均寿命72.02岁。全市30个镇和515个行政村建有老年人协会或其他老龄组织,并形成市和市级机关、镇、村工作网络。老年人社会保障体系和服务体系逐步健全。参加社会养劳保险的机关行政事业单位人员有12 034人,农村参保人数10.69万人,企业参保职工57 531人。积累养老保险基金25 643万元。老年人文体活动丰富多彩,常年组织老年人打门球、乒乓球和书画展,洛阳、遥观等镇老年组织还经常举办赛诗会。

武进市老龄委办公室设在民政局,为一级局机构,其工作职责是为市政府议事协调全市老龄工作。敬老节期间,市级机关、各镇都组织慰问活动,其中市组织慰问百岁老人36人。建立法律援助制度,为老年人排忧解难。年内,全市有12个老年人协会、14名老龄工作者被常州市人事局、老龄办联合表彰为先进集体和先进个人。(谢加新)

全国老龄协会领导看望武进老寿星。(陆新 摄)

【武进老年大学越办越红火】 武进老年大学于2000年10月18日创办。该校按照老年人的身体状况、文化程度、兴趣爱好,因地因人制宜设置课程,开设不同专业班次和教学内容,做到既有二、三年制的长班,又有几个月的短训班,既适合较高学历层次的离退休干部、教师,又适合一般文化水平的离退休职工,使不同文化层次的离退休人员在老年大学都能找到自己的位置,寻到学习的机会和乐趣,深受老年人的欢迎。老年大学创办初期开设了书法、舞蹈、老年保健3个班，首届学员近100人次。为满足广大老同志的学习要求，2001年春季扩班招生，开设了文学、书法、国画、英语、太极拳、声乐、老年保健、交谊舞等8个班级，学员增至230人次。秋季，又在原有基础上增设了电脑、山水画、书法(二班)3个班级。至年底，全校有11个班级，学员306人。

老年大学的学员认识到了学习的重要性。有些参加“练功十八法”学习的学员，既学会了练习的基本动作和要诀，又增强了体质，患有肩周炎、腰伤痛、高血压等疾病的学员的症状有所好转；有些学员的文学、英语、书画水平有了一定提高，增强了老年大学的吸引力和凝聚力，不少高龄老人也踊跃报名参加学习。秋季开设的微机操作班有35人报名，其中大专、本科学历的有18人，70岁以上的有6人。82岁高龄的市人事局退休干部茅公望老人从不缺课。（冯悦群）

社 会 保 障

【社会保险制度改革】 2001年，根据市政府批准的市级机关机构改革方案，在市劳动局的基础上组建市劳动和社会保障局，市民政部门承担的农村养老保险和市人事部门承担的机关事业单位养老保险职能划归市劳动和社会保障局，实行社会保险统一管理。市劳动保障部门积极推进社会保险基金征缴体制改革，根据市政府办公室武政办发[2000]29号《关于改革社会保险费征收办法的通知》精神，企业应缴纳的养老、失业保险费由市社会保险经办机构直接征收改由市地税部门征收，劳动保障部门负责社会保险费征缴实施政策的制定；社保经办机构主要负责编制社会保险费的收支计划、预算执行以及社会保险登记、扩大保险覆盖面和社会保险费的发放工作；市地税部门根据社保经办机构提供数据征收社会保险费。基本养老和失业保险基金征缴工作分别于一、二季度移交市地方税务部门。继续探索建立和完善独立于企事业单位之外的社会保障体系的途径，初步形成适应社会主义市场经济体制要求，资金来源多元化、保障制度规范化、管理服务社会化的社会保险体系。

【机关事业单位养老保险】 从年初起，武进市机关事业单位养老保险费实行按季度结算。9月1日起，全市暂停征缴实行、参照、依照公务员管理的单位和各学校固定职工的养老保险费，同时停发每人每月10元的养老保险补贴。2002年1月1日起，全市机关、事业单位养老保险费统筹办法由原来的“双基数”(在职人员、离退休人员缴费基数总额)改为“单基数”(在职人员缴费基数总额)，总人数为12 034人。全市年内收缴机关事业单位养老保险费12 065.6万元，收缴率98%；拨付10 839.75万元，拨付率100%。

【农村社会养老保险】 全市收缴农村养老保险基金1 242.72万元，基金总累计达1.44亿元。新增投保人数6 884人，投保人数累计达10.69万人，覆盖所有村民小组。市农保处收回借款本息50.61万元，有1 973人启领养老金。全市共发放农村社会养老金、退保金637.73万元。

【企业职工基本养老保险】 2001年，武进参加养老保险的城镇企业552个，参保人数57 531人，其中在职职工36 274人，离退休人员21 257人。新增参保人数1 326人，主要为外商投资企业和股份制企业职工。征缴基本养老保险基金12 335万元，征缴率为96.4%。全市企业离退休人员养老金全部实行社会化发放，全年发放企业离退休人员养老金14 705万元，发放率100%。市劳动保障部门会同审计、财政、地税部门联合开展了缴费工资基数专项审计活动，加强对企业缴费工资基数的审核，审计企业53家，查出瞒报、漏报的工资基数889.34万元，收缴罚金及补缴基金76万元。

【职工工伤保险】 2001年，市劳动保障部门做好工伤事故的认定和抚恤金的发放工作。武进参加工伤保险的职工34 115人，全年征收工伤保险基金254万元，支付工伤保险费用276万元。年内享受工伤保险待遇的113人。伤残等级为1级～4级的46人享受因工伤残退休待遇，5级～6级的4人享受一次性伤残补助，7级～10级的25人享受一次性伤残补助。

【生育保险】 2001年，武进参加生育保险的职工有34 115人，全年征收生育保险基金359万元，支付生育保险费用307万元，有498人享受生育保险待遇。生育保险费率为企业缴费工资的1%，个人不缴费。生育保险费用平均达到6 164.66元，参保女职工在生育期间均得到相应的生活保障。

【失业保险】 2001年，武进参加失业保险的企业612个，参保职工5.8万人；参加失业保险的事业单位683个，参保职工3.5万人。全年征收失业保险基金1 801万元，当年征缴率103%。全年发放失业保险金3 318.45万元，期末享受失业保险的人数为10 829名。

【城镇职工基本医疗保险制度改革】 2001年，市劳动保障部门根据“方便就医人员，提高保障水平”的原则，因地制宜完善武进市医改政策，出台了城镇职工基本医疗保险实施办法的补充意见。从7月1日起实行公务员医疗补助办法，实施的范围和对象包括公务员及教育系统编内在职公办教师和退休教师。公务员医疗补助经费按单位上年度在职人员工资总额的10%筹集。门诊暂停使用IC卡进行结算，IC卡中的结余资金以现金形式发给个人。减少住院起付次数和降低起付标准，在一个结算年度内住院起付次数由4次改为3次。起付标准调整为：市级医院第1次600元、第2次400元、第3次200元；镇级医院第1次500元、第2次300元、第3次100元。全年征收基本医疗保险基金3 653.22万元、救助基金208.97万元、离休干部医疗统筹基金831.39万元、二等乙级以上革命伤残等人医疗统筹金200.67万元，征缴率分别为99.9%、99.9%、97.2%、99%。支付基本医疗保险基金2 925万元，其中人个帐户支出1 847万元、统筹基金支出1 078万元；支付离休干部医疗费1 127万元、支付二等乙级以上革命伤残军人医疗费177万元。职工医疗保险扩大到镇级机关及所有事业单位，参保单位累计达730个，参保人员总数达46 102人，其中在职职工31 510人、退休人员14 592人。医保工作重点及时转向城镇企业，出台《武进市企业职工基本医疗保险实施意见》，企业医改的各项准备工作全部就绪。

【规范最低生活保障制度】 武进根据本地经济发展和城镇居民农村村民生活情况，制定了农村村民、城镇居民家庭年人均收入低于1 200元、2 160元的可执行最低生活保障制度。2001年，全市确定的城镇居民和农村居民最低生活保障对象分别为468户、896人和2 292户、6 109人，分别发放保障金85.73万元、125.84万元。

【救灾扶贫工作】 武进30个镇都建立1 704科目，救灾预备金均在2万元以上。6月初，市有关部门下拨救灾粮123万吨。继续推进农村“安居工程”。市财政拨出专项经费55万元，镇村投入52万元，个人筹资139.3万元，为175户特困家庭改造泥墙危房。武进社会各界筹集救灾款40万元，帮助遭受严重雪灾的新疆阿勒泰灾民重建家园。 （严建平）

双 拥 优 抚

【优抚安置工作】 2001年，武进接收安置退役士兵653名，其中义务兵633名、士官20名，市有关部门安置183名。拨出15.84万元为39名下岗伤残军人办理医疗保险。普查登记优抚对象，确定335名“三属”、694名伤残人员、976名复退军人、914名带病回乡退伍军人、59名军队编内退休职工和两个优抚事业单位，共计有2 980份优抚对象的资料进人微机管理。为316户、573名优抚对象发放生活保障金63.5万元，其中市财政下拨25.4万元。市民政局被省民政厅、财政厅评为“江苏省优抚普查工作先进集体”。

【拥军优属工作】 1月19日，市委、市政府专门召开军政首长座谈会，共商双拥工作。全市各部门和单位累计为部队培训各类专业技术人员100余人，赠送图书3 000余册，赠送电脑11台、空调3台，为部队办实事3件。其中，市民政局出资100万元，资助人武部建造国防教育培训中心；市工商联组织发动15家民营企业筹集科技拥军经费7万元，为海航92138部队建立了飞行训练多媒体教研室；横林中学免费为武警十一中队栽种1 200平方米的草坪和花卉，美化了营区。市双拥办公室再次被江苏省双拥工作领导小组评为“科技拥军先进单位”。武进连续4次荣获“江苏省双拥模范城”。

【退役士兵安置办法改革】 市民政局积极探索新时期退役士兵的安置工作，改革沿用50多年的安置政策，起草《武进市退役士兵安置工作若干规定》，于5月25日经市政府常务会议讨论通过。其主要内容是：鼓励自谋职业，实行双向选择，扩大企事业单位用人自主权，允许安置任务有偿转移。自谋职业实行经济补偿，其标准为：按服役年限10年以下和10年（含10年）以上两个等次，额度分别是全市上年度职工平均工资的3倍和5倍。该政策出台在社会上引起强烈反响。江苏省副省长张连珍6月13日批示：“武进市对城镇退役士兵的安置，在加大政府宏观调控力度的同时，积极引入市场机制，鼓励退役士兵参加社会竞争，自谋职业，这是件很有意义的事情。请省民政厅跟踪调研，总结推广经验，积极推动我省优抚安置体制的改革。”年内，全市有94名退役士兵自谋职业，共领取补偿金296万元。

（刘文锦）

社 会 福 利

【概　况】 2001年，武进有城镇、农村社会福利机构37个，福利机构总床位1 425张，年末收养（治）958人。“五保”老人入院供养率达70.2%，集中供养标准为2 762元/人·年，分别比上年增3.5%和3%，与全市人均生活水平同步提高。全市30个镇继续多渠道筹集资金，加强社会福利基础设施建设，投入敬老院改扩建经费296.05万元，进一步改善了“五保”老人的供养条件。

【夕阳红康乐中心走出社会福利社会化建设新路】 武进市夕阳红康乐中心是由湖塘镇政府和社会自然人

于2000年9月合资创办的公共养老服务企业，是镇政府在社会事业领域进行投资体制运行机制的大胆改革和有益尝试。该中心占地3.4公顷，总投资2 000万元。按照“社会事业企业化”的运作机制，不断完善内部软件、硬件环境，配备了体现人性化和符合老年人特点的老年人公寓宿舍、浴室、茶座、书场、健身房、医疗中心，中心加强对工作人员饮食、医疗、卫生等业务培训，强化服务意识和服务质量，为入住的老人提供安全、可靠、优质、体贴的服务，周边城市和地区有许多人也慕名把老人托养在这里。至2001年底，该中心有员工26名，入住老人106名。通过开展一系列丰富多彩的活动，该中心真正成了老年人“老有所学、老有所为、老有所医、老有所养”的“老年乐园”。 （刘文锦）

10月25日，夕阳红康乐中心老人与湖塘中心幼儿园、实验幼儿园的师生们欢庆新世纪第一个敬老节。

红十字会

【概　况】 2001年，武进市红十字会以“救死扶伤、扶危济困、敬老助残、助人为乐”为宗旨，以2001年中国红十字总会确定的“关爱生命、捐献骨髓、展示人道力量”为主题，积极开展社会救助和群众性公益活动。武进各红十字单位全年义诊义治2.43万人次，为4 284人免费送医送药，其中烈军属187人，孤寡老人1 169人，智（伤）残354人，教师1 213人，学生871人，儿童490人。成功抢救各类急危重病人7 709例，捐款22万余元，其中资助特困学生、职工、儿童、病患者8万元，灾区贫困地区14余万元，衣裤1 230件。

各学校把红十字会工作与学生德育教育相结合，促进了学校精神文明建设。横林实验小学与陕西安康红旗小学是对口帮困学校，校红十字会通过开展“手拉手”活动，全校师生捐款3万余元，为安康红旗小学购置电脑设备、课桌椅等教学用具；同时“结对子”资助55位特困学生1.2万元。市卫校红十字会在全校开展《崇尚科学，校园拒绝法轮功》签名活动，观看“反对邪教，崇尚科学”图片展，进行征文比赛活动，增强青少年识别和抵制唯心主义、封建迷信等各种伪科学的能力。2001年，全市学校红十字会开展社会服务活动105次，15 316人次参加，为烈军属、孤寡老人，智（伤）残284人，教师448人服务，捐款14.27万元。

市红十字会举办现场心肺复苏培训班73期，受训7 165人，“四大”急救护技术培训班61期，6 894人受训，10 230人取得《卫生救护合格证》。举办汽车驾驶员急救技术培训班8期。

【武进首次推行公民无偿献血】 8月，武进推行公民无偿献血。全市有31个行政机关单位、30个镇8 457人献血169.14万毫升，平均每人献血量200毫升。 （张定宇）

社会行政管理

【村级区划调整】 9月初，市委、市政府根据省委、省政府的统一部署，按照“因地制宜、规模适度，合理布局、成建制调整，优势互补、资源互补，尊重群众意愿，依法办理和积极推进、确保稳定”等五项原则，实施“规模并大、实力并强、班子并优、人心并顺、事业并旺”为目标的村级区划调整。9月底，全市30个镇的村级区域调整工作全部到位，所有合并村合署办公。这次调整，全市村委会总数由757个调整到515个，实际减少242个，村平均人口从1 476人增加到2 169人，其中魏村镇调整力度最大，平均每村人口达4 077人。调整后全市人口规模最大的村为魏村镇新华村，达8 077人。

这次村级区域调整，是继乡镇行政区划调整后武进农村经济和社会发展史上的又一件大事。行政村数量减少了242个，村干部也相应减少。据调查，按每个村的村干部工资、办公费用及其它费用每年至少开支10万元，全市村级管理经费可少支2 420万元，有效地降低了村级管理成本，有利于减轻农民负担，巩固农村税费改革成果；村级区域调整后的优势互补，使村级规模适度扩大，可产生规模效益，有利于进一步优化资源配置，促进农村经济持续发展；有利于选优、配强、精干农村基层干部，加强和改进农村基层组织建设；有利于加强中心村的规划与建设，与改革小城镇建设投资机制、户籍管理制度、土地利用制度相结合，对推进小城镇建设、加快农村现代化进程，实现农村发展的新跨越具有积极的作用。

【城区社区建设启动】 上半年，湖塘镇对原有居委会按照社区构成要素调整，成立阳湖、鸣凰、马杭 3 个街道办事处。根据社区建设示范性试点要求，3 个办事处深化人事制度改革，公开招聘居委会干部，组建22个居民区党支部，党员组织关系实行居地化管理，并建立健全社区党建工作责任制，使社区党建步入规范化、制度化轨道。

【勘界工作】 2001年，武进命名地名53条，其中村民委员会名称37条，居民委员会名称 6 条，居民区名称 2 条，道路名称 8 条，变更地名 1 条。消亡地名280条，其中村委会名称277条，居委会名称 3 条。

【社团管理】 武进有社团 87 个，新批准社团 7 个，依法注销社团 5 个。社团年检率、登记率、档案合格率均达 100%。

【殡葬管理】 5 月25日，出台《武进市殡葬管理办法》。《办法》规范了丧葬用品市场，加大了专项治理乱埋乱葬等违反殡葬管理法规的人和事的力度。2001年，武进 5 个殡仪馆共火化遗体10 053具，业务收入490万元。殡葬设施明显改善。总投资 2 100 万元武北殡仪馆于2001年 7 月竣工。该殡仪馆占地2.35万平方米，设有殡葬楼、综合楼、休息楼、宿舍楼，总建筑面积6 509平方米。馆内有亭台楼阁、喷泉、连廊，整体建筑为园林式，硬件设施达到国家一级标准。

【民政经济】 2001 年，武进福利企业完成销售66.47亿元，利税5.3亿元，分别比上年增15%和13%。全市销售福利彩票3 300万元，募集社会福利事业基金450 万元。 （刘文锦）

消 防 工 作

【概 况】 2001年，武进发生火灾事故272起，死 9 人、伤13人，造成直接经济损失159万元，烧毁建筑面积9 548平方米，受灾124户。火灾事故较多集中于村（居）民住宅和镇村企业，村（居）民住宅发生火灾135起、镇村企业发生火灾82起，分别占总数的49.7%、30.1%。村（居）民住宅火灾主要是用火用电不慎引发火灾。因用电用火引起的火灾分别占总数的42.6%和26.1%。造成人员伤亡的火灾主要发生在化工企业和居民住宅。年内，市公安消防中队接警出动323次，抢救保护国家、集体和人民群众财产价值1 998.8万元。

公众聚集场所消防安全专项治理。6 月～9月底，市公安消防部门在全市集中开展公众聚集场所消防安全专项治理，并积极推行企业、事业单位安全责任制的落实，狠抓各类火险隐患的整改，取得明显成效。年内，市公安消防部门与工商等部门检查发现火灾隐患3 870余处，督促整改3 100余处，下发《责令限期改正通知书》248份、《责令当场改正通知书》62份、《复查意见书》198份，全市投入消防安全整改资金1 200余万元，其中工商市场投入 350 万元。与有关部门共同取缔消防安全不合格单位或场所93个，43个单位和场所增设了火灾自动报警、喷淋系统。

市消防大队在城区进行消防咨询活动。（陆新 摄）

查处消防违法违章行为。市公安消防部门加大执法处罚力度，消除火灾隐患。年内，查处消防违法违章行为56起，罚款38.58万元，责令停产停业33家，行政拘留 5 人、警告 3 人。

【实施消防安全监督二级管理】 年内，市公安局积极推行市局消防部门和镇派出所二级消防监督管理机制，明确各自职责，理顺相互关系，制订考评细则，切实加强全市企事业单位内部保卫和消防监督管理。江苏新科电子集团公司、江苏阳湖纺织集团股份有限公司等45个单位被列为市公安局消防管理安全重点单位。

（张卫星）

（栏目责任编辑 杨汉平）

各镇概貌

湖塘镇

土地总面积 81.37 平方千米

行政村49个，居委会20个、村民小组681个

总人口 130 775 人，非农业人口 70 398 人

表 66　**湖塘镇 2001 年主要社会经济指标**

指　标	单　位	数　值
国内生产总值	亿　元	32.67
预算内财政收入	万　元	21 333
耕地面积	公　顷	2 880.27
农业总产值	亿　元	2.2
多种经营产值	亿　元	1.85
粮食总产量	万千克	2 583
农机总动力	万千瓦	4.71
出栏生猪	万　头	7.39
出栏家禽	万　羽	302.50
水产品产量	万千克	97.4
水果产量	万千克	93.6
蔬菜产量	万千克	2 186.7
股份合作企业	家	6
工业销售收入	亿　元	88.95
工业利税总额	万　元	57 242
技改投入	万　元	28 141
合同利用外资	万美元	544
实际利用外资	万美元	1 040
外贸供货额	亿　元	31.9
自营出口额	万美元	4 847
三产从业人员	人	11 449
三产增加值	亿　元	11.67
集贸市场成交额	亿　元	9.42
中、小学校数	所	31
在校学生	人	18 173
专任教师	人	1 235
年末存款余额	亿　元	22.5
农民人均纯收入	元	6 093

书　　记　朱伟中

副 书 记　凌光耀　沈元明　杜伯坤（—2001 11）

　　　　　谈伟新

人大主席　沈元明

人大副主席　史天新

镇　　长　凌光耀

副 镇 长　吴晓东　许岳兴　金多娣※（—2002 01）

　　　　　李文平　戈国平　欧兰琴※

纪委书记　朱国元

阳湖街道办事处主任　欧兰琴※

马杭街道办事处主任　莫中贤

鸣凰街道办事处主任　许锡刚

调 研 员　张荣勤　黄禄全　杨根清（2001 10 退休）

　　　　　沈亚成　白旭初　江金生　王法林

　　　　　钱岳庆　姚义根　凌杏清　闵国祥

　　　　　陈振和　谢达山　张浩忠　杨国清

注：打“※”号者为女性，以下各镇同。

表 67　**湖塘镇销售收入 500 万元以上规模企业**

企　业　名　称	销售收入（万元）	利税总额（万元）	法人代表
江苏省武进丝织厂	32 136	375	周渭新
江苏新光棉织厂	26 808	1 551	王阿根
武进市马杭色织布厂	8 898	375	章　良
武进市亚泰割绒厂	7 100	280	钱茹亚
常州晶华印染有限公司	6 748	250	李雪炎
常州东南液晶显示有限公司	6 429	1 093	陈焕海
武进洋泽织造有限公司	5 504	144	
武进市鸣凰丝绸练染厂	5 427	132	徐　海
东方染整厂	5 052	184	恽中方
武进市湖塘热电厂	5 034	547	李瑞全
常州升利兰服装砂洗有限公司	4 961	190	
常州市国泰减速机厂	4 507	165	徐国忠
武进市南周色织厂	4 500	546	蒋惠英
武进染整厂	4 378	126	
城南纺织品有限公司	4 157	99	杨伟忠
常州联合工具厂	3 956	222	胡仁民
江苏航宇铜材厂	3 766	376	李厚法
武进电缆厂	3 363	263	张梅芳
武进第二无线电厂	3 227	30	壮全欣
武进市锦鹏实业有限公司	3 100	113	徐正平
武进市永达针织厂	2 893	75	
武进市湖塘印染厂	2 863	145	李雪炎
武进市宏图割绒厂	2 669	127	张岳松

① 各镇社会经济指标中“农业总产值”、“多种经营产值”均为现价；外贸供货额货币为人民币。

企 业 名 称	销售收入（万元）	利税总额（万元）	法人代表
武进市东南布业有限公司	2 594	68	李荣兴
常州市永明机械制造有限公司	2 450	49	
武进市第二齿轮厂	2 412	−6	王晓剑
武进圣力化工厂	2 381	445	王志明
武进市阳光布厂	2 380	360	陈国贤
工贸合营常州苎麻纺织厂	2 157	163	何小康
常州市棱光化工材料厂	2 104	247	周如俊
常州市广通活塞厂	2 090	61	杨志顺
武进市林龙无线电厂	2 088	118	
鸣凰机电配件厂	2 085	126	李文玉
常州气弹簧厂	2 075	242	施与秋
武进市第二经编厂	2 070	332	张志新
武进市红星染织厂	2 055	88	
武进信达塑料电缆盘厂	1 966	112	杨国忠
武进市玛亚纺织有限公司	1 960	170	杨 敏
惠琪镍网有限公司	1 837	477	唐惠琪
武进第一耐火材料厂	1 798	306	张耀方
工贸合营武进电信器材厂	1 778	182	
武进市金球滚针轴承厂	1 686	101	王贤直
常州特斯克精密注塑有限公司	1 665	323	王兴元
武进市起动电机厂	1 662	52	鲍全兴
武进市湖塘花园色织厂	1 622	31	
常州第一绒线厂	1 606	78	宋汉平
武进针织印染厂	1 596	75	周德康
武进市湖塘镇永红织布厂	1 579	86	吴洪斌
武进市金城摩托车配件厂	1 444	232	秦秋金
武进市鸣凰五金工具厂	1 419	125	
武进市东方绝缘油厂	1 363	8	羊小琴
常州兴源印花有限公司	1 348	152	周国兴
常州锅炉总厂锅炉辅机分厂	1 332	−10	杨国伟
武进化学厂	1 315	97	吴浩庆
常州市特种蓄电池厂	1 250	59	壮建中
武进市鸣凰协力织布厂	1 232	148	袁丽萍
武进市红升照明电器厂	1 209	56	
武进市新城齿轮厂	1 205	146	梅国伟
武进市新中布厂	1 136	11	杨春伟
湖塘华建色织布厂	1 130	108	周建伟
武进市长城电子机械厂	1 124	157	周华中
武进市马杭压铸件厂	1 102	47	
武进市新城绒纺厂	1 089	56	
武进市马杭针织布厂	1 085	30	
武进市江南动力机械厂	1 079	121	吴 伟
常州市东吴减速机厂	1 056	77	陈忠泽
武进市进达电子元件厂	1 039	97	
武进市天元电子责任有限公司	1 000	19	胡近兴
武进市南方通用机械厂	987	46	杨永坚
武进市新昌布厂	962	90	王兰大
常州华光塑料制品有限公司	949	115	壮建大
武进市长江滚针轴承厂	943	153	薛涌斌

企 业 名 称	销售收入（万元）	利税总额（万元）	法人代表
武进市第三化学厂	942	61	王 勇
武进市马杭接插件厂	938	33	刘听焕
武进市鸣南织布厂	905	108	张春荣
武进市湖塘化纤毛织厂	902	63	海中明
武进市马杭镇勤华化纤厂	891	51	徐伟岳
武进市模具厂	883	22	张兴大
武进市永光机械厂	830	63	
武进市马杭农机具修造厂	823	36	凌志林
武进市湖塘大坝化纤厂	820	33	蒋忠元
武进市杨菊起动电机有限公司	800	58	
武进市鸣凰化工厂	790	−26	王伯兴
武进市第三橡塑机械厂	763	46	徐华兴
武进市红盛织造有限公司	723	18	
常州市普林电子有限公司	720	97	徐建明
武进市马杭锅炉配套设备厂	710	69	
武进市城区精工织造厂	691	24	吴裕华
武进市无纺机械配件厂	667	71	居兴法
武进市通达有色电瓷制品厂	652	36	
武进市顺风船厂	651	27	
武进市第一管件模具厂	586	74	周柏兴
武进机械配件厂	568	−41	刘国凯
武进市马杭箱包装饰布厂	567	17	杨岳友
武进市马杭线带厂	567	15	宋产方
武进市太明纸管机械有限公司	551	47	冯达明
武进市马杭锻造厂	550	90	
武进市换向器厂	547	−5	李惠民
武进市常荣精竹地板有限公司	533	−71	周 文
武进市华乐档案图书设备厂	531	28	
武进电机厂发电机分厂	517	5	周土生
常州市江南球铁活塞厂	512	57	鲍国栋
武进市马杭东鑫机械配件厂	505	30	许东德

【湖塘镇创建成江苏省卫生镇】 湖塘镇是武进市政府驻在地，镇容镇貌直接关系到武进的对外形象。2001年5月，湖塘镇全面启动“创卫”工程，总计投入资金7 000多万元；清理河道60余条、填埋河道55条，总面积8.5万平方米；人均绿化面积达4.5平方米。创卫工作改善了全镇的软硬环境，构筑了区域竞争优势，加快了推进湖塘城市化和城乡一体化进程。2001年11月顺利通过“江苏省卫生镇”考核验收。（参见 P194条目）

【构建城镇社会管理体系】 湖塘镇政府适应城市化步伐，进一步加快城镇社会的建设和管理，2000 年～2001 年，该镇成立阳湖及鸣凰、马杭3个街道办事处，调整设立了20个居民委员会，面向社会公开招聘了一批学历较高、素质较好、具有一定基层行政工作经验的人员，充实到社区管理干部队伍，初步构建“两级政府，三级管理”的城镇社会管理体系，为进一步巩固社区政权建设，促进社区经济、社会和精神文明健康协调发展奠定了较为坚实的组织和体制基础。

【武进立华畜禽有限公司推行“公司＋农户”经营模式】该公司创立于1997年，是湖塘镇农业产业化经营的重点龙头企业。2001年，公司种鸡存栏5万套，年饲养商品鸡200万只，拥有年孵化600万羽的现代化孵化厅和年产量达3 500万千克的饲料厂，商品鸡直销沪、宁、杭等地区。公司经过多年潜心研究解决了规模化饲养草鸡的难题，成功培育并注册了草鸡新品“雪山草鸡”，投入批量生产。该公司推行“公司＋农户”的生产经营模式，利用农户土地、劳动力等优势和公司技术、人才、销路等优势，双方合作，优势互补，实行“风险共担、利益均享”，带动农户养鸡致富，取得了良好的经济和社会效益。2001年，公司发展合作农户80户，养鸡250万只，农户创收400多万元。公司计划2002年合作农户达150户，年养鸡600万只，农户直销收益1 000万元。

【江苏省第一个镇级文联成立】 湖塘镇立足本地区传统人文背景，进一步整合利用现有文化资源，按照“代表中国先进文化的前进方向”的要求，加快“文化大镇”建设步伐。6月28日，湖塘镇在江苏省乡镇中率先成立镇文学艺术工作者联合会。镇文联有委员22名，下设文学、书法、美术、摄影、戏曲、菊花、雕刻、体育、残联等11个协会。镇文联成立后，策划、参与举办多种形式的演出、展览、比赛和创作活动，成功地向外推介了湖塘“菊花之乡”、“红木工艺之乡”、“竹刻之乡”、“纺织之乡”等文化品牌，扩大了湖塘的知名度和影响力。江苏省文联党组书记姚志强3次带队到该镇考察采风，认为湖塘文联的经验值得推广。 （吴 鲲）

表68 **湖塘镇2001年各村基本情况一览**

合并后村名	村支部(总支党委)书记	村委主任	工农业总产值(万元)	利税总额(万元)
贺北	史欣兴	奚林坤	20 951	1 676
邱墅	马小春	马小春	16 978	1 096
十里	宋文才	周锡兴	12 397	387
东庄	崔仁甫	李春荀	14 936	609
古方	李雪明	李小国	12 045	593
龚家	余焕忠	龚浩生	18 413	692
马杭	沈伟忠	张丽英	12 166	456
东升	沈小利	曹伯全(暂)	20 049	1 504
三勤	王国锋	徐永方(暂)	14 305	867
东新	王志明	李忠新(暂)	14 725	944
杨坵	管建新	徐伟华		10 861
江村庵	缪永全	缪国元		5 195
长虹	吴全岳	吴建元(暂)	19 325	1 885
东华	宋产方	欧华明(暂)	10 042	891
大巷	马梅红	马志新		7 570
龙潭庵	陈金兴	秦伟庆		6 002
大华	恽仕政	徐炳元	4 131	457
蒋湾		周中焕	5 363	468
纪墅	岳效正	李同庆(暂)	12 262	701
南周	周金义	周岳成(暂)	16 966	2 212
西塘田	盛国忠	严国方		64
鸣凰	黄建国	刘阳艳(副)	1 451	1 241
孙家	张建坤	张建坤	1 042	327
大兴	张祥兴	严达清	1 053	101
张家	钱元元	杨洪福	1 117	231
大墩	杨俊琪	杨俊琪	10 288	909
小留	王益明	薛建新	14 964	1 476
沟南	徐全中	张伯兴	8 164	509
与宁	干国良	冯惠齐	15 477	2 016
小庙	张坤荣	许雪南	9 568	778
北庙桥	朱怀听	杨建华	13 846	1 180
南石桥	陆国成(副)	陆国成	6 821	568
何留	江国中	何明德	16 897	729
周家巷	潘岳方	韦金林(副)	19 635	788
湾里	壮素琴	陆来法	17 126	963
陈家	陈产文	王达中	16 713	616
沙塘岸	裴建初	吴岳大	14 859	1 712
张家坝	吴国强	刘国喜	5 824	231
大坝	张进大	秦志元	9 431	396
华家	许宝良	刘岳明	14 222	247
聚湖	孙震文	王建方(代)	10 271	546
花园	李建元	庄正海	11 548	222
马家巷	陈国平	马福兴	7 137	302
烈帝	周华中	徐洪兴	10 260	130
夏雷	陆东大	陆东大	5 131	699
老坝	马林元		15 373	273
湖塘	王晓剑		18 629	236
蒋公岸	马明忠	陈金玉	5 743	236
降子	蒋文新	蒋文新	19 880	332

牛塘镇

土地总面积45.38平方千米
行政村15个，居委会2个、村民小组377个
总人口40 016人，非农业人口4 661人

表69 **牛塘镇2001年主要社会经济指标**

指　标	单　位	数　值
国内生产总值	亿　元	11.44
预算内财政收入	万　元	8 165
耕地面积	公　顷	1 987
农业总产值	亿　元	1.66
多种经营产值	亿　元	1.42
粮食总产量	万千克	1 756
农机总动力	万千瓦	2.66
出栏生猪	万　头	1.63
出栏家禽	万　羽	1.911
水产品产量	万千克	693.1
水果产量	万千克	97.4
蔬菜产量	万千克	2 599.6
股份合作企业	家	276
个私工业企业	家	789
工业销售收入	亿　元	29.53
工业利税总额	万　元	16 648
技改投入	万　元	20 200
三资企业	家	22
合同利用外资	万美元	3 214
实际利用外资	万美元	485
外贸供货额	亿　元	11
自营出口额	万美元	3 349
三产实体	个	3 038
三产从业人员	人	7 338
三产增加值	亿　元	3.63
集贸市场成交额	亿　元	0.89
中、小学校数	所	7
在校学生	人	4 995
专任教师	人	249
年末存款余额	亿　元	6.74
农民人均纯收入	元	5 548

书　　记　金建清
副 书 记　闻阳明　张建平　薛克平　朱平东
　　　　　刘　鸣
人大主席　张建平
副 主 席　杨　光
镇　　长　闻阳明
副 镇 长　陆伟红　陈光华　周建定
　　　　　许国贤(—2002 01)
　　　　　金多娣※(2002 01 选)
　　　　　余志华(2002 01 选)
镇长助理　许国贤(2002 03 任)
纪委书记　朱平东
纪委副书记　王志刚
调 研 员　周茂高　宋菊兰※　陈中云

表70 **牛塘镇销售收入1 000万元以上规模企业**

企 业 名 称	销售收入（万元）	利税总额（万元）	法人代表
江苏亚邦集团公司	111 920	5 987	许小初
武进市牛塘化工厂	15 294	470	王方大
武进市金隆化工厂	10 771	2 301	杨桢华
武进市金氏集团有限公司	8 107	1 536	金新华
武进市竹园装饰用品厂	5 562	214	王国平
武进市华隆化工有限公司	5 438	103	袁荣方
武进市南方滚针轴承厂	5 184	574	史建伟
武进市牛塘助剂厂	4 271	996	王玉泉
武进特种光源厂	2 818	365	钱福卿
常州信发汽车配件有限公司	2 644	304	王信中
武进华光集团公司	2 045	99	谢　寅
武进市常新复合材料厂	1 369	123	姜新南
武进市卢家巷模具厂	1 246	109	羊文玉

【外向型经济成为工业经济的重要支柱】 牛塘镇注重对外招商引资工作，全镇拥有工业企业1 065家，其中外商独资、合资企业有23家。1987年，该镇创办常州地区首家中外合资企业大发灯泡有限公司。此后，外向型经济不断发展。2001年，该镇以加入WTO为动力，积极开拓国际市场，不断扩大与外商接触交流的机会，以外贸引外资，以项目引外商，外向型经济再创佳绩，全年合同利用外资达3 214万美元，比上年增704%，其中8个项目洽谈成功，5家合资、3家独资企业已在牛塘落户。项目总投资在500万美元以上的2个，2 000万美元以上的1个。办成境外企业1家，劳务输出营业收入40万美元。该镇以亚邦集团、金隆化工厂、牛塘化工厂等为龙头的12家重点出口创汇企业，年出口供货额达8亿元，外贸出口已成为牛塘经济的强项。

【加大技改力度】 2001年，牛塘镇全力以赴抓好技术改革，加速工业结构调整，增强了企业发展后劲。全镇技改投入达2.03亿元，比上年增60%，实施技改项目23个，其中1 000万元以上的项目8个，投资额最高的亚邦集团投资1亿元实施两个扩能项目。年内全镇申报江苏省新产品和省高新技术产品26只。亚邦集团的染料后整理处理项目、牛塘化工厂的甜味剂项目均达国内领先水平。这些新项目、新产品全部竣工投产后，将使牛塘镇新增销售产值4亿元。

【牛塘中心幼儿园通过示范幼儿园验收】 2001年下

半年通过省级示范幼儿园的验收。牛塘中心幼儿园占地 5 970 平方米，建筑面积 2 920 平方米，绿化面积达 800 平方米。该校以艺术教育为增长点，本着“让每个儿童有更美好的未来”为办园宗旨，多年来已熔铸成“团结、奋进、求实、创新”的园风，建成一支朝气蓬勃的教师队伍，把校园办成了幼儿编织七彩世界的摇篮，多次在各类竞赛和评比中获奖，其中获市一等奖 6 次。

【牛塘中心小学通过江苏省实验小学验收】 2001 年通过省级实验小学的验收。牛塘中心小学 1998 年易地新建，占地 34 716 平方米、建筑面积达 10 419 平方米。该校教育教学设施完善，设备先进，学生专用微机室、语音室、劳技室、图书室、音乐室、美术室、自然实验室、多功能大教室等配件齐全，校园闭路电视系统、校园局域网不断为师生提供着丰富的教育教学信息。多年来，该校坚持把教科研作为学校持续发展的动力，把特色教育作为学校内涵发展的源泉，形成了自己独特的办学方向，多次被评为“江苏省实施素质教育先进学校”。

表 71 **牛塘镇 2001 年各村基本情况一览**

合并后村名	村支部(总支党委)书记	村委主任	工农业总产值(万元)	利税总额(万元)
牛塘农场	陈光华		1 029	
塔下	刘晓伟	曹学泽	4 617	313
万塔	陈自良	丁伟南	3 452	341
三河	蒋一鸣	岳亚复	5 077	356
卢家巷	王平和	蒋耀忠	9 254	832
高家	李国元	杨荣南	17 034	2 820
卢西	徐炳法	丁龙兴	5633	505
白家	刘岳平	邓国荣	13 801	1 463
漕溪	陆林生	霍益明	22 348	1 756
竹园	王国平	王国平	26 415	1 887
牛塘	贺元兴	刘中方	10 036	496
沈家弄	王玉兴	周林昌	3 632	235
青云	王惠忠	钱金海	11 439	432
厚恕	周剑国	周国方	5 332	196
丫河	潘国民	张小鸣	6 890	277
塘口	王国良	蒋祝平	10 780	134

【“民心工程”湖滨路建成通车】 被牛塘群众称为“民心工程”的二级公路湖滨路，经过 3 年的分段实施，于 2001 年 12 月 28 日全线竣工。湖滨路北接 312 国道、南至卢家巷集镇，穿越牛塘镇区和长虹路以及建设中的延政西路，全长 7 800 米，路面宽 15 米，总投入2 800万元，道路两旁的路灯亮化和绿化工程同时配套到位。湖滨路的全线通车便捷了牛塘至常州市区、武进市区的交通，改善了牛塘的投资环境。

【亚邦集团一年创办两家合资企业】 参见“对外经济贸易”栏目 P142 同名条目。 (卢惠萍)

南夏墅镇

土地总面积 47.25 平方千米

行政村14个，居委会1个、村民小组350个

总人口 31 560 人，非农业人口 2 328 人

表 72 **南夏墅镇 2001 年主要社会经济指标**

指标	单位	数值
国内生产总值	亿元	6.24
预算内财政收入	万元	7 732
耕地面积	公顷	2 581
农业总产值	亿元	1.19
多种经营产值	亿元	0.86
粮食总产量	万千克	2 335
农机总动力	万千瓦	3.42
出栏生猪	万头	2.38
出栏家禽	万羽	26.42
水产品产量	万千克	279.4
水果产量	万千克	31.3
蔬菜产量	万千克	1 160.1
股份合作企业	家	239
个私工业企业	家	569
工业销售收入	亿元	14.12
工业利税总额	万元	11 969
技改投入	万元	11 386
三资企业	家	13
合同利用外资	万美元	9
实际利用外资	万美元	209
外贸供货额	亿元	5
自营出口额	万美元	2 210
三产实体	个	2 152
三产从业人员	人	4 216
三产增加值	亿元	1.85
商业零售总额	亿元	0.32
集贸市场成交额	亿元	0.75
中、小学校数	所	8
在校学生	人	3 704
专任教师	人	161
年末存款余额	亿元	2.17
农民人均纯收入	元	4 850

书　　记　杨斌华

副书记　卢建成　王彦文　邵汉明　何树荣

人大主席　王彦文

人大副主席　刘才保

镇　　长　卢建成
副 镇 长　张炳兴　王　健　吴小琴※　赵正南
纪委书记　戴建豪
纪委副书记　吴敏曙
调 研 员　张国祥　孙伯清(2001 10 退休)
　　　　　恽元方　蒋玉琴※ 吴春方　张建南

表 73　**南夏墅镇销售收入 1 000 万元以上规模企业**

企业名称	销售收入(万元)	利税总额(万元)	法人代表
武进凤市电子集团有限公司	17 506	4 506	管友强
江苏远宇电子集团	8 589	1 198	潘中来
常州汉森江浪减速机有限公司	5 578	193	翁　劲
常州市常宝通信设备有限公司	5 487	34	王小明
武进市庙桥卫生用品厂	4 189	73	尚珍妹
江苏省有色金属工业公司武进铜带联营厂	4 020	−63	潘亚平
武进市江南色织厂	3 225	40	吴　闽
武进市庙桥合成化工厂	3 035	413	沈伯清
武进市庙桥第二化工厂	3 043	138	莫玉宇
常州市南夏墅工具厂	2 967	73	王宝兴
斯贝克(常州)有限公司	2 658	30	刘晓刚
武进市南夏墅割绒厂	2 573	−10	徐甫兴
常州市猴王涂料有限公司	2 453	162	莫美萍
武进庙桥东方电子有限公司	2 158	91	李明芝
武进市南夏墅伟峰有色金属铸造厂	2 100	78	蒋伟峰
武进市环宇纺织品有限公司	1 895	161	时建新
常州市江南减速机厂	1 038	34	万国南
武进市诚天电子有限公司	1 202	35	周剑峰

【投资 80 万元铺通 3 个村公路】 南夏墅镇西漕、镇塘、都家 3 个行政村是武进经济薄弱村,一方面无力改善交通条件,另一方面闭塞的交通又制约村里经济的发展,形成恶性循环。2001 年,镇党委、镇政府通过"三个代表"重要思想的学习,把为民办实事放到重要议事日程,投资近 80 万元改善经济薄弱村交通条件工程。工程历时 4 个月,铺浇水泥路和黑色油路 7.3 千米。年底,全镇村村通上了水泥路或柏油路,投资环境明显改善。

【塘洋幼儿园被命名为"常州市幼儿体操训练基地"】 该园建于 1997 年,是武进市惟一的独资民办市级一类幼儿园,由于坚持贯彻"健康快乐、主动发展"的办园宗旨,颇受当地群众的赞誉。2001 年,该园注重幼儿特色教育,组建了幼儿体操队,特聘专业老师定期训练指导。5 月上旬,该园幼儿体操队代表武进市参加江苏省第二届幼儿体操比赛,获二等奖。同月,该园被常州市教委命名为"常州市幼儿体操训练基地",成为武进惟一获此命名的幼儿园。

【率先引入粮食购销股份制】 南夏墅镇以"农业增效、农民增收"为出发点,遵循市场经济运作规律,积极探索,大胆尝试粮食购销"股份制"运作。镇粮管所采用与售粮农户签订粮食购销订单合同的形式,在粮食购销活动中,实行"一次结算,一次分配",即对交售粮食当场一次结清粮款,粮食销售所获净利,再按比例返还给农户,农户当粮食"股东",既可领到粮款,又可得到再次"分红"。年内,该镇粮管所收购秋粮 228 万千克,比上年增 3 倍,居苏南地区基层站之首。该镇的粮食购销"股份制"运作方式得到省、市粮食部门的肯定,在江苏省尚属首创。

【印染园区建设启动】 2001 年,南夏墅镇实施"以工立镇,以园兴镇"战略,根据该镇印染工业较为发达的基本情况,在集镇西南郊规划建设印染工业园区,该园区占地 7.6 公顷,按高起点、严标准、无污染、园林化格局的现代化要求,建成印染化纤、牛仔布、灯芯绒等纺织品的印染综合基地。4 月,园区建设全面启动。年内,总投资达 5 000 万元。印染园区的建设,将改变本镇"村村点火、处处冒烟"的状况,既扩大纺织印染产业的规模效应,又有效地解决污染问题。　(李曙媛)

表 74　**南夏墅镇 2001 年各村基本情况一览**

合并后村名	村支部(总支党委)书记	村委主任	工农业总产值(万元)	利税总额(万元)
南夏墅	钱国宣	钱国宣	3 886	290
凤　墅	杨玉中	刘岳兴	36 998	5 707
杨　司	万国南	卞新华	7 181	112
桐　庄	刘正生	李正元	3 304	229
河　东	霍耀南	蒋来兴	3 368	73
戴家头	杨建新	朱志立	4 062	293
塘　洋	李涵成	严云良	3 225	33
石柱塘	徐甫兴	李建伟	5 047	120
恽　家	徐岳中	王仁大	15 708	503
港　桥	王如平(副)	张立成	3 467	1 201
庙　桥	陆细龙	庄红跃	6 474	321
新　联	上官建中	孙新华	3 621	141
华　阳	戴金洪	李春烈	9 800	333
九　华	周惠金	陈中立	15 461	511

雪堰镇

土地总面积35.16平方千米

行政村17个，居委会1个、村民小组242个

总人口28 028人，非农业人口2 594人

表75 雪堰镇2001年主要社会经济指标

指　标	单　位	数　值
国内生产总值	亿　元	4.84
预算内财政收入	万　元	2 178
耕地面积	公　顷	1 304
农业总产值	亿　元	1.27
多种经营产值	亿　元	1.09
粮食总产量	万千克	1 204
农机总动力	万千瓦	2.32
出栏生猪	万　头	1.51
出栏家禽	万　羽	9.71
水产品产量	万千克	697.7
水果产量	万千克	231.5
蔬菜产量	万千克	492
股份合作企业	家	166
个私工业企业	家	100
工业销售收入	亿　元	5.65
工业利税总额	万　元	5 109
技改投入	万　元	4 108
三资企业	家	4
合同利用外资	万美元	24
实际利用外资	万美元	24
外贸供货额	亿　元	2.3
三产实体	个	1 668
三产从业人员	人	6 172
三产增加值	亿　元	2.18
商业零售总额	亿　元	0.5
集贸市场成交额	亿　元	1
中、小学校数	所	6
在校学生	人	3 789
专任教师	人	176
年末存款余额	亿　元	2.7
农民人均纯收入	元	5 020

书　　记　胡忠明

副 书 记　韩家兴　张爱华※　陈国方

人大主席　胡忠明

人大副主席　陈国方

镇　　长　韩家兴

副 镇 长　李建元　吴国锌　李阿强

纪委书记　张爱华※

纪委副书记　张燕玲※

调 研 员　汤松青　许达才

镇长助理　陈云良

表76 雪堰镇销售收入500万元以上规模企业

企 业 名 称	销售收入（万元）	利税总额（万元）	法人代表
武进漆包线厂	8 478	99	董解国
常州太湖化工有限公司	3 826	515	顾泽元
武进市第五化工厂	2 407	246	王胜利
常州市顺风发电设备有限公司	2 281	216	鲁建清
武进市太湖豪华汽车座椅厂	1 300	143	管立新
武进市振兴绒线厂	1 231	36	龚正欣
武进市苏南绳绒厂	1 058	47	薛　皎
武进市复合轧辊厂	1 030	333	吴树高
武进市向发机械配件厂	970	107	许向东
武进市民生车厢厂	905	98	龚小庆
武进市合力铸造厂	877	89	叶金焕
武进市雪堰星级客车座椅厂	830	142	秦梅生
武进市雪堰万寿铸造厂	658	52	陆明亮
武进市雪堰东洋湖模具厂	588	38	夏金才
常州市长江钢模有限公司	551	21	殷福平
武进市现代机房设备有限公司	535	27	李小林
武进市金欧服装有限公司	515	48	缪优统
武进市雪堰密封材料厂	512	127	马玉新

【“南山牌”兔肉松获江苏省农业展示博览会金奖】 “南山牌”兔肉松由雪堰镇獭兔养殖基地生产。该基地创建于1999年9月，总投资220万元，年产兔肉松75万千克，产品销往苏州、无锡、宜兴等地。2001年10月，“南山牌”兔肉松获江苏省农业展示博览会金奖。

【环太湖旅游公路太滆至马山段贯通】 参见“交通建设”分目P124表26。　　（王旭轮　李　忠）

表77 雪堰镇2001年各村基本情况一览

村 名	党支部（总支党委）书记	村委主任	工农业总产值（万元）	利税总额（万元）
旺　庄	吕金华	王末金	921	30
东洋湖	吴建华	王锡明	4 646	231
共　建	薛国平	龚建生	12 532	730
新　建	王怀新		1 594	48
绣　衣	王建明	杭平波	2 385	45
费　巷	殷国良	殷建福	801	36
南　山	钱亚清	杨国华	4 196	276
谢　家	吴雷平	龚彩英	1 558	53
万　寿	章勤松	张文剑	2 325	134
雅　浦	陈玉祥		3 346	200
莘　村	杨建林	杨杏荣	1 726	59
太　湖	徐炳伟	叶子全	1 202	37
龚　巷	周永和	龚仰炯	2 869	168
城　里	陈群峰	蒋永刚	1 347	71
雪　东	管立新	管五男	5 137	601
雪　西	徐建欣	吴末兴（副） 刘燕锋（副）	2 820	122
太　滆	单金林	朱福明（副） 顾宝金（副） 沈建中（副）	4 402	

潘家镇

土地总面积48.28平方千米
行政村16个，居委会2个、村民小组315个
总人口30 032人，非农业人口1 883人

表78 潘家镇2001年主要社会经济指标

指　标	单　位	数　值
国内生产总值	亿　元	5.87
预算内财政收入	万　元	3 615
耕地面积	公　顷	2 179
农业总产值	亿　元	1.00
多种经营产值	亿　元	0.76
粮食总产量	万千克	1 662
农机总动力	万千瓦	2.68
出栏生猪	万　头	2.16
出栏家禽	万　羽	13.67
水产品产量	万千克	203.0
水果产量	万千克	92.5
蔬菜产量	万千克	666.5
股份合作企业	家	220
个私工业企业	家	112
工业销售收入	亿　元	7.91
工业利税总额	万　元	8 412
技改投入	万　元	12 300
三资企业	家	1
合同利用外资	万美元	671
实际利用外资	万美元	15
外贸供货额	亿　元	2.18
自营出口额	万美元	123
三产实体	个	2 728
三产从业人员	人	5 151
三产增加值	亿　元	2.82
商业零售总额	亿　元	1.25
集贸市场成交额	亿　元	0.72
中、小学校数	所	7
在校学生	人	3 949
专任教师	人	185
年末存款余额	亿　元	3
农民人均纯收入	元	5 142

书　　记　朱建康
副 书 记　吴学成　许平贤　刘尤忠　胡裕良
人大主席　许平贤
人大副主席　钮惠君
镇　　长　吴学成
副 镇 长　宋三元　刘亚清　薛　锋　姜甫明
纪委书记　刘尤忠　纪委副书记　吴建达
调 研 员　吴广达　张明其　张焕忠

表79 潘家镇销售收入500万元以上规模企业

企业名称	销售收入（万元）	利税总额（万元）	法人代表
武进旷达集团	21 240	2 431	沈介良
武进市太湖齿轮厂	3 925	339	蒋福德
武进市环宇轴承厂	2 040	290	陆连云
武进市化工橡胶设备厂	2 036	457	龚战仁
武进市三联弹簧厂	1 694	31	马友方
武进市天工纺织机械专件厂	1 653	94	曹正方
武进市逸盛橡胶制品公司	1 640	129	王文兴
武进市第一合成纤维厂	1 593	25	蒋炳南
武进市太湖电机电器厂	1 553	96	朱　伟
常州市锦益机械厂	1 456	52	高中林
武进市南宅锦纶帘子布厂	1 429	1	王佳华
常州宏发节能灯有限公司	1 363	70	蒋光旦
武进市南宅精细化工厂	1 285	104	陆治国
武进市申利橡胶机械模具厂	1 065	69	蒋国华
武进市苏南机械厂	1 038	298	陆连云
武进市苏南轴承厂	981	99	卞建国
武进市苏南钢球厂	926	51	杨建伟
武进市南宅油墨涂料厂	888	70	王素芳
武进市振南齿轮厂	789	60	蒋福生
武进市油泵附件厂	779	162	徐敖良
武进市南宅自行车钢球厂	719	83	刘知田
武进市苏南通讯器材厂	627	100	蒋建茂

【潘家镇创建成江苏省卫生镇】 潘家镇地处武进环太湖风景旅游区。2001年，中共潘家镇委、潘家镇政府为实施“旅游兴镇”方略，改善旅游环境，推动集镇建设，提升旅游区的品位，将创建江苏省卫生镇列入年度重要工作目标任务。抓好全民健康教育，提高市民卫生意识，印发健康卫生知识宣传资料2.8万份，全镇投入创卫资金1 380万元加强基础设施建设，改造镇区主干道路、街道和镇村区间道路，自然村水泥路面积达7.2万平方米，镇区道路硬化率达100%；改造农户厕所381个；新铺设自来水管，镇区内自来水入户率达96%，市民的健康行为形成率达85%以上。同时抓好绿化、美化工程。全镇山地植树267公顷，集镇区主要路段增设路灯110盏。5月，该镇顺利通过江苏省卫生镇验收，成为全省新世纪第一个按照新标准验收通过的江苏省卫生镇。

【实施“旅游兴镇”方略】 潘家镇东邻无锡马山、南濒万顷太湖，湖岸线长4 000多米，沿湖有风景秀丽的城湾山、蓼莪山、绿豆山，建有城湾水库、长古山水库、西湾水库，有竹林33.4公顷、茶园200多公顷、果园120多公顷，旅游资源十分丰富。初期开发的度假村、游乐

城等颇受游客好评，发展旅游业的区位优势和资源优势明显。2001年初，中共潘家镇委、潘家镇政府提出“旅游兴镇”战略，通过政府上网，编印旅游招商资料，诚邀外商考察，多方位宣传潘家的人文山水、旅游资源，加快构筑环湖公路等基础设施，并通过封山育林、植树造林、发展观光农业等，保持山明水秀的生态环境，太湖西湾等一批度假村项目和扬子鳄生态园已陆续启动，神龙仙境正在进行新型构思，规划论证。镇政府强化“大旅游、大环境、大文化、大投入、大产业”的观念，大力开发旅游资源，加快沿山沿湖16平方千米的开发建设，建立以太湖湾风光自然景观为依托的休闲度假区，以城湾丘陵山地为依托的观光农业区，做到“搞一方旅游，兴一方财力，振一方经济”。

【实施500万元以上工业技改项目11个】 该镇拥有江苏旷达集团、常州市逸盛橡胶制品有限公司、常州市天益纺织机械有限公司、武进市太湖齿轮厂、武进市化工橡胶设备厂、武进市环宇轴承厂等一批骨干企业，主要生产高档织物面料、纺织机械、齿轮系列、橡胶制品等优势产品。2001年，该镇为形成优势更优、强势更强、短腿拉长的工业经济新格局，瞄准国内国际两个市场，投入技改资金1.2亿元，同比增长62%。其中投资500万元以上的技改项目达11个。引进外资原是潘家镇的薄弱环节，2001年全镇签订外资项目5个，合同利用外资2 000万美元，其中500万元以上的3个。

【城湾种植科技示范园区启动】 城湾科技示范园位于城湾山北坡，与太湖仅一山之隔，山清水秀，鸟语花香。20世纪80年代以来，农民自发种茶、种果，多种经营发展迅速。2001年初，潘家镇政府在城湾山北坡规划建设城湾种植科技示范园，加快农业产业结构调整。该园区一期工程占地14.7公顷，主要采取立体种植的方法，上坡种杨梅树，中坡种茶树，下坡作为果品类良种试验推广基地。该园区种有杨梅树4 000多棵，扩种的一批茶树、果树长势喜人，部分果树实现当年收益。

【绿茶“阳湖新月”蝉联江苏省名茶评比特等奖】 “阳湖新月”是由潘家镇城湾茶场和潘家茶场研制的优质名特茶，该茶以采摘100%的单芽为原料，采用多功能机进行杀青、成形、烘干、全机械制作，具有扁而细秀、长如新月、色泽嫩绿、毫毛显露、汤色明亮、滋味鲜爽、香气高雅、全芽匀齐的特点，2001年在江苏省第十届“陆弱杯”名特茶评比中“阳湖新月”系列产品被评定为江苏省“无公害”农产品，蝉联特等奖和一等奖。城湾茶场和潘家茶场年产“阳湖新月”干茶2 000千克，产品畅销国内外。城湾茶场还引进了鸠坑、诸叶、福丁、福云、龙井等名特茶树良种，其种植面积占总面积的15%。

(周玲芳 杨仲达)

表80 **潘家镇2001年各村基本情况一览**

村名	党支部(总支党委)书记	村委主任	工农业总产值(万元)	利税总额(万元)
仁庄	殷伯治	承建平	1 282	55
城湾	高中浩	夏金海	1 647	28
城东	徐春泉	蒋平	2 239	94
潘家	王泽明	马建祥	1 896	115
曹家	曹建祖	徐丰	7 135	273
前龚	龚占仁	李佳平	4 732	770
圣烈	张志锋	蒋钧	2 482	187
安圩	岳炳成	陆祖泽	1 787	87
城西	董建平	翁仁良	1 441	198
周桥	宋三元	张坤贤	8 499	81
南宅	王建刚	蒋伯杰	2 963	164
凤凰	王伟南	王仁方	3 092	217
夏墅	丁卫东	孙国才	3 124	162
王允	徐敖良	盛建军	7 752	679
尚公	周道新	蒋梅珍	8 341	242
南埼	蒋全茂	王立新	2 028	161

漕桥镇

土地总面积40.22平方千米
行政村14个，居委会1个、村民小组329个
总人口31 713人，非农业人口4 327人

表81 **漕桥镇2001年主要社会经济指标**

指标	单位	数值
国内生产总值	亿元	7.32
预算内财政收入	万元	3 733
耕地面积	公顷	2 206.8
农业总产值	亿元	1.33
多种经营产值	亿元	1.03
粮食总产量	万千克	2 093
农机总动力	万千瓦	2.44
出栏生猪	万头	3.29
出栏家禽	万羽	109
水产品产量	万千克	83.2
水果产量	万千克	49.6
蔬菜产量	万千克	1 094.1
股份合作企业	家	177
个私工业企业	家	125
工业利税总额	万元	7 139
技改投入	万元	12 358

指　　标	单　位	数　　值
工业销售收入	亿　元	11.19
三资企业	家	5
合同利用外资	万美元	12
实际利用外资	万美元	12
外贸供货额	亿　元	2.18
自营出口额	万美元	523
三产实体	个	2 838
三产从业人员	人	6 760
三产增加值	亿　元	3.37
商业零售总额	亿　元	1.5
集贸市场成交额	亿　元	1.02
中、小学校数	所	7
在校学生	人	4 079
专任教师	人	192
年末存款余额	亿　元	4.93
农民人均纯收入	元	5 200

书　　记　王突建
副 书 记　陈　晫(—2001 11)　宋建伟(2001 11 任)
　　　　　吴敏芳※　顾海平
人大主席　王突建(—2002 01)　朱怡忠(2002 01 选)
人大副主席　徐岳琴※(2002 01 选)
镇　　长　陈　晫(—2002 01)　宋建伟(2002 01 选)
副 镇 长　顾海平　徐建松　陆加新　陈立峰
纪委书记　徐岳琴※(—2001 11)
经委副书记　陈方红(2002 01 任)
调 研 员　赵可荣　赵志斌　张全明　唐祖厚
　　　　　张焕璧　王林法　蒋国良　许美萍※
　　　　　钮兴荣

表 82　**漕桥镇销售收入 1 000 万元以上规模企业**

企　业　名　称	销售收入(万元)	利税总额(万元)	法　人代　表
武进市天香集团有限公司	32 940	418	朱玉泉
武进市万盛机械有限公司	9 671	1 221	吴华南
武进市裘皮皮件厂	5 664	116	李孟春
武进市华发皮件厂	3 551	67	蒋立刚
常州市利时色织有限公司	3 097	71	朱辛东
武进市苏新柴油机配件厂	2 936	195	何岳良
武进市华福纺织有限公司	2 400	78	阙福明
武进市三洋精细化工有限公司	2 163	40	朱惠泉
常州市天香南方玻璃钢有限公司	1 666	179	朱玉泉
武进市第二天线厂	1 460	210	赵介平
尼特罗电子电器有限公司	1 384	106	范　昕
上海第四建筑公司武进江南电器公司	1 329	314	张岳清
江苏奥奇海洋生物工程有限公司	1 089	155	陈金良
武进市漕桥第二化工厂	1 167	51	陆自强
武进市海力制辊有限公司	1 075	207	刘力军
武进市正阳胶辊制造有限公司	1 031	194	曾春煌
武进市漕桥塑料化工厂	1 011	96	朱梅珍

【漕桥镇创建成江苏省卫生镇】 12 月下旬通过验收。2001 年，中共漕桥镇委、漕桥镇政府将创建江苏省卫生镇纳入年度工作总体目标任务，投资创卫资金 2 300 万元，以高标准、高起点、大手笔，改造镇区主要街道电力、通讯和广播电视设施，新增主干道路灯 266 盏。镇区人均公共绿地 8.5 平方米，镇区改水率达 95.5%。

【武进市鹿苑养殖中心成功驯养国家一级保护动物白天鹅】 该中心是漕桥镇谭庄村农民徐兴良 1998 年创办的，并获得江苏省农林厅颁发的《国家重点保护野生动物驯养繁殖许可证》。2001 年养殖中心饲养有鸳鸯 500 多只、赤麻鸭 40 多只、野鸭 5 000 多只、梅花鹿 83 头，年产鹿茸 47 千克。徐兴良出于对重点野生动物保护的责任性，近年来还驯养了散落民间的 47 只国家一级保护动物白天鹅。这些白天鹅在这里受到良好的驯养，不定期出租给动物园供游人观赏。

表 83　**漕桥镇 2001 年各村基本情况一览**

村 名	党支部(总支党委)书记	村 委主 任	工农业总产值(万元)	利税总额(万 元)
漕　桥	贾金海	王建立	3 306	157
楼　村	陈福明	王平荣	3 853	260
凤　沟	张惠荣	赵蕴炜	3 379	409
夏　庄	陆自强	唐国金	4 728	247
浒　庄	孙岳祥	张建方	3 221	109
黄　墅	孙荣明	陈志明	2 186	111
新　康	周阿明	钱永志	5 103	396
善　塘	朱梅珍	符建立	3 139	119
运　村	王新华	史春杰	6 675	660
农　场	郭建伟	陈方大	4 335	244
祝　庄	叶惠良	蒋志洪	9 947	196
谭　庄	胥国华	卢小东	11 045	376
杨　桥	朱玉泉	徐立平	38 978	512
谢　桥	张建平	顾克定	4 890	422

【常盛名贵水产养殖场外销鲟鱼苗突破 10 万尾】 该养殖场由漕桥镇凤沟村农民缪云峰及其儿子缪霄松于 1990 年创办，占地 16.5 公顷，有暖房 3 000 平方米。自 1999 年下半年起，缪家父子获得鲟鱼养殖被列为全国农牧渔业“丰收计划”推广项目和国家科技成果重点推广计划项目的信息，便及时把握机遇，进行小批量试养。在“北鱼南养”初步成功的基础上，他们又在 2000 年 4 月与武进市多管局水产站、中国水产科学院签订合同，投资 150 万元联合开发，推广鲟鱼养殖。至 2001 年底，已向安徽、浙江、上海等地的客户提供 10 多万尾

鲟鱼苗，同时还为他们提供养殖技术服务、鲟鱼各期专用配合饲料服务和市场供销信息动态服务。

（杨国新）

前黄镇

土地总面积49.55平方千米

行政村18个，居委会2个、村民小组376个

总人口35 641人，非农业人口7 396人

表84 前黄镇2001年主要社会经济指标

指标	单位	数值
国内生产总值	亿元	6.71
预算内财政收入	万元	3 677
耕地面积	公顷	2 838
农业总产值	亿元	2.05
多种经营产值	亿元	1.67
粮食总产量	万千克	2 614
农机总动力	万千瓦	4.31
出栏生猪	万头	2.78
出栏家禽	万羽	169.19
水产品产量	万千克	100.6
水果产量	万千克	19.6
蔬菜产量	万千克	2 356.3
股份合作企业	家	154
个私工业企业	家	238
工业销售收入	亿元	8.32
工业利税总额	万元	5 558
技改投入	万元	10 500
三资企业	家	5
合同利用外资	万美元	40
实际利用外资	万美元	3
外贸供货额	亿元	1.82
自营出口额	万美元	791
三产实体	个	3 800
三产从业人员	人	9 500
三产增加值	亿元	2.68
商业零售总额	亿元	1.2
集贸市场成交额	亿元	3.0
中、小学校数	所	9
在校学生	人	5 545
专任教师	人	405
年末存款余额	亿元	4.28
农民人均纯收入	元	5 001

书　记　陈川山

副书记　毛凤兰※　陈正荣　蒋全新

张　琪（—2002 01）

人大主席　陈正荣

镇　长　毛凤兰※

副镇长　谈永南　杨鲜平　胥国荃　邵竞梅※

陆际鹏

纪委书记　蒋全新　纪委副书记　戈建平

调研员　张才琪　路效海（2001 05 退休）

朱汉林　陆秋松　王亚章

表85 前黄镇销售收入1 000万元以上规模企业

企业名称	销售收入（万元）	利税总额（万元）	法人代表
武进华伦热电有限公司	6 163	874	童如林
常州蓝天化工有限公司	5 006	601	朱剑波
武进市飞腾摩托车有限公司	2 970	134	姜泽亚
武进市申武钛白粉厂	2 524	390	郭建华
武进市远东塑胶有限公司	2 292	26	张远东
武进市中信纺织塑胶有限公司	1 967	23	李培贤
常州市飞龙车辆部件有限公司	1 720	73	许志平
武进市南江化工厂	1 557	176	杨少忠
武进市南方箱包材料厂	1 493	69	姜国华
常州飞鹰自行车部件有限公司	1 455	19	陆晓峰
武进市第二水泥厂	1 432	125	卞春暖
武进市金狮车辆厂	1 396	—1	缪伯联
武进市华诚锻造厂	1 303	16	徐焕成
常州市布莱特化工有限公司	1 254	98	陈淑媛
武进市恒昌机械厂	1 129	97	朱天闻
常州市钱境康复器材有限公司	1 103	79	樊金城
武进市华丰车辆车架厂	1 103	47	凌华中

【前黄食用菌年销售达2 700万元】 20世纪80年代初，前黄镇多种经营服务公司在大成村试种食用菌获得初步成功，此后逐步推广，成为该镇新兴的多种经营项目。食用菌种植投资不高，但效益较好，因此在前黄农村发展较快。镇政府因势利导，实施“品种更新、生态农业、市场营销、科技兴农”四大战略，稳定平菇生产，适当发展金针菇，大力发展名特优新品种，有力地推动了前黄镇食用菌种植业的发展。至2001年底，种植食用菌的专业户超过1 000户，销售收入达2 700多万元。目前，该镇正在规划食用菌新品开发示范园。

【前黄初级中学创建近代史音像馆】 前黄初级中学是江苏省实施教育现代化工程示范初中、江苏省电化教育实验学校。2001年10月，该校投资60余万元建立了中国近代史音像馆，作为学生德育教育和爱国主义教育基地。该馆总面积300平方米，分“苦难中国”、“探索与战争”、“东方日出”、“历史转折”、“抗日救亡”和“人民解放”六大部分，系统详实地反映了中国近代历史人物、重大历史事件，广大群众在中国共产党领导下前赴后继，浴血奋战，争取民族独立的英勇斗争。

【“蓝天化工”成为全国最大的“赛克”生产基地】 参见P117同名条目。

【“绿宝”双缸隔膜泵手动喷雾器畅销全国】 “绿宝”双缸隔膜泵手动喷雾器是由武进市江南植保器械厂20世纪90年代研制成功。该产品适用于水稻、“三

麦”、林果及医疗卫生等防治病虫草害，先后获整机动性实用新颖、外观设计、泵体总成设计、模具热加压装置等4项国家专利，并获得中国乡镇科技进步三等奖，列为国家级重点新产品，畅销全国各地。该厂在浙江、山东等地建有4家联营厂。2001年生产手动喷雾器60万只，年产值突破2 000万元。

【投资千万元改造常漕路前黄集镇段】 2 000米长的前黄集镇段不仅是常漕路的主要通道，也是前黄镇商业繁华地段，车、人流量较高，加之路况较差，严重影响了车辆通过及集镇的镇容镇貌。2001年，前黄镇政府及有关部门共同投资1 000多万元改造该路段。竣工后新路路面宽25米，其中车行道15米，两侧人行道各5米。路旁统一绿化，并安装了路灯和灯箱广告。

【前黄人民医院投资1 200万元翻建门诊、病房大楼】 前黄人民医院是武南地区的中心医院，服务周边10多个镇，日门诊达200多人次。原门诊、病房大楼已不适应医疗卫生事业的日益发展。2001年，市卫生局，前黄镇政府和前黄人民医院等单位共同投资1 200多万元翻建门诊、病房大楼。新建的门诊、病房大楼建筑面积达1.34万平方米。大楼的翻建和医疗设施的更新，明显改善了该医院的医疗条件。

表86 **前黄镇2001年各村基本情况一览**

村名	党支部（总支党委）书记	村委主任	工农业总产值（万元）	利税总额（万元）
大成	张益明	陆焕兴	520	26
奋壮	郎永年	闵正平	4 641	185
南埝	杨少中	戈卫兵	2 131	206
丁舍	陆正宇	谈国方	3 358	259
胜西	蒋中行	卞建伟	1 361	95
红旗	潘南大	刘巧珍	2 508	31
前黄	朱听方	汤吉	4 428	109
前进	徐尔成	陈国民	1 410	83
漳湟	胡国范	鲍建中	1 442	16
小漕	陈建国	路小中	1 010	100
前桥	钱建明	朱春良	2 685	112
庞家	周才元	李栋良	6 649	271
十车	顾一波	盛友成	2 805	91
西杨	张惠兴	王文燕	1 377	82
华渡	陆文兴	刘荣方	2 286	116
禹城	凌和平	姜南立	4 973	193
政平	陈耀博	戴玉中	3 571	267
大路	蒋建东	袁建国	3 183	46

【钱腊梅引进1万羽“奥白星”法国良种鸭】 前黄镇大成村农民钱腊梅是远近闻名的养鸭专业户，年存栏鸭万羽以上，是本地区的养鸭致富带头人，曾获“全国妇女‘双学双比’生产能手”、“江苏省劳动模范”称号。2001年，她通过市场调研，发现原肉鸭“樱桃谷”已不能满足鸭农的需要，于是从法国克里木公司引进良种“奥白星”63型超级肉鸭种鸭1万羽。这种肉鸭的最大特点是增重快、肉质好，养殖户效益高。年内，已育雏鸭50万羽，不仅满足了本地养殖户的需要，还销往山东和苏北沿海地区，受到鸭农的广泛欢迎。（龚新宇）

礼嘉镇

土地总面积37.21平方千米
行政村15个，居委会2个、村民小组292个
总人口31 055人，非农业人口2 317人

表87 **礼嘉镇2001年主要社会经济指标**

指标	单位	数值
国内生产总值	亿元	7.39
预算内财政收入	万元	4 906
耕地面积	公顷	1 372
农业总产值	亿元	0.75
多种经营产值	亿元	0.52
粮食总产量	万千克	1 693
农机总动力	万千瓦	2.83
出栏生猪	万头	2.26
出栏家禽	万羽	17.74
水产品产量	万千克	82.5
水果产量	万千克	65.6
蔬菜产量	万千克	85.5
股份合作企业	家	483
个私工业企业	家	120
工业销售收入	亿元	18.07
工业利税总额	万元	16 444
技改投入	万元	12 000
三资企业	家	12
合同利用外资	万美元	98
实际利用外资	万美元	101
外贸供货额	亿元	2.1
自营出口额	万美元	1 385
三产实体	个	1 555
三产从业人员	人	5 526
三产增加值	亿元	2.41
商业零售总额	亿元	2.95
集贸市场成交额	亿元	1.1
中、小学校数	所	9
在校学生	人	3 891
专任教师	人	231
年末存款余额	亿元	4.73
农民人均纯收入	元	5 016

书　　记　曹建平
副 书 记　宋建伟（—2001 11）　陈　晫（2001 11 任）
　　　　　张国南　孙伯平　宋和平
人大主席　张国南
镇　　长　宋建伟（—2002 01）　陈　晫（2002 01 选）
副 镇 长　张熙庆　路志祥　尚向泽　殷宪荣
纪委书记　孙荃平
纪委副书记　孙爱萍※
调 研 员　尹国欣　茹全娣※　赵桂法　张盘清
　　　　　王金兴　周国强　顾立夫　周忠烈

表 88　礼嘉镇销售收入 1 000 万元以上规模企业

企业名称	销售收入（万元）	利税总额（万元）	法人代表
常州常发动力机械有限公司	55 681	6 359	黄小平
江苏江南塑料集团	21 246	1 866	茹伯兴
武进市礼嘉镇常发制冷有限公司	17 743	970	黄小平
武进市礼嘉镇配件暖控设备厂	7 107	301	吴清平
武进市英特曼连接器厂	4 807	243	徐建刚
武进市东南助剂厂	3 544	149	顾立夫
武进市龙城精锻有限公司	3 021	232	庄龙兴
武进市康达电子有限公司	2 374	283	王汉刚
武进市华联毛纺机械厂	2 207	238	王亚清
常州市新译电子有限公司	2 068	257	史伯南
武进市礼嘉泡沫塑料厂	1 749	74	陆其焕
武进市顺达精密钢管厂	1 732	277	张国良
武进市照明电器厂	1 695	63	王　凯
常州滤咀棒厂	1 500	260	黄浩年
武进市星鸣电子有限公司	1 351	36	梁向欣
武进市贝斯特电子线缆厂	1 326	50	施建良
江苏常嘉电器有限公司	1 315	67	施浩南
武进市礼嘉塑料造粒厂	1 266	59	黄浩年
武进市礼宝建材化学厂	1 230	478	吴宝良
武进市江南铸造化工厂	1 086	233	李永兴

【礼嘉镇工业园区建设初具规模】　该园区规划面积 133 公顷，一期开发建设 40 公顷。1999 年园区建设启动后，镇政府每年投资 200 万元，加快园区“三通一平”等基础设施建设，优化投资环境，为进区企业提供全方位服务。两年来有 35 家企业落户园区，总投资达1.32 亿元。2001 年，该园区完成总产值近 7 亿元，年销售额达 6.32 亿元。年内，二期规划的 33 公顷启动建设。

【礼嘉镇成立全市首家葡萄生产合作社】　5 月 18 日成立。近几年，礼嘉镇葡萄种植迅速发展，至 2001 年来，全镇种植面积达 100 多公顷，种植农户 500 多户，年产葡萄 375 万多千克。为了推动产业结构调整，确保葡萄种植业健康发展，在礼嘉镇政府的协调下，由葡萄种植重点示范户王新南发起，成立了武进市第一家葡萄生产合作社，首期吸收会员 242 户。该合作社以“新南牌”为葡萄注册商标，聘请国内有关专家制订并审定了产品标准，申报审定为无公害绿色食品。该社与日本东京植源葡萄研究所建立了长期协作关系。合作社运作将形成技术服务、种苗供应、产品销售一条龙企业化服务。

【黄小平资助 12 名特困生圆了读书梦】　黄小平是礼嘉镇江苏常发集团董事长，他事业成功后不忘回报社会，热心赞助社会公益事业。2001 年，市妇联等部门发起帮困助学“爱心工程”，黄小平积极响应，并专门设立助学基金，确定资助 12 名特困学生完成学业。这 12 名学生分别就读于礼嘉中学、礼嘉中心小学及幼儿园，2001 年黄小平承担这些学生的学杂费 1.3 万元。

【江苏常发集团柴油机产销量位居国内同行业前列】
参见 P112 同名条目。　（施永琦）

表 89　礼嘉镇 2001 年各村基本情况一览

村名	党支部（总支党委）书记	村委主任	工农业总产值（万元）	利税总额（万元）
新路	施健南	尹俊贤	8 479	399
新生	李国柱	李俊勇	1 476	52
秦巷	唐文成	何兴元	6 359	780
礼嘉	张兆元	王建生	7 531	377
建东	黄国法	黄志良	30 788	823
兴隆	孙仲华	吴伟荣	2 412	118
陆庄	缪　杰	史仕兴	2 930	138
贝庄	王兴大	陆梦惕	2 328	167
毛家	周岳春	毛津博	1 232	93
何墅	宣建清	何树伟	3 544	315
大刘寺	姚国新	王亚平	1 627	105
蒲岸	殷德强	王建良	2 437	176
震声	庄维岳	吴振宇	1 821	69
建设	张仲良	郑荣方	11 881	2 030
坂上	庄仁厚	殷德文	4 084	291

寨桥镇

土地总面积52.75平方千米
行政村16个，居委会1个、村民小组298个
总人口28 450人，非农业人口1 757人

表90 寨桥镇2001年主要社会经济指标

指　　标	单　位	数　　值
国内生产总值	亿　元	8.07
预算内财政收入	万　元	5617
耕地面积	公　顷	1 555
农业总产值	亿　元	2.66
多种经营产值	亿　元	2.45
粮食总产量	万千克	1 443
农机总动力	万千瓦	4.04
出栏生猪	万　头	0.9
出栏家禽	万　羽	29.04
水产品产量	万千克	2 021.6
水果产量	万千克	11.3
蔬菜产量	万千克	80
股份合作企业	家	160
个私工业企业	家	45
工业销售收入	亿　元	13.4
工业利税总额	万　元	10 215
技改投入	万　元	12 685
三资企业	家	2
合同利用外资	万美元	25
实际利用外资	万美元	—
外贸供货额	亿　元	2.89
自营出口额	万美元	404
三产实体	个	2 318
三产从业人员	人	4 210
三产增加值	亿　元	2.74
商业零售总额	亿　元	0.24
集贸市场成交额	亿　元	0.3
中、小学校数	所	6
在校学生	人	4 228
专任教师	人	189
年末存款余额	亿　元	4.32
农民人均纯收入	元	5 273

书　　记　蒋岳良
副 书 记　张少华　张坚定　王才兴　朱玉香※
人大主席　张坚定
人大副主席　李伟如
镇　　长　张少华
副 镇 长　顾立金　殷建国　金亚南　周岳生
纪委书记　王才兴
纪委副书记　朱秀春※
调 研 员　王兆顺　钱纪明　钱瑞林　张国正
　　　　　邵勤夫　朱银焕

表91 寨桥镇销售收入500万元以上规模企业

企　业　名　称	销售收入（万元）	利税总额（万元）	法人代表
常州常柴动力机械有限公司	32 526	3 653	石剑舫
常州市北美颜料化学有限公司	19 418	1 415	蒋建洪
武进市寨桥农机厂	9 561	587	殷忠和
武进恒通金属钢丝厂	7 072	454	陈天生
常州市邮电通信光缆厂	7 568	1 139	吴建苏
常州市灵达化学品有限公司	2 239	58	蒋国忠
常州市英特通用机械设备厂	2 097	121	李志祥
常州市常联电器有限公司	1 808	199	钱仲刚
常州日月机械有限公司	1 692	38	陈学明
武进市大得益饲料厂	1 248	20	马祖华
武进恒通电缆厂	1 066	129	周国平
常州市低压电器工厂	1 055	104	高金林
常州市新世纪电子有限公司	934	162	蒋国文
武进市燕虹化工纺织有限公司	903	25	柏效放
常州市华建柴油机配件有限公司	833	—48	朱阿泉
常州市金浩电器公司	802	—6	孙世忠
常州市精欣机械有限公司	738	16	叶锁龙
武进市寨桥湖光塑料厂	692	24	赵国海
武进市寨桥柴油机配件厂	583	28	房洪章
武进市寨桥塑料化工助剂厂	566	38	蒋志华
武进市富友塑胶有限公司	501	17	钱志峰

【寨桥镇10度蝉联常州市“农业十强镇”称号】 寨桥镇是个农业大镇，有耕地1 555公顷。镇政府根据农业区域发展特点，及时研究制订和调整农业发展规划，注重“保粮、扩经、提高农业综合经济效益”，不断加大对农业的投入，实施“科技兴农”战略，全面搞好农业服务体系建设，切实减轻农民负担，加强对土地的依法管理、依法流转，科学、合理开发利用土地。2001年，该镇农业种植结构调整面积达233公顷，其中常年性调整33公顷、季节性调整200公顷。全镇粮食总产达1 443万千克，油菜籽77.4万千克，完成农业总产值2.66亿元，连续10年被常州市政府评为“农业十强镇”。

【寨桥镇创建成江苏省卫生镇】 2001年，中共寨桥镇委、寨桥镇政府把创建江苏省卫生镇列入政府年度工作目标任务，制定了切实可行的工作规划。该镇投入创卫资金2 500万元，重点对集镇道路、环卫设施、河道整洁及改水改厕等方面进行规划、布局和改造。健康教

育、食品卫生、环保绿化、环境整洁等项工作环环扣紧。创卫使镇区面貌显著改观，人民群众生活质量明显提高。9月21日通过“江苏省卫生镇”验收。

【水产品年产量突破2 000万千克】 寨桥镇地处滆湖之滨，湖岸线长10千米，有水面2 547公顷，水产业是传统特色产业。2001年，该镇在产业结构调整中，充分发挥区域水面资源优势，加强产前、产中、产后一条龙服务，规划放养模式，引导渔农搞好养殖品种结构调整，组织技术培训，引进养殖科技，并实施优惠政策驱动，推动全镇水产养殖逐步向宽领域、多层次、深加工方向发展，水产品产销两旺，年产量达2 000万千克，坊前滆湖水产品批发市场和太平港特种水产批发市场年成交总额达6.5亿元。

【工业利润实现一年翻一番】 寨桥镇有工业企业2 000多家，机械、冶金、化工3大类产品在全国同行业中具有相当高的市场占有率，有的还打进了国际市场。2001年，寨桥镇以加快工业经济发展为目标，大力优化硬软投资环境，培植优势，壮大规模型实力企业，投入上亿元资金推进科技创新，同时支持和引导个私企业成长，使工业经济保持了快速增长的良好势头，全镇完成工业总产值15.6亿元，利润总额达5 500万元，比上年增128.6%，增幅列全市第一。 （潘曙东）

表92 寨桥镇2001年各村基本情况一览

村名	党支部(总支党委)书记	村委主任	工农业总产值(万元)	利税总额(万元)
夏坊	钱克强	殷友忠	2 630	75
东沙	孔达文	毛其春	3 791	158
公墅	王建达	钱建国	1 711	49
寨桥	李志祥	姚汉祥	6 045	218
成魁	朱国宪	蒋全青	2 177	47
墙门	朱国兴	朱庆文	1 440	8
灵台	蒋建洪	谢建春	39 704	1 806
湖滨	朱效华	朱细茂	1 336	12
观咀	王国民	陶岳来	848	8
奔庄	王欣	陈岳明	1 679	50
蒋排	赵岳林	宣晓南	2 388	37
红星	李同春	钱国忠	2 070	22
坊前	周友强	杨庆方	2 475	32
前濮	王建明	许建兴	1 966	−16
高梅	邵岳琴	陈建良	2 214	5
园东	杨国兴	程国表	1 645	27

洛阳镇

土地总面积55.7平方千米

行政村25个，居委会2个、村民小组402个

总人口50 635人，非农业人口8 723人

表93 洛阳镇2001年主要社会经济指标

指标	单位	数值
国内生产总值	亿元	12.82
预算内财政收入	万元	15 051
耕地面积	公顷	2 405
农业总产值	亿元	1.45
多种经营产值	亿元	1.18
粮食总产量	万千克	1 893
农机总动力	万千瓦	3.44
出栏生猪	万头	2.16
出栏家禽	万羽	10.63
水产品产量	万千克	344.7
水果产量	万千克	511.6
蔬菜产量	万千克	634.7
股份合作企业	家	—
个私工业企业	家	—
工业销售收入	亿元	48.02
工业利税总额	万元	30 769
技改投入	万元	18 000
三资企业	家	19
合同利用外资	万美元	37
实际利用外资	万美元	74
外贸供货额	亿元	16.43
自营出口额	万美元	14 758
三产实体	个	2 109
三产从业人员	人	6 327
三产增加值	亿元	3.50
商业零售总额	亿元	—
集贸市场成交额	亿元	—
中、小学校数	所	15
在校学生	人	7 006
专任教师	人	357
年末存款余额	亿元	9.6
农民人均纯收入	元	5 289

书　　记　陆小玉(—2001 11)　陶建良(2001 11任)
副 书 记　陶建良(—2001 11)　姚纪伟　夏浩春　虞士杰
人大主席　陆小玉(—2002 01)　陶建良(2002 01选)
人大副主席　毛达社
镇　　长　陶建良(—2002 01)　姚纪伟(2002 01选)
副 镇 长　姜金玉　方祥国　马建立
纪委书记　虞士杰　纪委副书记　朱晓春
调 研 员　周正福(2001 07退休)　徐振华　戚国平　杨祥兴　胡凯华　吴兴欣　钱荷凤※　吴仁法

【洛阳镇司法所被评为省"人民满意司法所"】 10月获此称号。该所5年来积极发挥法律服务所的职能，为全镇多家企业担任法律顾问，代理诉讼、非诉讼案件40多起，诉讼标的330万元，避免或挽回经济损失30多万元；调结民间纠纷373起、疑难纠纷85件，调解率达100%，调结率达98%以上；代写法律文书87件，提供法律咨询400余次，以真诚的服务赢得了群众的信任和满意。

【洛阳镇果品专业合作社成立】 洛阳镇是远近闻名的"水果之乡"。2001年，全镇2 000多户农户种植林果334公顷，其中葡萄146公顷、水蜜桃82公顷，产量达500万千克，销售收入1 900万元。7月，镇政府组织成立洛阳林果专业合作社，首批自愿入社的果农180多户。合作社的宗旨是为果农提供产前、产中、产后服务，最大限度发挥果树效益，确保增产增收。社员每月参加技术培训，探讨种植经验，交流销售信息。年内，合作社组织集体活动12次，接受社员咨询千余人次。

表94 **洛阳镇销售收入2 000万元以上规模企业**

企业名称	销售收入（万元）	利税总额（万元）	法人代表
江苏新科电子集团公司	332 491	16 148	秦志尚
常州市永安电机厂	8 613		秦国民
常州市南方电缆厂	6 672		於金来
常州新科金属制品有限公司	6 270	77	秦志尚
常州新亚电机有限公司	5 764		张亚娟
武进市华东电机冲制厂	4 507		秦伯清
丽珠集团常州康丽制药有限公司	4 456	360	赵中俊
常州海龙灯饰有限公司	2 837		虞海泉
武进洛阳振华空调器配件厂	2 649		蒋　健
武进洛阳开关厂	2 574		臧岳雷
武进市华德标准件厂	2 509		周祖法
武进市南洋助剂厂	2 478	222	黄海平
常州聚荣制药有限公司	2 477		顾建光
武进市飞达摩托车配件厂	2 385		顾燕兴
武进丝绸印染厂	2 108	49	蒋炳良

【戴洛公路改造工程竣工】 戴洛公路是连接洛阳镇区和戴溪集镇的骨干公路。2001年，洛阳镇政府将戴洛公路改造工程列为年度重点工程，年初开工，年底竣工通车。该公路段总长4.78千米，路面宽15米，部分路段宽12米，采用水泥混凝土铺浇，总投资2 000多万元。戴洛公路改造工程的竣工优化了洛阳镇的投资环境，大大方便了群众生活。

【吴振国绘画作品获省"绿色新苗"特等奖】 2001年12月，江苏省《环境导报》、新闻美术家协会在南京联合举办首届江苏省绿色学校学生绘画、书法、摄影作品汇展，全省100多所绿色学校2 618名学生的作品参展。洛阳中学学生吴振国的绘画作品《水乡古韵》获得"绿色新苗"特等奖，成为这次汇展惟一的特等奖，辅导老师裴元生获"绿色园丁"奖，洛阳中学获组织奖。

【"新科"集团成为全省首家自营出口超亿美元的企业】 参见P141相关条目。

【江苏省气象科普基地在武进市洛阳中学挂牌】 参见P185相关条目。

（朱永清）

表95 **洛阳镇2001年各村基本情况一览**

村名	党支部（总支党委）书记	村委主任	工农业总产值（万元）	利税总额（万元）
阳湖	费志伟		5 396	191
洛东	秦志凯	秦建文	14 228	1 926
岑村	蒋晓初	陆建新	11 401	741
汤墅	陈幸福	陆元茂	10 121	791
管城	赵建明	马兴生	3 689	193
洛阳	秦汉荣	史华成	14 228	3 693
友谊	叶　青	上永林	7 925	537
安尚	上林大		3 694	141
谈家头	谈建清	王中泽	2 455	159
下塘	蔡仲明	郑阿良	2 646	371
小留	王全兴		4 567	282
虞桥	徐福祥	蔡伟国	16 233	851
马鞍	蒋玉清	朱东梁	6 042	503
朝南	沈建兴	沈龙兴	2 382	197
安桥	郑炳良	徐荣根	2 378	380
东陈	王福兴	戈健华	2 153	143
天井	吴中达	许雪忠	3 783	127
马驰	顾玉兴	吴友生	5 722	423
虎臣	陆建忠	罗　兴	2 759	55
戴溪	金济洪	殷振平	5 614	247
东尖	顾华兴	顾华兴	1 933	128
民丰	杨国兴	陈小华	11 910	467
圻庄	马建昌	杨红亮	4 958	311
东庠	杨建新	周和玉	1 933	80
瞿家	邵耀金	杨东兴	6 607	191

横林镇 土地总面积46.6平方千米
行政村19个，居委会9个、村民小组299个
总人口49 323人，非农业人口16 002人

表96 横林镇2001年主要社会经济指标

指标	单位	数值
国内生产总值	亿元	11.39
预算内财政收入	万元	12 099
耕地面积	公顷	1 088.6
农业总产值	亿元	1.12
多种经营产值	亿元	0.97
粮食总产量	万千克	1 019
农机总动力	万千瓦	3.49
出栏生猪	万头	1.66
出栏家禽	万羽	6.28
水产品产量	万千克	212.6
水果产量	万千克	12.5
蔬菜产量	万千克	1 205.2
股份合作企业	家	106
个私工业企业	家	420
工业销售收入	亿元	25.23
工业利税总额	万元	24 228
技改投入	万元	18 602
三资企业	家	36
合同利用外资	万美元	450
实际利用外资	万美元	553
外贸供货额	亿元	5.86
自营出口额	万美元	6 538
三产实体	个	2 958
三产从业人员	人	8 163
三产增加值	亿元	3.78
商业零售总额	亿元	1.09
集贸市场成交额	亿元	2.42
中、小学校数	所	11
在校学生	人	6 431
专任教师	人	387
年末存款余额	亿元	12.95
农民人均纯收入	元	5 696

书　　记　丁冠健(—2001 09)　郭志贤(2001 09任)
副 书 记　郭志贤(—2001 09)　傅　峰　周建新
　　　　　朱建国　沈美华※(2001 09任)
人大主席　傅　峰
镇　　长　郭志贤(—2002 01)　朱建国(2002 01选)
副 镇 长　朱亿忠　沈东平　符云中　刘金刚
　　　　　钱云华
纪委书记　朱建国(—2001 09)
　　　　　沈美华※(2001 09任)
调 研 员　张菊生(2001 10退休)
　　　　　周　静※(2001 07退休)　丁勤生
　　　　　费　江　上亚芳※　范荣欣　王才康

表97 横林镇销售收入500万元以上规模企业

企业名称	销售收入(万元)	利税总额(万元)	法人代表
常州市红联集团公司	55 921	10 947	周金清
江苏华东邮电电缆厂	14 971	1 029	朱产松
江苏立新钢管厂	5 345	274	奚跃平
江苏华洋线缆厂	3 809	81	朱玉兴
常州市华润复合材料有限公司	2 856	92	曹建兴
武进印制板厂	2 782	109	张建国
武进崔桥锁厂	2 764	113	孙荣华
武进市横林无线电厂	2 762	562	何荣庆
武进市第一热油泵厂	2 662	394	冯柳生
武进市金达合成材料厂	2 598	145	张　奇
常州通达电缆厂	2 586	812	陈　红
江苏东亚钢管厂	2 486	86	方文达
武进江春化工厂	2 232	45	徐向荣
武进市第二农药厂	1 915	89	葛汉良
常州市能源设备总厂导热油分厂	1 941	189	冯明祥
武进市常利装饰材料厂	1 891	74	张国平
武进市横林富达电器厂	1 852	137	周荣清
江苏东亚化工厂	1 787	284	王保国
常州市鸿协安全玻璃有限公司	1 650	50	陈协民
常州溴化锂制冷机厂	1 635	−13	姚永方
武进市崔桥鸿雁电器有限公司	1 610	87	周菊妹
武进市崔桥精细化工厂	1 610	26	苏元法
常州市协和电路板有限公司	1 468	41	张南国
常州市振华化工厂	1 407	82	陆文清
武进市崔桥卫星化工厂	1 325	57	徐燕萍
常州市威斯绝缘材料有限公司	1 287	90	刘国华
武进市卫星化学试剂厂	1 253	53	丁振国
上海天厨武进味精厂	1 282	63	徐祖根
武进佳美味精厂	1 232	31	夏焕新
武进市中天机房有限公司	1 136	75	孙学成
武进市崔桥红日机房设施厂	1 118	−5	费杏兴
武进市三兴铝箱厂	1 111	40	王才兴
常州建工起重机械厂	1 047	94	周福春
常州市起重运输机械厂	923	58	陆正和
武进市崔桥美顺达厂	900	10	张国良
武进市东方电子电器厂	876	82	殷金喜
武进阿贝电子有限公司	841	9	乔治·郎松
武进市横林铝合金型材厂	824	51	周敖度
武进市崔桥木器厂	805	27	陈敏文
常州市华联灯饰有限公司	792	50	李耀新
武进永隆箱包有限公司	752	78	黄祖根
常州市新坤植绒有限公司	736	78	孙　兴
武进市崔桥华业机房设备厂	725	21	张　琪
武进市横林鸿豪电器有限公司	715	176	张建东
武进市崔桥公保助剂厂	712	38	苏耀松
武进市崔桥新星机房设备配件厂	698	32	石　磊
武进市横林兴盛铜材厂	692	5	朱菊萍
武进市电子工业塑料厂	687	24	沈明光
武进市月季花牙签厂	676	72	沈耀生
常州市双进电子元件厂	642	85	张南松
武进印铁制罐厂	631	154	唐建伟

企业名称	销售收入（万元）	利税总额（万元）	法人代表
武进铜粉末冶金厂	630	16	宋建平
江苏东亚涂塑蓬布厂	596	14	张钦玉
武进市崔桥印铁制罐厂	564	36	俞建宪
常州武进特种电机厂	559	36	谢国平

【大力推进教育现代化进程】 2001年，横林镇投入1 700余万元继续大力推进教育现代化工程，合理调整学校布局。横林中学实行初中部与高中部分设，积极争创国家级示范中学；全镇完成各类村级小学撤并，新建镇中心校和崔桥小学，各学校教育质量全面提高。年内，全镇初中升学率达100%，高中升学率达90%以上，高考大专以上录取率为98%。

【横林崔桥强化地板占有国内市场三成】 横林镇依靠数千名在全国各地从事电脑操作台生产和经营的优势，大力发展浸渍纸层压木质地板，并迅速占领了全国强化地板市场的30%，成为全国三大浸渍纸层压木质地板生产基地之一（参见P121相关条目）

表98 **横林镇2001年各村基本情况一览**

村名	党支部（总支党委）书记	村委主任	工农业总产值（万元）	利税总额（万元）
余巷	胡国忠	胡文虎	11 661	1 151
狄坂	朱玉兴	朱耀进	36 254	1 730
顺庄	诸建伟	诸建伟	2 317	301
江村	张茂兴	张建军	12 582	411
红联	严贵方	赵建平	56 442	9 481
北湖	钱培金	钱良宝	2 499	358
殷坂	周国方	周炳方	2 193	216
孟墅	吴文祥	钱凤锡	3 231	211
林南	钱巧根	谈耀兴	6 888	407
青司塘	唐建泽	唐建泽	10 171	623
南方	夏建业	朱焕欣	3 123	234
镇西	钱凤媛	黄忠仪	5 433	312
崔桥	陶焕金	陆伯兴	16 575	839
前丰	李裕法	李裕法	8 845	156
卫星	孟小兴	邵高玉	16 116	772
共庆	沈鸣尧	蔡东晓	3 683	249
蓉丰	陆志生	张惠良	6 451	655
莲蓉	汤富欣	沈凤坤	7 163	394
崔北	强东良	张耀法	14 711	1 215

【工业经济运行质量提高】 2001年，全镇拥有工业企业800余家，其中年销售收入500万元以上的重点骨干企业60余家，超千万元的企业有37家，超2 000万元的企业18家，有“三外”企业36家。主要工业产品有灯具、机械、化工、电缆、木质、钢质地板、办公用品，部分产品在国际国内市场拥有较高的覆盖率。该镇注重抓工业结构的调整，不断提升企业的规模和产品档次。镇龙头企业江苏鸿联灯饰集团公司2001年销售达5.59亿元，强化地板行业产销量占国内30%以上，全镇工业经济稳中有进。2001年，全镇完成工业销售收入25.23亿元，实现利税2.42亿元，分别比上年增13.5%和8.3%，名列全市前茅。 （陈小燕）

遥观镇

土地总面积45.29平方千米

行政村20个，居委会3个、村民小组321个

总人口40 379人，非农业人口4 597人

表99 **遥观镇2001年主要社会经济指标**

指标	单位	数值
国内生产总值	亿元	11.30
预算内财政收入	万元	15 319
耕地面积	公顷	1 652.2
农业总产值	亿元	1.12
多种经营产值	亿元	0.92
粮食总产量	万千克	1 479
农机总动力	万千瓦	3.02
出栏生猪	万头	1.13
出栏家禽	万羽	11.43
水产品产量	万千克	273.7
水果产量	万千克	2
蔬菜产量	万千克	646
股份合作企业	家	238
个私工业企业	家	547
工业销售收入	亿元	26.25
工业利税总额	万元	27 140
技改投入	万元	18 920
三资企业	家	26
合同利用外资	万美元	2 866
实际利用外资	万美元	270
外贸供货额	亿元	8.6
自营出口额	万美元	11 155
三产实体	个	2 278
三产从业人员	人	6 272
三产增加值	亿元	3.37
集贸市场成交额	亿元	0.18
中、小学校数	所	9
在校学生	人	5 344
专任教师	人	262
农民人均纯收入	元	5 580

书　　记　潘传荣（—2001 11）　陆小玉（2001 11任）
副 书 记　丁焕金（—2001 11）　杨国春　沈文彬
　　　　　陆源春　杜伯坤（2001 11任）
人大主席　沈文彬　副主席　曹继达

镇　　长　丁焕全(—2001 11)　杨国春(2002 01 任)
副镇长　沈银苟　沈兴福　周新昌　陈颖唯※
　　　　罗文祥(2002 01 选)
纪委书记　姚祖生
调研员　胡秀峰(2002 02 退休)
　　　　沈苟度(2001 10 退休)　石炳华　金方大
　　　　恽茂群　姚华娣※　徐国伟　王逸解
　　　　马元芳　潘传荣(2001 11 任)
　　　　丁焕全(2001 11 任)

表100　**遥观镇销售收入1 000万元以上规模企业**

企业名称	销售收入(万元)	利税总额(万元)	法人代表
江苏新华昌集团有限公司	65 768	4 800	潘传荣
武进市剑湖铁路客车配件厂	47 815	8 855	俞金坤
武进市剑湖通用车辆配件厂	10 332	2 367	戈建明
常州华东防静电架空地板有限公司	9 318	1 334	孙世度
江苏华盛毛纺厂	6 247	667	辛荷琴
常州市时代包装有限公司	6 200	1 442	陶振伟
武进市东方医药原料厂	3 398	525	弋耀明
武进市东亚纺织用品厂	3 276	787	吴　敏
常州市雷利电器有限公司	3 250	516	苏建国
常州灵通展览用品有限公司	3 166	113	刘建平
武进市剑湖精密铸造厂	3 127	56	陈国英
常州运河焊材有限公司	2 992	149	姚国成
常州市钢管厂	2 980	61	曹永坚
武进市遥观电镀厂	2 804	128	姚国成
武进市剑湖型材厂	2 707	50	成耀庭
常州金塑兴业塑料有限公司	2 613	295	林俊卿
武进新华钢铁有限公司	2 290	143	吴德安
武进市遥观织布厂	2 262	75	戚兴明
武进市剑湖塑料机械配件厂	1 970	59	陆　建
武进市第二建材机械厂	1 961	34	孙洪裕
武进市兆峰精密无缝钢管厂	1 856	2	周金妹
武进市第六毛纺厂	1 739	65	吴德安
常州市华光粉末有限公司	1 689	102	潘剑亮
武进市华联电控设备厂	1 613	151	刘萍芳
武进市宏华塑料制品厂	1 590	112	周宝方
武进市丰臣电机有限公司	1 245	75	张建红
武进市遥观汽车附件厂	1 110	124	徐洪元
武进市华葡软木制品厂	1 011	50	赵国荣

【中共遥观镇委获得“全国先进基层党组织”称号】 中共遥观镇委多年来坚持以邓小平理论和江泽民重要思想为指导,带领全镇81个党支部的1 666名党员和4.2万群众,紧紧围绕经济建设中心,实施“科教兴镇”、“园区经济”、“城镇新区”三大发展战略,通过开展“三项教育”和“三个代表”重要思想学习教育,不断提高广大党员干部的政治素质和全民思想道德素质,推动了全镇“两个文明”建设,成功地走出一条多种经济成分共存,一、二、三产业协调发展,“两个文明”建设一起抓和实现人民共同富裕的路子。2001年全镇实现国内生产总值11亿元,人均国内生产总值2.67万元,人均收入5 580元。该镇先后被评为“江苏省新型示范小城镇”、“江苏省卫生镇”、“全国乡镇企业示范区”,镇党委多次获得武进市“红旗乡镇党委”、“红旗党组织”等称号。2001年7月,中共遥观镇委又被中共中央组织部授予“全国先进基层党组织”称号。

【遥观镇被国家农业部评为“全国乡镇企业示范区”】 该镇至2000年底有工业企业547家,其中年销售收入超500万元的有60家,生产的主要产品有冶金、轻纺、机械、化工、电子等数百种,其中海运集装箱、特种货柜、铁路客车配件、机房地板、展览用品、焊丝、汽车配件、钢管等产品在国内外市场有良好的声誉,基本形成规模齐全、高新技术和传统相结合、独具特色的工业经济结构。2000年完成工业总产值26.01亿元,2001年初该镇被国家农业部评为“全国乡镇企业示范区”。

【新华昌集团出口创汇跻身常州市“十强”】 新华昌集团公司是集生产、经贸、运输、开发为一体的跨行业省级企业,辖10个成员公司,拥有总资产6.6亿元,主产品有国际标准集装箱、特种货柜等,曾两次被国家农业部评价中心评为全国500强乡镇企业之一,2001年完成销售收入7.2亿元,其中出口创汇达5 600万美元,被常州市政府评为全市出口创汇“十强”企业(参见P112相关条目)。

【青年农民周建才成为养奶牛致富示范户】 周建才1995年从常州轻工业学校毕业后,回老家遥观镇东方村,选择尚属冷门却前景看好的奶牛养殖业开始创业。他边学习边实践,经过几年的努力,终于摸索出一套成功的经验,至2001年,饲养奶牛达20头,每头日产牛奶25千克,并注册了常州百益食品厂遥观牧场。周建才成功并没忘记村里其他的农户,他一方面做好宣传引导,一方面为初饲养奶牛的农户提供技术指导。在他的影响和示范下,村里陆续发展了4户奶牛饲养专业户,有些农户正在创造条件准备养奶牛。

【许兴南获江苏省农民运动会风筝赛4枚金牌】 随着农村逐渐走向富裕,作为农民自娱自乐的放风筝开始进入群众体育娱乐活动范围。遥观镇农民许兴南自小喜好放风筝,掌握了风筝制作的“衡稳准轻新”经验口诀,凭借较好的书画功底,研制的“龙鹞”、“祖国万岁”等风筝多次在省市风筝比赛中获奖。2001年,许兴南制作的9只风筝参加江苏省第四届农民运动会风筝比赛，获得4枚金牌、1枚银牌和4枚铜牌。同年参加在四川举办的首届全国风筝精英赛，文字风筝《中华腾飞》获优秀奖。许兴南被当地群众誉为“鹞王”。

【剑湖铁路客车配件厂年技改投入资金1.4亿元】 参见P113相关条目。（朱　敏）

表101　**遥观镇2001年各村基本情况一览**

村名	党支部(总支党委)书记	村委主任	工农业总产值(万元)	利税总额(万元)
渔庄	周斌	周斌	3 294	144
桥南	吴克平	谢正元	2 266	71
塘桥	徐文兴	殳焕兴	9 336	695
洪庄	沈洪焕	董银焕	1 403	238
东方	周耀刚	周耀刚	2 573	206
建农	王文军	周永军	5 649	362
东村	居震民	居国清	4 226	225
遥观	刘文焕	王华昌	14 978	665
印墅	徐雪伟	徐雪伟	2 149	14
薛墅巷	吴建洪	吴勤俭	1 702	105
芳庄	赵元兴	赵元兴	7 563	724
留道	戚卫东	单坤兴	4 619	402
通济	李卫国	王承昊	5 156	355
郑村	徐生焕	蒋大毛	3 872	318
前杨	吴德安	吴德安	22 456	1 746
钱家塘	戈建兴	恽云茂	13 044	2 636
湖港	孙智茂	戚春琴	3 714	236
勤新	张华兴	刘巧凤	4 840	239
宋剑湖	杨文新	戚岳敏	1 533	149
新南	陆听大	丁兴福	10 308	383

横山桥镇

土地总面积37.5平方千米

行政村15个，居委会2个、村民小组270个

总人口34 354人，非农业人口4 927人

表102　**横山桥镇2001年主要社会经济指标**

指标	单位	数值
国内生产总值	亿元	11.39
预算内财政收入	万元	9 688
耕地面积	公顷	1 428
农业总产值	亿元	0.49
多种经营产值	亿元	0.32
粮食总产量	万千克	1 191
农机总动力	万千瓦	3.20
出栏生猪	万头	0.5
出栏家禽	万羽	6.36
水产品产量	万千克	185.6
水果产量	万千克	5.3
蔬菜产量	万千克	447
股份合作企业	家	365
工业销售收入	亿元	26.22
工业利税总额	万元	25 693
技改投入	万元	20 000
三资企业	家	17
合同利用外资	万美元	3 098
实际利用外资	万美元	105
外贸供货额	亿元	2.02
自营出口额	万美元	736
三产实体	个	2 632
三产从业人员	人	10 138
三产增加值	亿元	4.23
商业零售总额	亿元	0.85
集贸市场成交额	亿元	1.2
中、小学校数	所	8
在校学生	人	4 364
专任教师	人	252
年末存款余额	亿元	2.37
农民人均纯收入	元	6 250

书　　记　李兴大(—2001 11)　朱唤忠(2001 11任)

副书记　朱唤忠(—2001 11)　刘金甫

　　　　徐鹤纲(—2001 05)　宋建清(2001 12任)

人大主席　李兴大

人大副主席　汤介元

镇　　长　朱唤忠(—2002 01)　刘金甫(2002 01选)

副镇长　梅如松　徐国民　牟维英※　韩汉平

　　　　是建

纪委书记　易晓明

调研员　宋网大　蒋元度　谢善兴　刘福昌

　　　　王纪松　是树康　曹伟泽

【积极探索优质高产集约化农业发展之路】 中共横山桥镇委、横山桥镇政府确定以“围绕农业增效、农民增收为目标，实施‘科教兴农’战略，规范完善农业投入机制，加快推进农业产业化经营”的思路，依靠雄厚的经济实力，着力推进新型农业向优质高产和集约化发展。近3年，全镇投入农业资金800多万元，加宽加高圩堤12.1千米，加固“两河隔一岸”险段11处，新建防洪墙和河道驳岸2 522米；建成“三高”农田400公顷，占总耕地的40%，并建成农田节水灌溉工程。农机总动力达亩均1.75千瓦，名列全市各镇之首；新栽培技术应用率达80%以上，全镇优质米生产占有率达90%以上，成为全市优质米生产基地之一；新发展花卉苗木、蔬菜、水产养殖、经济林果等106公顷。2001年,全镇多种经营产值4 260万元,占农业总产值的75%。五一村根据农民意愿,不再分散种粮,全村的耕地由11家农场集约化经营。

表103 **横山桥镇销售收入1 000万元以上规模企业**

企业名称	销售收入(万元)	利税总额(万元)	法人代表
江苏江南实业集团公司	89 322	6 417	梅鹤康
江苏兰陵化工集团公司	16 527	2 693	陈春源
江苏霞峰化工集团公司	9 139	1 111	杨产玉
金阳集团有限公司	7 824	595	金卫东
武进水质稳定剂厂	6 419	381	汤焕金
薛巷电讯元件厂	6 009	322	王建平
新华实业公司	3 698	72	时洪铨
常州第八毛纺厂	3 312	122	高炳度
横山办公用品厂	3 097	168	任建荣
武进工业灯具厂	2 871	176	杨祖荣
安华通信设备有限公司	2 708	475	顾伟清
宝新防腐材料有限公司	2 501	289	许中英
武进合成材料厂	2 258	250	黄晓鹏
横山桥耐高温材料厂	2 070	428	韩明元
常州连洲元件总厂	1 977	29	是蓉珠
武进勤业油品化工厂	1 816	130	袁金娣
横山印花厂	1 776	142	周国金
武进昌盛线缆厂	1 713	175	周志军
武进胜田公司	1 597	262	周敖兴
武进红光化工厂	1 514	151	蒋建生
武进常鑫铜棒材料厂	1 488	19	薛金国
武进飞亚照明厂	1 487	80	殷金兴
常州市第三毛纺织厂	1 464		耿建新
武进华耐衬里材料厂	1 416	228	陈海渊
武进化纤机械厂	1 314	57	高德明
常州市医疗器材总厂	1 296	112	汤泽安
武进南方电器有限公司	1 253	22	李金昌
武进力丰涂料厂	1 216	153	童大有
新钟化工有限公司	1 184	95	张文邦
武进凯星涂料厂	1 080	212	陈建德
武进虹灵化工厂	1 059	109	仇治中
横山桥江南电池厂	1 033	61	刘小青
新安电器开关厂	1 008	29	吴仁德

【"横山百页"取得国家注册商标】 "横山百页"是常州武进地区家喻户晓的特色菜,以其"嫩、鲜、亮"的特色在本地和上海、南京等城市有较高的美誉度,上海市的一些大酒店正式挂出"横山百页"名牌,把其列为厨师长推荐特色菜。为让顾客吃上正宗放心的"横山百页",武进市横山豆制品有限公司投资150多万元,建造高标准的花园式厂区和无菌车间,购置了现代化的生产设备,邀请了10余位行业专家,就"横山百页"的传统工艺,各项感观、理化、卫生、微生物指标制定了行业标准,与3所大学就保鲜等科技项目攻关达成了合作协议,开办了20家连锁专卖店。2001年,该品牌百页销售收入达300多万元。12月,国家商标局为武进市横山豆制品有限公司颁发"横山牌"注册商标证。

【两年完成投资教育4 000万元】 2000年~2001年,横山桥镇政府加大教育投入,改善办学条件,全镇教育投入达到4 000万元。其中横山桥中学投入2 200万元,新建5 400平方米的新型体育场,可同时容纳3 000人就餐的第二食堂、两幢学生宿舍楼、学生浴室和两级供水站,建成占地3.34万平方米的绿化区,新添图书3万册,累计藏书63 048册,达到省内一流图书馆的标准。横山中心幼儿园投入600万元,2001年10月通过省级示范幼儿园的验收。省庄小学投入300万元,新安小学教学大楼投入500万元,五一实验学校投入400万元,改善教育条件,促进了教育质量的提高。2001年高考,横山桥中学本科录取率达35.27%,达线率99.3%,获武进市教学质量评估二等奖,被评为江苏省德育先进学校、江苏省素质教育先进学校、江苏省园林式单位。

【绿色食品栝楼在横山桥栽种成功】 栝楼俗称食用栝楼,属葫芦科多年生草质藤本植物,是纯绿色食品,其根、茎、叶、果皮均可药用。栝楼具有祛痰、抗菌、抗癌、抗溃疡和延缓衰老等作用。栝楼原为野生,近年逐渐被一些农民在庭院中小规模栽种。2001年2月,横山桥镇奚巷村村民章炳法、梅行方在镇多种经营推广站技术人员的指导下,投入10万元,从浙江省长兴县引进栝楼1 070棵,栽种2公顷,当年收入7.5万元,实现当年收益。 (刘国清)

表104 **横山桥镇2001年各村基本情况一览**

村名	党支部(总支党委)书记	村委主任	工农业总产值(万元)	利税总额(万元)
横山桥	杨剑波	周国娣	8 386	250
星辰	周兴大	王建平	22 737	1 404
省庄	韩明元	韩焕玉	12 557	1 634
金丰	杨祖华	王富全	20 754	984
新安	沈荣度	刘正保	18 676	1 733
东城湾	张超群	吴文飞	2 499	196
东洲	黄元林	任德平	11 703	1 287
芳茂	是惠德	是振刚	5 128	333
西崦	殷德兴	殷克强	21 134	1 982
奚巷	宋锡明	张岳勤	6 038	610
五一	梅鹤康	朱才兴	121 105	12 060
前巷	董新泰	董新泰	3 654	1 074
夏塾	王志南	邱法正	7 926	486
董村	丁协兴	丁协兴	4 707	227
韩地	张协良	刘元伟	4 255	285

芙蓉镇

土地总面积20.88平方千米
行政村12个,居委会1个、村民小组172个
总人口23 900人,非农业人口1 377人

表105 **芙蓉镇2001年主要社会经济指标**

指　标	单　位	数　值
国内生产总值	亿　元	3.55
预算内财政收入	万　元	3 045
耕地面积	公　顷	861.7
农业总产值	亿　元	0.37
多种经营产值	亿　元	0.25
粮食总产量	万千克	885
农机总动力	万千瓦	1.57
出栏生猪	万　头	0.27
出栏家禽	万　羽	3.25
水产品产量	万千克	65.1
水果产量	万千克	7.9
蔬菜产量	万千克	335.1
股份合作企业	家	198
个私工业企业	家	56
工业销售收入	亿　元	5.66
工业利税总额	万　元	5 201
技改投入	万　元	5 050
三资企业	家	4
合同利用外资	万美元	11
实际利用外资	万美元	—
外贸供货额	亿　元	1.06
自营出口额	万美元	35
三产实体	个	1 299
三产从业人员	人	3 664
三产增加值	亿　元	1.40
商业零售总额	亿　元	0.81
集贸市场成交额	亿　元	0.27
中、小学校数	所	6
在校学生	人	2 823
专任教师	人	116
年末存款余额	亿　元	1.84
农民人均纯收入	元	5 371

书　　记　朱福田
副 书 记　刘中达　王进焕　岳丽琴※
人大主席　王进焕
镇　　长　刘中达
副 镇 长　唐剑华　张　俊(2001 05辞职)　顾建春
纪委书记　范瑞生
调 研 员　顾进培(2001 05退休)　陆胜洪　周校三　任锡庆

表106 **芙蓉镇销售收入500万元以上规模企业**

企　业　名　称	销售收入(万元)	利税总额(万元)	法人代表
常州环球长青珠宝有限公司	5 086	493	周银妹
佳利国际电子有限公司	3 218	796	陈元寿
武进市云海制冷设备厂	2 600	342	张银海
芙蓉明祥电子元件厂	2 500	151	丁一民
上海新高潮常州木业厂	2 030	160	陶永康
武进市宇通电子设备厂	1 796	596	张建海
芙蓉珍珠养殖发展有限公司	1 750	133	高炳敏
常州冷拔油缸厂	1 217	84	周宝昌
武进市正兴铜管有限公司	1 190	44	侯庆华
武进市新中天塑业有限公司	1 037	87	刘宇兴
芙蓉电机厂	1 011	48	刘伯钧
武进市超洋空调设备厂	1 000	66	钱玉章
芙蓉梁家化工厂	801	239	刘培兴
芙蓉新型装饰灯具厂	580	146	刘华兴
芙蓉宏源电子厂	580	71	陈洪亮

【彭珮云副委员长视察武进市长青珍珠工艺品厂】 武进市长青珍珠工艺品厂创办于1992年。该厂注重科技进步,强化企业管理,走贸工农一体化道路,从1994年起,先后投资1.2亿元在本市以及江苏铜山、泗洪等欠发达地区建立养殖基地,养殖水面达1 533公顷,带动了近万户农户养珠致富。并在香港特区和美国、土耳其、澳大利亚等国家开办了5家境外分公司,建立了全球销售网络。厂长周银妹先后被评为全国"三八红旗手"、全国"双学双比"先进女能手等。11月22日下午,全国人大常委会副委员长、全国妇联主席彭珮云一行在盛克勤、赵耀骥等市领导陪同下视察武进市长青珍珠工艺品厂,兴致勃勃地观看了珍珠养殖基地和接种的异型珍珠琵琶珠,参观了珍珠加工车间和精品陈列室。彭珮云对看到品种繁多、成色丰润的各类珍珠工艺品赞不绝口,欣然为工厂题词:"长青企业,永放光彩"。

【获得国家专利授权11项】 近年来,芙蓉镇坚持"科教兴镇"战略,重视做好专利申报实施工作。2001年,全镇申请并获授权专利11项,累计授权专利64项。全镇有4只专利产品在国家知识产权局举办的第八届中国专利技术博览会上获奖。其中武进市康麟堵漏设备

厂的块压堵漏器、武进市嘉达五金厂的隐形铰链获得金奖，武进市亿利达暖通电器有限公司的小型中央空调系统获得银奖，常州市吉星纺织器材有限公司的粗纱机清洁器获创新奖。

【居焕兴取得14项发明和实用专利】 武进市康麟堵漏设备厂是生产高温高压堵漏器等专用器材的专业工厂，厂长居焕兴研制的堵漏器系列产品获得3项发明专利和11项新型实用专利，被国家公安部消防总局确定为消防器材推荐产品，已为江苏省消防总局下属13个支队及广州、重庆、海南消防局、珠海消防支队等单位选用。厂长居焕兴被武进市政府授予2000年～2001年武进市优秀专业技术工作者，企业被认定为常州市民营科技型企业。（康 林）

【集装箱平台车被列为国家重大创新研制项目】 参见P112同名条目。

【陶瓷等离子喷涂活塞杆荣获江苏省优秀新产品奖】 参见P113同名条目。

【武进第一家奶牛专业合作社在芙蓉成立】 4月29日成立。1999年，钱家桥村9组任建荣在村委支持下，花4万元从外地购进5头奶牛，经精心饲养每月产奶3 000千克以上，一年净收入2.5万元左右。镇政府在全镇推广这个典型，并出台了一些扶持政策推动奶牛饲养业的发展。至2001年4月底，全镇有16户农户饲养210多头奶牛。但是农户在饲养中出现了技术、防疫治病、配种、饲料、资金等问题。镇经营管理和多种经营管理部门顺应奶牛饲养户的需求，在市计委、多管局的支持下，成立了奶牛专业合作社，宗旨是为奶牛饲养户提供选购奶牛、饲养技术培训、防疫治病、配种等一条龙服务。合作社成立后，通过组织饲养户赴外地考察、指导选购优良品种、技术培训等，推动了本镇奶牛饲养业的进一步发展。至2001年底，全镇奶牛饲养户发展到18户，饲养奶牛340头，总投资达400多万元。

【规划建设农林牧渔科技示范园】 曾被列为常州市农业科技示范镇的芙蓉镇2001年与江苏省农科院、上海水产大学、武进市农业局等7个单位挂钩，规划建立农林牧渔科技示范园。园区位于该镇钱家桥、芙蓉、戴家坝3个行政村，总面积75.6公顷。至2001年底，种植牧草10.2公顷、紫玉米等7公顷，区内建钢架大棚8个，示范种植长茄子、西红柿、无籽西瓜和日本早熟黄豆等良种蔬菜，大棚亩均产值达5 500元。

【青、草、鲢、鳙鱼提纯复壮技术研究获得成功】 近几年来，由于忽视青、草、鲢、鳙鱼等亲本选育以及提纯复壮工作，出现了母亲鱼老龄化，近亲交配、养殖群体严重退化等现象，导致生长缓慢、死亡率提高，病害增多，品质、种质下降，严重影响渔业生产的发展。2001年，芙蓉镇多种经营综合服务站在省市有关部门的指导下，开展青、草、鲢、鳙鱼提纯复壮的技术研究，并被列入武进市科技项目计划。该镇采取场、村以及养殖户共同实施，边试验、边总结、边生产的方式，引进原种亲体30组，人繁鱼苗3 800万尾，培育夏片2 950万尾，主要研究“四大鱼种”亲体养殖、人工养殖、人工孵化水质条件以及防病治虫、鱼种培育、成鱼饲养管理等技术，经过试验，获得初步成功，四种鱼病害明显减少，生长加快，成活率提高10%～15%。

【芙蓉镇建成规模美蛙养殖场】 美蛙是从美国引进的高蛋白质、低脂肪、低胆固醇的名优肉类食品青蛙。42岁的农民吴伟明在2000年春引进20对种蛙、2 000多只蝌蚪饲养，实践中熟练地掌握了饲养技术，在戴家坝村采取承包的方式建立美蛙养殖场。通过近两年的饲养，该场拥有种蛙80对、蝌蚪20万只、幼蛙1万只，上市商品蛙1 500千克。（胡祖福）

表107 **芙蓉镇2001年各村基本情况一览**

村名	党支部（总支党委）书记	村委主任	工农业总产值（万元）	利税总额（万元）
双庙	岳阿仲	岳阿仲	4 500	43
郭家	刘耀才	郭孟来	1 856	84
东周	陈志荣	许永和	7 511	589
西周	许国伟		7 041	570
东柳塘	单加仁	刘伯才	4 696	160
西柳塘	刘礼忠	刘礼忠	4 357	843
梁家桥	钱有望	梁晓东	4 401	928
芙蓉	张荣兴	陆洪兴	8 618	644
钱家桥	顾浩华	顾浩华	4 652	160
戴家坝	朱宝法	朱宝法	2 665	184
大桥头	朱泽民		7 133	538
宕里	王德泉	朱正兴	4 636	410

焦溪镇

土地总面积 41.4 平方千米
行政村21个，居委会2个、村民小组304个
总人口 43 702 人，非农业人口 3 231 人

表 108 **焦溪镇 2001 年主要社会经济指标**

指　标	单　位	数　值
国内生产总值	亿　元	7.53
预算内财政收入	万　元	6 164
耕地面积	公　顷	2 070
农业总产值	亿　元	1.67
多种经营产值	亿　元	1.44
粮食总产量	万千克	1 585
农机总动力	万千瓦	2.61
出栏生猪	万　头	3.7
出栏家禽	万　羽	39.45
水产品产量	万千克	136.3
水果产量	万千克	417.3
蔬菜产量	万千克	1 079.7
股份合作企业	家	388
个私工业企业	家	108
工业销售收入	亿　元	12.55
工业利税总额	万　元	11 396
技改投入	万　元	16 300
三资企业	家	7
合同利用外资	万美元	14
实际利用外资	万美元	20
外贸供货额	亿　元	—
自营出口额	万美元	185
三产实体	个	2 761
三产从业人员	人	7 935
三产增加值	亿　元	3.04
商业零售总额	亿　元	1
集贸市场成交额	亿　元	0.6
中、小学校数	所	16
在校学生	人	5 959
专任教师	人	290
年末存款余额	亿　元	5.5
农民人均纯收入	元	5 320

书　　记　潘建庭
副 书 记　赵和伟　朱灿云　宋建清（—2001 12）
　　　　　陆加良
人大主席　朱灿云
镇　　长　赵和伟
副 镇 长　胡中林　蒋建度　周耀华　梁建海
纪委书记　牟凤琴※
调 研 员　陆生泉（2001 05 退休）
　　　　　徐兴南（2001 10 退休）　冯顺政　牟定华
　　　　　顾文华　李文良

表 109 **焦溪镇销售收入 500 万元以上规模企业**

企业名称	销售收入（万元）	利税总额（万元）	法人代表
常州市常内内燃机有限公司	20 837	1 196	牟治兴
武进市金龙炭制品有限公司	8 480	71	牟金龙
常州市华立液压润滑设备有限公司	4 156	863	承洪宇
常州市江海化工厂	3 533	617	吴林华
武进市双虎化工厂	3 340	47	邹岳明
武进市恒鑫包装彩印有限公司	2 979	441	张元兴
常州市康华医疗器材厂	2 893	377	沈贵宝
常州市恒鑫彩印厂	2 661	466	徐建新
常州市南菁化工厂	2 457	94	朱嘉纯
江苏范群干燥设备厂	2 279	146	范炳喜
武进市三河口电器钣焊厂	1 951	53	潘宏跃
江苏信宝电子有限公司	1 713	131	高新华
常州市星耀电机有限公司	1 645	53	姚建平
常州市回春医疗器材厂	1 597	66	郑国贤
常州距苓铸造有限公司	1 580	74	陆建华
常州市昌盛医用材料厂	1 559	117	朱善本
常州市鹤寿医用器材厂	1 416	72	陆巧琴
常州市一步干燥设备厂	1 334	113	查国才
武进市八方电子有限公司	1 328	390	蒋浩明
常州市长江干燥设备厂	1 225	140	查一统
常州市新颖纺织机械有限公司	1 233	26	徐　丰
常州市三圆缸套厂	1 155	24	苏永兴
江苏虎王涂料有限公司	1 148	195	沈华昌
武进市凯寿医用器材厂	1 127	98	冯保玉
武进市远东化工厂	998	214	沈友清
武进市三河口医用高分子材料厂	971	112	郑国贤
常州市麦可佳食品有限公司	960	4	陆志彪
武进市蔚蓝汽车配件厂	907	78	丁网度
常州市创成塑料机械有限公司	851	33	承德产
常州市中亚化工有限公司	844	64	陈龙泉
常州市恒成塑料机械有限公司	836	57	江素月
武进市苏南制冷设备有限公司	820	17	刘　平
武进市亿乐注射器厂	816	35	冯兴龙
常州市第二干燥设备厂	794	118	查顺兴
武进市申达胶粘剂有限公司	766	223	潘成伍
武进市云山鞋用制品厂	766	292	吴国甫
江苏江南塑料机械厂	756	72	姚如海
常州市干燥设备厂	740	27	范文希
常州市华美玻璃幕墙工程有限公司	737	17	周浩英
武进市延陵涂料厂	723	58	钱建华
武进市富有合金材料厂	723	42	朱其宽
常州润达铁合金有限公司	680	59	牟惠娟
武进市浩丰彩印有限公司	672	58	彭建峰
武进市盛源化工厂	615	53	尤文忠
武进市天龙塑料有限公司	571	23	姚小方
武进市远中化工厂	538	58	徐泽加
常州新型干燥设备厂	527	30	查忠清
武进市星宇汽车配件厂	518	72	刘国平
常州市佳发制粒干燥设备厂	512	83	邹龙贵
武进市益民塑料机械有限公司	504	30	姚国正
武进市龙凤胶印厂	504	87	刘建坤

【常州市首家股份经济合作社运作成功】 2000年6月，焦溪镇牟家村组建了常州市首家股份经济合作社，将原属于集体的土地和资产以股份的形式量化为村民共同占有，以股份制的运作方式统一经营和分配。股份经济合作社由资源股和物业股两部分组成，资源股由合作社土地构成，凡该村在册农业人口，每人1股进行配股，物业股由5 420万元经营性净资产构成，按1岁～17岁、18岁～45岁，45岁以上3个年龄段分别配以1股、2股和3股，以每股200元认购，村拥有10%的风险股权，作为分红专户备用金，全村累计4 001股。股份合作社每年经营收入缴纳国家规定税收及上级有关规费，开支村委正常费用后的净收入的30%提留作公积金，20%提留作公益金，50%用于股份分红。经过1年多的运作，股份经济合作社促进了集体资产保值增值，增加了农民收入，2001年12月25日第二次分红现金280万元，其中集体积累增加180万元、分红备用金100万元，每股红利250元，村民人均增收780元。

【林果经济研究取得成效】 该镇是有名的“林果之乡”，全镇种植葡萄107公顷、黄花蜜梨70公顷、银杏21公顷，还有枇杷、水蜜桃等果树，年产水果417万千克。焦溪镇政府重视对林果经济的研究，积极引导和协调成立葡萄、黄花蜜梨等林果经济研究会。2001年，研究会举办专业技术培训班4期，参训1 000多人次。林果研究会名誉会长冯顺政编写了《水果之乡——焦溪镇》一书，成为林果研究和技术指导的重要参考资料。

【牟家村投资680万元发展高效农业】 该村依托较强的经济实力，加大对发展高效农业的投入。2000年1月，筹措资金680万元，创办了家绿林果园艺有限公司，经营耕地14公顷，其中投资438万元从西班牙引进具有世界先进水平的温控大棚，主要培育种植高档花卉；投入100余万元架设4.7公顷钢架大棚，种植提子；其余引种优质网纹瓜、枇杷、葡萄、梨树等。特聘江苏省农业科学院的农科专家进行产品开发和技术指导，招聘6名大、中专毕业生进行现场具体指导和管理。该公司的有效运作推动了全村高效农业的发展。年内全村有54户农户调种经济作物7.4公顷。

【焦溪镇被国家农业部命名为“全国乡镇企业示范区”】 2001年被国家农业部命名为第三批“全国乡镇企业示范区”。焦溪镇有工业企业435家，生产的主要产品有干燥设备、电子、化工、彩印包装、塑料机械、食品加工、一次性医疗器械等。全镇建有7平方千米的工业园区，进区企业138家，其中销售收入超500万元的18家。2001年，焦溪镇工业总产值达17.5亿元。

【投资3 000万元扩建三河口中学】 三河口中学是创建于1929年的老牌中学，2001年有高中班24个、初中班16个，在校学生1 708名。该校文化底蕴深厚，具有较高的教学科研水平。1993年～2001年高考成绩连续8年居武进市同类学校第一名，连续6年获武进市教学质量综合评估一等奖。但校园、校舍已明显不适应现代化教育发展的需要。为此，镇政府从2000年开始，筹资3 000万元投入新建高中部，建成教学楼、公寓式学生宿舍楼，及融教学、教研活动于一体、电化教育与网络教育相配套的综合大楼，新增教室36个、专用室30个，新增建筑面积1.56万平方米。 （徐荣海）

表110 **焦溪镇2001年各村基本情况一览**

村名	党支部(总支党委)书记	村委主任	工农业总产值(万元)	利税总额(万元)
延陵	姚汗荣	姚建英	12 328	636
丰北	王国洪		3 649	538
蔡歧	刘浩兴	施林海	6 979	336
冯家尖	郑国泉	冯如清	5 758	622
梧岗	潘建叶	张尧其	9 335	167
河口	江龙海	夏建伟	8 146	384
牟家	李介华	牟志良	19 920	829
新沟桥	潘阿青	李德友	6 259	120
中埄	刘玉龙		5 507	77
泥河桥	黄元法		3 653	140
石堰	马桂根	吴国钧	3 609	457
焦溪	徐才林		5 497	649
胡家场	王松清	胡建国	5 607	557
省岸	苏进方	高国法	3 976	199
横沟	杜光华	周国才	4 783	79
舜南	汤仁德	尹金方	6 794	164
查家湾	王海忠	查仲甫	1 585	469
粮庄桥	姚武汉	刘焕荣	3 217	319
庙前	李兴方	顾玉芬	2 593	151
锁石桥	顾明球	徐志虎	1 661	74
翟家湾	吴林华	吴达兴	5 269	600

郑陆镇

土地总面积 47.53 平方千米
行政村17个，居委会2个、村民小组312个
总人口 39 264 人，非农业人口 3 808 人

表 111 **郑陆镇 2001 年主要社会经济指标**

指 标	单 位	数 值
国内生产总值	亿 元	8.99
预算内财政收入	万 元	6 058
耕地面积	公 顷	1 974
农业总产值	亿 元	2.35
多种经营产值	亿 元	2.14
粮食总产量	万千克	1 532
农机总动力	万千瓦	3.94
出栏生猪	万 头	1.67
出栏家禽	万 羽	109.73
水产品产量	万千克	937.2
水果产量	万千克	137.4
蔬菜产量	万千克	2 043.4
股份合作企业	家	78
个私工业企业	家	110
工业销售收入	亿 元	12.5
工业利税总额	万 元	10 988
技改投入	万 元	9 500
三资企业	家	19
合同利用外资	万美元	728
实际利用外资	万美元	380
外贸供货额	亿 元	2.44
自营出口额	万美元	1 690
三产实体	个	4 006
三产从业人员	人	8 917
三产增加值	亿 元	3.41
商业零售总额	亿 元	2.14
集贸市场成交额	亿 元	1.59
中、小学校数	所	12
在校学生	人	4 755
专任教师	人	205
年末存款余额	亿 元	2.5
农民人均纯收入	元	5 200

书　　记　章国光
副 书 记　张敏南　姚才良　承国洪　张优山
人大主席　姚才良
人大副主席　黄荣泉
镇　　长　张敏南
副 镇 长　承国洪　陆秋娥※　殷建飞　吴耀勤
　　　　　李忠祥
纪委书记　张优山　纪委副书记　蒋建平
调 研 员　汤荣华　王达元　沈庆飞　邱仲方
　　　　　黄金胜　陆祺国　陆锡生

表 112 **郑陆镇销售收入 500 万元以上规模企业**

企 业 名 称	销售收入（万元）	利税总额（万元）	法 人 代 表
常州市医药原料厂	13 061	1 348	蒋和林
常州市启星鞋业有限公司	9 171	1 223	蔡荣星
常州华艺铝型材有限公司	5 423	761	承镜清
武进市东方柴配有限公司	5 027	252	童中勤
常州西武暖通有限公司	4 956	95	羌建仁
富利华自行车厂	2 724	249	汤建坤
武进市东南化工厂	2 635	279	羌炳仁
江苏省康进医疗器材有限公司	2 584	294	叶晓程
亚波公司	2 260	27	常亚平
腾达钢管厂	2 023	133	李建刚
经纬合成纤维厂	1 995	111	刘金伟
常州柴油机厂东青分厂	1 767	−29	胡建春
新武公司	1 557	−25	陆 爱
武进市第一畜电池厂	1 513	17	陆海峰
武进市中南化工厂	1 511	597	刘光华
江苏省神力医用制品厂	1 503	230	杨林兴
郑陆镇真空烘干地板厂	1 310	51	高朝华
武进市远东仪表材料厂	1 298	85	袁勤华
昌盛公司	1 287	218	姜才中
武进市天龙照相器材厂	1 250	255	姚建忠
常州市锦康服装有限公司	1 186	−28	刘尧忠
新亚钢管厂	1 211	64	周国平
武城油脂厂	1 085	209	陈晓雄
第三光学仪器厂	1 081	20	钱仁建
江苏省吉春医用材料厂	929	102	顾伯正
武进市培星纺织机械厂	856	116	方建新
金属材料厂	677	95	陈双海

【加强医疗用品生产整顿和管理】 郑陆镇是常武地区一次性医疗用品的生产基地之一，全镇有 3 家骨干企业、7 家配套生产厂，年产一次性输液器 1.23 亿支，产品销往全国各地，并出口到东南亚、日本等 8 个国家和地区。2001 年，镇政府进一步加强医疗用品生产的整顿和管理。一是镇政府与生产厂家签订长期管理责任书，明确企业法人代表是第一责任人。二是定期不定期组织检查，发现苗头性问题，及时解决。三是对 7 家配套厂按要求组织集中生产，确保无伪劣医疗用品进入市场。通过整顿和加强生产领域的管理，全镇一次性医疗用品生产逐步走上规范化的轨道，2001 年未发一起生产销售伪劣一次性医疗用品事件，销量和效益分别比上年增 10％和 12％。

【郑陆镇京剧演唱组坚持 10 年“送戏下乡”】 该演唱组是 1991 年 8 月在郑陆镇政府和镇文化站的支持牵头下，由原郑陆、东青、焦溪等镇的京剧业余爱好者组织成立的，有成员和票友 271 名。演唱组坚持每周六下午定点练唱，排演了一些历史题材的折子戏，不定期到镇敬老院、村老年活动室演出，还曾应邀到湖塘镇小留、常州常春剧院表演。1999 年 6 月 5 日，以庆祝香港回归祖国为主题，演出组赴浙江舟山参加了全国京剧演唱会，受到各界人士的欢迎。10 年间，该演唱组深入农村演唱达 78 场次。

【武进市波尔山羊纯繁培育中心在郑陆成立】 波尔山羊是国际上公认的优良羊种，它具有个体大、生长快、抗病性强的优点。郑陆镇和平村村民蒋建清通过市场调研，走访农业专家和权威人士，自筹资金 40 多万元，于 2000 年筹建了全市首家波尔山羊羊种场。2001 年，成立武进市波尔山羊纯繁培育中心。9 月 26 日，该中心与澳大利亚 K8CH 国际公司签订协议：澳方每年提供 100 只波尔山羊及相关技术，中心负责销售及售后服务。该中心面向西部开发，已经向陕西、湖南等省区出售种羊，并提供配套服务。

表 113 **郑陆镇 2001 年各村基本情况一览**

村名	党支部(总支党委)书记	村委主任	工农业总产值(万元)	利税总额(万元)
徐家	徐建国	吴国清(副)	5 337	314
董墅	邵正岁	陈祥英(副)	3 915	131
施家巷	蔡岳贤	吴汉祺	5 768	612
三皇庙	钱建忠	张国万	13 338	610
东古	沈志军	沈建清	6 054	321
黄天荡	姚建民	姚仕洪	13 908	1 183
羌家头	羌建仁	羌元兴(副)	9 049	182
西街	高才龙	纪普一	6 357	320
刘家	刘国华	刘国元(副)	4 036	179
花园	侯建波	黄洪清(副)	3 478	155
白茅	纪雪平	张国祥	4 168	501
和平	洪双伟	周良华	12 051	596
东青	蒋国庆	潘剑斌	3 044	201
新丰	牟瑞金	牟瑞金	10 702	1 296
青松	邱云峰	陈建伟	6 002	133
狄墅	徐亚新	叶浩堂	9 438	462
武城	陈亚良	周雪元	8 367	555

【无毒河豚试养成功】 无毒河豚俗称巴鱼，肉质鲜美，营养价值高，对胃病有较好的治疗作用。但是，野生河豚有毒性，且资源奇缺，很难走上人们的餐桌。2001 年 7 月，郑陆名特水产养殖公司获悉上海青浦岑湖可供应无毒幼河豚的信息后，购进幼豚 2 万条，经过饲养人员的精心管理，幼豚逐渐适应内河生长环境，成活率达 78%。12 月中旬，无毒河豚陆续投放市场，单条河豚重达 0.2 千克以上。

【“远东”柴油机连杆覆盖全国 70%市场】 参见 P112 同名条目。

（徐悦良）

魏村镇

土地总面积 57 平方千米

行政村11个，居委会1个、村民小组353个

总人口 46 661 人，非农业人口 7 553 人

表 114 **魏村镇 2001 年主要社会经济指标**

指标	单位	数值
国内生产总值	亿元	6.84
预算内财政收入	万元	5 429
耕地面积	公顷	2 298.8
农业总产值	亿元	1.86
多种经营产值	亿元	1.55
粮食总产量	万千克	2 221
农机总动力	万千瓦	2.91
出栏生猪	万头	5.67
出栏家禽	万羽	25.42
水产品产量	万千克	177.5
水果产量	万千克	7
蔬菜产量	万千克	173.2
股份合作企业	家	90
个私工业企业	家	750
工业销售收入	亿元	10.24
工业利税总额	万元	10 297
技改投入	万元	13 449
三资企业	家	11
合同利用外资	万美元	240
实际利用外资	万美元	343
外贸供货额	亿元	0.18
自营出口额	万美元	272
三产实体	个	1 400
三产从业人员	人	3 000
三产增加值	亿元	2.89
商业零售总额	亿元	0.3
集贸市场成交额	亿元	0.44
中、小学校数	所	14
在校学生	人	8 007
专任教师	人	326
年末存款余额	亿元	3.38
农民人均纯收入	元	4 635

书　　记　韦士章
副 书 记　陈建林(—2001 05)　徐鹤纲(2001 05 任)
　　　　　裴益平　金华友
人大主席　韦士章
人大副主席　朱荣成
镇　　长　陈建林(—2001 05)
　　　　　徐鹤纲(2001 05 代，2002 01 选)
副 镇 长　孙天胜　耿昌明　王菊妹※　谢群丰
纪委书记　张文才
纪委副书记　言明兴

调 研 员 顾定照(2002 01 退休) 张登林
张荣福 唐士胜 张永青 耿同章

表 115 **魏村镇销售收入 500 万元以上规模企业**

企 业 名 称	销售收入（万元）	利税总额（万元）	法 人 代 表
江苏常恒集团电机电器厂	10 098	2 672	姚恒昌
常州兰柯四通阀有限公司	9 478	1 503	Dale Barn-hart
江苏常恒集团控制电器厂	9 072	1 643	季明根
武进市创立电子有限公司	7 512	581	常建良
常州凯美铜管有限公司	7 033	−669	Jean Chowved
江苏常恒集团自动控制器厂	6 314	1 933	金华明
常州常恒凯都电器配件有限公司	6 175	755	匡法明
常州法力诺长城焊管有限公司	5 446	77	孟胜平
武进控制电器厂	5 242	406	顾中才
江苏常恒集团器件制品厂	4 130	95	朱庆华
常州市临江化工厂	3 671	266	闻仕进
常州优劲不锈钢制品有限公司	3 315	−354	Michelle Page
常州市江南辐条有限公司	2 400	376	王敖生
武进东方铜业有限公司	2 291	179	吴跃根
武进市康达织造有限公司	2 188	49	恽玉洪
江苏常恒集团球阀电器厂	1 386	−39	唐士平
武进市森信车圈厂	1 290	37	恽传洪
常州常恒露斯电器有限公司	1 165	−96	张华根
江苏常恒集团铜制品厂	1 157	213	陈留胜
武进市江南拉丝厂	1 156	52	朱全林
武进市金和电器厂	551	200	栾润玉

【5 个工业园区发展势头良好】 2001 年，魏村镇形成新华工业园区、欧洲工业园区、个私工业园区、镇工业园区和武进市江边工业园区等 5 个园区，全镇实现工业销售收入 10.3 亿元、利税 9 000 万元，分别比上年增 19.8%、13.1%。江边工业园区开发是该镇年内的新举措，一期征地、拆迁工作和道路基础设施等工作完成，已有 15 家企业进区落户，3 家企业开工在建，总用地规模达 133.33 公顷，企业总投资超过 5 亿元，为魏村的工业发展新增了后劲。

【水晶制品销售超 2 亿元】 魏村镇加工水晶制品相传清代就开始，目前发展到水晶眼镜、水晶工艺品和工业晶体材料 3 大系列。该镇先后建成水晶路、水晶街、水晶眼镜市场，为水晶产业的发展创造良好的环境。进入 90 年代，魏村人拓展水晶加工新天地，由姚福才、秦龙华、林忠保、钱定华等合制了一颗直径为 22 厘米、价值 200 万元的被称为“世界第二”的水晶球，震动了全国水晶行业，大大提高了水晶制品的附加值，提升了魏村水晶加工业的形象。魏村加工的水晶球、十二生肖、项链、宝塔、观音等水晶工艺品走俏海内外。水晶制品的用途更为广泛，魏村人开发了以水晶作原料的水晶晶体材料产品。钱双喜率先开发用于高科技领域的籽晶片、籽晶棒等产品，直接为国防、航天、航海、雷达、导弹研制部门服务。至 2001 年底，该镇围绕这 3 大系列产品加工制作工场达 50 多家，从业人员 5 000 多人，设立销售门市部 170 多个，水晶制品年销售总额达 2 亿元。

【投资 2 800 万元改造道路】 2001 年，该镇投入 2 800 万元建设道路及桥梁。全面启动环镇公路、临江中心大道的建设，并延伸巴黎路、向阳路，改造金牛路、水晶路。长 2 100 米、宽 54 米的临江中心大道竣工通车，全长 8 000 多米的环镇公路路基工程完成。年内，该镇还投入 200 多万元完成季家桥、浜江桥、东潘桥、灵桥、锦都桥等桥梁工程，大大改善了全镇的道路交通状况和投资环境。

【新华村实现农业生产工厂化】 农业现代化试点村新华村粮田全部改造成“吨粮田”，蔬菜田实现大棚化，整个农业生产由常恒集团后勤管理部负责，实行工厂化生产管理。全村有村民 8 515 名，其中“农业工人”170 多人、11 人在 11 个农场负责 126.7 公顷粮食生产、40 多人管理 20 公顷水产养殖、120 人管理 130 多公顷花卉苗木（包括林果、无土栽培蔬菜）。全村农业生产基本实现了机械化，有中型联合收割机 8 台套、洋马收割机 6 台、高速插秧机 4 台、其它农机具 20 套，全村农机总动力达 1 200 千瓦。

【江心洲村通上了有线电视】 江心洲位于新华村北部长江之中，四面环水，一条宽 350 米的夹江使江心洲村游离于镇外，交通不便，村民收看不到清晰的电视节目。村级区域调整后，江心洲并入新华村。中共新华村委通过协调，与武进市广电局、魏村镇政府和新华村共同投资 50 万元，架设过江光缆线，实现全镇有线电视光缆“村村通”。11 月 8 日，市广电局工程部、魏村镇广电站、武进市海事处德胜港监联合施工，顺利架通了南北横跨 430 米、高出水面 30 多米的过江光缆线。至 11 月底，江心洲有线电视安装工程全面竣工，用户达 316 户。

【魏村 2 号渡船投运】 1 月 6 日投入运行。魏村镇新华村江心洲居住着 2 300 多人，长期以来依靠渡船维系着与外界的联系。近年来，由于渡船老化，人口流动量加大，原来的魏村 1 号渡船出现安全隐患。武进市政府、交通局、水利局、民政局和魏村镇政府等多方面筹资120万元，新建2号渡船投运，消除了江心洲人渡运过江的安全隐患。

【临江移民小区竣工交付使用】 武进市江边工业园区位于魏村镇临江村，为推进园区的开发建设，临江村500户农户需搬迁。魏村镇政府在规划集镇区内选址建造临江移民小区，总投资4 500万元，总建筑面积10万平方米，分A、B、C、D 4个居住小区。为确保工程质量，实施招投标运作，武进建筑安装工程总公司、武进市建设工程公司、武进第三建筑工程公司和魏村建筑工程公司中标承建。10月底，11万平方米的移民安置小区竣工交付使用，首批安置406户临江村民居住。临江村民向镇区迁居，加快了整个魏村镇区建设的发展步伐，使集镇建成区面积扩大了30万平方米。

【江边工业园区污水处理方案通过论证】 参见P81同名条目。

【新华现代农业科技示范园初具规模】 参见P102同名条目。

【中法合资常州优劲不锈钢制品有限公司开业投产】 参见P116同名条目。

【魏村村成为全国知名的"钢锉村"】 近几年来，魏村清水沟以常州市钢锉厂为核心，办起7家锉刀厂，其中股份合作企业5家、私营企业2家，是全国钢锉企业最为密集的地区之一，钢锉销售量占到全国钢锉销售总量的17%以上，成为全国很大影响的"钢锉村"。1999年该地承办了中国锉刀协会1999年度年会，来自全国的许多知名钢锉生产企业的代表参观了"钢锉村"。

（赵焕琴　曹留琴）

表116　**魏村镇2001年各村基本情况一览**

村名	党支部(总支党委)书记	村委主任	工农业总产值(万元)	利税总额(万元)
新华	金华友	金华友	60 446	9 113
临江	崔友林	张荣良	3 848	266
钱家边	郁根才	陈正清	770	50
杨园	高仁明	顾产兴	1 328	97
迎龙	韩放年	洪云飞	1 040	18
魏村	梅主国	梅主国	1 609	250
青城	朱全林	眭九斤	1 470	39
灵桥	邓尧才	马国英	726	—15
小都	管敖良	杨建良	223	7
闸北	陈兆本	柴建庆	1 349	110
长江	耿同章	曹纪盛	8 796	591

安家镇

土地总面积37.27平方千米
行政村11个，居委会1个、村民小组266个
总人口27 598人，非农业人口1 409人

表117　**安家镇2001年主要社会经济指标**

指标	单位	数值
国内生产总值	亿元	2.32
预算内财政收入	万元	1 239
耕地面积	公顷	1 892.4
农业总产值	亿元	1.45
多种经营产值	亿元	1.20
粮食总产量	万千克	1 816
农机总动力	万千瓦	1.93
出栏生猪	万头	4.07
出栏家禽	万羽	37.27
水产品产量	万千克	273.1
水果产量	万千克	9.6
蔬菜产量	万千克	233.9
股份合作企业	家	83
个私工业企业	家	12
工业销售收入	亿元	2.96
工业利税总额	万元	3 705
技改投入	万元	3 500
三资企业	家	—
合同利用外资	万美元	—
实际利用外资	万美元	—
外贸供货额	亿元	—
自营出口额	万美元	25
三产实体	个	960
三产从业人员	人	2 403
三产增加值	亿元	0.80
商业零售总额	亿元	0.48
集贸市场成交额	亿元	0.05
中、小学校数	所	12
在校学生	人	4 548
专任教师	人	210
年末存款余额	亿元	1.08
农民人均纯收入	元	4 798

书　　记　徐　俊(2001 05任)
副 书 记　徐　俊(—2001 05)　黄志敏(2001 11任)
　　　　　严建法　徐前明　王雪明　曹伟民
人大主席　严建法
人大副主席　包国权
镇　　长　徐　俊(—2002 01)　黄志敏(2002 01选)
副 镇 长　吴伯兴　汤亚兴　黄志敏(—2002 01)
　　　　　苏传瑾※
纪委书记　王雪明
纪委副书记　周富泉
调 研 员　方荣良　吴国文

表 118 安家镇销售收入 1 000 万元以上规模企业

企业名称	销售收入（万元）	利税总额（万元）	法人代表
武进铜加工厂	4 230	1 247	芮建方
常州中化勤丰塑料包装厂	3 569	298	张云法
武进金属压延厂	3 013	218	李建东
武进市安家第二福利厂	2 911	607	陈留生
常州双威新型材料有限公司	2 003	660	张　宏
武进市特种工程塑料厂	1 342	411	朱庆华
常州市金安冶金设备厂	1 260	96	邹坤大
武进晨龙纺织有限公司	1 238	38	邹伟祥

【安家镇创建成江苏省卫生镇】 年初，该镇把创建江苏省卫生镇列入党委、政府的重要工作，全面规划，统筹安排。全镇投资 1 500 万元用于基础设施硬件建设，拆除了违章房屋 45 间，与临镇共建垃圾填埋场 1 座，新建垃圾中转站 2 座；建成集镇绿化景点 18 处；新改建农户三格式化粪池 3 775 只，延伸了自来水管网。7 月 21 日通过江苏省爱卫会组织的考核验收，加快了该镇的城镇化进程，提升了安家的对外形象和人民群众的生活质量(参见 P195 同名条目)。

【安家民营工业园区建设】 2000 年，安家镇党委、政府规划安家民营工业园区，占地 13 公顷。至 2001 年底，进区民营企业达 13 家，总投资 3 000 万元，其中 3 家企业投产，新增产值 3 000 万元。

表 119 安家镇 2001 年各村基本情况一览

村名	党支部(总支党委)书记	村委主任	工农业总产值(万元)	利税总额(万元)
黄城墩	万汉夫	封才福	1 255	19
曹家塘	张南兴	张荣法	2 786	2
塘　东	陈才金	张海荣	2 631	139
济　农	潘云范	陈洪方	2 991	53
东　蒋	孙建吾	盛定华	1 549	41
安　家	吴汉成	唐华生	3 629	111
安　西	钱建良	毛国祥	875	21
绿　南	管小平	梅正朝	3 587	14
金　家	杨建春	蒋华兴	1 222	3
前　舍	丁大兴	韩雪坤	1 736	59
石庄里	汤亚庆	梅尤良	1 399	122

【常州双威新型材料有限公司捆绑上市工作启动】 该公司位于安家镇镇区，成立于 1998 年 3 月，主要生产 AGM 隔板、离心法玻璃微纤维和玻纤蓬松毡等，均为江苏省高新技术产品，附加值高，市场占有率在国内处于领先地位。2001 年，由中国非金属集团总公司联合其下属 5 家科研院所组建的中国新材料股份有限公司对常州双威新型材料有限公司进行了股份收购，已完成所有审计工作，并进入上市辅导期。该公司 2001 年实现销售收入 2003 万元，利税 660 万元。(孙留福)

薛家镇

土地总面积 37.5 平方千米

行政村11个，居委会2个、村民小组272个

总人口 30 537 人，非农业人口 3 243 人

表 120 薛家镇 2001 年主要社会经济指标

指标	单位	数值
国内生产总值	亿元	3.16
预算内财政收入	万元	2 477
耕地面积	公顷	1 780
农业总产值	亿元	1.18
多种经营产值	亿元	0.92
粮食总产量	万千克	1 923
农机总动力	万千瓦	2.45
出栏生猪	万头	5.57
出栏家禽	万羽	33.33
水产品产量	万千克	174.4
水果产量	万千克	17.1
蔬菜产量	万千克	107.4
股份合作企业	家	67
个私工业企业	家	108
工业销售收入	亿元	5.07
工业利税总额	万元	3 998
技改投入	万元	6 013
三资企业	家	4
合同利用外资	万美元	—
实际利用外资	万美元	—
外贸供货额	亿元	1.4
自营出口额	万美元	6
三产实体	个	56
三产从业人员	人	4 030
三产增加值	亿元	1.37
商业零售总额	亿元	0.03
集贸市场成交额	亿元	—
中、小学校数	所	7
在校学生	人	4 377
专任教师	人	179
年末存款余额	亿元	1.34
农民人均纯收入	元	5 005

书　　记　陈建林(2001 05—2002 02)
　　　　　蒋雪勤(2002 02 任)
副 书 记　蒋雪勤(—2002 02)　倪步林　高志明
　　　　　谭伟良
人大主席　倪步林　　副主席　顾建平

镇　　长　蒋雪勤

副 镇 长　周建培　黄群喜　俞建华　黄国忠

　　　　　陈　军(－2002 01 辞职)

纪委书记　张玉方

纪委副书记　张玉方(－2000 11)

调 研 员　邹国民　马全兴

表 121　薛家镇销售收入 500 万元以上规模企业

企业名称	销售收入(万元)	利税总额(万元)	法人代表
山西关铝常州宏丰钢管有限公司	7 583	－63	李志坚
武进市轴瓦材料厂	3 526	412	王亚平
武进市蒸发器厂	2 474	346	郑建伟
武进市后肖金属工艺厂	2 360	140	胡建平
常州市第二机床厂	1 576	242	邹国瑞
武进市常申轴瓦厂	1 552	251	夏建忠
武进市新华球铸厂	1 437	0.40	史　迈
武进市常欣机械电器厂	1 126	92	袁晓荣
常州市起重机械附件厂	980	50	袁文忠
武进市热镀锌厂	979	97	韩玉明
常州冠军铁业有限公司	890	27	陈冠军
武进市造纸机械厂	886	83	黄伯山
武进市红榴电子器件厂	859	41	张小平
常州后肖灯饰有限公司	854	69	高柏红
常州市自行车接头厂	839	63	丁伯良
武进市滚针轴承厂	749	311	刘敖兴
常州市同鑫金属制品有限公司	715	90	张跃清
武进市天目电子器械厂	699	－24	朱国民
武进市宏光灯具有限公司	676	70	顾雪平
武进市晨光树脂厂	645	23	黄天芳
武进市曙光灯具有限公司	617	77	顾文俊
武进市天峰电子有限公司	609	10	汤祖耀
武进市特种焊管厂	559	69	高志远
武进市欣龙制冷设备有限公司	555	29	王小龙
武进市电镀厂	509	59	屠庆南

【薛家镇创建成江苏省卫生镇】 薛家镇毗邻常州新区，为尽快改善镇容镇貌，塑造薛家的新形象，中共薛家镇委、薛家镇政府将创建江苏省卫生镇纳入年度工作规划，投入 1 100 万元资金，实施 12 项基础设施建设项目，整治环境卫生，完成童子河两岸石驳岸工程，铺浇镇区水泥路面和铺设彩色人行道板，开展了大规模的集镇绿化，新建标准化公厕 4 个、垃圾填埋场和中转站各 1 座，全镇改厕率达 49.1%。5 月 30 日，顺利通过江苏省爱卫会组织的验收，镇容、环境卫生、改水改厕、公共食品卫生、环保、健康教育等全部达标(参见 P195 条目)。

(钱　炯)

表 122　薛家镇 2001 年各村基本情况一览

村名	党支部(总支党委)书记	村委主任	工农业总产值(万元)	利税总额(万元)
后萧	陶忠华	徐伯成	5 202	353
新晨	蔡焕良	裴超群	4 066	362
漕河	陈忠兴	张敖清	3 553	272
中巷	周伟成	郑小平	1 602	125
薛家	包伟明	张亚新	2 116	272
船坊	包金伟	查林方	722	50.85
叶家	郑建仁	叶全兴	365	44.97
吕墅	王炎根	沈网秀	1 224	227
任葛	朱荣大	钱元浩	1 629	147
丁家	石怀福	龚和平	1 203	66
新民	邹国兴	李兆兴	1 429	39

奔牛镇

土地总面积 55.67 平方千米

行政村14个，居委会4个、村民小组311个

总人口 51 536 人，非农业人口 18 013 人

表 123　奔牛镇 2001 年主要社会经济指标

指标	单位	数值
国内生产总值	亿　元	6.12
预算内财政收入	万　元	3 865
耕地面积	公　顷	3 215
农业总产值	亿　元	1.4
多种经营产值	亿　元	1.07
粮食总产量	万千克	24 56
农机总动力	万千瓦	3.37
出栏生猪	万　头	2.74
出栏家禽	万　羽	13.39
水产品产量	万千克	617
水果产量	万千克	62.7
蔬菜产量	万千克	150.3
股份合作企业	家	—
个私工业企业	家	—
工业销售收入	亿　元	9.74
工业利税总额	万　元	6 529
技改投入	万　元	7 676
三资企业	家	3
合同利用外资	万美元	10
实际利用外资	万美元	12
外贸供货额	亿　元	2.89
自营出口额	万美元	852
三产实体	个	3 043
三产从业人员	人	8 775
三产增加值	亿　元	2.89
商业零售总额	亿　元	2.3
集贸市场成交额	亿　元	2.38
中、小学校数	所	14
在校学生	人	7 941
专任教师	人	449
年末存款余额	亿　元	—
农民人均纯收入	元	4 628

书　　记　周耀南
副 书 记　祁晓明　谢见红　艾晓发　郑正平
人大主席　谢见红
镇　　长　祁晓明
副 镇 长　季嘉南　蒋国庆　金玉照　许　峥※
　　　　　郑全伟
纪委书记　严冬娣※
纪委副书记　卞小龙
调 研 员　蒋晓坤(2001 12 退休)　邵金良　李沛泉
　　　　　蒋仁汉　肖耀忠　高听生　杨重金
　　　　　顾金兆(2002 01 死亡)

表 124　**奔牛镇销售收入 1 000 万元以上规模企业**

企业名称	销售收入（万元）	利税总额（万元）	法人代表
金牛线缆集团公司	21 624	2 430	王金成
拖内配件厂	10 581	1 057	蒋和良
常州裕成电子有限公司	5 569	167	徐国荣
常州市新进鞋业公司	5 007	113	陈家祥
苏星制衣厂	3 822	234	周建国
阳光精细化工厂	3 631	521	胡国宜
申华汽配件有限公司	2 369	338	陈洪源
园艺用品厂	1 954	115	谢云龙
德余布厂	1 651	52	杨红华
金源公司	1 528	339	姜留庚
小庄布厂	1 433	51	袁学平
光明镁砖厂	1 370	67	李红贤
乙炔气厂	1 274	175	邱冠华
武进润达锁业	1 036	61	王润芝

【加快教育基础设施建设】 2001 年,奔牛实验小学自筹资金 501 万元,实施东扩工程,新增校园面积 8 000 多平方米,新建高 4 层的学生宿舍楼 2 000 多平方米,新建食堂、浴室、园林建筑等,该工程使该校实现生活区、教学区分开。奔牛初级中学在通过省级示范初中合格验收后,投资 320 万元兴建标准田径场,占地2.35万平方米。8 月,400 米标准煤渣田径运动场竣工,设有球场草坪和周边绿化区,配有优质音响设备,工程质量优良。

【奔牛商会捐资建立扶贫基金】 12 月,奔牛商会王金成、陈良南等 12 位商会会员发起建立扶贫基金。商会捐资扶贫基金由镇商会管理,主要用于扶贫帮困。全镇 173 名商会会员积极响应,年内捐资 10 余万元,帮助 4 位贫困儿童上学,资助 5 户贫困户渡过难关,为镇福利院捐助 2 700 元,受到社会各界的好评。

【太平洋保险公司捐助九里村修成“太平路”】 九里村地处武丹交界地区,总人口 2 200 余人,村级经济发展缓慢。年初,与九里村扶贫挂钩的中国太平洋保险公司武进市支公司捐资 40 万元支持九里村铺设 3.1 千米长的水泥路村道与镇黑色大道联通,11 月修建竣工。当地群众把建成后的这条水泥路命名为“太平路”,把一座小桥命名为“太平桥”,以资纪念。

【常州市地鳖虫销售中心在奔牛镇东桥村成立】 2001 年初成立,由奔牛镇东桥村东桥村民小组地鳖虫养殖专业户杜建平发起成立。销售中心使该村 40 余户地鳖虫养殖户及全市的 200 多户地鳖虫养殖户形成产供销一条龙的产业网络。杜建平养殖地鳖虫有 20 多年的实践经验,他自己富了不忘带领其他人致富。他为养殖户网上销售,并提供种虫、技术、销售一条龙服务。年内,该中心销售地鳖虫种虫 3 万千克、干品 6 万千克,销售收入 700 多万元,形成武进最大的地鳖虫产销一条龙基地。

【常州正大油脂有限公司投资 3 800 万元项目开工】 民营企业家黄正平三兄弟投资的常州正大油脂有限公司 10 月破土动工。该公司位于奔牛镇金联村,南有大运河,北有常丹公路,水陆交通便利。项目投资达 3 800 余万元,占地面积 4 万平方米,是全镇民营企业中投资最大的项目,预计项目于 2002 年 4 月投产,专门生产色拉油、食用油、二级大豆油、优质大豆豆粕、磷脂等产品,形成年生产 3 亿千克的加工能力。

表 125　**奔牛镇 2001 年各村基本情况一览**

村名	党支部(总支党委)书记	村委主任	工农业总产值(万元)	利税总额(万元)
东桥	张全泉	史才良	21 428	2 431
何家塘	周祥大	闵国成	3 000	126
南观	朱建奇	陈祥南(副)	1 881	37
董墅	潘玉未	傅洪坤	805	58
新市	姜文玉	吴亚平	1 963	294
陈巷	叶伟忠	叶才兴	3 607	139
五兴	许正平	孙伟中	6 717	252
奔南	王瑞兴	路亚南	2 376	185
奔牛	朱仲华	万建光	1 150	117
金联	钱金宽		1 647	83
贺家	罗洪福		640	58
顾庄	黄锡坤	童国平	1 174	93
祁家	包建国	徐亚琴	7 037	631
九里	柳勤坤	赵志平	481	26

【奔牛镇健身广场落成】 该广场10月落成。该工程总投资60多万元，位于镇中心天禧桥南右侧大运河南岸，占地2 400多平方米，广场内配有绿化带、彩色地砖铺地、休闲亭、健身器材、石凳等设施，为居民健身、休闲、娱乐活动提供了风景优美的场地。

【东南电工器材厂两只电子产品达国内领先水平】
参见P110同名条目。 （陈洪良）

罗溪镇

土地总面积53.51平方千米
行政村20个，居委会2个、村民小组367个
总人口40 721人，非农业人口4 050人

表126 罗溪镇2001年主要社会经济指标

指标	单位	数值
国内生产总值	亿元	4.11
预算内财政收入	万元	2 217
耕地面积	公顷	2 504
农业总产值	亿元	1.18
多种经营产值	亿元	0.89
粮食总产量	万千克	2 127
农机总动力	万千瓦	3.18
出栏生猪	万头	3.75
出栏家禽	万羽	9.75
水产品产量	万千克	179.8
水果产量	万千克	171.9
蔬菜产量	万千克	160.9
股份合作企业	家	14
个私工业企业	家	117
工业销售收入	亿元	5.9
工业利税总额	万元	5 744
技改投入	万元	7 400
三资企业	家	—
合同利用外资	万美元	2 878
实际利用外资	万美元	—
外贸供货额	亿元	0.66
自营出口额	万美元	134
三产实体	个	1 410
三产从业人员	人	2 094
三产增加值	亿元	1.73
商业零售总额	亿元	0.71
集贸市场成交额	亿元	0.55
中、小学校数	所	6
在校学生	人	4 695
专任教师	人	212
年末存款余额	亿元	2.55
农民人均纯收入	元	4 415

书　　记　钟建平
副 书 记　周志刚　张银龙　冯路兴
人大主席　钟建平
人大副主席　宣仁南
镇　　长　周志刚
副 镇 长　邢云良　郑建新　柳建纲　杨爱民
　　　　　张桂秀※
纪委书记　包坚钢
纪委副书记　包坚钢（—2000 11）
调 研 员　王建中　郭网大　王锡明　邱金敖
　　　　　恽芒青　王兴根　刘小海　莫金林

表127 罗溪镇销售收入1 000万元以上规模企业

企业名称	销售收入（万元）	利税总额（万元）	法人代表
常州市第八纺织机械厂	11 018	2 142	谈良春
武进市第三农药厂	3 807	197	谢士良
武进市荣发纺织品有限公司	3 194	279	蒋荣发
常州市第一橡塑设备厂	1 899	540	黄听元
武进市神龙特种油品厂	1 777	120	贾国平
武进市大华化工机械有限公司	1 509	83	邹才华
武进化工机械厂	1 446	81	谢建平
常州市宝光照明电器厂	1 364	161	谈建国

【罗溪镇创建成江苏省卫生镇】 10月24日，该镇通过江苏省卫生镇考核鉴定组的考核验收，顺利通过江苏省卫生镇验收。

3月，该镇党委、政府制定了创建“江苏省卫生镇”的目标和工作计划，成立创建领导班子和工作班子。投入1 808万元，新建无害化垃圾填埋场1座、80立方米无害化大型蓄粪池1只等公共设施。接通汤庄桥至罗溪的自来水主管道6 349米。新建占地7 000多平方米的农贸市场和3 000平方米的停车场。新建了占地1公顷的农民公园。完成砖驳、石驳1 609米。在镇澄公路两侧设置路灯82盏、灯箱广告80只。镇区改厕率达100%，农村改厕率达53.3%，镇区绿化覆盖率达26.3%。

【筹建常州空港工业区】 2001年7月成立，规划总面积7.5平方千米，备用地1.1平方千米，区内规划建设外商投资区和民营工业区。空港工业区具有独特的区位交通优势，距常州机场、沪宁高速公路道口仅1千米，距京杭大运河不到3千米，距长江不到20千米，常州新机场路贯穿全区。空港工业区坚持为投资者着想，减轻投资者成本的理念，制订和完善一系列优惠政策和激励措施，建有“基础设施一步到位服务、项目引进一条龙服务、项目建设全方位服务、企业投产后一体化服务”的服务体系。

【罗溪中心小学成为全国实验学校研究专业委员会会

员单位】 近年来，罗溪中心小学提出的“小学学科教学中组织学生开展自主学习活动的策略研究”课题实施后，形成一套独具特色的科学、规范而又灵活的学生自主学习的课堂教学模式，学生的主体意识得到张扬，自主学习的能力得到充分的培养，教师的教育教学观念、方法得到更新，能力得到提高，对周边学校产生了较强的辐射作用。2001 年，该校被全国实验学校研究专业委员会吸纳为会员单位。

【兰生机床超市成为全国机床经销集散地】 兰生机床超市坐落在罗溪镇，一期投资 300 多万元。台湾杨铁、台中精机、日本奥柯玛、北村、美国 600 集团等 10 余家公司与机床超市建立了合作伙伴关系，国内 100 多家知名机床生产企业进驻超市销售。中国机床总公司考察后认为，兰生机床超市一改国内机床传统销售模式，创新了销售机制和市场机制。机床进超市，“兰生”为全国首家。

表 128 **罗溪镇 2001 年各村基本情况一览**

村 名	党支部(总支党委)书记	村 委 主 任	工农业总产值(万元)	利税总额(万 元)
萧 巷	顾春大	谢剑峰	1 688	69
谢 庄	张全坤	倪玉成	3 143	303
包 家	钱红宇	钱红宇	1 463	86
王下村	羊建才	羊建才	2 536	87
四霍庄	邹云华	邹云华	1 823	106
健 康	徐建珍	徐建珍	2 126	36
窑 井	曹国平	曹产法	841	2
龙珠山	江祥宝	江祥宝	2 388	160
汤 庄	金云龙	朱伟年	4 127	159
高 巷	谢建华	左国政	5 988	174
邱 庄	谢小平	谢小平	1 122	108
彭 家	谢国群	谢国群	424	17
温 墅	张忠良(副)	张忠良	1 069	65
南 站	莫富林	莫浩平	943	17
溪 东	谢建青	谢建青	597	6
溪 中	谢 莘	谢 莘	780	65
溪 南	董铁坤	周方龙	1 854	35
灯 塔	谢传苟	谢传苟	1 132	4
鸦 鹊	谢荷芳		1 625	66
幸 福	吴文忠	刘志平	1 606	147

【武进第三农药厂成为全市同行业创汇“状元”】 2001 年，该厂自行研制开发的新产品——弑螟丹(英文通用名称 Cartap)，出口到巴基斯坦、越南、韩国、印度、南非等国家和地区，实现外贸供货额 2 317 万元，其中直接创汇 132 万美元，成为武进农药行业的创汇“状元”。

【3 只新品获江苏省优秀产品金牛奖】 常州市柏鹤涂料有限公司研制开发成功的新一代产品 X28－2 各色聚丙烯塑料专用漆(分装)，获江苏省优秀新产品金牛奖，产品技术属国内首创，达到国际先进水平。

常州第八纺织机械厂自行研制开发的 GE203 型电脑控制高速整经机获江苏省优秀新产品金牛奖。该厂是国家级重点新产品、国家“火炬计划”创新基金项目承担单位，享有自营进出口权，通过英国劳氏 ISO9002质量体系认证。产品远销美国、法国、德国、印尼等23个国家和香港特区(参见科技 P176相关条目)。

常州市宏发土工复合材料工程有限公司研制开发的经编土工格栅产品，获得江苏省优秀新产品金牛奖，该产品是在交通、铁路、水利等建设工程中广泛使用的优质材料(参见科技 P176 相关条目)。 (张金坤)

西夏墅镇

土地总面积 51.97 平方千米

行政村16个，居委会2个、村民小组332个

总人口 39 204 人，非农业人口 2 405 人

表 129 **西夏墅镇 2001 年主要社会经济指标**

指 标	单 位	数 值
国内生产总值	亿 元	2.79
预算内财政收入	万 元	2 609
耕地面积	公 顷	2 581
农业总产值	亿 元	1.01
多种经营产值	亿 元	0.67
粮食总产量	万千克	2 493
农机总动力	万千瓦	2.14
出栏生猪	万 头	4.34
出栏家禽	万 羽	7.54
水产品产量	万千克	80.7
水果产量	万千克	44.3
蔬菜产量	万千克	169.1
股份合作企业	家	47
个私工业企业	家	125
工业销售收入	亿 元	4.18
工业利税总额	万 元	3 947
技改投入	万 元	3 905
三资企业	家	2
合同利用外资	万美元	24
实际利用外资	万美元	11
外贸供货额	亿 元	1.1

指　　标	单　位	数　　值
自营出口额	万美元	759
三产实体	个	2 061
三产从业人员	人	2 923
三产增加值	亿　元	1.09
商业零售总额	亿　元	1.85
集贸市场成交额	亿　元	1.1
中、小学校数	所	7
在校学生	人	4 715
专任教师	人	268
年末存款余额	亿　元	2
农民人均纯收入	元	3 648

书　　记　查亚强
副 书 记　谢建南　孙松青　郑产松　叶金福
人大主席　孙松青
人大副主席　金建华※
镇　　长　谢建南
副 镇 长　蒋培林　蒋卫民　蒋平国　袁跃平
纪委书记　陈卫国
调 研 员　李祥生　言志清　张玉中　赵水林

表 130　**西夏墅镇销售收入 1 000 万元以上规模企业**

企　业　名　称	销售收入（万元）	利税总额（万元）	法人代表
武进市药物原料化工厂	4 247	289	包建明
武进市江南金属材料厂	3 605	327	刘金娣
常州市墅乐厨具有限公司	2 943	95	白玉明
武进市昌盛合金公司	2 834	125	盛国度
武进市东方有色金材料厂	2 525	392	邹如峰
武进市广播器材厂	2 434	205	杨建平
武进市西夏墅工具研究所	1 716	183	戚元平
武进市天马工具厂	1 489	25	祁爱仙
常州宝利工具厂	1 387	52	杨　浩
武进市伏特电源厂	1 172	319	查亚岗

【实施集镇改老建新工程】　该镇是镇澄公路线上有名的老镇，但集镇破旧落后。2001 年，中共西夏墅镇委、西夏墅镇政府按照建设"布局合理、功能齐全、设施完善、环境优美、富有江南水乡特色的现代化城镇"的目标，以镇澄公路镇区段向西改道为契机，确定"充实东南、改造老区、发展西北"的发展方向，编制了西夏墅镇 2001 年近期规划、2006 年～2020 年远期规划及 50 年以上的远景规划。8 月，总体规划顺利通过市总体规划论证小组的论证验收。

年内，拆该镇迁镇澄路两侧老房 3 000 平方米，重新规划设计了新建房屋的电力、自来水、下水道、通讯设备等；老镇澄路西夏墅镇区段 1 200 米长的路面由 9 米拓宽到 24 米；改造了西大街，新建成新街长 900 米、宽 33 米和工业园区长 1 500 米、宽 23 米的水泥路各 1 条。电力、通讯、自来水等配套设施基本建设到位，改善了本镇的投资环境。

【民营三新公司收购武进市茧丝绸公司】　武进市三新园艺有限公司是西夏墅一家民营企业，拥有埒头上、寨庄、珠墅和浦河 4 个行政村的 54 公顷桑叶生产基地，年饲养蚕种 2 000 多张，产鲜茧 75 万千克、食用菌 50 多万千克。5 月，该公司成功收购武进市茧丝绸公司，合并新改建为武进市三新茧丝绸有限公司（参见"农业"栏目"蚕桑业"P99 相关条目）。

【西夏墅中心幼儿园通过省级实验幼儿园验收】　11 月西夏墅中心幼儿园通过省级实验幼儿园验收。该园为 1991 年易地新建，占地 892 平方米，建筑面积 3 241 平方米，设音乐、科学发现、游戏、儿童阅览、美工、教玩具陈列、档案资料、多功能活动等 10 个专用教室和 10 个配套活动室，以及 30 米长的塑胶跑道、动物饲养角、种植园地、嬉水池、玩沙地等室外活动场所，集实用与观赏于一体，是一所新颖别致的农村中心幼儿园。2001 年在园幼儿 345 名。由于园中环境清新怡人，办园水平和保教质量不断提高，赢得了全镇群众的赞誉。

（陈开明　殷鑫坤）

表 131　**西夏墅镇 2001 年各村基本情况一览**

村名	党支部（总支党委）书记	村委主任	工农业总产值（万元）	利税总额（万元）
午　桥	蒋八斤	姜秋萍	940	3.3
韩　村	范龙良	恽小娟	835	26.6
池　上	钱爱林	恽朝云	946	49.3
丁　村	俞志泉	黄玉新	548	8.2
梅　林	袁秀英		986	62.5
戎　家	徐纪荣	戎剑飞	998	72.7
水塔口	邓红专	商雪堂	2 318	83.9
康　西	恽雪娣	李兆金	1 813	31.2
蓼　沟	陆国度	顾佰堂	559	15.1
西观庄	殷巧珍	刘建新	697	18.3
西夏墅	金士青	金　静	2 242	156.5
牛　郎	汤岳明	张文杰	1 314	11.7
新口庄	何岳勤	恽中华	753	30.5
浦　河	蒋明坤	蒋建平	994	55.8
浦　西	祁兆明	毛建宁	1 928	45.1
浦　前	吴志光	侯岳云	1 111	58.8

小河镇

土地总面积 48 平方千米
行政村20个，居委会2个、村民小组295个
总人口 42 507 人，非农业人口 5 827 人

表 132 小河镇 2001 年主要社会经济指标

指标	单位	数值
国内生产总值	亿元	4.12
预算内财政收入	万元	2 980
耕地面积	公顷	1 895
农业总产值	亿元	1.01
多种经营产值	亿元	0.74
粮食总产量	万千克	2 060
农机总动力	万千瓦	2.11
出栏生猪	万头	1.54
出栏家禽	万羽	4.76
水产品产量	万千克	36.7
水果产量	万千克	8.5
蔬菜产量	万千克	127.5
股份合作企业	家	145
个私工业企业	家	149
工业销售收入	亿元	5.46
工业利税总额	万元	6 044
技改投入	万元	4 500
三资企业	家	2
合同利用外资	万美元	20
实际利用外资	万美元	—
外贸供货额	亿元	—
自营出口额	万美元	—
三产实体	个	2 372
三产从业人员	人	6 231
三产增加值	亿元	1.77
商业零售总额	亿元	1.1
集贸市场成交额	亿元	0.9
中、小学校数	所	11
在校学生	人	5 519
专任教师	人	303
年末存款余额	亿元	4.2
农民人均纯收入	元	4 300

书　　记　崔德富
副 书 记　程协润　施全林　郑步清　季晓东
人大主席　施全林
镇　　长　程协润
副 镇 长　徐亚平　蒋其平（—2001 08，被捕）
　　　　　韩志方　谢　曙※
纪委书记　季晓东
纪委副书记　李誓争※
调 研 员　李金宏　汤林大　李明兰　罗发良

表 133 小河镇销售收入 1 000 万元以上规模企业

企业名称	销售收入（万元）	利税总额（万元）	法人代表
小河永光灯具厂	2 762	692	陈伯兆
武进市民政福利厂	2 138	532	汤文嘉
常州市明宇交通器材有限公司	1 966	239	姚小明
江苏先昌电能部件有限公司	1 037	192	李耀先
武进市常依客车附件厂	1 363	132	陆昌法
武进市振华汽配有限公司	1 618	201	孟瑞章
武进市鹏源车灯公司	1 911	230	魏兆荣
武进市沿江车辆配件厂	1 075	189	汤利民
武进市小河塑料灯具厂	1 677	212	巢文君
武进市新世纪摩配厂	1 651	231	汤雪良

【个私工业园区经济占全镇工业经济“半壁江山”】 该镇发展个私工业起步较早。1997 年全镇个私企业发展到 500 多家。由于许多企业受制于缺电缺水缺路缺房，严重影响了企业的生产经营。该镇党委、政府决定结合小城镇建设创办镇个私工业园区，采取“统一规划，分期实施，企业出钱，政府操作”的办法，制定了入区企业优惠政策。该园区规划面积 148 公顷，一期工程 73 公顷，至 2001 年底入区企业达 68 家，新建厂房 10 多万平方米，年产值达 3.66 亿元，园区经济已占全镇工业经济的“半壁江山”。

【华东地区最大汽摩配件市场在小河建成开业】 小河镇委和小河镇政府抓住拥有近千家汽摩配件生产企业，利用全国闻名的汽摩配件生产基地的产业，于 2001 年初筹集资金3 300万元，兴建江苏小河汽摩配件市场。5 月 8 日开始试营业，时为华东地区最大的汽摩配件市场。至年底，有 68 家企业进场（参见“市场建设”分目 P138 相关条目）。

【南京农业大学动物胚胎工作技术中心常州基地挂牌成立】 11 月 28 日签约挂牌，由动物胚胎工程技术在国内处于领先地位的南京农业大学和常州新世纪农业园合作建立，先期投资 100 万元。胚胎移植技术是改良生畜品种的一种先进手段，可以快速纯繁扩群，显著提高养殖业的经济效益和示范带头作用。该中心是种植养殖业相结合的民营企业，位于小河镇观里村，占地

20公顷，主要繁育荷斯坦奶牛、波尔山羊、特种竹及白玉枇杷等名优动植物品种。2001年已扩繁出纯种波尔山羊100多只。这项新技术将大大加快常武地区畜牧品种更新的速度。

【小河中学被评为"江苏省德育先进学校"】 小河中学是省标常州市重点中学，2001年在校学生2 428人，曾连续多年获得武进市高中教育质量评估一、二等奖。该校坚持"科研兴校"、"科研兴教"的发展战略，以培养新世纪素质人才为目标，在加强文化教育的同时，重视学校的德育教育，投资创建的德育教育馆在苏南地区颇有影响，开展相关的德育系列活动，取得较好的教育实效和广泛的社会效应，学校师生思想素质、教育教学质量逐年上升，德育教育馆被武进市教委命名为"中小学生德育基地"。该校承担的"九五"国家级德育课题《新形势下学校德育延展功能的研究与实验》，顺利通过国家教育科学研究所准专家鉴定验收。2001年5月，小河中学被评为"江苏省德育先进学校"。

（潘仁山　韩锦忠）

表134　**小河镇2001年各村基本情况一览**

村名	党支部（总支党委）书记	村委主任	工农业总产值（万元）	利税总额（万元）
街南	彭国荣	王明华	3 652	361
董家	刘建共	曹小方	2 687	251
四图	钱荣喜	陈剑平（副）	1 948	43
惜字洲	谢公敏	梅仁宽	1 092	46
银河	陈福康	于世金	3 532	232
茅庵	郭云龙	王小平	672	13
先锋	薛元华	孙明桂（副）	1 920	106
南荫	蔡双法	黄三明	2 853	326
大圩	程义林	施光平（副）	1 892	60
三茅殿	彭建英	陈网根（副）	1 342	94
斜桥	潘建龙	潘桂福	8 220	1 198
东陆	柳先荣	王海斌（副）	7 672	299
庙边	符法明	罗君贤	6 762	434
九龙	丁大荣	唐金良	5 232	417
汤家	潘荣方	潘玉明	5 936	504
街北	马志南	陈亚光	4 079	208
滕村	巢晓鑫	李玉琴	8 242	324
石桥	张冠荣	汤雪华	3 428	237
郭河	钱雪琴	蒋朝兰	1 372	17
观里	陈绍伟	恽纪青	4 552	272

孟河镇

土地总面积42.2平方千米
行政村19个，居委会1个、村民小组251个
总人口33 537人，非农业人口2 491人

表135　**孟河镇2001年主要社会经济指标**

指标	单位	数值
国内生产总值	亿元	2.44
预算内财政收入	万元	1 585
耕地面积	公顷	2 071
农业总产值	亿元	0.90
多种经营产值	亿元	0.67
粮食总产量	万千克	1 648
农机总动力	万千瓦	1.63
出栏生猪	万头	2.68
出栏家禽	万羽	22.16
水产品产量	万千克	49.7
水果产量	万千克	13
蔬菜产量	万千克	149.3
股份合作企业	家	159
个私工业企业	家	57
工业销售收入	亿元	3.38
工业利税总额	万元	4 252
技改投入	万元	3 450
三资企业	家	1
合同利用外资	万美元	6
实际利用外资	万美元	6
外贸供货额	亿元	0.6
自营出口额	万美元	346
三产实体	个	2 158
三产从业人员	人	4 935
三产增加值	亿元	0.97
商业零售总额	亿元	2.38
集贸市场成交额	亿元	0.45
中、小学校数	所	4
在校学生	人	3 956
专任教师	人	215
年末存款余额	亿元	2.74
农民人均纯收入	元	3 555

书　　记　潘坚定
副书记　谢益三　钱良虎　王纪福　苏江华
人大主席　潘坚定
人大副主席　顾益群
镇　　长　谢益三
副镇长　孙步珍※　何富堂　蒋浩良
纪委书记　宦建华

纪委副书记　匡成恩

调 研 员　巢祥富　钱达生　王青大　黄纪松

表 136　**孟河镇销售收入 500 万元以上规模企业**

企业名称	销售收入（万元）	利税总额（万元）	法人代表
武进市东方玻璃有限公司	3 495	1 626	孙克余
武进市锦绣服装有限公司	2 728	190	汤志刚
武进市常力冲压机床厂	1 991	220	李近宪
武进市万绥工具厂	1 573	115	朱剑鑫
武进市孟河制药机械厂	1 511	49	巢建松
江苏科悦电子有限公司	1 214	79	郑志浩
武进市通诚砂布有限公司	1 186	79	杨建华
武进市万里童车厂	845	20	潘永康
武进市恒峰电器有限公司	682	55	朱建方

【股份制林果场在孟河挂牌成立】　股份制林果场由上海闵华贸易公司和孟河镇东亭村委合资兴办，占地 33.34 公顷，总投资 50 万元，其中东亭村利用土地、房屋作价投入，上海闵华贸易公司出现金投入。该场主要培育日本丰水梨、反季节苹果、油桃、枣树等林果品种，部分果树将于 2003 年挂果。

表 137　**孟河镇 2001 年各村基本情况一览**

村名	党支部（总支党委）书记	村委主任	工农业总产值（万元）	利税总额（万元）
猛将	徐仁正	夏金龙	1 489	32
卧龙	张竹成	冷建林	2 074	159
黄山	徐兴国	黄阿宝	1 630	88
树新	周汉荣	孔祥宝	2 309	327
城北	汤纪春	王建国	3 869	378
孟城	汤德胜	巢振元	1 587	88
固村巷	戴秀兰	巢全方	802	65
八一	巢国勤	巢兆青	1 582	52
城南	汤步清	蒋桂法	815	44
东亭	蒋文明	蒋平龙	875	52
龙亭	费贤昌	刘惠庆	1 404	78
白兔墩	朱建平	朱建平	1 660	71
仁厚	刘国范	刘国范	633	39
万绥	蒋华锋	蒋华锋	825	33
石巷	巢国华	巢国华	2 042	79
河北巷	周益成	巢耀兴	1 460	10
严桥	巢来宝	巢来宝	1 591	−21
蔡家庄	马国良	马国良	2 275	119
郑良	郑伟贞	郑俭金	1 116	24

【武进东方玻璃有限公司引进韩国 PC 光固涂装流水线】　该公司是为上海大众、长春一汽等国内著名汽车厂家配套生产汽车前大灯玻璃镜片的规模型企业，2001 年实现销售收入 3 800 万元。2001 年，该公司投入技改资金 1 500 万元，扩建厂房 5 000 平方米；6 月从韩国引进 PC 光固涂装流水线。2002 年 8 月投产后可新增销售收入 2 000 万元。

【四角帽式过滤网获得香港世界华人专利技术博览会金奖】　该产品由孟河镇猛将过滤网厂自行设计开发生产，年生产能力达 60 万只，主要适用于特种金属铸造行业，产品销往香港特区、台湾省等地。该产品具有耐火强度和抗冲击力高的性能特点，2001 年 3 月获国家专利，10 月在香港世界华人专利技术博览会上获金奖。

（钱巧明　徐　康）

邹坵镇

土地总面积 40.56 平方千米

行政村16个，居委会2个、村民小组269个

总人口 33 463 人，非农业人口 4 746 人

表 138　**邹坵镇 2001 年主要社会经济指标**

指标	单位	数值
国内生产总值	亿元	9.27
预算内财政收入	万元	6 391
耕地面积	公顷	1 821.6
农业总产值	亿元	0.82
多种经营产值	亿元	0.58
粮食总产量	万千克	1 776
农机总动力	万千瓦	3.52
出栏生猪	万头	1.43
出栏家禽	万羽	24.63
水产品产量	万千克	123
水果产量	万千克	19.3
蔬菜产量	万千克	148.8
股份合作企业	家	283
个私工业企业	家	220
工业销售收入	亿元	18.10
工业利税总额	万元	13 304
技改投入	万元	15 344
三资企业	家	21
合同利用外资	万美元	605
实际利用外资	万美元	256
外贸供货额	亿元	4.16
自营出口额	万美元	1 268
三产实体	个	2 109
三产从业人员	人	6 327
三产增加值	亿元	3.37
商业零售总额	亿元	13.8

指　　标	单　位	数　　值
集贸市场成交额	亿　元	12.8
中、小学校数	所	7
在校学生	人	4 874
专任教师	人	213
年末存款余额	亿　元	3.98
农民人均纯收入	元	5 028

书　　记　周祥虎
副 书 记　邹建中　陈荣良　蒋金才　张林大
人大主席　陈荣良
镇　　长　邹建中
副 镇 长　周　欣　杜亚堂　汪佰成　查　艳※
　　　　　丁献忠
纪委书记　颜亚安
调 研 员　邹寿海(2001 10 退休)　谢惠芳※
　　　　　曹正解　蒋杏娣※(2001 07 退休)
　　　　　戴留方　施国平　周荣兴

表 139　**邹坵镇销售收入 500 万元以上规模企业**

企　业　名　称	销售收入（万元）	利税总额（万元）	法人代表
农机站厂	43 307	3 476	陈敖胜
常州市锦纶厂	10 020	439	谢浩南
江苏卓群纳米稀土股份有限公司	6 804	－194	施越群
江苏海鸥冷却塔股份有限公司	6 607	581	徐祖根
常州市钢箔厂	6 015	1 291	施越浩
常州江南变压器有限公司	4 243	162	姚明芳
常州华威电子有限公司	3 944	332	颜琦旭
常州盛庆电子有限公司	3 082	47	周文庆
武进金狮焊接材料有限公司	2 775	131	陆良金
常州市昌吉冶金轧辊有限公司	2 446	148	陆文伟
常州盛德无缝钢管有限公司	2 312	44	周文庆
常州市电器工具厂	2 291	128	陈福龙
武进市恒丰化工厂	1 877	22	杜玉峰
常州市江南开华电机有限公司	1 658	67	戴焕平
武进市邹坵第二化工厂	1 603	101	江伯洪
常州波杰电子有限公司	1 538	34	陈建全
武进市华联保建敷料有限公司	1 494	100	朱建华
武进第三纺织厂	1 460	97	张建文
武进市江南放电管有限公司	1 445	118	谢建鹏
常州益雄金属制品有限公司	1 435	149	张中协
武进市通用工程塑料制品厂	1 340	103	周国英
武进塑胶制品厂	1 221	107	谢永兴
武进市邹坵化工原料厂	1 195	68	刘正林
武进市礼河滚针轴承厂	1 061	84	吴亚新
武进市西郊江南精细化工厂	936	171	闻建东
武进市益丰电镀厂	713	239	张中协
武进工业陶瓷厂	501	100	陆国良

【邹坵镇规划灯具工业园区】　邹坵灯具城是邹坵镇农机站利用当地灯具制造的优势于 1994 年首先创办的灯具专业市场。经过 8 年 3 期工程的建设(包括其他投资主体的投资新扩建)，已发展成为全国规模最大的灯具专业市场之一。该场占地面积 15 万平方米，灯具经商户 1 000 余个，年内成交额突破 15 亿元。2001 年，该镇党委、政府为了适应中国加入 WTO 后的经济形势，进一步扩大经营规模，实行生产经营一体化发展战略，增强竞争力，调整规划建设占地 66.7 公顷的灯具生产工业园区。至年末，基础设施建设基本到位，首期工程占地 34 公顷，将于 2002 年竣工。

【邹坵镇通过“江苏省教育现代化先进乡镇”验收】　4 月通过验收。“九五”期间，中共邹坵党委、邹坵镇政府坚持“科教兴镇、教育先行”的发展战略，不断加大教育投入。1999 年～2001 年，镇政府采取“政府负主责、社会共参与”的路子，从多种渠道筹措资金 3 600 万元，易地新建了邹坵中心小学，改造了邹坵初级中学、礼河实验学校，新建邹坵中心幼儿园、礼河幼儿园。办学条件得到改善，教育质量有较大提高。邹坵中心小学通过江苏省实验小学的评估验收，邹坵中学礼河实验学校通过市合格初中验收，礼河幼儿园被确定为市实验幼儿园。　(周云坤)

表 140　**邹坵镇 2001 年各村基本情况一览**

村　名	党支部(总支党委)书记	村委主任	工农业总产值(万元)	利税总额(万元)
鹤　溪	严金柱	周士全	4 841	174
邹　坵	孔祥坤	张国朝	10 475	760
赵　墅	赵建龙	戴建平	1 725	42
杨　庄	刘正林	刘正林	7 877	414
西　里	李国和	李国和	1 654	111
塘　夏	邹汉方	杨国平	7 529	408
戴　庄	陆佰民	张国平	3 011	147
安　基	樊燕伟	郭志勇	6 178	47
前　王	戴建国	周双大	8 256	517
夏　萧	张建伟	洪伯方	2 474	33
霍　庄	曹国斌	曹正全	3 313	123
河　头	周建焕	徐才炳	3 838	326
长　汀	吴志南	吴国林	4 216	487
仕　尚	张亚成	张亚成	3 646	241
礼　河	张志汉	陈国全	5 785	228
龙　潭	施越浩	王志华	20 847	1 277

卜弋镇

土地总面积 39.7 平方千米
行政村15个，居委会1个、村民小组294个
总人口 32 569 人，非农业人口 3 822 人

表 141 卜弋镇 2001 年主要社会经济指标

指 标	单 位	数 值
国内生产总值	亿 元	4.90
预算内财政收入	万 元	3 636
耕地面积	公 顷	6 200
农业总产值	亿 元	0.62
多种经营产值	亿 元	0.37
粮食总产量	万千克	1 743
农机总动力	万千瓦	2.66
出栏生猪	万 头	0.66
出栏家禽	万 羽	9.53
水产品产量	万千克	152.7
水果产量	万千克	25.8
蔬菜产量	万千克	79.8
股份合作企业	家	74
个私工业企业	家	149
工业销售收入	亿 元	7.21
工业利税总额	万 元	4 193
技改投入	万 元	6 550
三资企业	家	14
合同利用外资	万美元	1 130
实际利用外资	万美元	318
外贸供货额	亿 元	5.27
自营出口额	万美元	2 821
三产实体	个	1 563
三产从业人员	人	3 566
三产增加值	亿 元	2.18
商业零售总额	亿 元	3.38
集贸市场成交额	亿 元	1.09
中、小学校数	所	9
在校学生	人	4 577
专任教师	人	193
年末存款余额	亿 元	3.8
农民人均纯收入	元	4 323

书　　记　刘志远(—2001 11)　吕卓民(2001 11 任)
副 书 记　吕卓民(—2001 11)　王银大
　　　　　阮银龙(—2001 11)　汪汉成
　　　　　蔡国良(2001 11 任)
人大主席　王银大
镇　　长　吕卓民
副 镇 长　陈志明　姜洪明　陈礼斌　张晓奇
纪委书记　汪汉成
纪委副书记　叶　平
调 研 员　陆坤荣　林田庚　高留敖　薛罗根
　　　　　蔡伯兴　周国民　何光荣　陈文成

表 142 卜弋镇销售收入 500 万元以上规模企业

企 业 名 称	销售收入（万元）	利税总额（万元）	法 人 代 表
常州侨裕旅游用品有限公司	36 927	2 438	张凯雄
常州阳光旅游用品公司	3 804	244	袁金生
武进市卜弋科研化工厂	2 979	52	王明春
常州市吉元缝制有限公司	2 344	153	袁玉章
武进市第二市政工程公司	2 302	−8	王桂芳
江苏三凯路桥工程有限公司	2 256	36	蔡伯仁
武进市第一市政工程公司	2 071	−152	蔡树兴
常州天顺服饰有限公司	1 708	60	李国兴
武进市泰村建筑工程公司	1 625	53	陈金坤
武进市卜泰运输公司	1 611	56	张森林
武进市交通建设总公司二公司	1 180	−40	王桂芳
武进市第二社会福利厂	1 067	356	赵法南
武进市常宇化工厂	1 046	−2	刘合群
武进市卜弋化工厂	1 013	146	秦国顺
常州市中兴石化助剂厂	1 012	453	蔡荣泉
武进市常泰冷却设备厂	1 008	50	高国俊
常州市华康化学厂	918	80	王国纲
武进市卜弋第三福利厂	776	163	薛益波
武进市宇花玩具厂	556	75	张国忠

【卜弋镇创建成江苏省卫生镇】 2001 年，中共卜弋镇委、卜弋镇政府加快改善镇容镇貌，优化投资环境，将创建江苏省卫生镇纳入 2001 年度工作目标。在全镇开展全民健康教育，提高全民的卫生素质；投入 1 800 万元资金实施基础设施建设和环境卫生整治，铺浇镇区路面，新建改建公厕，新建垃圾填埋场和中转站各 1 座，绿化美化集镇环境。12 月 28 日，该镇顺利通过江苏省爱卫会组织的验收。

【外向型经济发展步入良性循环】 2001 年，中共卜弋镇委、卜弋镇政府特别注重招商引资工作，通过参加多种经贸洽谈会和以外引外等途径，加大招商引资力度。年内办成外商独资、合资企业 4 家，合同利用外资 1 300万美元，实际到帐外资 318 万美元。至 2001 年底，全镇累计办成外商独资、合资企业 16 家，外商独资合资企业累计总投资 3 970 万美元；发展外贸供货企业 9 家，拥有自营出口权的企业 5 家。江苏侨裕集团坚持走“以外引外”、“以商引商”之路，先后与加拿大、美国、韩国、日本等国家和香港特区、台湾的客商合资兴办常州高适婴儿用品有限公司、常州丰裕旅游用品有

限公司、常州侨裕佩特罗斯技术有限公司、常州侨森电子信息有限公司等技术含量较高的企业，在美国旧金山、日本东京、韩国汉城、澳大利亚悉尼、德国慕尼黑、英国伦敦等6城市设立销售服务窗口，在美国、欧洲、澳洲、东南亚的出口额分别占该集团年销售总额的30%、40%、10%、10%。年底，卜弋镇被评为武进市"利用外资先进镇"。

【侨裕集团投资1 200万美元生产液晶电脑】 参见P110同名条目。

【侨裕集团投资2 500万元新建殷村实验学校】 7月1日，江苏侨裕集团投资2 500万元的殷村实验学校开工。该校占地6.67万平方米，其中综合楼2.38万平方米。至2001年底，综合楼等一期工程竣工，可设置小学和初中36个班级，2002年秋季面向殷村、泰村及周边农村地区招生。

【刘巷村成为"芹菜专业村"】 卜弋镇刘巷村种植水芹菜有很长的历史，是远近闻名的"芹菜村"。全村有70%的农户种植芹菜，种植面积达21公顷。2001年，全村农户销售芹菜获得的收入达280万元。该村菜农注重提高芹菜产量、质量，也注重搞好芹菜的销售，打响自己的品牌。产品不仅销往常州凌家塘批发市场，常州市周边乡镇，镇江、扬中等地蔬菜经销商也长期上门收购。 （羌春燕）

表143 **卜弋镇2001年各村基本情况一览**

村名	党支部（总支党委）书记	村委主任	工农业总产值（万元）	利税总额（万元）
桥东	王明方	王国春	1 701	216
林场	蔡浩方	施良明	889	98
新屋	蔡建兴	杨锁福	1 363	－4
段庄	孔国将	羊建平	835	161
卜弋	姜国平	沈源元	4 262	223
曙光	罗国平	薛国兴	2 370	72
新桥	王岳定	高玉良	2 545	84
凌庄	叶平	—	490	20
于家	吴洪兴	刘兴元	66	3
刘巷	曹仲斌	韩中立	1 437	51
殷村	陈礼斌	袁玉璋	45 545	2 055
杏塘	杨志坚	朱新民	633	20
琵琶墩	江大海	顾明春	910	47
泰村	张国兴	陈志良	3 605	63
文昌	赵法南	李平凡	1 024	356

夏溪镇

土地总面积49.94平方千米
行政村15个，居委会2个、村民小组352个
总人口36 782人，非农业人口2 604人

表144 **夏溪镇2001年主要社会经济指标**

指标	单位	数值
国内生产总值	亿元	4.88
预算内财政收入	万元	1 337
耕地面积	公顷	2 174
农业总产值	亿元	1.14
多种经营产值	亿元	0.98
粮食总产量	万千克	1 087
农机总动力	万千瓦	2.64
出栏生猪	万头	1.05
出栏家禽	万羽	4.86
水产品产量	万千克	126.6
水果产量	万千克	93.8
蔬菜产量	万千克	130.7
股份合作企业	家	48
个私工业企业	家	65
工业销售收入	亿元	4.4
工业利税总额	万元	1 622
技改投入	万元	5 500
三资企业	家	8
合同利用外资	万美元	1 612
实际利用外资	万美元	381
外贸供货额	亿元	1.36
自营出口额	万美元	1 278
三产实体	个	3 365
三产从业人员	人	8 212
三产增加值	亿元	2.75
商业零售总额	亿元	1.2
集贸市场成交额	亿元	2.5
中、小学校数	所	8
在校学生	人	5 139
专任教师	人	233
年末存款余额	亿元	2.31
农民人均纯收入	元	4 610

书　　记　杨金方
副 书 记　陶明华※　张志良　蔡国良（—2001 11）　杨建忠
人大主席　张志良
镇　　长　陶明华※
副 镇 长　陈浩泉　夏建伟　缪金方　夷建良　庄志全

纪委书记 蔡国良(—2000 11)
纪委副书记 王小炳
调 研 员 陈海法 陈国新 周小璋 黄 辉
刘国成 赵巧忠 吴美娟※

表 145 夏溪镇销售收入 1 000 万元以上规模企业

企 业 名 称	销售收入(万元)	利税总额(万元)	法 人 代 表
武进晨阳工业集团公司	7 816	450	薛小忠
庄信万丰(江苏)陶瓷有限公司	3 566	250	朱凤祥
江苏华夏动物药品厂	3 264	368	史荣根
常州市华晨实业有限公司	3 075	285	陈新华
武进市夏溪机械配件厂	2 316	156	孙小坤
武进市华夏特种合金有限公司	1 729	182	钱家华
常州东申实业公司	1 629	180	尤德洪

【夏溪镇通过江苏省教育现代化工程验收】 近年来,中共夏溪镇委、夏溪镇政府始终把教育放在优先发展的位置,1999 年~2001 年累计筹措资金 3000 多万元,易地新建了占地 4 万多平方米的夏溪中心小学;搬迁了夏溪中心幼儿园,调整撤并农村小学 10 所。夏溪中学新建了初中教学楼、行政楼、综合楼、实验楼;厚余中学建造了敦本楼、明道楼;各中小学校添置现代化教育教学设备,提高了整体办学水平。年内,该镇通过江苏省教育现代化工程验收。夏溪中心小学被评定为省级实验小学,夏溪中学通过省级示范初中验收。

【规划建设外商投资工业园】 2001 年,中共夏溪镇委、夏溪镇政府加大招商引资力度,合同利用外资 2000 万美元,到帐外资 181 万美元。新办中外合资常州鑫海钢铁有限公司和优泰思通达电气有限公司。镇政府为更好地加强对招商引资企业的管理和服务,选择较具区位优势、紧靠长虹西路地段规划建设外商投资工业园区。一期工程占地 15 公顷,“三通一平”全部到位,进入园区的中外合资企业常州鑫海钢铁有限公司 2002 年 3 月建成投产。

【夏溪花木市场交易额创历史新高】 夏溪花木市场新址建于 2000 年,占地面积 6000 多平方米,设有摊位 300 多个。2001 年,夏溪镇政府根据“构建花木大市场,促进农业种植结构大调整”的思路,投入资金 800 万元扩建花木市场,使花木市场扩大到 12 万平方米,摊位增至 700 多个,水、电、路、通讯等配套设施齐全。该市场已发展成为华东等地区 10 多个省市重要的花木集散地,被国家林业局、中国花卉协会命名为“全国重点花木市场”。2001 年市场交易额达 3.5 亿元,比上年增 26.8%,创历年来成交额之最。夏溪花木市场二期工程占地 12 公顷,将于 2002 年 10 月建成开业。

【夏溪规划建设 2000 公顷华夏农林观光园】 夏溪镇充分放大花木生产这个亮点,推动区域特色向高效农业、观光农业发展。该镇在 2001 年江苏省农林厅、常州市政府、武进市政府的支持下,规划筹建 2 000 公顷华夏农林观光园,东起长虹西路与常溧路交叉口,西至夏溪镇甘荡村,由夏溪花木市场、观赏植物科技示范园、国土耕地保护研究中心、十里花廊、千亩盆景园、水杉森林园、大树名木观赏基地和大规格乔木、花灌木、观赏竹新品引种示范基地等 8 大景点组成。整个工程分 3 年实施,一期工程投入资金 300 多万元,主要建设道路、桥梁、地下水渠等基础设施,2002 年竣工。建成后园区将成为常武地区集高科技农业、立体农业、旅游农业和外向型农业于一体的农林观光园区。

【常州市观赏植物科技示范园在夏溪建成】 该园 2001 年列为国家级农业综合开发项目,初期规划面积 20 公顷。年内投资 600 多万元引进高档名贵树木。园区内古树林立、千姿百态,吸引了众多的参观者。全年该园接待考察参观团 100 多批次、近万人次,全国人大常委会副委员长费孝通、全国政协副主席万国权、中共江苏省委书记回良玉等领导曾到该科技示范园视察指导(参见花木业 P98 同名条目)。 (石 城)

表 146 夏溪镇 2001 年各村基本情况一览

村 名	党支部(总支党委)书记	村 委 主 任	工农业总产值(万元)	利税总额(万 元)
甘 荡	金雪刚	王国民(代)	2 706	21
章 庄	顾小明	吴志全	889	32.3
跃 进	张建荣	肖建华	966	2.4
夏 溪	朱锁方	吴建清(代)	2 932	139
南 庄	薛洪林	柴锡海	2 443	233.4
周 庄	夏春兰	谢博俊(代)	1 234	65.9
三 星	沈法龙	高网全(代)	398	2.1
厚 庄	梅锁林	李小平(代)	1 680	14.3
塘 门	袁留根	陆文斌(代)	762	9
章 篰	袁国平	秦龙兴	1 593	55
朝 东	陈友富	张志英(代)	1 271	43.5
金 鸡	谢网忠	俞云海	954	10
观 后	庄 伟	谢小龙	3 808	171.70
满 墩	薛小忠	叶 平	12 241	71
厚 余	赵锡明	张国平(代)	1 300	67

湟里镇

土地总面积52.36平方千米
行政村16个，居委会1个、村民小组333个
总人口39 218人，非农业人口6 340人

表147 湟里镇2001年主要社会经济指标

指标	单位	数值
国内生产总值	亿元	7.42
预算内财政收入	万元	4 960
耕地面积	公顷	2 360
农业总产值	亿元	1.48
多种经营产值	亿元	1.3
粮食总产量	万千克	1 286
农机总动力	万千瓦	2.82
出栏生猪	万头	2.09
出栏家禽	万羽	24.44
水产品产量	万千克	405.7
水果产量	万千克	14
蔬菜产量	万千克	244.6
股份合作企业	家	150
个私工业企业	家	96
工业销售收入	亿元	13.8
工业利税总额	万元	8 648
技改投入	万元	5 750
三资企业	家	3
合同利用外资	万美元	305
实际利用外资	万美元	20
外贸供货额	亿元	7.74
自营出口额	万美元	3 826
三产实体	个	2 263
三产从业人员	人	6 795
三产增加值	亿元	3.07
商业零售总额	亿元	1.3
集贸市场成交额	亿元	0.8
中、小学校数	所	4
在校学生	人	5 333
专任教师	人	302
年末存款余额	亿元	5.05
农民人均纯收入	元	4 500

书　　记　王锡华
副 书 记　管建中　王锁荣　展金甫　宋建南
人大主席　王锁荣　　副主席　鲍伍保
镇　　长　管建中
副 镇 长　蔡伯坤　堵荣生　李曙凯　华建平
纪委书记　王珍凤※
调 研 员　邹国全(2001 11退休)　蒋如法
　　　　　蒋芒生　丁耀汉　郭蔼保

表148 湟里镇销售收入1 000万元以上规模企业

企业名称	销售收入（万元）	利税总额（万元）	法人代表
江苏金鼎电动工具集团有限公司	80 006	5 760	鲁仲清
常州金鼎电器有限公司	6 309	402	周克文
武进市湟里合成纤维厂	5 646	105	李小泉
武进市湟里包装纸箱厂	5 010	171	许国平
武进市常兴化纤有限公司	4 755	342	薛国民
武进市湟里化纤变形丝厂	4 269	217	陆平
常州新区长丰自行车有限公司	1 690	41	李长根
常州天山复合钢有限公司	1 432	121	江仁贤
武进市晨光涂料有限公司	1 015	50	缪国元

【湟里镇创建成江苏省卫生镇】 9月通过验收。该镇认真对照创建江苏省卫生镇的标准，明确落实各级的创建任务，组织实施基础设施工程、优质绿化工程、街道亮化工程。2000～2001年，该镇投入资金8 000多万元，改造了老街，开辟了新街，新建小商品市场1个、停车场3个，直接投入创卫资金2 272万元。江苏金鼎集团投入800万元支持小城镇建设出资，新建成30米宽、1000米长的镇北工业区的中心要道金鼎路，9月25日竣工通车。（焦金保　周彩芳）

【中共江苏省委书记回良玉考察江苏金鼎集团】 12月11日，中共江苏省委书记回良玉考察江苏金鼎电动工具集团有限公司，陪同考察的有省委常委、省委秘书长赵少麟、省经贸委主任仇中文、省外经贸厅厅长叶坚等领导。金鼎集团是生产电动工具的大型骨干企业，总资产达3亿多元，2001年实现销售收入8亿元，完成外贸出口额7亿元，自营出口3 685万美元，实现利税5 760万元，产品畅销于30多个国家和地区，多项技经指标名列全国电动工具行业前茅。回良玉对金鼎集团总经理鲁仲清说"我很欣赏你的'鼎立全球'的精神，一个企业、一个企业家就要有这样的气魄，这样的雄心壮志!"。他又对陪同考察的省、市、镇的领导说："一个地区的发展，一定要有几个顶天立地的企业。一个乡镇，要有一、二个10亿元的企业；一个县(市)要有一、二个50亿元的企业；一个市，要有一、二个百亿元的企业。这样，我们的富民强省、富民强市就有了扎实的基础"。（焦金保　周彩芳　山志成）

【"湟里杯"健身演练在湟里镇举行】 8月26日，武进市第二届全民健身节"湟里杯"健身演练在湟里镇健身广场(省级健身工程)隆重举行。这次健身演练是湟里镇政府与市体育局、妇联为更好地贯彻《体育法》，积极

组织实施《全民健身计划纲要》,建立科学、健康、文明的生活方式,提高广大市民的健康水平和生活质量而举办的。参加演练的团队有市级机关和15个镇代表队的460名运动员,表演了幼儿体操、中华武术操、中老年健身操、柔力球、太极剑等16个精彩节目。这次演练激励和调动了广大群众参与全民健身的积极性。

【“晨光牌”涂料获得国家级绿色室内装饰材料证书】 武进晨光涂料有限公司是中国涂料行业的大型企业之一,1999年10月通过ISO9002国际质量体系认证,“晨光牌”涂料被认定为“中国涂料知名品牌”、“常州市知名商标”、中国“质量万里行”定点单位。7月,“晨光牌”内外封墙涂料、水性木器漆产品获得中国室内装饰协会与中国建筑装饰装修材料协会颁发的《绿色室内装饰材料证书》(参见P121同名条目)

表149 **湟里镇2001年各村基本情况一览**

村名	党支部(总支党委)书记	村委主任	工农业总产值(万元)	利税总额(万元)
迈步	朱富政	薛晓波	4 495	228
村前	毛建平	田志远	3 384	130
新渎	王福华	王锁方	3 551	86
大沈家	戚阿洪	杨华祥	1 428	125
岗嵛	蒋茂清	沈泉华	1 085	72
蒋塘	芮连华	王仁宏	2 600	143
里墅	周国庆	陈和荣	3 011	85
河南	李留传	蒋全生	2 724	86
北隍	张玉生	吴伟忠	4 175	127
后坊	刘国强	储鲁英	1 908	63
西鲁	储建俊	孙小明	6 777	211
蒲村	沈才华	陈生新	707	20
洋淀	蒋留宝	潘阿明	1 393	112
葛庄	蒋国俊	李成明	2 927	83
村西	李良平	薛传成	1 286	33
湟里	周煜文	史玉根	7 102	405

【湟里中心小学通过江苏省实验小学验收】 这所小学3月通过验收。该校原名竟成小学,始建于1911年,2000年5月易地新建。新校舍占地4.54万平方米,建筑面积1.56万平方米,总投资2 600多万元。多媒体室、音乐室、舞蹈房、闭路电视系统等设施新、功能全,初步实现教育教学管理的现代化。2001年,在校学生2 650名、教师128名,该校曾获得“武进市校长三年目标管理优秀学校”、“武进市文明学校”、“武进市德育工作先进集体”、“常州市少先队教育现代化示范学校”、“常州市电化教育实验学校”、“江苏省体育卫生优秀学校”等荣誉。 (焦金保 周彩芳)

嘉泽镇

土地总面积58.28平方千米

行政村16个,居委会1个、村民小组385个

总人口38 673人,非农业人口2 259人

表150 **嘉泽镇2001年主要社会经济指标**

指标	单位	数值
国内生产总值	亿元	5.51
预算内财政收入	万元	994
耕地面积	公顷	2 813
农业总产值	亿元	2.76
多种经营产值	亿元	2.64
粮食总产量	万千克	827
农机总动力	万千瓦	3.06
出栏生猪	万头	5.14
出栏家禽	万羽	23.05
水产品产量	万千克	752.8
水果产量	万千克	58.8
蔬菜产量	万千克	136.4
股份合作企业	家	83
个私工业企业	家	49
工业销售收入	亿元	5.46
工业利税总额	万元	2 964
技改投入	万元	3 750
三资企业	家	2
合同利用外资	万美元	—
实际利用外资	万美元	220
外贸供货额	亿元	0.65
自营出口额	万美元	188
三产实体	个	960
三产从业人员	人	8 200
三产增加值	亿元	2.26
商业零售总额	亿元	1.5
集贸市场成交额	亿元	0.5
中、小学校数	所	—
在校学生	人	4 750
专任教师	人	233
年末存款余额	亿元	3.33
农民人均纯收入	元	4 720

书　记　翁浩明(—2001 09)　于志明(2001 09任)

副 书 记 于志明(—2001 09) 黄一鸣 蒋仁兴
柏馨芳(2001 09 任) 阮银龙(2001 11 任)
人大主席 蒋仁兴
镇 长 于志明(—2002 01) 黄一鸣(2002 01 选)
副 镇 长 王腊秀※ 蒋秋林 刘福康 凌传大
蒋新明
纪委书记 柏馨芳
调 研 员 王长大 卢留生 陆敖齐 徐焕明
王仁海

表 151 **嘉泽镇销售收入 1 000 万元以上规模企业**

企业名称	销售收入(万元)	利税总额(万元)	法人代表
江苏中东集团有限公司	29 838	1 189	刘敖根
常州港嘉电缆有限公司	4 004	98	黄国楚
武进市成章塑料制品厂	2 405	1 290	金文宗
武进市惠泽管带制造有限公司	2 059	119	田卫忠
武进市中港电缆厂	1 968	93	胡玉祥
武进市长安锁厂	1 405	79	蔡章保

【嘉泽镇创建成江苏省卫生镇】 10 月通过验收。2001 年初,嘉泽镇创建江苏省卫生镇工作全面铺开。全镇投入创卫资金 2 500 万元,加快基础设施建设步伐,抓好环境绿化,镇区人均公共绿地达 21.9 平方米,镇容、环境卫生、改水改厕、健身教育等全面达标(参见 P195 相关条目)。

【金氏集团 1.6 亿元新项目实现当年开发当年投产】 金氏集团是嘉泽镇的一家民营企业,其前身成章塑料制品厂创建于 1990 年 3 月,主要生产"晨克"牌塑料母添加剂,产、销两旺。2001 年初,金氏集团在武进高新技术经济开发区征地 8.8 公顷,投资 1.6 亿元,建设"五层共挤 BOPP 薄膜"生产项目,于 12 月 28 日顺利投产(参见武进高新区 P81 相关条目)

【"圣花牌"无花果系列产品被认定为"中国绿色食品"】 "圣花牌"无花果果酒、果茶是由嘉泽镇金氏集团的常州长寿保健食品厂于 2000 年开发成功的新品,主要以当地农民种植的无花果果实为原料或切片制茶,或与菌种混合发酵,酿制果酒。2001 年初,金氏集团投资 1 500余万元,新建高标准现代化厂房,引进现代酿酒、制茶工艺和配套的化验分析仪器设备,批量生产无花果果酒、果茶,产品远销上海、北京、厦门等地。至年底,无花果系列产品已获得 12 项国家专利授权,无花果果酒被评为"常州市名优农产品",中国绿色食品发展中心和江苏省绿色食品办公室授予该产品为"绿色食品",并为国家级"向消费者推荐产品"(参见食品工业 P123 相关条目)。

【"中东牌"种猪被评为常州市名优农产品】 常州康乐农牧有限公司成立于 1995 年 8 月,是专门从事瘦肉型猪研究、开发和生产的企业,种猪质量赢得较高的市场信誉。2001 年 7 月,该公司繁育的种猪取得国家工商行政管理局商标局授予"中东牌"商标,12 月被常州市名优农产品质认定委员会评为"常州市名优农产品"。该公司年出栏"中东牌"种猪 8 000 头,种猪、商品猪产值达2 500 万元。

【嘉泽镇七成耕地种植苗木】 嘉泽镇是全国著名的花木生产基地,2000 年被国家农业部林业局授予"中国花木之乡"称号。至 2001 年底,全镇种植花木的农户超过 1 万户,种植面积达 2 100 多公顷,超过全镇耕地总面积的 70%。该镇种植的花木有香樟、棕树、冬青、紫薇、红花继木、红叶小檗、月季等 1 000 余个品种,产品销往全国各地,2001 年花木销售额达 2 亿元。

(沈 萍)

表 152 **嘉泽镇 2001 年各村基本情况一览**

村名	党支部(总支党委)书记	村委主任	工农业总产值(万元)	利税总额(万元)
嘉泽	唐金彪	吴建生	3 894	25.16
士桥	蒋国新	蒋志宪	1 449	49.46
夏庄桥	蒋志刚	蒋建忠	1 651	60.95
埄头	纪网泉	纪网泉	1 239	—
丰杨	申锡金	陈怀香	1 156	6
晨山	朱浩华	谢荣海	1 376	12.16
观庄	闵伟昌	闵伟昌	1 747	37.55
成章	谭文书	蒋自强	6 363	9.3
上埠	张国瑛	王志江	1 386	2.8
闵墅	薛锁方	金文宗	7 312	1 192.7
西城	钱再生	阮锡华	1 371	2.6
宋庄	王海宝	赵国贞	1 231	1.1
千峰	何建新	杨玉文	2 629	0.8
龚家	徐国建	张留方	1 266	2.4
窑港	房安珉	周国平	1 734	24.3
捕捞	高龙根	金金根	3 946	—

东安镇

土地总面积 33.58 平方千米
行政村12个，居委会1个、村民小组237个
总人口 24 197 人，非农业人口 1 526 人

表 153 东安镇 2001 年主要社会经济指标

指标	单位	数值
国内生产总值	亿元	5.82
预算内财政收入	万元	1 875
耕地面积	公顷	1 424
农业总产值	亿元	1.80
多种经营产值	亿元	1.7
粮食总产量	万千克	663
农机总动力	万千瓦	1.14
出栏生猪	万头	3.11
出栏家禽	万羽	30.6
水产品产量	万千克	621.6
水果产量	万千克	8.9
蔬菜产量	万千克	200.1
股份合作企业	家	—
个私工业企业	家	—
工业销售收入	亿元	12.51
工业利税总额	万元	6 403
技改投入	万元	—
三资企业	家	—
合同利用外资	万美元	22
实际利用外资	万美元	22
外贸供货额	亿元	—
自营出口额	万美元	3
三产实体	个	2 214
三产从业人员	人	5 300
三产增加值	亿元	1.91
商业零售总额	亿元	—
集贸市场成交额	亿元	—
中、小学校数	所	6
在校学生	人	3 680
专任教师	人	154
年末存款余额	亿元	—
农民人均纯收入	元	5 280

书　　记　薛元林
副 书 记　蒋建文　裴锡芳　骆建宏　万网中
人大主席　裴锡芳
镇　　长　蒋建文
副 镇 长　余玉明　乐新华　余志华(—2000 01)
　　　　　施小平(2002 01 选)
纪委书记　骆建宏
纪委副书记　薛红霞
调 研 员　刘成义(2002 01 提前退休)　路玉南
　　　　　蒋锡生　邱金泉

表 154 东安镇销售收入 1 000 万元以上规模企业

企业名称	销售收入（万元）	利税总额（万元）	法人代表
江苏铁本钢铁有限公司	45 734	934	戴国芳
常州市长润石油有限公司	8 967	−68	滕玉明
武进市凯达铸钢轧辊有限公司	6 105	983	许亚南
常州市泽天化纤有限公司	5 055	−67	张锡明
江苏恒德机械有限公司	5 054	160	吴伟良
常州市亚飞电线电缆有限公司	5 004	535	胡建亚
常州市东方龙摩托车有限公司	4 793	514	施明波
常州腾龙汽车空调管路有限公司	3 900	437	蒋学真
武进市常收金属制品有限公司	3 282	281	陈和生
常州市凯丽化纤有限公司	3 105	−219	张法明
常州市船舶造漆有限公司	2 732	91	周法华
武进市华能油品有限公司	2 660	208	许玉明
常州市亚达轧辊有限公司	1 874	17	裴治平
常州市栋梁车船配件有限公司	1 215	127	钱菊明
武进市东安长虹构件有限公司	1 164	78	戴建法
武进市东吴机械配件有限公司	1 054	66	吴国平

【东安镇创建成江苏省卫生镇】 2001 年，东安镇投入 3 845 万元，创建江苏省卫生镇。通过开展全民健康知识宣传教育，评选“文明卫生户”、“卫生示范户”等活动，促进了全民健康卫生意识加强。市镇基础设施建设步伐明显加快。镇区人民西路、益民路、市场路以及镇村结合部的 46 条道路全部铺浇水泥路面。镇区绿化覆盖率达 36.6%，人均 17.8 平方米。新建垃圾填埋场、中转站、大型蓄粪池各 1 个，新改建三格式化粪池 3 757只，改厕率达 52.1%。在迎宾路、人民路、市场路、等主要街道新安装路灯 180 盏，美化了镇区的夜景。9 月该镇顺利通过江苏省爱卫会组织的考核验收。(参见 P195 相关条目)。

【技改投入超 1 亿元】 2001 年底，东安镇有工业企业 175 家，实现销售收入 12.5 亿元。其中销售收入超 1 000 万元企业有 16 家、500 万元～999 万元的企业达 28 家，形成以冶金、机电、汽摩配、轻纺、化工为主的工业格局。2001 年，镇政府继续加大技改的投入，全镇实施技改项目 15 项，投入资金 1.1 亿元。其中超千万元项目 4 个，江苏铁本钢铁有限公司、武进凯达铸钢轧辊有限公司、腾龙汽车空调管路有限公司、江苏恒德机械有限公司分别投入 6 500 万元、1 028万元、1 500万元、1 500 万元，年内全部竣工投产。

【4家重点企业上网】 东安镇武进凯达铸钢轧辊有限公司、长润石油有限公司、泽天化纤有限公司、江苏铁本钢铁有限公司是东安镇的重点企业，这几家公司为适应加入WTO的市场形势，尽快与国际接轨，2001年，通过租用电路、专线接入等手段，组建与高速互连网连接的局域网，实现管理信息化，提升了企业信息化水平。

【东安至湟里、新建、丰义公路改、扩建工程竣工】 2001年，中共东安镇委、东安镇政府筹措资金2 000万元，全面拓宽、铺浇东安至湟里公路、东安至丰义公路、东安至新建公路东安段的水泥路面，均按国家二级公路标准建造。东湟公路长4 000米，路基宽28米，路面宽15米，其中水泥路面宽12米，两侧各1.5米的柏油路面慢车道，总造价1 000万元。东安至新建公路东安段(到河头桥止)全长4 100米，路基宽15米，总造价820万元。东安至丰义公路东安段(到三塘河桥止)全长1 050米，路基宽18米，水泥路面宽12米，总造价180万元。年内，3条公路全部竣工交付使用，改善了东安的交通条件和投资环境。

【易地新建东安农贸市场】 东安镇位于武进市西南部，与宜兴丰义、新建两镇隔河相望，商贸十分活跃，原来的农贸市场明显不相适应市场形势的发展。2001年，镇政府投资350万元(不含征地费用200万元)，易地新建东安农贸市场。新市场占地1.67公顷，营业大厅4 300平方米，设有营业摊位288个，9月投入使用。原农贸市场改建成小商品市场。

【东安健身广场竣工】 2001年，该镇投资58万元，在集镇南首新建东安镇健身广场，9月竣工投用。广场总面积6 000平方米，设有1 250平方米的健身操场、300平方米的儿童健身器材区、300平方米的成年人健身路径，以及篮球场、罗马亭等。江苏省体育局对该工程予以高度评价，称这是常武地区乡镇级一流的健身工程。

【东安初级中学通过省级示范初中评估验收】 12月通过验收。该校创办于1958年，1969年开办高中部，1999年更名为“武进市东安初级中学”，占地4.3万平方米，建筑面积1.1万平方米。2001年设26个教学班，有1 371名学生、83名教职工。近年来，镇政府投入300多万元，建造成实验楼、食堂餐厅，建成宽带网络教室、校园网和闭路电视系统，改善了实验室、图书馆的装备。港胞蒋九如投资30万港元，建造了九如(艺术)楼。教师学历达标率达94.5%，其中本科学历26人，占专任教师的35.6%，大专学历43人，占专任教师的58.9%；教师撰写的论文多次在全国、省、市评比中获奖。

【东安镇特困助学救助基金会救助百名学生上学】 东安镇从1999年开始建立东安镇特困助学救助基金会。3年来累计收到救助基金33万元。2001年，常年享受救助的对象有30人，每人每学期救助200元～300元。3年中，全镇受救助的特困生达100人次，发放救助款2.6万元。

(沈德华)

表155 **东安镇2001年各村基本情况一览**

村名	党支部(总支党委)书记	村委主任	工农业总产值(万元)	利税总额(万元)
安北	蒋小英	芮益明	6 291	586
安西	吴中良	王建军	13 721	1 315
安南	蒋伯平	蒋建华	5 201	293
武宜	万小明	梁建平(副)	2 838	54
西安	华国强	谢国英	3 386	166
伍巷	蒋志良	郭维民	15 170	113
南星	纪才富	丁俊明(副)	1 403	54
南隍	周志清	施金凤	1 586	55
蒋堰	裴兰芳	谭玉良	11 121	679
西墅	薛浩如	张锡芳	6 206	686
香泉	钱一成	葛志远	5 767	384
湖上	戴玉祥	戴建伟(副)	5 585	281

(栏目责任编辑　陈如华　杜仁彬　王国新)

江苏容天乐机械股份有限公司

容天乐

由武进特种轴承厂整体改制组建，注册资本1 800万元，总资产近5 000万元。公司的前身武进特种轴承厂成立于1974年，是国家定点专业生产各类标准、非标准、公制及英制轴承的生产厂家，1994年被评为国家中型企业、江苏省先进企业。公司现有员工950名；其中专业技术人员99名，工程技术人员50名，聘任中、高级专业技术人员40名。

公司是江苏省轴承联合公司的成员企业，与国家级科研所洛阳轴承研究所长期保持着密切联系。现已形成汽车水泵轴承、汽车变速箱滚柱、滚针轴承、摩托车滚针轴承、水泵出口轴承等54条专业生产线。其中核心产品汽车水泵轴承1986年首次通过国家鉴定，目前已具备年产200万套，销售3 000万元的能力，并与一汽、二汽、东安动力、长安汽车、柳州五菱、南汽等大型汽车生产企业建立长期稳定的配套关系。

公司拥有各类生产设备、检测设备500多台套，其中有高精度无心磨床、自动内圆磨床、网带式淬火炉等重点设备。

公司两年内累计投资近800万元进行技术改造，形成了多条设备精良、技术先进、装配方便的生产线。

公司设立了完整的局域网络、技术开发部，所有产品和工艺设计均采用CAD、CAM技术，1998年5月顺利通过ISO9002质量体系认证，正在试运行QS9000质量体系，2002年6月通过QS9000质量体系预审。

2001年7月1日一汽集团QS9000质量体系审核小组来该公司进行第二次体系审核，公司顺利通过了B级供应商的审核认定。公司以良好的售后服务赢得了越来越多的客户。

水泵双面密封轴连轴承总成1307025-D1使用于一汽集团新结构CA6110-1水泵，2002年2月通过长春汽车研究所可靠性试验。

2001年累计完成产品出口价值1 000万元人民币，产品主要出口欧盟、北美、东南亚及中东等地，主导产品如汽车水泵轴承、短圆柱滚子轴承的出口额占总出口额的70%，达700万元。

汽车轴承

工厂门景

厂计量大楼

董事长 总经理　杨燕敏
地　址　武进市湖塘鸣凰武鸣南路81号
电　话　6531411　6532841
传　真　6531946　6536398
Http:　//www.wjt-bearing.com
E-mail　@wjt-bearing.com
邮　编　213164

江苏省武进高新

开发区一角

2001年，江苏省武进高新技术产业开发区党工委、管委会认真落实市委、市政府对高新区的总体要求，开拓创新，真抓实干，实现了园区建设的跨越式发展。全年完成业务总收入24.31亿元,超过过去4年的总和;实现工业总产值21.6亿元,工业产品销售收入20.33亿元，外贸供货额5.18亿元，分别比上年增59.4%、58.6%和57.6%；实现税费及附加1.3亿元，同比增105.5%；全年合同利用外资6 976万美元，实际利用外资1 299万美元,取得了突破性进展。目前,区内有卡尔迈耶纺织机械有限公司、武进兴勤电子有限公司、奇伦(武进)金属工业有限公司 博世力士乐(常州)有限公司等外资企业30多家,省级高新技术企业5家，省级高新技术产品11只,省级火炬计划项目5个。

为了进一步做大、做优、做强高新区,市委、市政府决定利用正在建设中的国家重点工程——沿江高速公路的交通优势,规划建设高新区南区，预计到2002年9月，1.6平方公里启动区基础设施建设可基本到位。

武进高新区将为中外投资者提供更加广阔的发展空间。

总投资3 000万美元的卡尔迈耶纺织机械有限公司

江苏新科电子集团公司DVD出口基地

技术产业开发区

- ★ 江苏省先进高新技术产业开发园区
- ★ 2001年度江苏省开放型经济先进开发区
- ★ 2001年度江苏省先进科技企业孵化器
- ★ 2000年度江苏省科技厅优秀科技企业孵化器

地 址　武进市人民中路187号
电 话　6550017　传 真　6550019
邮 编　213161

中共江苏省委书记回良玉视察武进高新区

总投资3 000万美元的奇伦(武进)金属工业有限公司奠基仪式

先进科技企业孵化器——武进高新技术创业服务中心

常州国家高新技术产业开发区

薛家工业区是常州高新技术产业开发区的第二期开发区，总占地面积14.6平方千米，区内设有4大工业园,即河海工业园、常州奥林匹克花园、中巷工业园、镇西工业园。其中正在建设中的常州奥林匹克花园项目总投资近15亿元人民币。区内已形成四纵四横的交通大道,横向为黄河路、长江路、河海路、机场路,纵向为西环二路、新岱路、常冶路和西环三路。并已建成“六通一平”的基础设施，即:通路、通电、通水、通讯、排污、排水及土地平整。

凡来薛家工业区投资兴业的中外客商,土地出让价可实行特殊的优惠,外商投资企业除享受地方规费优惠外,还可同时享受国家和市规定的税收优惠政策,并对项目前期咨询、立项、审批、注册登记等实行“一站式”全方位服务。

薛家工业区将以宽松优惠的政策，坦诚友好的合作精神，高效优质的全程服务,为中外投资商营造良好的投资环境。

地　址　常州国家高新技术产业开发区内
电　话　5954866 5954338 5951001
传　真　5954338 5951009　　邮　编　213125
联系人　俞先生　13706127866
　　　　吴先生　13004413085

常州高新区薛家工业区规划图

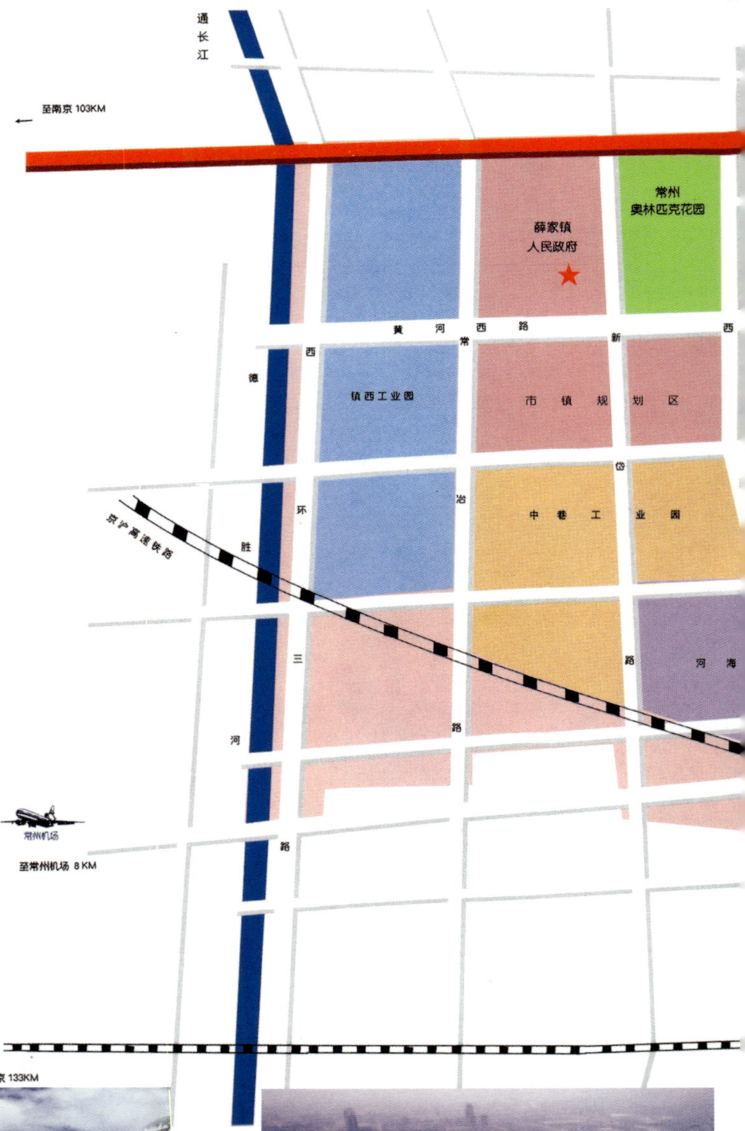

薛家工业区

规划图例
高新技术产业启动区
新区工业区
高新科技园
金融商贸配套区
基础设施
管理中心
院校
旅游区
薛家工业区
市行政中心
至江阴 26KM
至长江边12KM
至张家港 48KM
沪宁高速公路
沪宁高速公路
外商俱乐部
中华恐龙园
现代旅游规划区
河海工业小区
黄 河 东 路
110KV 变电站
民营工业园
热电厂
长 江 路
电信局
管理中心
高新科技园
区自来水公司
污水处理厂
110KV 变电站
建东大学
新桥工业园
110KV 变电站
常州师范专科学校
软件园区
别墅区
河海大学
三井工业园
国际学校
220KV 变电站
北塘河
大型煤气储配站
市政府行政中心规划区
城 北 干 道
常州工学院
北环路
沪宁铁路
去市中心三公里

蓝 箭 LAN JIAN®

常州蓝箭

常州市钢筘厂 常州

- 中国销售量最大的钢筘科研生产基地
- 江苏省火炬优秀高新技术企业
- 自营进出口生产企业
- 1998年通过ISO9002质量体系认证企业

董事长 总经理 施赵浩

该厂以科、工、贸为一体，集国际最先进的钢筘制造设备、工艺、技术工程等，拥有的LJ2000型高精密金属齿条自动生产线为2002年江苏省高新技术项目、2002年国家级火炬计划项目且具有自主知识产权。生产的特种不锈钢筘，为1999年首批国家科技型中小企业技术创新基金资助项目、2001年国家级重点新产品、2002年国家级火炬专利项目、且有自主知识产权。引进GRAF最先进的固定盖板生产设备可生产多种高精密的固定盖板针布。该厂始终坚持“以用户 满意为中心”的经营服务宗旨，稳定地为客户提供高品质的产品。

地　　址　武进市邹区镇　电 话　3631505(总机)　3631500　传 真　3631028　邮 编　213144
电子信箱　ck1235182@public.cz.js.cn

（集团）有限公司

华怡纺织器材有限公司

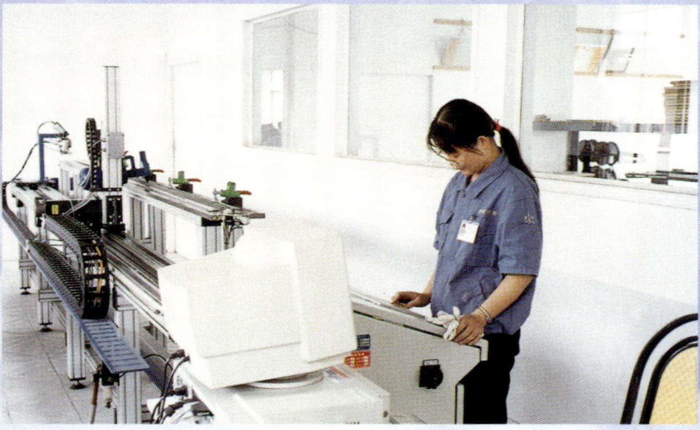

国际最先进计算机控制全自动高精度气流检测调整台

LJ2000高精密金属针布(齿条)自动生产线

绿荫覆盖的现代化厂区

江苏铁本钢铁有限公司

江苏铁本钢铁有限公司厂貌

连铸车间

钢花飞溅

转炉

矽钢片车间

董事长 总经理 戴国芳

该公司1997年投入2 500万元,在东安镇建立江苏铁本钢铁有限公司。生产D22矽钢。1999年、2000年连续投入3 000万元，成功开发年产25万吨连铸连轧钢坯。2001年投入6 500万元，实施电炉炼钢技术改造，企业获得跳跃式发展，2001年，企业全年完成总产值5.57亿元，实现销售收入4.79亿元、利税额934万元。居武进市重点个私企业之首。企业拥有建筑面积9万平方米；有职工1 300名,其中高级工程师10名，工程技术人员30名、熟练技术工人380名；固定资产(原值)达2.45亿元,拥有50吨化铁炉2台、30吨转炉3台，连铸坯生产线1条，除尘系统3套，27 150KVA主变1套，制氧能力达6 000立方米。主要产品有：连铸坯、矽钢片、矽钢板坯。

大包回转台

制氧车间

董事长、总经理　戴国芳
地 址　武进市东安镇人民路
电 话　3732406
传 真　3732439
邮 编　213155

常州市金隆化工厂

厂 长　杨桢华

创建于1998年，主要从事还原染料及其中间体生产，主要产品有橄榄T、橄榄B、RS、BC、BO等十几种系列产品。生产的还原染料色泽鲜艳、耐氯漂、不褪色，属无粉尘颗粒型染料，技术含量在国内外居领先地位。产品远销欧美、东南亚等20多个国家，年出口额达800多万美元。

工厂连续3年被常州市人民政府命名为“明星企业”“AAA”企业，2000年通过ISO9002认证。现工厂正在加大技术和资金的投入，引进国内外先进技术，扩大生产，使产品多样化，以优质的产品赢得国际信誉，以多规格、多品种赢得更多的市场。

该厂一贯坚持“质量为主，用户至上”的宗旨，重视产品质量的提高和新产品开发，及染料行业最新技术的应用，最大限度满足用户的需求。

地　址　武进市牛塘镇　电 话　6351036　传 真　6354321
E-mail　cjlhg@pubilc.cz.js.cn　邮 编　213163

部分产品、样品

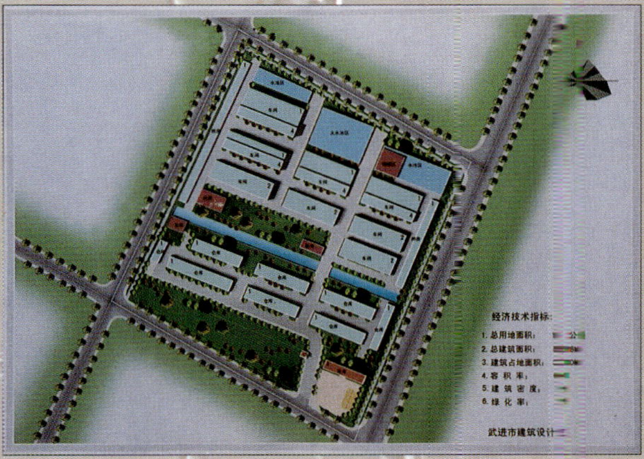

花园工厂远景

建设中的新车间

常州华威电子有限公司

董事长兼总经理　颜琦旭

公司创建于1987年，1993年3月与香港华威电子有限公司合资成立“常州华威电子有限公司”。

主要生产铝电解电容器，拥有固定资产2 050万元，员工970人（工程师2人，技术人员24人），占地面积1.5万平方米，建筑面积2.8万平方米，1997年12月通过ISO9002质量体系认证，1999年-2001年引进35条高速全自动电解电容器生产线，形成年生产能力25亿只。产品主要对外销售，其中欧洲市场占总销量的25.8%。

铝电解电容器产品

地　址　武进市邹区镇　　　邮　编　213144
电　话　3631284　3633986　　传　真　3631313

江苏华夏动物药品总厂

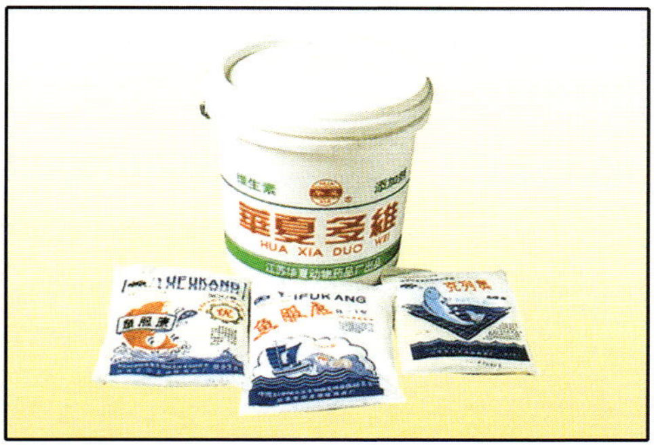

全国乡镇化工
百强企业

One of China's 100 strongest township enterprises in chemical industry

厂 长 史荣根

江苏华夏动物药品总厂是生产各种原料药和制剂的综合性、外向型企业，技术力量雄厚，内设动物药品研究,有研制、开发化工合成产品的实力。

总厂主要生产各种动物保健药品，农药和食品添加剂。主产品双甲脒、牛磺酸远销美国、德国、英国、比利时、荷兰、澳大利亚、日本等十多个国家和地区，其他产品畅销全国各省(市)、自治区,以优质的产品和良好的服务享誉海内外。

江苏省省明星企业
Star Enterprise in Jiangsu Province

省农行资信AAA级企业
AAA grade enterprise of creditworthy

常州市明星企业
Star Enterprise in Changzhou

常州市科研型工厂
Scientific research type of factory in Changzhou

地 址 武进市夏溪镇 邮 编 213148
电 话 3581014 传 真 3581236

常州盛庆电子有限公司
常州盛德无缝钢管有限公司

董事长　周文庆

铝电解电容器产品

常州盛庆电子有限公司是专业生产铝电解电容器的合资企业，生产的高、中、低档铝电解电容器，月产量达2亿只以上,产品畅销国内市场,远销中亚、东南亚、欧美等地区。

地 址　常州南郊邹区镇兴隆东街10号
电 话　3631294　传 真　3633553　邮 编　213144

优质钢管

常州盛德无缝钢管有限公司是专业生产冷拔无缝钢管的中外合资企业，年产冷拔无缝钢管1.5万吨，产品广泛用于机械结构，石油化工、低中压锅炉、汽车和摩托车制造等行业。

武进市铭锦弹簧有限公司
武进市三联弹簧厂

厂 长　马友方

该公司是制造冷卷螺旋弹簧的专业工厂,主要制造多种型号规格的摩托车、汽车用减震弹簧；柴油机、摩托车气门弹簧、卡挡簧、调速簧；离合器弹簧、阀门弹簧和机械密封件用弹簧。注册商标"铭锦牌"和"联骄牌"。

公司有进口四轴电脑弹簧制造机8台和磨簧机15台、多功能电脑机4台、多台网带式电回火炉和喷丸强化机、半自动涂装生产线。各种型号规格的弹簧拉压试验机和疲劳试验机。技术力量雄厚，有较强、较快的新产品开发能力和大批量制造能力。

公司通过了GB/T19002-94idtISO9002：94质量体系认证。

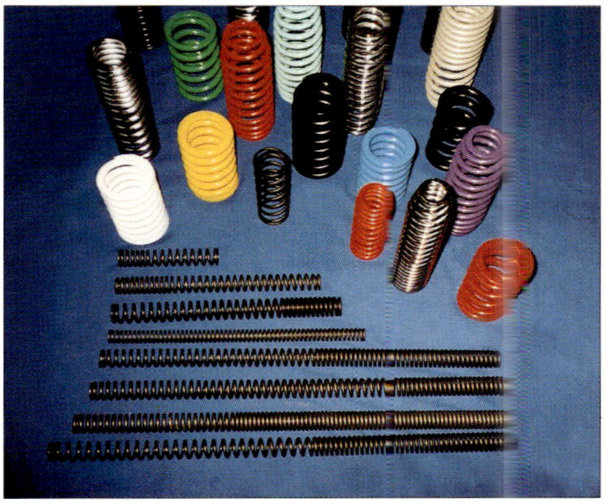

各种型号规格的弹簧

地 址　武进市潘家镇曹家村
电 话　6547130　13327896555
　　　 6540338　13327898555
邮 编　213179

常州市天益纺织机械有限公司

总经理　曹俊峰

该公司是ISO9002质量体系认证企业，从九十年代初就为比利时独资企业——必佳乐(苏州)纺织机械有限公司常年大批量生产GA733型、GTM——AS型、GAMA型高档剑杆织机的数百种高精度零部件，质量验证零缺陷。是必佳乐公司的信得过合作伙伴。

公司注重纺织产品开发，TGA748系列型多臂色织剑杆织机、FKV838型弹力丝假捻机先后投放市场，深受用户欢迎和好评。

公司实力雄厚，拥有从日本进口的HN100C型大型卧式加工中心、三坐标精密测量仪等设备，专业加工墙板、箱体等高精度机械零件。

地　址　常州市南门外潘家镇曹家桥堍
电　话　6543265　6540357
传　真　6545017　　邮　编　213179

武进市天工纺织专件厂

HN100C(日本产)卧式加工中心

TGA748型剑杆机

武进市苏南轴承厂

法人代表　卞建国

CERTIFICATE OF CONFORMITY
OF QUALITY SYSTEM CERTIFICATION

This is to certify the quality system of
WUJIN SUNAN BEARING FACTORY
is in conformity with
GB/T19002—1994 idt ISO9002:1994 standard
This certificate is valid to the following product(s)
THE PRODUCTION AND SERVICE OF BALL BEARING UNITS.

北京天一正质量体系认证中心
质量体系认证证书
兹证明
武进市苏南轴承厂
质量体系符合
GB/T19002—1994 idt ISO9002:1994标准

武进市苏南轴承厂是中国轴承行业生产不锈钢、铬钢外球面球轴承的专业工厂，具有外贸自营权。主要生产UC、UCX、UK、HC、SA、SB、SC、SER等各类带座外球面轴承。

该厂技术力量雄厚,工艺装备先进,检测手段完备。产品在国内外市场享有良好的信誉。并大量出口美国、德国、法国、意大利、加拿大、日本、东南亚、南美、非洲等国家和地区。

地　址　常州市南门外南宅　　邮　编　213178
电　话　6201090　6201100　　传　真　6202811

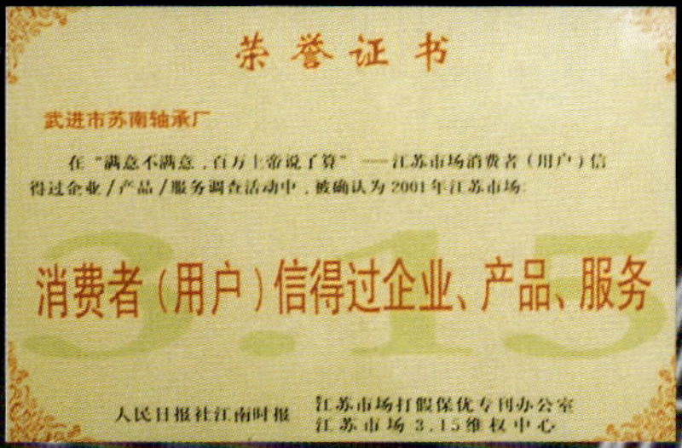
荣誉证书
武进市苏南轴承厂
在"满意不满意，百万上帝说了算"——江苏市场消费者（用户）信得过企业／产品／服务调查活动中，被确认为2001年江苏市场：
消费者（用户）信得过企业、产品、服务
人民日报社江南时报
江苏市场打假保优专刊办公室
江苏市场3.15维权中心

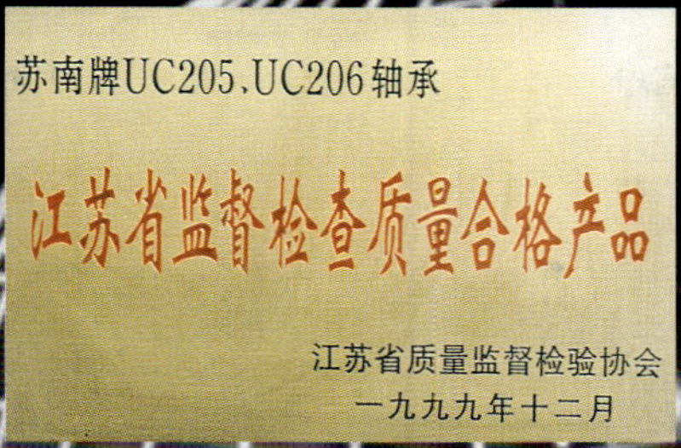
苏南牌UC205、UC206轴承
江苏省监督检查质量合格产品
江苏省质量监督检验协会
一九九九年十二月

自营进出口生产企业

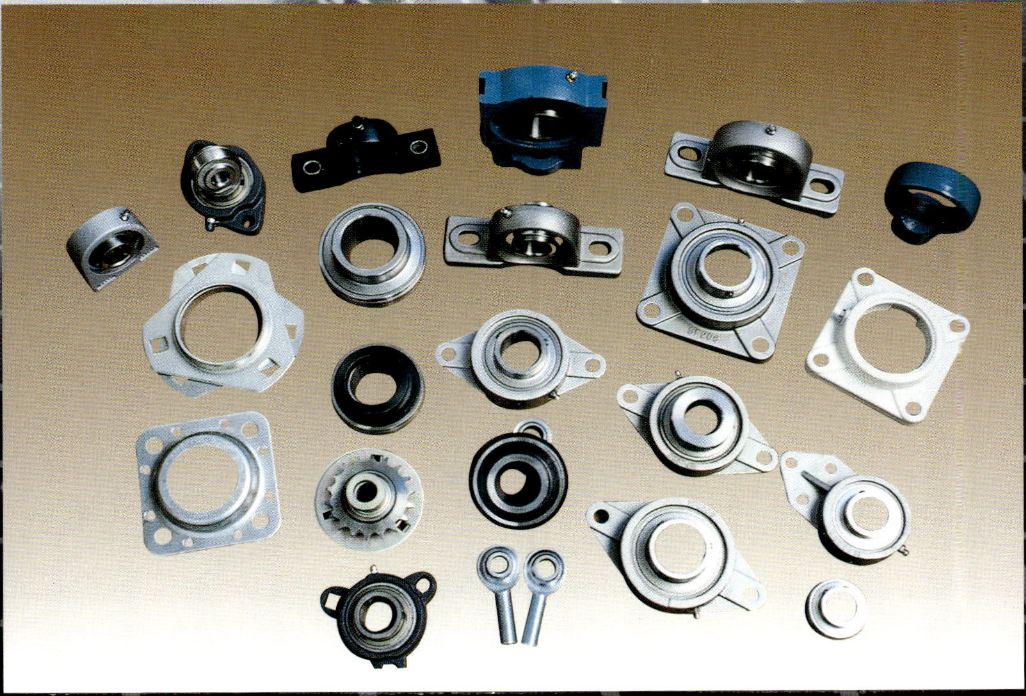

各类带座外球面轴承

武进市天源机械有限公司
武进市天工经编机专件厂

织造车间

TIANYUAN 天源

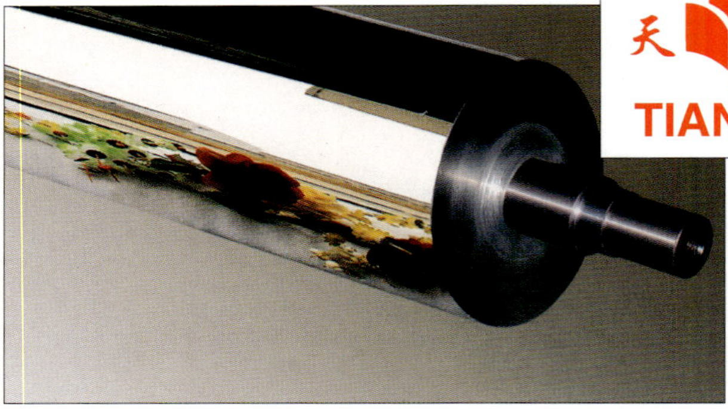
镜面辊

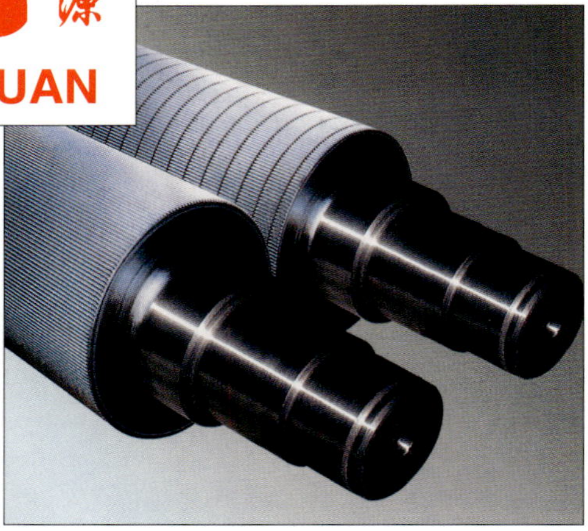
瓦楞辊

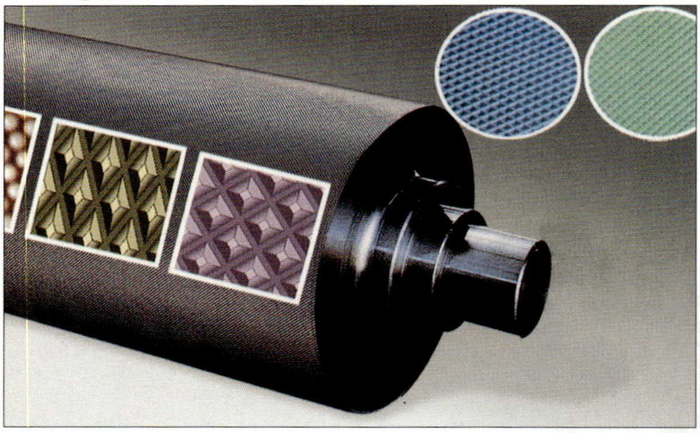
网纹辊

●GE286、GE286-Z型双针床短绒中绒经编机

GE286、GE286-Z型双针床短绒中绒经编机适用于各类涤纶、锦纶、晴纶等化纤长丝及低弹丝，以及毛、麻等天然丝和部分人造丝等原料。可编织用于毛绒类呢装、毛绒玩具、床毯、沙发面料、汽车座垫以及毛绒装饰布等方面的短、中绒织物，亦可生产各类单、双面织物（如带类、围巾），圆筒型织物以及工业用保暖织物等技术织物。

●GE286B型双针床包装袋经编机

GE286B型双针床包装袋经编机适用聚乙烯扁丝编织马铃薯、洋葱、桔子、苹果、蒜头等各类农副产品的全成形网眼包装袋。并还可适用于绿色或黑色聚乙烯扁丝编织遮阳网片，主要用于大面积蔬菜、花卉、茶林,具有良好的遮阳性能,且具有透气性。防虫等效果。

●GE258型经编织网机

GE258型经编织网机适用于聚乙烯、尼龙丝、涤纶长丝、丙纶等原料。可编织经编无结网、防护网、生活包装用网等。如网状手拎袋、遮光用网、温室覆盖织物、护堤网、果园防鸟网、网状旅游吊床、军用伪装网，西红柿、草莓种植网及体育、交通工具用网等。

厂　长　王祖茂
地　址　武进市潘家镇南宅
电　话　6203588　6201021
传　真　6202388
邮　编　213178
网　址　//www.wjtianyuan.com
电子信箱　info@wjtianyuan.com

武进市运波化工有限公司

总经理　徐岳明

江苏武进市运波化工厂
运波牌造纸化学品助剂系列产品

华东优秀科技产品

中国科学技术协会信息中心
中国科技报社研究会
二000年九月

创建于20世纪80年代初，拥有固定资产近千万元，系生产造纸化学品专业工厂，主要产品有无甲醛抗水、改性三聚氨胺甲醛树脂抗水剂、水溶性多功能润滑剂、SCD润滑剂、DC-40分散剂、TB-995纸品乳液、PAE湿强剂、SR-1树脂等，年产量近万吨。产品质量通过认证，符合GB/T19001-2000-ISO900021：2000标准，畅销全国各地。公司恪守“质量第一、信誉第一、用户第一”的宗旨,已连续12年被市评为“重合同守信用”企业和“文明单位”。

北京九千标准质量体系认证中心

质量体系认证证书

注册号:1701Q10209R0S

兹证明

武进市运波化工有限公司

中国·江苏·常州市南门外漕桥镇运村街

邮编：213175

质量体系符合

GB/T19001-2000-ISO9001：2000标准

该证书适用于下列产品或服务的质量管理体系

抗水剂、润滑剂、分散剂等造纸助剂的生产

本证书有效期自2001年11月14日至2004年11月13日

涉及本证书的范围和GB/T19001-2000—ISO9001：2000要求的适用性问题，可通过向该组织咨询而得到进一步的澄清

认证机构（盖章）

中心代表（签字）

日　期：2001年11月14日

国际认可论坛多边承认协议(IAF/MLA)集团承认

国家认可注册号：SC 17

地　　址　常州市南门外运村
电　　话　6134037　6131070
传　　真　6131034
邮　　编　312175
http://www.yunbochem.com
E-mail:yunbo@hi2000.com

武进市第二传动机械厂

厂长　史伟烈

DIERCHUANDONG

车间一角

该厂机械制造已有30多年的历史，目前主要从事各种型号的机械传动基础部件的设计和制造，其中SWC型整体叉头十字轴式万向联轴器为主导产品，并先后与宝钢、鞍钢、邯钢、武钢、本钢、攀钢、南钢、广钢等大企业和全国各大重机厂的主机配套。该厂拥有较先进的生产设备和一支创新科技队伍，采用CAD设计技术，周期短，产出快,质量优，2001年11月由英国国家质量保证有限公司审核和注册，通过了ISO9001：2000质量管理体系认证，并被中国技术监督情报协会评定为全国联轴器质量过硬放心企业。

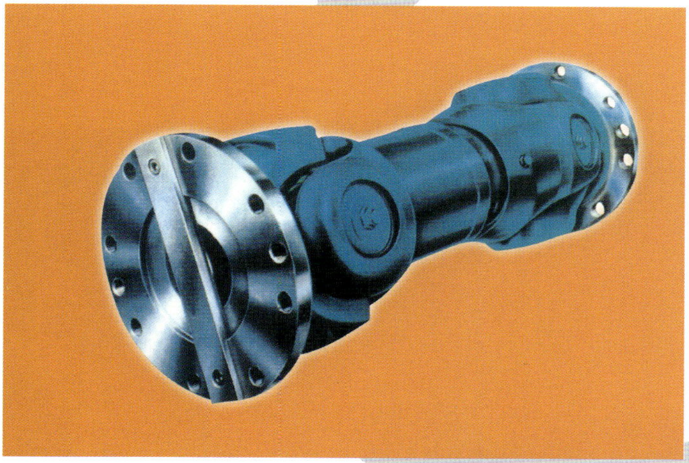

SWC型整体叉头十字轴式方向联轴器

地 址　常州市南门外运村

电 话　6131020

传 真　6133108

http：//www.js-wl.com

邮 编　213175

武进市东方柴配有限公司

东连 DONGLIAN®

专业生产内燃机行业连杆、电起动齿圈、气门座圈。公司创建于1994年9月，现有员工400多人，中高级技术人员38人。公司占地面积2.5万平方米，建筑面积1万平方米，固定资产1 500万元。公司拥有6条连杆生产线、1条齿圈生产线、1条气门座圈生产线，主要生产设备300多台套。加工工艺先进，检测手段齐全。现有年产连杆200万套、齿圈30万只、气门座圈250万套生产能力。产品与常柴集团、山东时风集团、浙江四方集团等十多家大中型主机厂配套。主要品种规格有二十多种，其中小型柴油机连杆产品的国内市场占有率达35%，并随柴油机主机出口到许多国家。

公司于1998年9月开始贯彻执行ISO9002质量管理体系标准，并于1999年7月通过了中国方圆委质量认证中心的第三方认证，2002年5月又通过了ISO9001:2000质量管理体系认证。生产的“东连”牌连杆、齿圈被评为“常州名牌产品”。

中国方圆标志认证委员会
方圆标志认证中心

质量管理体系认证证书

兹证明

常州市东方柴配有限公司

江苏省武进区郑陆镇

邮政编码：213114

质量管理体系符合

GB/T19001-2000 idt ISO9001:2000标准

该质量管理体系适合

内燃机连杆、电起动齿圈、气门座圈的制造

注册号：1902Q11058RIM

颁证日期：2002年05月09日

有效期：2002年05月09日 至2005年05月08日

中心代表(签名)：

中国方圆标志认证委员会
方圆标志认证中心

国际认可论坛
质量管理体系
多边承认协议
成员认可

国家认可注册号：SC 19

ISO9001：2000标准认证书

多缸机连杆生产线一角

“东连牌”连杆、齿圈

总经理　童中勤
地　址　郑陆镇狄墅　　邮　编　213114
电　话　8968058　　传　真　8963418
E-mail　wjdfcp@sohu.com
http://wjdfcp.ebigchina.com

横山桥镇

党委书记 朱唤忠

镇 长 刘金甫

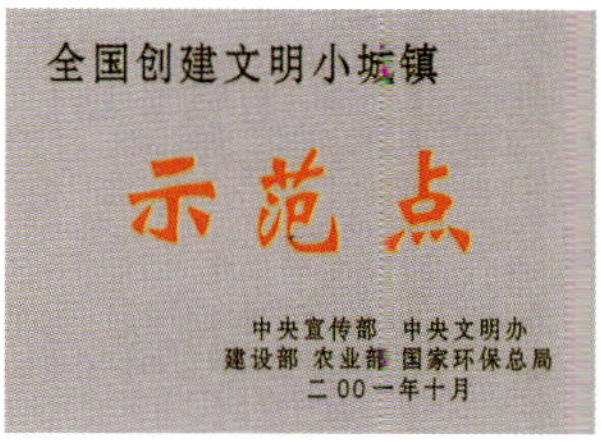

横山因晋右将军散骑常侍曹横葬此而得名，桥因山名，镇因桥名。全镇总面积37.21平方千米，总人口34 354人，辖15个行政村、2个居委会。该镇具有良好的经济基础，新型农业初步向优质高产和集约化发展，工业初步形成一批企业上规模、产品上档次、管理上水平的企业群体，第三产业以旅游风景区和沪宁高速公路横山道口农副产品批发市场为主体形成产业群。2001年全镇完成工农业总产值42亿元，国内生产总值11.65亿元；人均纯收入6 250元。沪宁高速公路和在建的沿江高速公路横贯全境，横山道口是常州地区连接沪、宁、镇、澄、锡等城市的交通枢纽。境内山清水秀，旅游资源丰富，旅游业发展前景广阔。

全镇有全国文明村1个、省级文明单位（村、镇）3个、常州市级文明单位（村、镇）11个。该镇先后被命名为全国精细化工"星火"密集区、全国小城镇综合改革试点镇、全国创建文明小城镇示范点、全国群众体育活动先进乡镇、全国绿化造林百佳镇，被评为江苏省科技示范镇、文明乡镇、卫生镇和先进基层党组织等。

地 址 常州市东郊 邮 编 213119 电 话 8601801 传 真 8606019

镇区风貌

湖塘镇

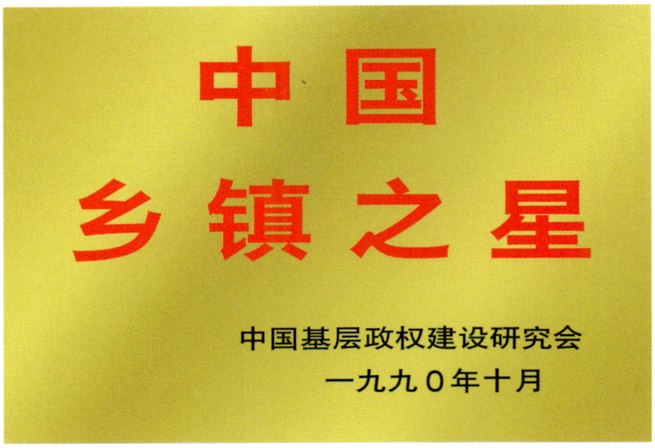

历史悠久的纺织工业

南田菊（部分）

地　　址　武进市湖塘镇人民中路24号
电　　话　6552285
传　　真　6566117
邮　　编　213161
电子信箱　hutang@huang.gov.cn
网　　址　//www.hutang.gov.cn

中心村风韵

健全的教育体系和现代化的学校

别墅区

曾二度获得“中国乡镇之星”殊荣的湖塘镇是武进区的政治经济文化中心，全镇总面积84平方公里，辖3个街道办，20个居委会和42个行政村,总人口20余万。

湖塘自古即以“纺织之乡”、“菊花之乡”和“江南工商重镇”而闻名，改革开放以来形成了较为合理的产业格局和独具特色的工业体系，经济规模和社会综合实力一直名列江苏省乡镇级前茅。2001年全镇完成国内生产总值27亿元，其中一、二、三产业比例为4.5：56.4：39.1，财政预算内外收入27 385万元。

在经济快速发展和城市化进程不断加快的同时，镇党委和政府始终坚持“两手抓、两手都要硬”的工作方针，以创建和实施“民心工程”为载体，大力推进各项社会事业和党建精神文明建设的协调发展，有效提高了社会文明程度和居民生活水平，并获得了武进区、常州市“红旗党组织”、“文明镇”以及“江苏省教育现代化示范乡镇”、“江苏省体育先进镇”、“江苏省群众文化先进镇”、“江苏省卫生镇”、“文明镇”等一系列荣誉称号。

城区劳动人才交流中心

艺术节演出活动

遥观镇

全镇总面积44.29平方公里，耕地1 933公顷，辖20个行政村、4个居委会、310个村民小组，总人口42 300人。2001年全镇国内生产总值完成11亿元。技改完成资金1.89亿元，完成工业总产值28.3亿元、销售收入26.2亿元，实现利税总额2.8亿元；完成出口供货额8.6亿元。其中全镇63家重点企业完成销售收入21.95亿元，占全镇总量的83.58%。

2001年，该镇顺利通过江苏省教育现代化先进乡镇验收，剑湖幼儿园通过江苏省示范性实验幼儿园验收；遥观中学通过江苏省示范初中验收；投入1 000多万元完成遥观卫生院易地新建工程，成为常州市“初级保健合格乡镇”；文化、体育、计生、广电等事业全面发展。

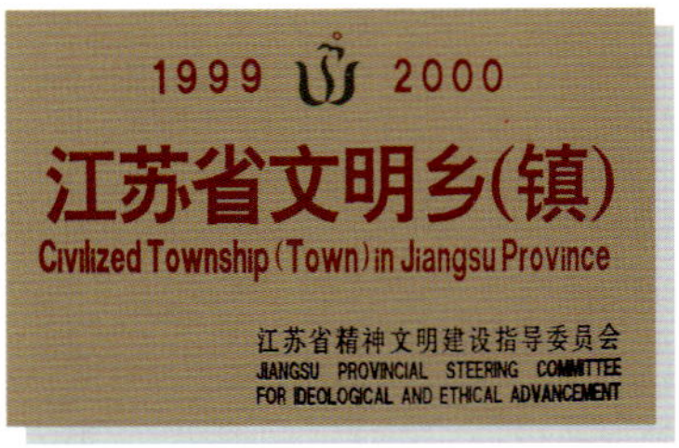

镇政府办公楼

集镇新貌

健身广场

江苏新华昌集团有限公司

武进剑湖铁路客车配件厂

- 全国先进基层党组织
- 全国乡镇企业示范区
- 江苏省文明镇
- 江苏省小城镇建设新型示范区
- 江苏省卫生镇

镇党委书记　陆小玉
镇　　　长　杨国春

地　址　武进市遥观镇政和路8号
电　话　8701003
邮　编　213102

新建的遥观中心小学

现代化养鸡场

礼 嘉 镇

镇党委书记　曹建平

镇　长　陈　晫

镇政府办公楼

电 话　6231003
邮 编　213176

建设中的镇开发区

总面积37.21平方千米，耕地面积1 372公顷，辖15个行政村，2个居委会，292个村民小组。年末总人口31 055人，其中非农业人口2 317人。2001年，全镇实现国内生产总值7.4亿元，完成财政收入8 398万元，粮食总产量1 692.6万千克。有工业企业600家，全年实现工业销售收入18亿元，其中江苏江南塑料（集团）公司完成2.1亿元，常州常发动力机械有限公司达5.57亿元。实现工业利税总额1.6亿元，外贸供货额2.1亿元。年内技改投入资金超1.2亿。全镇多种经营主要项目形成规模生产，实现产值5 712万元。第三产业增加值达2.4亿元。工业园区占地133公顷，镇政府每年投资200万元进行基础设施配套。一期开发建设40公顷，已有35家企业进区运作。

常发柴油机总装线

江苏江南塑料集团厂区一角

葡萄育种基地

焦溪镇

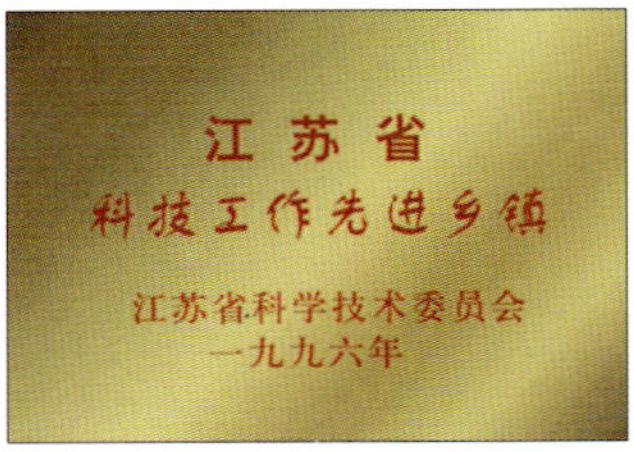

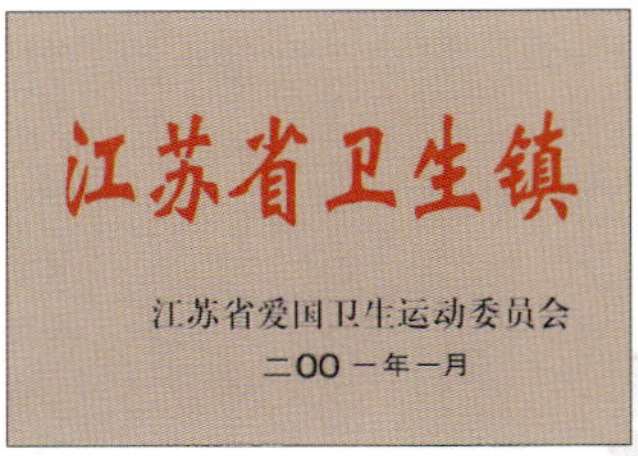

镇党委书记　潘建庭

镇　长　赵和伟

地处常州市东北部，毗邻江阴。全镇总面积41.2平方千米，辖21个行政村、2个居委会，常住人口45 000人，暂住人口5 000人。2001年全镇完成工农业总产值22.7亿元,实现国内生产总值7.55亿元

农业基础稳定,农田水利设施完善,农业机械化水平较高,2 200公顷粮田稳产高产，多年连续被评为粮食生产先进镇。

工业蓬勃发展，园区建设初具规模，工厂林立，商贸云集，被国家农业部命名为“全国乡镇企业示范园区”。生产的产品门类有一次性医疗器械、干燥设备、塑料机械、化工、电子、农机、彩印包装、食品加工等，在全国享有“一次性医疗器械之镇”、“塑料机械之镇”、“干燥设备发源地”等美誉。

社会事业长足进步，教育、卫生、金融、、餐饮娱乐等一应俱全,既保留了“小桥、流水、人家”的古镇风韵，又展示出业兴、财旺、文明的现代化城镇风貌。

镇卫生院

古镇龙溪河

健身广场

干燥设备

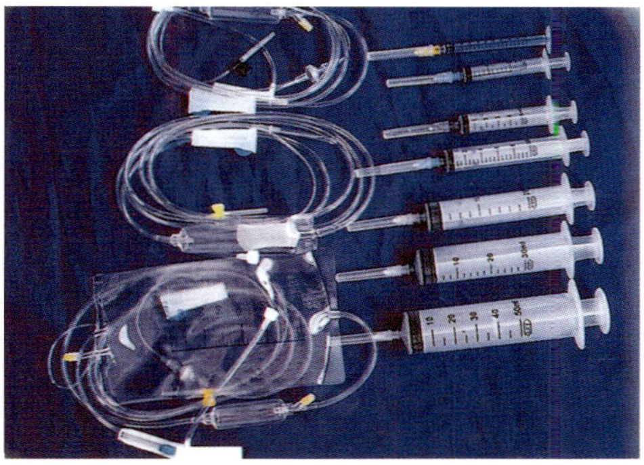

一次性医疗器械

塑编机械

电 话 8902200
邮 编 213116

人民公园

卜弋镇

- 江苏省卫生镇
- 江苏省体育先进镇
- 常州市新型小城镇

镇政府

幼儿园

镇区一角

环境优美、交通便捷，常金线、219线贯穿全镇。总面积40平方千米，辖15个行政村，1个居委会，总人口3万余人。2001年全镇完成国内生产总值4.9亿元，财政收入3 636万元。工业基础良好，拥有工业企业230多家，其中“三资”企业17家，初步形成以旅游用品为龙头,集LCD-PC、化工、服装、交通、建筑等门类的高技术产业群体。2001年，全镇完成工业销售收入7.2亿元，商业零售总额达3.38亿元。全镇工业园区、商贸、金融、文化、教育、卫生、社会服务、住宅小区布局合理，设施配套，初步形成现代化小城镇格局。

卜弋镇 新屋村

卜弋镇新屋村位于常州西郊，新常溧线卜弋段南端，交通十分便捷。全村有16个村民小组,一个农场,耕地面积82公顷，1 238人。村里办有常州克莱斯无纺布制品有限公司、常州季时合工纺有限公司等8家企业。2001年全村工业总产值超亿元，人均收入5 500元。多年来，村党总支、村委坚持为民办实事，对全村男60岁、女55岁以上老年人实行固定生活补贴，对全村农民实行水费补帖，受到群众一致好评。近年来，村党总支、村委以“三个代表”重要思想为指导，认真贯彻执行党的一系列富民政策，凝聚全村党心、民心，带领群众致富奔小康，规划全村现代化建设新蓝图，取得令人瞩目的成绩，被授予“武进市红旗党组织”、“江苏省文明村”等荣誉称号。

三凯路桥公司生产场地

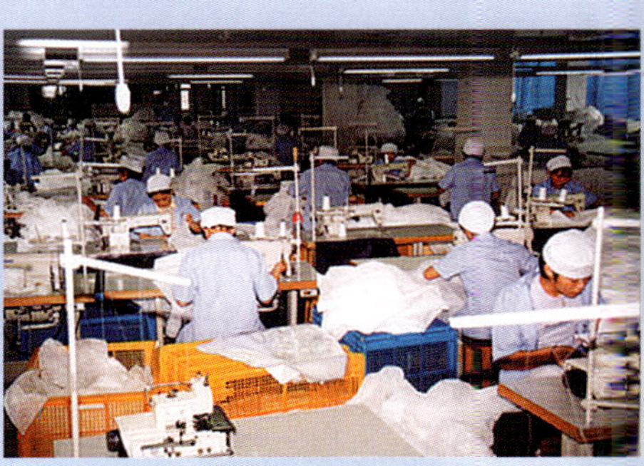

常州克莱斯无纺布制品有限公司生产车间一角

村骨干企业—卫生设备厂

产业结构调整示范区

农民休闲乐园

卫生设备厂生产车间

卜弋镇殷村村

卜弋镇副镇长
殷村村党总支书记 陈礼斌

殷村村位于常州西大门，交通便捷。该村围绕农村现代化建设总体规划，重点发展工业经济，加大农业基础设施建设，积极调整农业产业结构，加速农村现代化、城镇化进程。全村拥有工业企业16家，形成旅游用品、床服用品、机械制造、纺织、化工等知名度较高的拳头产品。2001年，完成工业总产值4.59亿元，实现销售收入4.5亿元。农业形成以花卉、苗木、林果、大棚蔬菜瓜果和奶牛养殖为主的生态、观光农业特色。投资3 000万元的泰村实验学校竣工投用,首期高标准农民住宅别墅建成，全村农民人均收入达8 000元，人均储蓄超1万元；移动电话普及率达25%，成为常州市“移动电话村”，98%农户用上液化气。一个崭新现代化新农村正在这里实现。该村连续多年被评为常州市农村综合实力“十强村”，被列为江苏省农村现代化试验先进示范村。

农民别墅

泰村实验学校

电 话 3562256
传 真 3561118
邮 编 213147

吉远缝制有限公司

阳光集团

侨裕集团

潘家镇

党委书记　朱建康

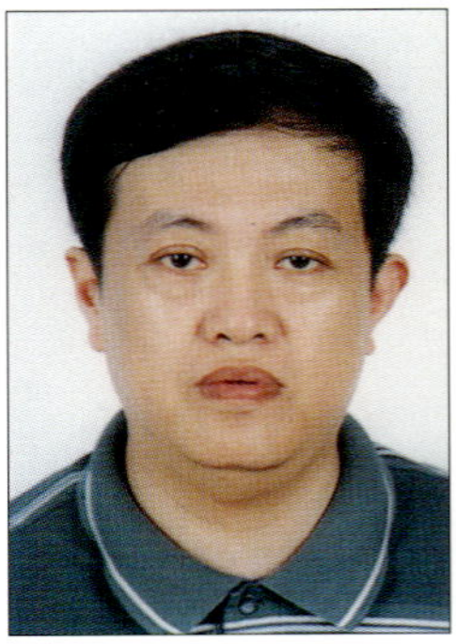

镇　长　吴学成

潘家镇位于武进市南部，东邻无锡马山，南濒万顷太湖，西接宜兴，北靠锡溧大运河，锡宜公路、新长铁路穿境而过，城湾山、城阳山、绿豆山坐落该镇,旅游观光有竺山湖度假村、城湾娱乐城、太湖水上休闲中心、太湖旅游山庄、神龙仙境等，交通便捷，湖光山色，有着明显的区位、交通、人文、自然旅游优势。

全村辖16个行政村，315个村民小组，总面积48.54平方公里，总人口30　032人，2001年实现国内生产总值5.83亿元，完成工农业总产值10.86亿元，财政收入3　615万元，被武进市政府评为农业十强镇、科技进步先进镇和工业先进镇。镇党委被评为2001年度武进市“六好镇”党委、常州市先进基层党组织。2001年5月通过省级卫生镇验收，被誉为“新世纪新标准全省第一家”。

全镇有工业企业330家，2001年完成工业产值9.8亿元，销售收入7.9亿元，实现利税8　412万元。主要产品有汽车装饰织物、外球面轴承、渔网织机、齿轮、钢球、锦纶丝帘子布、模具、轮胎翻新、弹簧、纺机等。特色农业有茶叶、经济林和水果，茶园总面积200余公顷，年产干茶30万千克。潘家茶叶在常武地区享有较高声誉，被常州市政府命名为“农业特色乡镇”和“茶叶之乡”。城湾、潘家茶场精心采摘研制的“阳湖新月”连续3年分别荣获江苏名茶质量评比特等奖和一等奖，并参加在南京举办的茶叶博览会。在2001年省第九届陆羽杯茶叶质量评比中获特等奖。

镇政府大院一角

亭山路街景

正在建设中的工业园区一角

地 址　常州市武进潘家镇　　邮 编　213179　　电 话　6543942　6543101　6543102　　传 真　6543103

茶园一角

江苏旷达集团

江苏旷达集团的宗旨和经营目标

●当好汽车工业配角，为汽车内饰增光添彩。努力生产更新、更好、更多的座椅内饰面料，服务全国，走向世界。

●2001～2003年总投资3-5亿元人民币,形成年生产汽车座椅内饰面料8 000万米以上的能力。

●引进国际最先进的纺织机械设备,汽车内饰面料专用检测设备及CAD产品辅助设计软件。

同时引进先进的技术和先进的管理方法,积极与国际同行合作合资。

●形成汽车座椅内饰面料所需要的特种化纤原材料，植物纤维、聚醚、聚酯海绵，印染、后整理，产品开发、产品检测等自我配套、自我控制的综合能力。

●积极与大专院校、科研机构紧密合作，从根本上解决目前国产汽车座椅内饰面料品种少、档次低以及耐日晒牢度、阻燃、气味不合格等重大科研问题。

董事长　沈介良　　地 址　常州市武进潘家镇　　邮 编　213179

(1)江苏旷达汽车织物集团有限公司
电 话　0519-6543081 6541888 6544888
传 真　0519-6543841

(2)上海旷达汽车织物研究院
电 话　021-58100088
传 真　021-58101188

(3)上海旷达汽车织物有限公司
电 话　021-58127381
传 真　021-58127383

(4)长春旷达汽车织物有限公司
电 话　0431-5038888
传 真　0431-5030888

(5)重庆旷达汽车织物有限公司
电 话　023-68572020
传 真　023-68571228

(6)天津旷达汽车织物有限公司
电 话　022-28593488
传 真　022-28593178

(7)武汉旷达汽车织物有限公司(筹)
电 话　13906120296

(8)广州旷达汽车织物有限公司(筹)
电 话　13906120295

(9)武进旷达化纤有限公司
电 话　0519-6544631
传 真　0519-6543568

(10)武进旷达工程塑料有限公司
电 话　0519-6541678
传 真　0519-6545288

(11)武进旷达汽车附件有限公司
电 话　0519-6544340
传 真　0519-6544340

(12)武进旷达达观座套有限公司
电 话　0519-6540209
传 真　0519-6541528

(13)武进旷达织物整理有限公司
电 话　0519-6561968
传 真　0519-6561198

(14)武进旷达汽车销售有限公司
电 话　0519-6591692
传 真　0519-6592251

(15)常州市旷达广告有限公司
电 话　0519-8168086
传 真　0519-8168088

潘家镇王允村

村党支部书记　徐敖良

全村1 508人，总面积2.11平方千米,耕地117公顷，辖20个村民小组。村办企业16家，主要生产汽车、摩托车齿轮、油嘴油泵、摩擦片、电线及接插件等。2001年实现工业总产值8 000万元，销售收入7 400万元。村民年人均收入5 500元。支部书记徐敖良同志连续多年被评为镇优秀党务工作者。

电 话　6201092　　邮 编　213178

武进市太湖齿轮厂

厂 长　蒋福德

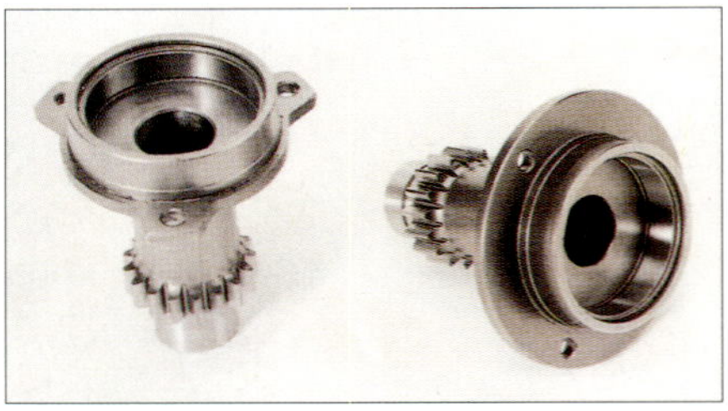
C100/T100

该厂系生产摩托车发动机齿轮的专业工厂，产品开发能力较强，工艺技术先进，设备精良，产品质量稳定，1998年通过ISO9002质量体系认证。生产品种主要有：C100、泰100初级主动齿轮、GS125、GN125初级主动、初级从动、AX100、YX100、GN125、SR150、GN250、XDZ250等不同型号摩托车发动齿轮，年产量可达1000万件。

地 址　江苏省武进市潘家镇南宅
电 话　6202618
传 真　6202578
邮 编　213178

滚、插、剃、磨、珩、铣机群

江苏常州市南宅金铃摩擦片厂

该厂位于苏南风景秀丽、交通便利、经济文化发达的太湖之滨潘家镇。专业生产摩托车、汽车、各种机械、电机干湿式离合器摩擦片、蹄块，共计50多个品种。产品质量均能达到GB13826-92标准,部分产品能达到国际同类产品水平,并能根据用户需要，制造各种特殊规格的摩擦片，年生产能力1 800万片。

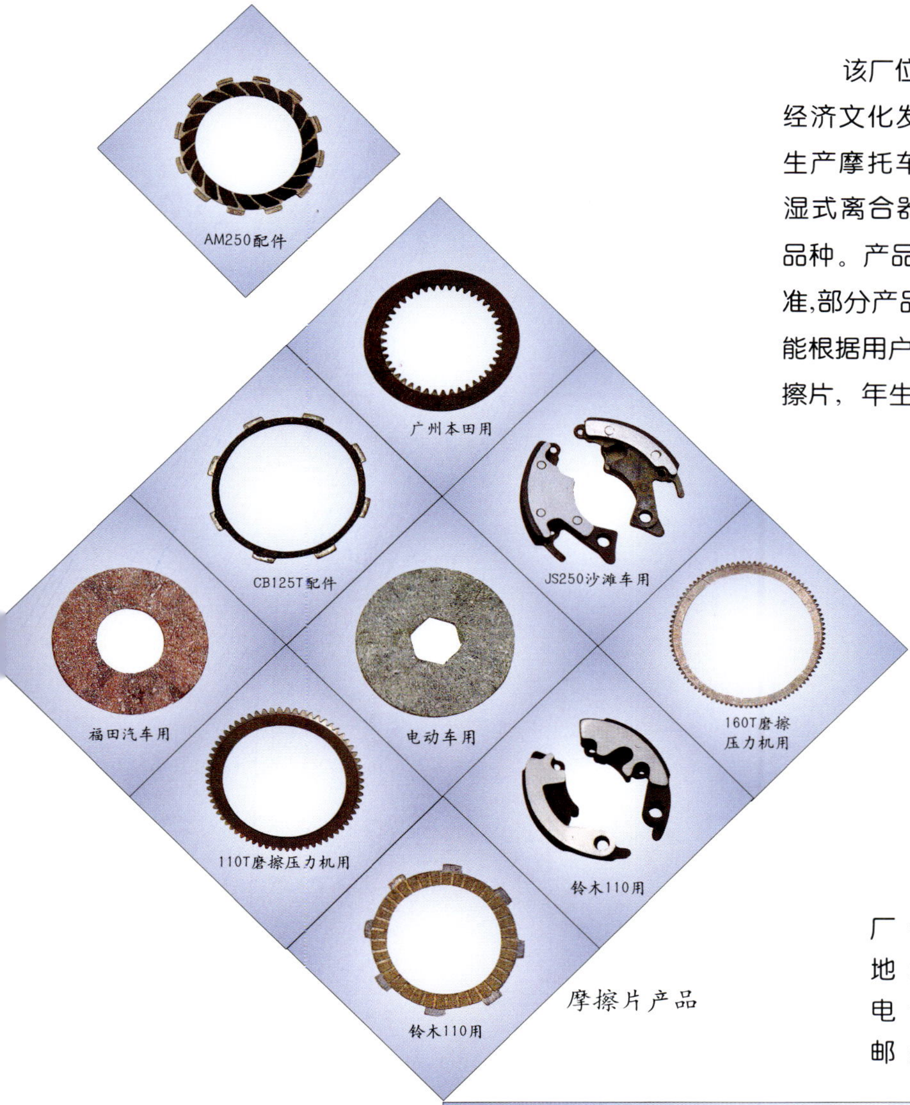

摩擦片产品

厂 长　盛泽方
地 址　常州市南门潘家镇王允村
电 话　6201295　传 真　6202928
邮 编　213178

渔网机配件

潘家镇 城湾村

村党支部书记　高中浩

城湾山青水秀，美丽诱人。全村人口1 615人,总面积806公顷，耕地73公顷，茶园100公顷，果园53公顷，杨梅67公顷。下辖15个村民小组，有村办企业9家。主要生产纺机配件，石油化工管道配件、锻造法兰、建筑石料等。农副工三业收入3 278万元，净收入826万元，村民年人均收入5 516元。“城湾牌”阳湖新月茶获江苏省第八、九、十届“陆羽杯”名特茶评比特等奖；并获江苏省质量技术监督局颁发的无公害农产品标志证书。

电 话　6544500　6544501　　邮 编　213179

城湾梨园

沿太湖旅游开发区一角

茶场一角

城湾水密桃

武进市供电局 潘家供电所

所　长　孙新南

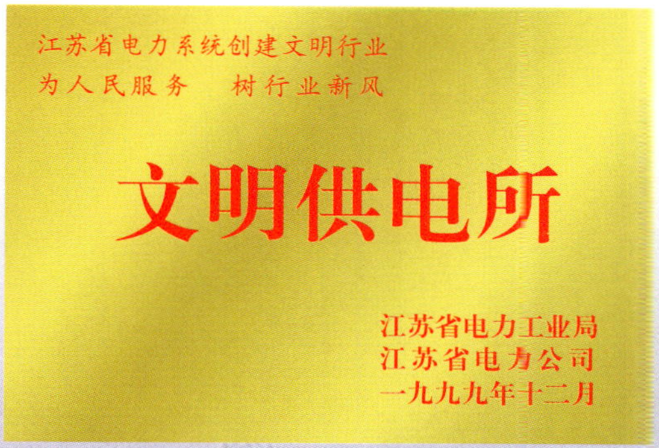

该所该支部倡导“团结、高效、创新、奉献”的电力精神，爱岗敬业，当好先行官，认真做好农村电网改造,2001年新增、增容5台配变,新立8米、10米电杆38根，2001年用电3 158万度，比上年增27%，经济效益和社会效益显著。所长孙新南历年被镇党委评为优秀共产党员。2001年被供电系统评为“十佳标兵”，该所历年被行业系统评为“文明单位”。

地　址　武进市潘家镇亭山路19-1号
电　话　6545222
传　真　6543320
邮　编　213179

漕桥镇 潭庄村

村党支部书记　胥国华

该村位于武进南部漕桥镇,新长铁路、214省道在村区通过。辖33个村民小组，总人口2 630人,耕地202公顷，工业企业30家,主要产品有呢绒纺织、皮件服装、玻璃钢制品、管道设备、塑料、雨具物品等。武进市鹿苑特种动物养殖中心、华扬优质葡萄基地等在农业产业结构调整中脱颖而出，成为村里的特色产业。2001年全村销售收入1.15亿元。曾被评为常州市安全文明村,村党支部被镇党委评为先进党支部。

电 话　6132652
邮 编　213171

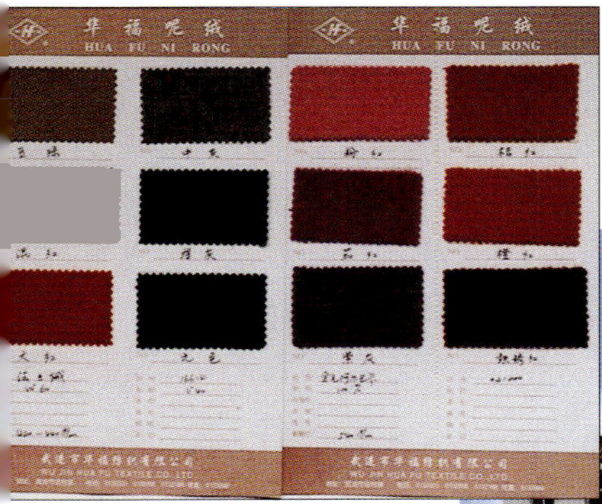
华福呢绒
HUA FU NI RONG
华福呢绒
HUA FU NI RONG

呢绒纺织系列产品

武進市
華福紡織有限公司

武進市華發皮件廠
Wu Jin Shi ua Fa Pi Jian Chang

鹿苑

漕桥镇 楼村村

村党支部书记　陈福明

远洋大酒店

该村位于漕桥镇东，锡宜公路贯境而过，辖19个村民小组，总人口1 650人，耕地面积110公顷，有村办企业11家。主要工业产品有电信器材、机械、化工、石墨制品等，2001年实现工业产值3 500万元。该村大力发展第三产业，积极推行农业产业结构调整，巩固传统养禽业,发展葡萄、梨等高效种植业，加快对村道等社会公益事业的投入，促进了全村两个文明建设。

武进市申江压缩机厂

武进市华特电工材料厂

电　话　6210587
邮　编　213171

漕桥镇 浒庄村

该村位于漕桥镇东首，与潘家镇交界。辖24个村民小组，总人口2 158人，耕地面积163公顷。有工业企业12家，主要生产薄膜、可变电容器、石墨制品、锻烧石油焦、纺织、电线电缆、汽车机械配件、避雷电器等产品。

电 话 6213675 邮 编 213171

村党支部书记 孙岳祥

武进第二天线厂一角

漕桥镇 黄墅村

村党支部书记　孙荣明

村委

该村位于漕桥镇东北，锡宜高速公路横穿村内，紧靠锡宜公路北线，太滆运河途经该村。全村有23个村民小组，总人口2 000多人，耕地面积130多公顷，有企业8家，2001年实现工业总产值2 000多万元。主要工业产品有：机械配件、汽车仪表台、胶粘剂、塑料制品、电镀和造船等。该村有长达3.3千米的水泥路两条,电力设施达1 000KV，农户饮用自来水达50%,户户开通闭路电视,于1996年建成电话村。

电　话　6215080、6211057
邮　编　213171

漕桥镇 夏庄村

村党支部书记　陆自强

该村位于漕桥镇东侧，锡宜公路、太滆运河贯穿全村，南与宜兴市分水镇接壤。全村有21个村民小组，总人口1 838人，耕地面积138公顷，有企业28家,2001年完成工业产值4 000万元。全村基本实行地下灌排U型渠道，水泥路直通每户农户,自来水入户率在50%以上,各村小组均设有垃圾箱，群众环境卫生意识加强。

电　话　6213015　　邮　编　213171

村主干道

村小学

漕桥镇 新康村

武进市第二法兰锻造厂

武进市海力制辊有限公司

村党支部书记　周阿明

该村是漕桥镇工业园区坐落地，辖21个村民小组，总人口1 618人，耕地面积77公顷，有村办企业15个。主要产品有锻件、法兰、网纹辊、瓦楞辊、氰尿酸、快磺酸、铸件、石英沙、玻璃钢、服装、对甲苯磺酸、钢筘、减速机等，2001年实现工业产值4 500万元。该村同时大力发展孔雀、鸭、百头猪场等养殖业，注重教育、卫生等公益事业建设和村道基础建设，是武进市文明村、常州市安全文明村。

电 话　6210129
邮 编　213171

雪堰镇

位于常州市东南太湖之滨，全镇面积34.44平方千米,人口2.8万人。2001年全镇三业总产值11.2亿元。该镇经济协调发展，已形成奶牛、獭兔、水产品、林果、茶叶等生产基地，其中雪堰水蜜桃闻名遐迩。工业生产门类齐全，化工、轻纺、机械、冶金等行业在市场上具有较强的竞争力。规划的环太湖旅游度假区，各类基础设施日趋完善。社会事业建设全面发展，镇容镇貌得到改善，现代化的小城镇已初具规模。

镇党委书记　胡忠明　　电　话　6158001
镇　　　长　韩家兴　　邮　编　213169

常州顺风发电设备有限公司

武进市振兴绒线厂

武进市漆包线厂生产车间

雪堰境内沿太湖公路

雪堰镇共建村委

常州太湖化工有限公司

郑陆镇和平村

村党总支书记　洪双伟

和平村位于常州东郊，交通便捷，由原芳基村、蒋坵村、和平村合并新建，调整后全村总面积4.97平方千米，拥有耕地250公顷，总人口3 800人,下辖30个村民小组。2001年，全村拥有工业企业52家，主要生产继电器、太阳能热水器、生物化工、五金等产品。在镇政府的大力支持下，村委积极调整产业结构,加大招商引资力度。占地38公顷，以繁养波尔山羊、肉牛为主的农业区正在建设中。占地30多公顷的工业园区正在建设和招商之中。2001年，全村工农业总产值达1.21亿元。2002年,全村工业投入将超5 000万元，工业产值可突破2亿元。

蔬菜大棚

农业丰产方

常州东青继电器配件厂

从台湾引进的数控全自动冷镦机

该厂从台湾引进国际上先进的数控冷镦机，为上海松川电子有限公司、厦门宏发电声有限公司、厦门宏美电声有限公司等知名企业配套生产继电器铁芯，连续多年被评为优秀供方单位。

常州市天晟生物工程有限公司

该公司为高新技术企业，与国内多家高等院校和科学研究机构合作，采用现代植物化学提取的尖端技术，开发生产天然植物提取系列产品。可年产茶多酚、茶咖啡因、茶多糖、茶色素、速溶茶及茶浓缩液等系列产品300余吨。

优质原料基地

先进的检验及生产设备

湖塘镇马杭街道办事处

市及有关部门领导参加揭牌仪式，前中为街办主任莫中贤

马杭菊展

街办活动室

马杭原属建制乡镇所在地，红木制品和菊花闻名全国，被誉为“红木工艺之乡”和“菊花盛开的地方”。1999年11月,马杭在武进区划调整中成为湖塘镇的集镇之一。2001年元月成立马杭街道办事处。辖区面积1.5平方千米，驻辖区结合部有马杭、杨坵、何家桥、上沿4个行政村，有工商企事业单位580多家,居民住户3 628户、7 500多人。街道办建有党总支,下设机关、采菱社区居委、菊花社区居委、老干部等党支部。街道办下设社会事务科、城管综治科、办公室3部门和采菱、菊花2个社区居委会。街道办对辖区(社区)履行管理、指导、监督、协调、服务职能,与常州市荷花池街道办友谊结对共创学习型街道。

电 话　6701002　6701005

邮 编　213162

社区健身广场

图书馆一角

人　物

新　闻　人　物

·新任市级领导·

盛　克　勤

2001年9月当选为中共常州市委常委，11月任中共武进市委书记。

常州人，1956年6月生。1974年12月到常州茅山林场当知青，任场政工科副科长，1976年10月加入中国共产党，12月到北京军区守备一师三团服役，历任战士、班长、排长、团政治部宣传科干事、师政治部宣传科副连职干事，1980年3月起任陆军69军政治部宣传处副连职干事、正连职干事。1984年3月任常州市外贸局办公室秘书，1985年9月到常州教育学院学习，1987年12月任常州市对外贸易委员会办公室副主任。1990年4月起历任常州市土畜产粮油食品进出口公司中共支部书记、中共总支书记，1992年4月任常州市对外贸易公司副总经理，1993年8月任总经理。1995年4月任常州市对外贸易委员会副主任、党委副书记(其中1995年9月至1997年5月参加南京大学国际商学院MBA研究生进修班学习)。1997年6月任中共溧阳市委副书记、副市长、代市长，1998年1月任溧阳市市长、市委副书记，2001年1月任中共溧阳市委书记、溧阳市人武部党委第一书记。　　(武伟祖)

李　小　平

2001年11月任中共武进市委副书记、代市长。2002年1月当选为武进市人民政府市长，任党组书记。

武进礼嘉人，1962年8月生。1979年10月至1983年7月在江苏化工学院有机化工系学习。1983年7月起在武进轻工助剂厂工作，历任技术员、技术科科长；1986年12月至1992年11月任该厂副厂长；1992年11月加入中国共产党；1992年11月至1996年4月任该厂长(1995年8月至1996年4月任武进轻工助剂厂中共支部书记)。1996年4月任江苏新亚化工集团公司(武进化肥厂)党委副书记，5月任江苏新亚化工集团公司(武进化肥厂)董事长、总经理(厂长)(1997年9月至1999年6月参加江苏省第3期领导干部研究生进修班学习结业)；1997年12月至1998年1月任武进市人民政府副市长；1999年6月任武进市人民政府副市长、党组成员；2001年3月当选为中共武进市委常委，5月任武进市人民政府党组副书记。　(武伟祖)

·全国、江苏省劳动模范、“五一劳动奖章”获得者·

祁　志　平

武进市三新园艺有限公司经理、武进三新茧丝绸有限公司经理、武进三新蚕桑合作社社长。2001年被评为“江苏省劳动模范”、“江苏省新长征突击手”和“江苏省农村青年‘科教兴农’产业带头人”。

武进西夏墅浦河村人，1965年10月生。中学毕业后在家务农、办企业。近年来，他面对农业结构调整缓慢和农民增产不增收的状况，探索走“科技兴农”、农业产业化发展道路。1999年10月，他毅然拿出办企业积攒的100多万元资金，创办武进市三新农业科技园，建设新品种的示范基地、新技术的推广基地、新农民的培

养基地。他结合当地的传统副业，与中国蚕桑研究所、江苏和广东农业科学院等10多家农业科研院所联系，选择种桑养蚕的致富项目，引进“711”桑树新品种。在他的示范带动下，武进及周边地区的2 000多户农民走上种桑养蚕的致富之路。他积极拓展多种经营项目，至2001年底该科技园拥有4个基地、50余公顷土地，其中桑树种植46.67公顷、大棚西瓜4公顷及其它水果2.67公顷，在园内上班的农民达200多人。2001年3月，他通过收购市属亏损企业武进市茧丝绸总公司，组建了全省首家民营茧丝绸公司武进三新茧丝绸有限公司，负责全市的蚕茧收购与销售；5月，他发起组建了农业科技园与桑农的联合体三新蚕桑合作社，走上“公司＋基地＋农户”的产业化发展道路，为武进农业结构调整和促进农民增效增收作出了积极的贡献。

（金　日）

张克兴

武进市湖塘镇畜牧兽医站站长兼中共支部书记，武进市种兔场场长，兽医师。2001年被中华全国总工会授予全国“五一劳动奖章”。

武进鸣凰人，1948年2月23日生。1965年7月毕业于鸣凰中学，回乡务农，其后从事大队赤脚兽医工作。1971年3月到鸣凰兽医站工作，1978年3月任鸣凰兽医站副站长，1980年7月任兽医站站长，1991年2月任武进市种兔场场长。他积极组织实施畜牧业科技进步，推行品种、技术、知识更新工程，推广先进实用畜牧技术，大力发展奶牛、野鸡、鹧鸪、梅花鹿等养殖，使全镇2001年出栏良种肉猪达7.2万头、优质良种雪山草鸡达150万羽，规模养畜产值达7600万元。他以身作则带领全站职工开展畜禽疫病防治，加快改善畜牧兽医站防疫设施，提高畜禽疫病防治和检疫水平，10多年来全镇生猪、奶牛、鸡防疫密度达100%，未发生一起疫病传染事件。他不断适应改革开放、市场经济的新形势，大胆开展综合办站，带领部分职工自筹资金办起了棉塑织造厂、纺织辅机厂，为促进畜牧兽医站和市种兔场两个效益的提高作出了贡献，被评为“武进市劳动模范”、“常州市劳动模范”、“江苏省劳动模范”，1998年1月当选为常州市第十二届人大代表。

（龚　慧）

吴　强

江苏武进建筑安装工程总公司中共总支部副书记、副总经理、工会主席。2001年被评为江苏省“五一劳动奖章”获得者。

武进鸣凰人，1961年5月生。1978年参加工作，1986年加入中国共产党，1993年任公司中共总支部副书记，后相继兼任公司工会主席、副总经理。他负责分管公司经营生产、质量贯标及党政工团工作以来，以身作则带领员工做好各项工作，取得了明显的成效。公司2001年中标110项工程，中标面积71万平方米，造价4.3亿元，中标率达74%，创常武地区中标率新高；公司1999年通过ISO9002质量体系认证，两次被评为武进市“红旗党组织”，是全市首批“四好企业党组织”；公司工会被评为江苏省建设系统“先进基层工会”和常州市、武进市“模范职工之家”及首批武进市“十强”市属企业工会，公司团支部连续6年被评为武进市“红旗团支部”。他曾两次被评为常州市、武进市“九五跨世纪奉献杯”立功人员，4次被评为常州市建设系统优秀思想政治工作者，连续8年被评为武进建设系统优秀党务工作者，2000年被评为江苏省建设系统工会积极分子，获得1999年～2001年“常州市优秀共产党员”称号。

（何宝华）

承尧兴

武进市聪聪奶牛场场长。2001年获“江苏省劳动模范”称号。

武进三河口承家村人，1965年生。1983年毕业于三河口中学，1984年～1986年为工地建筑工，1987年～1996年为三河口建筑工程公司工程队员。1997年3月，他动员村民筹资50万元联合兴办武进市聪聪奶牛场。至2001年底，该场由当初的3头奶牛发展到100余头奶牛。他与南京医学院的营养专家经过反复的改

进研配，联合研制出草莓、可可、椰子等6个品种的学生营养奶。为了让学生们吃上放心的热牛奶，他坚持每天凌晨生产、亲自送奶，做到日产日销，以优良的质量和服务赢得用户的心。1999年12月，“聪聪牌”学生奶被评为常州农业博览会铜奖。他致富不忘周围的农民，在芙蓉等镇发展了几家养奶牛的农户，为农户养殖奶牛提供配种、防病治病等服务，走出了“公司＋农户”模式经营的第一步。（金　日）

诸　志　洪

武进市公安局副局长，中共党员，大学文化。2001年4月获“江苏省劳动模范”称号。

武进横林人，1962年1月生。1981年7月任戴溪乡政府公安特派员，1982年8月起历任横林派出所民警、副所长、所长，1989年6月起历任横林公安分局副分局长、分局长，1997年任武进市公安局治安警察大队大队长，1998年5月任武进市公安局副局长。他先后16次被评为“优秀党员”和“先进个人”，8次受到上级嘉奖，荣立个人三等功3次；1992年、1993年分别被武进县政府、常州市政府授予“劳动模范”称号；1998年被评为常州市“十佳民警”，被国家公安部授予“全国优秀人民警察”称号。他是中共常州市第九次代表大会代表，中共江苏省第十次代表大会代表。（姚英华）

黄　小　平

江苏常发集团董事长兼总经理。2001年被评为“江苏省劳动模范”、全国第四届乡镇企业家。

武进礼嘉人，1958年7月13日生。1988年任武进礼嘉建东木器厂厂长，1995年至2001年3月任武进骏马集团董事长兼总经理，2001年3月组建江苏常发集团，任现职。10多年来，他坚持艰苦奋斗、自力更生，

充分利用市场机制作用，积极采取“冷市场热政策、热市场冷决策”的战略与措施，加大投资开发新品，大胆组织实施跨行业经营，促进了企业的发展壮大。该企业1991年～1995年实现销售收入连年翻番，2000年柴油机销量跃居全国同行业第4名，至2001年拥有中外合资常州常发动力机械有限公司、江苏常发制冷集团有限公司、常州常发机械有限公司、江苏常发通讯器材有限公司等现代化生产企业，实现总销售收入8.5亿元。企业曾被评为江苏省“明星企业”、“AAA级信用单位”、“质量管理先进企业”；产品被评为“江苏省优秀科技产品”、“江苏省名牌产品”。他在带领企业发展的同时，不忘回报社会，先后捐赠给武进市常发小学20万元，建造新校舍；捐赠给礼嘉中学20万元，成立黄小平奖学基金会；捐赠给礼嘉中心小学190万元，修建校舍；出资改造公路、为村民安装有线电视，捐赠农机支援农村建设等，为社会事业的发展贡献出了一份力量。1994年他被评为“常州市劳动模范”。（李世光）

·全国优秀教师·

毛　建　东

江苏省武进高级中学校长兼中共支部书记，中学高级教师，中国物理学会会员，江苏省物理学会理事，常州市物理学科带头人。2001年获得国家教育部授予的“全国优秀教育工作者”、“全国师德先进个人”称号，被武进市政府评为“有突出贡献科技人员”。

武进洛阳人，1961年6月生。1981年7月毕业于镇江师范专科学校，分配至武进市洛阳中学工作。1991年任武进县洛阳中学校长，1998年3月任江苏省武进高级中学校长，1999年12月兼任校党支部书记。他开拓创新，锐意改革，积极争创办学特色。他在洛阳中学

首创音美艺术特色班，使学校成为全市音美艺术特色学校。调任武进高级中学校长后，他创立英语特色班，使学校成为英语特色学校；大力投资建设科技馆，使之成为江苏省青少年科技教育示范基地；创建空军飞行学员早期培训基地，两年来为飞行学院输送近20名优秀学员。他倡导科研兴校，以他为组长的国家级课题《诱思探究深化探索》2000年通过国家教育部鉴定。学校承担的其他省市级课题曾获得常州市一等奖1个、二等奖2个、三等奖2个。他深入教学第一线，致力于课堂教学模式改革，近几年学校教育教学质量大幅度提高，赢得了社会的普遍赞誉。2001年4月该校通过国家级示范高中验收。（张 龙）

朱晓承

江苏省前黄高级中学工会常务副主任、教科室副主任，常州市中学化学专业学科带头人。2001年获国家教育部授予的“全国优秀教师”称号。

武进寨桥人，1964年生。1985年7月毕业于扬州师范学院化学系，1999年8月于南京师范大学化学系研究生课程进修班结业。他认真履行教师职责，积极实施“青蓝工程”，做好传帮带工作，以自己的实际行动激励青年教师。他长期坚持担任班主任和高三化学教学工作，无私地帮助生活、学习上有困难的学生，毫无保留地把爱心献给学生；教学成绩显著，经他辅导的学生有80多人在化学竞赛中获得省级或省级以上奖励。他积极开展教学研究，近几年在省级及其以上刊物上发表论文10多篇，是国家级课题《中学教学多媒体课件开发与研究》的主要成员，由他设计的多媒体课件《硫酸的工业制法》在华东六省一市多媒体课件评比中获一等奖。他曾被评为“常州市优秀班主任”、“常州市十佳青年教师”、“常州市优秀师徒”、“武进市优秀教育工作者”、“武进市十佳教师”等。（张 龙）

·全国计划生育系统先进个人·

王建华

武进市计划生育局局长，中共党员。2000年被中共中央宣传部、国家计划生育委员会评为“全国‘婚育新风进万家’活动先进个人”。

武进坂上人，1955年4月生。1974年10月在县路线教育工作队工作；1976年～1984年，历任武进县坂上公社妇联主任、中共党委委员、党委副书记等职。1984年3月任武进县妇联副主任，1990年6月起担任武进县计生委主任。她主持全县（市）计生工作以来，认真把握人口与计划生育宣传教育的舆论导向，坚持“三为主”的工作方针，充分发挥宣传教育这个贯彻基本国策的中心环节的作用，为营造全市良好的计划生育氛围和转变群众婚育观念作出了突出贡献。特别是在策划和组织“婚育新风进万家”活动中，她求实创新，大胆实践，推进了全市人口与计划生育工作整体水平的提高。1994年她被国家计生委评为“全国优秀计划生育工作者”。2000年，武进市被中共中央宣传部、国家计生委评为“全国‘婚育新风进万家’活动先进县（市、区）”。（徐 宁）

王惠琴

武进市湖塘镇湖塘村村委主任兼妇女主任，中共党员。2000年9月被国家计划生育委员会评为“全国村（居）委会优秀计划生育工作者”。

武进湖塘人，1950年12月生。1977年2月开始在湖塘村村委工作，历任村妇女主任、出纳、村主任，至2001年从事计生工作达25个年头。湖塘村地处城郊，人员多，居住分散，且流动性大，计划生育工作难度较大，但她凭着对党和人民高度负责的使命感，不怕难、不怕苦，努力做好本村的计划生育工作，特别是认真研究计划生育工作在改革开放的新形势下出现的新情况、新问题，努力转变工作作风，改进工作方法，使全村的人口与计划生育各项工作名列全镇前茅，从1991年起连续9年被评为“镇计生先进集体”。（徐 宁）

刘 仕 英

武进市前黄镇前桥村村西组妇女组长，中共党员。2000 年 9 月被国家计划生育委员会评为“全国优秀计划生育中心户组长”。

武进前黄人，1952 年 6 月生。1976 年起担任前桥村妇女组长。26 年来，她坚持在平凡的岗位上实现自身的人生价值，扎扎实实做好计划生育工作。近年来，随着计划生育工作的逐步深入和要求的逐步提高，她自觉把工作重点放到稳定低生育水平上，坚持预防为主，为当地计生工作打下了坚实的基础。1990 年她当选为武进县第十届人大代表，后连续当选为武进市第十一、十二届人大代表。

（徐 宁）

夏 晓 凤

武进市西夏墅镇池上村东弄口组妇女组长，中共党员。2000 年 9 月被国家计划生育委员会评为“全国优秀计划生育中心户组长”。

武进西夏墅人，1955 年 3 月生。1974 年担任东弄口村民小组妇女组长。20 多年来，她以诚心、热心和知心换来了全组群众对计划生育工作的理解和支持。近几年来，随着计划生育工作的不断深入，她组织对育龄群众开展避孕节育全程服务和生殖保健服务，努力把孕后工作转向孕前服务。该组 1986 年～2001 年从没发生计划外生育二胎、早婚早育、未批先孕现象，计划生育各项工作名列全镇前茅。她曾多次被评为市、镇“计生先进工作者”和“优秀党员”。

（徐 宁）

凌 亚 华

武进市湖塘镇马杭街道办事处社会事务科科长，中共党员。2000 年 9 月被国家计划生育委员会评为“全国乡（镇）、街道优秀计划生育工作者”。

武进马杭人，1955 年 12 月生。她从 1991 年担任马杭镇计生助理以后，始终把人口与计划生育知识的普及教育放在首位，寓管理于服务之中。同时积极采取措施，加强对外来人员的管理，马杭镇外来育龄妇女连续 7 年没有一例计划外生育。她曾连续 9 年被武进市政府评为“先进工作者”，1990 年、1993 年两次被常州市政府评为“先进工作者”，1995 年被江苏省计划生育委员会评为“先进工作者”。马杭镇 1993 年～1995 年被武进市政府评为计划生育“十佳乡镇”，镇计生服务站连续 7 年被武进市政府评为“计划生育先进集体”，被列为“江苏省乡镇示范站”。

（徐 宁）

·全国公安系统先进个人·

周 建 荣

武进市公安局刑事警察大队大队长，中共党员，大专文化。2001 年 5 月被国家公安部授予“全国优秀人民警察”称号。

武进湖塘人，1962 年 6 月生。1981 年 8 月任镇江地区公安处干事，1983 年 5 月起历任武进县公安局刑警大队民警、副队长、预审科副科长、科长，1998 年 7 月任刑事警察大队教导员，1999 年 8 月任刑事警察大队大队长。他始终坚持战斗在刑侦第一线，直接和参与破获刑事案件 1 250 余起，其中任刑警大队长以来组织指挥侦破有影响的大要案件 300 余起，先后荣立个人三等功 3 次。他 1994 年获得武进市首届“十佳青年”和“新长征突击手”称号，1997 年 3 月被授予常州市“十佳民警”称号，2000 年 1 月被评为武进市“人民满意政法干警”。

（姚英华）

姜 南 邦

中共武进市公安局党委委员、纪委书记，大专文化。2002年1月被国家公安部政治部授予“全国公安纪监督察系统先进个人”称号。

武进前黄人，1946年12月生。1964年12月参军，1969年1月起历任泰兴县公安局民警、副股长、副局长。1983年12月调至武进县公安局工作，历任副政治教导员、横林分局分局长、监察室副主任、主任、纪检组长。1995年至2001年8月任武进市公安局纪委书记，1999年9月至2001年9月兼任督察长。1999年1月，他曾被中共江苏省委、江苏省政府授予“江苏省优秀纪监干部”称号。

（姚英华）

·全国科技、科普系统先进个人·

钮 中 一

武进市农业科学研究所水稻育种专家。2001年获“江苏省农业科技功臣”称号。

武进潘家镇人，1946年7月生。1962年初中毕业后回乡务农，怀着对水稻育种的浓厚兴趣，开始自筹资金从事水稻育种研究，历任村、乡农技员。1976年～2002年在武进县（市）农业科学研究所从事水稻新品种选育工作。他在繁重的工作之余坚持自学育种理论，经过25年的不懈努力，由业余育种爱好者成为著名的水稻育种专家。“九五”期间，他主持了国家科技重大攻关项目水稻新品种选育，参加了“跨越计划工程项目”、“武香粳9号、973017优质化生产及产业化开发”的研究，主持了江苏省“九五”农业科技重大攻关项目太湖地区早熟晚粳新品种选育，参加了江苏省新的农业科技革命项目，主持了江苏省品种更新工程优质中粳稻新品种的选育，还主持和参加了市、县级农业科研项目6项，取得了显著的成果。在“九五”农业科技攻关中，以他为主的课题组连续育成水稻新品种（系）7个，获江苏省“九五”攻关后补助。其中武运糯6号、武运粳7号、武运粳8号、武香粳9号、武运粳10号通过省级审定，武运粳7号通过国家级审定。“九五”期间，武运糯6号、武运粳7号、武运粳8号和武香粳9号成为江苏及周边省市水稻的主栽品种，累计推广面积达306.32万公顷，增产稻谷19.18亿千克，增加经济效益29.42亿元。其中武运粳7号成为全国常规稻年均推广面积最大的品种，1999年获国家农业部新品种一等后补助，2000年获江苏省科技进步一等奖，2001年获国家农业部“九五”水稻新品种重大后补助并被国家科技部列入《国家科技成果重点推广计划》项目指南。 （殷国方）

蒋 劲 大

中共武进市畜牧兽医站支部书记，高级畜牧师。2000年荣获“全国农业科技推广先进工作者”称号。

武进牛塘人，1942年1月生。1961年9月毕业于江苏省句容农校畜牧兽医专业，同年分配到武进县副业局工作；1966年毕业于江苏省函授大学畜牧专业。历任武进县林副业局、多种经营管理局、畜牧肥料局、农业局副局长，武进市副食品基地办公室主任、畜牧公司总经理、畜牧兽医站站长。1974年起，他重点研究农区畜牧生产发展方向，率先在全省提出母猪地方良种化、公猪外来良种化、肉猪经济杂交化的品种改良思想。1979年，他成功地在武进开展生猪统一供精，采用人工授精方法，提高了外来公猪的利用率，这一品种改良成果获国家科技进步二等奖。进入90年代，针对畜产品进入买方市场的趋势，他提出以“市场为导向、科技为突破口、效益为中心”的新时期武进畜牧发展的指导思想，在武进大力推广猪牛羊禽优良品种，引导专业户开展集约化、工厂化养畜，推进了畜牧生产的牧工商一体化发展。同时根据市场需求，先后引进鹌鹑、梅花鹿、孔雀、野鸡等20多个特种畜禽品种。为帮助广大农民树立市场观念和推广科学养畜技术，他先后在《中国畜牧杂志》、《畜牧动物饲养饲料研究》、《人民日报》、《江苏科技报》等报刊上发表《赤脚兽医手册》、《畜牧学讲义》、《配合饲料的研究》、《绒毛膜激素在养兔上的应用》、《高产饲料种植》等著作和论文，部分论文被收入《中国科学技术文库》，为提高武进的科学养畜水平作出了贡献。他曾多次被常州市、武进市评为“优秀科技工作者”、“优秀共产党员”，获得江苏省农林厅、财政厅“推广瘦肉型猪先进工作者”和“江苏省农业丰收奖”二等奖。　　（张小虎）

滕　玉　明

常州市长润石油有限公司董事长，高级经济师，中共党员。2001年获“全国青年星火带头人标兵”称号和武进市“十佳青年”及“新长征突击手”称号。

武进东安镇人，1965年6月生。1982年参加工作，1997年担任常州市长江机械油厂厂长，1999年企业转制担任常州市长润石油有限公司董事长。他主持该厂工作以来，兢兢业业，克己奉公，艰苦创业，凭着丰富的管理经验，不断开发新产品，生产白油从工业级、化妆级、食品级到液状石蜡，并填补了省内空白，促使企业不断取得新的发展。2001年该企业销售额达1.13亿元，创利税500多万元。他曾获得武进市1998年度“九五跨世纪奉献杯”、“立功者”、“优秀厂长（经理）”、“十佳青年乡镇企业厂长（经理）”、“新长征突击手”和常州市“乡镇企业家”称号。　　（金　日）

潘　志　峰

武进市农业机械管理局办公室主任，中共党员。2001年被国家农业部评为“全国农机系统优秀科普工作者”，被中国农机化报社评为“优秀通讯员”，获“江苏省科普先进个人特等奖”。

武进漕桥人，1965年6月生。1984年从江苏省前黄高级中学考入扬州师范学院中文系，1988年7月分配至武进县政府办公室任秘书，1991年5月调入武进县农业机械管理局任秘书科科长，1993年起任现职。他到农机系统工作以来，充分发挥一名年轻知识分子敢想、敢说、敢干、敢闯的特点，不怕苦，不怕累，不仅承担局机关繁重复杂的后勤管理、文秘宣传等工作，还先后协助筹建了武进农机检测中心（农机大厦）、武进农机监理综合大楼两项重点工程，多次组织做好华东六省一市新农机作业展示会、全国首次跨区机收水稻暨全程机械化生产现场会等全国、全省的大型会议会务接待工作，受到各级领导的好评。他在工作中注意结合农机工作实际开展调查研究、理论思考、管理创新，参与主持编修了武进农机发展“八五”、“九五”、“十五”规划和建国五十年武进市地方党史专题（农机化部分）等大型文献资料，曾在《人民日报》、《中国农机化报》等国家级报刊发表数篇文章，他撰写的《武进市探索市场经济条件下农机化发展新思路》、《中国加入WTO后农机发展和服务体系建设面临新的挑战和变数》等文章，被中国农机学会评为全国优秀论文，并入选《中国农业发展文库》。近年来，他为市委、市政府撰写了大量的农村、农业工作调研材料，利用业余开展理论创作，先后在市级以上报刊发表20多篇文章，多次参加市政府组织的优秀科技论文评选并获奖。　　（荣　基）

·其他系统全国先进个人·

韦　惠　民

武进市国土资源局副局长，中共党员。2001年被国家国土资源部评为“全国土地执法监察先进个人”。

武进九里金联村人，1949年3月生。1965年7月至1968年8月在金联村肖仇家塘生产队务农，历任副队长、队长。1968年9月至1976年8月任金联大队革委会副主任、党支部副书记、书记。1976年8月至1980年9月任九里公社党委副书记兼革委会副主任。1980年10月至1992年9月任九里公社党委书记兼人大主席。1992年10月至1999年1月任汤主桥镇党委书记。1999年12月任市国土资源局副局长。他分管土地法规监察工作以来，针对全市土地执法的实际情况，不断加强执法力度，进一步健全工作责任制，相继建立执法中队，实行局长信访工作接待日制度；大力组织开展窑业清理整顿工作，为有效地遏制全市未批先用、取土制坯、乱挖耕地等现象的产生和降低土地信访量发挥了积极作用。 （郭 土）

方 志 祥

武进市残疾人联合会科员，中共预备党员。2001年被评为“全国残疾人扶贫工作先进个人”。

武进湟里人，1962年8月生。1981年7月毕业于江苏连云港水产学校。先后在武进县水产场、奔牛区公所工作。1992年进入武进县残疾人联合会后，一直从事残疾人扶贫、康复工作，提出了“政策扶贫、结对扶贫、康复扶贫和扶贫、康复相结合”的工作思路。1997年，全市推行最低生活保障制度，他积极开展协调落实工作，使全市780户、1000余名残疾人被纳入最低生活保障范围。他利用夏溪镇花木种植优势，与当地残疾人家庭结成帮扶对子，不仅提供部分资金、联系专业户对其作技术指导，还帮助他们销售花木；与坂上眼科医院、武进市中医院白内障复明中心和武进市第三人民医院协调，落实贫困残疾人住院治疗的医疗救助、减免治疗费用等扶贫措施，为切实解决残疾人的实际困难发挥了积极作用。 （闵 政）

钱 泉 来

武进市关心下一代工作委员会常务副主任，中共党员，大专文化。2000年5月被评为“全国关心下一代优秀工作者”。

武进寨桥人，1926年12月生。1949年5月在中共武进县委第一期青年训练班学习后，历任小学教师、中心小学校长、区教育视导员兼中共支部书记，县文教局科员、中学副校长，县农副产品公司政工组长，区政工组长，县委组织部组织科长、干部科长、副部长。退休后负责中共武进县委组织史资料征集编纂工作。1993年9月任武进县关心下一代工作委员会秘书长，1998年9月任武进市关心下一代工作委员会常务副主任。他以辛勤耕耘、无私奉献的精神投入到关心下一代工作上来，充分发挥基层关工委及老同志的优势，在全市开展对青少年的理想信念教育和爱国主义、集体主义、社会主义教育、革命传统教育及法制教育；及时调整充实基层关工委，加强班子建设；办好家长学校，搞好“三结合”教育，为促进全市关心下一代工作作出了贡献。武进关工委被评为“江苏省关心下一代工作先进集体”、“江苏省未成年人保护工作先进集体”等称号。 （陈洪焕）

薛 雷 鸣

武进市湖塘镇马杭卫生院院长。2000年9月被国家卫生部评为“全国乡镇卫生院优秀院长”。

武进马杭东风村人，1946年8月生。1961年进马杭卫生院工作，历任医务科长、防疫科长、副院长，1984年担任该院院长。他刻苦钻研卫生管理理论，带领全院干部职工大胆改革：一是加强目标管理，实行奖勤罚懒的分配制度；二是重视制度建设，坚持用规章制度规范干部职工的行为；三是加大软硬件建设的力度，促进医院建设的快速发展；四是不断深化内部管理，以改革促发展，使全院的整体素质和“两个效益”有了明显提高。全院业务收入从1990年的106万元上升到1995年的462万元、1999年的850万元和2001年的1 000余万元。该院连续6年获得武进市政府授予的“文明单位”称号，1999年分别被评为常州市卫生系统先进集体和常州市“十佳医院”。 （金 日）

·江苏省优秀党务工作者·

王 锡 华

中共武进市湟里镇党委书记。2001年获得中共江苏省委授予的“江苏省优秀党务工作者”称号。

武进湟里镇人，1951年月12生。1972年4月任村前公社新渎大队党支部书记，1976年10月任村前公社革委会副主任，1981年5月任成章公社管委会主

任、党委书记，1984年10月任东安乡副乡长、乡长，1989年12月任中共村前乡党委书记，1995年9月任湟里镇党委书记。面对当时湟里镇10家镇办企业9家停产和群众集资款3 443万元急需兑付的情况，他召集镇领导班子成员研究对策，形成合力，提出实施“金鼎”(骨干企业)兴镇、外向带动、发展民营经济的“三大战略”，逐步使全镇经济走出低谷。1999年～2000年，该镇工业经济增长均超20%；2001年，全镇完成国内生产总值7.5亿元、工业产值16.1亿元，实现利税8 648万元、财政收入6 743万元，进入全市经济发达镇行列。他是武进县(市)第七、八、九届党代会代表，武进县(市)第八、九届人大代表，中共武进市第九届委员会候补委员。他曾连续5年被评为武进市“三等功”获得者。

(周彩芳)

·武进市有突出贡献科技人员·

戈耀红

武进市铁路车辆电源电器开发中心主任，工程师。2001年被武进市政府评为“有突出贡献科技人员”。

1967年3月生。1985年毕业于扬州大学经济管理专业。近两年来，他主持新产品研制开发10余项，主要有国家铁道部重点项目时速200km/h“蓝箭号”动力集中型电动车组微机集中监控系统、具有微机控制功能的空调客车发电控制屏和空调控制柜的研制、客车风挡和地铁折棚式风挡研制，高档客车电视、音响和IP电话系统项目等，为促进企业发展发挥了积极作用。2000年、2001年，该企业销售收入分别增长9 000万元、4 000万元，利税分别增长2 100万元、670万元，利润分别增长1 070万元、400万元。他曾被评为1999年～2000年度“武进市优秀专业技术工作者”。

(柯 为)

朱建明

常州市亚邦兽药有限公司技术部负责人，工程师。2001年被武进市政府评为“有突出贡献科技人员”。

1966年4月生。1989年毕业于哈尔滨师范大学化学系。他自1995年主持开发工作以来，在成功开发阿苯达唑、阿苯达唑亚砜、苯硫咪唑的基础上，近两年相继开发了甲苯咪唑、丙氧咪唑，为咪唑类驱虫药发展奠定了基础，增强了产品在市场上的竞争能力。该企业在技术上处于国内同行领先地位，连续6年实现年净利润300万元以上。2001年，他开发的由多菌灵合成阿苯达唑的新工艺通过江苏省科技成果鉴定，获国家专利局授予的发明专利(专利号第58122号)。他曾被评为1999年～2000年度“武进市优秀专业技术工作者”。

(柯 为)

刘道忠

江苏新华昌集团有限公司总经理助理，副教授。2001年被武进市政府评为“有突出贡献科技人员”。

1958年8月毕业于南京航空航天大学。2000年初，他成功开发了不锈钢罐式集装箱。2001年1月～10月，他成功地主持开发了柴油罐式箱、黄磷罐式箱、氢氟酸罐式箱、铁路罐式箱等一系列技术难度大的罐式集装箱；申请专利两项，发表学术论文3篇，为促进企业发展作出了突出贡献。2000年～2001年，该企业实现销售收入分别达3.8亿元、3.5亿元，利税分别达1 800万元、2 650万元，新产品创利税占总利税的50%。2001年，罐式集装箱罐体总成获香港国际专利技术博览会金奖，被香港国际专利技术博览会组委会授予“世界科学技术发展成就奖”；“IMO 型不锈钢罐式集装箱”获江苏省科技进步三等奖、常州市科技进步二等奖、武进市科技进步一等奖。2000 年，他被武进市政府评为“优秀专业技术工作者”，被世界人物出版社、香港国际交流出版社评为“世界优秀专家人才”。

（柯 为）

孙 天 宝

江苏新科电子集团有限公司技术部副经理，电子技术工程师。2001 年被武进市政府评为“有突出贡献科技人员”。

1966 年 9 月生。1988 年 7 月毕业于扬州师范学院。近两年，他主持设计了国内首创并由新科独家生产的便携式 DVD－960、DVD－1710，其中 DVD－960 被国家科技部认定为国家重点产品，被国家信息产业部列入部产业化科研试制计划，是江苏省“火炬计划”项目。至 2001 年企业销售该产品，实现销售额达 1.35 亿元，上缴利税 320 万元，创汇 1 076 万元。他编著的《新科超级 VCD－SVCD320 原理与维修》、《SVCD 高密度表面贴装线路板电磁兼容性》、《便携式 DVD 影碟机用高密度面贴装多层线路板的设计要求》供技术人员学习参考。他曾被评为武进市乡镇企业“十佳”大中专毕业生、武进市“‘讲理想、比贡献’竞赛活动先进个人”称号。 （柯 为）

张 剑 平

武进市人民医院主任医师，教授。2001 年被武进市政府评为“有突出贡献科技人员”。

武进芙蓉人，1939 年 9 月生。1965 年毕业于南京医学院医疗系专业。2000 年 3 月被武进市人民医院特聘为心外科专家。他运用心脏不停跳新技术施行二尖瓣替换术获得成功，两年内完成心脏手术 103 例，成功率达 98%。他关心培养年轻人，亲自带教，并派心外科配套专业组 6 人到昆明医学院附一院心外科接受短期特种培训；与南京军区总医院心外科协作，为市医院培养一批 ICU 护士。2001 年 10 月，他代表武进市人民医院心胸外科在华东六省一市的专业交流会上作《心脏不停跳技术在重症二尖瓣置换术体会》学术报告，该课题经心胸外科专家评审并通过鉴定，达到省内领先水平。他曾获云南省“有突出贡献专家奖”、国家级“有突出贡献中青年科技奖”；其“升主动脉瘤 Bentall 手术”、“心脏不停跳心瓣膜置换术”分获 1998 年度云南省科技成果三等奖、1999 年度云南省科技进步二等奖，“浅低温不停跳心内直视手术的临床基础研究”获武进市科技成果奖。

（柯 为）

徐 祖 根

江苏海鸥冷却塔股份有限公司总工程师。2001 年被武进市政府评为“有突出贡献科技人员”。

1942 年 3 月生。1965 年毕业于同济大学应用力学专业。他集中应用多项科研成果（包括他自己的 5 项专利技术）设计开发逆流或横流混合结构大型机力通风冷却塔，于 2000 年被江苏省科技厅认定为高新技术产品。该系列产品销售额达公司总销售额的 80%，占国内同类产品市场的 60%。他主持开发的厌氧生物颗粒反应器和气提出式生物流化床反应器 2001 年 11 月通过江苏省科学技术厅组织的鉴定，获得武进市科技成果一等奖、常州市科技成果三等奖。他编写的“冷却塔设计”刊登于《河南化工》1999 年第 8 期和 1999 年 11 期，参与编写的《复合材料大全》2000 年 1 月由化学工业出版社出版发行。他开发的产品曾获中华人民共和国国家质量奖、国家建工总局科技成果三等奖、中石化总公司科技成果三等奖、江苏省新产品金牛奖、上海市科技成果三等奖等。 （柯 为）

傅 华 欣

武进市植保植检站站长，高级农艺师。2001 年被武进市政府评为“有突出贡献科技人员”，被评为江苏省“有突出贡献中青年拔尖人才”。

1951 年 12 月生。1977 年毕业于江苏省农学院植

保系植保专业。他主持植保工作以来，紧密联系全市农业生产实际，认真研究和探索植保技术，应用植保新农药、新技术等综合防范措施，为全市农业生产创造了良好的社会、经济和生态效益。近两年来，他积极组织开展经济作物病虫测报工作，正确发布情报12期累计3500份；推广经济作物新农药，为农民提高经济效益近1000万元；注重知识更新、科学研究，在全国性杂志上发表科研论文16篇。他关心年轻技术人员成长，培养了一批农业科技人员。1988年他被常州市政府评为“有突出贡献的中青年专家”，1994年被江苏省政府评为“有突出贡献的中青年专家”，1998年被中共武进市委知识分子工作办公室评为“优秀知识分子”，2000年被中共武进市委评为“模范共产党员”。（柯 为）

文 艺 专 家

王 琰 如

1914年生于武进百丈(今常州新区)。原名王琰，早年就读于镇江师范，抗日战争初期即离开故乡从事文学创作，笔名一言、琰如，与林海音、刘枋、潘琦君、刘咸思同时蜚声文坛，与冰心、苏雪林、谢冰莹等著名女作家情深意笃，过从甚密。她于1949年迁居台湾省，担任《畅流》半月刊编辑，为专业作家，任台湾省妇女写作协会总干事等职，是罗兰、陈若曦等著名女作家的知友。她著作等身、饮誉台岛内外。代表作有小说集《长相忆》、《新苗》等；散文集有《心祭》、《我在利比亚》、《旅非随笔》、《青山·绿水》、《琰如散文集》、《文友画像及其他》、《文友画像及其他续编》等等。她在其散文集《文友画像及其他》中这样表达对故乡的怀念：“绵长辽阔的长江，到达下游的江阴附近，江苏常州北乡圩塘，有一支流藻港河，向南穿过百丈镇，那是我出生的地方”。至2001年，她以88岁高龄仍笔耕不辍，不时有新作问世，故被誉为台湾省文坛上硕果累累的“常青树”。

（鉴 文）

王 玉 伦

中国农民书画研究会创作研究员，江苏省美术家协会会员，江苏省花鸟研究会会员。

武进遥观王家塘村人，1949年生。自幼喜爱画画，能把池塘边的鸭子琢磨上大半天。1979年，为了谋生，王玉伦到雕庄乡工艺美术厂学习修复古画和裱画。随后，他被调往明末清初著名没骨花卉画家恽南田的纪念馆，专门负责修复古画。他修复过八大山人即朱耷、石涛、恽南田、齐白石等艺术大师的画，从中汲取了丰富有用的养料。日子久了，他不看画作的署名，单从用笔的方法就能辩出是谁的画，谁的风格，由此激发了他创作的灵感，开始进入了绘画艺术世界。他创作的第一幅画《荷花》在县里获奖，继而创作的《为了共同目标》在参加1983年首届全国农民画展中获奖。他凭藉自己的作品，被推荐到南京艺术学院进修1年，画艺大有长进，不断有新作问世。他1995年在中国美术馆举办个展，1996年作品《狂人日记》由北京鲁迅博物馆收藏，作品《鱼》获’96海内外旅游书画艺术竞拍博览会金鹿奖，1997年作品《香远益洁》由天安门城楼收藏，美国国际视觉艺术博物馆收藏了他的作品两幅，2000年作品《七彩江南》在中国美术馆展出，作品《荷》获中国国际科技文化成果博览会金奖等。他形成了自己独特的画风：作品充满了农村生活气息和鲜明的时代感，泼墨写意挥洒自如、不拘一格。

（鉴 文）

刘 建 中

中国摄影家协会会员，中国艺术摄影学会会员，江苏省新闻摄影学会会员，常州市摄影家协会理事，武进市摄影协会副主席兼秘书长，三级美术师。

武进人，1959年5月29日出生。自小受家庭熏陶，爱好摄影艺术。多年来，他深入生活，从事摄影艺术创作，用镜头捕捉美、定格美、升华美，创作出一批优秀的摄影作品。他先后有100多幅作品在省级以上展览中展出和获奖，其中《丽日里》入选美国98届国际职业摄影展，《勤劳人家》、《金银湖上》入选第五届国际影展，《党的温暖》、《高原之花》、《一路吉祥》等18幅作品在全国文化馆（站）摄影艺术大赛中分别获一、二、三等奖，《秋韵》、《不夜帐篷城》、《镜头内外》、《争妍》、《农民乐园》参加全国东西南北中风情摄影艺术比赛展览，《信和的节日》获香港尼康摄影大奖赛银奖等，有500余幅照片在《光与影》、《解放日报》、《文汇报》、《大公报》、《新华日报》、《中国新闻出版报》等报刊杂志上发表。

他同时还致力于培养基层摄影人才，在镇、学校组建了百灵摄影学会、苗苗摄影学会等，带领会员深入生活，体验生活，撷取创作题材，会员周鑫创作的《古镇夜色》获全国蒲公英摄影大奖赛银奖，路云松创作的《圣水》获全国群艺馆文化馆（站）摄影大奖赛特等奖。他曾获常州市和武进市首届"德艺双馨"奖，武进市首届政府文学艺术奖，个人传记材料被编入《中国摄影家全集》和《中国文艺家传集》第三部。 （鉴 文）

汤友常

武进市劳动监察大队大队长，中国硬笔书法家协会常务理事。2001年12月21日，以其创作《唐诗三百首》之八、九、十、十一、十二、十三匾第5次荣获上海大世界基尼斯总部颁发的基尼斯之最证书。

汤友常而立之年专攻书法铜刻艺术。1990年开始，他以铜代纸，以刀代笔，耗时3载，在长1.6米、宽0.6米的铜板上镌成天下第一行书《兰亭集序》，共444字。该作品金碧辉煌，字字生辉，1997年7月18日首获基尼斯之最。1998年5月1日始，他又以铜代绢，以刀作画，历时401天，将北宋张择端巨画《清明上河图》按1∶1的比例，分首、中、后三段分别镌于长6 180毫米、宽565毫米的3块铜板之上。作品大气磅礴，意趣横生，震撼人心，1999年7月20日两获基尼斯之最。同时，他以数米法纠正了历代专家对原画500余人、50余头牲畜的考证谬误，更正确定全图人物为815人、牲畜为95头，为古代名画考证作出了重大贡献。1999年10月始，他耗时1载，研练小篆38万字。2000年12月21日，他开刻《唐诗三百首》，首先在全长6.15米的3块铜板上刻成唐诗58首共5 613字，2001年2月21日三创基尼斯之最；又耗时102天，在全长8.2米的4块铜板上刻成唐诗53首共7 287字，四创基尼斯之最；所余202首诗10 208字，耗时132天，刻在全长12.3米的6块铜板上，于2001年10月13日刻制完成，五创基尼斯之最。他前后自书自刻篆书《唐诗三百首》共耗时296天，刻有313首诗23 108字，其中落款4 035字，镌于全长26.65米的13块铜板之上，将唐诗、书法、铜刻三者串联，完美结合，相互提升，显各自神韵。

汤友常及其创作受到了社会各界的广泛关注。武进市档案馆建立了汤友常名人档案全宗，《龙城撷英》记载了他的铜刻艺术成就，常州电视台、武进电视台为其拍摄了专题片6部，中央电视台拍摄了大型纪录片《汤友常的铜刻艺术》，在海内外播出。 （鉴 文）

赵治平

国家一级美术师，中国美术家协会会员，江苏省国画院特聘画师，江苏花鸟画研究会理事，常州市美术家协会副主席，武进文化局副局长、文联副主席，武进书画院院长。2001年获"常州市中青年专业技术拔尖人才"称号。

1957年生于常州。1974年毕业于武进县牛塘中学，1974年～1977年任常州工艺雕刻厂美术设计，1977～1985年任武进工艺美术厂美术设计，1985年～1989年在武进文联工作，1989年任武进书画院院长，1995年任武进市文化局副局长。其间他先后到南京艺术学院、江苏省国画院、常州教育学院进修美术专业。通过多年的创作实践与研究，采用以"抽象与具体、朦胧与清晰"相结合的技法，创造出中国工笔画的新境界，取得了丰硕成果。他创作的中国画《春到万物鲜》获《全国第四届工笔画大展》银奖，近年创作的中国画作品分别入选由中国美术家协会主办的《第八届全国美展》、《5·23全国美展》、《全国黄河画展》、《全国中国画三百家》等10余次全国性美展。作品先后赴美国、加拿大、意大利、新加坡和香港、台湾等地展出。中国画《觅》由中国美术馆收藏，中国画《清露图》由国务院中南海收藏，并被印成大型画册。《赵治平作品集》由天津人民美术出版社出版发行。 （鉴 文）

萧 剑 波

中国牙刻艺术家，中国工艺美术学会会员，中国紫砂茶文化专委会理事，世界华人艺术家联合会理事。

武进牛塘人，1958年生。自小喜爱文科，到高中时尤其醉心于书画，1976考进牛塘公社一家象牙雕刻厂工作，开始与微雕结缘，他立下两大宏愿，即重振牙雕艺术和做一个艺术家。他在长期致力于牙刻艺术研究与创作过程中，深刻体会到：小微雕要刻出大境界，最主要的是在刀尖上注入文化。于是，他从中国传统文化入手，凭着自己既擅微雕、又长浅刻的技艺，创作了《清明上河图》、《萧绎诗意图》、《李逵探母图》、《百虎闹春》等一批体现中国画浓、淡、干、湿之神韵的作品，得到艺术界的赞誉，其中微雕《清明上河图》被台北故宫博物院珍藏。1996年，他萌发了创作《三国演义》的念头，经过5个春秋寒暑，在由21扇牙雕紫檀组合的3.25米长巨型屏风上，雕刻成囊括126位主要人物、65万余字的整套《三国演义》。2001年，该作品获"中国国家级工艺品美术大师精品展金奖" （鉴 文）

逝 世 人 物

王文进 (1929～2001 08) 焦溪镇丰北村人，1949年5月参加革命工作，历任战士、副班长、班长、排长、副连长、团后勤处助理员等职，曾先后荣立二等功两次，三等功4次。在1954年厦门金门炮战中的著名"九一三"反空袭战斗中，他冒着敌人的炮火和飞机的狂轰滥炸，在头部、腹部多处受伤的情况下，坚持不下火线，与战友们一起继续参加战斗，取得了击落击伤敌机12架的辉煌战绩。战后，王文进被华东防空司令部授予"二级战斗英雄"称号，1955年出席了全国青年积极分子代表大会和全国空军积极分子代表大会，曾多次在英模会上受到党和国家领导人的亲切接见并合影留念。由于多次受伤和疾病缠身，他一度在部队疗养院养病。"三年自然灾害"期间，他为了减轻国家负担，毅然偕同已随军的妻子转业回乡。回乡后，王文进隐埋自己的光荣历史，甘当平凡的老百姓，直到20世纪80年代中期，他原来所在部队追寻英模时，家乡人民才知道了王文进战斗英雄的身份。 （鉴 文）

余纪忠(1910 07 19～2002 04 09)武进人，毕业于南京中央大学历史系。1950年在台湾省创办《中国时报》。经过数十年的艰苦创业，发展成拥有《中国时报》、《工商时报》、《中时晚报》3大报系6种杂志的中国时报文化事业公司，是台湾省最有影响的新闻媒体集团。2001年10月3日，因其年高体弱，将公司移交给子女余建新、余范英经营。余纪忠以其在台湾省的社会影响，1981年～1988年当选为台湾省"国民党中常委"，1988年7月被聘为第13、14届台湾省"国民党中央评议委员会"委员，1990年被聘为"国家统一委员会委员"。他爱国爱乡，曾于1995年、1999年两次回归故里，祭祖扫墓；1990年向北京亚运会捐赠70万美元，1994年捐资104万美元给母校东南大学修缮大礼堂、100万美元在常州设立华英文教基金会，1995年捐给常州局前街小学、觅渡桥小学各20万元。

（吴之光）

徐 特(1904 09 29～1973 01 08) 原名徐纪生，1904年9月29日出生于武进县湟里镇，父亲是小油货店主。他在家乡教过私塾，在上海一家刻字社工作过。1937年7月抗日战争爆发后，遂背井离乡参加抗日活动，历经辗转于1938年春到达延安，先进入"抗大"学习，因会画画后又改为进入"鲁艺"美术系学习，并加入中国共产党。他爱好戏曲，从"鲁艺"毕业后，即调入延安评剧研究院工作，任研究员。1949年随部队进北京，建国后在中央文化部戏曲改进局从事政治理论教育工作。1950年赴朝鲜参加抗美援朝战争，在中国人民志愿军后勤五分部政治部任科长。1952年从朝鲜回国后，就职于国家文化部中国戏曲研究院(由戏曲改进局改建)。50年代中期入中国人民大学马列主义系学习2年，学成后仍回中国戏曲研究院从事政治理论教育工作，1973年1月8日在北京逝世。徐特是我们党领导的戏曲改革工作的早期活动人之一，并为之贡献了自己的一生。骨灰放在八宝山革命公墓。

（符挺军）

戚　拯（1920 03～2001 10 09）　1938 年 9 月参加革命，同年 11 月加入中国共产党。抗日时期，他历任澄西抗日民主政府区助理员，县营业税主任；丹北县区长、县警卫营长；澄西县武北办事处主任等职。解放战争时期，历任苏中第一专员公署公安局侦察科长；汝沟县行动大队副大队长，高邮县委社会部情报科长、保卫科长、公安局副局长等职。解放后，先后任镇江专署公安处秘书、社会科科长，苏州市公安局侦察科长，苏南行署公安局侦察科长，江苏省公安厅派遣科副科长，上海市公安局政保一处科长等职。1983 年 12 月退职休养回到常州后，主动协助常州市委党史办公室、武进县委党史办公室征集整理党史资料；协助组织部门落实有关政策做了大量工作。同时全力以赴参与澄西烈士陵园的建设工作，为革命传统教育事业作出了贡献。　（吴之光　宫世恺）

盛毓邮（1911 06 16～2001 11 27）　武进人，中国第一代实业家、清末邮传大臣盛宣怀的嫡孙。先后毕业于上海圣约翰大学、英国曼彻斯特大学。早年在上海从事房地产业，后侨居日本，在东京创办同盛产业株式会社、新亚饭店等企事业。他热爱祖国，关心家乡，热衷于中日文化艺术交流，在旅日侨胞中享有较高声誉。曾回家乡访问，并应聘就任常州盛宣怀研究会顾问。2001 年 11 月 27 日病逝于东京，享年 91 岁。

（吴之光）

先　进　个　人

国家部级先进个人

姓名	单位职务	荣誉称号	授予单位
毛建东	武进高级中学校长、书记	全国优秀教育工作者	国家教育部
		全国德育先进个人	
朱晓承	前黄高级中学教科室副主任	全国优秀教师	国家教育部
黄小平	江苏常发集团董事长	全国第四届乡镇企业家	国家农业部
潘志峰	市农机局办公室主任	全国农机系统优秀科普工作者	国家农业部
		中国农机化报社优秀通讯员	中国农机化报社
庞荣瑞	湖塘桥实验小学	全国群众体育先进个人	国家体育总局
	武进市星辰实验学校校长		
江国中		全国群众体育先进个人	国家体育总局
梅鹤康	江苏江南实业集团董事	全国五好文明家庭标兵户	全国妇联
陈云娟	长兼总经理		
周建荣	市公安局刑警大队长	全国优秀人民警察	国家公安部政治部
姜南邦	市公安局纪委书记	全国公安纪检监察督察系统先进个人	国家公安部政治部

省级及其部门先进个人

姓名	单位职务	荣誉称号	授予单位
庞荣瑞	湖塘桥实验小学校长、党支部书记	江苏省劳动模范	江苏省人民政府
诸志洪	市公安局副局长	江苏省劳动模范	江苏省人民政府
黄小平	江苏常发集团董事长	江苏省劳动模范	江苏省人民政府
曹兴南	市农机局局长、党委书记	江苏省农业科技推广先进工作者	江苏省人民政府
史伟刚	市审计局副局长	1997～2001 年度审计系统先进个人	江苏省审计厅
单骏初	市公安局副局长	二等功	江苏省公安厅
费　宏	奔牛高级中学教师	优秀教育工作者	江苏省教育厅
戴朝良	芙蓉中心小学教师	优秀教育工作者	江苏省教育厅
盛廷君	市教育局教育科科长	德育先进工作者	江苏省教育厅
朱小砂	邹坵中心小学教师	德育先进工作者	江苏省教育厅

姓名	单位职务	荣誉称号	授予单位
李国方	卜弋初级中学校长	教育系统百名勤政廉政好干部	中共江苏省教育工委 江苏省教育厅
陈　刚	湖塘桥中心小学教师	优秀青少年科技教育工作者和组织者	江苏省教育厅、科技厅等5部门
陆政华	武进高级中学教师	中小学优秀指导教师	江苏省教育工会
秦春华	武进高级中学教师	中小学青年教师新秀	江苏省教育工会
薛新宏	前黄高级中学教师	文明职工	江苏省总工会
贾小南	教育局校工办主任	中小学勤工俭学先进个人	江苏省教育厅
周国荣	武进广播电视大学副校长	中小学勤工俭学先进个人	江苏省教育厅
朱铁铮	武英减速机厂厂长	中小学勤工俭学先进个人	江苏省教育厅
潘志峰	市农机局办公室主任	科普先进个人(特等奖)	江苏省农机局
郁　燕	市农机局农机科科员	农机化统计年报工作先进个人	江苏省农机局
朱正芳	市公安局指挥中心副总指挥	全省公安科技先进个人	江苏省公安厅政治部
周春欣	市政府台湾事务办公室主任	台办系统先进工作者	江苏省台办
王东升	市法院湟里法庭审判员	二等功	江苏省高级人民法院
杨增兴	卡尔迈耶武进纺织机械有限公司总经理	“双爱双评”先进个人	江苏省总工会
钱家华	武进市华夏特种合金有限公司经理	“双爱双评”先进个人	江苏省总工会
贾文东	市公安局	全省“三五”普法先进个人	江苏省“依法治市”省领导小组
巢鸿鹰	市司法局	全省“三五”普法先进个人	江苏省“依法治市”省领导小组
周莲娣	退休人员	全省老年健康妇女	江苏省体育局
周菊珍	退休人员	全省老年健康妇女	江苏省体育局
束美琴	退休人员	全省老年健康妇女	江苏省体育局
陈梅芳	退休人员	全省老年健康妇女	江苏省体育局
石初芬	退休人员	全省老年健康妇女	江苏省体育局

地(市)级先进个人

姓名	单位职务	荣誉称号	授予单位
徐龙兴	市委办公室主任、市委保密办主任	优秀党务工作者	中共常州市委
芮大荣	市双拥办公室副主任	拥军优属先进工作者	常州市政府
陈卫平	预备役通信团通信一营通信连连长	优秀共产党员、优秀机关干部	常州军分区 常州军分区
王槐倩	解放军江苏省武进市人武部军事科科长	优秀机关干部	常州军分区
常国华	解放军江苏省武进市人武部军事科参谋	民兵机器装备安全管理先进个人	常州军分区
王佳生	市法院法警大队大队长	模范共产党员	中共常州市委
汤建龙	市综治委副主任	社会治安综合治理先进工作者	中共常州市委、常州市政府
查迅宇	市检察院副检察长	社会治安综合治理先进工作者	中共常州市委、常州市政府
蒋建树	市法院审监庭庭长	社会治安综合治理先进工作者	中共常州市委、常州市政府
唐世平	市公安局洛阳派出所所长	社会治安综合治理先进工作者	中共常州市委、常州市政府
巢文龙	市司法局基层工作科科长	社会治安综合治理先进工作者	中共常州市委、常州市政府
刑云良	罗溪镇政府副镇长	社会治安综合治理先进工作者	中共常州市委、常州市政府
李林兴	武进钢铁集团公司党委副书记	社会治安综合治理先进工作者	中共常州市委、常州市政府
朱建平	芙蓉镇综治办副主任	社会治安综合治理先进工作者	中共常州市委、常州市政府
王福兴	焦溪镇综治办副主任	社会治安综合治理先进工作者	中共常州市委、常州市政府
叶柏南	湖塘镇何家村治保会主任	社会治安综合治理先进工作者	中共常州市委、常州市政府
朱国成	东安镇安西村调委会主任	社会治安综合治理先进工作者	中共常州市委、常州市政府

武进市“有突出贡献科技人员”名单

姓名	工作单位	姓名	工作单位
刘道忠	江苏新华昌集团有限公司	徐祖根	江苏海鸥冷却塔股份有限公司
朱建明	常州市亚邦兽药有限公司	戈耀红	武进市铁路车辆电源电器开发中心
孙天宝	江苏新科电子集团有限公司	傅华欣	武进市植保植检站
张剑平	武进市人民医院	毛建东	江苏省武进高级中学

武进市“优秀专业技术工作者”名单

姓名	工作单位	姓名	工作单位	姓名	工作单位
顾国全	雪堰镇多种经营综合服务站	许仁南	潘家镇多种经营综合服务站	朱志村	江苏奥奇海洋生物工程有限公司
陈　政	常州太湖化工有限公司	翁春平	常州市锦益机械厂	沈　琪	常州市太湖集团有限公司
缪小松	武进市常盛名贵水产养殖场	周仲歧	江苏省环境科学研究所武进环保仪器厂	鲁剑煜	常州通用幕墙装饰工程有限公司
杨八康	武进市江南植保器械厂	张良根	常州日月机械有限公司	孙浩明	寨桥镇农技站
杨　东	武进市悦达电声器材有限公司	张连兴	常州常柴劲力机械有限公司	陈建东	江苏常发制冷集团有限公司
吴宝根	武进市龙城精锻有限公司	时瑞良	礼嘉镇卫生院	夏金镇	江苏常州远宇电子集团
徐一鸣	常州福洋通信器材有限公司	蒋伟峰	南夏墅伟峰有色金属铸造厂	胡志良	江苏新天地网络商务有限公司
朱晓伟	湖塘集体资产经营公司	白正堂	阳湖消费品综合市场	谈忠杰	武进市南方轻工机械厂
章红玉	武进起动电机厂	闻和忠	常州金隆化工厂	史小文	武进南方滚针轴承厂
钱福卿	常州普罗期灯饰有限公司	王宜成	常州市宏昱仪表有限公司	姚慰群	武进市华康软木有限公司
顾　敏	常州运莱生物化工有限公司	张建军	丽珠集团常州康丽制药有限公司	陈德明	常州灵通展览用品有限公司
夏建业	武进市横林无机化工厂	周国伟	武进市横林伟伟炒货厂	张宝才	武进市横林合成化工厂
孙　兴	常州市新绅植绒有限公司	徐建民	江苏江南铁合金有限公司	杨乃飞	武进市水质稳定剂厂
谈菊瀚	武进精细化工厂	吴伟峰	江苏兰陵化工(集团)公司	居焕兴	武进市康麟堵漏设备厂
张伟峰	常州宝新防腐材料有限公司	周国平	芙蓉镇乡镇企业管理服务站	查建明	常州市华夏干燥制粒设备厂
周裕兆	常州市第二干燥设备厂	安建然	常州市八方电子有限公司	何勤阳	江苏常恒电机电器厂
沈介龙	武进市恒安容器制造有限公司	吴李宗	江苏常恒富丽塑钢型材有限公司	陈　宏	江苏常恒武进市控制电器厂
任祥琴	常州市医药原料厂	纪红星	武进市江南化工厂	陈云娟	常州市江南辐条有限公司
俞斌华	常州双威新型材料有限公司	宋尚军	常州双威新型材料有限公司	胡国宜	常州市阳光精细化工有限公司
王亚平	武进市轴瓦材料厂	邹章照	武进常申轴瓦厂	黄东奇	常州市第二机床厂
陈良南	常州金澳化纤有限公司	孙洪发	常州市裕成电子有限公司	何建生	常州柏鹤涂料有限公司
谢小荣	罗溪镇多种经营服务站	陈忠英	常州市第八纺织机械厂	漆惠民	武进市药物原料化工厂
孙永芳	武进市西夏墅工具研究所	施燕芳	常州钢箔厂	徐　挺	武进市小河精细化工厂
汤文嘉	小河民政福利厂	周凤鸣	武进市孟河镇农技站	丁国铎	武进市丰德机械五金厂
王国成	孟河镇多种经营服务站	施越浩	常州市钢箔厂	窦小平	武进市厚余振余机械厂
陈文伟	江苏海鸥冷却塔股份有限公司	言方定	武进市昌盛合金制品有限公司	黄耀忠	江苏卓群纳米稀土股份有限公司
曾庆森	江苏常泰化工集团公司	黄龙祥	武进市卜弋科研化工厂	张晓军	武进市卜弋镇农技站
史荣根	江苏华夏动物药品厂	汪淑君	常州市东申水泵厂	钱家华	常州华尔泰合金有限公司
王　成	常州康乐农牧有限公司	李斌方	湟里镇农技站	张海燕	湟里镇卫生院村前分院
王志广	江苏海鸥冷却塔股份有限公司	李卫东	常州瘦肉猪原种场有限公司	李国平	武进园林绿化集团有限公司
蒋志芳	武进轧辊厂	窦小明	武进市快克电子设备厂	屠克俭	武进兴勤电子有限公司

姓名	工作单位	姓名	工作单位	姓名	工作单位
田卫忠	武进市惠泽管带制造有限公司	吴志新	江苏金鼎电动工具集团有限公司	董　亮	常州腾龙汽车空调管路有限公司
林泰来	卡尔迈耶纺织机械有限公司	马铁兵	常州市智思机械制造有限公司	张　华	常州市天普生物化学制药厂
丁　伟	武进金氏集团副总经理	张　仲	武进市南方轴承有限公司	奚伟红	武进市人民医院
张国方	武进市第二铁合金厂	程鹤年	常州市南方卫生器材厂	韩文明	武进吕墅初级中学
周正文	横林中学	钱文良	武进市湟里高级中学	戴福春	夏溪中心小学
杨清娣	武进市横山桥中心小学	费　玄	奔牛高级中学	庄三舵	武进电视大学
朱晓承	前黄高级中学教科室	钱永彪	武进市教师进修学校	李云峰	武进市中医院骨科
王耀峰	武进市中医院	黄优华	武进市人民医院	莫乃新	武进市人民医院
吴　勇	常州东南液晶显示有限公司	马俊毅	江苏恒力电机集团股份有限公司	秦杏琴	武进市恒泰机械密封件有限公司
凌伯明	武进纺织机械厂	陶国俊	武进金城齿轮有限公司	龚文龙	武进勤益染织有限公司
蒋伟泽	江苏阳湖纺织集团股份有限公司	蒋龙兴	武进中天钢铁有限责任公司	何小伟	武进中天钢铁有限责任公司
刘雷华	江苏新亚化工集团公司	夏冬方	江苏新亚化工集团公司	马重光	武进蚕桑指导站
王国平	武进市畜牧兽医站	谢海晏	农林局林业工作站	朱龙粉	武进市农林局
张雷震	武进市农林局作栽站	吴安之	武进市农林局土肥站	陈耀炳	武进市农林局水产站
赵卫星	江苏武进建筑安装工程总公司	曹　旦	江苏武进建筑安装工程总公司	刘顺华	武进市交通建设工程总公司
曾文军	武进市信息中心	朱文忠	武进市科技信息中心	王凌霄	常州维益专利事务所
杨金南	武进液压启闭机有限公司	秦金源	武进市水利局	符大荣	民政局精神病防治办公室
阮志华	武进市环境保护研究所	姚海华	常州华安建材有限公司	丁月萍	武进市地震局
薛自成	武进港务有限公司奔牛分公司	周立新	武进市广播电视台网络中心	胡发珍	武进市广播电视台总工室

附

先　进　集　体

武进市获得的综合荣誉

荣誉称号	授予单位	荣誉称号	授予单位
全国散装水泥示范县	国务院散装水泥示范推广办公室	**全国婚育新风进万家活动先进县(市、区)**	中宣部、国家计生委
全国水稻生产机械化示范县	国家农业部	**社会治安综合治理先进市**	江苏省社会治安综合治理委员会
全国队报队刊金奖县(市)	团中央、全国少工委	**1998～1999年度业余体育先进县(市)**	江苏省体育局
双拥模范城	江苏省人民政府	**全省“三五”普法先进市**	江苏省“依法治市”领导小组
国家“九五”农村能源综合建设县(市)	国家计委、经贸委、科委、财政部、农业部、林业部、水利部、电力部	**基层党校建设先进集体**	中共江苏省委宣传部、组织部

全　国　先　进　集　体

荣誉称号	获得单位	授予单位
全国创建文明小城镇示范点	横山桥镇	中共中央宣传部、全国文明办、建设部、农业部、国家环保总局
全国创建文明镇村工作先进单位	横山桥镇五一村	中共中央宣传部

荣誉称号	获得单位	授予单位
全国乡镇企业示范区	遥观镇　焦溪镇	国家农业部
全国模范责任区刑警队	市公安局刑警大队前黄中队	国家公安部
全国先进基层党组织	中共遥观镇委	中共中央组织部
中国杰出志愿服务集体	共青团武进市委禁毒青年志愿者行动队	中国 2001 国际志愿者年委员会
全国农电系统"为人民服务，树行业服务，树行业新风"示范窗口	洛阳供电所	国家电力公司
1996～2000 年全国法制宣传教育先进单位	市司法局	中共中央宣传部 国家司法局
全国群众体育先进集体	横山桥镇	国家体育总局
全国优秀青少年维权岗	市检察院	最高人民检察院

省级先进集体

荣誉称号	获得单位	授予单位
江苏省文明行业	武进市电力行业	江苏省人民政府
创建文明行业工作先进县行业	中国农业银行武进市支行 武进市供电系统	江苏省精神文明建设指导委员会
先进高新技术产业开发园区	武进高新技术产业开发区	江苏省人民政府
先进科技企业孵化器	武进高新技术创业服务中心	江苏省人民政府
文明单位	市公安局	中共江苏省委员会、江苏省人民政府
文明单位	市国税局	中共江苏省委员会、江苏省人民政府
集体一等功	武进市人民法院刑事审判庭	江苏省高级人民法院
集体二等功	武进市人民法院执行工作	江苏省高级人民法院
文明窗口达标单位	前黄镇党校	中共江苏省委宣传部、党校
江苏省卫生镇	湖塘镇　潘家镇　卜弋镇 安家镇　薛家镇　夏溪镇 湟里镇　寨桥镇　罗溪镇 嘉泽镇　奔牛镇　漕桥镇	江苏省爱国卫生运动委员会
红旗基层党校	湖塘镇委党校 横山桥镇委党校	中共江苏省委宣传部、党校
先进基层党校	前黄镇委党校 嘉泽镇委党校	中共江苏省委宣传部、党校
教育现代化先进乡镇	邹区镇	江苏省教育厅
1997～2001 年度审计系统先进集体	武进市审计局	江苏省审计厅、人事厅
农村青年外出务工先进单位	共青团武进市委	共青团江苏省委
人民满意司法所	洛阳镇司法所	江苏省司法厅
先进个私企业分会	魏村镇个私企业分会	江苏省个私企业协会
德育先进学校	三河口中学、小河中学、育才职业中学 西林职业高级中学	江苏省教育厅
青少年科技教育特色学校	江苏省前黄高级中学 洛阳中心小学	江苏省教育厅、科技厅等 5 部门
实施《江苏省教育工会事业发展三年规划》先进集体	武进市教育工会 湖塘桥中心小学	江苏省教育工会
中小学勤工俭学先进集体	市校办工业办公室 前黄高级中学 武进市前黄电光源器件厂 常州市嘉恩被服用品有限公司	江苏省教育厅
台办系统先进集体	武进市人民政府台湾事务办公室 中共武进市委台湾工作办公室	中共江苏省委台湾工作办公室 江苏省人民政府台湾事务办公室
防震减灾工作综合评比县级组第三名	市地震局	江苏省地震局
江苏省与中科院合作产学研工作先进单位	市科技局	江苏省科技厅

荣誉称号	获得单位	授予单位
先进县(市)科委	市科技局	江苏省科技厅
实施国家科技型中小企业技术创新基金工作先进单位	市科技局	江苏省科技厅
知识产权工作先进集体	市科技局	江苏省人事厅、知识产权局、工商行政管理局、版权局
专利工作先进单位	市科技局	江苏省科技厅、知识产权局
园林式单位	市广电局	江苏省建设厅
全民国防教育先进单位		江苏省全民国防教育委员会
农村青年外出务工先进单位	共青团武进市委	共青团江苏省委
广播电视技术维护管理先进单位		江苏省广电局
人民满意单位	市公安局洛阳派出所 前黄刑警中队 湖塘交巡警中队	江苏省公安厅
公安“三项教育”先进单位	市公安局“三项教育”办公室	江苏省公安厅
公安纪检监察、警务督察先进集体	市公安局警务督察队	江苏省公安厅政治部
同“法轮功”邪教组织斗争先进集体	市公安局政保大队	中共江苏省组织部
基层建设先进中队	武警武进市中队	武警总队
人民满意的检察院	市检察院	江苏省人民检察院
白蚁防治先进单位	市白蚁防治所	江苏省建设厅
江苏省绿色学校	前黄高级中学 洛阳中学 奔牛实验幼儿园	江苏省教育厅
水利系统先进集体	市水利局	江苏省水利厅
水利综合经营先进单位	市水利局	江苏省水利厅
开展国民体质监测工作	市体育局	江苏省体育局
江苏省百日各年段先进学校	三河口中学	江苏省体育局、教育厅
基督教为社会服务先进单位	鸣凰基督教中心堂	省基督教协会
未成年人保护工作先进集体	武进市关心下一代工作委员会	省关工委
科技拥军先进单位	市双拥办	江苏省“双拥”工作领导小组
“双爱双评”先进单位	卡尔迈耶武进纺织机械有限公司	江苏省总工会
“双爱双评”先进单位	武进市华夏特种合金有限公司	江苏省总工会
全省纪检监察先进集体	市交通局	中共江苏省委员会、江苏省人民政府

全国性重要奖励

荣誉称号	获得单位	授予单位
电视外宣繁荣奖	武进电视台	中国黄河电视台(国家部级)
全国青少年“祖国统一赞”读书教育活动优秀组织奖	市文化局	全国青少年读书教育活动组织委员会
集体育花奖	武进市文化局	第二届中国“映山红”民间戏剧节组委会
演出一等奖	武进市锡剧团《窦娥冤》	第二届中国“映山红”民间戏剧节组委会
演出二等奖	武进市锡剧团《风流母女》	第二届中国“映山红”民间戏剧节组委会
国防刊授教育最佳奖	解放军江苏省武进市人武部	解放军报社、中国国防报社、中国民兵杂志社

(栏目责任编辑　杜仁彬　万向阳)

文献辑存

重要文件摘要

中共武进市委　武进市人民政府
关于农村税费改革工作的实施意见

武发(2001)65号

各镇党委、人民政府，市委各部委，开发区工委、管委会，市各委办局(公司)行，市各直属单位，市各群众团体：

根据《中共中央、国务院关于进行农村税费改革试点工作的通知》和《中共江苏省委、江苏省人民政府关于农村税费改革工作的实施意见》精神，结合武进实际，现对我市农村税费改革工作提出以下实施意见：

一、农村税费改革工作的指导思想、目标任务和基本原则

农村税费改革工作的指导思想是：全面贯彻党中央、国务院和省委、省政府关于进行农村税费改革工作的方针、政策，根据发展社会主义市场经济和推进农村民主法制建设的要求，规范农村税费制度，从根本上治理对农民的各种乱收费、乱集资和摊派，切实减轻农民负担，调动和保护农民生产积极性，加强农村基层组织建设，促进农村经济发展和农村社会长期稳定。

农村税费改革工作的目标任务是：对现行农村税费征收管理体制全面进行调整，理顺和规范国家、集体、农民三者之间的分配关系，建立起与社会主义市场经济体制相适应的农村分配制度。

农村税费改革工作要遵循以下基本原则：

(一)从轻确立农民负担，并保持长期稳定。对面向农民的收费项目和标准进行全面清理、重新核定，坚决取消对农民的各种乱收费，保护农民的合法权益。

(二)保证镇政府和村级组织正常运转。

(三)建立科学规范的分配制度，采取简便易行的征收方式。实行以农业税为主的税收方式，把农民负担纳入规范化、法制化管理的轨道。便于基层操作和群众监督。

(四)实施综合配套改革。农村税费改革后，镇村两级收入减少，必须统筹安排，精简镇级机构，妥善安置分流人员，压缩村组干部，调整支出结构，完善市镇财政体制，实行财政转移支付。

二、农村税费改革的主要内容和政策规定

(一)取消镇统筹费。原由镇统筹费开支的镇村两级九年制义务教育、计划生育、优抚和民兵训练支出，改由各级政府通过财政预算解决。镇级道路建设所需资金由镇政府负责安排，村级道路建设所需资金列入村级一事一议筹资范围。农村卫生医疗事业逐步实行有偿服务，政府适当补助。

(二)取消农村教育集资等专门面向农民的行政事业性收费和政府性基金、集资。农村中小学危房改造所需资金由财政预算安排。

(三)取消屠宰税。停止征收屠宰税。

(四)取消统一规定的劳动积累工和义务工。可以采取分年取消的办法，但不能超过3年。2001年“两工”不超过6个工日，2002年“两工”不超过5个工日，2003年“两工”不超过3个工日，从2004年一律取消劳动积累工和义务工。

(五)调整农业税政策。农业税按照计税面积、农作物常年产量、规定税率和计税价格依法征收。计税面积以农民二轮土地承包面积为依据确定。二轮土地承包后新开垦增加的耕地和实有面积显著大于二轮承包面积的，根据总体稳定、个别调整的原则，对计税面积进行必要的调整。对二轮承包后因建设占用、灾害损毁等减少的耕地，也要根据实际情况进行调整。计税面积调整结果要向村民公布，接受群众监督。村组机动田和国有农场等其他单位和个人从事农业生产的，计税面积为实际用于农业生产的耕地。对历年来企事业单位未批先用，批少占多，批非占耕的面积，纳入农业税计税面积。计税常年产量全市统一核定为每亩620千克，镇到村、村到组必须统一，组落实到农户时，原则上也应统一，确有特殊情况需调整的，只能上下浮动50千克，且全组的平均常产必须是620千克。市属农林场圃计税亩均常产核定为400千克。农业税的税率执行全省统一标准，正税7%，附加为正税的20%。农业税的计税价格，按省统一规定的每千克原粮1.1元执行，从2001年起3年内不变。农业税继续实行社会减免、因灾减免政策，社会减免比例为7%，因灾减免比例为5%，合计减免比例为12%。

（六）调整农业特产税政策。按照农业税和农业特产税不重复征收的原则，改变原部分应税品目两道环节征税办法，实行一个应税品目在一道环节征税。对种植的农业特产品只征收农业税，不征收农业特产税。对利用湖湖水面养殖的水产品，征收农业特产税，按每亩每年20元（包括正税和附加）定额征收。

（七）改革村提留使用办法。原来规定的村提留费一律取消。村干部报酬、五保户供养、办公经费和独生子女费等，由市、镇、村三级共同负担。

（八）村内一事一议筹资筹劳。农村税费改革后，村内进行农田水利建设、修建村级道路、农村改水、血防等集体生产公益事业所需资金和劳务，实行一事一议，每年年初由村民委员会提出方案，由村民大会或村民代表大会讨论通过，报镇政府审批确定。对村内一事一议筹资筹劳实行上限控制。以村为单位人均每年筹资25元。每年劳力每年筹劳一般5个工日，最多不得超过8个工日，并不得强行以资代劳。农民自愿以资代劳的，可以以资代劳，以资代劳工价为每个工日10元。遇到抗洪抢险等紧急任务，经市人民政府批准，可临时动用农村劳动力。除此以外，均不得无偿动用农村劳动力。

（九）继续实行公平负担政策。农村税费改革后，原由镇村集体经营收入负担村提留和镇统筹费的地方，可以继续实行以工补农、以工建农。农业税、农业特产税及其附加都要据实落实到农户，依法计征。村内一事一议筹资要实行公平负担办法，收入高的农户可以在平均额3倍以内，分别不同收入水平相应多负担一部分筹资，收入低的农户少负担或不负担筹资。对于承包土地较多的纯农户、种粮大户，因税费改革后加重负担的，要通过农业税社会减免等途径落实税费减免政策。对于不承包土地或只承包口粮田的务工经商农户和养殖专业户，按照权利与义务对等原则，经过村民民主讨论决定，并报镇政府批准，在每人每年50元以内，由村委会向其收取一定数额的资金，用于村内集体公益事业。对农业税、农业特产税和历年的村提留镇统筹费的农户尾欠款，要按政策予以清理核实，制定归还计划，对困难农户予以减免。

三、农村税费改革的有关配套措施

农村税费改革是规范农村分配制度的一项重大改革，必须采取综合配套措施予以推进，保证改革成功。农村税费改革后，要着力于精简机构，压缩人员，削减开支，调整财政支出，实行财政转移支付。

（一）规范涉农收费管理。在农村税费改革中，对涉及农民的各项行政事业性收费进行清理，取消一批收费项目，降低一批收费标准，对有关收费项目进行公示。今后，任何地方、任何部门不得以任何理由擅自出台涉及农民负担的行政事业性收费、集资项目。禁止强行服务、随意提高收费标准和搭车收费。违者要严肃查处。

（二）精简乡镇机构，压缩人员。搞好乡镇机构改革工作。同时要积极推进镇事业单位改革，镇政府要切实转变职能，坚持“量力而行，量入为出，收支平衡、略有结余”的预算管理原则，勤俭办事、节省开支。

（三）精简和优化教师队伍，合理配置教育资源，保障义务教育经费投入。

（四）调整镇分税制财政体制，实行财政转移支付。根据2001年省对各地财政体制调整和农村税费改革后确保农民负担减轻及村级组织正常运转的要求，对镇财政体制进行调整，重新核定收支基数。市财政对村组干部报酬、义务兵优待金和民兵训练费等实行补贴政策，并列入镇财政支出基数。

（五）加强村级组织建设，压缩村级经费开支。各镇要切实加强以村党支部为核心的村级组织建设，要加强村级经营性资产的管理和企业规费的征收，要精简村组干部，村干部交叉任职，组干部尽量由村干部兼任，逐步推行“村帐镇管”的办法。要压缩村级经费开支，取消村级招待费，节省办公经费，订阅报刊经费每村每年不得超过2 000元，保证主要党报党刊的订阅。

（六）加强农业税收的征收管理。各镇各有关部门要严格贯彻执行有关法律、法规和农村税费改革政策，对农业税、农业特产税及其附加实行以法计征，按政府减免。农业税、农业特产税及其附加一律实行代金制，征收现金，由财政部门负责征收，财政部门可以委托粮食部门在收购粮食、结算粮款时代扣代缴，也可委托村、组收缴。

（七）妥善处理镇村债务。镇村债务原则上应与农村税费改革分开处理。各镇要认真清理镇村债务，采取多种办法进行处理和消化。除农业综合开发等农民直接得益的生产性项目所形成的债务外，镇村兴办企业和公益事业建设，弥补开支缺口所形成的债务由镇村负责偿还，一律不得转嫁分摊给农户承担。

（八）建立健全农民负担监督管理机制。加强对分年取消期的“两工”使用监管，保证逐年减轻、以资代劳符合规定。继续抓好向农村中小学生乱收费、报刊摊派以及各种要求农民出钱出物的达标升级活动的专项治理。坚决取消各种不利于控制和减轻农民负担的各项考核制度和考核指标。

四、加强对农村税费改革的组织领导

根据中央关于加快农村税费改革的指标精神和省委、省政府关于农村税费改革工作的实施意见，2001年全省全面推行农村税费改革，在夏收前将新的农业税、农业特产税及其附加的征收任务落实到农户。各镇要按照这一要求，抓紧做好各项工作，制定改革实施方案，进行全面动员，认真组织实施。

市各有关部门要带头贯彻落实农村税费改革的政策规定，积极参与、支持和配合搞好这项工作，推进相关配套改革，保证农村税费改革的顺利进行。

（2001 04 23）

武进市人民代表大会常务委员会关于召开镇人民代表大会第三次会议的指导意见

武人发（2001）1号

各镇人大主席团：

镇人民代表大会会议，是镇人民代表大会行使职权的基本形式。今年是新世纪的开端，也是实施“十五”计划的第一年，认真开好镇人民代表大会第三次会议，对于保障人民当家作主，更好地行使管理国家和社会事务的权利，有着十分重要的意义。为此，根据《地方组织法》关于“地方各级人民代表大会会议每年至少举行一次”的规定，现对组织开好各镇人民代表大会第三次会议，提出如下指导意见：

一、会议的指导思想

会议的指导思想是高举邓小平理论伟大旗帜，全面贯彻落实党的十五大和十五届三中、四中、五中全会精神，认真履行宪法和法律赋予的职责，进一步加强社会主义民主法制建设，广泛动员全镇人民在市委和镇党委的领导下，发扬“团结奋进、勇于开拓、实干兴业、争创一流”的武进精神，为推进依法治镇，促进社会全面发展而努力奋斗。

二、会议召开的时间

为有利于镇政府及早安排部署工作，各镇人民代表大会第三次会议要立足于早开。在时间安排上，务必于2月25日前结束。会期一般应安排一天半或两天。

三、会议的主要议程

1.听取和审议镇人民政府工作报告，并作出相应决议；

2.审查和批准镇2000年财政决算和2001年财政预算，并作出相应决议；

3.审查和批准国民经济和社会发展第十个五年计划，并作出相应决议；

4.听取和审议镇人大主席团工作报告，并作出相应决议。

四、会议的届次

鉴于这次会议是把乡镇区划调整前的人大代表合在一起召开的，因此会议届次按保留名称的乡镇人民代表大会会议的届次计算。

五、应注意掌握的几个问题

1.镇人民代表大会第三次会议召开前，应召开镇人大主席团会议，决定会议召开的日期，拟定会议议程草案，提出本次会议主席团成员建议名单，决定本次会议列席人员名单，讨论镇人大主席团工作报告草案，根据会议议程拟定有关决议、决定草案。同时，要围绕会议议题，有计划地组织代表开展视察活动，使代表更全面地了解本镇改革开放、经济建设和社会发展的情况，进一步提高参政议政的水平和大会审议质量。代表议案和建议专用纸可在会前发给代表填写，以利会议期间集中精力审议各项工作报告。

2.会议期间应充分发挥主席团的作用，主席团应按照法律的有关规定，认真履行职责。凡是会议的有关重大事项，都必须先经主席团讨论，决定是否提交全体代表会议审议。

3.充分发扬民主，严格按照法定程序办事。要充分尊重和保障法律赋予代表的各项权利，安排足够的时间审议政府工作报告，积极引导代表对各项议题发表自己的意见，使大会作出的决议、决定建立在民主、科学的基础上。

（2001 01 02）

武进市人民代表大会常务委员会关于召开武进市第十二届人民代表大会第四次会议的决定

(2001年3月2日武进市十二届人大常委会第二十二次会议通过)

武人发(2001)7号

武进市第十二届人大常委会第二十二次会议决定:武进市第十二届人民代表大会第四次会议于2001年3月18日在武进影剧院正式召开。建议会议的主要议程为:听取和审议市人民政府工作报告;审查和批准市国民经济和社会发展第十个五年计划纲要;审查市2000年财政预算执行情况的报告和2001年财政预算草案,批准市2000年财政预算执行情况的报告和2001年财政预算;听取和审议市人大常委会工作报告;听取和审议市人民法院工作报告;听取和审议市人民检察院工作报告;选举;其它。 **(2001 03 02)**

武进市人民代表大会常务委员会关于武进市镇人民代表大会换届选举工作的决定

(2001年10月26日武进市十二届人大常委会第二十八次会议通过)

武人发(2001)31号

根据《中华人民共和国宪法》、《中华人民共和国全国人民代表大会和地方各级人民代表大会选举法》、《中华人民共和国地方各级人民代表大会和地方各级人民政府组织法》和《江苏省各级人民代表大会选举实施细则》的有关规定,结合我市实际情况,现对全市镇人民代表大会换届选举的有关问题决定如下:

一、全市镇新一届人民代表大会代表,在2001年12月20日选出;镇新一届人民代表大会第一次会议,在2002年1月20日以前召开。

二、根据法律规定,这次换届选举,新建镇因区域调整,其代表名额由市人大常委会重新确定,并报常州市人大常委会备案,其他镇的代表名额保持不变。

三、驻在镇的市级机关,市属企业,武进高级中学、前黄高级中学、奔牛高级中学、横林中学、武进电大、教师进修学校,市中医院,外向型农业综合开发区及基层法庭、检察室的人员,不参加所在镇的人民代表大会代表的选举。

四、为了加强对全市镇人民代表大会换届选举工作的领导,市人民代表大会常务委员会设立选举工作办公室,由梅鹤训任办公室主任,顾培华、纪建兴、孙泽新、陈洪良、孔宪德任办公室副主任。

(2001 10 26)

武进市人民代表大会常务委员会关于在全市公民中开展第四个五年法制宣传教育的决议

(2001年10月26日武进市十二届人大常委会第二十八次会议通过)

武人发(2001)32号

1986年以来,我市已经实施了3个五年法制宣传教育规划,对于提高广大公民的法制观念,保障改革发展稳定大局,发挥了积极作用。为了推动第4个五年法制宣传教育规划的实施,进一步提高全市公民的法律素质和全社会的依法治理水平,加快依法治市进程,促进我市国民经济和社会发展第10个五年计划的顺利实施,特作出如下决议:

一、继续深入开展法制宣传教育,进一步提高公民的宪法意识和法律素质。要以党的基本路线和江泽民同志“三个代表”重要思想为指导,深入学习宣传邓小平民主与法制理论、依法治国基本方略、宪法和国家基本法规,大力开展与公民工作、学习、生产、生活密切相关的法律法规知识的宣传教育,增强公民的权利义务意识、参政议政意识、民主监督意识和依法维权意识。要围绕党和政府的中心工作,加大宣传与规范市场经济秩序、加强社会治安、维护社会稳定相关的法律法规，提高广大公民同违法犯罪行为作斗争的自觉性，为改革发展稳定创造良好的法制环境。要坚持依法治国和以德治国相结合，法制教育和思想道德教育相结合，促进社会主义民主法制建设、精神文明和物质文明建设同步发展。

二、进一步加强各级领导干部和国家公务员、司法人员和行政执法人员、青少年、企业经营管理人员、外来务工经商人员的法制教育。国家公务员尤其是各级领导干部要带头学法、守法、用法，司法和行政执法人员应当熟练掌握和运用与本职工作相关的法律法规，青少年的法制教育要经常化、制度化、社会化，企业经营管理人员应当认真学习和掌握与本行业相关的法律法规，外来务工经商人员要有针对性地学习有关法律法规。

三、坚持法制教育与法治实践相结合，学法与用法相结合，法制教育与经济建设和社会发展相结合。要以法制宣传教育为基础，以严格依法行政、公正司法为重点，以逐步实现各项社会事务管理法治化为目标，进一步加大地方、部门、行业和基层依法治理的力度，努力实现由提高公民法律意识向提高全民法律素质的转变，由注重依靠行政手段管理向注重依靠法律手段管理的转变。

四、积极探索和开展形式多样、生动活泼的法制宣传教育活动。要充分发挥报纸、广播、电视等大众传媒和文艺团体在法制宣传教育中的作用，要充分发挥社区和各级基层组织的作用，把法制宣传教育工作做到每家每户。

五、在全市公民中进一步深入开展法制宣传教育，必须在各级党委的领导下，动员和依靠全社会的力量去完成。保证决议和规划的贯彻实施。

（2001 10 26）

武进市人民代表大会常务委员会关于召开武进市第十二届人民代表大会第五次会议的决定

（2001 年 12 月 26 日武进市十二届人大常委会第三十一次会议通过）

武人发（2001）46 号

武进市第十二届人大常委会第三十一次会议决定：武进市第十二届人民代表大会第五次会议于 2002 年 1 月 22 日在武进影剧院正式召开。建议会议的主要议程为：听取和审议市人民政府工作报告；审查市 2001 年财政预算执行情况的报告和 2002 年财政预算草案，批准市 2001 年财政预算执行情况的报告和 2002 年财政预算；听取和审议市人大常委会工作报告；听取和审议市人民法院工作报告；听取和审议市人民检察院工作报告；选举；其它。　（2001 12 26）

武进市人民政府关于印发《武进市工业企业技术进步专项资金使用及管理办法（试行）》的通知

武政发（2001）19 号

各镇人民政府，开发区管委会，市各委办局（公司）行，各市属工厂、场圃、学校：

现将《武进市工业企业技术进步专项资金使用及管理办法（试行）》印发给你们，希遵照执行。

（2001 03 15）

第 1 章　总　则

第 1 条　为大力发挥技术改造的投资导向作用，增强企业技术创新能力，促进高新技术产业化，改造提升传统产业，推进全市产品结构、技术结构的进一步优化，提高技术进步项目投资效益，进一步推进我市投资多元化格局的形成，增强我市工业经济的发展后劲，特制定本办法。

第 2 条　本办法中所称的专项资金是指由市政府用于对企业技术改造、技术创新项目的奖励资金。

第 2 章　专项资金的使用原则和范围

第 3 条　市技术进步专项资金重点支持符合“国

家鼓励发展的产业、产品和技术目录”且产品科技含量高、带动性强、辐射面广、对我市经济和产业升级作用大的项目。优先安排市重点技改项目、重点工业企业(含市“十强”个私工业企业)项目，适当兼顾中小型企业中发展潜力大、经济效益好的项目。

第4条　符合下述条款之一的技术改造及技术创新项目，均可向市申请专项资金计划。

1.我市确定的工业重点技术改造项目。

2.市重点工业企业及“十强”个私工业企业投资额1 000万元以上的技术改造项目。

3.投资额1 000万元(市属企业投资额500万元)以上的技术改造项目或引进国外先进设备技术，用汇50万美元以上的技术改造项目。

4.列入国家、省技术创新计划及市确定重点新产品开发计划的项目。

第3章　奖励标准和种类

第5条　对第4条中第1款及第2款所列项目，原则上按项目实际完成投资额的6‰－8‰进行奖励。

第6条　对第4条中第3款及第4款所列项目，将视项目的实际情况进行定额奖励。

第7条　项目奖励种类分2种，即实施项目奖励、竣工项目奖励。

1.实施项目奖励主要是对列入市重点技改项目计划中投资额较大、实施周期较长的项目进行奖励。在项目实施过程中，按年度投入进度拨付奖励资金。

2.竣工项目奖励是指技改项目竣工投产并经市经委会同有关部门验收合格及技术创新项目通过鉴定或形成批量生产后，实行一次性奖励。

第4章　专项资金的申请、审核和批准

第8条　凡符合奖励条件的项目，由项目承办单位填报《武进市工业企业技术改造项目专项资金申请表》或《武进市技术创新项目专项资金申请表》，并附报技改项目的批复、可行性研究报告及项目竣工验收批复(实施技改项目及技术创新项目须上报项目的实施情况说明)，经所在镇(主管部门)初审后报市经委。

第9条　市经委会同市财政局对申请专项资金的项目进行审核，经综合平衡并报市政府领导审定后，联合下达年度项目专项资金计划。年度专项资金计划原则上每年的6月和12月分两批下达。

第10条　对在项目实施过程中有弄虚作假行为或项目计划竣工日期后1年内未能竣工的项目，将取消其申请专项资金计划的资格。

第5章　专项资金的拨付

第11条　列入专项资金计划的项目，承办单位持经市经委核准的项目竣工验收批复(实施技改项目及技术创新项目须持经市经委核准的项目实施情况报告)，到市财政局办理拨付手续。

第12条　凡享受国家、省重点技改项目贷款贴息及技术创新拨款的项目，不得重复申报。按本办法享受专项资金的项目，今后被列入国家、省重点技改项目贷款贴息的，则不再匹配市级负担部分。

第6章　附　则

第13条　专项资金应专项用于企业技术改造及技术创新项目建设，严禁挪作它用。市经委会同市财政局将不定期对专项资金使用情况进行检查，并跟踪项目的达效情况。

第14条　本办法自2001年1月1起试行。

第15条　本办法由市经委、市财政局负责解释。

(2001 03 15)

武进市人民政府
关于印发《武进市2001年～2005年人才工程规划》的通知

武政发(2001)48号

各镇人民政府，开发区管委会，市各委办局(公司)行，各市属工厂、学校：

现将《武进市2001～2005年人才工程规划》印发给你们，请认真组织实施。　**(2001 05 29)**

武进市2001～2005年人才工程规划

为了贯彻省委、省政府《关于加强人才资源开发工作的若干意见》(苏发[1999]19号文件)和《关于进一步加强高层次人才队伍建设的意见》(苏发[2001]4号文件)精神，加快我市人才队伍建设步伐，构筑新世纪人才高地，根据《武进市国民经济和社会发展第十个五年计划纲要》，制定本规划。

一、“九五”人才资源发展回顾

“九五”期间，我市初步建立了一支具有一定规模、门类较全、整体实力不断增强的人才队伍。

1.人才总量逐年增长。目前全市具有中专以上学历和员级以上职称的各类人才总量约5.5万人，比“八五”期末净增1万多人，占全市总人口的比例由“八五”期末的3.7%提高到4.8%，占全市劳动者总量的比例由“八五”期末的6.4%提高到8.3%。其中公务员0.32万人、经营管理人员1.58万人、专业技术人员3.6万人，与“八五”期末相比，3支队伍中的人才数量均有较大幅度的增长。

2.人才队伍学历层次明显提高。我市人才队伍的学历层次与“八五”期末相比，有了一定提高。其中本科以上学历0.4万人，增加了0.18万人，提高了2.4个百分点；大专学历1.4万人，增加了0.75万人，提高了11个百分点。

3.人才管理体制改革不断深化。①基本确立了人才市场配置人才资源的思想观念。明确了人才和单位在市场中的主体地位，单位自主选才，人才自主择业的社会环境已初步形成。②初步建立了符合机关、企事业单位不同特点的分类管理体制。全面推行了公务员制度，重点改革了事业单位用人制度，逐步建立了现代企业人事管理制度。③加快了人才市场软硬件建设。建立了现代化的人才市场大楼，开设了网上人才市场，不断拓展人事代理等服务项目，进一步完善了人才市场功能和社会化服务体系，促进了人才合理有序流动。④加大了人才引进工作力度。积极组织用人单位参加各种形式的招聘活动，把高层次紧缺人才作为我市人才引进工作的重点。⑤加强了人才培养和培训工作。建立了人才人事培训中心(基地)，配置了现代化的教育设施。启动了“515”跨世纪学术技术带头人培养工程，设立了科研项目资助基金。⑥建立了科学的职称评价体系。鼓励优秀中青年人才脱颖而出，为我市经济建设和社会事业输送了高素质人才。⑦营造了有利于高层次人才引进的软环境。出台了《关于加速推进全市科技进步的优惠政策和奖励意见》、《武进市引进优秀人才实施办法》、《武进市人才开发专项资金管理使用办法》和《关于加强对乡镇企业和非公有制企业人才服务工作的意见》等政策性文件。

经过5年的努力，我市人才工作基本实现“九五”规划的预期目标，基本满足了经济和社会事业发展的需要，但从长远看，我市人才队伍建设还存在着一些突出问题。1.人才队伍增长比例不高，难以适应经济增长对人才的需求；2.人才队伍学历层次偏低，中专以下低学历人才目前仍占绝大多数；3.中高级人才缺乏且分布不合理，高、中、初级人才之比为1:6:23，中高级人才主要集中在教育、卫生等事业单位；4.人才队伍年龄和知识老化现象并存，55岁以上的中、高级人才分别占32%和54%；5.人才队伍专业结构不够合理，部分人才资源紧缺，部分人才资源过剩；6.人才队伍技术创新能力不足，拥有自主知识产权的发明专利较少；7.技师、高级技工队伍力量薄弱，科学技术难以迅速转化为现实的生产力。

二、未来经济社会发展及人才需求预测

21世纪，随着知识经济时代的到来，世界经济将进入一个全新的发展时期，全球经济一体化趋势日益增强，高新技术和产品迅猛发展，国际、国内竞争也愈加激烈。从我市发展前景看，5类人才将成为需求热点。

1.发展高新技术产业，为改善我市高新技术企业总体规模偏小、人才偏少、产业化程度偏低的状况，需要引进和培养大批具有高新技术研究开发能力的高科技人才。

2.改造、提升我市传统产业，培植发展支柱产业，必须培养和引进一大批符合产业发展方向的应用型技术人才。

3.发展外向型经济，我们需要大量会外语、懂技术、善经营的复合型人才。

4.发展规模经济需要高素质的管理人才。我市上万家各类企业大部分规模较小，管理人员素质较低，缺乏管理现代企业的知识和能力。为扩大我市产品的市场份额，实现由粗放型经济向集约型经济的转变，需要大批具有战略眼光和现代企业管理能力的高素质管理人才。

5.发展社会事业急需高层次的教育人才、医疗卫生人才、城建环保人才、新闻出版人才、文化艺术人才、金融保险证券人才、法律人才和商贸旅游服务人才。

三、“十五”期间我市人才规划目标

1.人才队伍数量目标。“十五”期末，我市具有中专以上和员级以上职称的人才队伍总人数计划达到7万人规模，比“九五”期末增加1.5万人，增长27%，占总人口的比例由4.8%提高到5.8%，占全市劳动者的比例由“九五”期末的8.3%提高到10%。

2.人才队伍质量目标。“十五”期间，通过引进中高级人才、接收高校毕业生、开展继续教育等途径，使我市人才队伍的整体素质获得较大提高。本科以上学历者由“九五”期末(下同)的0.4万人增加到0.7万人(其中硕士以上学历者增加100名)，专科及相当学历者由1.4万人增加到2.4万人，中专及相当学历者由1.9万人增加到2.9万人。经过5年的努务，使大专以上较高学历人才比例由33%提高到44%。高级职称人才由0.18万人增加到0.28万人，中级职称人才由1.15万人增加到1.5万人，高、中、初级人才比例由“九五”期末的1：6：23，提高到1：5：19。

3.人才队伍专业结构调整目标。逐步调整我市人才队伍专业结构不合理现象，着力加强5类人才的开发力度。①电子信息、新材料、节能与环保等技术领域的高科技人才，计划新增0.1万人；②工程、农业，特别

是动力机械、电子技术、冶金技术和精细化工领域的技术人才,计划新增 0.6 万人;③会外语、懂技术、善经营的外经贸复合型人才,计划新增 0.2 万人;④具有战略眼光和现代企业管理能力的高素质管理人才,特别是企业家人才,计划新增 0.2 万人;⑤较高层次的教育、卫生、城建、新闻出版、文化艺术、金融保险证券业、政法律师、商贸旅游等人才,计划新增 0.4 万人。

4. 人才资源配置重点向经济建设主战场、生产科研一线和企业实行倾斜。

四、我市人才资源开发的对策措施

1. 加大引才力度,构筑新世纪人才高地。

①加快城区和小城镇建设速度,把武进建设成为交通便利、设施完善、风景优美、生态平衡、创业和生活环境一流的现代化新兴城市,通过改善城乡环境来"筑巢引凤"。②进一步制订和完善高层次人才引进、吸引留学人员回国创业等优惠政策,通过营造软环境来提高对人才的吸引力。③通过为高层次人才提供创业、拓业、展业的施展才能舞台,用事业留人。④以人才为本,用感情留人。真诚地理解人才、尊重人才、关心人才、爱护人才,与人才相互沟通,使人才真心实意地为共同事业而努力奋斗。⑤进一步拓宽引才渠道和引才空间。一是突破传统的部门所有制和区域性限制,把招募人才的范围扩大到全社会、全国甚至国门之外,积极吸引紧缺人才和留学人员来市工作;二是突破传统的干部身份的限制,不以身份论人才,不拘一格选人才;三是突破人才是否在职,注意发挥离退休人才的作用,搞好人才资源的二次开发;四是突破传统调动形式的限制,灵活运用招才方式,在流动形式上实行调聘结合,在服务时间上允许长短结合;五是突破传统集市招聘形式的限制,利用现代科学技术,建立网上人才市场,为市场主体提供更丰富、更快捷的信息服务;六是突破既定业务范围的限制,利用人才市场网络优势,由单纯的人才引进,向引进高科技人才的智力、技术和科研成果方面延伸,不求其在,但求其用。

2. 加大培养力度,提高人才队伍整体素质。①巩固和发展基础教育。要进一步发展高中阶段教育,为人才培养打下坚实的基础。

②大力发展高等教育。抓住高校扩招的机遇,一方面输送大批的武进生源出去深造,并鼓励他们学成归来,投身于家乡的建设事业;另一方面要积极创造条件,筹建武进民办高校,促进地方高等教育事业的蓬勃发展。

③有计划地发展职业技术教育。对中等职业学校进行结构调整和资源重组,积极发展地方应用型高等教育,建立以武进电大为基础的大专以上层次的人才培养基地。

④重点抓好高层次人才的培养工作。一是抓好"515 跨世纪学术技术带头人培养工程",加大学术、技术带头人培养工作的力度,不断壮大高层次后备人才队伍建设。二是在国家级、省级有突出贡献中青年专家和享受政府特殊津贴专家选拔工作的基础上,建立市级"优秀拔尖人才"评选制度,并把上述对象的选拔范围扩大到非公有制经济单位。三是建立高级专家信息库和专家联系制度,对高等专家实行动态管理。

⑤积极开展创新人才培养工作。一是制定创新思维、创新能力培训教育政策,建立创新人才的培养体系。二是在培养方法和目标上,把本科以上学历、中级以上职称的中高级人才的培训重点从一般性的知识补缺转到开发潜能、激发创造力上来。三是学习国内外先进的技术和管理经验,选送有培养前途的人才到国内重点高校和境外培训深造。

⑥全面开展专业技术人员继续教育工作。一是建立和完善政府调控、行业指导、单位自主、个人自觉的继续教育运行机制和终身学习体系。二是制订本市专业技术人员继续教育实施办法,形成专业技术人员继续教育考核、奖励、任用一体化管理体系。

3. 改革用人机制,充分发挥人才队伍作用。

①建立有利于人才脱颖而出的用人机制。在干部任用上坚持任人唯贤、唯才是举的原则,不拘一格选拔人才;在职称评审上打破论资排辈的思想观念,把学历、资历取向调整为业绩取向,对生产一线的年龄较轻、知识较高、能力较强、成绩突出的专业技术人员实行倾斜政策,提前晋升职称;在人才使用上引入竞争机制,交任务、下课题、压担子,促使人才早出成果。

②建立有利于稳定人才的保障机制。妥善解决工资福利、住房待遇、养老保险、医疗保险、子女入学等社会保障性问题。关心困难企业的科技人员,帮助他们解决生活困难。采取各项措施解决他们的后顾之忧。

③建立专业技术人员贡献与报酬相挂钩的分配激励机制。对承担重大科研开发任务的专业技术人员逐步实行岗位工资与课题津贴相结合的工资制度。鼓励专业技术人员通过技术入股、项目承包等形式,把个人利益与企业前途紧密结合起来。改进和完善科技奖励制度,对专业技术人员将科技成果转化为现实生产力的,在 3 年内按其增利润的 5%～10%进行奖励。制定相应的企业经营管理人员和农业技术人员奖励办法,做到一流人才、一流业绩、一流报酬。

④充分发挥专家学者在各级领导决策中的参谋智囊作用。对涉及经济和社会事业发展的重大事项决策做到广开言路、集思广益,充分听取专家学者意见,促进决策科学化、民主化。 **(2001 05 29)**

武进市人民政府
关于印发《武进市土地收购储备管理办法》的通知

武政发(2001)72号

各镇人民政府,开发区管委会,市各委办局(公司)行,各市属工厂、学校:

《武进市土地收购储备管理办法》已经市政府常务会议讨论通过,现印发给你们,请认真贯彻执行。

(2001 08 20)

武进市土地收购储备管理办法

第1章 总 则

第1条 为加强政府对土地利用的宏观调控,优化土地资源配置,盘活国有土地资产,促进经济建设和社会事业发展,依据《中华人民共和国土地管理法》、《中华人民共和国城市房地产管理法》、《江苏省土地管理条例》等法律、法规,结合本市实际,制定本办法(以下简称《办法》)。

第2条 本《办法》所称土地收购储备,是指土地收购储备机构受市政府委托,依据本《办法》的规定,实施国有土地使用权的收购、储备,对土地进行前期开发整理,供应土地使用权,实现土地资产增值保值,合理配置土地资源的行为。

第3条 本市行政区域内国有土地的收购储备适用本《办法》。

第4条 武进市土地收购储备中心受市政府委托具体组织实施土地收购、储备和出让前期开发和供应工作。

第5条 市土地行政主管部门是全市国有土地收购储备的主管部门。市计划、经济、建设、规划、财政、物价等管理部门应按各自职责,协助市土地行政主管部门做好土地收购储备的相关工作。

第6条 土地使用权被依法收回或收购的单位和个人,必须依法按期办理土地使月权变更登记手续,并协助做好土地收购储备的相关工作。

第2章 收购储备

第7条 市土地收购储备中心根据全市土地利用总体规划、城市建设规划、年度用地计划和产业政策制定全市土地储备计划,经市土地收购储备管理委员会审核并报市政府批准后组织实施。

第8条 下列情况的土地可以进行收购、储备:

1.国有土地使用者未按照土地使用权出让合同规定支付土地使用权出让金或未按合同约定期限进行开发,被依法收回的土地;

2.出让国有土地使用年限届满,土地使用者未申请续期或申请续期未获批准,被依法收回的土地;

3.因单位搬迁、解散、撤销、破产、“退二进三”、产业结构调整或者其他原因调整出的原划拨的国有土地以及经核准报废的交通设施、矿场用地;

4.市国资经营公司、银行因实现土地抵押权或者因法院依法裁决取得土地使用权需转让的土地;

5.已被依法征用或撤队转居后的剩余国有土地;

6.因实施城市规划和土地整理,市政府指令收购的土地;

7.交易价格明显低于市场价格,政策优先购买的土地;

8.以出让方式取得土地使用权后无力继续开发又不具备转让条件的土地;

9.土地使用权人申请市土地收购储备中心收购的土地;

10.其他需要进行收购储备的国有土地。

由市土地行政主管部门按规定程序依法收回的国有土地,交市土地收购储备中心集中储备和开发整理。

第9条 土地收购的一般程序:

1.提出申请。凡符合本《办法》规定的土地收购条件的国有土地,由其土地使用权人持有关资料向市土地收购储备中心提出申请。

2.权属核查。市土地收购储备中心对申请人提供的土地和地上附属物权属、土地面积、四至、土地用途、建筑物面积等情况进行实地调查核实,并根据市规划部门确定该地块控制评细规划,拟定地块的开发利用方案。

3.拟定方案。市土地收购储备中心根据申请人提出的申请和实际调查情况,提出土地收购储备初步方案。

4.费用测算。市土地收购储备中心根据土地批准用途、土地基准地价等对收购储备地块进行测算,确定补偿费用;实行土地置换的,要进行相应的土地费用测算。补偿标准可采用下列方式确定:

①由具备土地评估资质的评估机构依据基准地价和国家有关规定,按现时用途和实际利用现状进行评估并经市土地行政主管部门确认,作为土地收购补偿的依据。

②土地补偿费按取得成本及开发投入费用补偿。地上建(构)筑物、附着物补偿按有关法律、法规的规定执行;具有保留价值的地上建(构)筑物,由具备房产评估资质的评估机构进行评估,作为补偿依据。

③以置换方式进行土地储备的,由市土地收购储备中心与原土地使用权人结算有关差价。

④出让土地使用权的收购补偿按已投入成本和已支付的土地出让金进行补偿,并应扣除原土地使用权已实际使用土地期间应付出的出让金部分。

⑤方案报批。市土地收购储备中心根据土地权属核查及收购费用测算的结果,提出土地收购的具体方案,经市土地收购储备管理委员会审核后,报市政府审批。

⑥签订协议。收购方案批准后,由市土地收购储备中心与原土地使用权人签订《土地收购协议》,市土地收购储备中心根据《土地收购协议》约定的补偿金额、期限和方式,向原土地使用权人支付土地收购补偿费用,《土地收购协议》应包括以下内容:

①土地位置、面积、用途及权属依据;

②土地补偿费用及其支付方式和期限;

③交付土地的期限和方式;

④双方约定的权利和义务;

⑤违约责任;

⑥争议的处理;

⑦其他双方认为需要约定的内容。

5.权属变更。市土地收购储备中心根据《土地收购协议》约定支付收购定金后,原土地使用权人与市土地收购储备中心共同向市土地行政主管部门、房产管理部门申请办理土地、房产权属变更登记手续。

第3章　前期开发

第10条　市土地收购储备中心可以对收购储备的土地通过以下方式进行土地前期开发:

1.地上物拆迁;

2.场地平整;

3.完善基础设施。市土地收购储备中心根据建设需要完善地块配套设施,以增强储备地块的市场吸引力。

第11条　储备地块前期开发单位由市土地收购储备中心按规定通过招标确定。

第4章　储备土地供应

第12条　储备土地的供应由市土地行政主管部门审核,报市政府审批,由市土地收购储备中心组织实施。

第13条　储备土地供应按以下程序进行:

1.确定供应地块;

2.供地方案报批;

3.发布信息。由市土地收购储备中心发布土地使用权供应信息;

4.土地供应。储备土地应以出让等有偿使用方式供应。具体办法按供地有关规定办理合法手续。

第5章　财务管理

第14条　市土地收购储备中心财务实行独立核算、收支两条线管理,接受市财政部门、审计部门的指导和监督。

第15条　加强储备土地的经营管理,土地收购、储备、开发、出让资金按宗地单独审核结算。收购土地储备出让所得价款应及时全额解缴财政,由市政府统一安排,主要用于城市基础设施建设、土地复垦和社会公益事业建设。

第6章　法律责任

第16条　市土地收购储备中心未按协议规定支付收购补偿费用的,原土地使用人有权解除收购合同,并要求市土地收购储备中心承担违约责任。

第17条　土地使用权人未按协议规定交付土地及地上物的,或者在交付土地的同时,擅自处理地上构筑物、建筑物的,市土地收购储备中心有权要求原土地使用权人限期改正并继续履行合同。原土地使用权人逾期不履行的,市土地收购储备中心可向法院提起诉讼,要求原土地使用权人承担违约责任。

第18条　土地使用权受让单位未按《国有土地使用权出让合同》规定交纳土地出让金的,依法予以行政处罚。

第19条　土地收购储备、前期开发、利用等过程中的纠纷,争议双方可以依法申请仲裁或者向人民法院提起诉讼。

第20条　土地收购储备中心工作人员玩忽职守、滥用职权,给国家、集体造成重大损失,利用职务之便索取或非法收受他人财物,应追究其行政责任并给予相应的行政处分;构成犯罪的,依法追究其刑事责任。

第7章　附　则

第21条　本办法自发布之日起施行。

(2001 08 24)

武进市人民政府
关于江苏省武进高新技术产业开发区江边工业园区若干问题的意见

武政发(2001)75号

各镇人民政府，开发区管委会，市各委办局(公司)行，各市属工厂、学校：

为进一步加快全市经济发展，培植新的增长点，促进经济与环境协调发展，我市决定在魏村镇建设江苏省武进高新技术产业开发区江边工业园区(以下简称江边工业园区)。半年多来，在各级、各部门的共同努力下，江边工业园区开发建设取得了较快进展，形成了良好的发展势头。为了规范运作，促进江边工业园区加快建设，现就江边工业园区的管理体制等问题，提出如下意见：

1. 江边工业园区是江苏省武进高新技术产业开发区的分区，享受省级开发区各项管理权限和优惠政策，与魏村镇实行一套班子、两块牌子的管理体制。园区实行封闭管理，企业化运作。

2. 江边工业园区执行武进高新技术产业开发区的财政管理体制和政策，一定3年不变，具体时间从2002年1月1日至2004年12月31日。2002年1月1日前进区的企业，可参照武进高新技术产业开发区有关政策执行。园区实行财政、税收独立核算，财政业务委托魏村镇财政所管理，单独建帐。

3. 江边工业园区范围内国税、地税、公安、工商、国土、建设等方面的工作，暂由魏村镇所在地的相关单位实行管理。

4. 江边工业园区对区内企业实行独立的统计制度。原企业所在镇对进入园区的企业仍作统计，市统计局汇总时剔除重复部分。

5. 江边工业园区涉企收费参照武政办发[2001]7号文件规定实行扎口管理。

6. 进区企业的粮食风险基金、物价调节基金、教育附加费、建农基金、社会性开支按销售收入1%计征，其中：0.4%上交市财政(市地税局代征)；0.3%由工业园区财政返回企业原所在镇。

7. 进区企业的基础设施配套费及其他规费，按建筑面积每平方米60元收取。各项规费由园区管委会统一收取后与各部门结算。

8. 享受减免税政策的企业，经有权部门批准移址江边工业园区的，可以继续保留原有企业性质不变。

(2001 08 29)

武进市人民政府
关于武进市“质量兴市”活动的实施意见

武政发(2001)97号

各镇人民政府，开发区管委会，市各办局(公司)行，各市属工厂、学校：

为认真贯彻落实《中华人民共和国产品质量法》、国务院颁布的《质量振兴纲要》和《关于进一步加强产品质量工作若干问题的决定》，按照省质量技术监督局关于开展“质量兴市”活动的意见精神，市政府决定在我市积极开展“质量兴市”活动。现提出如下实施意见：

一、统一思想，充分认识开展“质量兴市”活动的重要意义

近年来，我市产品质量总体水平有了较大提高，但产品质量的状况与经济发展要求和国内外先进水平相比，还有较大差距。在组织实施“十五”国民经济发展计划、推进经济结构调整、整顿规范市场经济秩序的关键时期，质量振兴和打假治劣工作在广度、力度和深度上都必须加强。开展“质量兴市”活动是全面提高企业的管理水平和产品质量水平，大力振兴武进经济的重要举措。开展“质量兴市”活动，在增强全民质量意识，提高质量总体水平，遏制假冒伪劣产品，建立优胜劣汰、公平竞争的市场经济秩序，提高我市产业整体素质和竞争能力，迎接加入WTO的挑战，促进武进经济健康发展具有重大意义。

二、“质量兴市”活动的目标和任务

我市“质量兴市”活动，本着2年初见成效，4年取得显著效果的要求，到2003年底，达到如下目标：

1. 提高产品质量。我市的国家重点产品可比性跟踪监督抽查的合格率达到95%以上，国家和省监督抽查合格率不低于全省平均水平。

2. 发展名优产品。累计创市级以上名牌产品100个。每年滚动组织5个产品通过质量攻关，经省级以上确认达到或接近国际先进水平。形成一批省级以上名牌产品群体，名优产品成为当地经济的重要支柱。

3.提高技术质量水平。列入武进市主要工业产品目录的产品85%以上按国标标准或国外先进标准组织生产，累计140项通过“采标”验收。巩固消灭无标生产成果，产品标准覆盖率持续保持在95%以上。

4.提高计量技术基础工作。大型企业按ISO10012标准建立并完善计量检测体系。一批中型企业通过计量保证确认，累计达到100家。一批小型企业通过计量合格确认，累计达到350家。其中创名优产品企业、实行产品许可证企业要达到计量合格确认以上要求，确保企业产品质量检测工作的需要。积极开展定量包装企业计量保证能力的评定，累计达150家。

5.提高企业质量管理水平。企业积极贯彻ISO9000族标准。大中型企业和出口创汇企业基本通过第三方质量认证，小型企业明显改善质量管理水平。6个企业获得市以上质量管理奖。累计400家企业通过ISO9000质量体系认证。

6.整顿规范市场经济秩序取得成效。制假售假违法行为严重的重点区域、重点市场得到有效整治；市场上假冒伪劣产品被有效遏制；消费者和名优企业投诉大幅度减少。建成一条省级以上“购物放心、服务满意一条街”或“百城万店无假货”示范街。

7.企业依法生产。实行生产许可证产品的生产企业做到取证生产，且产品质量监督抽查合格率达到90%以上。国家实行强制管理的安全认证产品通过认证，淘汰产品、落后产品基本杜绝，国家产业政策规定限制发展的产品得到有效控制。

8.提高工程质量。竣工交付使用的工程质量达到国家标准或规范要求。大中型工程建设项目综合试车、投产、验收一次合格。确保连续生产或正常使用；其他工程一次验收合格率达到95%以上，其中优良率达到45%以上，年创建省级以上优质工程3项～5项。

9.提高服务质量。交通、商贸、旅游、医疗卫生、金融、保险、房地产、信息咨询等服务行业全面推行服务质量国家标准，服务质量、用户满意度明显提高，有3个以上服务企业质量管理获得质量体系认证或省以上服务质量奖。

10.加强农业质量工作。建立农业标准体系和监测体系，积极推行无公害农产品标准，建立无公害农业基地。主要农产品的安全、卫生及质量达到国家、行业或地方标准的要求，培育出5个以上有影响力的名牌农产品。

11.推动武进经济发展。国内生产总值、工业产品销售收入、出口创汇、企业实现利税增幅高于全省平均水平，部分指标在全省名列前茅。

三、采取措施，积极推进

1.把质量振兴和打假治劣列入全市国民经济和社会发展规划。首先要逐级建立质量工作责任制，明确市、镇两级政府提高本地区产品质量、服务质量、工程质量水平的目标和打假治劣的任务，在引导、督促企业加强质量管理过程中应负的责任。其次，建立健全奖罚分明的责任追究制，对质量工作领导监管不力，而出现区域性的产品质量问题、重大质量事故的，要追究有关领导和责任人的责任。

2.推进实施名牌战略。立足制造业的基础和优势，壮大机械、电子、精细化工、轻工四大优势产业的名牌产品群体。组织产品质量攻关，瞄准国内外同类产品的先进标准，提升名牌产品的实物质量水平。积极规划、扶持、培育现代视听产品、智能变频空调、产业用织物、节能环保设备、纳米材料、新型建材等一批高质量、高技术、高知名度的名牌产品。

3.加强企业标准化、计量技术基础工作，强化质量管理。一是要建立科学先进的产前标准体系，巩固“消灭无标生产”成果的基础上，实行动态管理，进一步提高标准覆盖率。同时，积极引导武进名牌产品、重点产品生产企业，武进高新技术企业、重点民营企业采用国际标准或国外先进标准，鼓励企业制订具有竞争力的企业内控标准。二是要加强计量检测体系建设，根据企业改善经营管理和提高产品质量的实际需要，按照分类指导的原则，帮助企业提高计量管理基础工作，引导企业的计量管理水平分别达到体系确认、保证确认或合格确认的要求。积极开展定量包装商品企业计量保证能力评定，推行使用“C”标志，努力提高定量包装商品的净含量的计量合格率。三是要积极鼓励企业按市场要求和法律法规加快体系认证、产品认证和环保认证的步伐，尽快与国际惯例接轨。

4.加大质量监督工作的力度。一是要根据国家、省、市监督抽查产品目录，加强对危及人体健康和人身财产安全、关系国计民生的产品，涉及消费者反映质量问题较多的产品质量的监督检查。二是要强化对各级产品质量监督抽查中不合格企业的整改复查后处理工作，通过实行曝光制度、通报制度、整改复查制度、处罚制度和停产整顿制度。三是要加强对生产许可证产品的监督，生产许可证目录产品必须持证合法生产，严厉查处无证生产经营的违法行为。四是要坚决依法淘汰落后工艺、产品、设备，抓好对国家产业政策限制发展的产品的整顿工作。

5.加强市场管理、商标管理和广告经营管理。对法律、法规规定需具备法定条件，获取经营许可资格而未能取得证照的要依法取缔，严厉查处采用不正当竞争手段从事市场交易、虚假广告误导消费的行为，侵犯他人注册商标、专利等知识产权的行为。依法查处市场交易中标实不符、以假充真、以次充好、缺斤少量等违法行为，维护企业和广大消费者的合法权益。

6. 抓好打假治劣工作。重点整治营养保键品、工矿灯具、民用灯具、电光源、汽摩配件等有明显“一地一品”或“一地多品”的制假售假违法行为。重点查处假冒伪劣食品、药品、农资、棉花、农机配件、饲料及添加剂等商品。巩固一次性医疗器械整治成果，落实长效管理措施，防止制假售假违法行为反弹。积极推进创建“购物放心、服务满意商店”和“购物放心一条街”等活动。

7. 促进和推动工交企业的技术改造和技术创新，加快建立以企业为主体的技术创新体系。提高我市工业产品的市场竞争能力，增强工交企业的整体素质和发展后劲。

8. 加强对工程建设质量的管理，促进勘察、设计、施工、质监、监理队伍素质的提高。依法查处不执行工程建设强制性标准、偷工减料行为，严厉打击勘察、设计、施工单位转包、违法分包和监理单位违法转让监理等行为，查处规避招标和在招标中弄虚作假的行为。严把建筑材料、现场施工、验收检验质量关，切实提高工程质量。

9. 强化各服务行业质量意识和服务意识。全面推进服务标准化工作，引导企业按照 ISO9000 族标准建立质量管理体系，重点企业应通过质量体系认证。抓好“文明窗口”建设。

10. 加强在吸引外资及技术引进过程中的质量管理，凡引进设备和利用外资生产的一般工业产品，质量水平不得低于国际标准和国外先进标准。依照我国的《产品质量法》、《标准化法行为，促进其提高产品的质量水平。

11. 加强对药品(医疗器械)研究、生产、流通、使用过程中的质量监督管理。

12. 把质量工作贯彻到农业各项工作中。加快农业标准化进程，认真实施农产品品牌战略，抓好农业科技示范园的建设。创建武进外向型农业综合开发区、沿太湖农业区和武北高沙土农业区 3 个无公害农业生产基地。加大农业结构调整力度，形成合理的粮、经、饲三元种植结构和优质高效的粮油、畜禽、水产、花木、果蔬五大支柱。推进农业产业化经营步伐，加大龙头企业技改力度，引进先进技术和设备，提高产品质量档次。促进“三高”农业和出口创汇农业的发展，提高农产品在国内外市场的竞争力。

13. 做好个私企业、中小企业的质量、标准化、计量等指导工作。首先要帮助企业真正树立以质量求生存、谋发展的思想，加强质量管理，严格质量考核。其次要帮助企业加大对质量的投入，按标准组织生产，完善工艺装备，健全质量检测手段，强化对员工素质的教育培训。

14. 加大对质量法律法规和“质量兴市”活动的宣传力度，认真落实企业经营管理人员学法用法培训计划。切实抓好企业经营管理人员的法律知识培训和考核。企业经营管理人员每年累计学法时间不少于 30 小时，提高全社会质量法制意识和全民参与意识，健全社会舆论监督网络，为提高质量创造良好的社会环境。

15. 强化对“质量兴市”活动的组织领导。市成立以分管市长为组长、各相关职能部门负责人为成员的“质量兴市”活动领导小组，负责活动的统筹规划、指导监督、考核检查、评比奖励等工作。领导小组下设办公室，设在武进质量技术监督局，负责日常的协调、联络等工作。各镇和有关部门也要成立相应的“质量兴市”活动工作小组，制订具体的实施计划，切实抓好本地区、本部门的质量工作。各相关部门积极配合协作，发挥职能作用，促进“质量兴市”活动的有效开展，为武进经济健康快速发展作出贡献。

(2001 10 17)

武进发展研究选萃

“十五”期间武进市
国民经济和社会发展若干问题的思考

武进市计划委员会

为了更好地体现“十五”计划编制的宏观性、前瞻性和科学性，本文将对武进“九五”计划执行情况、“十五”面临的宏观背景及武进经济会发展阶段等问题进行认真分析和研究，对全市“十五”计划发展的目标定位、基本思路和主要任务作较为深入的研究探讨。

注：为加大年鉴的信息量和增强预测功能，“武进发展研究选萃”特摘编武进市计划委员会 2000 年 7 月编印的《武进市“十五”计划重点调研课题汇编》中的 6 篇调研报告。

一、"九五"计划执行情况分析

"九五"期间经济和社会发展的基本特征。"九五"是中国建立社会主义市场经济体制的初创时期。武进经济和社会发展出现了一些新的特征。一是经济发展呈现物价低水平下的持续稳定增长态势。二是经济增长的动力结构呈现多元化,第三产业对经济增长的贡献份额提高,非公有制经济发展势头迅猛。三是投资、消费、出口对经济增长的拉动作用明显减弱,投资欲望减弱,消费市场疲软和出口不畅影响了经济增长速度。四是体制改革进入攻坚阶段。随着企业制度、政府机构、住房医疗、社会保障等改革的逐步深入,改革的成本提高,难度也在加大。五是国际政治、经济环境变化对武进的影响增大。六是居民收入水平和生活有所提高,居民储蓄倾向增强,消费水平没有同步提高。

二、"十五"期间武进面临的宏观背景分析

1. 国际背景分析。①世界经济的一体化和多极化趋势迅速增强。开放的国际经济环境尽管会对武进缺乏竞争力的产业带来极大的冲击,但总体上是利大于弊,有利于加快武进经济结构的调整,提高经济的国际化程度。②新技术革命成为推动全球经济增长的根本动力。以电子、信息技术创新所引发的科技革命,将推动世界经济进入一个新的高涨期。传统产业的高新技术改造,信息产业成为全球的主导性产业,是下个世纪初全球产业结构调整的两个基本特征。"十五"期间,武进必须积极适应经济知识化、信息化、网络化的发展趋势,注重培养人才和提高全民素质,加快高新技术改造传统产业的进程,努力培育信息产业,迎接新世纪产业业态及经济和社会交往方式的变化。③区域性的金融、经济危机和政治、军事冲突使国际环境变得复杂化。中美关系的发展趋势将对中国改革开放和经济建设产生巨大影响。

2. 国内背景分析。①经济将出现一个持续增长期。2000年左右中国经济将形成改革开放以来的第四个经济增长波峰。武进工业经济增长仍是拉动武进经济增长的主要动力。武进要充分利用这一机遇,在加快经济结构调整的同时,使武进经济在"十五"期间得到较快的发展,尤其是要把工业经济提高到一个新的水平。

②国家的产业发展由工业化初期向重化工阶段转化。能源、原材料、装备工业将形成较高的集中度,一般生活消费品生产全面进入买方市场,价格竞争和技术竞争由于供给能力的快速增长而日趋激烈,农村市场成为商家争夺的热点,第二,第三产业对国民经济贡献的份额继续提高。

③社会主义市场经济体制的框架基本建立。④农村城镇化、城市现代化进程加快。随着中心城市旧区改造的加快和新区、开发区的建设,城市规模及城市现代化水平将得到较快提高。城市化的发展、人口的聚焦,有利于工业化和第三产业的发展,但城镇就业和再就业的压力依然十分沉重。⑤物价继续保持较低水平,人民币汇率基本稳定。

三、世纪之交武进经济和社会发展阶段分析

一个地区经济社会发展水平和经济社会发展阶段,主要以人均GDP水平、产业发展状态、城市化水平、居民消费水平、居民文化水平等指标或指标体系来反映。1. 人均GDP水平。预计"九五"期末武进人均GDP可达到2 350美元,"十五"期末达到3 500美元,2010年达到或超过5 000美元(假设人民币汇率基本保持稳定)。2. 产业结构状况。"十五"期间,武进仍处于重化工阶段的前期,预计2015年左右,后工业化社会的一些基本产业特征开始显现。3. 城市化水平。2005年武进城市化水平有望达到45%以上,基本实现初步现代化的要求。4. 居民消费水平。武进农村恩格尔系数要达到40%的水平,预计还需要10年左右。5. 居民文化水平。综上所述,世纪之交武进处于重化工的前期阶段,从人均GDP指标和居民文化水平分析,"十五"计划前期可达到初步现代化标准,2010年左右达到基本现代化标准,但其中城市化水平和居民消费水平略为落后,预计2015年左右可以达到基本现代化的标准。

四、"十五"期间经济和社会发展基本思路

1. 经济和社会发展综合定位。国民经济实现小康水平后的第二个翻番,比国家经济发展目标提前15年;进一步推动工业化进程,提高产业高度化水平,为进入重化工后期阶段打下坚实的基础;加快城市化步伐,基本实现初步现代化的要求;着力提高居民收入水平和生活消费水平,全面实现居民文化素质的初步现代化。

2. 经济和社会发展指导思想。必须坚持以邓小平理论为指针,以经济建设为中心,加快改革开放步伐,形成比较完善的社会主义市场经济体制,继续实施城区带动、科教兴市和经济国际化战略,突击产业结构的调整和优化,加快发展社会事业,实施可持续发展战略。

3. 经济和社会发展的战略方针。①继续调整和优化产业结构,进一步增强国民经济综合实力。加强第一产业,提高第二产业,发展第三产业,实现三次产业的协调发展,到2005年,第二、第三产业占整个产业的比重(合计)超过92%。要实现三次产业内部结构的优化和升级,突出高新技术在产业结构优化升级中的关键作用,大力实施科教兴市战略,提高科技对经济增长的贡献份额,提高经济的整体素质和效益。②加快改革开放步伐,形成良好的经济社会发展机制。要继续深化各项改革,基本形成比较完善的社会主义市场经济体制。

要充分发挥市场配置资源的作用，建立健全统一、开放的市场体系。转变政府职能，加大政府监管和调控市场的力度，维护市场秩序。推进现代企业制度的建立，形成良好的企业运行机制。加强民间资金的引导，充分利作社会资金促进武进经济和社会发展。完善收入分配政策，提高政府转移支付能力，兼顾效率与公平。③形成合理的城镇体系，加快城镇化步伐。积极实施城区带动战略，集中力量加快建设武进新城区。不断完善新城区商贸、旅游、居住和社会功能，重点抓好新城区教育、文化、科技项目的建设；武进高新区要初具规模；进一步提高城区经济、科技、文化的中心和辐射作用，迅速提高城市化水平。搞好城镇体系规划，扩大集镇规模，加快小城镇建设，积极推进城乡一体化进程，形成城区——中心镇——镇——中心村合理的城镇体系。④提高居民物质文化生活水平，实施可持续发展战略。要坚持以人为本的发展思想，努力提高居民物质文化生活水平；把城镇登记失业率控制在较低的水平；切实减轻农民负担，加强社会特殊人群的保护；进一步建立健全社会保障体系，保持社会稳定。居民收入水平随经济增长相应得到提高。加强社会主义精神文明建设，大力发展教育、文化、体育、广播电视等事业，全面提高人的素质。"十五"期间，要实施可持续发展战略，坚持经济与资源、人口、环境、社会的协调发展。重视资源保护、人口控制、环境改善和社会发展，推动社会全面进步。

五、"十五"期间经济和社会发展主要目标及任务

（一）巩固加强第一产业。"十五"期末，农业总产值（当年价）争取达到45亿元，年均增长5%，农业增加值达22亿元，年均增长3%。要加强农业基础设施建设，加大农业结构调整力度，积极推进农业产业化经营步伐，大力推进农业科技进步。

（二）调整提高第二产业。"十五"期间，要继续加强武进工业基础，围绕提高产业高度化目标，以科技进步和体制创新为动力，加快工业结构调整，促进产业化优化升级。要重点发展机电、冶金、化工等支柱产业，积极发展新材料、生物医药、信息设备等高科技产业；要加快建设现代企业制度，大力扶持规模企业发展，提高企业组织化程度；要大力发展外向型经济，广泛应用高新技术改造武进传统产业，提高企业经营管理水平和技术装备水平；要积极培育企业技术创新能力。"十五"期末工业总产值和销售收入分别达到800亿元和700亿元，年均增长10%。第二产业增加值达到210亿元，年均增长10%左右。要形成比较合理的行业结构，积极提高企业组织化程度、经营管理水平、技术装备水平和技术创新能力。

（三）加快发展第三产业。"十五"期间，武进第三产业要围绕进一步扩大产业规模，提高产业素质，增强服务功能的要求，大力改造提升传统三产行业，加快发展基础性、先导性三产行业，着力培育科技型、知识型行业，不断提高第三产业科技含量，优化三产内总结构。到"十五"期末，建立起合理规范的市场体系，功能齐备的城乡服务体系和比较健全的社会保障体系，第三产业增加值达到128亿元，年均增长10%以上。三产增加值占GDP的比重达35%以上。要大力改造提升商品流通业；加强城镇建设和基础设施建设，加快发展房地产业，为三产发展创造良好条件；重点培育和发展旅游产业、信息产业等新兴第三产业。

（四）加快社会事业发展，推动社会全面进步。

"十五"期间，武进应大力发展各项社会事业，实施可持续发展战略，正确处理经济社会发展与人口、资源、环境的关系；维护好社会稳定，保障社会经济的全面健康协调发展。

"十五"期间武进农业结构调整及产业化发展研究

武进市计划委员会

为了科学合理地确立农业发展目标和任务、设置发展指标，编制好"十五"农业规划，本文将对武进农业结构调整及产业开发展中的若干重要问题进行研究。

一、农业发展的宏观背景分析

武进农业和农村经济发展进入了一个新的历史发展阶段。

1.农产品的供求关系发生了根本性转变。一批农业优势企业的优势产品逐步占据市场的领导地位，一批劣势企业和农产品被迫退出市场。

2.人民生活和市场需求发生了根本性变化。要求农产品供应实现多样化、优质化。由过去提高产量、增加总供给为主，转为在确保产需平衡基础上，以市场需求为导向，增加花色品种、提高质量为主，不断调整优化农业产业结构和产品结构，走优质、高产、高效的发展路子。

3.农业的市场化程序发生了根本性变化。一是国内农产品和农业生产要素的大市场、大流通已经形成；二是加入世界贸易组织后，国内的农产品和农业生产要素市场要与国际大市场、大流通接转。武进许多传统农产品生产面临国内外农产品强有力的竞争，直接感受到国内外农业先进科技和产业经济优势的压力，直接面对国内外产品和资本的挑战。武进农业有了更多的机会直接参与国内、国际分工和合作，可以更好地利用国内外的市场、资金和技术、促进农业结构的优化升级。

4. 农业的增长方式发生根本性变化，农业的发展更加依重技术和资本两大要素。国内外经济专家结论是：人均 GDP 达到 1 000 美元时，经济发展开始进入产业结构高速更新换代时期，表现出剧烈的变化，呈现高度化趋势，从资源、劳动密集型为主开始向技术、资本密集型为主转变。武进经济已进入明显的结构转型时期，农业发展的基本趋势是技术和资本要素加速向农业流入。中国农业发展正进入一个非常重要和关键的历史转折时期，从根本上要求必须对传统的农业产业结构和生产方式进行全面的、重大的调整。"十五"期间是中国农业面临的第三次发展机遇，也是中国农业能否在新的历史时期赢得新一轮发展主动权，再攀新高峰的关键所在。

二、新时期农业结构调整及产业化发展面临的突出问题及深层原因

1. 农业生产结构不合理的状况仍很突出，与市场需求变化不相适应。

2. 农业产业化程序不高。①支柱产业和主要农产品的加工创新能力不强，特别是食品加工的产业化程序较低。②流通环节依然滞后，农民参加农业产业化经营的组织化程序较低。

3. 农业结构及产业化发展的科学技术水平不高。种养业发展的农产品中，在国内省内处于领先地位的名特优新产品只有水稻、立华土鸡、毛氏丹麦草、瘦肉型洋种猪等。武进在种子、种苗工程建设上还有较大差距，特别是农业高新技术产品的引进和应用尚处于起步阶段：一是名特优新品种、新技术科技示范园区建设的数量不多，规模不大，层次较低，尚未形成有效的示范推广网络体系；二是农产品创名牌尚处于自发状态，大多数加工龙头企业自主创新能力很低，中低档产品多，高新技术产品少，政府还要有计划地组织开展树品牌、创名牌产品活动，启动种养业标准化工作，加大农业"产学研"联合开发新产品的力度；三是市、镇两级适应发展优质高效农业和产业化经营的科技人才严重缺乏，现有科技人员的知识和科技素质亟待更新。

4. 农业结构调整及产业化发展的资金投入问题。

主要原因是：①一些领导对这次农业结构调整及产业化发展的重要性、紧迫性认识不足，思路还不明，观念陈旧。②深层次原因是长期受自然经济、计划经济观念的影响，计划经济旧体制、旧机制以及旧的管理方法所形成的障碍没有完全冲破，使优胜劣汰的市场竞争机制不能充分发挥作用，阻碍了生产要素的合理流动与优化配置，制约着农业结构调整及产业化发展的顺利进行。

三、明确思路，突出农业结构调整及产业化发展重点

调整的指导思想和目标。以党中央十五届三中全会决议精神为指导，按照新时期对农业发展的要求，以国内和国际市场需求为导向，改革开放为动力，科技进步和增加与优化投资结构为主要手段，从产业、产品结构和区域布局总体出发，对全市农业结构及产业化发展进行全局性、战略性调查，加快实现农业结构"优化"、"升级"、"增效"的总目标，推进农业和农村经济发展再上新台阶。

调整和发展重点。①农业产业结构调整的重点：全市应继续以粮油、畜禽、水产、园艺四大支柱产业为重点。在四大支柱产业中，又以发展畜禽、水产、园艺产业为重点。②农业产品结构调整的重点：应实行多样化与优质化相结合，重点培养发展名优特主导产品。粮油产品结构应以压麦、稳稻、扩大优质粮油产品生产规模为重点；畜禽产品结构应以发展多元瘦肉型猪、优质家禽和奶牛、梅花鹿、杂交山羊、鹅、兔等养殖规模为重点；水产产品结构应在稳定提高常规优质鱼产品生产基础上，以发展优质珍珠、河蟹、虾类、龟鳖等名优特产品规模养殖为重点；园艺产品结构调整中，花木应在提高发展常规技术苗木、盆景、草坪、花卉四类产品规模基础上，以发展高新技术的名贵花卉、苗木、盆景产品和现代设施生产为重点；瓜果产品结构应在提高发展名优水蜜桃、葡萄、草莓等生产规模基础上，以发展优质梨、西瓜、香(甜)瓜、果桑、白玉枇杷等产品和现代设施反季节果蔬生产为重点；蔬菜(含食用菌)产品结构应以发展多样化、反季节、精细化、无公害、外向化的名优特产品和现代设施化生产为重点，力争形成 20 个左右具有较大经济规模的名优特主导产品生产基地。③农业产业化发展的重点应是培育发展主导产品创名品、名牌及其龙头企业、建设区域性专业批发市场及中介服务组织，促进农业产业化经营的协调发展。主导产品和龙头企业发展的重点是：粮油产业以开发优质大米、方便食品、优质保健食用油、味精等及其龙头企业；畜禽、水产业以开发肉类食品、皮革和羽绒及制品、珍珠工艺品、珍珠和梅花鹿保健药品、奶类饮料等及其龙头企业；园艺产业以开发花卉、盆景、瓜果、植物提取药物等高新技术产品及其龙头企业。市场建设应在进一步提高发展武进花木市场、江苏省滆湖水产品交易市场及其知名度，重点培育发展武进畜产品批发市场、华东珍珠商城、瓜果和食用菌等产地批发市场及中介服务组织。力争通过5年左右的培育发展，再形成以优质大米和方便食品、优质保健食用油、肉类食品、羽绒制品梅花鹿保健药品、奶类制品、高新技术花木和瓜果等一批新的名品、名牌主导产品及其龙头企业，并建成与区域性商品生产基地相适应的专业批发市场体系和中介服务组织。④区域农业结构调整重点：在进一步充分发展卜湟区域花木、滆湖和圩田区域水产、沿太湖丘陵区域茶果林等区域特色产业优势的同时，重点调整开发以下几个农业区域：一是西北高沙土农业区域应加快开发形成名优特瓜、果、菜、桑和牧草、畜禽产业区域；二是常武城郊区域应加快发展形成名特优蔬菜、食用菌和食品加工业的重要区域；三是以太滆平原为主的高产粮田区域应加快建成以优质稻米和双低油菜为主的粮油主产区域；四是加大力度将武进农发区发展成高新技术种养业和休闲农业为重点的外向型农业发展区。将武进农发区、沿太湖丘陵农业区、西北高沙土农业区初步建成武进的绿色食品生产基地。

四、推进农业结构调整及产业化发展的对策建议

1.要进一步做好深入的思想发动，在全市上下形成共识和合力。

2.加快政府机构改革，实施坚强有力的组织领导。

3.大力推进科技进步和创新。①要全面实施种子、种苗优化更新工程。②要加快市、镇两级名优特新品种和新技术科技示范园区的建设。③加快创建新“五有”农业技术推广站。④大力推进农业标准化工作，实施农业树品牌、创名牌工程。⑤加快人才引进和知识、技术更新，努力提高广大科技人员和广大农民的科技兴农水平。

4.进一步加快市场建设，大力发展中介服务组织，千方百计加大市场开拓力度。

①要进一步加强对各类农产品市场的建设和提高，建设好在全国和全省有影响的区域性农产品专业批发市场，建好地区性的农产品专业批发市场和各乡镇的农产品贸易市场。②要大力培养发展开拓市场和抗御风险能力强，信息渠道广、传递快，服务内容广的农业中介服务组织。③要重视国内外两个市场特别是加大国外市场的开拓力度。

5.要加强对农业结构调整及产业化发展的政策扶持。一要加大市场对农业结构调整及产业化发展的调控力度，建议从市财政、农发基金等中拿出一块，建立市级农业结构调整及产业化发展投资基金；二要优化投资结构和重点，建议成立农业投资项目专家评审组，负责示范园区建设、名特优新产品开发等项目进行评审筛选。引导二、三产业国有、乡镇集体和个私企业参与农业结构调整及产业化经营。

6.注重抓好典型培育、示范、总结工作，积极探索市场经济条件下搞好农业结构调整及产业化的新路子。

武进市工业结构现状及“十五”期间工业发展方向的调查与建议

武进市经济委员会

一、工业现状与“九五”期末情况分析

武进工业经过长期的发展，基本形成了一个门类较为齐全，高新技术与传统工艺相结合、具有武进特色的区域工业经济结构。进入90年代，特别是“九五”以来，武进工业经济围绕推进“两个根本性转变”，不断加大结构调整力度，加快技术进步和企业改革步伐，积极发展外向型经济，工业整体实力和水平继续提高。全市工业经济呈现出生产规模趋大、产品档次趋高、技术装备趋新、经济结构趋优的发展势头。主要有4个特点：1.不断开拓市场，工业产品规模有了新优势。2.注重科技进步，新品开发能力有了新提高。3.加大技改投入，工业技术装备水平有了新发展。4.建立现代企业制度，企业改制改革工作有了新突破。

差距主要表现4个方面：1.全市工业总量不小，但整体水平不高。2.拳头产品不多，产品结构趋同问题比较突出，多数产品技术含量低，市场竞争力弱。3.企业规模小，工业企业的离散性仍较大。4.经济运行质量不高，企业两项资金不合理占用过多，亏损仍较严重。

二、“十五”期间武进市工业调整与发展应确立的思路。

“十五”期间，武进工业的调整与发展在总体思路上，要遵循发展社会主义市场经济的规律，坚持以市场为导向，以国家产业政策为依据，以现有企业为基础，以重点企业(集团)和名优产品为龙头，以技术创新为核心，通过资产重组和生产力布局调整，加快形成产业高度化、企业规模化、技术高新化、经营国际化、投资多元化、布局合理化的新型工业经济结构，提高工业经济的科技创新能力、市场开发能力和产出盈利能力。

三、十五”期间武进市工业调整与发展应注意处理好4个关系

一是正确处理战略性调整与适应性调整的关系。二是正确处理存量与增量调整的关系。三是正确处理市场导向与行政推动的关系。四是正确处理改革发展和维护稳定的关系。

四、“十五”期间武进市工业的发展目标、方向与重点领域

（一）总体目标。1.达到一个较高的经济规模总量。工业总产值、工业销售收入力争年递增12%以上，期末分别达到950亿元和780亿元左右；工业利润、工业利税均实现同步增长，期末分别达到20亿元和50亿元左右。2.形成一个比较合理的行业结构。“十五”期间，武进可以重点壮大培植机械、电子、冶金、化工四大支柱产业。纺织、轻工、建材、粮油等行业进行改造提高。争取在室内装饰业、环保工业、食品、饲料工业方面有所突破。3.建立起一批有较强生命力的骨干产品群体。到“十五”期末，争取起动机、电动工具、柴油机、减速机、计算机机房设备、旅游用品、钢筘、不饱和树脂、DVD视盘机、强化地板、干燥设备、柴油机配件等12只产品的全国市场占有率达30%以上；产品产销总量在全国同行业中进入前三位的企业达30家；有超过100只的产品年销售收入超亿元，其中超过20只产品销售收入超5亿元，20只产品年销售总额达420亿元，占全市工业的50%以上。4.增强规模企业支柱带动能力。到“十五”期末，规划年销售收入超亿元企业超80家，其中超100亿元企业1家、50亿～99亿元企业1家、30亿～49亿元企业3家、20亿～29亿元企业5家、10亿～19亿元企业6家。“十五”期间，年均组建工业企业集团8个～10个，期末全市工业企业集团争取超过120个。5.增大技术进步对工业经济发展的拉动力。规划全市工业技改总投入达200亿元，重点实施投资额达超1亿元的技改项目20个；期末固定资产总额达300亿元，先进装备占固定资产总量的比例提高到50%以上；规划年完成新品开发项目500项，其中投产450项，期末新产品销售率达25%以上，科技对工业经济增长的贡献份额达到55%以上，重点企业和重点产品均按国际标准和国外先进标准组织生产，通过ISO9000族标准第三方认证企业总数达300家以上。

（二）主要行业发展方向

1.电子（信息）工业。重点开发高档视听设备、液晶显示电脑、大平面液晶显示器、ITO导电玻璃、电子电力器件和电子功能材料，多层印制线路板等。

2.机械工业。重点发展动力机械、大型农业机械和施工机械。农业机械重点发展大中型拖拉机、联合收割机、主要农产品加工机械及喷灌设备。施工机械则重点发展推土机、液压挖掘机、轮式装载机、汽车起重机、大型叉车、压路机。同时发展汽车、摩托车配件、机械基础件、标准件、特种轴承、齿轮、工业链条、直流电机、液压启闭机等。

3.冶金工业。重点发展适销对路、高附加值的高淬透性精密塑料模具钢，高耐蚀性、高镜面塑料模具钢，高耐磨性、优良退磁性能的冷作模具钢，高热疲劳性压铸模具钢，400Mpa建筑钢筋，石油油井及输油、天然气管线用钢等关键钢材品种。进一步开发连铸坯热送热装技术；消化吸收干熄焦技术；高炉喷煤技术；抓紧完善富氧喷吹工艺。

4.化学工业。重点开发高效、低毒、低残留农药，新型除草剂，稀土碳氨复混肥，高浓度复合肥，钾肥、无氯钾肥、子午线轮胎，新型食品和饲料添加剂，新型药品及药品中间体，特种防火防腐涂料，装饰涂料。

5.轻工业。重点发展家用空调器、洗衣机、洗碗机。要开发高新技术产品，如新能源电池，无菌加工、包装技术及装备，新型日用精细化工产品，新型发酵产品，新型绿色照明电器等。同时要采用当今电子、生物、新材料、新能源等新技术改造造纸、食品、发酵、皮革、五金工具传统产业。

6.纺织工业。“以面料为中心，纤维为基础，染整为手段”进行产品结构的调整。大力开发纯棉抗皱免烫面料，轻、薄、软、挺毛精纺面料，高支纯棉布、棉麻混纺高档针织、色织面料。拓展产业用纺织品在农业栽培、医疗卫生、土工织物、军事航天等领域的开发应用。

7.建材工业。以无机非金属新材料和非矿深加产品发展高新技术、创造新的经济增长点为重要领域，以质量、节能、节土、保护环境和资源综合利用为重点，重点开发环保与生产工程用多孔陶瓷、纤维质膜，纤维增强玻璃钢制品、超细粉碎生产技术及装备、轻质板材、加气砼、砼空心砌块等。

（三）重点发展的五大支柱产业

1.动力机械制造业。重点发展“三机一线”（柴油机、电机、减速机及电线电缆）制造业。电机产品着重开发大功率、减速、小型、永磁的起动电机和小型、高速、大功率、强冷的发电机。减速机生产以江浪集团、常州减速机总厂、江南减速机厂、金城齿轮等企业为主，生产大功率、高效率、低噪音的硬齿面减速机、车用变速箱等。电线电缆着重发展通信光缆和高压交联电缆。

2.现代视听产品、工业产业及电子元器件制造业。现代视听产品重点发展DVD影碟机系列、CD－ROM光盘等，IT产业重点发展液晶显示电脑、网络终端设备、电子元器件重点发展陶瓷压电材料、讯响器、扬声器、接插件、液晶显示器、ITO导电玻璃等。

3.冶金型材制造业。重点发展优质钢、合金钢型材、管材、复合材料和铁合金等。

4.精细化学工业。发展短缺产品，增加适销对路的高附加值产品。

5.轻工业。发展家用空调器、洗衣机、洗碗机、电动自行车等。(四)积极引导室内装饰业、环保工业两大新兴产业和食品、饲料工业的发展

1.室内装饰工业是一个综合性强、关联度高的新兴行业，其发展可带动建材、纺织、家具、厨具、灯具、卫生洁具、五金、塑料、玻璃、家用电器、工艺美术诸行业。

2.环保工业重点开发和引进城市垃圾处理技术与设备、城市污水处理用设备、污泥消化设备等；积极开展高效除尘设备，大气污染净化治理设备，碱、废橡胶、废塑料回收利用技术，绿化包装，环境监测仪器等。

3.食品、饲料工业

重点发展是基础原料工业、方便食品、保健食品、调味品、调和油等。

四、建议加大对武进市工业经济调整与发展的组织力度

以调整优化工业结构为重点，突出制定提高企业竞争力和经济增长质量的经济发展战略；内外资并举，加快发展开放型经济；以建立现代化企业制度为目标，加快产权制度等改革步伐；加强企业干部和职工队伍建设，保证工业经济健康稳定发展。

“十五”期间武进第三产业发展研究

武进市计划委员会

本文主要对武进第三产业发展现状和特点、“十五”面临的形势、“十五”三产发展的思路和主要目标、重点、对策等重大问题作了认真的分析。

一、全市第三产业发展现状

“九五”以来，武进第三产业紧紧围绕实现两个根本性转变，加大改革力度，加快结构调整，积极开拓，突出重点，壮大规模，保持了稳定发展的良好态势。

1.总量平稳增长，支撑作用日益明显。2.传统行业稳定增长，发展水平不断提高。交通通信保持先行。市场建设取得较大进展。商贸流通业稳步发展。3.新兴行业快速成长，三产结构趋向优化。旅游业取得进展。金融保险业快速发展，房地产业发展迅速，中介服务业迅速成长。

第三产业发展中还存在一些矛盾和问题。

1.第三产业总量偏小，占国内生产总值的比重偏低。世界上低收入国家(人均GNP 580美元以下)第三产业占GDP比重平均为36%，中等收入国家(人均GNP581－5 999美元)其三产增加值占GDP比重平均为52%，高收入国家(人均GNP6 000美元以上)均在59%以上，世界平均水平为53%。2.第三产业内部结构不合理，产业素质不高。传统的商贸流通业约占全市第三产业的37%，而新兴行业所占比重过小，如房地产开发业、旅游业、中介服务业所占比重均不足1%，尚未形成产业规模，难以成为新的支柱行为。3.一些行为的产业化、社会化程度底、改革相对滞后，市场竞争机制没有得到有效发挥。

二、武进第三产业发展环境分析

武进第三产业发展面临的有利条件。1.随着改革的深化，社会主义市场经济体制日趋完善，将推动市场体系、社会服务体系和社会保障体系的建设。

2.对外开放的扩大进一步推动第三产业的发展。

3.武进经济将进入一个新的发展时期，居民收入将不断提高，广大居民对休闲、娱乐、健康和发展的要求日益增强，给生活服务拓宽了发展空间。

4.随着社会事业和经济的加快发展，生产的社会化、专业化和信息化的程度将不断提高，农业产业化经营在“十五”计划期间将取得突破性进展，因此，社会化生产服务的需求将日益旺盛，商品流通、信息、技术服务等各类中介服务将呈加快发展之势。

5.武进城市化进程将大大加快，新城区的发展和行政区域的调整为武进第三产业发展提供了更理想的载体和动力。预计“十五”期末，城镇化水平达50%，将有力地推动武进房地产业、居民服务业、社区服务业等三产行业的快速发展。

武进第三产业发展主要面临着传统体制的障碍、市场竞争的影响、资源条件的制约、区位条件的制约、产业素质的制约等方面的制约因素。

三、“十五”期间武进第三产业的发展思路

指导思想是：紧紧围绕经济体制和经济增长方式两个根本性转变，贯彻实施科教兴市、城镇带动、经济国际化和可持续发展战略，继续坚持国家、集体、个人一起上，多层次、多渠道、全方位兴办第三产业，进一步扩大产业规模，提高产业素质，增强服务功能，促进三大产业健康协调发展。

发展的总体目标是：争取用5年时间，建立起合理规范的市场体系，功能齐备的城乡综合服务体系和比

较健全的社会保障体系。到“十五”期末，全市基础行业适度超前，传统行业的素质显著提高，新兴行业发展壮大，第三产业结构基本合理化、现代化。5年中，全市第三产业增加值年均增长8%～10%，到2005年，第三产业增加值达110亿元，占全市国内生产总值的38%左右，从业人数占全社会就业人数的36%。

四、发展重点和主要任务

（一）商贸流通业

1.大力推进商品市场建设，进一步完善集贸市场体系。城区要建设规模较大、服务功能齐全的集贸中心，全市形成以城区为中心的集贸市场网络。着力建设和培育专业市场。①围绕农业产业化经营，建设和培育武进花木市场、洛阳珍珠市场、滆湖水产品批发市场、运村皮革服装城等农产品批发市场。②建设和培育湖塘针纺织品市场（包括湖塘针纺城）、邹区灯具城、小河摩配城等一批上规模、上水平的工业品批发市场和富有活力的8个重点专业市场，及焦溪机电拆旧市场、武进废金属交易市场等。“十五”期末，全市形成年成交额超20亿元市场1个、年成交额超10亿元市场3个、争取培育成涵括相关产业在内的市场集团1个。

2.提高流通组织化程度和现代化水平。①积极推进规模经营。②大力发展分购联销、联购分销、连锁经营新的营销方式。“十五”期末，全市各类连锁网点发展到200个以上。③搞好流通设施现代化建设，城区要抓好花园街的建设和改造，将其建成城区的商业中心，各镇也要改造、建设一批商业服务设施。

（二）金融保险业

规范发展金融业和金融市场。不断开拓商业保险业务，大力发展商业性财产保险和人寿保险，扩大再保险业务，开展国内外联保。

（三）旅游业

大力开发旅游资源。加快开发淹滆风景区；加快建设横山风景旅游区；加快开发沿太湖旅游度假区，保护修复文物古迹、名人故居，重建淹城博物馆，完善恽南田纪念馆，修复宝林寺，在城中公园、文教公园建设一批名人纪念室、纪念馆。全市争取形成四星级宾馆1家，二星级、三星级宾馆3家。

（四）房地产业

综合开发城区重点项目，着力建设开发1个～2个上规模、上档次的居民小区，积极开发一批经济适用住房，“十五”期末，城区人均居住面积超过20平方米。结合小城镇建设，对小城镇的工业、商业服务、居民生活等功能小区进行综合开发。

（五）社区服务业、农村服务业和中介服务业

1.大力发展社会服务业。

为农服务业。培育发展从事信息、法律、会计、审计、劳务、营销等服务的中介组织，壮大中介服务队伍。

五、主要对策措施

1.全方位开拓，多层次、多渠道兴办第三产业。

2.调整结构，着力扶持第三产业“龙头”企业。

3.深化改革，加快第三产业社会化、产业化进程。以产权制度改革为重点，加快推进企业制度改革，建立现代企业制度。加快住房、社会保障、医疗制度改革。改革户籍制度，加快教育、文化、卫生、体育等社会事业的市场化、产业化进程，积极推行机关和企事业单位的服务部门与“母体”剥离，鼓励社会服务组织承揽机关和企事业单位的后勤服务及其他事务性工作。

4.广开资金渠道，加大投入力度。各级财政和金融机构对第三产业发展在资金上给予必要的支持。集中部分预算外资金，积极利用外资发展第三产业，扩大外商对第三产业的投资领域。鼓励个体、私营经济投资兴办第三产业、采用股份制等多种形式，吸纳社会闲散资金投向第三产业。

5.贯彻“科教兴市”战略，提高第三产业技术含量。

6.加快城市化步伐，充分发挥城镇发展对第三产业的推动作用。加快建设以第三产业为重点、高新技术产业为先导、轻型工业为主体、风景旅游为特色的新城区，要形成完善的交通、通信网络，建成一批公共服务设施，培育一批有特色、上规模的三产项目，进一步加快户籍制度改革，集聚城区人口，扩大城区规模，使城区成为全市三产发展的龙头。培育建设一批重点集镇，提高集镇的现代化水平，增强集镇服务功能，加快全市农村城市化、城乡一体化的进程。

在迎接机遇和挑战中加快发展武进外向型经济

武进市对外经济贸易委员会

一、“三外”现状

武进外向型经济自改革开放以来，保持了一定的增长速度，形成了一定的发展规模，加快了武进经济国际化的进程。至于1999年6月底，全市共批办三资企

业942家，开投产563家，批办总投资超500万美元的外资企业103家；历年累计总投资21亿美元，合同外资16亿美元，实际到帐外资6.6亿美元。外资主要投向工业项目，以轻工、机械、电子、化工、纺织项目为主。合资合作带动了武进各行各业的快速发展。全市累计完成外贸供货额718.5亿元，自营出口总额达16.68亿美元。出口的主要商品有纺织、服装、家电及电子、机械、农机、医药中间体、染化料、工艺品、文体用品、旅游用品、五金工具、电讯设备等16大类230多个品种，其中，机电产品出口额占出口总额的45%。产品主要出口到美国、欧盟、非洲、南美、日本、韩国、东南亚及香港等65个国家和地区。全市完成外经合同额9 487万美元，营业额8 628万美元。

二、做法与经验

1.广泛发动，鼓劲加压，着力提高全市上下发展“三外”的紧迫感和自觉性。

2.分类指导，扩大出口，努力提高外贸出口的规模和效益。坚持以自营出口为重点，以经济效益为中心，扩大出口规模，提高出口效益，增强实力，加快培育外贸出口新的增长点。

3.广泛招商、完善方式，探索出一条适应武进实情的招商引资新路子。加大招商工作力度，多形式、多层次、全方位的招商引资，加快了武进利用外资的步伐。采取了国内外招商、中介机构代理招商、网上招商、发布信息招商、以外引外招商等多种形式。

4.突出重点，狠抓落实，切实提高武进利用外资的质量和水平。把质的提高作为利用外资工作的重点，全力以赴狠抓总投资在500万美元以上项目。

5.开拓市场，扩大业务，不断拓宽外经合作的市场和空间。武进把对外承包工程、劳务输出、成套设备出口、举办境外非贸易企业作为外经合作的主要工作，并把对外劳务承包工程作为重点工作来抓。武进建筑工程总公司获得对外工程承包经营权，不断提高劳务输出的数量和档次。扩大成套设备出口规模。注重培植外经合作新的增长点。

（六）完善政策，改善环境，增强武进的对外吸引力。

每年政府都出台《关于鼓励发展开放型经济的优惠政策和奖励意见》，市政府下发了《关于进一步改善外商投资管理和服务的意见》。妥善解决中外双方的矛盾，杜绝向三资企业乱收费现象。

三、存在问题

1.外贸出口方面的问题。市外贸公司出口规模小，经济效益低，抗风险能力差。

出口商品技术含量和附加值低。新的增长点少。

2.利用外资方面的问题。对外招商成功率低，利用外资质量和水平较低。外商投资企业中外双方矛盾和经济纠纷逐年增多。部分外商投资企业的中方高级人员素质较差，不熟悉现代企业管理、不熟悉国际惯例。

3.外经合作方面的问题。执行政策、投资环境、跨世纪可持续发展等方面还存在问题。

四、形势分析

1.积极因素和有利条件。美国市场需求保持旺盛，有利于武进对美国出口，吸引美国资金。欧盟市场需求不断扩大，武进对欧盟的出口和从欧盟国家引进外资将是有利条件。东亚和东南亚经济复苏进程加快，整体经济明显好转，股市看涨、利率下调，外汇储备大幅度增加，国际资本逐步回流，这对武进扩大对东亚、东南亚国家的传统出口市场和引进外资可望实现恢复性增长。从国内形势分析，今年以来，两次提高出口退税率刺激出口，加大银行信贷力度支持出口，赋予私营企业和科研院所自营进出口经营权鼓励出口，开展境外带料加工装配业务扩大出口，施行外经贸企业封闭式贷款促进出口。对武进在世纪之交的出口是十分有利的。利用外资方面，中国已经或准备在10个方面进一步放宽外商投资领域。中国最新推出了鼓励吸收外资的优惠政策。

2.制约因素和不利条件。国际贸易保护主义势力进一步抬头，关税和非关税措施不断加强；发达国家对发展中国家的投资增长速度放慢。从国内形势分析，劳动密集型和低附加值的出口产品难以实现持续快速增长，国有外贸企业传统的经营机制已无法适应新的竞争形势。

五、目标及思路

“十五”期间，武进的“三外”发展目标是：力争实现自营出口34亿美元，完成合同外资22亿美元，到帐外资8.75亿美元，外经合同额、营业额分别达到1.7亿美元和1.5亿美元。基本思路是：以外贸出口为基础，以利用外资为重点，加快发展外经合作的步伐。实现外贸出口向商品贸易、加工贸易和国际连销商业贸易等多形式贸易转变；吸收外资从单一的工业性加工生产向工业、农业、商业、建筑业、中介服务业等多领域转变；对外合作从单纯的劳务输出向对外承包工程、开展境外加工装配、技术贸易、服务贸易等多方向转变；“三外”主体结构向国家、集体、民营、私营和个体工商户等多种经济成份转变。增创观念新优势，创造性地执行中央关于坚定不移地推动改革开放的方针政策；增创体制新优势，逐步建立与国际经济接轨的外向型经济运作新体系；增创引资新优势，加强与国际大公司的联系与合作，实施“以大引大”战略，保持引资规模，提高引进质量；增创竞争新优势，积极实施以质取胜和市场多元化“大经贸”战略，研究制定“科技兴贸”战略；增创环境新优势，下大力气采取硬性措施改善软环境。

六、对策措施

1. 加大出口商品调整力度，提高外贸出口的质量和效益。①抓好调整出口商品结构。重点抓好机电、化工、纺服、轻工等传统出口产品的更新换代；扶持集装箱、柴油机、电动工具等一批出口超千万美元的产品。②调整出口主体结构。③调整出口市场结构。巩固亚洲市场、扩大欧美市场，拓展拉美、北美、南非等新兴市场。实现转变贸易方式，转变以量取胜为以质取胜的战略。

加快国有外贸企业改革步伐，改变目前武进外贸企业"弱、小、散"的状况，尽快建立起适应市场经济发展的现代企业制度。

2. 着力调整利用外资结构，促进产业结构优化升级。①利用国际大公司的资金和技术，促进武进调整产业结构。②加快武进市属企业合资合作及两个开发区利用外资的步伐。选择国外有实力的大公司合资合作，引进国际上先进的技术、装备和管理，搞活企业，发展企业。增强高新技术产业开发区的幅射带动功能。加快武进农业综合开发区利用外资的步伐。③扩大欧盟国家中小企业的外资来源。④建议组建中介招商机构，设立专项招商基金，配备高素质的专职招商人员，采用现代化手段对外招商，探索符合国际惯例和可持续对外招商的路子。⑤拓宽利用外资领域。⑥狠抓利用外资足额到位，依法管理外商投资企业。要严格限制企业规费。牢固树立服务意识，想方设法办好现有外商投资企业。加强外商投诉调解中心的组织领导，建立快速反应的投诉处理机制，对外商的投诉做到事事有答复、件件有落实。建议市政府尽快推行行政公示制和外商评议制。举办外商投资企业中方高级管理人员培训班。加快培养外经贸专业人才。

3. 扩大外经经营主体，提高外经合作的水平和档次。①帮助符合条件的企业申报对外承包工程签约权。

以亚洲、中东地区国家为重点，大力开拓对外承包工程市场，抓好国内外资企业工程承包。②提高劳务输出的总量和档次，提高智力型劳务输出的比重。③扩大成套设备出口的数量。④有重点地鼓励有经济实务、有产品优势、有较好销路的企业到政府比较优惠、原材料丰富的国家举办境外企业，也可用现有的设备和成熟的技术开展境外带料加工贸易，不断提高武进外经合作的水平和档次。

4. 营造外向开拓的良好环境，增创武进对外开放新优势。不断完善武进开放型经济的优惠政策和奖励意见。

武进"十五"期间
推进高新技术产业化的对策思考

武进市科学技术委员会

市科委按照市委、市政府对大力发展武进高新技术及其产业的要求，对本市60多家企业就武进高新技术发展方向作了深入调查，并征求有关专家的意见，对武进"十五"期间高新技术发展提出以下粗浅思考。

一、高新技术产业发展现状

在"科教兴市"战略的持续推动下得到了较大发展，科技进步对经济增长的贡献份额明显提高，高新技术产业开发区的园区优势和经济拉动作用进一步增强。通过自主开发、合作开发、引进吸收和产学研联合等多种途径，使武进高新技术研究开发取得较好的成效，产业化有了一定的基础，采用高新技术改造传统产业取得明显效果，一个以高新技术为先导，逐步调整产品和产业结构的经济格局正在形成。

1. 高新技术产品的研制开发初具规模。1992年以来，武进共承担了31项"火炬计划"项目，涌现出一批像新科牌超级VCD、五菱牌高效节能直喷单缸柴油机、蓝箭牌无梭织机用高密钢筘等在国内具有竞争优势的高新技术产品。至1998年底，被认定的江苏省高新技术产品有75只，高新技术产品销售收入由1992年的12亿元递增到1998年的48亿元，占全市工业销售总收入的比例由1992年的3%提高到1998年的14%，略高于全省平均水平。

2. 高新技术企业的"载体效应"日趋明显。

3. 企业技术创新能力明显增强。全市有经认定的部级技术中心、省级企业技术中心各1家；并与全国200多家科研单位、大专院校保持着密切联系，极大地提高了企业的技术创新能力。

4. 技术装备水平有了较大的提高。全市工业企业主要技术装备中达国际先进水平的装备约占15%，达国内先进水平的装备约占20%。

5. 高新技术开发区的建设初见成效。已拥有象卡迈耶纺织机械公司、常州神雁光纤通信有限公司等高新技术产品开发能力较强的企业。

6. 武进高新技术发展与武进"九五"计划的要求和先进地区相比存在较大差距：①与常州市政府提出的"九五"计划期末常州高新技术产品产值占全市工业总

产值20%的比例和江苏省政府提出的沿江“火炬带”高新技术产业产值占工业总产值的18%以上的比例要求还相差较远。②与周边城市相比还有差距。③进入武进高新区的高新技术项目不多，规模不大。④支撑高新技术产业发展的基础设施、政策环境、法制环境、人才、工作环境等还远远满足不了武进高新技术产业发展的要求。

二、“十五”期间武进发展高新技术的粗浅思考

1. 总体思路。坚持以经济建设为中心，深入实施“科教兴市”战略，立足“发展高科技，实现产业化”，根据武进实情和现有优势，重点选择一批产业关联度大、易系列研究开发、易统筹开拓市场、易区域性集中的高新技术产品群，着力进行培育，有效促进产品和产业结构的调整。以生产技术装备和管理现代化为主要方向，加强高新技术对传统产业的改造，努力提高劳动生产率和综合经济效益，提高传统产业的整体素质，增加企业开发高新技术产品的能力，推进传统产业的高新技术化。加强企业自主研究开发能力，同时积极引进国内外资金、先进技术、人才和管理经验，以产、学、研为手段，加速创新进程。

2. 高新技术及其产业发展的重点

建议“十五”期间武进高新技术及其产业重点发展电子信息、新材料、生物技术与新医药、节能与环保4大领域。选择数字化视听设备、新型电子元器件和新材料、生物技术药物、新型复合材料、超细及纳米材料、汽车关键部件及其新材料、新型高性能金属材料、新型环保设备等8个高新技术产品群着力进行培育。①电子信息类：重点发展DVD数字化激光视盘机；表面贴装声响器件、新型液晶显示器和光电器件、键合金丝、敏感元件及传感器等电子元器件；计算机内置开关电源及软件、IC卡读写机具、计算机外部设备及主要配件；带状光缆、束管式光缆和水线光缆及附件。②新材料类：重点发展高性能稀土新材料、纳米级复合材料、高性能特种金属材料；新型工程塑料及其塑料合金材料、仿真型（仿毛、仿比、仿麻、仿羽绒）功能型（高强、阻燃、抗静电、防腐蚀）合成纤维及交通、水利、环保等重要产业用纺织材料；物种涂料（耐高温、防腐蚀、低污染、防火、隔热）；新型水处理剂和表面活性剂、医药中间体（治疗心脑血管病和抗肿瘤为主）、高效低毒无公害农药等精细化工材料；新型建筑、墙体材料；新型涂层工艺技术及产品。③新能源节能与环保类：重点发展新型节能型低排放汽油机、柴油机、电机；节能型风机、水泵、油泵；节能型空调器、冷藏柜及关键配套件；新型、高效蓄电池；高效多功能除尘装置、生活污水和工业废水处理及重复利用装置、固体废弃物储运及处理焚烧装置；高效净水剂、消毒剂；节能型电光源和太阳能热利用技术等。④生物技术及新医药类：重点发展生物加工天然药物、功能食品与添加剂、农作物优良新品种、新型病毒杀虫剂、高效低毒兽用抗生素、生物化肥、生物农药，心脑血管治疗药物、抗肿瘤药物、抗感染药物、老年病治疗药物。

3. 高新技术改造传统产业的重点

“十五”期间，应用电子信息、机电一体化、生物工程、新材料和高效节能与环保等新技术、新工艺、新装备重点改造机械、纺织、轻工、原材料（冶金、化工、建材）行业及农业，促进生产要素的优化和技术水平的提高，加快传统产业的现代化步伐。

①机械行业要普通应用计算机辅助设计系统（CAD），逐步建立计算机辅助工艺规划系统（CAPP），计算机辅助测试、产品数据管理系统，计算机集成制造系统（CIMS）；大中型企业全面使用信息管理系统，凡具改造价值的机床都要完成经济型数控的改造。大力开发农业机械和汽车行业用柴油机、汽油机、电机和关键配套件，城市污水、工业废水、废气净化回收，废弃物处理、净化装置等环保设备。发展与机电一体化工程机械相配套的关键部件。

②纺织行业用无梭织机替代有梭织机，大力发展产业用布，以开发和应用“五新”（新型化纤、新型纺纱、新型染整、新型成衣、新型织机）纺织新技术为重点，提高纺织品的档次，增加花色品种，大力开发和应用新型高效纺织印染助剂，微机监控新型纺织及印染后整理设备。智能纺织仪器、高效节能纺织辅助设备以及纺、织、染和服装设计加工等传统设备改造用微机控制装备。

③轻工行业加快CAD、CAT、CAM在模具制造和产品设计加工上的应用，模糊控制技术在家用电器产品上的应用。重点发展新型家电产品，大力发展室内装饰工程和新型装饰材料，并扩大在汽车、电器、医药等行业的应用；应用生物工程和先进适用技术开发生产自然及生态食品；应用共混、改性、共聚等技术提高塑料的技术档次和扩大使用范围。

④原材料工业推广原料配料微机控制系统；生产过程检测系统和新催化、聚合改性技术；推广使用烟气脱硫脱尘、有机废水处理等技术及装备。建材行业大力开发新型建筑、墙体材料。冶金行业要推广高效连铸连轧及真空精炼新工艺、新设备和应用，加快稀土新材料、功能金属材料及关键钢材的开发。化工行业要积极开发高效、低残留、安全农药和生物农药、生物化肥等新品种。“十五”期末，原材料工业大中型企业的配料采用微机控制系统的企业达100%，除尘与污水处理技术配套率达100%，粉尘、污水排放浓度达标率达100%。

⑤农业加快农业科技示范园建设，重点实施并推广智能化设施农业技术、信息技术在农业上的应用，节水排灌设备系统，优质抗病虫种子产业化技术，动物基因工程疫苗、航天园艺育种等现代农业技术，重点实施农作物优质抗病高产品种的培育、现代化抗病抗灾节约高效农业技术、优质果树木材花卉品种创新和高效新品种选育、畜禽动物优质高效品种的培育和动物防病技术、生态重建与农业环境保护技术、农业后备资源的可持续开发利用技术、智能化设施农业生产技术及装备等一批农业攻关项目。

三、对策措施

1.加强宏观调控和组织协调。成立高新技术产业化领导机构，将高新技术及其产业化工作列入各级目标责任制考核。

2.加快构建新型的科技创新体系。鼓励高等院校、科研院所以及学有所长的科学家、工程师到武进创办民营高新技术企业，开发高新技术产品；建设产、学、研联合开发基地和工程技术研究中心，搞好大中型企业技术开发机构建设，建立常设技术市场。

3.建立多元化、多层次、多渠道的投融资体系，加大对高新技术的投入。建立以政府投入为龙头、企业为主体、银行为后盾的多渠道、多层次的科技投入体系。

4.加大政府落实力度，增强企业技术创新的内在动力。

5.大力开发科技人才资源。

6.进一步促进产学研的紧密结合。市政府组织每年定期与大专院校、研究所和有关大型企业开展技术交流、了解信息、掌握成熟的科技成果和前期开发动向。

重要文件索引

中共武进市委员会

1 号 关于在全市开展“三个代表”重要思想学习教育活动的意见

19 号 关于进一步加强和改善对共青团和青少年工作领导的意见

23 号 关于2001年镇干部目标考核奖励办法

33 号 关于组织纪念中国共产党成立80周年活动的通知

34 号 关于鼓励发展开放型经济的考核奖励意见

50 号 关于加快全市工业经济发展的奖励意见(试行)

60 号 关于印发《武进市2001年党风廉政建设工作各有关单位责任分解意见》的通知

61 号 关于理顺江苏省武进外向型农业综合开发区管理体制的通知

64 号 关于印发市委、市政府领导班子成员党风廉政建设责任范围与2001年反腐败重点任务责任分工的通知

65 号 关于农村税费改革工作的实施意见

86 号 关于表彰“红旗党组织”和“模范共产党员”的决定

98 号 关于认真学习江泽民同志在庆祝中国共产党成立80周年大会上的讲话的通知

110 号 关于认真做好全市村级区域调整工作的意见

121 号 关于印发《武进市机构改革实施意见》的通知

122 号 关于转发市委宣传部、市司法局《关于在全市公民中开展法制宣传教育的第四个五年规划》的通知

155 号 关于市属流通管理体制改革的实施意见

157 号 关于2001年度全市党政群机关工作人员年度考核工作的意见

166 号 关于全市村和镇站所“三个代表”重要思想学习教育活动的实施意见

192 号 关于印发《武进市机构编制委员会工作规则》的通知 (蒋剑英 提供)

武进市人民代表大会常务委员会

1 号 关于召开镇人民代表大会第三次会议的指导意见

7 号 关于召开武进市第十二届人民代表大会第四次会议的决定

11 号 关于2001年各镇人大工作的指导意见

14 号 关于批准武进市2000年财政决算的决定

31 号 关于武进市镇人民代表大会换届选举工作的决定

32 号 关于在全市公民中开展第四个五年法制宣传教育的决议

46 号 关于召开武进市第十二届人民代表大会第五次会议的决定 (查伟明 提供)

武进市人民政府

1 号 关于印发《武进市国民经济和社会发展第十个五年计划纲要》的通知

17 号 关于进一步促进外向型经济发展的若干意见

18 号 关于下达2001～2003年全市安全生产控制指标的通知

19 号 关于印发《武进市工业企业技术进步专项资金使用及管理办法(试行)》的通知

21 号 关于印发《2001年市政府工作要点》的通知

36 号 关于开展行政审批制度改革工作的意见

41 号 关于水利工程水费由事业性收费转为经营性收费管理的贯彻实施意见

42 号 关于印发《武进市退役士兵安置工作若干规定》的通知
43 号 关于印发《武进市殡葬管理办法》的通知
47 号 关于印发《关于选拔武进市中青年专业技术拔尖人才的意见》的通知
48 号 关于印发《武进市 2001～2005 年人才工程规划》的通知
58 号 关于印发《武进市人民政府关于加强政府工作规范化、制度化、科学化管理的若干规定》的通知
67 号 关于转发《江苏省政府关于明确房产税征收范围的通知》的通知
70 号 关于修订《武进市征兵工作暂行规定》的通知
72 号 关于印发《武进市土地收购储备管理办法》的通知
82 号 关于开展城区环境综合整治工作的意见
83 号 关于批转市计委《关于 2002 年农业工作指导性意见》的通知
95 号 关于加强公众聚集场所消防安全长效管理的意见
97 号 关于武进市"质量兴市"活动的实施意见
103 号 关于在市各部门中全面推行政务公开制度的意见
113 号 关于批转市劳动和社会保障局等部门制定的武进市企业职工基本医疗保险实施意见的通知
116 号 关于印发《武进市行政审批服务中心各类事项审批管理暂行办法》的通知
117 号 关于印发《武进市专利发展资金的管理办法(试行)》的通知
118 号 关于进一步加强流动人口计划生育管理的实施意见
124 号 关于加快全市制造业信息化建设的实施意见

(徐亚娟 提供)

政协武进市委员会

9 号 关于表彰 2001 年度政协工作先进的决定
10 号 关于增补罗细林同志为政协武进市十届委员会委员的通知 (金华兴 提供)

中共武进市委办公室

2 号 关于转发《2001 年度市级机关"勤政、廉洁、三服务"竞赛活动实施意见》的通知
5 号 关于 2001 年度评选、表彰先进工作者的意见
8 号 关于印发《武进市 2001 年社会治安综合治理工作要点》的通知
9 号 关于印发《武进市社会治安综合治理工作考核整治办法》和《武进市社会治安综合治理委员会议事规则》的通知
14 号 关于印发《党政机关工作人员公费通信工具管理规定》的通知
15 号 关于梳理各类非常设领导机构有关事项的通知
27 号 关于举办纪念中国共产党建党八十周年优秀影片展映活动的通知
29 号 关于在市、镇两级党政机构改革中严肃党纪政纪的通知
30 号 转发市财政局《关于在全市党政机构改革中防止资产流失的意见》的通知
33 号 关于宗教活动场所实行属地管理的意见
34 号 关于做好 2001 年军队转业干部安置工作的通知
37 号 关于转发市档案局《关于在全市党政机关机构改革中加强档案管理的意见》的通知
40 号 关于转发苏办发[2001]13 号《关于认真贯彻落实〈军队转业干部安置暂行办法〉做好 2001 年军队转业干部安置工作的意见》的通知
41 号 关于建立农村会计服务站的意见
42 号 印发《关于武进市党政机关机构改革人员分流的实施办法》的通知
43 号 印发《关于划转撤销和合并部门所属企事业单位的意见》的通知
44 号 关于印发《武进市党政机构改革人员定岗定点的实施办法》的通知
45 号 关于机构改革中撤并更名新建等单位印章使用的意见
46 号 关于市委工作机构调整设置后启用印章的通知
47 号 转发市委组织部《2001 年全市争创"六好镇党委"的考核细则》的通知
52 号 关于认真做好武进市第二次全国基本单位普查的通知
92 号 转发市委组织部、机关工委《关于对市级机关开展综合评议工作的意见》的通知
101 号 关于明确武进市行政审批服务中心管理权限的通知 (蒋剑英 提供)

武进市人民政府办公室

1 号 关于开展"三个代表"重要思想学习教育活动的意见
4 号 关于转发市贸易办等部门《关于调整生猪定点屠宰环节税费征收标准的意见》的通知
9 号 关于转发市统计局《2001 年全市统计工作要点》的通知
10 号 关于转发《武进市 2001 年扫黄打非行动方案》的通知
11 号 关于转发市教委《2001 年度成人教育工作意见》的通知

18 号 关于转发《常州市健康教育工作实施意见(试行)》的通知

21 号 关于转发市卫生局民政局《关于实行定点婚前医学检查的实施意见》的通知

23 号 关于转发市国税局等四部门《关于加强全市花木园林公司规范管理的意见》的通知

32 号 关于转发《江苏省城镇企业职工工伤保险规定》的通知

34 号 关于印发《2001 年打假工作要点》的通知

39 号 关于转发市农机局《关于加快推进全市水稻种植机械化步伐的意见》的通知

40 号 关于转发市计生委《关于继续执行审批照顾再生育一个孩子实行“两公开、一监督”制度的意见》的通知

43 号 关于转发《关于武进市农业结构调整财政扶持资金暂行管理办法》的通知

45 号 关于印发《全市公众聚集场所消防安全专项治理实施方案》的通知

46 号 关于转发市国土局《关于全市实施统一征地的意见》的通知

48 号 关于印发《武进市道路交通安全专项整治工作方案》的通知

51 号 关于转发市建委《武进市城区新建住宅项目竣工综合验收和交接管理实施办法(试行)》的通知

55 号 关于转发市环保局《关于对印染企业超标排放进行专项整治的意见》的通知

56 号 关于转发市物价局等部门《武进市城镇垃圾处理费征收管理暂行办法》的通知

57 号 关于转发市财政局《关于农村税费改革后农业税征收管理的意见》的通知

58 号 关于转发市民政局关于认真做好全市民办非企业单位复查登记工作的意见

61 号 关于转发市劳动局等部门《关于我市城镇职工基本医疗保险实施办法的补充意见》的通知

68 号 关于转发市劳动局《关于调整有关失业保险待遇的通知》的通知

89 号 关于转发市审计局《关于加强审计监督的有关意见》的通知 (徐亚娟 提供)

政协武进市委办公室

18 号 《关于完善我市医改实施方案的建议案》的报告

48 号 关于市政协医卫工作组赴武进制药厂开展义务体检的通知

62 号 关于举行武进市政协艺术作品义卖义买暨捐赠仪式的通知 (金华兴 提供)

报刊文章索引

收录 2001 年武进市在省级及其以上报刊发表的论文和具有较强参考价值的调研报告和综合报道等。

我国环境问题及环保事业(论文) 王亚伟 汕头大学出版社《开拓与创新》

经营城市的若干对象(论文) 郭海英 《江苏党校》(2001 11 25)

论个私企业的发展对象 朱立范 孙有志 《江苏党校》(2001 12 25)

利用外资的几点启示(论文) 陆飞跃 《党校研究生》2001 年 3 月

从《共产党宣言》到“三个代表”重要思想(论文) 万 军 获中共江苏省委宣传部征文三等奖,江苏人民广播电台理论节目采用

合同法(论文) 严 俊 南大出版社《合同法理论与实务》第 8 章

法的价值(论文) 严 俊 香港文学报社出版公司《法哲学纵横》第 4 章

治安防范社会化产业化初探(论文) 朱忠裕 《江苏公安专科学校学报》第 4 期,获江苏省社会治安综合治理研讨会一等奖

流动人口收费合理吗(调查报告) 朱忠裕 《中国社会报(中华调查专刊)》(2001 08 20)

预防未成年人犯罪的“政府领导”要有实施细则(论文) 陆焕岐 《青少年犯罪问题》2001 年第 6 期

刑事案件发回重审次数应予限制(论文) 程 宇 新华社江苏分社《政法参考》2001 年第 47 期

应重视社区建设的法律滞后问题(论文) 朱忠裕 新华社江苏分社《政法参考》2001 年第 2 期

应重视地方政法委专任书记缺位现象(论文) 朱忠裕 新华社江苏分社《政法参考》2001 年第 13 期

要防止“严打”过后刑事案件的反弹(论文) 朱忠裕 新华社江苏分社《政法参考》2001 年第 17 期

重视当前农村打假工作中的非法搜查民宅问题(论文) 朱忠裕 新华社江苏分社《政法参考》2001 年第 27 期

当前农村集体经济组织收益分配中侵害妇女权益问题突出(调查报告) 朱忠裕 《江苏法制报》(2001 11 16)

当前基层治保会和调委会存在的问题和完善的建议(论文) 朱忠裕 《常州法学》2001 年第 3 期

标准考场刍议(论文) 宋建明 省委党校函授院《教学管理研讨会材料》

以德治国与党校教师的师德建设(论文) 卢桂生 《江苏党校报 4 月 17 日

浅谈戏剧小品的意境美(论文) 杨秀妹 中国戏剧出版社出版《基层艺术工作论文集》

少儿舞蹈与群众文化的联系　叶　丹　获江苏省第二届少儿舞蹈理论研讨会二等奖，发表于《文化新世纪》（夏刊）

重视少儿舞蹈、教好少儿舞蹈（论文）　王晓艳　获江苏省第三届少儿舞蹈师资格培训班暨第三届少儿舞蹈理论研讨会三等奖

寻找语言形象，开化剧作精神（论文）　张　振　《舞台美术家》2001年第1期

舞台设计的导演意识（论文）　张　振　《剧影月报》2001年第3期

灯光是舞台美术的生命（论文）　张　振　《剧作家》2001年第3期

我对舞台灯光的认识（论文）　张　振　《戏剧丛刊》2001年第3期

舞台设计的"虚"与"实"（论文）　张　振　获《剧作家》杂志与黑龙江省文化厅联合征文比赛一等奖

改革与群文工作的激活（论文）　李中萱　中央文献出版社《文化大视野》

广场文化活动的当代意义与前景展望（论文）　李中萱　中央文献出版《文化大视野》

质本俗来还俗去（论文）　李中萱　入选中央文献出版《文化大视野》

家庭文化：乡镇文化发展战略的新视角（论文）　杨秀妹　入选江苏省苏锡通群文理论研讨会

世纪之交农村文化馆工作思路浅淅（论文）　杨秀妹　中国戏剧出版社出版的《基层艺术工作论文集》

透过群众文化看少儿舞蹈（论文）　叶　丹　获江苏省第二届少儿舞蹈理论研讨会二等奖，发表于《文化新世纪》（夏刊）

摄影创作刍议　（论文）　秦蔚成　获中国艺术研究院摄影艺术研究中心"中国优秀摄影论文"奖

建设面向新世纪的现代化党校（论文）　何志清　《唯实》杂志1月1日发表

对函授班级管理工作的几点思考（论文）　王亚伟　《江苏党校报》2001年191期

干部培训应克服"五重五轻"（论文）　莫金华　《江苏党校报》3月10日

"三个代表"是新世纪加强党的建设的行动纲领（论文）　何志清　收入《唯实》论文专辑

提高党的领导，增强党的执政能力（论文）　王元兵　《江苏石油化工学院学报》

宣讲党史的方法探讨（论文）　王元兵　莫金华　《江苏党校报》2001年第206期

对提高党校函授教育质量的一点思考（论文）　宋建明　省委党校函授学院《发展与动态》

再谈提高函授教育到课率的几点措施（论文）　徐之刚　省委党校函授院《教学管理研讨会材料》

论考风（论文）　李　军　省委党校函授院《教学管理研讨会材料》

试论年鉴编辑数据化（论文）　杜仁彬　获江苏省第四届地方志优秀成果一等奖

年鉴彩页设计的美学要求（论文）　杜仁彬　获常州市第七届哲学社会科学优秀成果三等奖　发表于《年鉴信息与研究》2001年第1期

坚持以教学为中心，严格教学管理，处理好两个关系（论文）　孙有志　省委党校函授院《教学管理研讨会材料》

念好"三字经"，提高课堂教学效果（论文）　刘寅妹　《江苏党校报》（2001 12 10）

略谈抓住主题加快发展（论文）　朱立范　湖南人民出版社《新世纪新起点新发展》

关于保持我市宗教领域社会稳定的调查和思考（调查报告）　宗炳泉　朱忠裕　获常州市人民政府第七届哲学社会科学优秀成果三等奖

关于全市城镇社区建设的调查和思考（调查报告）　汤建龙、朱忠裕　获常州市人民政府第七届哲学社会科学优秀成果三等奖

把握生命线，拓展新空间——论切实加强和改进基层政法队伍的思想政治工作（论文）　杨锡根　《常州法学》第1期

论民事证据灭失（论文）　储春平　获全国学术讨论会二等奖

将气功与艺术溶为一炉（论文）　纪萍　发表于《科学与气功》第11期

关于虚开增值税发票犯罪新旧法律的适用（论文）　纪萍　发表于《江苏税务》第1期

龙风筝的形象探讨和制作尝试（论文）　许兴南　获全国风筝理论研讨会论文三等奖

关于开展治安防范产业化服务的理论与实践（论文）　朱忠裕　获全省社会治安综合治理研讨会获奖论文一等奖

关于社会治安综合治理的有序性和无序性（论文）　储春平　获全省社会治安综合治理研讨会获奖论文三等奖

在新形势下法制宣传教育的新思路（论文）　赵行湛　获常州市"四五"普法研讨会论文一等奖

关于保持我市宗教领域社会稳定的调查和思考（调研报告）　宗炳泉　朱忠裕　获常州市第七届哲学社会科学优秀成果三等奖

关于全市城镇社区建设的调查和思考（调研报告）　汤建龙　朱忠裕　获常州市第七届哲学社会科学优秀成果三等奖

检察官与孤儿（专题报道）　赵行湛　获省、常州市社会治安综合治理好新闻奖。

（栏目责任编辑　杜仁彬　万向阳）

统计资料

一 综 合

2001年末行政区划

单位：个

	镇	居民委员会	村民委员会	村民小组
中片	湖塘镇	20	49	681
	南夏墅镇	1	14	350
	牛塘镇	2	15	375
	小计	23	78	1 406
东片	洛阳镇	2	25	402
	遥观镇	3	20	321
	横林镇	9	19	299
	横山桥镇	2	15	270
	芙蓉镇	1	12	172
	焦溪镇	2	21	304
	郑陆镇	2	17	312
	小计	21	129	2 080
南片	雪堰镇	1	17	242
	潘家镇	2	16	315
	漕桥镇	1	14	329
	前黄镇	2	18	376
	礼嘉镇	2	15	292
	寨桥镇	1	16	298
	小计	9	96	1 852
西片	邹坵镇	2	16	269
	卜弋镇	1	15	294
	夏溪镇	2	15	352
	嘉泽镇	1	16	385
	湟里镇	1	16	333
	东安镇	1	12	237
	小计	8	90	1 870
北片	魏村镇	1	11	353
	安家镇	1	11	266
	薛家镇	2	11	272
	奔牛镇	4	14	311
	罗溪镇	2	20	367
	西夏墅镇	2	16	332
	小河镇	2	20	295
	孟河镇	1	19	251
	小计	15	122	2 447
总计	30	76	515	9 655

国内生产总值的产业分组

（按当年价格计算） 单位：万元

	2001年		2000年	
	实 绩	结 构(%)	实 绩	结 构(%)
国内生产总值	2 606 402	100.0	2 339 228	100.0
第一产业(农业)增加值	195 052	7.5	187 182	8.0
第二产业增加值	1 518 057	58.2	1 349 503	57.7
工业	1 424 854	54.6	1 260 405	53.9
建筑业	93 203	3.6	89 098	3.8
第三产业增加值	893 293	34.3	802 543	34.3
农林牧渔服务业	49 556	1.9	44 213	1.9
水利管理业	2 444	0.1	2 180	0.1
交通运输、仓储业及邮电通信业	163 281	6.3	154 213	6.6
交通运输业和仓储业	127 676	4.9	123 461	5.3
邮电通信业	35 605	1.4	30 752	1.3
批发和零售贸易、餐饮业	332 462	12.8	290 173	12.4
批发和零售贸易业	285 675	11.0	253 345	10.8
餐饮业	46 787	1.8	36 828	1.6
金融、保险业	81 364	3.1	73 055	3.1
金融业	29 751	1.1	24 810	1.1
保险业	2 328	0.1	2 903	0.1
其它	49 285	1.9	46 152	1.9
房地产业	65 145	2.5	60 964	2.6
房地产管理业	1 774	0.1	2 217	0.1
房地产开发业	11 349	0.4	9 537	0.4
居民自有住房(折旧)	52 022	2.0	49 210	2.1
社会服务业	90 347	3.4	80 951	3.4
卫生、体育和社会福利业	25 176	1.0	22 478	1.0
教育、文艺及广播电影电视业	26 886	1.0	23 878	1.0
科研和综合技术服务业	1 114	0.1	986	0.1
国家机关、政党机关和社会团体	50 339	1.9	44 786	1.9
其他	5 179	0.2	4 666	0.2

1978年～2001年部分年份国内生产总值

（按当年价格计算） 单位：万元

年 份	国 内 生产总值	第一产业 增加值	第二产业 增加值	其中：工业 增加值	第三产业 增加值	人均国内生 产总值(元)
1978	4 8548	18 231	22 961	19 975	7 356	373
1980	63 942	20 743	33 148	29 773	10 051	493
1985	182 250	53 727	106 567	96 167	21 956	1 386
1990	325 292	82 076	197 831	184 847	45 385	2 542
1991	363 351	82 196	232 953	218 396	48 202	2 822
1992	578 402	89 257	382 218	355 281	106 927	4 483
1993	977 621	121 058	658 142	616 935	198 421	7 571
1994	1 371 399	161 614	887 811	840 297	321 974	10 608
1995	1 637 512	178 627	1 012 493	956 165	446 392	13 464
1996	1 843 389	197 856	1 086 541	1 024 499	558 992	15 185
1997	1 905 874	196 129	1 101 986	1 024 793	607 759	15 722
1998	1 960 023	193 667	1 110 083	1 032 193	656 273	16 197
1999	2 111 055	181 967	1 211 364	1 132 963	717 724	17 553
2000	2 339 228	187 182	1 349 503	1 260 405	802 543	19 524
2001	2 606 402	195 052	1 518 057	1 424 854	893 293	21 811

国内生产总值

（按支出法计算）

单位：万元

	2001 年	2000 年		2001 年	2000 年
国内生产总值	2 606 402	2 339 228	2、政府消费	218 738	168 674
一、最终消费	1 027 500	895 747	二、资本形成总额	726 177	658 789
1、居民消费	808 762	727 073	1、固定资本形成	562 275	552 460
①农村居民消费	629 147	578 082	2、存货增加	163 902	106 329
自给性消费	126 271	122 575	在资本形成中：		
商品性消费	304 333	276 063	第一产业	50 903	63 937
文化生活服务性消费	130 577	117 792	第二产业	374 579	272 692
住房及水电消费	68 086	61 652	第三产业	300 695	322 160
其中：住房消费			三、货物和服务净出口	852 725	784 692
②城镇居民消费	179 615	148 991			
商品性消费	110 869	88 751	居民消费水平（元/人）	6 768	6 068
文化生活服务性消费	50 314	45 566	农村居民（元/人）	6 329	5 675
住房及水电消费	18 432	14 674	城镇居民（元/人）	8 936	8 300
其中：住房消费					

二　人口·计划生育·劳动力

总户数、总人口和人口变动

（2001 年）

	单位	数　值		单位	数　值
总户数	户	421 092	在出生人口中：		
总人口	人	1 190 671	男婴	人	5 624
1. 非农业人口	人	207 057	死亡人口	人	8 552
2. 农业人口	人	983 614	死亡率	‰	7.16
在总人口中：			人口自然增长数	人	2 340
男	人	595 611	人口自然增长率	‰	1.96
女	人	595 060	当年迁入人口	人	12 607
出生人口	人	10 892	当年迁出人口	人	16 828
出生率	‰	9.12	全年平均人口	人	1 194 913

计划生育基本情况

（2001 年）

	单位	数　值		单位	数　值
1. 计划生育人数	人	6 805	现家庭只有一个子女的妇女人数	人	220 955
计划生育率	%	98.9	4. 采取节育措施的人数	人	263 301
在计划内生育中：一孩	人	6 192	节育率	%	93.3
一孩率	%	91.0	在采取节育措施中：男扎	人	79
二孩	人	610	女扎	人	15 565
二孩率	%	9.0	上节育环	人	232 398
2. 计划外生育人数	人	78	5. 女性初婚人数	人	7 076
计划外生育率	%	1.1	晚婚率	%	46.5
在计划外生育中：二孩	人	35	女性初婚人数中：		
二孩率	%	44.9	19 周岁及以下	人	17
多孩	人	1	20～22 周岁	人	3 768
多孩率	%	1.3	23 周岁及以上	人	3 291
3. 育龄妇女人数	人	332 406	6. 全年计划生育手术合计	例	14 645
一般生育率	‰	2.1	其中：结扎	例	189
已婚育龄妇女人数	人	282 158	放节育环	例	8 945
有效领证人数	人	135 454	人工流（引）产	例	1 909
领证率	%	48.0			

社会劳动者

单位:人

	2001 年	2000 年		2001 年	2000 年
社会劳动者总计	622 330	653 733	7.金融保险业	4 068	3 860
1.市属单位职工人数	69 444	76 855	8.房地产业、社会服务业	6 250	7 904
其中:国有经济单位职工	41 551	45 384	9.卫生、体育和社会福利事业	6 537	6 868
集体经济单位职工	15 157	17 253	10.教育、文艺和广播电影电视业	14 272	14 096
2.农村劳动力	550 592	574 720	11.科研和综合技术服务业	532	517
3.城镇个体劳动者	2 294	2 158	12.国家机关、政党机关、社会团体、乡村经济组织管理	12 421	12 784
社会劳动者按从事的行业分组			13.其它	29 035	31 436
1.农林牧渔业	178 547	197 930	14.外出合同工、临时工	31 732	33 105
2.工　业	238 275	243 274	社会劳动者按从事的产业分组		
3.建筑业	35 658	37 109	1.第一产业	178 547	197 930
4.水利管理业	610	670	2.第二产业	273 933	280 383
5.交通运输、邮电业	26 695	27 654	3.第三产业	169 850	175 420
6.批发和零售贸易业、餐饮业	37 698	36 859			

城镇个体劳动者

单位:人

	2001 年	2000 年		2001 年	2000 年
总　　计	2 294	2 158	3.批发零售贸易业、餐饮业	1 469	1 382
1.工　　业	497	468	4.居民服务业	217	204
2.交通运输业	108	102	5.其它	3	2

市属单位职工人数

单位:人

	2001 年		2000 年	
	年末人数	年平均人数	年末人数	年平均人数
总　　计	69 444	72 858	76 855	79 104
一、按经济类型分				
1.国有经济单位	41 551	43 966	45 386	45 770
2.集体经济单位	15 157	15 489	17 253	18 279
3.其它经济类型单位	12 736	13 403	14 216	15 055
二、按国民经济行业分				
1.农林牧渔业	2 025	2 082	2 210	2 216
2.采掘业	—	—	—	—
3.制造业	25 181	28 530	32 004	33 704
4.电力煤气及水的生产和供应业	828	853	827	828
5.建筑业	2 476	2 198	2 474	2 105
6.地质勘查业、水利管理业	610	611	670	791
7.交通运输仓储业、邮电业	2 234	2 303	2 361	2 476
8.批发和零售贸易业、餐饮业	6 559	6 916	7 272	7 976
9.金融保险业	3 190	3 089	3 000	3 022
10.房地产业	473	468	478	462
11.社会服务业	1 969	1 943	1 889	1 892
12.卫生、体育和社会福利业	4 686	4 702	4 742	4 725
13.教育、文艺及广播电影电视业	11 811	11 860	11 813	11 958
14.科研和综合技术服务业	257	258	244	239
15.国家机关、政党机关和社会团体	6 850	6 737	6 546	6 377
16.其他	295	308	325	333
三、按产业分				
1.第一产业	2 025	2 082	2 210	2 216
2.第二产业	28 485	31 581	35 305	36 637
3.第三产业	38 934	39 195	39 340	40 251

农村劳动力及其构成

单位：人

	2001年		2000年	
	劳动力	构成(%)	劳动力	构成(%)
一、按性别分				
1.男	282 471	51.3	294 614	51.3
2.女	268 121	48.7	280 106	48.7
二、按行业分				
第一产业	176 522	32.1	195 720	34.0
种植业	147 546	26.8	166 860	29.0
林牧渔业	28 976	5.3	28 860	5.0
第二产业	244 951	44.5	244 610	42.6
工业	211 769	38.5	209 975	36.5
建筑业	33 182	6.0	34 635	6.1
第三产业	129 119	23.5	134 390	23.4
交通运输业、邮电业	24 353	4.4	24 858	4.3
批发和零售贸易业、餐饮业	29 670	5.4	28 205	4.9
房地产业、社会服务业	5 777	1.0	5 333	0.9
卫生、体育和社会福利事业	1 851	0.3	2 126	0.4
教育、文艺和广播电影电视业	2 461	0.5	2 283	0.4
科研和综合技术服务业	275	0.1	273	0.1
金融保险业	878	0.2	860	0.1
乡村经济管理组织	5 571	1.0	6 238	1.1
其它行业	26 551	4.8	31 109	5.4
外出合同工、临时工	31 732	5.8	33 105	5.8
总　　计	550 592	100.0	574 720	100.0

三　工　业·交　通

工业企业主要经济指标

单位：万元

	2001年	2000年		2001年	2000年
1.工业总产值(当年价)	5 700 572	5 120 842	7.所有者权益	1 463 159	1 270 866
2.工业增加值(当年价)	1 424 854	1 260 405	8.全部职工年平均人数(人)	308 217	294 589
3.年末固定资产原值	1 700 767	1 510 378	9.销售利润率(%)	3.5	3.0
4.资金总额	4 108 007	3 499 476	10.全部资金利税率(%)	9.2	9.1
固定资产净值平均余额	1 162 938	951 881	11.工业产品销售率(%)	96.1	96.5
全部流动资产平均余额	2 945 069	2 547 595	12.工业增加值率(%)	25.0	21.5
5.产品销售收入	5 041 433	4 439 058	13.全员劳动生产率(元/人)	46 229	42 785
6.实现利润税金总额	369 181	318 021	14.全部流动资金周转次数(次)	1.8	1.7
其中：利润总额	178 847	134 093	15.工业成本费用利润率(%)	3.5	3.3
产品销售税金及附加	42 093	40 019	16.资产负债率(%)	64.9	66.6

工业总产值

（按当年价格计算）　　单位：万　元

	2001年	2000年		2001年	2000年
全市工业总产值	5 700 572	5 120 842	9.家具制造业	50 165	45 301
1.市属工业	449 562	512 369	10.造纸及纸制品业	22 232	20 031
2.乡镇工业	5 251 010	4 608 473	11.印刷业	35 914	32 115
在合计中：			12.文教体育用品制造业	15 962	14 540
国有经济	66 485	110 376	13.电力、蒸汽、热水生产和供应业	31 353	28 309
集体经济	1 488 019	1 426 523	14.石油加工业	24 512	22 113
在合计中：			15.化学工业	605 971	544 575
轻工业	2 060 581	1 851 027	16.医药工业	62 136	55 665
重工业	3 639 991	3 269 815	17.化学纤维工业	35 914	32 343
在合计中：			18.橡胶制品业	38 764	34 734
大型企业	509 289	260 310	19.塑料制品业	239 994	215 724
中型企业	573 653	861 631	20.建材及其他非金属矿物制品业	141 944	127 707
按工业行业分组			21.黑色金属冶炼及压延加工业	232 583	208 796
1.建材及其它非金属矿采选业	7 411	6 578	22.有色金属冶炼及压延加工业	222 322	199 929
2.自来水生产和供应业	4 560	4 166	23.金属制品业	440 084	395 423
3.食品制造业	54 725	49 090	24.机械工业	961 686	864 053
4.饮料制造业	10 831	9 656	25.交通运输设备制造业	196 100	176 178
5.纺织业	605 401	544 034	26.电气机械及器材制造业	505 641	454 057
6.缝纫业	54 155	48 650	27.电子及通信设备制造业	546 115	490 657
7.皮革、毛皮及其制品业	22 802	20 281	28.仪器仪表及计量器具制造业	22 802	20 485
8.木材加工及竹藤棕草制品业	39 334	35 099	29.其它工业	468 017	420 653

主要工业产品产量

	单　位	2001年	2000年		单　位	2001年	2000年
钢	万千克	3 5000	3 4400	塑料制品	万千克	5 100	4 200
钢材	万千克	58 500	63 800	电子元件	亿只	13.1	10.8
铁合金	万千克	7 900	7 100	布	亿米	3.1	2.1
铜材	万千克	1 140	1 300	空调	万台	46.8	18.9
化学纤维	万千克	3 600	3 600	丝织品	万米	552	508
发电量	亿千瓦时	11.1	8.47	服装	万件	1 279	1 091
水泥	万千克	34 700	28 720	农用化肥(100%)	万千克	2 500	2 300
柴油机	万千瓦	574	715.2	化学农药(100%)	万千克	700	600
轴承	万套	4 492	3 955	音响(含 VCD)	万部	308	314
电动工具	万台	888	753				

客、货运输量和港口吞吐量

	单　位	2001年	2000年		单位	2001年	2000年
一、客　运				1.货运量	亿千克	127.3	121.8
1.客运量	万人	2 180	2 116	水　运	亿千克	13.2	13.1
水　运	万人	—	—	陆　运	亿千克	114.1	108.7
陆　运	万人	2 180	2 116	2.周转量	亿千克千米	4 437.9	4 224.8
2.周转量	万人千米	61 044	59 555	水　运	亿千克千米	1 789.8	1 768.6
水　运	万人千米	—	—	陆　运	亿千克千米	2 648.1	2 456.2
陆　运	万人千米	61 044	59 555	三、港口货物吞吐量	亿千克	52	54.8
二、货　运				港口货物操作量	亿千克	54.8	47.6

公路、航道里程和公路桥梁

	单 位	2001年	2000年
全部公路通车里程	千米	2 111	1 981
其中:国家养护	千米	711	678
其中:国道	千米	55	55
省道	千米	101	95
港口码头总延长	米	6 168	6 318
泊位数	个	123	128
公路桥梁	座	464	464
内河通航里程	千米	504	502
通班车的乡镇	个	30	30

全社会交通运输工具拥有量

(2001年)

车辆:辆 船舶:艘

	数 值		数 值
大型汽车合计	5 832	摩托车	217 910
客车	261	大中型拖拉机	1 804
货车	5 385	小型拖拉机	13 310
其他车辆	186	机动船合计	774
小型汽车合计	20 695	客船	5
客车	13 763	货船	722
货车	6 792	油船	38
其他车辆	140	拖船	9
简易机动车	1 763	货驳	56

四 农 业

农业总产值

单位:万元

	2001年		2000年	
	'90不变价	当年价	'90不变价	当年价
农林牧渔业总产值	247 537	369701	235 801	358 011
一、农业产值	131 900	205 117	134 025	209 375
(一)种植业	65 239	138 455	67 317	142 607
1.粮食作物	35 937	68 899	40 842	75 370
2.油料作物	1 924	2 752	2 254	3 367
3.蔬菜(含菜用瓜)	10 726	42 601	8 751	41 103
4.食用菌	7 194	5 242	4 277	6 535
5.水果(含果用瓜)	4 670	10 234	5 327	7 246
6.其他农作物	4 788	8 727	5 866	8 986
(二)其他农业	66 661	66 662	66 708	66 768
二、林业产值	33 715	34 067	27 532	27 948
三、牧业产值	35 365	58 451	30 290	52 813
1.牲畜	18 530	32 400	17 529	32 826
其中:生猪	16 936	29 887	16 571	30 218
2.家禽	9 526	17 017	6 845	12 297
3.畜禽产品	6 452	7 301	4 993	5 405
4.其他动物产品	854	1 723	1 202	2 215
5.捕猎	3	10	21	70
四、渔业产值	46 557	72 066	43 954	67 875
1.淡水产品	29 048	61 561	25 873	57 026
其中:渔类	21 120	42 853	20 130	38 161
2.人工育珠	17 509	10 505	18 081	10 849
在农林牧渔业总产值中:				
1.多种经营产值	209 676	298 050	192 705	279 274
2.花木产值	37 217	37 217	32 259	32 259

2001年农业总产出及增加值

(按当年价格计算)

单位:万元

	总产出	中间投入	其中:物质消耗	增加值	劳动者报酬	生产税净额	营业盈余	固定资产折旧
总计	369 701	174 649	159 640	195 052	146 356	8 029	29 258	11 409
1.农业	205 117	93 216	83 017	111 901	83 965	4 606	16 785	6 545
其中:种植业	138 455	45 712	40 345	92 743	69 557	3 802	13 911	5 473
2.林业	34 067	12 469	10 442	21 598	16 206	889	3 240	1 263
3.牧业	58 451	37 142	36 453	21 309	15 989	877	3 197	1 246
4.渔业	72 066	31 822	29 728	40 244	30 196	1 657	6 036	2 355

农村经济收入分配和效益

单位:万元

	2001年	2000年		2001年	2000年
一、农村经济总收入	5 503 294	4 977 000	二、农村经济总费用	4 514 461	4 058 322
1.农业	348 134	339 720	1.生产费用	4 173 791	3 685 097
其中:种植业	128 642	126 757	2.管理费用	283 755	274 233
2.工业	4 776 372	4 262 728	3.其它费用	56 915	90 992
3.建筑业	142 880	147 159	三、农村经济总收益	988 833	918 678
4.运输业	78 669	71 946	其中:国家税金	199 692	182 948
5.批发零售贸易业、餐饮业	84 901	83 634	四、农民各项所得总额	509 415	493 170
6.服务业	30 775	29 275	每人平均(元)	4 952	4 771
7.其它	41 563	42 738			

畜牧业、渔业生产情况

	单位	2001年	2000年		单位	2001年	2000年
一、畜、禽、蜂年末数				4.特种禽类出栏	万羽	10.38	10.84
1.牛	头	1 356	724	5.蚕茧产量	万千克	30	25.1
其中:乳牛	头	1230	575	6.兔毛产量	万千克	2.1	3.1
2.猪	万头	36.85	36.63	7.牛奶产量	万千克	252.2	107.8
其中:母猪	万头	2.76	3.18	8.蜂蜜产量	万千克	50	27.9
3.羊	万只	17.48	17.81	9.禽蛋产量	万千克	1 294.6	969.6
4.家禽	万羽	267.35	241.96	10.鹌鹑蛋产量	万千克	26.9	23.1
5.兔	万只	9.83	8.78	三、淡水产养殖面积		12.23	12.30
6.蜂	万箱	0.85	0.83	其中:池塘养殖	千公顷	6.88	8.1
二、畜、禽、蜂、蚕茧产量				围网养殖	千公顷	3.13	3.2
1.肉猪出栏	万头	49.70	48.19	四、水产品产量	万千克	4 750	4 650
猪肉产量	万千克	3 379.3	3 276.8	其中:成鱼产量	万千克	4 499.8	4 383
2.羊出栏	万只	18.54	19.72	虾、蟹产量	万千克	250.2	267
羊肉产量	万千克	278.1	295.8	五、蚌珠产量	万千克	14.6	15.1
3.家禽出栏	万羽	753.14	707.77				

茶、桑、果、花木种植面积和产量

	单位	2001 年	2000 年		单位	2001 年	2000 年
一、茶园面积	公顷	291	285	葡　萄	万千克	1 297	970.9
茶叶产量	万千克	24.8	25.1	桃　子	万千克	389.1	598
二、桑园面积	公顷	353	344	桔　子	万千克	63	60
桑叶产量	万千克	600	520	柿　子	万千克	2.8	5.8
三、果园面积	公顷	990	738	枣　子	万千克	2.8	2
水果产量	万千克	2 366.3	2 086.8	枇　杷	万千克	2.2	1.4
其中:苹　果	万千克	6.1	6.3	其它水果	万千克	353	82.4
梨　子	万千克	250.3	360	四、花卉苗木种植面积	公顷	4 206	2 853

主要农作物播种面积和产量

(2001 年)

	面　积（千公顷）	单　产（千克/公顷）	总产量（万千克）		面　积（千公顷）	单　产（千克/公顷）	总产量（万千克）
农作物总播种面积	105.56	—	—	单晚稻	46.45	4 470	4 1633.6
一、粮食、大豆作物	79.07	6 435	50 849.4	薯类	1.14	4 830	551.4
1.夏粮	29.48	2 775	8 175.8	大豆	1.75	2 400	421.1
其中:小麦	28.17	2 775	7 833.1	二、油料	7.59	1 740	1 318.1
元麦	0.76	2 775	211.7	其中:油菜籽	7.32	1 755	1 280.8
大麦	0.11	2 535	27.1	三、其它农作物	18.90	—	—
2.秋粮	49.59	8 610	42 673.6	其中:蔬菜	12.45	24 645	30 701.2
其中:稻谷	46.45	4 470	41 633.6	瓜类	0.67	22 995	1 548.1
其中:杂交稻	—	—	—				

农业现代化情况和耕地面积

	单　位	2001 年	2000 年		单　位	2001 年	2000 年
当年实际机耕地面积	千公顷	51.32	55.32	化学农药使用量	万千克	239.9	222.9
机耕地面积占耕地面积	%	66.20	70.51	农用薄膜使用量	万千克	92.7	87.5
机械播种面积	千公顷	10.19	3.47	农用柴油消耗量	万千克	1 124	1 044
机械收获面积	千公顷	54.75	58.38	农村用电量	万千瓦时	227 653	220 350
机械植保面积	千公顷	74.88	101.85	年度改造中低产田面积	千公顷	2.67	2.67
有效灌溉面积	千公顷	70.54	70.54	粮食生产规模经营面积	千公顷	7.12	6.73
其中:机电灌溉	千公顷	70.54	70.54	粮食生产规模经营单位数	个	3 083	2 890
有效灌溉面积占耕地面积	%	90.9	89.91	年末耕地面积	千公顷	77.55	78.45
化肥施用量(实物量)	万千克	11 114.7	11 283.9	1.水田	千公顷	65.21	65.87
(折纯量)	万千克	3 310.7	3 269.9	2.旱地	千公顷	12.34	12.58
每公顷耕地平均施用化肥				农业人口人均拥有耕地	公顷	0.079	0.078
(实物量)	千克	1 440	1 440	年末土地面积	平方千米	1 582.4	1 582.4
(折纯量)	千克	420	420				

农业机械年末拥有量

	单　位	2001年	2000年
农业机械总动力	万千瓦	86.80	85.34
其中:柴油机	万千瓦	36.51	35.37
电动机	万千瓦	40.94	40.82
一、耕作机械			
大中型农用拖拉机	台/千瓦	1804/666 58	1 882/69 390
小型拖拉机	台/千瓦	13 310/125 853	9 301/82 621
二、排灌机械			
农用动力排灌机械	台/千瓦	8 882/101 801	8 826/102 705
农用水泵	台	9 407	10 314
喷灌机械	套	10	10
三、收获机械			
联合收割机	台/千瓦	2 172/14 145	2 200/12 822
机动脱粒机	台	71 928	72 547
四、植保机械			
机动喷雾(粉)机	部/千瓦	6 625/7 205	6 467/7 110
五、畜牧机械			
饲料粉碎机	台	1 849	1 790
六、渔业机械			
渔用机动船	艘/万千克/千瓦	1 266/535.7/9 189	1 244/651.4/9 295
增氧机	台	3 337	2 543
七、农副产品加工机械			
粮食加工机械	部	3 700	3 640
棉花加工机械	部	32	30
油料加工机械	部	221	221
八、运输机械			
农用载重汽车	辆/千瓦	2 509/128 273	2 600/129 708
农用运输车	辆/千瓦	1 779/27 369	5 657/54 361
九、其它机械			
专用推土机	台/千瓦	207/12 007	195/11 183
十、大中型拖拉机配套农具	部	7 155	7 371
其中:机引犁	部	773	816
旋耕机	部	1 514	1 552
十一、手扶拖拉机配套农具	部	22 395	24 101
其中:旋耕机	部	7487	8 090

五　国内贸易和对外经济

社会消费品零售总额

单位:万　元

	2001年	2000年		2001年	2000年
社会消费品零售总额	510 753	472 174	三、按行业分		
一、按销售对象分			1.批发零售贸易业	398 105	372 157
1.对居民零售额	477 901	443 444	2.餐饮业	37 049	29 618
2.对社会集团零售额	32 852	28 730	3.制造业	32 350	28 522
二、按经济类型分			4.农业生产者	27 107	28 123
1.国有经济	54 840	58 969	5.其他行业	16 142	13 754
2.集体经济	108 066	120 444	附:商品交易市场成交额	1 131 058	973 019
3.个私经济	272 974	242 786	商品交易市场总数(个)	145	144
4.其它经济	74 873	49 975			

批发零售贸易企业分类销售额、零售额

（限额以上企业）

单位：万 元

	2001 年		2000 年	
	销售额	其中：零售额	销售额	其中：零售额
合 计	538 889	118 278	680 857	121 432
（一）批发业				
食品、饮料、烟草批发业	76 690	5 794	65 383	4 255
棉、麻、土畜产品批发业	1 804	1 487	24 774	13 337
纺织品、服装和鞋帽批发业	—	—	—	—
日用百货批发业	—	—	3 270	660
日用杂品批发业	—	—	—	—
五金交电化工批发业	—	—	—	—
药品及医疗器械批发业	46 688	28 756	41 358	31 079
能源批发业	28 704	414	33 946	8 466
化工材料批发业	51 227	—	64 992	—
木材批发业	—	—	—	—
建筑材料批发业	13 972	380	12 639	1 056
金属材料批发业	7 100	—	23 774	9 056
汽车摩托车及零配件批发业	63 115	33 377	54 914	23 900
再生物资回收批发业	177 680	—	290 213	—
农业生产资料批发业	17 209	—	22 357	1 492
其他产品的批发业	—	—	5 961	—
（二）零售业				
日用百货零售业	47 194	42 971	28 739	21 656
五金交电化工零售业	—	—	—	—
图书报刊零售业	5 864	5 100	8 539	6 477

批发零售贸易企业商品购、销、存总额

（限额以上企业）

单位：万 元

	2001 年	2000 年		2001 年	2000 年
商品购进总额	502 985	648 949	2. 对生产经营单位销售	244 559	317 990
其中：从生产者购进	344 225	430 166	3. 对批发零售贸易业销售	174 607	228 746
进口	—	525	4. 出口	1 445	12 689
商品销售总额	538 889	680 857	年末库存	33 255	30 402
1. 对居民和社会集团销售	118 278	121 432			

对外经济贸易

	2001年		2000年	
	当　年	历年来累计	当　年	历年来累计
批办"三资"企业(家)	71	1 084	49	1 013
开业投产"三资"企业(家)	21	603	8	582
协议利用外资(万美元)	28 297	214 251	17 173	185 954
实际利用外资(万美元)	14 209	96 967	12 024	82 758
自营出口总值(万美元)	64 933	—	49 960	—
批办境外企业(家)	—	20	—	20
境外企业开业数(家)	—	10	—	10
境外承包工程和劳务输出合同金额(万美元)	2 548	—	2 219	—

六　财　政·金　融·保　险

财政收入

单位:万　元

	2001年	2000年		2001年	2000年
预算内财政收入	236 690	187 073	耕地占用税、契税	4 300	4 827
一、中央收入	110 329	93 685	罚没收入	4 967	4 693
其中:增值税	110 111	93 357	其他收入	0	0
二、地方收入	126 361	93 388	专项收入	3 709	2 994
1.一般预算收入	123 806	91 935	教育费附加	1 662	1 322
增值税	36 704	31 119	排污费	1 686	1 382
营业税	14 154	11 420	城市水资源费	361	290
企业所得税	37 571	16 793	2.财政基金收入	2 555	1 453
个人所得税	8 863	5 284	①农业税附加收入	684	602
固定资产投资方向调节税	53	478	②城镇公用事业附加收入	1008	837
城市维护建设税	9 021	6 838	③文化事业建设费收入	13	14
农业税、农业特产税	3 502	4 138	预算外收入	75 404	64 795

财政支出

单位:万　元

	2001年	2000年		2001年	2000年
预算内财政支出	129 706	92 833	6.文体广播事业费	2 350	1 936
1.基本建设支出及简易建筑费	4 769	3 745	7.教育事业费	27 633	21 471
2.企业挖潜改造资金	2 917	4 153	8.科学事业费	177	137
3.科技三项费用	2 604	869	9.卫生经费	9 981	8 844
4.支援农村生产支出	13 700	6 239	10.其它各项支出	50 231	37 805
5.城市维护费	15 344	7 634	预算外支出	77 558	62 601

金融机构存、贷款余额

单位:万 元

	2001 年	2000 年		2001 年	2000 年
一、各项存款	2 305 200	1 980 032	②商业贷款	110 600	123 898
1. 企业存款	730 000	632 300	③建筑业贷款	26 800	26 900
2. 财政存款	1 500	8 800	④农业贷款	84 500	74 800
3. 机关团体存款	15 100	2 700	⑤乡镇企业贷款	466 300	411 100
4. 储蓄存款	1 245 700	1 099 431	⑥三资企业贷款	20 300	12 900
5. 农业存款	233 000	194 700	⑦私营企业及个体贷款	17 700	8 400
6. 信托存款	0	0	⑧其他短期贷款	129 200	119 900
7. 委托存款	300	9 000	2. 中期流动资金贷款	48 200	59 500
8. 其他存款	79 600	42 700	3. 中长期贷款	104 100	58 400
			①基本建设贷款	13 500	3 600
二、各项贷款	1 311 600	1 155 757	②技术改造贷款	18 900	18 200
1. 短期贷款	1 086 000	983 200	③其他中长期贷款	71 700	36 600
①工业贷款	230 600	205 302	4. 其他各项贷款	73 300	52 100

金融机构现金收支、居民储蓄

(2001 年)

单位:万 元

	数 值		数 值
一、现金收入合计	5 878 951	产品采购支出	361 607
其中:商品销售收入	1 186 116	其中:农副产品采购	187 866
服务业收入	270 842	行政事业管理费支出	613 090
城乡个体经营收入	473 788	城乡个体经营支出	807 994
储蓄存款收入	2 948 239	储蓄存款支出	2 861 546
有价证券收入	10 287	居民提取贷款支出	84 192
二、现金支出合计	6 608 452	其他支出	809 423
其中:国家职工工资及奖金支出	196 050	三、现金轧差(投放)	729 501
国家对个人其它支出	71 554	四、居民储蓄存款余额	1 245 700
其他单位工资性支出	720 741	人均储蓄存款(元)	10 407

保险业务

单位:万 元

	2001 年	2000 年		2001 年	2000 年
一、保险业务总收入	32 996	28 728	1. 赔案件数(件)	23 632	18 100
其中:财产险	13 233	11 664	2. 支出(赔款)金额	10 773	9 587
人身险	197 63	16 680	其中:财产险	7 502	6 236
二、保险业务总支出			人身险	3 271	3 243

七 固定资产投资

全社会固定资产投资

单位:万 元

	2001 年	2000 年		2001 年	2000 年
全社会固定资产投资完成额	501 338	404 504	设备工器具购置	200 214	161 042
1.基本建设	216 355	199 471	其他费用	47 571	47 692
2.更新改造	284 983	205 033	在投资完成额中:		
在投资完成额中:			国有单位投资	86 212	83 608
市属单位投资	100 138	82 310	集体单位投资	220 811	183 697
房地产开发投资	85 015	78 982	其他投资	194 315	137 199
农村单位投资	297 072	221 421	在投资完成额中:		
城乡私人建房	19 113	21 791	第一产业	10 736	15 097
在投资完成额中:			第二产业	296 761	220 341
建筑工程	240 764	181 189	其中:工业	294 239	219 676
安装工程	12 789	14 581	第三产业	193 841	169 066

城乡私人建房

	单 位	2001 年	2000 年		单 位	2001 年	2000 年
建房户数	户	4 515	5 076	建筑面积	万平方米	4.56	1.59
建筑面积	万平方米	71.00	67.85	2.农民建房户数	户	4 260	4 862
1.市镇居民建房户数	户	255	214	建筑面积	万平方米	66.44	66.26

房地产开发情况

	单 位	2001 年	2000 年		单 位	2001 年	2000 年
一、房地产开发投资完成额	万 元	85 015	78 982	利用外资	万 元	140	126
房屋施工面积	万平方米	142.18	113.10	自筹资金	万 元	31 036	22 599
其中:住宅	万平方米	124.69	94.17	其他资金	万 元	76 600	67 508
二、销售额	万 元	73 034	56 634	四、新增固定资产	万 元	62 414	66 655
销售面积	万平方米	51.04	45.38	房屋竣工面积	万平方米	62.44	63.44
三、资金来源合计	万 元	147 026	115 176	其中:住宅	万平方米	56.63	48.68
上年末结余	万 元	11 094	9 878	固定资产交付使用率	%	73.4	84.4
国内贷款	万 元	28 156	15 065				

八　科技·教育·文化·广播电视·卫生·体育

科学技术基本情况

	单位	2001 年	2000 年		单位	2001 年	2000 年
一、科技项目及经费				二、高新技术产业			
国家级项目	项	18	18	国家及省认定的高新技术企业	家	31	24
资助额	万元	485	375	省认定的高新技术产品	只	188	113
省级项目	项	108	57	三、科研成果			
资助额	万元	336	182	获上年度科技进步奖	项	41	30
市(地)级项目	项	8	5	其中:省级	项	3	5
资助额	万元	38	14	市(地)级	项	10	7
市(县)级项目	项	103	89	市(县)级	项	28	18
资助额	万元	563	536	四、专利			
市(县)级财政科技拨款	万元	2 217	1 287	当年申请数	件	510	326
占本级财政支出比重	%	1.6	1.4	当年授权数	件	370	290
其中:科技事业费	万元	177	137	五、科技进步对工业的贡献率	%	44.6	43.5
占本级财政支出比重	%	0.1	0.1	科技进步对农业的贡献率	%	57.4	55.6
科技三项费用	万元	1 950	1 150	六、各类科技开发、贸易机构数	家	174	136
占本级财政支出比重	%	1.5	1.2	已认定的民营科技企业	家	74	43

2001～2002 学年各类学校基本情况

	学校数（所）	毕业生数（人）	招生数（人）	在校学生数(人)	教职工数(人)	
					合　计	#专任教师
1.普通中学	61	18 713	26 652	73 570	4 938	3 871
其中:完中、高中	13	4 949	6 678	16 853	—	1 014
初中	46	13 764	19 974	56 717	—	2 857
2.职业中学、普通中专(含进修学校)	7	2 115	1 489	5 139	525	368
3.小学	207	19 880	14 710	105 357	4 991	4 323
4.特殊教育学校	1	38	69	338	28	16
5.幼儿园	60	—	11 219	26 964	1 502	1 094
7.武进电大(大专班)	1	222	305	828	165	115

注:职业中学、中等专业学校、电大除学校数、教职工数外,其它指标中分别包括其他各类学校所办的技工班、中专班和大专班的数字。

中小学专任教师学历

(2001 年)　　单位:人

	合　计	普通中学	小　学
1.大学本科毕业及以上	1 950	1 787	163
2.大学专科毕业	4 279	1 904	2 375
3.中专毕业	1 907	170	1 737
4.高中毕业及以下	58	10	48

小学学龄儿童入学率、巩固率、毕业率

	单位	2001 年	2000 年		单位	2001 年	2000 年
一、学龄儿童总数	人	104 754	107 817	四、上学年度在校学生巩固率	%	100.00	99.23
二、入学儿童总数	人	104 754	107 817	五、上学年度应届毕业班学生毕业率	%	99.80	100.00
三、学龄儿童入学率	%	100.00	100.00				

文化事业

	单　位	2001 年	2000 年		单　位	2001 年	2000 年
一、影剧院	个	32	32	五、文化馆	个	1	1
影剧院座位	座	33 985	33 985	文化中心	个	30	30
会场数	个	4	4	文化站	个	30	30
会场座位	座	2 950	2 950	工作人员	人	90	108
二、电影放映单位	个	37	46	六、市级图书馆	个	1	1
电影放映工作人员	人	200	234	工作人员	人	15	16
电影放映场次	万场	1.02	0.5	藏　书	万册	22	21.1
观众人数	万人	75	25	七、博物馆	个	2	2
三、剧团个数	个	2	2	工作人员	人	11	11
工作人员	人	44	43	藏　品	件	3 302	3 486
演出场次	场	208	155	八、新华书店	个	25	25
观众人数	万人	43	39	工作人员	人	115	118
四、书场	个	10	10	图书发行量	万册	1 309	1 265

广播电视事业

	单　位	2001 年	2000 年		单　位	2001 年	2000 年
电视台	座	1	1	其中：自办节目	时：分/日	8：55	8：55
电视播出时间	时：分/周	90：32	71：59	乡镇广播站	座	30	30
其中：自办节目	时：分/周	90：32	68：29	广播电视传输电缆	千米	10 000	18 000
开通有线电视乡镇	个	30	30	广播电视传输光缆	千米	5 682	1 800
有线电视用户	万户	19.9	16.5	广播喇叭数	万只	16.2	16.0
其中：当年新增	万户	3.4	0.3	广播电视覆盖率	%	100.0	100.0
广播电台	座	1	1	广播电视工作人员	人	600	415
广播节目播出时间	时：分/日	12：45	12：45	其中：各类专业职务人员	人	206	207

卫生事业基本情况

	单　位	2001 年	2000 年		单　位	2001 年	2000 年
卫生机构数	个	44	44	其中：中医	人	170	197
其中：市级医院	个	4	4	西医	人	1 347	1 358
农村卫生院	个	31	31	护士、护师	人	1 143	1 101
医疗床位数	张	3 199	3 199	助产士	人	42	42
其中：市级医院	张	782	782	药剂人员	人	455	458
农村卫生院	张	2 187	2 187	平均每万人口拥有医疗床位	张	27	27
卫生技术人员	人	3 643	3 641	平均每万人口拥有卫生技术人员	人	30	30
其中：医生	人	1 533	1 555	平均每万人口拥有医生	人	13	13

体育事业基本情况

	单　位	2001 年	2000 年		单　位	2001 年	2000 年
全民健身工程(点)	个	16	11	其中：省级及以上	枚	36.5	27
举办县级运动会	次	2	1	银牌	枚	95	78
参加人数	人次	2 360	1 350	其中：省级及以上	枚	10	20
各类体育培训班参加人数	人次	980	812	铜牌	枚	91	65
年末社会体育等级指导员	人	307	236	其中：省级及以上	枚	22	11
其中：国家级	人	1	1	年末等级裁判员数	人	311	295
一级	人	7	6	其中：国家级	人	1	1
二级	人	50	40	一级	人	18	16
三级	人	249	178	二级	人	106	102
年末业余体校专职教练员	人	7	6	三级	人	186	176
开设训练项目	个	3	2	当年向省及以上运动队输送运动员	人	4	3
获市(地)以上体育竞赛奖牌数	枚	331.5	240				
金牌	枚	145.5	97				

九 人 民 生 活

市属单位职工工资

	2001年		2000年	
	工资总额(万元)	人均工资(元)	工资总额(万元)	人均工资(元)
总 计	87 472.4	12 006	84 487.2	10 681
一、按经济类型分				
1.国有经济单位	59 390.8	13 508	55 284.4	12 079
2.集体经济单位	15 823.6	10 216	17 761.3	9 717
3.其它经济类型单位	12 258.0	9 146	11 441.5	7 600
二、按国民经济行业分				
1.农林牧渔业	2 069.3	9 939	1 893.8	8 546
2.采掘业	—	—	—	—
3.制造业	25 256.4	8 853	28 273.2	8 389
4.电力煤气及水的生产和供应业	899.1	10 540	1 207.5	14 583
5.建筑业	2 295.7	10 444	2 052.5	9 751
6.地质勘查业、水利管理业	702.4	11 496	667.9	8 444
7.交通运输仓储业、邮电业	2 378.5	10 328	1 951.9	7 883
8.批发和零售贸易业、餐饮业	5 921.2	8 562	7 274.0	9 120
9.金融保险业	2 635.4	8 532	3 589.5	11 878
10.房地产业	727.9	15 553	513.9	11 123
11.社会服务业	2 331.6	12 000	1 982.1	10 476
12.卫生、体育和社会福利事业	8 256.1	17 559	6 855.3	14 509
13.教育、文艺和广播电影电视业	19 601.0	16 527	16 282.7	13 617
14.科研和综合技术服务业	405.5	15 717	383.9	16 063
15.国家机关、政党机关和社会团体	13 501.9	20 041	10 760.8	16 874
16.其 它	490.4	15 922	798.2	23 970
三、按产业分				
1.第一产业	2 069.3	9 939	1 893.8	8 546
2.第二产业	28 451.2	8 920	29 480.7	8 537
3.第三产业	56 951.9	14 552	53 112.7	12 540

市属单位职工保险福利费

单位:万元

	2001年	2000年		2001年	2000年
一、在职职工保险福利费总额	10 054.4	8 807.6	离休金	986.8	899.0
1.集体福利事业补贴费及设施费	2 792.4	2 436.2	退休金	24 524.6	18 502.9
2.文体宣传费	487.4	487.6	退职生活费	240	294.2
3.医疗卫生费	5 694.4	4 592.6	医疗卫生费	2 420.7	2 478.3
4.其它	1 080.2	1 291.2	其它	622.2	511.3
在总额中:			在总额中:		
国有经济单位	7 804.1	5 963.7	国有经济单位	17 417.1	14 119.6
集体经济单位	986.6	1 391.8	集体经济单位	7 899.2	5 445.1
其它经济类型单位	1 263.7	1 452.1	其它经济类型单位	3 478	3 121.0
二、非在职职工保险福利费总额	28 794.3	22 685.7			

农民家庭收支抽样调查资料

单位:元

	2001 年	2000 年		2001 年	2000 年
一、调查户基本情况			其它家庭经营收入	154.98	123.27
调查户数(户)	100	100	(二)转移性收入	347.03	187.93
调查户常住人口(人)	350	352	(三)财产性收入	107.63	26.95
平均每户常住人口(人)	3.50	3.52	平均每人纯收入	5 522	5 211
平均每户整半劳动力(人)	2.55	2.59	三、农民家庭平均每人支出		
平均每人年末住房面积(m^2)	60.90	62.28	平均每人总支出	4666.93	4 835.61
二、农民家庭平均每人收入			(一)生活消费支出	3 648.61	3 719.97
平均每人总收入	6 376.60	5 989.07	食品	1 531.92	1 391.87
(一)基本收入	5 921.95	5 774.19	衣着	188.30	247.86
1.劳动者的报酬收入	3 205.11	3 123.16	居住	615.34	689.10
其中:在企业劳动得到的	2 303.64	2 326.45	家庭设备、用品及服务	181.35	193.51
2.家庭经营收入	2 716.84	2 651.03	医疗保健	280.54	308.49
农业收入	621.35	631.02	交通和通讯	380.21	414.52
其中:种植业收入	615.09	623.01	文教娱乐用品及服务	405.79	352.68
林、牧、渔业收入	391.76	395.85	其它商品和服务	65.15	121.95
工业收入	361.27	677.63	(二)家庭经营费用支出	520.65	572.85
建筑业收入	163.77	79.93	(三)购置生产用固定资产支出	55.00	68.65
运输业收入	185.96	125.80	(四)税费支出	47.64	44.49
商业、饮食业,服务业收入	837.76	617.54	(五)其它非借贷性支出	395.03	429.65

平均每10户农民家庭主要耐用消费品年末拥有量

	单 位	2001 年	2000 年		单 位	2001 年	2000 年
自行车	辆	20.4	21.5	电视机	台	14.3	13.6
电风扇	台	28.8	28.5	其中:彩电	台	10.3	9.6
洗衣机	台	9.1	8.9	影碟机	台	2.1	1.9
电冰箱	台	5.6	5.4	照相机	架	1.9	1.5
摩托车	辆	8.9	8.3	抽油烟机	台	2.2	1.9
电话	部	11.4	9.3	吸尘器	台	1.1	1.0
其中:移动电话	部	4.4	2.6	空调机	台	2.9	2.8

农民家庭平均每人全年主要消费品消费量

名　称	单　位	2001 年	2000 年	名　称	单　位	2001 年	2000 年
粮食(原粮)	千克	172.42	163.29	动物油	千克	0.36	0.59
蔬菜	千克	157.00	131.43	食糖	千克	2.26	1.97
猪肉	千克	16.81	18.44	酒类	千克	15.87	9.37
牛羊肉	千克	0.64	0.55	卷烟	盒	31.02	34.31
蛋类	千克	6.83	7.91	茶叶	千克	0.06	0.14
鱼类	千克	8.65	7.86	水果	千克	37.44	27.26
虾蟹类	千克	1.25	0.75	糖果	千克	0.22	0.36
家禽	千克	4.09	5.28	糕点	千克	1.17	1.16
植物油	千克	8.11	6.70				

十　横向比较资料

2001 年武进市国民经济主要指标在江苏省的位置

名次	县(市)	总人口(万人)	名次	县(市)	国内生产总值(亿元)
1	沭　阳	171.36	1	江　阴	365.03
2	邳　州	156.25	2	张家港	306.84
3	兴　化	155.27	3	常　熟	303.00
4	如　皋	145.28	**4**	**武进市**	260.64
5	通　州	130.19	5	昆　山	230.37
6	铜　山	128.9	6	吴　江	203.37
7	泰　兴	128.81	7	宜　兴	199.92
8	睢　宁	128.71	8	太　仓	157.98
9	**武　进**	119.07	9	丹　阳	152.26
10	沛　县	118.48	10	海门	132.93

名次	县(市)	财政收入(亿元)	名次	县(市)	工业增加值(亿元)
1	江　阴	36.03	1	江　阴	205.05
2	张家港	32.08	2	张家港	171.27
3	常　熟	30.46	3	常　熟	150.94
4	昆　山	27.36	**4**	**武　进**	142.49
5	**武　进**	23.67	5	昆　山	128.45
6	吴　江	15.29	6	宜　兴	106.62
7	宜　兴	14.18	7	吴　江	102.38
8	太　仓	12.12	8	太　仓	77.56
9	丹　阳	9.58	9	丹　阳	75.05
10	通　州	8.16	10	海　门	58.58

续 表

名次	县(市)	粮食产量(万吨)	名次	县(市)	粮食产量(万吨)
1	东台	35.24	9	铜山	23.14
2	兴化	28.63	10	盐都	22.84
3	启东	28.27	11	东海	22.65
4	邳州	27.42	12	赣榆	21.68
5	如东	26.87	13	泗洪	21.10
6	沭阳	26.32	14	通州	20.55
7	大丰	25.80	15	沛县	19.99
8	射阳	25.52	**16**	**武进**	19.51

名次	县(市)	第三产业增加值(亿元)	名次	县(市)	社会消费品零售总额(亿元)
1	江阴	133.20	1	常熟	84.75
2	常熟	121.61	2	江阴	78.11
3	张家港	114.21	3	宜兴	64.69
4	**武进**	89.33	**4**	**武进**	51.08
5	昆山	80.50	5	张家港	48.23
6	吴江	76.41	6	溧阳	42.58
7	宜兴	68.02	7	海门	42.32
8	太仓	59.61	8	启东	41.90
9	丹阳	56.04	9	昆山	40.90
10	海门	50.01	10	吴江	38.34

名次	县(市)	在岗职工平均工资(元)	名次	县(市)	农民人均纯收入(元)
1	**武进**	12 673	1	江阴	5 874
2	昆山	12 271	2	常熟	5 853
3	仪征	12 154	3	昆山	5 846
4	太仓	12 114	4	张家港	5 813
5	高淳	12 114	5	吴中	5 811
6	张家港	11 777	6	太仓	5 783
7	宜兴	11 529	7	吴江	5 651
8	常熟	11 499	**8**	**武进**	5 522
9	吴江	11 478	9	锡山	5 251
10	金坛	11 389	10	扬中	4 860

2001年沿海十五县(市、区)主要经济指标

县(市)	年末总人口(万人)	国内生产总值(现行价)(亿元)	第一产业增加值(亿元)	第二产业增加值(亿元)	第三产业增加值(亿元)	农业总产值(现行价)(亿元)	粮食总产量(万吨)	工业总产值(现行价)(亿元)	工业产品销售收入(亿元)
武进市	119.07	260.64	19.50	151.81	89.33	36.97	50.85	570.06	504.14
比上年±%	−0.7	11.5	4.8	13.4	10.0	3.3	−12.7	11.3	13.6
常熟市	103.76	303.00	15.44	165.95	121.61	28.79	37.00	660.27	444.17
比上年±%	−0.1	17.2	3.3	20.5	14.9	2.2	−10.1	18.4	21.0
张家港	85.36	306.84	10.31	182.32	114.21	18.98	25.80	681.12	569.07
比上年±%	−0.2	14.0	4.6	15.3	12.8	2.6	−15.8	21.6	25.7
昆山市	60.03	230.81	11.50	138.81	80.50	22.73	21.04	512.87	492.98
比上年±%	1.0	15.1	0.2	17.3	13.7	1.7	−25.7	19.1	20.5
江阴市	115.39	365.03	15.25	216.59	133.20	29.35	32.48	934.36	840.00
比上年±%	0.2	11.7	11.7	4.2	11.8	4.0	−16.6	14.2	14.9
宜兴市	107.44	199.92	17.20	114.71	68.01	31.90	41.52	491.39	417.19
比上年±%	−0.3	11.1	6.2	12.0	10.8	3.0	−13.3	11.7	11.1
江宁区	74.65	114.11	13.50	67.40	33.16	25.13	32.57	278.88	260.59
比上年±%	0.8	12.6	6.3	10.5	20.5	4.3	−12.0	15.7	13.9
通州市	130.19	130.11	20.55	61.05	48.51	38.24	54.48	260.71	208.27
比上年±%	−1.1	10.5	5.1	15.1	7.4	5.4	−6.2	16.1	17.8
靖江市	66.46	75.57	7.04	35.03	33.49	13.76	28.10	155.10	114.50
比上年±%	0.0	11.2	3.1	13.7	10.5	7.0	−9.2	12.8	13.7
启东市	115.67	132.51	28.27	55.53	48.71	56.89	33.92	237.50	211.73
比上年±%	−0.5	10.2	4.7	13.0	10.4	3.8	−10.2	12.1	161.6
绍兴县	72.42	204.36	13.08	131.19	60.08	19.30	18.19	556.72	542.01
比上年±%	0.0	12.3	6.7	11.4	15.6	9.5	−26.3	19.6	22.8
萧山市	114.58	276.00	24.50	159.50	92.00	37.08	36.65	793.64	704.55
比上年±%	0.3	15.8	11.2	17.1	15.6	12.7	−8.9	31.9	31.0
嘉定市	49.77	190.97	3.65	128.58	58.73	14.87	10.42	605.95	587.60
比上年±%	2.3	13.7	3.0	14.5	12.6	3.6	−22.2	13.0	37.5
南海市	110.22	395.25	26.30	193.45	170.50	51.75	15.81	831.92	783.10
比上年±%	0.7	15.2	5.0	18.6	13.2	6.7	−1.3	18.8	17.8
鄞　县	73.28	170.17	12.49	116.37	41.31	17.95	29.98	—	—
比上年±%	1.6	12.0	10.2	12.7	10.7	6.5	−12.1	—	—
三水市	38.58	84.64	13.01	38.28	33.35	20.18	10.24	169.36	164.70
比上年±%	1.7	11.6	11.7	12.5	10.6	9.6	−4.7	14.5	13.7
青浦区	45.68	144.29	8.82	87.70	47.77	27.63	15.41	410.40	383.10
比上年±%	−0.5	17.0	5.1	18.1	17.4	4.7	−20.6	15.2	13.2
莱州市	86.90	125.27	21.11	59.88	44.28	38.94	36.95	191.02	207.97
比上年±%	−0.4	3.1	0.0	3.0	4.7	−4.3	5.9	−8.1	9.4

县(市)	工业利税总额(万元)	年末工业固定资产原值(亿元)	全社会固定资产投资总额(亿元)	社会消费品零售总额(亿元)	市场成交总额(亿元)	自营出口总额(万美元)	年内批办"三资"企业(家)	当年实际利用外资(万美元)	实际利用外资累计额(万美元)
武进市	36.92	170.06	50.13	51.08	113.11	64 933	71	14209	96 967
比上年±%	16.1	12.6	23.9	8.2	16.2	30.0	44.9	18.2	17.2
常熟市	42.86	248.81	70.40	84.75	186.00	109 371	97	30 826	211 416
比上年±%	22.8	7.3	28.0	12.0	0.3	4.1	73.2	18.7	17.1
张家港	41.20	278.49	68.50	48.23	116.50	108 300	105	36 078	322 157
比上年±%	35.0	16.8	26.0	12.6	5.9	17.8	16.7	20.1	8.8
昆山市	42.23	308.74	58.35	40.90	100.95	249 451	248	75 139	517 771
比上年±%	18.9	22.2	7.1	14.7	6.8	22.6	1.2	6.7	17.0
江阴市	69.20	327.17	81.02	78.11	112.70	67 593	46	40 097	256 336
比上年±%	23.7	8.2	14.7	11.2	15.5	29.6	70.4	28.7	18.5
宜兴市	29.27	137.76	47.01	64.69	56.89	25 664	70	101	77 638
比上年±%	11.1	9.4	16.8	10.0	3.0	17.4	2.9	65.4	14.9
江宁区	24.00	73.02	40.89	19.84	2.91	14 273	133	25 041	111 386
比上年±%	22.0	11.8	11.5	11.5	1.4	8.5	27.9	20.2	29.0
通州市	15.58	—	39.92	3.62	50.52	29 100	39	1560	8
比上年±%	14.6	—	3.8	9.1	13.2	7.6	21.9	33.2	34.2
靖江市	8.20	52.58	16.67	26.44	22.10	15 081	28	1 201	14 754
比上年±%	16.8	1.5	14.8	6.8	15.8	16.8	300.0	1.5	8.9
启东市	11.24	41.37	35.68	41.90	60.01	10 441	22	1 311	17 133
比上年±%	136.6	—	4.2	8.9	12.8	15.7	−12.0	145.6	8.3

续表

县(市)	工业利税总额(万元)	年末工业固定资产原值(亿元)	全社会固定资产投资总额(亿元)	社会消费品零售总额(亿元)	市场成交总额(亿元)	自营出口总额(万美元)	年内批办"三资"企业(家)	当年实际利用外资(万美元)	实际利用外资累计额(万美元)
江苏绍兴县	49.61	303.36	57.46	34.21	350.57	85 164	57	6 009	45 822
比上年±%	19.7	9.1	26.3	10.7	7.5	68.0	16.0	19.0	15.1
萧山市	55.57	—	136.98	62.00	145.05	93 907	97	10 207	58 379
比上年±%	46.9	—	34.7	14.7	17.4	3.4	44.8	15.5	21.2
嘉定市	35.00	132.10	39.80	64.12	109.10	150 118	357	28 263	184 683
比上年±%	17.1	−27.9	7.3	14.0	67.6	20.2	257.0	37.7	18.1
南海市	—	—	70.27	141.52	21.14	14 837	84	24 462	221 470
比上年±%	—	—	30.4	10.1	2.7	6.7	82.6	4.2	13.7
鄞　县	—	—	60.22	42.44	81.45	97 433	150	8 126	—
比上年±%	—	—	17.0	13.2	10.9	44.7	35.1	68.7	—
三水市	10.30	134.70	24.98	35.43	10.00	16 423	22	8 868	76 690
比上年±%	6.6	21.2	15.6	13.1	1.2	−15.0	−4.3	6.0	13.1
青浦区	28.70	204.70	61.18	52.40	5.15	136 139	143	20 100	161 800
比上年±%	22.1	16.0	11.2	11.7	6.0	6.8	52.1	93.3	—
莱州市	21.62	137.92	25.19	32.88	9.87	12 843	14	3 208	29 339
比上年±%	4.9	9.2	15.4	11.4	0.1	21.7	55.6	20.4	—

县(市)	财政总收入(亿元)	其中地方财政收入(亿元)	金融机构年末存款余额(亿元)	其中居民储蓄存款余额(亿元)	金融机构年末贷款余额(亿元)	城镇职工平均工资(元)	农民人均纯收入(元)	人均储蓄(元)
武进市	23.67	12.63	230.47	124.58	131.16	12 006	5 522	10 463
比上年±%	26.5	35.2	16.4	13.3	13.5	12.4	6.0	14.1
常熟市	30.46	16.33	308.83	192.69	141.07	10 932	5 853	18 557
比上年±%	25.0	26.7	13.4	14.0	12.7	11.6	5.8	7.1
张家港	32.08	18.02	256.57	144.72	155.46	11 384	5 898	16 940
比上年±%	56.3	76.1	21.0	12.9	13.4	16.2	5.7	13.0
昆山市	27.36	35.90	226.85	97.75	112.55	19 457	5 846	16 282
比上年±%	20.1	12.7	26.5	20.9	7.0	16.2	6.1	19.8
江阴市	36.03	18.74	288.09	136.23	191.96	10 508	5 874	11 817
比上年±%	43.9	48.5	17.3	15.1	10.3	8.5	5.3	14.6
宜兴市	14.18	7.56	169.20	114.76	98.67	10 132	4 768	10 664
比上年±%	27.8	29.9	15.3	17.6	12.6	14.7	5.1	18.1
江宁区	14.88	8.40	79.19	44.78	56.80	10 775	4 375	5 998
比上年±%	81.9	124.6	25.4	16.9	−3.8	22.0	6.2	15.0
通州市	8.16	4.41	112.87	89.07	46.40	—	—	6 804
比上年±%	34.2	36.9	10.7	11.9	4.4	—	—	12.5
靖江市	5.79	3.19	73.62	56.04	42.52	7 670	—	8 431
比上年±%	12.1	10.4	12.2	12.1	5.0	13.2	—	12.0
启东市	6.01	3.56	113.75	99.13	51.90	9 146	4 469	8 590
比上年±%	16.9	18.3	11.4	14.6	8.6	23.1	5.0	15.5
绍兴县	18.30	9.80	170.46	113.77	118.97	18 020	5 851	15 710
比上年±%	30.7	49.3	12.5	6.2	5.4	34.3	6.3	6.2
萧山市	23.78	13.29	263.14	144.20	168.54	15 714	6 755	12 386
比上年±%	36.9	62.5	25.2	14.3	17.3	20.4	9.8	13.9
嘉定市	36.90	19.70	230.90	112.40	135.30	15 332	7 091	22 578
比上年±%	60.9	47.8	23.4	12.5	24.5	11.7	5.4	87
南海市	79.76	25.37	755.31	515.94	500.18	14 380	7 142	46 808
比上年±%	18.0	41.0	9.2	9.8	6.7	5.4	5.6	9.1
鄞　县	18.50	9.58	204.17	117.53	120.27	19 284	5 922	16 038
比上年±%	32.0	53.3	25.5	18.8	24.7	46.10	7.1	17.0
三水市	14.81	6.18	120.97	75.47	89.19	15 714	6 755	12 386
比上年±%	16.6	20.2	8.9	8.0	4.0	20.4	9.8	13.9
青浦区	30.22	17.72	146.58	67.39	91.65	15 044	5 787	14 751
比上年±%	28.6	34.2	21.9	15.0	13.3	13.3	5.2	15.5
莱州市	6.70	4.10	104.23	80.99	43.35	10 595	3 720	9 320
比上年±%	8.0	2.5	11.2	4.1	6.3	14.2	1.8	4.7

(栏目责任编辑　石兰生)

生活实用资料

服 务 机 构 名 录

信息、人才、劳务、就学、就业、保险管理服务机构①

单位名称	负责人	电话	邮编	单位地址
武进区信息中心	曾文军	6310858	213159	武进区行政中心101号十二楼
武进区统计师事务所	包卫星(兼)	6310300	213159	武进区行政中心102号三楼
武进区人才市场	侯国清	6310905	213159	武进区武宜中路人才大楼二楼
武进区招生办公室	沈国海	6310533 (8102840)	213159 (213002)	武进区行政中心104号三楼 (常州市县北新村7幢)
武进区政府采购中心	刘祝全	6310780	213159	武进区行政中心101号三楼
武进区机关事业单位保险管理处	金叔明	6310087	213159	武进区行政中心101号五楼
武进区社会劳动保险事业处	许如新	6310560	213159	武进区行政中心105号二楼
武进区农村社会养老保险处	孙炳祥	6310512	213159	武进区行政中心104号一楼
武进区职工医疗保险基金管理中心	王勤辉	6301131	213161	武进区常武中路建行大厦
武进区劳动就业管理处	查建清	6310180	213159	武进区行政中心105号一楼
武进区综合福利院	沈金富	6310919	213159	武进区行政中心104号一楼
武进区技工学校	陆仲良	6503882	213161	武进区长虹东路
武进区金融培训中心	路玉明	5311452	213017	常州市红梅东村北融里8号
武进区就业培训中心	查建清	6310180	213159	武进区行政中心105号一楼

会计、资产评估、税务、土地、物价管理服务机构

单位名称	负责人	电话	邮编	单位地址
江苏武晋会计师事务所	陈华康	6613818	213002	常州市关河西路25—3号武青大厦八楼
常州中瑞会计师事务所	曹巧华	8104636	213003	常州市新民路2号四楼
武进区农村财务辅导站	吴亚娟	6310384	213159	武进区行政中心105号五楼
武进区阳湖会计师事务所	史仲兴	6300379	213161	武进区常武中路41号
武进区国瑞税务师事务所	王良荣	6568051	213161	武进区湖塘人民中路31号
武进区德威税务师事务所	李满园	5560985	213026	常州市翠竹新村65—1
武进区土地管理事务所	卢中英	6558009	213161	武进区人民中路195号
武进区土地估价所	贾建东	6558010	213161	武进区人民中路195号
武进区土地监察执法大队	庄　铿	6570110	213161	武进区人民中路195号
武进区土地勘测队	盛文南	6558005	213161	武进区人民中路195号
江苏省土地市场武进交易中心	卢中英	6554755	213161	武进区人民中路195号
武进区土地收购储备中心	卢中英	6554755	213161	武进区人民中路195
武进区价格认证中心	钱战平	6310474	213159	武进区行政中心102号一楼

① 本分目收录全市涉及社会服务方面的市属事业单位(包括部分行政单位)。

高新技术、经济开发、交通、旅游、建设管理服务机构

单位名称	负责人	电话	邮编	单位地址
武进区生产力促进中心	何学成	6310585	213159	武进区行政中心103号六楼
武进区21世纪议程项目管理中心	汤松德	6310490	213159	武进区行政中心103号计划发展局
武进区公安局车辆管理所	龚黑大	6395666	213163	武进区牛塘镇沈家弄
武进区汽车检测站	龚黑大	6393240	213163	武进区牛塘镇沈家弄
武进港务管理处	陈少华	8103306	213003	常州市博爱路100号
武进区公路管理处	尹洪舵	6641003	213001	常州市中凉立交桥东堍常锡路119-1号
武进交通建设工程总公司	倪立群	8121963	213002	常州市永宁路11号
武进区航道管理处	李泽南	6503535	213161	武进区交通局大院
常州市地方海事局直属处	孙剑安	6503515	213161	武进区交通局大院
武进区运输管理处	徐金兴	6503599	213161	武进区交通局大院
武进公共交通总公司	戴志华	8127825	213161	武进区交通局大院
武进区县乡公路(工程管理)处	王学华	6711003	213161	武进区交通局大院
武进圩塘汽车轮渡管理处	杨孝康	5775988	213033	常州市圩塘镇
武进区汽车综合性能检测站	朱小伟	6591770	213161	武进区武宜北路中凉亭
武进港务有限公司(奔牛分公司)	封云虎	3133228	213131	武进区奔牛镇
常州国旅集团武进区旅行社	沈　强	6555808	213161	武进区湖塘镇容天乐商业街21号
武进交通旅行社	张　俊	8102554	213002	常州市永宁路11号(武进交建大厦)
武进区市政工程管理处	包建中	6502918	213161	武进区常武路、长虹路大转盘西南角
武进区园林管理处	赵怀仁	6310963	213159	武进区行政中心建设苑
武进区路灯管理处	朱志人	6502467	213161	武进区广电路邱墅小区
武进区环境卫生管理处	蒋荣泉	6502598	213161	武进区常武路、长虹路大转盘西南角
武进区夹山生活垃圾卫生填埋场	蒋荣泉	6213031	213171	漕桥镇山区村
武进区建设工程质量监督站	王友东	6310432	213159	武进区行政中心建设苑
武进区房地产开发管理办公室	王国兴	6318223	213159	武进区行政中心建设苑
武进区房屋拆迁管理办公室	毛　键	6310406	213159	武进区行政中心建设苑
武进区建筑管理处	吴午棠	6310409	213159	武进区行政中心建设苑
武进区建设工程招标投标办公室	庄志平	6310412	213159	武进区行政中心建设苑
武进区建设工程造价管理处	庄志平	6310412	213159	武进区行政中心建设苑
武进区城建监察大队	陈富华	6554963	213161	武进区武宜北路78号
武进区城乡规划设计院	徐立新	6310601	213159	武进区行政中心建设苑
武进区房地产管理处	沈剑海	6310428	213159	武进区行政中心建设苑
武进区住房基金管理中心	沈剑海	6310699	213159	武进市行政中心建设苑
武进区房地产管理处湖塘管理所	薛杏忠	6552370	213161	武进区人民中路29号
武进区白蚁防治所	杨建平	6310424	213159	武进区行政中心建设苑
常州市武进建筑设计院	吴元明	5300309	213017	常州市永宁路77号

工商行政管理、质量技术监督、环境监测、劳动安全管理服务机构

单位名称	负责人	电话	邮编	管辖区域或地址
漕桥工商所	沈济品	6211030	213171	漕桥(运村) 潘家(南宅) 雪堰(太滆)
前黄工商所	蒋寿南	6511069	213172	前黄(政平) 寨桥(坊前)
南夏墅工商所	濮文蔚	6531220	213164	礼嘉(坂上) 南夏墅(庙桥)
湖塘工商所	孙建南	6502101	213161	湖塘(鸣凰、马杭)
牛塘工商所	张建平	6551578	213161	牛塘(卢家巷) 武进区外向型农业综合开发区
洛阳工商所	曹建伟	8792980	213104	洛阳(戴溪)
横林工商所	秦国伟	8783363	213101	横林(崔桥) 遥观(剑湖)
横山桥工商所	陆永康	8607561	213116	横山桥(新安) 芙蓉
郑陆工商所	巢国兴	8731015	213111	郑陆(东青) 焦溪(三河口)
安家工商所	张革新	5972137	213126	安家 罗溪(汤庄桥)
魏村工商所	李正泉	5711126	213127	魏村(孝都) 小河
奔牛工商所	秦锁生	3211142	213137	奔牛(九里) 薛家(吕墅)
西夏墅工商所	汤龙斌	3431081	213135	西夏墅(浦河) 孟河(万绥)
卜弋工商所	马晓达	3317370	213141	卜弋(泰村) 邹坵(礼河)
夏溪工商所	徐建忠	3683889	213146	夏溪(厚余) 嘉泽(成章)
湟里工商所	蒋建荣	3341020	213151	湟里(村前) 东安
驻常工商所	杨炳福	5304758	213017	武进驻常企业、个体户、九龙小商品市场、九洲服装城
武进区环境监理大队	周瑛	6310715	213159	武进区行政中心环保大院内
武进区城区环境监理中队	秦安平	6310675	213159	武进区行政中心环保大院内
武进区横林环境监理中队	朱红兴	8789257	213101	武进区建行横林办事处内
武进区郑陆环境监理中队	韩建良	8737579	213114	武进区郑陆镇
武进区奔牛环境监理中队	张晓晖	3217320	213134	武进区建行奔牛办事处内
武进区湟里环境监理中队	蒋福新	3341301	213151	武进区湟里镇
武进区前黄环境监理中队	钱建法	6511264	213172	武进区建行前黄办事处内
武进区环境监测站	岳国兴	6310751	213159	武进区行政中心环保大楼内
武进区环境保护研究所	岳国兴	6310730	213159	武进区行政中心环保大楼内
武进区质量技术监督稽查大队	殷和新	6310484	213159	武进区行政中心府东路质监大院内
武进区计量检定测试所	蒋玉良	8103215	213002	武进区行政中心府东路质监大院内
武进区产品质量监督检验所	王留锁	6310311	213159	武进区行政中心府东路质监大院内
武进区技术监督情报所	赵欣慰	6310312	213159	武进区行政中心府东路质监大院内
武进药品检验所	曹桂生	6569292	213161	武进区人民西路11号
武进区锅炉压力容器检验所	王保海	6310206	213159	武进区行政中心府东路质监大院内
武进区节能监测站	张龙	6593146	213161	湖塘镇运河东路
武进区劳动安全卫生检测站	王保海	6310843	213159	武进区行政中心府东路质监大院内

科技、文化、医疗卫生、体育管理服务机构

单 位 名 称	负责人	电 话	邮 编	单 位 地 址
常州市唯一专利事务所	王凌霄	6310341	213159	武进区行政中心103号六楼
武进区科技信息中心	何学成	6310585	213159	武进区行政中心103号六楼
武进区生产力促进中心	何学成	6310585	213159	武进区行政中心103号六楼
专利信息武进检索站	何学成	6310585	213159	武进区行政中心103号六楼
武进高新技术创业服务中心	曹争鸣	6562002	213161	武进区人民东路158号
武进区经济创业服务中心	曹争鸣	6562002	213161	武进区人民东路158号
江苏省武进高新技术产业开发区管理委员会经贸科技局	殷一新	6550015	213161	武进区人民中路187号
江苏省武进高新技术产业开发区管理委员会项目服务中心	石旭涌	6550021	213161	武进区人民中路187号
江苏省武进高新技术产业开发区管理委员会规费征收中心	陈锡泉	6651521	213161	武进区人民中路187号
武进区档案馆	叶留祥	6310273	213159	武进区行政中心101号楼东一楼
武进日报社	承才林	6310828	213159	武进区行政中心105号三楼
武进区书画院	赵治平	5302480	213017	常州市翠竹新村5号
武进区文化馆	倪金才	6552299	213161	武进区人民中路3号
武进区博物馆	林志方	6551381	213161	武进区湖塘镇新街202号
武进区工人文化宫	吕敖顺	6554770	213161	武进区湖塘镇新街219号
武进区职工活动中心	杨铁龙	5317388	213017	常州市永宁路12号
武进区游泳馆	袁全庆	6555998	213161	武进区武宜中路
武进区图书馆	冯建平	6551761	213161	武进区湖塘镇新街202号
武进区奔牛镇工人俱乐部	庄文龙	3211005	213131	奔牛镇金牛西路6号
武进区横林镇工人俱乐部	杨中元	8781636	213101	横林镇林南路16号
武进区革命烈士纪念馆	窦国兴	6561949	213161	武进区淹城
武进区妇幼保健所	张琴芳	6570262	213161	武进区湖塘镇人民西路
武进区吸血虫病防治站	郑耀群	6550084	213161	湖塘镇人民西路11号
武进区卫生防疫站	陶国勤	6550081	213161	湖塘镇人民西路11号
武进区救护站	倪晓谦	5322984	213002	常州市永宁北路2号
武进区人民体育场	陈荣良	6551819	213161	武进区人民西路14号
武进区淹城博物馆	王岳群	6552824	213161	武进区淹城
武进区电影公司	汤国柱	5301053	213017	常州市北环路58号
武进区新华书店	李志明	8120429	213003	常州市城市花园98号
武进区演出管理站	卞伯南	8104593	213002	常州市关河中路6号
武进区锡剧团	陈正文	5316399	213017	常州市永宁路7幢
江苏省无形资产评估事务所武进代办处	何学成	6310585	213159	武进区行政中心103号六楼

律师、公证服务机构

单位名称	负责人	电话	邮编	单位地址
江苏常州日月泰律师事务所	梁乃钰	5312882	213017	常州市北环故园路1号
江苏常州正气浩然律师事务所	陆柏松	5303337	213017	常州市永宁北路12号三楼
江苏常州红雨律师事务所	周剑清	6560426	213161	武进区湖塘镇武宜路270号
江苏常州龙成律师事务所	宗龙喜	5320007	213017	常州市永宁北路1号
江苏常州众泰律师事务所	浦　平	5312221	213017	常州市北环故园路1号
江苏常州阳湖律师事务所	蔡阿华	6679666	213017	常州北直街139号
江苏常州东浩律师事务所	周浩良	6556457	213161	湖塘镇人民中路133号
武进区公证处	谢国南	5302145	213017	常州市北环故园路1号
武进区148法律服务中心	高桂芳	5307816	213017	常州市北环故园路1号
武进区法律援助中心	郎金法	5307602	213017	常州市北环故园路1号

农业管理服务机构

单位名称	负责人	电话	邮编	单位地址
武进区畜牧兽医站	诸东海	5310523	213017	常州市北环路37号
武进区农业执法大队	王伯良	6310899	213159	武进区行政中心105号四楼
区太湖堤闸工程管理处	雷公达	6155258	213169	武进区雪堰镇武进港水利枢纽
武进区家畜良种推广站	诸东海	5317724	213017	常州市北环路37号
武进区蚕桑指导站	汤国平	5302459	213026	常州市翠竹新村76号
武进区人民政府蔬菜办公室	汤国平	5325844	213026	常州市翠竹新村76号
武进区林业工作站	卞建新	6310547	213159	武进区行政中心105号五楼
武进区水产技术推广站	马腊平	6310727	213159	武进区行政中心105号五楼
江苏省滆湖渔业技术培训中心	毛岳明	6550057	213161	武进区人民中路193号
武进区农作物病虫测报站	傅华欣	5304406	213017	常州市新堂北路121号
武进区作物栽培站	邵建国	6310148	213159	武进区行政中心105号436室
武进区土壤肥料技术指导站	吴安之	6310146	213159	武进区行政中心105号432室
武进区种子公司	万建忠	6550780	213161	武进区人民中路33号
武进区水利工程公司	马志远	6610164	213002	常州市万福路31号
武进区抗旱排涝总队	沈全福	6753071	213022	常州市飞龙路大湾浜

武 进 交 通 指 南

民航常州站 2002 年夏秋季出港航班时刻表

星期	航班号	到达站	机型	离站时间	到站时间	经停站、到站时间	旅客班车
一	ZH841	沈阳	B737	12∶10	14∶00		10∶00
	CZ3816	广州	A320	15∶00	16∶50		13∶00
	WH2859	北京	146	15∶50	17∶20		14∶00
	ZH842	深圳	B737	17∶30	19∶05		15∶30
二	WH2859	北京	146	15∶50	17∶20		14∶00
	WH2861	张家界	146	20∶10	21∶50		18∶00
三	ZH841	沈阳	B737	12∶10	14∶00		10∶00
	CZ3816	广州	A320	15∶00	16∶50		13∶00
	WH2859	北京	146	15∶50	17∶20		14∶00
	XO9518	乌鲁木齐	B737	16∶25	23∶15	成都 18∶55	14∶30
	ZH842	深圳	B737	17∶30	19∶05		15∶30
	CJ6576	大连	MD82	21∶40	23∶10		19∶30
四	WH2859	北京	146	15∶50	17∶20		14∶00
五	CZ3816	广州	A320	15∶00	16∶50		13∶00
	WH2859	北京	146	15∶50	17∶20		14∶00
	WH2861	张家界	146	20∶10	21∶40		18∶00
六	ZH841	沈阳	B737	12∶10	14∶00		10∶00
	CZ3816	广州	A320	15∶00	16∶50		13∶00
	WH2859	北京	146	15∶50	17∶20		14∶00
	XO9518	乌鲁木齐	B737	16∶25	23∶15	成都 18∶55	14∶30
	ZH842	深圳	B737	17∶30	19∶05		15∶30
	CJ6576	大连	MD82	21∶40	23∶10		19∶30
日	WH2859	北京	146	15∶50	17∶20		14∶00

常州火车站旅客列车简明时刻表

（2002 年 6 月）

南京方向（往北）

区间车种	注	车次	始发	苏州	无锡	常州		停分	进路	前方管内停车站	镇江	南京	终到站
						到	开						
甬吉直快	新	**1366**	16.10	22.52	23.24	23.56	0.02	6	6	丹镇宁蚌宿	0.56	1.54	^{2}7.58
沪蚌管快		**5022**	22.02	23.21	23.58	0.41	0.54	13	6	丹镇宁滁明凤蚌	1.49	2.52	^{2}5.50
甬合快速	新	**K838**	17.00	0.23	0.53	1.23	1.29	6	6	镇宁滁蚌合	2.14	3.05	7.30
沪淮北管快	新	**5016**	23.45	0.54	1.28	1.58	2.04	6	2	丹镇宁滁明凤蚌固宿符青睢淮北	2.57	4.11	9.40
沪阜管快		**5008**	23.59	1.08	1.40	2.12	2.18	6	6	丹镇宁滁明凤蚌水淮张江阜	3.10	4.04	11.26
沪阜新直快		**1228**	23.30	1.10	1.48	2.23	2.29	6	2	丹镇宁滁明凤蚌固宿符	3.25	4.25	^{2}7.58
沪宁西管快		**5054**	2.48	3.50	4.24	4.56	5.02	6	6	丹镇桥龙宁宁西	6.05	7.35	7.59

续表

区间车种	注	车次	始发	苏州	无锡	常州		停分	进路	前方管内停车站	镇江	南京	终到站
						到	开						
沪铜管快		5046	4.04	5.07	5.45	6.31	6.37	6	6	奔丹镇桥龙宁宁南马当芜繁顺铜	7.39	8.56	14.53
温镇快速	新	K848	19.00	6.06	6.44	7.17	7.23	6	6	丹镇	8.24		
温宁西管快	新	5056	17.10	6.46	7.27	8.03	8.09	6	6	吕陵丹镇宁宁西	9.30	10.28	10.50
沪宁铜快速	新	T702	7.00	7.43	8.13	8.37	8.41	4	6	宁马芜铜		9.57	13.15
福宁西直快	新	2002	11.46	7.24	8.02	8.49	8.55	6	2	丹镇宁宁西	9.47	11.06	11.26
沪连直快		2526	6.36	8.00	8.34	9.19	9.25	6	6	丹镇宁滁明蚌固宿	10.31	11.29	20.29
沪镇管快	新	5064	6.43	8.09	8.54	9.55	10.01	6	2	吕丹镇	11.33		
沪黄快速		K818	7.40	8.52	9.33	10.03	10.09	6	6	丹镇宁宁南马芜宣宁绩歙黄	11.23	12.13	19.00
沪成快速	新	K290	8.10	9.09	9.40	10.11	10.17	6	2	镇宁蚌	11.02	12.00	^{2}20.55
沪宁西特快	新	T722	9.00	9.47		10.31	10.34	3	6	宁宁西		11.51	12.07
沪阜管快		5026	7.50	9.16	9.58	10.57	11.03	6	6	陵丹镇桥宁滁三明凤蚌水淮张颖阜	12.16	13.32	20.23
沪哈快速	新	K56	9.21	10.17	10.48	11.18	11.24	6	2	镇宁蚌	12.09	12.56	^{2}16.31
沪长直快	新	1346	9.08	10.24	10.57	11.28	11.34	6	6	丹镇宁蚌宿	12.35	13.25	^{2}15.42
上西枣直快	新	2148	8.48	10.01	10.34	11.35	11.54	19	2	丹镇宁滁明蚌固宿符	12.46	13.41	20.47
沪宁特快	新	T716	10.00	10.48	11.15	11.42	11.46	4	6	镇宁	12.26	13.10	
上西烟直快		2582	9.32	10.33	11.06	12.00	12.08	8	6	丹镇宁滁蚌固宿符	13.03	14.07	^{2}7.00
广宁西直快	新	1312	9.55	11.36	12.08	12.41	12.47	6	6	丹镇宁宁西	13.39	14.30	14.53
沪常管快	新	5066	11.00	12.09	12.50	13.33			3	终止			
常铜管快		5042					13.41		5	奔丹镇宁宁南古江马当芜芜南峨繁顺铜	14.38	15.27	20.40
苏宁西管快	新	5052		12.20	13.00	13.47	13.53	6	6	吕陵丹镇桥龙宁宁西	15.09	16.27	16.47
沪石直快	新	1496	11.56	12.56	13.27	13.57	14.03	6	2	丹镇宁滁蚌宿	14.55	15.46	^{2}7.30
甬包快速	新	K256	7.18	13.27	13.58	14.28	14.34	6	6	镇宁蚌宿	15.19	16.05	^{2}20.51
沪青直快	新	2106	12.30	13.37	14.11	14.45	14.51	6	2	丹镇宁滁蚌固宿	15.43	16.34	^{2}6.53
沪成直快		1352	12.43	13.48	14.21	14.53	14.59	6	6	丹镇宁滁蚌固宿	15.51	16.47	^{3}5.12
沪津快速	新	K34	13.40	14.36	15.06	15.35	15.41	6	6	镇宁滁蚌宿	16.26	17.11	^{2}7.53
甬宁西特快	新	T712	9.20	14.58	15.25	15.52	15.56	4	6	镇宁宁西	16.36	17.20	17.38
锡宜直快	新	1512			15.32	16.11	16.17	6	6	丹镇宁滁蚌固宿	17.09	17.58	^{2}17.25
沪鹰直快		2182	13.52	15.10	15.42	16.23	16.29	6	2	丹镇宁宁南马芜宣绩歙黄祁	17.21	18.24	^{2}7.16
沪西特快	新	T138	15.08	15.56	16.22	16.46	16.50	4	6	宁蚌		18.05	^{2}8.06
沪京直快		1462	14.18	15.34	16.10	16.55	17.01	6	2	丹镇宁滁蚌宿	18.12	19.14	^{2}11.50
锡宁西特快	新	5060			16.30	17.12	17.31	19	6	吕丹镇龙宁宁西	18.52	20.04	20.28
沪大特快	新	T132	16.03	16.50	17.16	17.40	17.43	3	2	镇宁蚌	18.23	19.04	^{2}15.56
苏京特快	新	T86		17.07	17.33	17.59	18.02	3	6	镇宁蚌	18.42	19.23	^{2}7.02
沪宁西快速	新	K816	15.28	17.14	17.51	18.31	18.43	12	6	镇宁宁西	19.28	20.19	20.38
沪洛直快	新	1658	16.21	17.26	17.59	18.49	18.55	6	2	丹镇宁滁蚌宿	19.47	20.35	^{2}10.13
沪沈北快速	新	K188	17.10	18.06	18.38	19.09	19.15	6	6	丹镇宁蚌宿	20.25	21.10	^{2}22.00
常京直快	新	1426					19.43		5	丹镇宁滁明蚌宿	20.35	21.31	^{2}14.13
沪乌特快	新	T52	18.20	19.08	19.34	19.58	20.02	4	6	宁蚌		21.17	^{3}21.04
沪郑直快	新	1566	17.24	18.33	19.21	20.07	20.13	6	2	丹镇宁滁蚌固宿	21.17	22.05	^{2}8.54

续表

区间车种	注	车次	始发	苏州	无锡	常州		停分	进路	前方管内停车站	镇江	南京	终到站
						到	开						
沪太快速	新	K372	18.50	20.09	20.40	21.09	21.15	6	6	镇宁滁蚌	22.00	23.01	^{2}17.32
杭齐直快	新	1342	15.52	20.18	20.51	21.23	21.35	12	6	丹镇宁蚌	22.29	23.20	^{3}9.46
杭济直快	新	2552	16.25	20.49	21.21	21.52	21.58	6	6	丹镇宁滁蚌宿	22.58	23.49	^{2}9.01
沪成快速	新	K282	19.48	20.59	21.30	22.00	22.06	6	2	镇宁蚌	22.51	23.39	^{3}11.05
沪银直快	新	1396	20.48	21.52	22.26	22.58	23.04	6	6	丹镇宁滁蚌宿	23.56	0.47	^{3}9.43
沪西宁快速	新	K376	21.11	22.12	22.42	23.12	23.18	6	2	丹镇宁蚌宿	0.09	0.56	^{3}10.37
沪安管快	新	5018	20.55	22.00	22.34	23.21	23.27	6	6	丹镇宁滁明蚌合合西舒庐桐安西安庆	0.19	1.17	^{2}10.43
温阜管快	新	K812	10.50	22.44	23.16	23.47	23.53	6	2	丹镇宁滁明蚌水准颍阜	0.45	1.37	^{2}8.15

上海方向(往南)

区间车种	注	车次	始发	南京	镇江	常州		停分	进路	前方管内停车站	无锡	苏州	昆上上 山西海	终到站
						到	开							
吉甬直快	新	1365	16.31	22.56	23.44	^{3}0.42	0.48	6	3	锡苏上西嘉杭绍上虞余甬	1.16	1.48	上西 2.49	8.34
宁西广直快	新	1311	22.40	23.03	23.51	^{2}0.56	1.02	6	5	锡苏昆上西松海杭东义金西龙衢	1.30	2.05	上西 3.09	^{2}4.56
连沪直快		2525	15.36	0.12	1.00	^{2}2.12	2.22	10	5	锡苏昆沪	2.51	3.25	昆山 3.57	5.18
淮义乌管快	新	5015	19.20	0.50	1.40	^{2}2.37	2.43	6	5	锡苏昆沪松善兴杭东萧诸义	3.11	3.42	沪 4.52	10.40
沪成快速	新	K289	14.55	1.27	2.10	^{3}2.59	3.05	6	3	锡苏沪	3.33	4.04		5.01
枣上西直快	新	2147	18.06	1.15	2.18	3.17	3.24	7	5	锡苏昆上西	3.53	4.37	昆山 5.14	6.13
合甬快速	新	K837	20.50	1.42	2.28	3.26	3.32	6	3	锡苏昆沪嘉海杭肖柯绍上余甬	4.00	4.30	沪 5.38	12.00
济杭直快	新	2511	16.38	2.04	2.52	3.48	3.54	6	5	锡苏沪松善兴杭	4.26	4.57	沪 6.09	9.21
银沪直快	新	1395	17.01	2.30	3.18	^{3}4.14	4.30	16	5	锡苏沪	4.58	5.28		6.34
阜沪管快	新	5007	20.20	2.52	3.48	4.38	4.44	6	3	锡苏安沪	5.12	5.43	安 6.25	6.52
齐杭直快	新	1341	17.20	2.37	3.25	^{3}4.46	4.52	6	5	锡苏上西松善兴海杭	5.20	5.50	上西 6.56	10.41
成沪快速	新	K281	15.28	3.15	3.58	^{3}4.53	4.59	6	1	锡苏昆沪	5.27	5.57	昆山 6.31	7.08
烟上西直快		2581	9.26	2.59	4.06	^{2}5.02	5.08	6	3	锡苏上西	5.36	6.26		7.38
郑沪直快	新	1565	17.19	3.55	4.43	^{2}5.39	5.45	6	5	锡苏昆沪	6.13	6.45	昆山 7.16	8.18
西宁沪快速	新	K375	18.31	4.08	4.51	^{3}5.46	5.52	6	3	锡苏沪	6.36	7.08		8.26
京苏特快	新	T85	17.01	4.39	5.17	^{2}5.59	6.02	3	1	锡苏	6.26	6.54		
津沪快速	新	K33	16.04	5.49	6.32	^{2}7.23	7.39	16	5	锡苏沪	8.07	8.37		9.36
石沪直快	新	1495	14.02	5.34	6.25	^{2}7.43	7.49	6	3	锡苏昆沪	8.17	8.48	昆山 9.17	9.52
青沪直快	新	2105	13.58	6.08	7.11	^{2}8.07	8.13	6	3	锡苏昆沪	8.41	9.11	昆山 9.49	10.35
成沪直快		1351	18.50	6.25	7.19	^{3}8.15	8.38	23	5	锡苏沪	9.06	9.36		10.42
鹰沪直快		2181	15.58	6.32	7.26	^{2}8.43	8.50	7	3	戚锡苏昆沪	9.26	10.17	昆山 10.47	11.36
宜锡直快	新	1511	8.20	7.04	7.58	^{2}8.55	9.01	6	5	锡	9.38			
宁西甬特快	新	T711	7.40	7.58	8.37	9.19	9.23	7	1	沪杭东绍上余甬			沪 10.54	15.44
宁西苏管快	新	5051	6.25	6.43	8.08	9.29	9.35	6	5	洛锡望浒苏	10.19	11.31		
西沪特快	新	T137	18.26	8.28		^{2}9.42	9.46	4	1	锡苏沪	10.10	10.36		11.25
京沪直快		1461	15.18	8.05	8.49	^{2}9.54	10.00	6	5	锡苏昆沪	10.53	11.24	昆山 11.53	12.27

续表

区间车种	注	车次	始发	南京	镇江	常州		停分	进路	前方管内停车站	无锡	苏州	昆上上 山西海	终到站
						到	开							
宁西杭特快	新	**T701**	8.31	8.49		10.03	10.08	5	1	锡沪杭	10.33		沪 11.43	14.00
大连沪特快	新	**T131**	11.57	8.56	9.34	[2]10.16	10.19	3	1	锡苏沪	10.43	11.08		11.57
镇温快速	新	**K847**			9.09	10.28	10.34	6	5	戚锡苏昆沪上西嘉海杭诸义金金南武永缙丽青温	11.07	11.38	沪 12.52	23.05
洛沪直快	新	**1657**	20.32	9.03	9.47	10.46	10.52	6	5	锡苏昆沪	11.36	12.24	昆山 12.55	14.01
乌沪特快	新	**T51**	10.07	10.06		[3]11.20	11.24	4	1	锡苏沪	11.48	12.14		13.03
宁西常管快		**5041**	9.00	9.21	10.28	11.38			5	终止				
宁西沪快速	新	**K815**	10.17	10.37	11.26	12.22	12.28	6	3	锡苏昆沪	12.56	13.30	昆山 14.01	14.38
沈北沪快速	新	**K187**	11.05	11.33	12.16	[2]13.05	13.11	6	1	锡苏沪	13.39	14.08		15.06
太源沪快速	新	**K371**	17.20	11.41	12.26	[2]13.17	13.23	6	3	锡苏昆沪	13.51	14.22	昆山 14.59	15.36
宁沪特快	新	**T713**		13.01	13.41	14.24	14.28	4	1	锡苏沪	14.53	15.20		16.13
常沪管快	新	**5065**					14.35		3	戚洛锡硕浒苏昆安沪	15.16	16.01	昆山 16.33	17.26
镇沪管快	新	**5063**			13.32	14.44	14.51	7	5	戚锡望苏昆沪	15.27	16.08	昆山 16.46	17.48
铜锡管快		**5059**	7.28	12.37	13.51	15.01	15.08	7	3	锡	15.40			
宁西沪特快	新	**T721**	14.28	14.46		16.00	16.03	3	1	锡沪	16.28			17.35
铜沪管快		**5045**	9.05	14.02	14.53	16.08	16.14	6	3	戚锡硕浒苏上西沪	16.49	17.33	上西 18.47	18.55
黄沪快速		**K817**	7.54	14.53	15.39	16.39	16.46	7	3	锡苏昆沪	17.14	18.00	昆山 18.31	19.16
宁沪特快	新	**T715**		15.31	16.10	16.53	16.57	4	1	锡苏沪	17.22	17.50		18.42
蚌沪管快		**5021**	12.05	15.00	15.46	16.46	17.05	19	5	洛锡望苏昆上沪	17.41	18.19	昆山 18.50	19.40
安庆沪管快	新	**5017**	7.06	15.38	16.34	17.31	17.37	6	3	锡望苏昆沪	18.05	18.42	昆山 19.12	19.48
宁西常管快	新	**5075**	15.27	15.45	16.42	17.44			5	终止				
阜新沪直快		**1227**	13.38	15.57	16.51	[2]17.57	18.03	6	3	锡苏昆沪	18.31	19.06	19.41	21.29
宁西沪管快		**5053**	15.58	16.21	17.20	18.27	18.34	7	1	戚洛锡浒苏沪	19.44	20.25		21.46
宁西福直快	新	**2001**	16.29	16.52	17.42	18.40	18.46	6	3	锡苏昆上西松善兴杭肖诸义金西衢	19.14	19.48	上西 21.08	15.05
铜沪特快	新	**T703**	14.27	17.45	18.22	19.05	19.09	4	1	锡沪	19.33			20.40
淮南沪管快		**5025**	12.10	16.59	17.54	19.15	19.23	8	3	锡苏昆沪	20.10	20.42	昆山 21.37	22.30
哈沪快速	新	**K55**	10.41	17.54	18.37	[2]19.28	19.34	6	1	锡苏沪	20.02	20.32		21.36
亳温快速	新	**K811**	10.10	18.01	18.47	19.51	19.57	6	1	锡苏昆沪松兴杭东诸义金西武永缙丽青温	20.25	20.55	沪 22.00	8.15
长沪直快	新	**1345**	16.19	18.48	19.36	[2]20.34	20.40	6	3	锡苏昆沪	21.08	21.38	昆山 22.09	22.48
包甬快速	新	**K255**	14.57	19.49	20.36	[2]21.27	21.33	6	5	锡苏上西嘉杭绍上余甬	22.01	22.32	上西 23.34	5.16
宁西温管快	新	**5055**	19.32	19.56	20.53	21.59	22.05	6	5	锡苏昆沪上西松善兴海杭东萧诸浦义孝金金南武永缙丽青温	22.33	23.06	沪 0.20	13.20

沪宁高速公路常州始发快客时刻表

到达站	车 型	发 车 时 间	车 型	发 车 时 间
南 京	VOLVO	6：50 7：55 8：30 8：45 9：20 9：40 10：10 10：30 11：30 12：10 13：20 13：50 14：20 14：40 14：55 15：40 16：00 17：00	VOLVOB1	7：00 13：00 17：20 18：30
			依维柯	12：40 13：30 15：20 17 40
			大 宇	6：35 7：40 7：45 12：50 13：10
			金 龙	11：10 11：50 15：30 16 30
上 海	VOLVO	7：50 8：40 9：10 10：00 14：00 15：00 15：40	VOLVOB1	7：00 8：15 11：20 12：10 15：40
			北 方	10：40 11：40 13：00 16 40 17：40
	大 宇	6：40 7：35 10：50 12：40 13：30 14：30 16：05	大宇小	9：30 10：20 15：20 17：05 18：30
苏 州	VOLVOB1 VOLVO	7：10 8：00 8：20 8：50 9：20 10：00 11：20 12：00 13：00 14：00 14：40 15：30 15：50 17：40	依维柯	6：45 7：30 10：20 10：40 13：30 15：05 16：30 17：00 18：30
昆 山	依维柯	7：50 9：50 12：30 14：30		

武进区客运服务中心 2002 年公路客运时刻表

终到站	发 车 时 间	终到站	发 车 时 间
丹 阳	6：00 6：20 6：40 7：15 7：40 8：10 8：30 8：50 9：20 9：30 9：40 9：50 10：05 10：20 10：35 11：05 11：20 11：45 12：10 12：40 13：15 13：30 13：40 14：00 14：10 14：30 14：40 14：50 15：05 15：15 15：30 15：55 16：25 16：50	丹 徒	7：10 7：55 8：20 8：40 9：10 10：50 11：35 11：55 12：30 12：50 13：50 14：20 15：45 16：15 16：40
		靖 江	6：00 7：00 8：10 8：40 9：15 9：35 10：05 10：35 11：00 12：30 13：20 14：00 14：40 15：00 15：20 16：00 16：30 17：00
界 牌	10：00 15：25	新 桥	8：20 9：15 14：20 15：35
扬 中	6：20 7：20 7：50 8：20 9：20 10：20 11：10 12：30 13：10 13：50 14：30 15：20 15：50 16：40	江 阴	7：25 8：10 9：30 9：50 10：25 11：50 12：25 13：00 14：00 15：20 15：40 16：00 16：40
镇 江	7：30 8：20 9：50 10：50 12：20 14：20 15：00	泰 兴	8：00 9：05 9：40 12：05 13：00 14：10 14：50
兴 化	6：20 9：30 13：20	扬中西来	8：50 11：10 14：10 16：30
无 锡	7：30 8：00	华 士	9：00 15：00
南 京	6：40 7：30 8：30 9：10 9：50 10：30 11：20 12：30 13：40 14：30 15：10 16：00 16：40 17：20	溧 阳	9：10
		句 容	8：00 14：00
		溧 水	11：00
泰 州	6：10 7：30 8：50 9：10 10：10 12：30 13：40 14：20 15：10 16：30 17：10	张家港	6：10 7：10 7：50 8：50 10：00 12：20 13：00 14：10 15：10 16：20
		黄 桥	11：35 15：20
太 滆	6：10 7：20 8：50 9：50 13：20 14：50 15：50	戴 溪	7：00 8：30 10：10 12：50 15：00 16：10

续表

终到站	发车时间	终到站	发车时间
洛阳	6:20 7:00 7:30 8:30 9:00 10:00 11:10 13:30 14:30 15:30 16:40 17:10	周桥 杨桥	7:35 12:20 16:00 6:40 8:00 9:10 10:00 12:30 14:10 15:10 16:20
杨墅	5:50 6:40 8:00 9:30 10:30 12:40 14:00 15:00 16:00	村前	5:20 7:20 8:20 8:50 12:30 13:40 14:25 15:20 16:30 17:00
灵台	5:30 5:50 6:05 6:35 7:05 7:30 8:05(塘) 8:20 8:40 9:00 9:30 10:05(塘) 10:30 11:00 11:30 12:00 12:40 13:10(塘) 13:30 14:00 14:30 15:05 15:30 16:05 16:30 16:40(塘) 17:00 17:30	新建 湟里 汤庄 石坝头	6:00 6:40 7:30 8:10 8:50 9:40 10:50 12:10 13:10 14:10 14:50 15:30 16:05 16:40 7:50 11:40 14:55 15:50 6:30 9:45 10:20 12:50
沐阳	5:50 7:05 13:30 14:50	湖州	6:30 9:35 12:30 15:40
姜埝	7:15 8:00 11:00 11:50	建湖	7:20 9:35 12:50
海安	6:40 11:15 12:40	淮安	5:45 7:00 13:20

终到站	发车时间	终到站	发车时间	终到站	发车时间	终到站	发车时间
东台	13:50	响水	16:50	启东	13:30	宜兴	10:30
楚州	6:40	高邮	7:40 12:30	灌南	7:20	宝应	7:20 12:50
灌云	6:40	义乌	16:00	泗阳	7:10	太仓	7:15 13:00
盐城	15:40	射阳	7:50	南通	10:40		

湖塘客运服务中心2002年度公路客运时刻表

终到站	发车时间	终到站	发车时间		
孟河	5:20 5:45 6:10 6:35 6:55 7:15 7:35 7:55 8:10 8:25 8:40 8:55 9:15 9:35 9:55 10:15 11:00 11:20 11:50 12:20 12:50 13:10 13:35 14:00 14:20 14:40 15:00 15:15 15:30 15:45 16:00 16:15 16:30 16:45 17:00 17:20	坂上 夏庄	5:50 6:15 6:35 6:55 7:15 7:35 7:55 8:15 8:35 8:55 9:15 9:35 9:55 10:15 10:35 11:15 11:45 12:15 12:45 13:15 13:45 14:15 14:35 14:55 15:15 15:35 15:55 16:15 16:35 16:55 7:10 9:15 11:00 13:35 15:20	小河 青城 村前 汤庄	6:10 7:20 8:10 9:20 10:40 12:20 13:20 14:10 15:00 15:50 16:20 17:00 5:40 7:40 8:50 9:50 12:50 14:30 15:30 16:40 6:35 8:00 9:45 10:30 11:55 13:10 15:00 16:00 17:10 8:35 12:30(汤庄) 14:25 16:30(成章)
芙蓉 焦溪	6:00 7:00 8:10 9:10 10:20 12:30 14:30 15:30 16:30 6:00 7:00 8:10 9:20 14:40 15:50 16:30	新建 兴化	6:40 7:20 8:10 8:50 9:30 10:20 11:30 12:50 13:50 14:50 15:30 16:10 16:40 17:20 6:30 11:10 12:30	丹阳 东台	9:00(蒋墅) 10:00(吕城) 15:40(吕城) 15:50(蒋墅) 5:20 13:10 13:50
沐阳 淮安	5:10 5:40 6:40 7:50 14:00 15:30 16:30 17:00 17:20 6:00 13:30	庐江 南京	6:20 7:20 7:50 8:10 15:00 6:10 6:50 7:50 11:50 13:00 14:00	海安 古溪 泰州	6:00 6:50 12:00 13:10 13:50 12:15 13:20 13:50 13:30

续表

终到站	发　车　时　间	终到站	发　车　时　间	终到站	发　车　时　间	终到站	发　车　时　间
黄　桥	14：00	**涟　水**	6：00	**灌　南**	6：40	**灌　云**	5：50
盐　城	5：50　6：50	**射　阳**	6：50	**邳　州**	6：30　14：30	**姜　埝**	6：20　11：00
张　沐	11：30	**蒋　垛**	11：50	**蔡　官**	12：30	**梅　垛**	13：00
沙　沟	6：30　11：10	**淮　阴**	5：15	**建　湖**	6：40　12：20	**枞　阳**	8：20
高　淳	12：30	**怀　宁**	8：20	**句　容**	8：30　14：40	**洪　林**	12：10

武进公交时刻表

线路	起讫站点	投放车辆	间隔时间	线路	起讫站点	投放车辆	间隔时间
3路	湖塘—庙桥—南夏墅	8辆	10分钟	**5路**	湖塘—遥观	8辆	15分钟
6路	湖塘—马杭—勤华	4辆	20分钟	**7路**	湖塘—牛塘—西山庙	3辆	25分钟
8路	湖塘—行政中心	4辆	10分钟	**9路**	湖塘—鸣凰	9辆	10分钟
10路	湖塘—牛塘—卢家巷	6辆	10分钟	**11路**	湖塘—五七农场	2辆	20分钟
12路	湖塘—石柱塘	2辆	60分钟	**15路**	湖塘—龙潭	7辆	25分钟
16路	湖塘—邹区	6辆	30分钟	**17路**	卜弋—奔牛	2辆	40分钟
18路	湖塘—洛阳	6辆	60分钟				

旅　游　博　览

中国旅游四十佳

故宫、颐和园、大观园、明十三陵、八达岭长城；避暑山庄—外八庙、北戴河海滨、山海关及老龙头长城；成吉思汗陵；五大连池；泰山、曲阜三孔（孔府、孔庙、孔林）；中山陵、夫子庙及秦淮河风光带、苏州园林；杭州西湖、瑶林仙境；黄山、庐山、井岗山；黄鹤楼、葛州坝；武陵源；珠海旅游城、深圳锦绣中华；桂林漓江；大东海—牙笼湾；峨眉山、乐山大佛、九寨沟—黄龙寺、巫山小三峡、蜀南竹海、自贡恐龙博物馆；织金洞、黄果树瀑布；华山、秦始皇陵及兵马俑博物馆；敦煌莫高窟；长江三峡；黄河壶口瀑布。

十大名胜

万里长城　安徽黄山　桂林山水
北京故宫　杭州西湖　西安兵马俑
台湾日月潭　苏州园林　长江三峡
承德避暑山庄

七大古都

北京　洛阳　西安　杭州　南京
开封　安阳

中华五岳

东岳泰山　南岳衡山　西岳华山
北岳恒山　中岳嵩山

四大石窟

郭煌石窟　洛阳龙门石窟
大同云冈石窟　天水麦积山石窟

四大佛教名山

山西五台山　安徽九华山
浙江普陀山　四川峨眉山

四大道教名山

湖北武当山　江西龙虎山
安徽齐云山　四川青城山

索　引

主　题　分　析　索　引

说　　明

1. 标引词后的数字标示内容所在页码；字母 a、b 分别标示左栏、右栏，c 标示图片、表格右边栏数；字母 a、b 后面的数字标示行数。

2. 本索引采用主题分析法编制，按汉语拼音顺序排列，同音字按声调排列，同音同调字按下一字的音序排列。

3. 栏目、分目、子目标题款目用 6 号小标宋标示，正文款目用 6 号书宋标示，表格注有“(表)”。

4. 本索引编有附见系统和参见系统，附见款目放在主款目下行缩 2 字排；第二个页码开始为参见地址。

5. 索引标引词采用中心词简称，武进市市级党政机关、事业单位、社会团体名称采用通行简称；企业前一般不冠行政区划名。

A

B

C

D

H

K

L

M

N

(栏目责任编辑 杜仁彬 万向阳)

2001年武进市机构改革新老机构对照表

		新成立机构	原有机构
市委部门		市纪律检查委员会	市纪律检查委员会
	工作机构	市委办公室	市委办公室
		市委组织部	市委组织部
		市委宣传部	市委宣传部
		市委统一战线工作部	市委统一战线工作部
		市委政法委员会	市委政法委员会
		市委农村工作办公室	市委农村工作部
		市机构编制委员会办公室	市机构编制委员会办公室
	部门管理机构	市委台湾工作办公室	市委台湾工作办公室
		市信访局	市信访局
		市委老干部局	市委老干部局
	派出机构	市委市级机关工作委员会	市委市级机关工作委员会
	直属事业单位	市委党史工作委员会（与市方志办合署办公）	市委党史工作委员会
		市档案局（馆）	市档案局（馆）
		市委党校（行政学校）	市委党校（行政学校）
		武进日报社	武进日报社
市府部门	工作部门	市政府办公室	市政府办公室 市政府侨务办公室（挂牌） 市外事办公室（挂牌） 市政府法制办公室（挂牌） 市政府研究室（合署办公）
		市发展计划局	市计划委员会
		市经济贸易局	市经济委员会 市贸易办公室 市乡镇企业管理局
		市财政局	市财政局
		市教育局	市教育委员会
		市科学技术局	市科学技术委员会
		市公安局	市公安局
		市民政局	市民政局
		市人事局	市人事局
		市劳动和社会保障局	市劳动局
		市国土资源局	市国土管理局

		新设机构	原设机构
市政府部门	工作部门	市建设局 市规划局 市城市管理局	市建设委员会
		市交通局	市交通局
		市水利局	市水利局
		市农林局 市农业资源开发局（挂）	市农业局 市多种经营管理局
		市对外贸易经济合作局（挂“市招商局”牌）	市对外经济贸易委员会
		市文化局	市文化局
		市广播电视局	市广播电视局
		市卫生局	市卫生局
		市计划生育局	市计划生育委员会
		市审计局	市审计局
		市环境保护局	市环境保护局
		市监察局（与市纪委合署办公）	市监察局
		市民族宗教事务局 与市委统战部合署	市民族宗教事务局
		市体育局	市体育运动委员会
		市统计局	市统计局
		市旅游局	市旅游局
		市物价局	市物价局
		市粮食局	市粮食局
	办事机构	市经济体制改革委员会办公室	市经济体制改革委员会
		市人民防空办公室	市人民防空办公室
	直属事业单位	市地方志办公室（与市委党史工委合署办公）	市地方志办公室
		市农业机械管理局	市农业机械管理局
		市地震局	市地震局
		市机关事务管理局	市机关事务管理局
	人民团体	市总工会	市总工会
		共青团武进市委员会	共青团武进市委员会
		市妇女联合会	市妇女联合会
		市科学技术协会	市科学技术协会
		市文学艺术界联合会	市文学艺术界联合会
		市归侨侨眷联合会	市归侨侨眷联合会
		市残疾人联合会	市残疾人联合会

武进市教育局

局长 王才中

局党委书记 许本源

近年来，教育局全面贯彻党和国家的教育方针、政策，积极筹集资金加大教育投入，加强了学籍管理和学校收费、招生、宣传等办学行为管理；加强教育教学目标管理、过程管理和学校民主管理，积极组织开展教育教学研究；深化教育教学改革，创新办学体制；搞好教师继续教育工作，教育质量和发展水平迅速提高，武进教育事业健康协调快速发展。2001年底，全市共有学校277所，在校学生18.86万人；全年教育总投入达5.35亿元，比上年增30.8%；新建、翻建校舍竣工面积达12.79万平方米。

加快基础设施和常用、必备的教育教学设施及现代教育技术装备建设，教育现代化工程取得重要成果。年底全市拥有多功能教室、标准化语音室和计算机房418个，建成校园闭路电视系统55个、校园网32个，130多所学校联入因特网；拥有586以上电脑8 000多台、液晶投影机和视频展台616台（套）。至年底累计有28个镇通过江苏省教育现代化先进镇验收；4月武进接受了省级教育现代化县（市）级调研性评估年内,江苏省武进高级中学通过国家级示范性高中验收。

2001年,全市幼儿教育学前三年入园率达96.3%,小学“四率”、初中“五率”继续保持在较高的水平上,初中毕业生升入高一级学校的比例达90.8%。全市高中毕业生被高等院校录取4 330人；其中本科2 872人。武进市被江苏省政府命名为“社区教育实验区”。全市教育教学科研成果获得省级三等奖1个、地（市）级奖励56项。年末全市小学、初中、高中、职中专任教师学历合格率分别为98.5 %、93.9%、86.8%和61.9%，小学、初中专任教师高一层次学历达52.5%和26.7%。

国家教育部副部长周远清（右二）由武进市教育局局长王才中（左一）陪同视察江苏省前黄高级中学

地 址 武进市行政中心4号楼3楼
电 话 6310282 邮 编 213159

江苏广播电视大学武进学院

- 江苏省示范性县级电大
- 江苏省高校思想政治工作先进集体
- 江苏省电大系统教学工作先进集体
- 江苏省示范性考点
- 江苏省电大系统信得过考点
- 常州市科技拥军先进集体
- 常州市财务工作先进单位

学校领导班子成员

北校区

江苏电大武进学院始建于1979年，坐落在常州南门武宜路。学校有南北两个校区，占地11公顷，建筑面积6万多平方米,被誉为“花园式学校”。

江苏电大武进学院坚持“崇尚真理，追求卓越”的理念，实现了跨越式发展。学校现有78个全日制班,学生3 000多名，业余学历班本专科生1 300多人，短期培训班3 000余人，教职员工222人，其中正教授3名、副教授（或相当于）18名、客座教授58名、外籍教师2～3名。今年，中澳合作《国际商务管理》双文凭大专班又在省内率先开班，面向全省招生。

江苏电大武进学院与时俱进，遵循“为三十岁当老板(成功者)作准备”的校训，开设培养复合型人才的商务英语、计算机信息管理、法律、国际金融、机电一体化、电子商务等特色专业，为初高中毕业生分设五年一贯制、四年制双专科和本科。

江苏电大武进学院的毕业生因其“思想表现好、专业知识宽、实践技能优、肯吃苦、用得上、留得住”而深受用人单位欢迎。

南校区

南校区（教学楼）

体育馆

地 址　常州市中凉亭武宜路
电 话　6590005　6483006
邮 编　213161
Http:　//www.wjedunet

武进市洛阳中学

校 长 姜尧洪

坐落在中国“珍珠之乡”的武进市洛阳中学创建于1956年，1993年易地新建，占地10公顷,主体建筑38 228平方米,拥有设施一流的图书馆、体育馆、实验楼、艺术楼、公寓式学生宿舍、塑胶跑道，并建成了闭路电视系统和宽带校园网。校园环境优美，布局合理,设施齐全,气象恢弘,现有初、高中教学班56个，在校学生2 861人，在编教职工168人；高中专任教师本科率为96.8%,其中学科带头人、骨干教师15人,中学高级教师25人，省、市级各类先进个人30多人；该校2001年获市高中教育教学质量综合评估一等奖。

该校是武进市唯一开办音美特色班的学校,并与南京师范大学美术学院联合办班,是扬州大学艺术学院艺术教育实验基地，江苏省学校艺术教育工作先进集体。

- 江苏省重点中学
- 全国读书育人特色学校
- 江苏省实施素质教育先进学校
- 江苏省德育先进单位
- 江苏省学校艺术教育工作先进集体
- 江苏省科技竞赛先进学校
- 江苏省首批绿色学校
- 江苏省气象科普基地

地 址 武进市洛阳镇
电 话 8791774 邮 编 213104
Http: //www.wjlyms.edu.cn
E-mail lyms@wjlyms.edu.cn

国家教育部副部长周远清(前右)视察洛阳中学

江苏省副省长王珉(中)来校视察

武进市副市长陆志奋(右)、市教育局局长王才中(左)来校指导工作

外宾来校参观生物标本室

洛阳中学管乐队

师生休憩小园一角

文体活动中心

武进市横山桥中学

- 江苏省重点中学
- 全国青少年读书育人特色学校
- 全国艺术教育先进单位
- 江苏省德育先进学校
- 江苏省标准化实验室

校 长 管海兴

横中精神	团结 拼搏	务实 求真
	开拓 进取	争先 创优
校　　风	开拓 进取	求实 创新
教　　风	严谨 求精	爱生 奉献
学　　风	勤奋 踏实	文明 守纪
领导作风	团结 实干	公正 廉洁

江苏省省长季允石(左一)视察横山桥中学

校图书馆为江苏省二级图书馆

环境优雅、设施一流的学生公寓

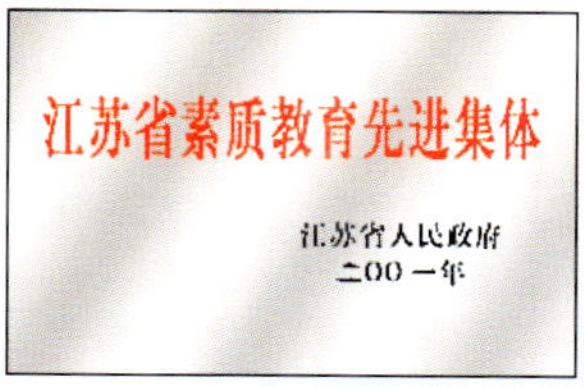

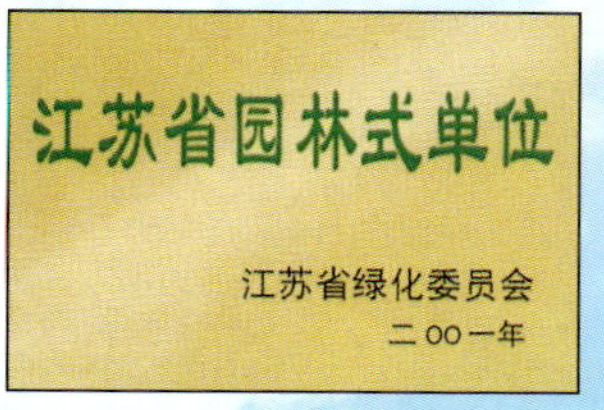

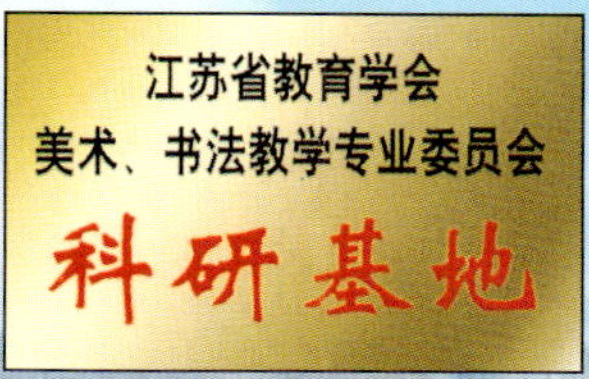

该校位于横山旅游风景区清明山麓，创建于1947年，占地12公顷多，现有45个教学班，有近2 500名师生员工，是一所富有特色的实验性、示范性完全中学。2002年5月被正式确认为江苏省重点高中。

一流的办学目标　环境幽雅,师资精良,管理科学，服务到位，质量上乘。

优秀的教师队伍　现有高级教师15名，常州市、武进市学科带头人、青年骨干教师15名，省市的优秀班主任18名，12位教师攻读研究生课程和获得硕士学位。

科学的学校管理　始终坚持“德育为先”的教育理念，按照“以人为本”的教育思想，确立了“对每个学生负责，让每个家长放心”的观念。

先进的教学设施　拥有现代化的教育设施，千兆因特网、电子阅览室、省二级图书馆、省标准化实验室、演播中心、闭路电视、体育馆等。

完善的生活设施　拥有全市一流水平的学生食堂、学生公寓等配套服务设施，生活区建有超市、洗衣房、电话亭等。

丰富的校园活动　根据“因材施教、人人成功、全面发展”的要求，每年积极开展的“三爱”艺术节、科技节等，适合学生的各种活动。

丰硕的教学成果　学校的中考、高考成绩连年攀升，高中教学连续多年荣获武进市二等奖，初中教学荣获武进市一等奖；近年来，学生在各级各类竞赛中也取得了优异成绩，其中在省级以上获奖的同学达100多人次。学校获得全国青少年“五十年辉煌，新世纪畅想”读书教育活动组织奖，第12届“国际科学与和平周”全国中小学生金钥匙科技竞赛组织奖，第5届省青少年生物和环境科学实践活动二等奖、“保护地球,爱我家园”全国中小学生作文大赛组织奖、第3届“世纪之星”全国少年儿童艺术教育成果展先进单位。

校　址　武进市横山桥镇　　电　话　8602673　　邮　编　213119
Http://WWW.Wjhsqms.edu.cn　　E-mail　hsqms @ public. cz.js.cn.

校体育馆

学生陶艺制作活动

舞蹈《上梁》获文化部“群星奖”金奖

武进市三河口中学

- 江苏省重点中学
- 南京师范大学、苏州大学教育教学实习基地
- 全国读书育人特色学校
- 全国中小学生金钥匙科技竞赛先进学校
- 江苏省教育先进集体
- 江苏省德育先进学校

三河口中学通过省重点高中验收

校 长　刘国民　　电 话　8675024　8671929

校 址　武进市三河口　　邮 编　213115

综合大楼

创办于1929年，原名为“私立延陵初级中学”。新中国成立后，特别是改革开放以来，学校得到了快速发展，并提出了“以信息化带动现代化，以争创省重点促发展，苦练内功，发展内涵，全面推进素质教育”的办学思路。确立了“用名师的目标激励教师，用希望的目光看待每一位学生，让每一位学生带着希望走向社会”的办学理念。

学校占地面积15公顷，建筑面积5万平方米，环境优美,布局合理，教育教学设施完善，现代化、标准化的教学楼、办公室、图书馆、实验室、阅览室、舞蹈房、多媒体制作中心、多媒体化教育及电脑网络中心、校园闭路电视控制中心、演播室、运动场、公寓式学生宿舍一应俱全，现有45个教学班，学生2 200余人，专任教师130余名，其中,中、高级职称的教师占71%，研究生课程结业10人，市级以上学科带头人、青年骨干教师15人。

学校重视科研兴校，坚持以科研为先导，向教育科研要质量，全校教师以省级课题为龙头,以主体性课堂教学模式为探究的主攻方向,推出了3个省级实验课题,2个常州市级课题,3个武进市级课题和4个校级课题。近3年来,学生有83人次在各级各类比赛中获奖。高考成绩连续9年位居同类学校前茅。

化学实验室

微机室

课间操

武进市嘉泽中学

武进市嘉泽中学现有19个班级，学生830名，有教职员工68人。多年来坚持良好的办学传统和方针，强化校园硬环境建设的同时，持之以恒抓精神文明建设，被常州教育主管部门命名为“合格初中”。

学校有一支爱岗敬业、乐于奉献、勇于创新的高素质师资队伍，多人次获得常州市青年骨干教师、武进市青年骨干教师和常州市、武进市优秀班主任。数学竞赛成绩突出，2001年在江苏省数学竞赛中初三有4人获一等奖。学校被评为武进市“文明学校”、“绿化达标先进单位”、“校长三年工作目标优秀级学校”。1999年获得武进市“教育教学显著成果奖”。

校中层以上领导

江苏省初中数学竞赛

地 址　武进市嘉泽镇
电 话　3801140
邮 编　213153

校　　长
党支部书记　姚美珍

学校图书馆

计算机机房

校园一景

导者

全校师生欢庆国庆

武进市嘉泽中心小学

校长　蒋建中

校址　武进市嘉泽镇东街2号
电话　3801019
邮编　213153

武进市嘉泽中心小学创办于1918年，经历了80多个春秋,沧桑巨变。1984年易地新建，1999扩建，2001年底学校占地面积34.13公顷，建筑面积6　500平方米。现有20个教学班，930名学生，51名教职员工。

近年来，学校办学条件显著改善。1999年～2001年教学楼、综合楼相继竣工，各种专用教室齐全，设施先进。校园内小桥流水，红花绿柳，芳草如茵，是学生生活的乐园。学校管理不断加强,教师质量全面提高。1999年在市办学水平评估中被评为“优秀级”学校,德育、体育、工会工作获市表彰。学校成功举办市电教、自然、数学等大型观摩教学活动。学校重视教科研工作,目前有省级课题1个，市、区级课题3个,2001年发表和获区级以上奖励的论文60多篇。在全市田径比赛中，2001年、2002年连续获运动成绩第一。

学生剪纸作品

欢庆六一，童心向党

学校盆景园

校园一景

学校运动会

学校电声乐队

学校门景

武进市礼嘉中心小学

校 长　姜闻庆

- 东南大学创造教育研究所实验基地
- 武进市现代化教育技术实验学校
- 常州市少先队现代化示范学校
- 武进市文明学校

武进市礼嘉中心小学新校于2001年5月31日落成。该校投资1 800万元、占地近4.5公顷、建筑面积1.2万平方米。学校有教职工80余人,学生近1 700人，其中武进市学科带头人、骨干教师10人。有综合楼、两幢教学楼、阶梯教室、餐厅楼等，综合楼建有功能、设施齐全的微机室、实验室、音乐室、舞蹈房等，学生活动区建有标准的运动场地，具备了一流的教育设施。新学校环境十分优美,校园内小桥流水、亭台楼阁，园林化特色明显，环境音响遍布校园每一个角落。学校配备现代化的电子系统，先进的“四网合一”的网络结构，把网络、电脑、广播和监控有机结合，宽带接入每个教室和办公室，已配备120多台电脑，学校无纸化办公将成为现实。

教学楼

新校落成典礼

文艺汇演

微机教室

校园网络中心

地 址　武进市礼嘉镇
电 话　6231180 6230367
邮 编　213176

武进市前黄中心小学

创办于1911年，占地19.35万平方米。目前有30个教学班，教职工79名，在校学生1 407名。近年来，该校以“硬件现代化，师资专业化，办学特色化，目标素质化，管理科学化”为办学宗旨，不断完善教学设施，重视师资队伍建设，深入开展教育科研，逐步形成“勤奋、求实、团结、进取”的良好校风。学校把教育科研放到了优先发展的重要地位，认真开展课题研究，2001年底拥有省级科研课题2个、常州市级科研课题3个、武进市级科研课题3个。

学校教育科研机构完善，制度健全，管理规范,过程扎实。先后被评为江苏省“青少年科技教育特色学校”、“实施素质教育先进学校”、“雏鹰电脑行动明星学校”、“心理教育实验学校”和“软课题实验学验”。被评定为“江苏省实验小学”。

地 址　常州市南门外前黄镇

邮 编　213172　电 话　6511056

校 长　徐江春

江苏省实验小学揭牌

江苏省副省长王珉视察前黄中心小学

劳动科技制作大赛

校园一景

武进市教师进修学校

校 长　谢建伟

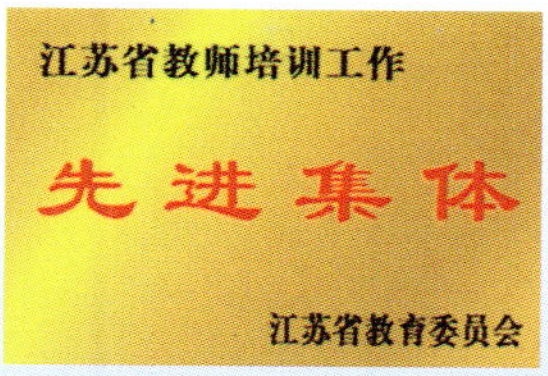

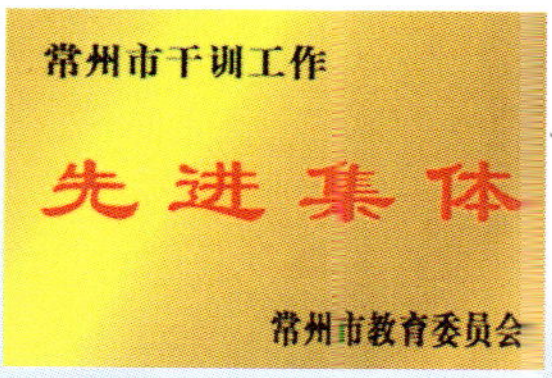

武进市教师进修学校位于武进新城区，占地面积8公顷，校园建筑一律为欧式建筑风格，总建筑面积2.5万平方米。学校具有较为完善的现代化办学条件，学科门类齐全，教师群体素质较高，为江苏省示范级教师进修学校。

该校主要承担武进市小学、幼儿园教师和学校行政干部的培训任务，是江苏教育学院最大的函授站，是华东师范大学、南京师范大学、扬州大学研究生课程班的教学点。学校附设武进市育才职业中学，培养幼教师资。

多年来，学校高扬师训、干训工作主旋律，努力走多元化办学的路子，为武进教育事业作出了较大贡献。目前有中幼师函授班6个，英语大专班3个、专升本函授班10个、研究生课程班6个、校长培训班8个、幼师职业中专班8个；有各种短训班、辅导班20个，学生学员总数3 500名。学校已成为武进市师资培训中心、教育技术中心和教师活动中心。

地 址　武进市城区常武南路
电 话　6509261　邮 编　213161

外籍教师授课

语音课即景

舞蹈《解放》